西河
長興利銀信局[illegible]

汕头市档案馆侨批资料丛编 之三

泰国潮属侨批业商号印记及简况

汕头市档案馆 编

林庆熙 林维扬 编著

暨南大学出版社
JINAN UNIVERSITY PRESS

中国·广州

图书在版编目（CIP）数据

泰国潮属侨批业商号印记及简况/汕头市档案馆编；林庆熙，林维扬编著．—广州：暨南大学出版社，2021.12

（汕头市档案馆侨批资料丛编）

ISBN 978-7-5668-3311-2

Ⅰ.①泰…　Ⅱ.①汕…②林…③林…　Ⅲ.①华侨—档案资料—汇编—汕头　Ⅳ.①D634.3

中国版本图书馆CIP数据核字（2021）第254853号

泰国潮属侨批业商号印记及简况

TAIGUO CHAOSHU QIAOPIYE SHANGHAO YINJI JI JIANKUANG

编　者：汕头市档案馆

编著者：林庆熙　林维扬

出 版 人：张晋升
策　　划：黄圣英
责任编辑：冯　琳　詹建林
责任校对：黄　球　黄晓佳　等
责任印制：周一丹　郑玉婷

出版发行：暨南大学出版社（510630）
电　　话：总编室（8620）85221601
营销部（8620）85225284　85228291　85228292　85226712
传　　真：（8620）85221583（办公室）　85223774（营销部）
网　　址：http://www.jnupress.com
排　　版：广州市天河星辰文化发展部照排中心
印　　刷：深圳市新联美术印刷有限公司
开　　本：787mm×1092mm　1/16
印　　张：35.25
字　　数：590千
版　　次：2021年12月第1版
印　　次：2021年12月第1次
定　　价：198.00元

总 序

“一溪目汁（泪水）一船人，一条浴布去过番。火船驶过七洋洲，回头不见俺家乡。是好是劫全凭命，未知何时能回还。”一首潮汕民谣唱出了当年漂泊海外侨民的艰辛。许许多多的华侨虽然在异国他乡历尽艰辛、艰苦创业，但在站稳脚跟后，仍时时刻刻心系祖国，牵挂自己的家乡和亲人。由于当时东南亚等国金融邮讯机构尚未建立或极不完善，海外侨胞捎回家乡的款项和信息，只能通过专门往来国内外的“水客”和侨批局，把对家国的情怀、对眷属的思念以及赡养家人的钱物递送到家乡，从而产生了大量的侨批。从 19 世纪末至 20 世纪初一直存在于潮汕乃至闽西、赣南地区的特色侨批，被认为是海外交通史、移民史、华侨史的珍贵资料。

侨批，是海外侨胞通过民间渠道寄回国内、连带家书或简单附言的汇款凭证。由于侨批的特殊价值和世界意义，2010 年 2 月，侨批档案入选第三批“中国档案文献遗产名录”；2012 年 5 月，侨批档案入选“世界记忆亚太地区名录”；2013 年 6 月，侨批档案成功入选“世界记忆名录”，是我国 13 个进入“世界记忆名录”的项目之一，也是广东省第一个进入“世界记忆名录”的项目。

2020 年 10 月 13 日，习近平总书记参观了具有潮汕侨乡特色的侨批文物馆，听取了侨批历史和潮汕华侨文化的介绍。他强调，侨批记载了老一辈海外侨胞艰难的创业史和浓厚的家国情怀，也是中华民族讲信誉、守承诺的重要体现。要保护好这些侨批文物，加强研究，教育引导人们不忘近代我国经历的屈辱史和老一辈侨胞艰难的创业史，并推动全社会加强诚信建设。

习近平总书记关于侨批工作的重要指示，在社会各界引起强烈反响，提升了全社会对侨批作为世界记忆遗产、作为反映广大侨胞创业史和体现家国情怀的重要意义的认识。众多收藏家、社会人士以具体行动贯彻落实习近平总书记的重要讲话、重要指示精神，纷纷向侨批文物馆捐赠侨批原件及相关文物。其中，广东省美容美发化妆品行业协会会长马娅女士携其女儿麦琳琳女士无偿捐赠了其丈夫麦保尔先生生前收藏的侨批原件 40 121 封，揭阳市侨批业经营者后代陈元列等捐赠侨批原件103封及相关文物，侨批业经营者后代曾宗勇捐赠祖辈经营振盛兴批局的工作设备德国造显微镜，侨批业经营者后代芮永平捐赠有信批局创办人照片1张、侨批总包封6件，侨批收藏家张美生捐赠华侨银行票据152件，珠海市郭哲敏、澄海王家涛等侨眷来信来电表示捐赠意愿。目前，汕头市档案馆侨批分馆（侨批文物馆）馆藏量达到7.74万封，藏量国内最大。

为从更高的站位、更广的视野、更深的维度开展侨批档案的研究和开发利用，挖掘华侨华人爱国爱家的情怀和艰苦创业的奋斗精神，汕头市档案馆从馆藏侨批档案中选取精品，汇编出版“汕头市档案馆侨批资料丛编”，以飨读者。

前 言

最早的侨批业商号是在海外创设的。潮汕的侨批业，是在海外潮属侨批业的带动、影响下产生并发展的。

编撰一册关于海外潮属侨批业商号的专辑，一直是我们的愿望。随着汕头市档案馆侨批分馆（侨批文物馆）对潮汕侨批电子数据整理工作的深入、细化，以及《汕头市侨批业商号印记及简况》一书的编写完成，编撰“海外潮属侨批业商号印记”的构思再次提上案头。首先想到的便是潮籍华侨最多、潮属侨批局最多、可见实寄批最多的泰国。

自唐宋以降至近代，华人移居海外各地，到泰国的人数最多。《清史卷》载：暹罗人口八百万，中国人占三分之一。泰国的华侨华人，包括潮梅、广肇、琼、闽各属，又以潮籍人数最多。1860 年汕头开埠以后，潮汕民众由于各种原因，不断移居泰国谋生，需要寄递的侨批越来越多。在新的历史条件下，一种比水客递送侨批更进步的新业态——侨批局承办侨批业务便在泰国应运而生。

泰国国家档案馆的资料显示，19 世纪末，泰国侨批业萌芽而起者已有约 20 家。泰国早期的潮属侨批局，有松华兴、曾锦记、振盛兴、万成顺、陈协顺、吴泰安等，其中较有代表性的是振盛兴。1899 年，祖籍澄海图濠乡的曾仰梅（即曾振岳）与蔡永盛合伙在曼谷创办振盛兴银信局，同时在汕头设立振盛兴批局，并在澄海图濠乡设立振盛兴批馆。其后，泰国曼谷，我国汕头、澄海（现为汕头市下辖区）的“振盛兴”，由曾仰梅独资经营，坚持自收自寄自投、全程全网的服务方式，一直延续经营了 80 个年头。潮属侨批局服务周到、稳当快捷、安全可靠，深受广大潮侨和侨眷的信赖。

侨批史是华侨史的重要组成部分，泰国侨批史又是海外侨批史的重要组成部分。因泰国的大部分侨批局是潮人创立和经营的，1932 年泰国的侨批业同业组织“暹罗华侨银信所公会”成立，其理监事大多由潮属侨批局的代表担当。潮属侨批局在同业组织的经营活动中起着举足轻重的作用。同业组织的成立，维护了同业的合法利益，统一中国货币与暹币的汇兑率，为泰国侨批业的发展作出了积极的贡献。

我们秉承编写《汕头市侨批业商号印记及简况》的初衷，坚持编写内容以确凿可考的原始文献为资料基础，遵守严谨学术规范，言之有据，不作推测臆想，尽力以平实而较精炼的文字表达客观评价。

为了梳理泰国潮属侨批业商号的简况，并与实寄批上的印记呼应，本书沿袭《汕头市侨批业商号印记及简况》一书的表述方式，以图例加文字说明的手法汇集了曾经存活的泰国潮属侨批业商号的实寄批和有关资料片段。全书重在实物、重在可查考的资料，提供的图片和资料全部是各侨批业商号的实寄批和档案资料，可信度强，可供文史资证进一步研赜。

全书显示的实寄批印记，真实无讹。从印记中提取的信息，又与泰国华文报的资料互相佐证，互相补充。本书这一别于其他侨批专著的特色，足可与《汕头市侨批业商号印记及简况》并称姐妹篇。

本书旨在发掘和整合泰国侨批业商号资料，说明海内外侨批业在特定历史背景下所进行的特别运作，凸显其对潮汕和侨居国经济社会的特殊贡献。

泰国侨批业商号营业地址相对比较稳定，但不同颜色、不同形式的自制批封连同不同的印记却五花八门。如泰兴裕共有多个不同的商号名称，有不同的印戳、不同的自印批封，我们将泰兴裕的 8 个不同的图像尽数收入本书予以展示。

我们始终认为：侨批业的资料是研究侨批史必不可少的资料，记述东南亚诸国的侨批，都离不开侨批业。侨批业商号的印记，是最真实、最有说服力的原始资料，整理侨批业商号印记是一项基础性的研究课题，它可为全面准确反映一个业态在历史上的痕迹提供依据。运用历史文献学的方法，系统研究侨批业商号的基础资料，分析一个商业形态的产生、发展过程，以文献学的眼光和态度收集、整理和研究侨批业商号，是侨批研究的客观需要，也是侨批文化研究必须进行的基础工作。

本书除了收录实寄批上的侨批业商号印记，还依据泰国学者从尘封多年的泰国华文报纸中筛选的资料梳理出相关商号的准确信息。此外，一些权威资料所记载的有关泰国侨批业商号的史实，我们也适当选取。比如，涉及松华兴的碑记、1936 年汕头邮政管理局向国家交通部邮政总局呈报的核发批局营业凭证申请书等。尽管仅是零星片段的记录，也能从中发现有价值的线索。

目前还无法判定历史上泰国侨批业商号的准确数量，所能掌握的信息或多或少带有片面性和局限性，我们只能尽可能多地汇集侨批业商号的文物档案，分门别类，系统研读，辑录出那些以往不曾见诸文著的侨批业信息，这是对侨批业研究工作的有益补充。

纵然我们竭尽所能，毕竟仍是管窥蠡测。敬祈专家指正。

凡 例

一、 关于“泰国”“暹罗”的国名称谓

（1）暹罗：泰国旧名。首见于元人周达观《真腊风土记》。旧分暹与罗斛两国，14 世纪中叶两国合并，称“暹罗国”。1939 年起改称泰国，1945 年日本投降后复称暹罗，1949 年再改称泰国。

（2）鉴于泰国国名在不同历史时期有不同称谓，本书对侨批实寄封上涉及国名的侨批业商号，以及报章、广告、启事类资料上涉及国名的，一律原文实录。

（3）寄批地及寄批人、收批地涉及国名的，原批照录。

（4）其他说明、解释及叙述文字，均统称泰国。

二、 关于泰国潮属侨批业商号名称

鉴于泰国一部分侨批业商号在经营过程中沿用不同的机构称呼（如批局、侨批局、银信局、汇兑银信部等），为方便叙述，行文中全部取其商号特定名称。如“泰兴裕批业汇兑庄”“泰兴裕汇兑银信局”“泰兴裕银信局”“泰兴裕汇兑庄”“泰兴裕信局”，行文时仅取其特定名称“泰兴裕”三字；“泰源亨银信局”“泰源亨批局”，行文时仅取其特定名称“泰源亨”三字；“天外天银信局”“天外天银信汇兑庄”“天外天银信分局”，行文时仅取其特定名称“天外天”三字；“万兴昌信局”“万兴昌批业汇兑庄”“万兴昌银信局”，行文时仅取其特定名称“万兴昌”三字；“同发利银信局有限公司”“同发利有限公司银信局”“同发利信局”，行文时仅取其特定名称“同发利”三字。至于各个侨批业商号名称的变化情况，均有实寄批印记显示。

三、 关于录入的侨批业商号

本书以泰国侨批业商号的印记（包括同一商号不同时期的印记）为实证。印记从两个途径获取：①馆藏的实寄批原件；②收集到的实寄批电子数据。

四、 关于采用的档案资料

（1）本书在介绍相关侨批业商号的简况时，依据的档案资料绝大部分取自泰国历年华文报纸。

（2）华文报纸均依据泰国洪林、黎道纲编著的《泰国侨批业资料汇萃》一书。行文时一概直称报名，省去“泰国”二字，如《中原报》《光华报》《国民日报》。从部分官方档案中获取的情况，依据泰国洪林、黎道纲编著的《泰国侨批业资料汇萃》和泰国许茂春编著的《东南亚华人与侨批》，选取专著中辑录的史料。

（3）部分泰国侨批业商号与汕头市侨批局合作经营侨批业务，互为联号、分号，我们依据收藏于汕头市档案馆的汕头一等邮局《中华民国廿五年各批信局声请书》（即1936年汕头邮政管理局向国家交通部邮政总局呈报已核发批局营业凭证申请书）中相关批局的原始记录整理出有关信息作为史料补充。

（4）创设于曼谷以外其他城乡的潮属侨批局，我们增加了一项地名介绍，主要依据《辞海》的相关词条。

五、 在上述原则框架内，本书收集的泰国潮属侨批业商号实寄批上的印记，证明了某侨批业商号存在的史实。具体情况如下：

纳入本书的泰国可查考潮属侨批业商号合计350个，分别为：

（1）有实寄批，有档案资料可考的侨批业商号334个。

（2）无实寄批，有档案资料可考的侨批业商号16个。

目 录

contents

第一部分

有实寄批，有档案资料可考的商号

炳合丰

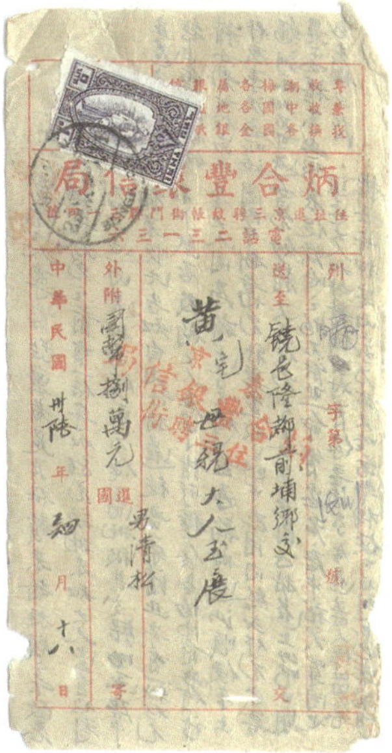

暹国清松民国卅陆年（1947）四月十八日用批局黄色自印封寄国币捌万元至饶邑隆都前埔乡母亲。批封印“炳合丰银信局住址暹京三聘蚊帐街门牌三一四号　电话二三一三六”，盖“泰京炳合丰银信局住三聘街”印

暹国黄文彬民国卅五年（1946）三月初五日用批局赤色自印封寄贰仟元至澄邑风（凤）岭乡母亲

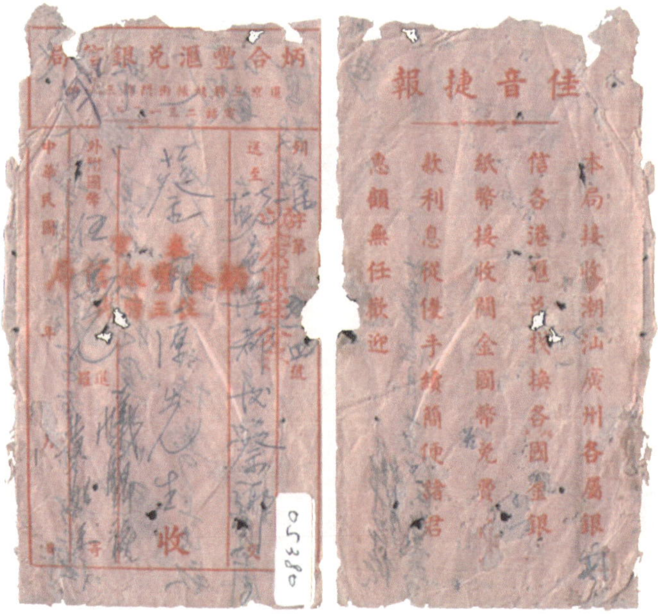

暹罗蚁锦裕寄国币伍万元至饶邑隆都后蔡乡蔡潮源。批封盖“泰京炳合丰银信局”和“店市广顺庄分发”印。澄海店市广顺庄代理分发炳合丰侨批

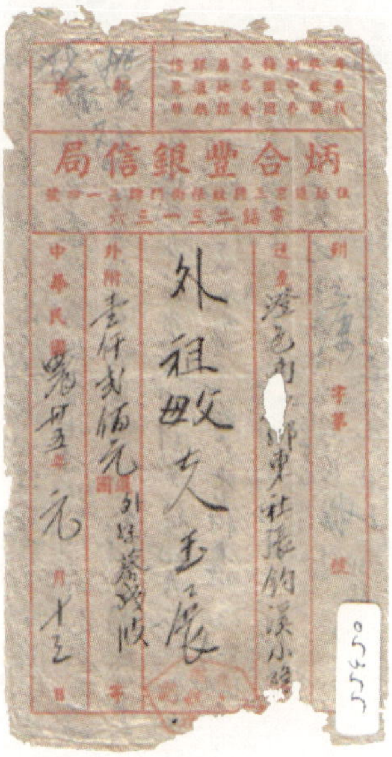

暹国蔡成波民国卅五年（1946）元月十三日用批局棕色自印封寄壹仟弍佰元至澄邑南□乡东社外祖父母

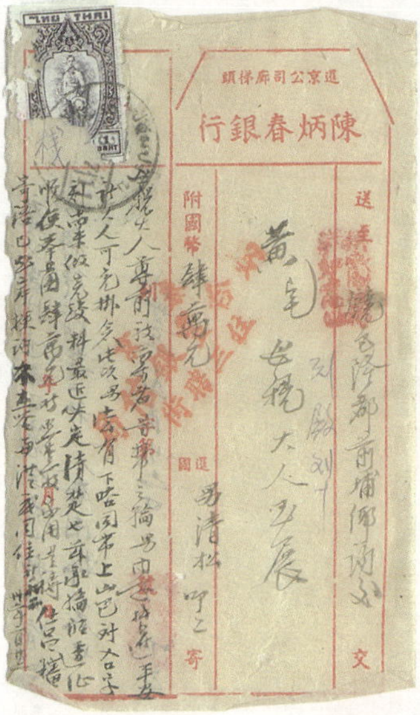

暹国清松民国卅六年（1947）二月二十三日用陈炳春银行自印封寄国币肆万元至饶邑隆都前埔乡母亲。批封盖“暹京炳合丰银信局”印。同在曼谷的两家侨批局合作经营侨批业务

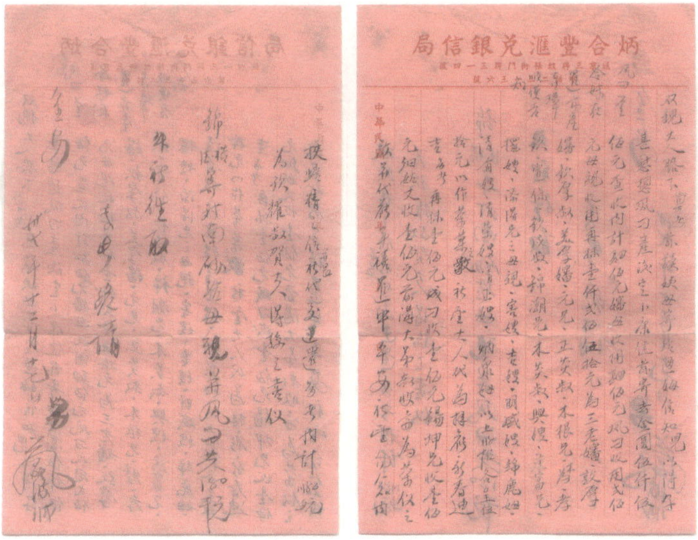

炳合丰汇兑银信局专用批笺

1947 年 4 月 16 日“炳合丰汇兑银信局”在泰国曼谷《光华报》刊登“接收关金国币存款启事”，提供的地址为“三聘蚊帐街三一四号　电话：二三一三六号”

1947 年 5 月 18 日暹罗华侨银信局公会成立，炳合丰为首届会员商号，代表人陈钦赐。

炳和兴

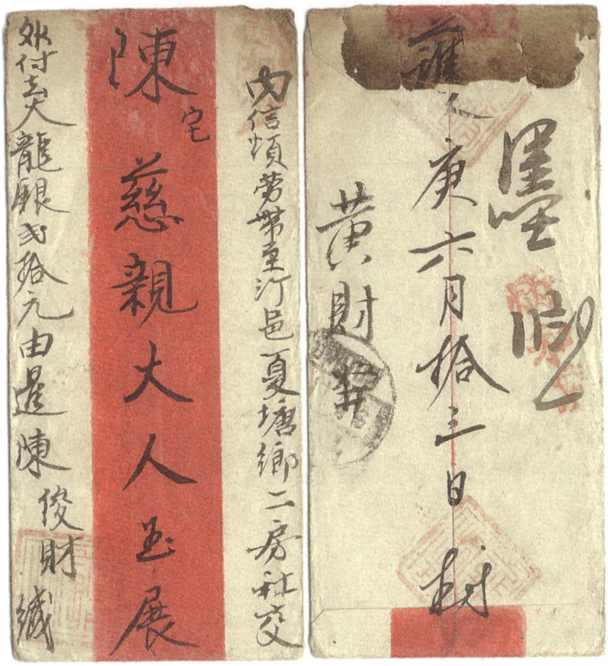

暹陈俊财寄大龙银式拾元至汀（澄）邑夏塘乡母亲。批封记“庚六月拾三日（1920 年 7 月 28 日）封”，盖汕头民国九年（1920）八月十日邮戳和“炳和兴”印

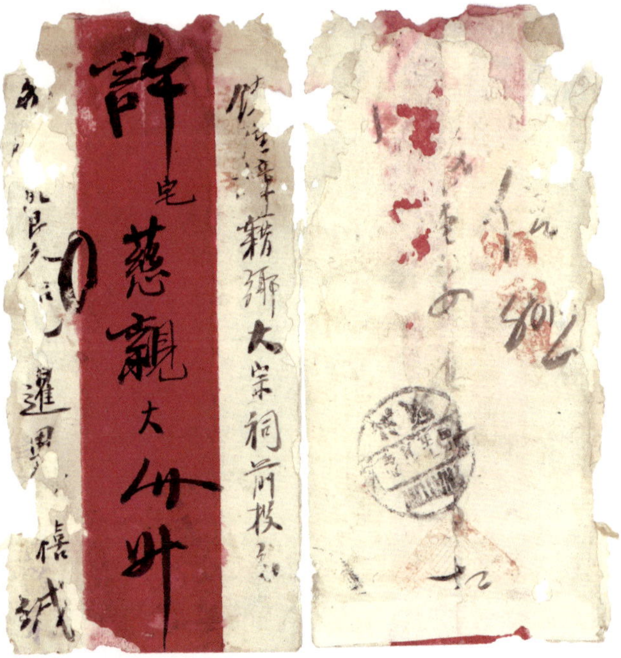

暹□禧寄龙银十元至饶隆樟藉（籍）乡母亲。批封销汕头民国九年（1920）八月十五日邮戳，盖“炳和兴”印

炳盛发

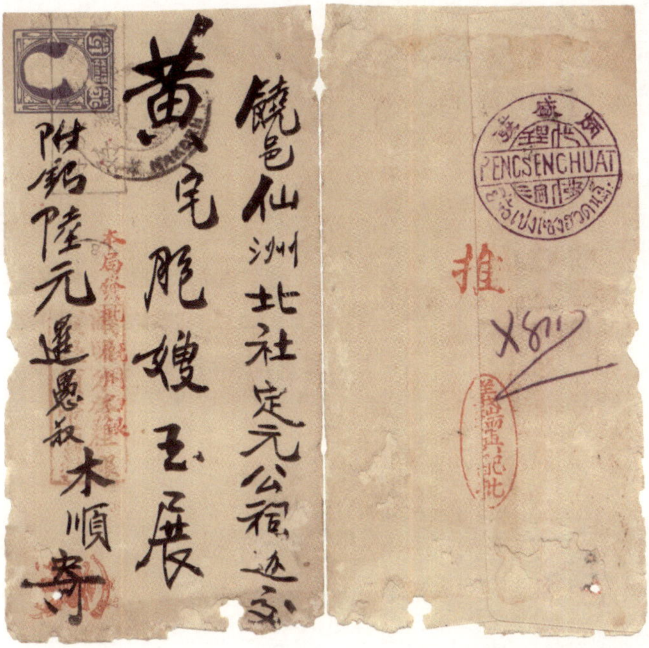

暹木顺用泰国 15 士丁邮资封寄银陆元至饶邑仙洲北社定元公祠边黄宅胞嫂。批封盖中泰文“佛洞炳盛发代理”和“义瑞兴配批”印。佛洞炳盛发收批后交由曼谷的义瑞兴发批

蔡就成

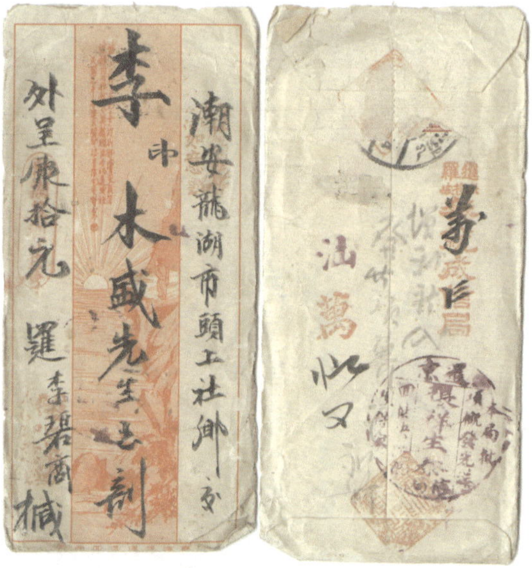

暹李碧商寄银拾元至潮安龙湖市头上社乡李木盛。批封盖“暹罗北榄坡蔡就成信局”印

北榄坡，泰国中部那空沙旺府（Nakhon Sawan）的别称。

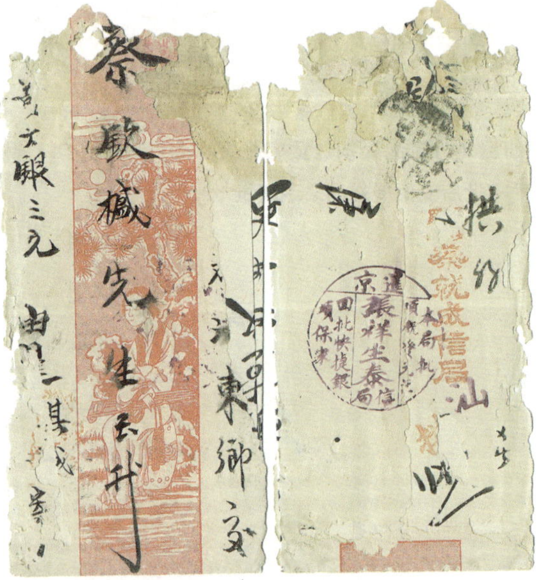

暹□□寄大银三元至潮安江东乡蔡钦盛。批封盖“暹罗蔡就成信局”和“暹京张祥生泰信局”印。蔡就成在北榄坡，与曼谷的张祥生泰合作经营侨批业务

蔡启裕

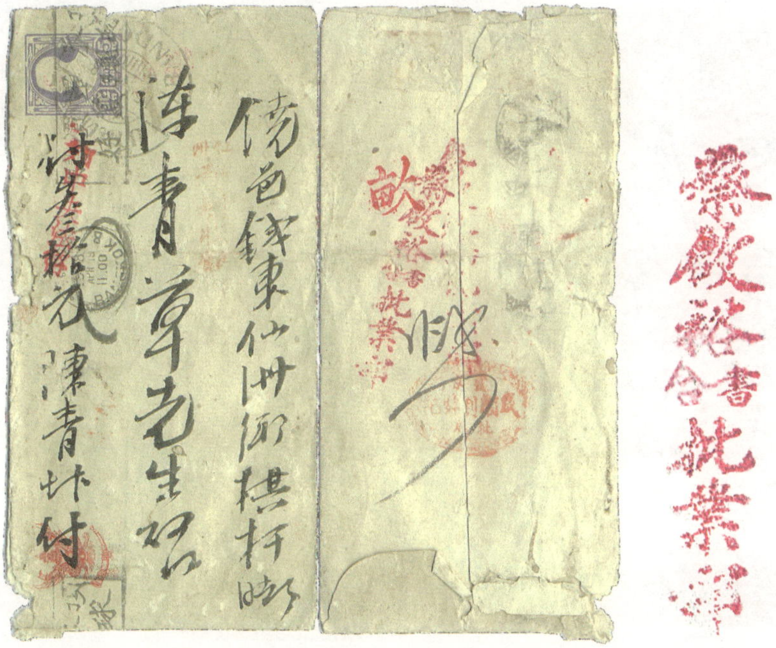

陈青草用泰国 15 士丁邮资封寄中央法币叁拾元至饶邑钱东仙洲乡陈青草，批封销曼谷 1938 年 4 月 19 日邮戳，盖“蔡启裕书合批业部”和“暹京成顺利舜记批局”印。蔡启裕与曼谷成顺利舜记合作经营侨批业务

1929 年 11 月 13 日泰国政府颁布《允许在暹罗和中国之间通信使用 15 士丁邮资信封的指令》，规定“对于从地方城镇送往位于曼谷的批馆，再转往中国的银信，如果是使用邮资封或其他已付邮资的信封，不需要另行收费”。

蔡裕成发

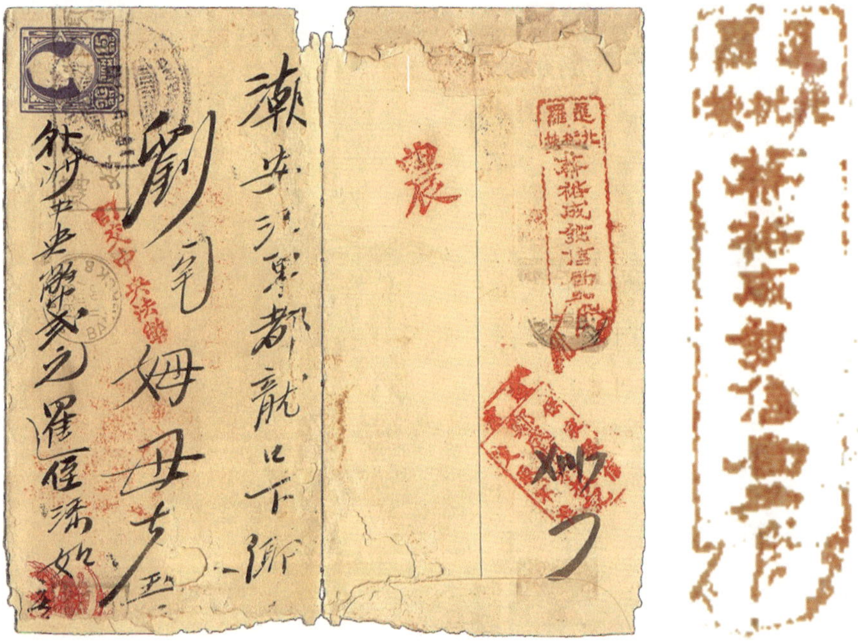

暹添如用泰国 15 士丁邮资封寄中央法币式元至潮安江东都龙口下乡姆母。批封销曼谷 1938 年 8 月 17 日邮戳，盖“暹罗北榄坡蔡裕成发信局”和“暹京郑成顺利振记”印。蔡裕成发在北榄坡，与曼谷郑成顺利振记合作经营侨批业务

常丰泰

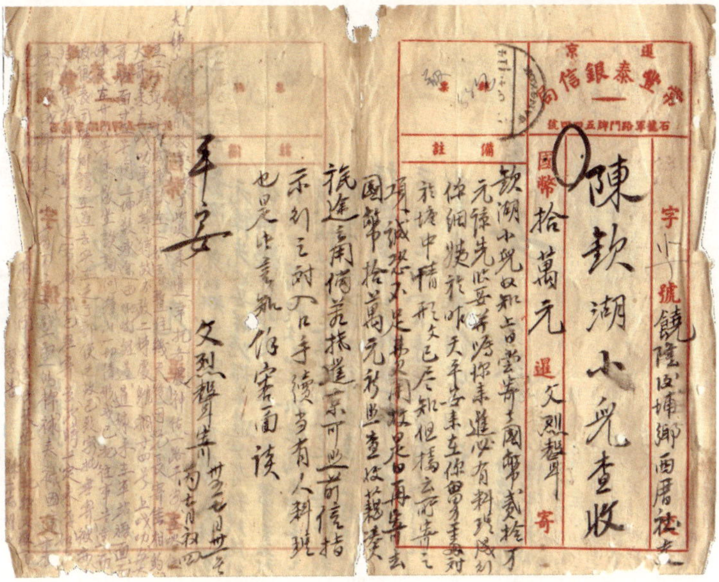

暹烈声民国卅五年(1946)七月卅一日用批局黄色自印封寄国币拾万元至饶隆后埔乡西厝社陈钦湖。批封印“暹京常丰泰银信局　石龙军路门牌五四四号”

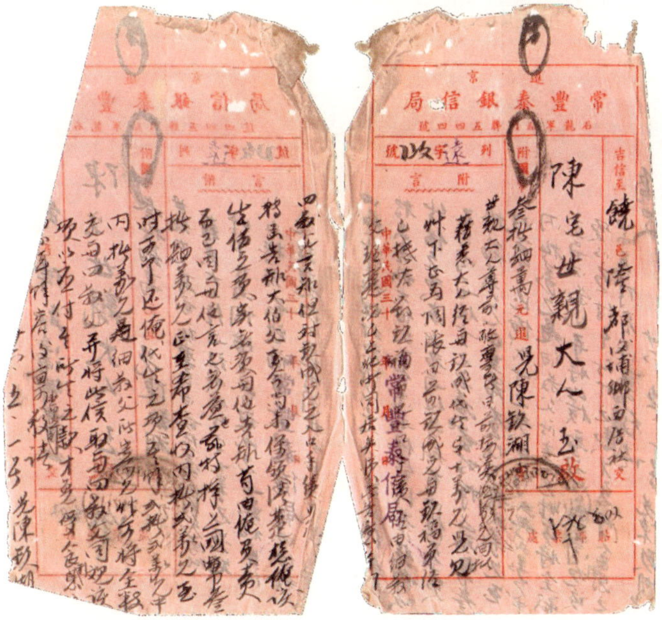

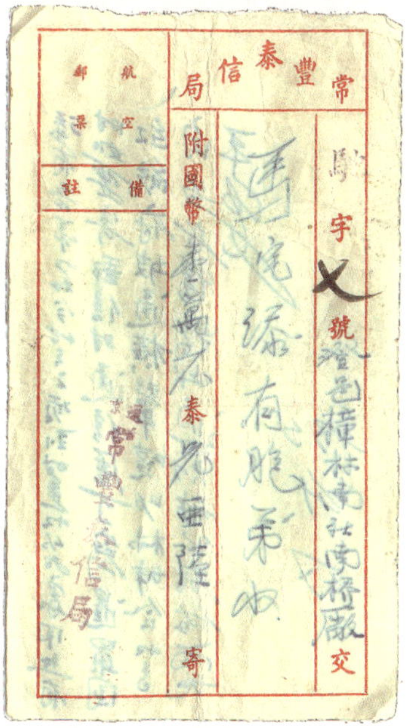

暹陈钦湖用批局红色自印封寄国币叁拾肆万元至饶邑隆都后埔乡西厝社母亲。批封盖“暹京常丰泰信局”印

泰亚陆用批局淡黄色自印封寄国币壹万元至澄邑樟林马添有。批封盖“暹京常丰泰信局”印

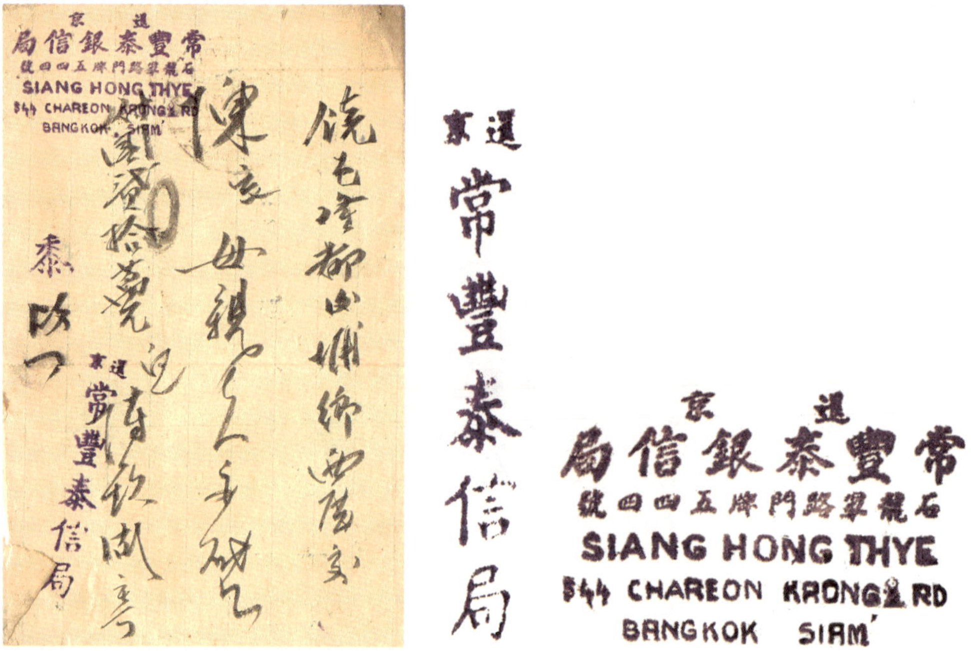

陈钦湖寄国币贰拾万元至饶邑隆都后埔乡西厝母亲。批封盖“暹京常丰泰信局”和“暹京常丰泰银信局　石龙军路门牌五四四号”印。“常丰泰”的英文译名为“SIANG HONG THYE”

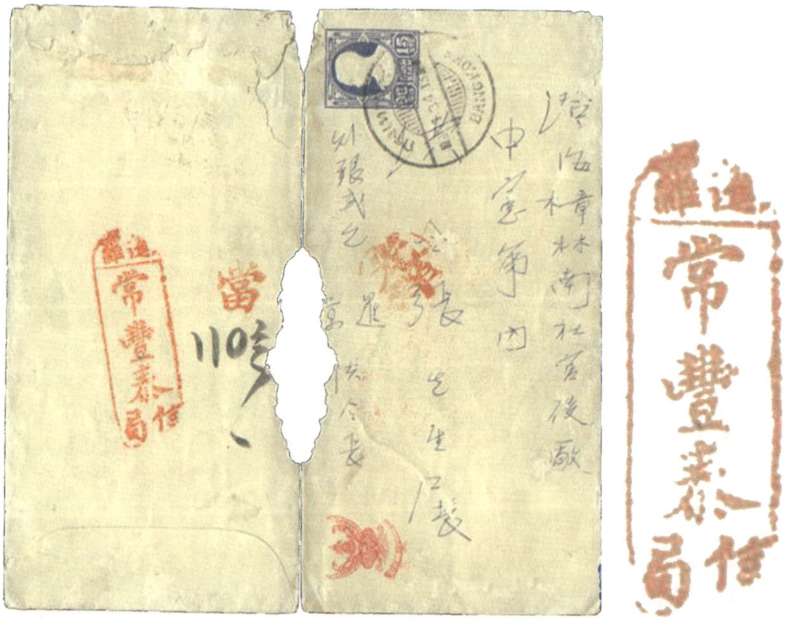

暹京洪令长用泰国 15 士丁邮资封寄银式元至澄海樟林南社洪令张。批封销曼谷 1934 年 4 月 9 日邮戳，盖“暹京常丰泰信局”印

1947 年 5 月 18 日暹罗华侨银信局公会成立，常丰泰为首届会员商号，代表人陈德霖。

常丰泰利记

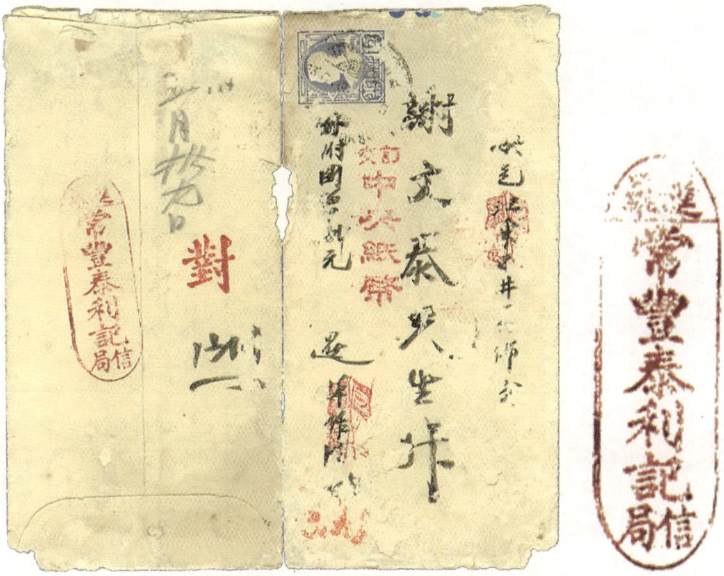

暹许作清用泰国 15 士丁邮资封寄国币八元至海邑江东乡谢文泰。批封盖“暹罗常丰泰利记信局”印

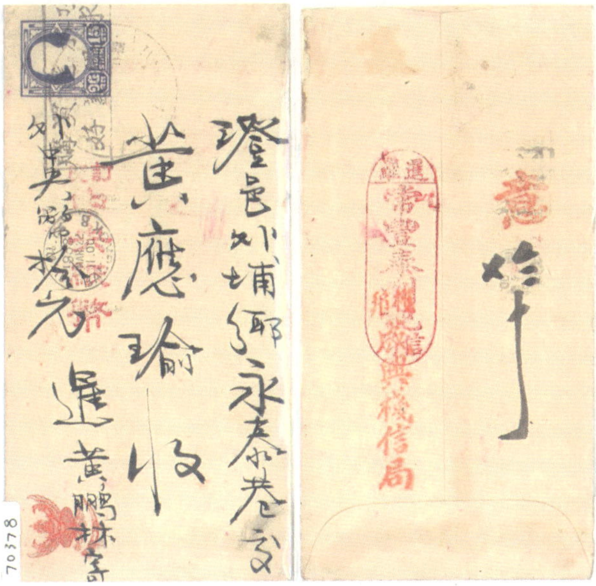

暹黄鹏林用泰国 15 士丁邮资封寄中央币拾元至澄邑外埔乡黄应瑜。批封销曼谷 1938 年 3 月 22 日邮戳，盖“暹罗常丰泰利记信局”和“榄邦成兴栈信局”印。成兴栈在榄邦，与曼谷常丰泰利记合作经营侨批业务

榄邦，即北榄坡。泰国中部那空沙旺府的别称。

长兴

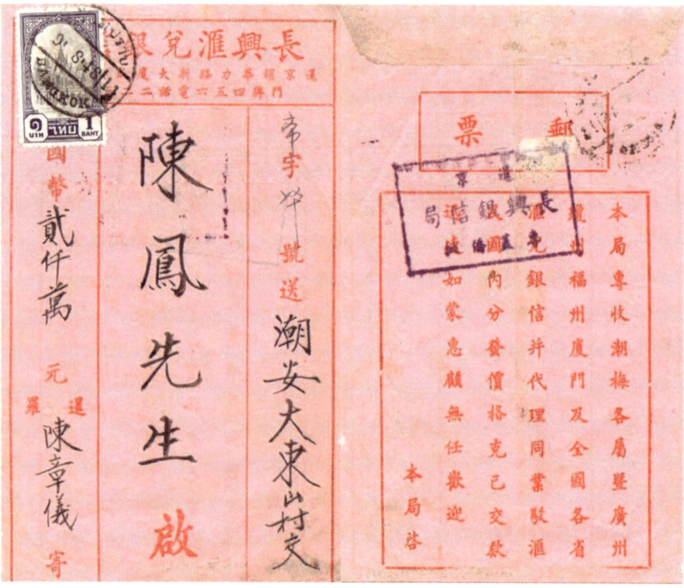

暹罗陈章仪寄国币贰仟万元至潮安大东山村陈凤。批封印“长兴汇兑银信局　暹京耀华力路新大厦成兴利金行　门牌四五六电话二二三一三”，销曼谷“48. 8. 9”邮戳，盖“暹京长兴银信局专盖侨批”印

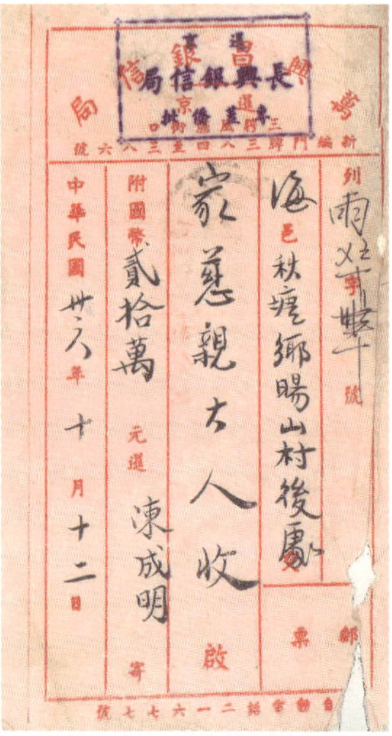

暹陈成明民国卅六年（1947）十月十二日用万兴昌银信局粉红色自印封寄国币贰拾万元至海邑秋塘乡母亲。盖“暹京长兴银信局专盖侨批”印。同在曼谷的两家侨批局合作经营侨批业务

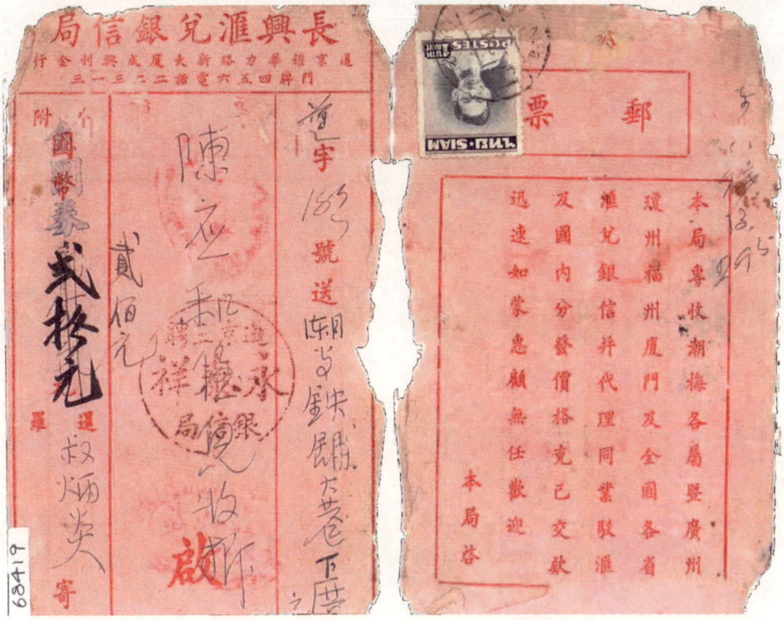

暹罗炳炎用长兴汇兑银信局红色自印封寄金圆券贰佰元至潮安铁铺陈应和。批封盖“暹京三聘永泰祥银信局”印。同在曼谷的两家批局合作经营侨批业务

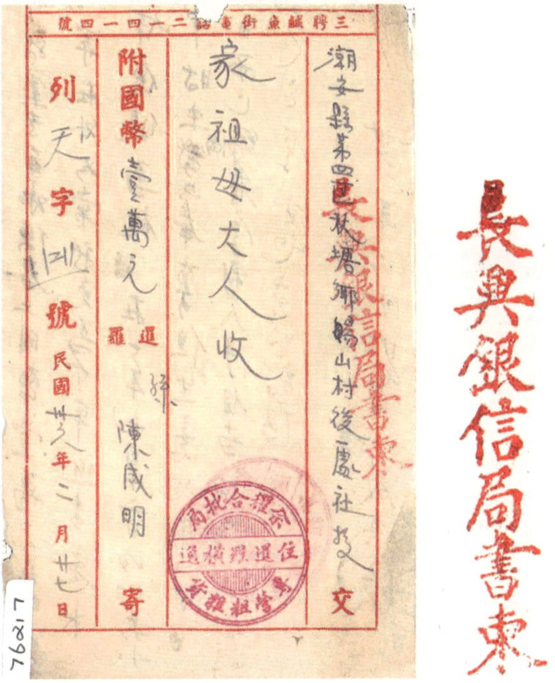

暹罗陈成明民国卅六年（1947）二月廿七日寄国币壹万元至潮安县第四区秋塘乡祖母。批封盖“佘耀合批局”和“长兴银信局书柬”印。同在曼谷的两家侨批局合作经营侨批业务

1947 年 5 月 18 日暹罗华侨银信局公会成立，长兴为首届会员商号，代表人陈绍勋。

长兴利

暹罗陈春寿寄国币壹佰伍拾万元至汀（澄）邑下岱美乡母亲。批封印“西河长兴利汇兑银信局　暹京耀华力路门牌四一〇号　电话二〇七二七号”，批信上记录“戊子（1948）旧三月十八日到”，盖“西河长兴利银信局书柬”和“陈集侨分发”印。澄海陈集侨代理分发泰国长兴利侨批

暹京陈洽昌寄港币壹佰元至汀（澄）邑下岱美乡母亲。批封印“西河长兴利汇兑银信局　暹京耀华力路门牌四〇〇号　电话二一三三七号”，盖汕头1957年9月17日侨批专用邮戳及1957年9月18日“汕头中国银行核盖侨批之章”

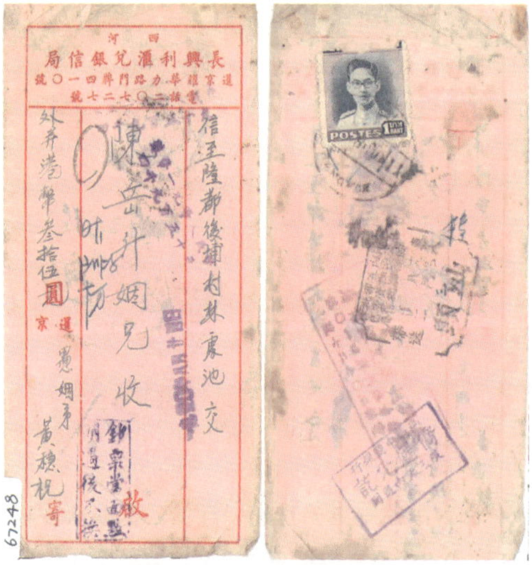

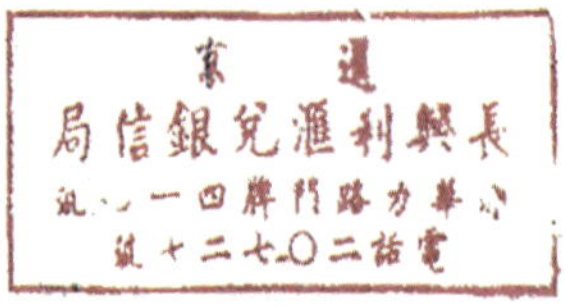

暹京黄稳祝寄港币叁拾伍元至隆都后埔村陈岳升。批封盖汕头1950年8月22日侨批专用邮戳、1950年8月24日“汕头中国银行侨汇兑讫　限三天内送到”结汇章和“暹京长兴利汇兑银信局”长方形印

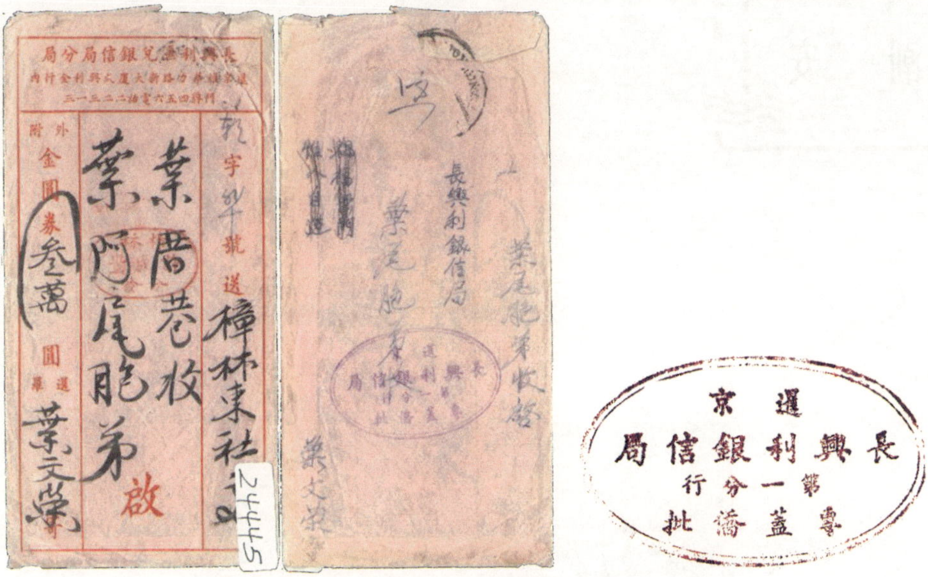

暹罗叶文荣寄金圆券叁万元至樟林东社叶阿尾。批封印“长兴利汇兑银信局分局　暹京耀华力路新大厦成兴利金行内　门牌四五六电话二二三一三”，盖“暹京长兴利银信局第一分行专盖侨批”印

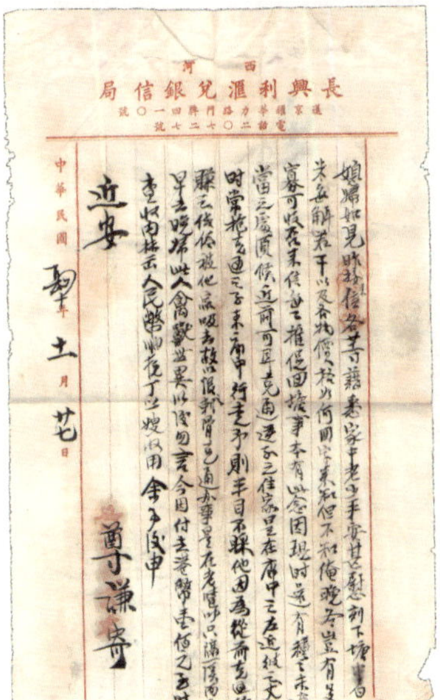

长兴利汇兑银信局写批用笺

1947 年 5 月 18 日暹罗华侨银信局公会成立，选举首届理监事，长兴利的林宗邑当选为监事。

1953 年臣信、能信、名信三家公司联合成立信联有限公司，成员包括其他批信局业者，称为购批代表。长兴利为其中之一。据当年 5 月 11 日《中原报》所载之《信联有限公司购批代表名单》，长兴利的经营地址在曼谷耀华力路 456 号。

潮　安

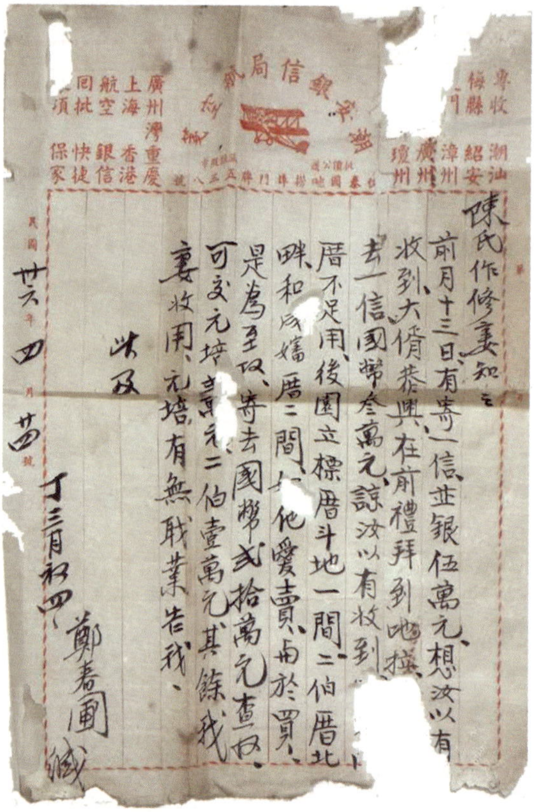

潮安銀信局航空箋

專收 潮汕 梅縣 紹安 [illegible]門 漳州 廣州 瓊州

廣州灣 重慶 上海 香港 航空 銀信 同批 快捷 [illegible]項 保家

住泰國吔捞埠門牌五三八號

陳氏作修妻知之

前月十三日有寄一信並銀伍萬元想汝以有收到、大侄恭興在前禮拜到吔捞、[illegible]去一信、國幣叁萬元、諒汝以有收到[illegible]厝不足用、後園立標厝斗地一間二伯厝北畔和成嬌厝二間、[illegible]他賣、[illegible]於買、是為至要、寄去國幣式拾萬元查收、可交元培[illegible]元二伯壹萬元其餘我妻收用、元培有無找業告我、

此及

丁三月初四　鄭春圃緘

民國卅六年四月廿四號

郑春圃民国卅六年（1947）四月廿四日寄国币式拾万元至陈作修。使用批局自印信笺，上印“潮安银信局航空笺　住泰国吔捞埠门牌五三八号”

潮源兴

暹罗黄烈吟民国卅八年（1949）九月廿六日寄国币壹佰元至揭邑西门外玉湖黄厝圩溪墘黄乡母亲。自印封上印“暹罗潮源兴汇兑银信局　住三聘街观音亭巷口门牌三一〇号　电话二〇五一二、二二八九二”，盖“潮源兴银信局”中英文圆印，批封上贴泰国邮票，销曼谷 1949 年 11 月 17 日邮戳，到达地盖侨批专用邮戳和“汕头中国银行 1949 年 12 月 1 日　侨汇结讫　限三天内送达”结汇章

暹罗许兰香寄港币壹佰元至澄邑隆都龙厝埔乡秦锦坤。自印封上印“潮源兴银信局　泰京三聘街观音亭巷口门牌三一〇号　自动电话二〇五一二”，盖“伟通信局有限公司专盖信封”印，批封上贴泰国邮票，销曼谷佛历 2510 年（1957）9 月 20 日邮戳，到达地盖 1957 年 9 月 29 日侨批专用邮戳

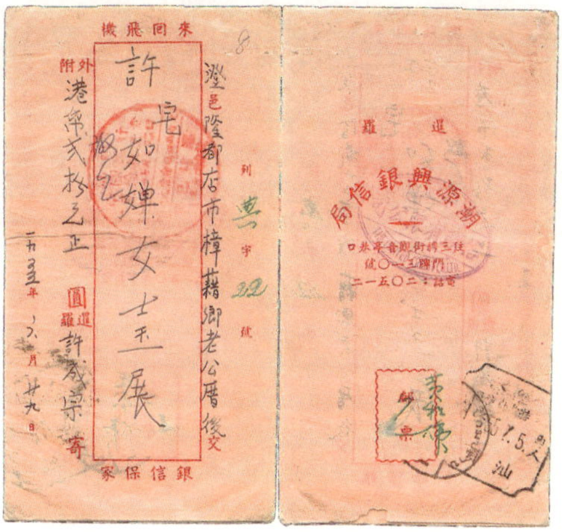

暹罗许成宗一九五五年六月廿九日寄港币式拾元至澄邑隆都店市樟藉（籍）乡许如婵。到达地盖汕头“55. 7. 5”侨批专用邮戳

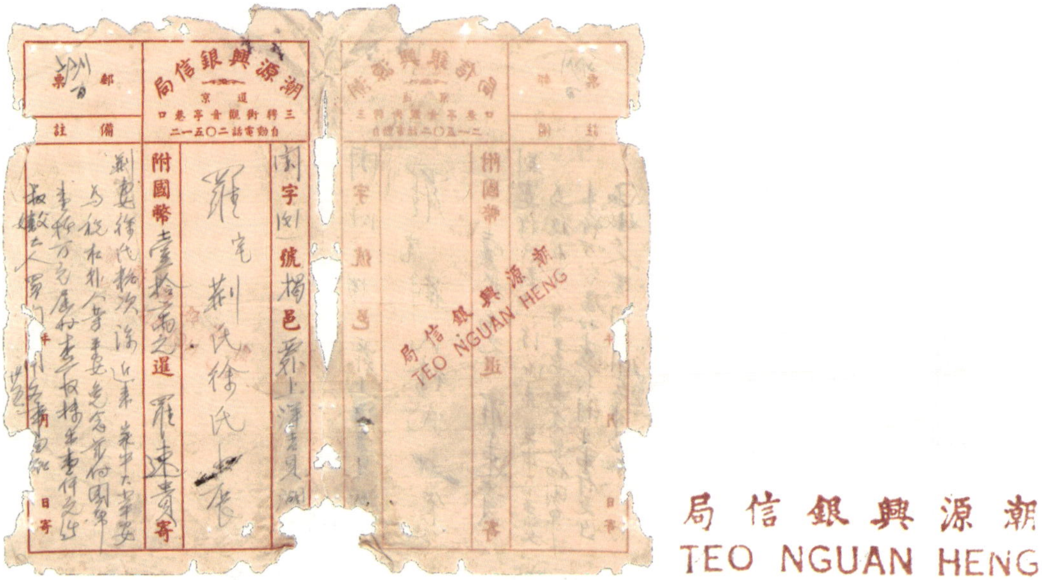

暹罗速贵民国卅五年（1946）寄国币壹拾万元至揭邑西外上洋吉贝湖妻子。自印封上印“潮源兴银信局　暹京三聘街观音亭巷口　自动电话二〇五一二”，盖“潮源兴银信局”中英文印

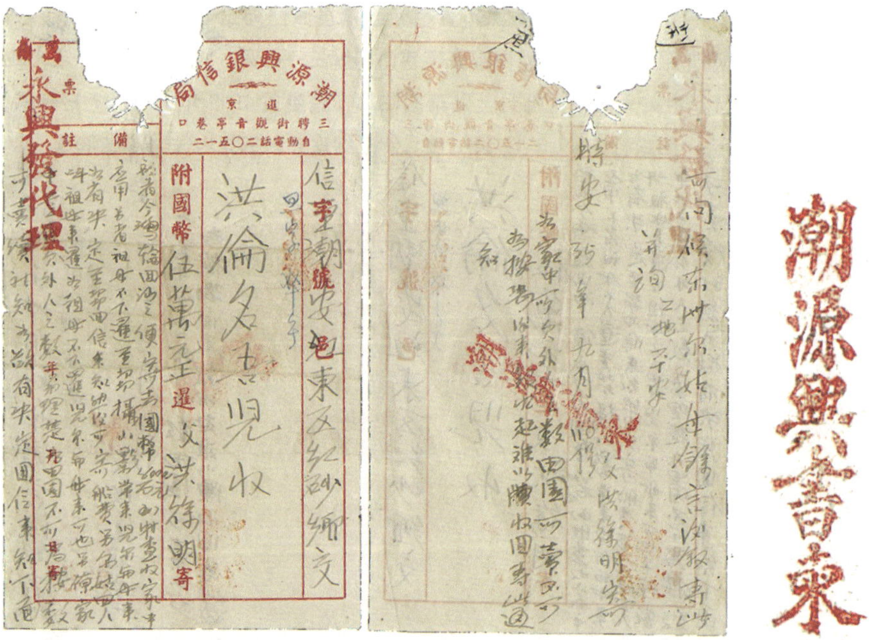

暹洪徐明寄国币伍万元至潮安江东区红砂乡洪伦名。批封盖“潮源兴书柬”和“万伦永兴发代理”印。万伦永兴发与曼谷潮源兴合作经营侨批业务

万伦，泰国南部素叻府的别称。素叻府全称素叻他尼府，华侨习称万伦府。位于马来半岛东岸，濒临泰国万伦湾。

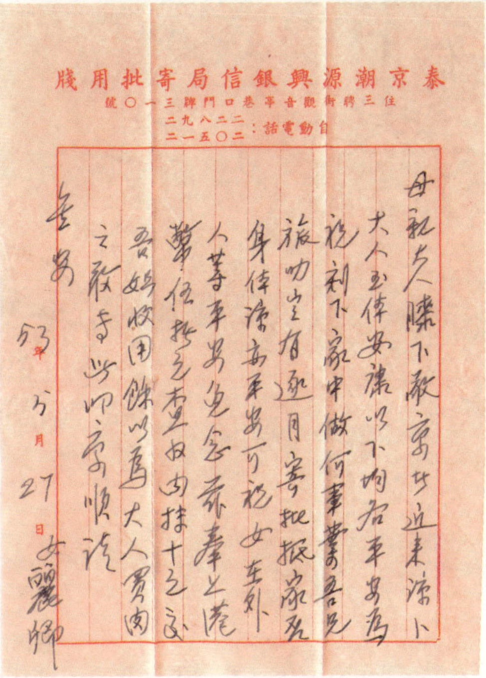
泰京潮源興銀信局寄批用箋
住三聘街觀音亭巷口門牌三一〇號
自動電話：二〇一五一二 二二八九二

母親大人膝下敬稟者近來諒下
大人玉体安康以下均各平安為
祝刹下家中做何事業音兄
旅叻尚有逐月寄批振家
身体清安平安可祝女在外
人等平安免念恭奉上港
幣伍拾元查收由抹十元交
吾妈收用餘以為大人買肉
之费专此叩安顺请
金安
53年6月27日 女麗卿

泰京潮源兴银信局寄批用笺

潮源興銀信局啓事
本號接收潮汕各屬批信並代辦理存款銀行保家妥當回批快捷使諸君滿意
三聘觀音亭巷口門牌三一〇 電話二〇五一二

1946 年 1 月 5 日潮源兴银信局在泰国《全民报》刊登启事：“本号接收潮汕各属批信并代办理存款银行保家妥当回批快捷使诸君满意　三聘观音亭巷口门牌三一〇　电话二〇五一二”

1947 年 5 月 18 日暹罗华侨银信局公会成立，潮源兴为首届会员商号，代表人纪明洁。

根据 1953 年 5 月 11 日泰国《中原报》所载之《信联有限公司购批代表名单》，潮源兴的经营地址在曼谷三聘街 310 号。

1955 年臣信、能信、名信三家公司联合成立信联有限公司，成员包括其他批信局业者，称为购批代表。潮源兴为其中之一。

臣信

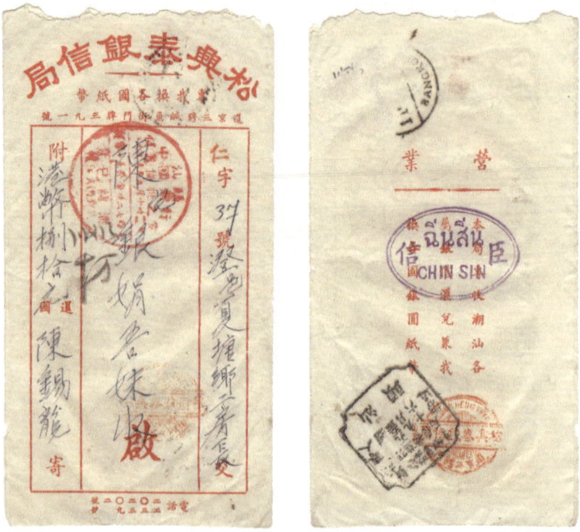

暹国陈锡龙寄港币捌拾元至澄邑夏塘乡陈银娟。批封盖“松兴泰银信局”和“臣信”印

按照泰国政府规定，松兴泰收揽的侨批，必须经由臣信公司方可递寄出境。

暹刘妙云用天外天银信汇兑庄自印封寄港币拾元至澄邑风（凤）岭乡刘卫济。批封销“汕头一九五三年六月五日侨批专用邮戳”，盖“臣信”印

按照泰国政府规定，天外天收揽的侨批，必须经由臣信方可递寄出境。

1953 年，为加强国家银行对银信局的控制，泰国政府规定泰国银信局实行联营，分为三家集团公司向泰国商业厅注册成为合法集团公司。三家注册公司分别是臣信有限公司、能信有限公司、名信有限公司，获准可向大城银行购买外汇，而成为当时持有特权的侨批经营企业。

陈炳春

黄镇川用泰国 15 士丁邮资封寄国币叁元至潮安岗湖乡双亲。批封销曼谷第八邮政局 1938 年 2 月 3 日邮戳，盖“汕头潮安街　陈炳春信局　暹京三聘街”印

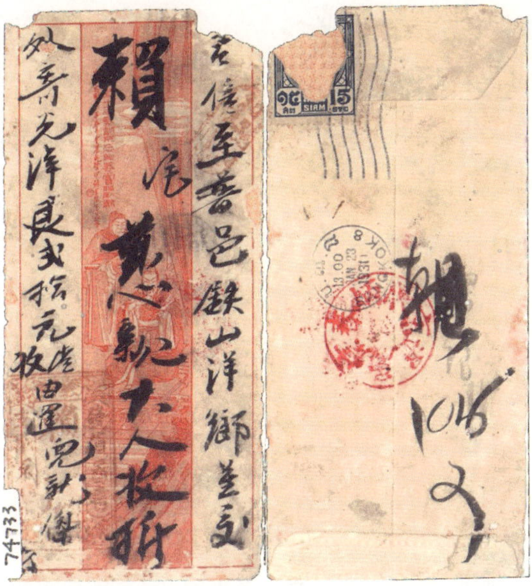

暹龙杰寄光洋式拾元至普邑铁山洋乡母亲。批封销曼谷第八邮政局 1938 年 1 月 23 日邮戳，盖“暹京陈炳春信局”印

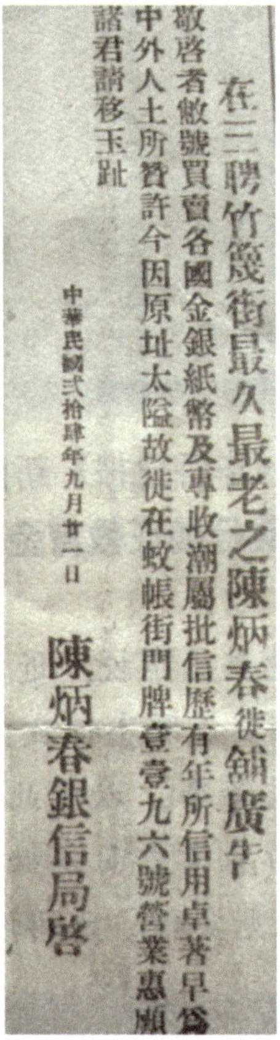

在三聘竹篾街最久最老之陳炳春徙鋪廣告

敬啓者敝號買賣各國金銀紙幣及專收潮屬批信歷有年所信用卓著早爲中外人士所贊許今因原址太隘故徙在蚊帳街門牌壹壹九六號營業惠顧諸君請移玉趾

中華民國弍拾肆年九月廿一日

陳炳春銀信局啓

陈炳春银信局民国弍拾肆年（1935）九月廿一日在《华侨日报》刊登徙铺广告，称其从三聘竹篾街迁移至蚊帐街壹壹九六号

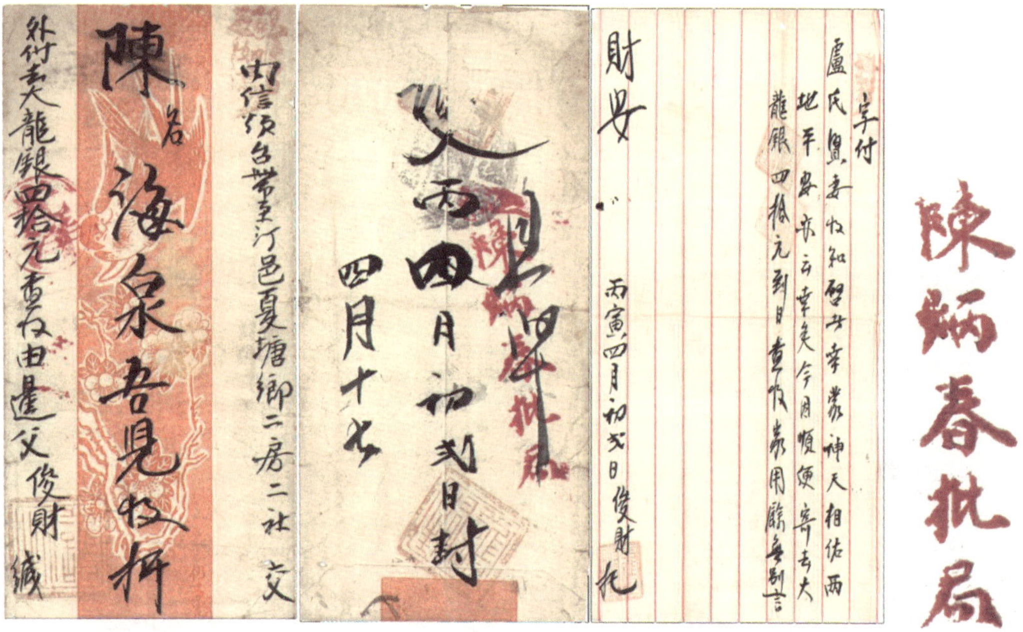

暹俊财丙寅年（1926）四月初二日寄大龙银四拾元至汀（澄）邑夏塘乡陈海泉。批封盖“陈炳春批局”印

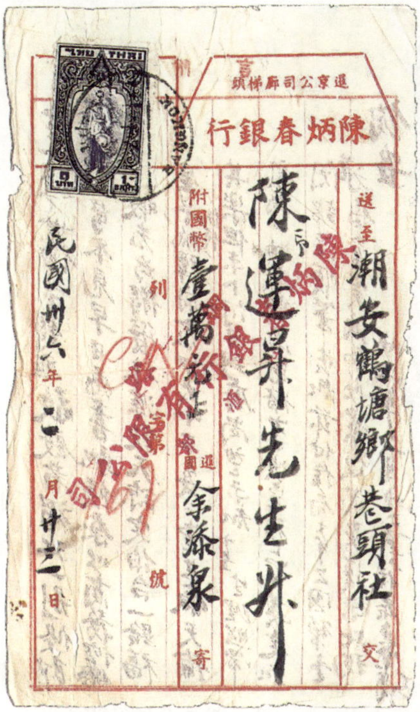

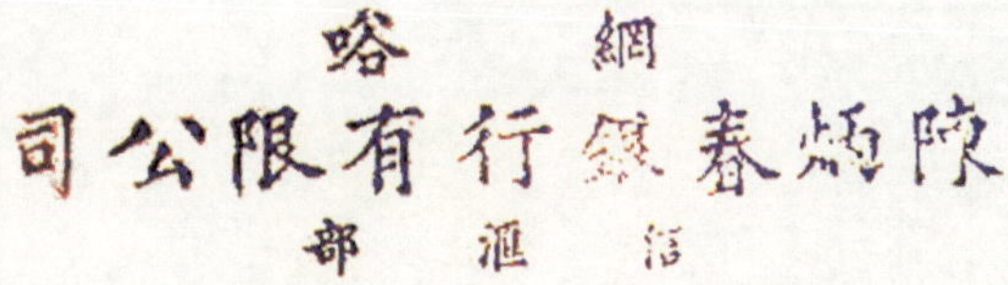

暹余添泉民国卅六年（1947）二月廿三日寄国币壹万元至潮安鹤塘乡陈运昇。批封印“陈炳春银行　暹京公司廊梯头”，盖“网哈陈炳春银行有限公司信汇部”印

网哈，即曼谷。

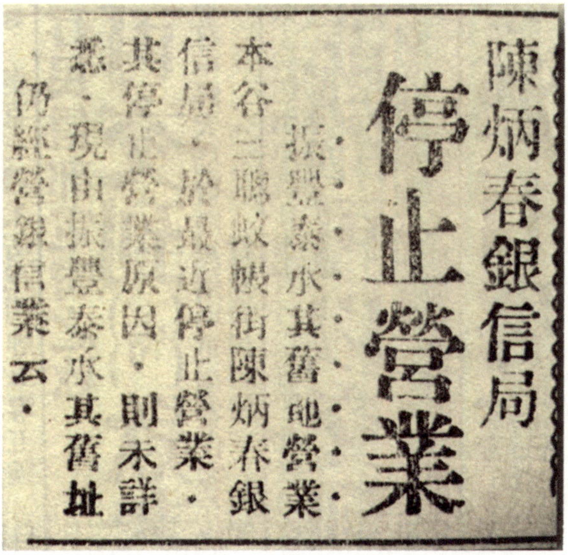
陳炳春銀信局
停止營業
振豐泰承其舊址營業
本谷三聘蚊帳街陳炳春銀信局、於最近停止營業、其停止營業原因、則未詳悉、現由振豐泰承其舊址、仍經營銀信業云、

1940 年 3 月 21 日《中原报》出现《陈炳春银信局停止营业》的新闻，原因不明。其位于三聘蚊帐街的旧址由振丰泰承接

陳炳春銀行啟事
住址公司廊梯頭
本銀行即日起兼營批信業務寄價從優担保回批快捷此佈

陈炳春银信局结束营业后，陈炳春银行 1940 年 5 月 2 日在报端刊出启事，声明“本银行即日起兼营批信业务”

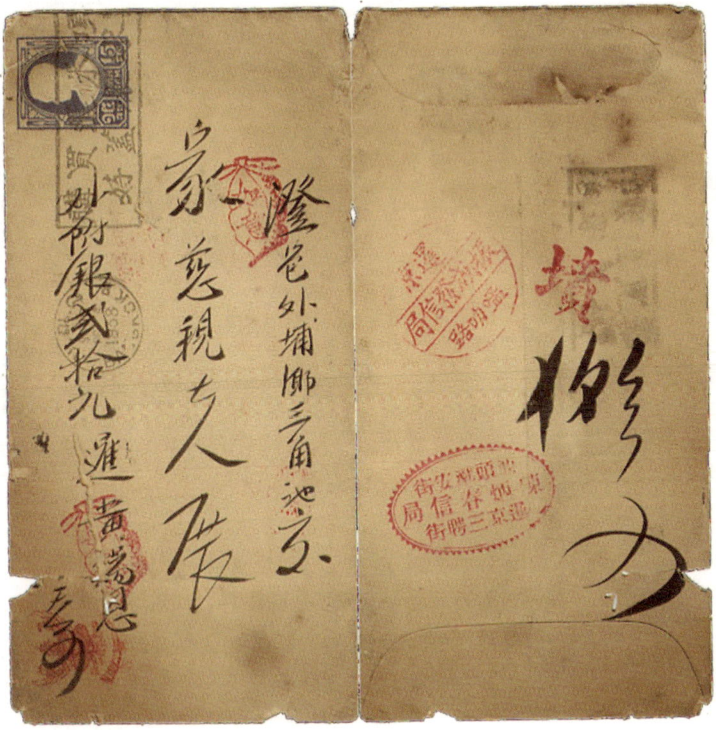

暹黄端恩用泰国 15 士丁邮资封寄银式拾元至澄邑外埔乡母亲。批封销曼谷 1938 年邮戳，盖“陈炳春信局”和“暹京嗌叻路振成发信局”印。同在曼谷的两家批局合作经营侨批业务

暹罗洪植藩民国卅六年（1947）元月卅一日寄国币陆仟元至潮安南桂区书阁院乡双亲。批封印“利民公司银信局　暹京　义福巷门牌二十八号　自动电话二〇三〇五号”，盖“网咍陈炳春银行有限公司信汇部”印。同在曼谷的两家批局合作经营侨批业务

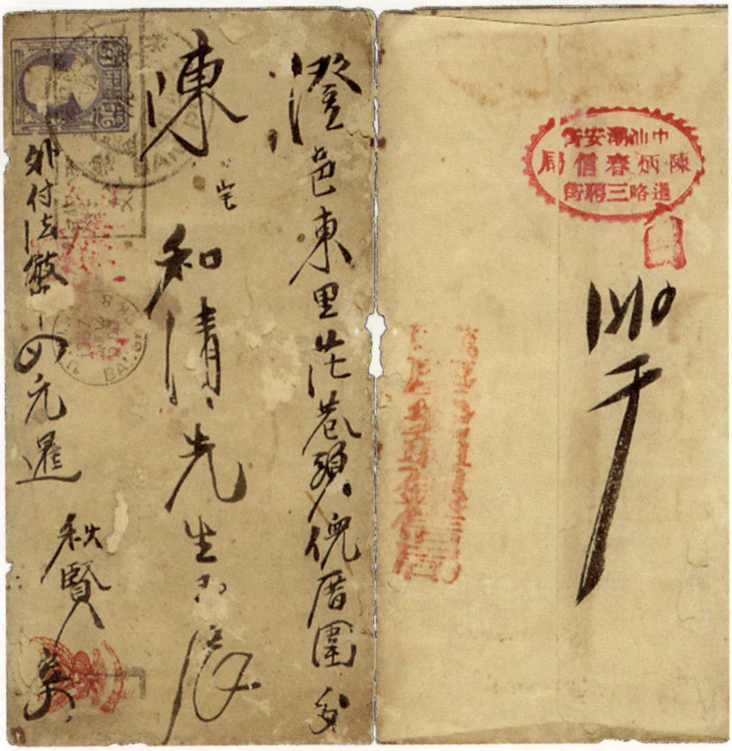

暹秋贤用泰国 15 士丁邮资封寄法币四元寄澄邑东里庄陈和清。批封销“曼谷 1937 年 1 月 23 日邮戳”，盖“陈炳春信局”和“万仑廖炎兴银信局”印。素叻府（万伦）的廖炎兴与曼谷陈炳春合作经营侨批业务

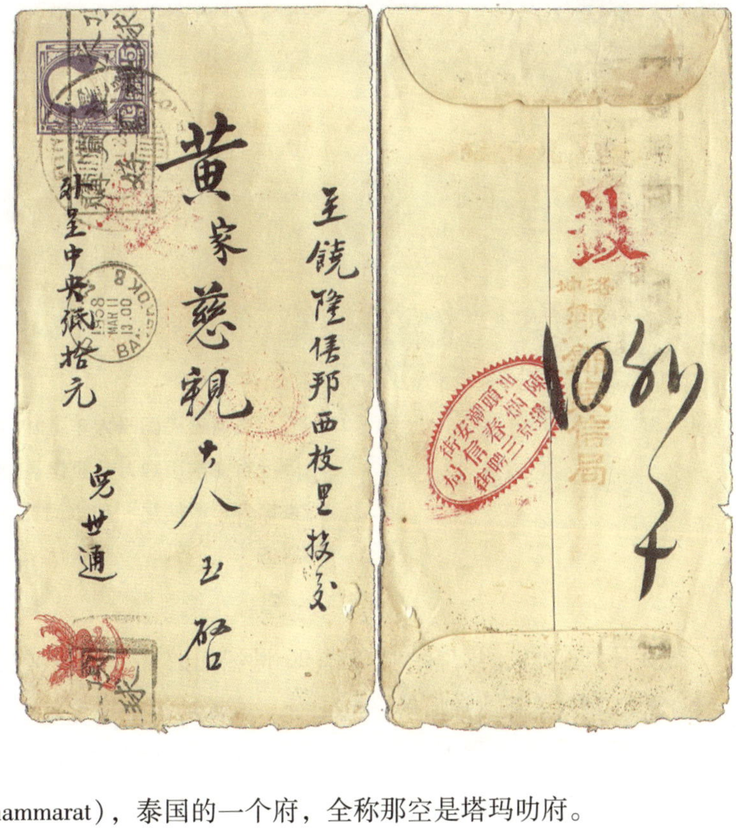

世通用泰国 15 士丁邮资封寄中央纸拾元至饶隆信邦母亲。批封销曼谷 1938 年 3 月 11 日邮戳，盖“陈炳春信局”和“洛坤邹锦泉信局”印。洛坤邹锦泉与曼谷陈炳春合作经营侨批业务

洛坤（Nakhon Si Thammarat），泰国的一个府，全称那空是塔玛叻府。

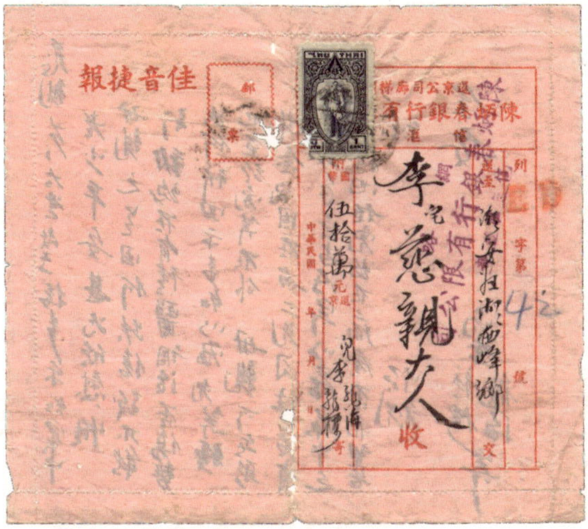

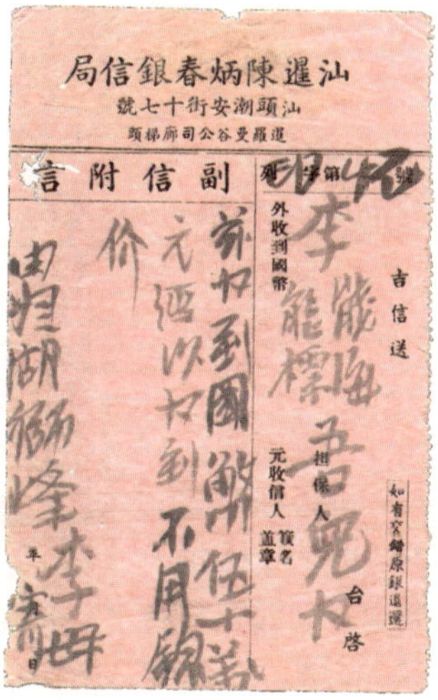

这是来回配套的一对侨批。来批由泰国李能海、李能标寄国币伍拾万元至潮安归湖西（狮）峰乡李宅母亲。回批则由归湖狮峰李母寄李能海、李能标。来回批同列 ED 字第 42 号，泰国来批印有“暹京公司廊梯头　陈炳春银行有限公司信汇部”，并盖“网哈陈炳春银行有限公司信汇部”印鉴；回批则印“汕暹陈炳春银信局　汕头潮安街十七号　暹罗曼谷公司廊梯头”。显而易见，汕头与暹罗的陈炳春是同名分设两地的批局

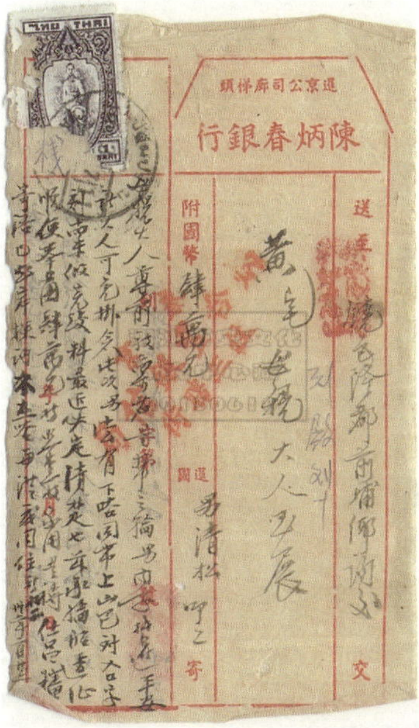

暹清松民国卅六年（1947）二月廿二日用陈炳春自印侨批封寄国币肆万元至饶邑隆都前埔乡母亲。批封盖“泰京炳合丰银信局”印。同在曼谷的两家批局合作经营侨批业务

据泰国学者提供的资料，在泰国 20 世纪初的官方档案《御前报告》中，已有创建于曼谷三聘街的“陈炳春信局”的记录。该批局每年寄批金额约为 20 万元。

1932 年 1 月 31 日暹罗华侨银信局公所成立，陈炳春为首任理事商号。

1947 年 5 月 18 日暹罗华侨银信局公会成立，陈炳春为首届会员商号，代表人陈兆森。

陈德华

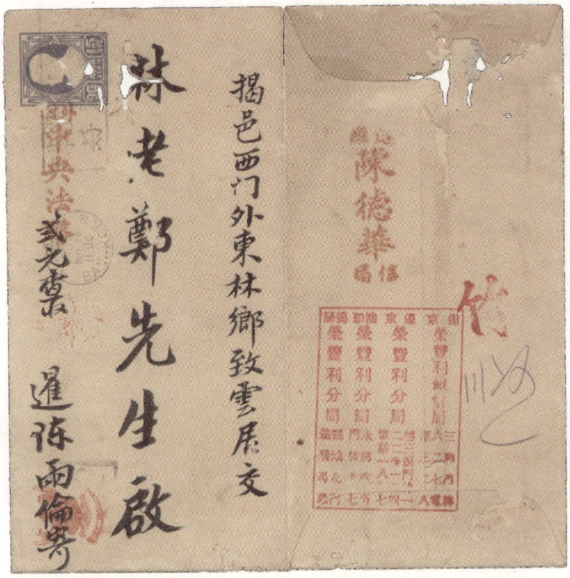

暹陈两伦用泰国 15 士丁邮资封寄中央法币弍元至揭邑西门外东林乡林老郑。批封销曼谷 1937 年 11 月 28 日邮戳，盖“暹罗陈德华信局”和“暹京荣丰利银信局”印。两家批局合作经营侨批业务

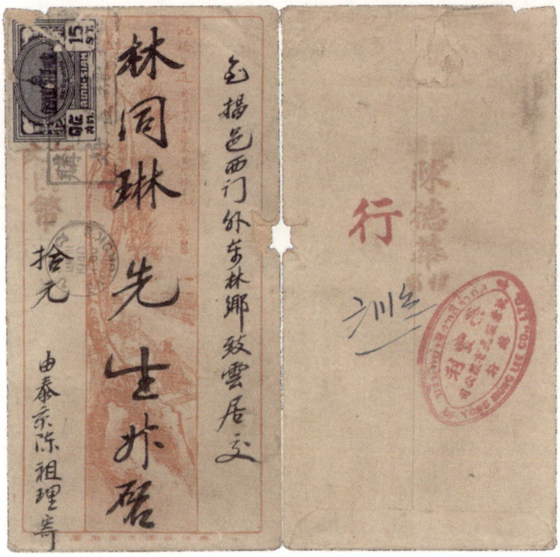

泰京陈祖理寄国币拾元至揭邑西门外东林乡林同琳。批封销 1940 年 1 月 1 日曼谷邮戳，盖“陈德华信局”和“荣丰利批业汇兑有限公司总行”印。陈德华与荣丰利合作经营侨批业务

依据 1936 年汕头邮政管理局（邮局）向国家交通部邮政总局呈报的核发批局营业凭证申请书整理，汕头启峰栈于民国元年（1912）在暹罗攀德素旺设立陈德华分号，营业人为揭阳人陈成煌。

《1947 年暹罗华侨信局调查表》显示该信局当事人为陈成煌，地址曼谷攀多社。

陈和源

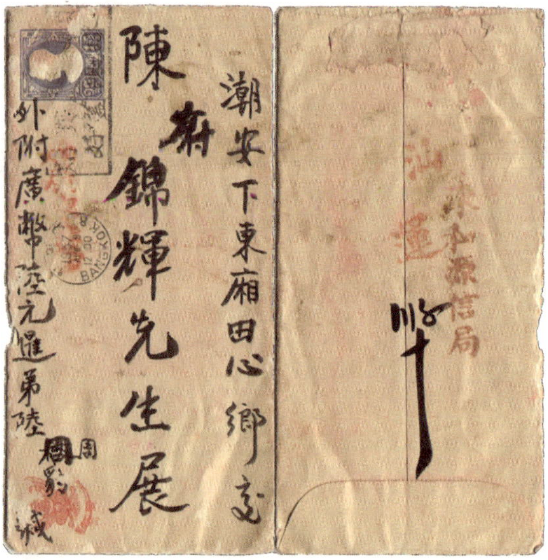

暹陆周豹寄广币（广东法币）陆元至潮安下东厢田心乡陈锦辉。批封销曼谷第八邮政局 1937 年 4 月 9 日邮戳，盖“陈和源信局”印

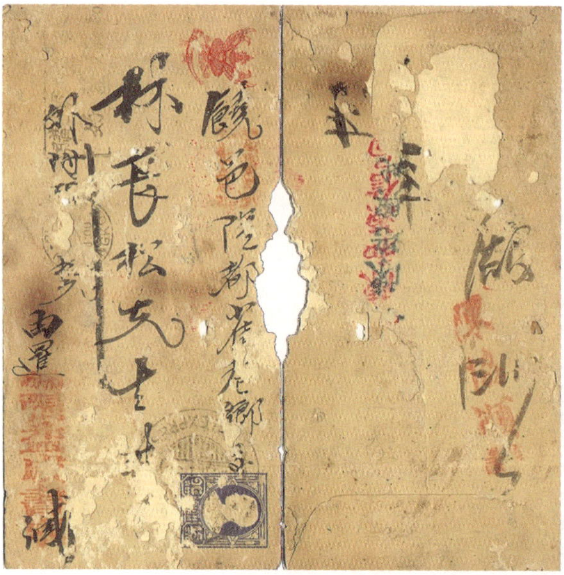

暹张益成用泰国 15 士丁邮资封寄□□拾元至饶邑隆都雀巷乡林长松。批封盖“陈和源信局”和“陈协顺”印。陈和源和曼谷的陈协顺合作经营侨批业务

1929 年 11 月 13 日泰国政府颁布《允许在暹罗和中国之间通信使用 15 士丁邮资信封的指令》，规定“对于从地方城镇送往位于曼谷的批馆，再转往中国的银信，如果是使用邮资封或其他已付邮资的信封，不需要另行收费”。

陈鸿记

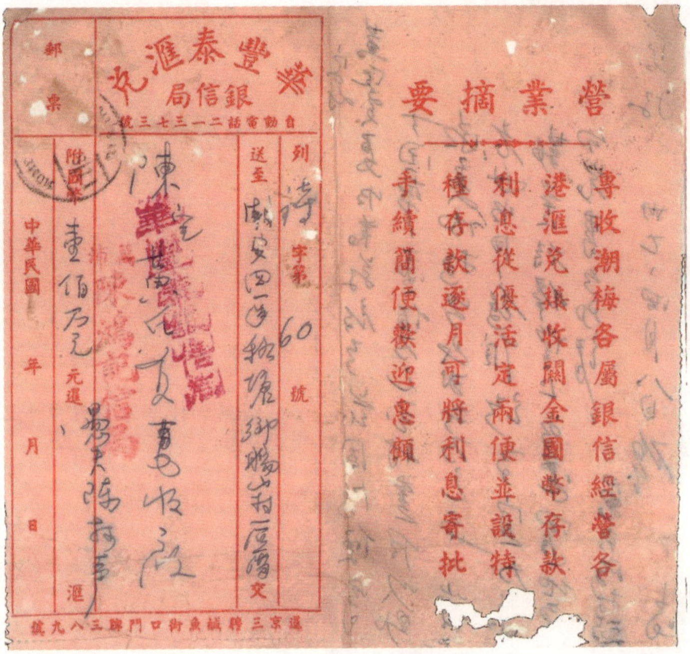

暹陈林声民国卅七年（1948）四月八日用华丰泰汇兑银信局自印封寄国币壹佰万元至潮安四区秋塘乡妻子。批封盖“华丰泰银信局”和“万沛陈鸿记信局”印。万沛的陈鸿记和曼谷的华丰泰合作经营侨批业务

万沛，位于泰国东北部。

陈黉利

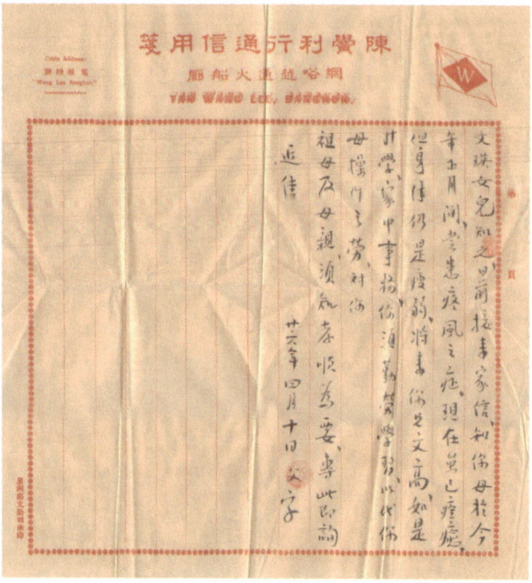
陳黌利行通信用箋

網喺越通火船廍

TAN WANG LEE, BANGKOK.

父亲民国廿六年（1937）年四月十日用陈黉利行通信用笺寄文瑛信。信笺上标明地址：网哈越通火船廊

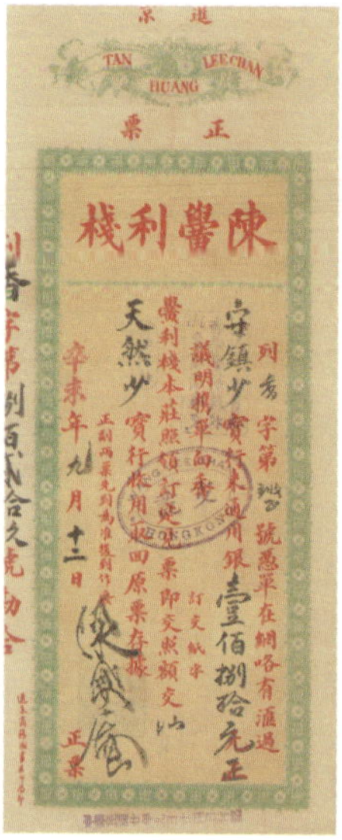
TAN HUANG LEECHAN

正票

陳黌利棧

天然少寶行

辛未年九月十二日

正票

陈黉利栈辛未年九月十二日（1931 年 10 月 22 日）开出守镇少宝行汇汕天然少宝行汇票一张

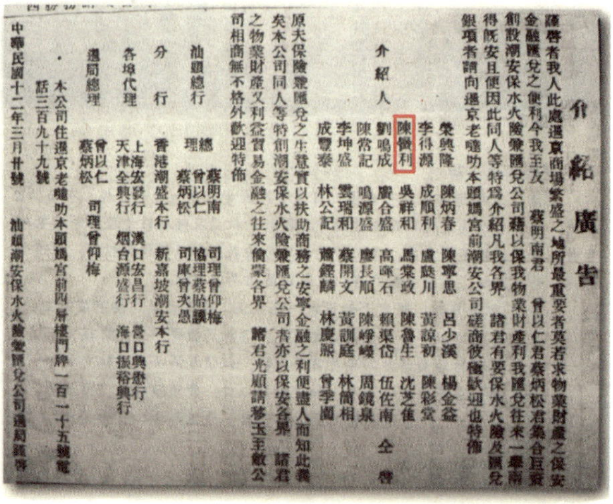
介紹廣告

謹啓者我人此處暹京商場繁盛之埠所最重要者莫若求物業財產之保安金融匯兌之便利今我至友　蔡明南君　曾以仁君蔡炳松君集合巨資創設潮安保水火險暨匯兌公司藉以保我物業財產利我匯兌往來一舉兩得既安且便因此同人等特爲介紹凡我各界　諸君有要保水火險及匯兌銀項者請向暹京老嗹叻本頭媽宮前潮安公司磋商彼儕歡迎也特佈

介紹人　榮興隆　陳炳春　陳寧思　呂少溪　楊金益　李得源　成順利　盧麒川　黃諒初　陳彩堂　陳黌利　吳祥和　馬業政　陳魯生　沈芝佳　劉鳴成　廣合盛　高嶧石　賴渠岱　伍佐南　陳常記　鳴源盛　廖長順　陳崢嶸　周鏡泉　李坤盛　雲瑞和　蔡開文　黃訓庭　林簡相　成豐泰　林公記　蕭鑑麟　林慶熙　曾季闔　仝啓

原夫保險暨匯兌之生意實以扶助商務之安寧金融之利便盡人而知此義矣本公司同人等特創潮安保水火險暨匯兌公司者亦以保安各界　諸君之物業財產又利益貿易金融之往來倫蒙各界　諸君光顧請移玉至敝公司相商無不格外歡迎特佈

汕頭總行　總理　蔡明南　曾以仁　蔡炳松　司理　曾仰梅　協理　蔡貽謀　司庫　曾𠃧愚

分行　香港潮盛本行　新嘉坡潮安本行

各埠代理　上海安發行　漢口宏昌行　營口興懋行　天津全興行　烟台源盛行　海口振裕興行

暹局總理　曾以仁　蔡炳松　司理　曾仰梅

本公司住暹京老嗹叻本頭媽宮前四層樓門牌一百一十五號電話三百九十九號

中華民國十二年三月廿號　汕頭潮安保水火險暨匯兌公司暹局謹啓

1923 年 3 月 20 日，《华暹新报》刊出一则《介绍广告》，介绍诸多侨社名人。陈黉利位列其中

泰国商业部注册厅的汇集档案显示，1933 年，时任泰国中华总商会会长陈守明向政府呈文，说明泰国汇兑银行的字号、业务中的资金、缴租金数月等情况。其中，陈黉利栈业务资金 2 445 065. 38（铢），缴税金 6 112. 66（铢）。

陈济和

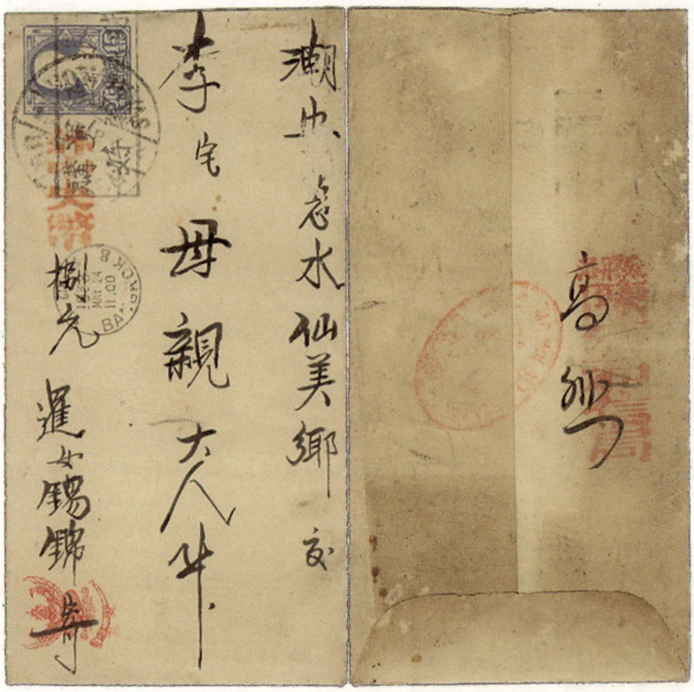

暹锡锦用泰国 15 士丁邮资封寄中央币捌元至潮安急水仙美乡母亲。批封销曼谷 1938 年 5 月 24 日邮戳，盖“宋胶洛陈济和信局”印

宋胶洛（Sawankhalok），泰国北部素可泰府的一个县。

陈美和

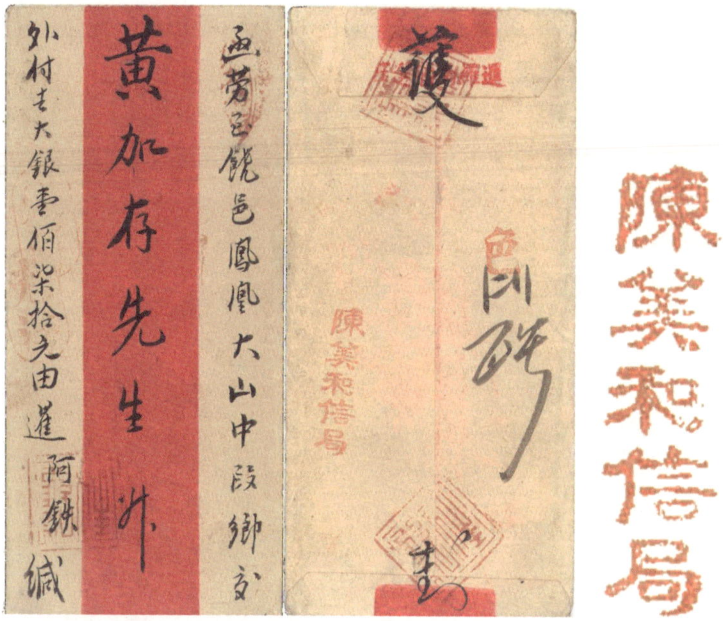

暹阿铁寄大银壹佰柒拾元至饶邑凤凰大山中段乡黄加存。批封盖“陈美和信局”印

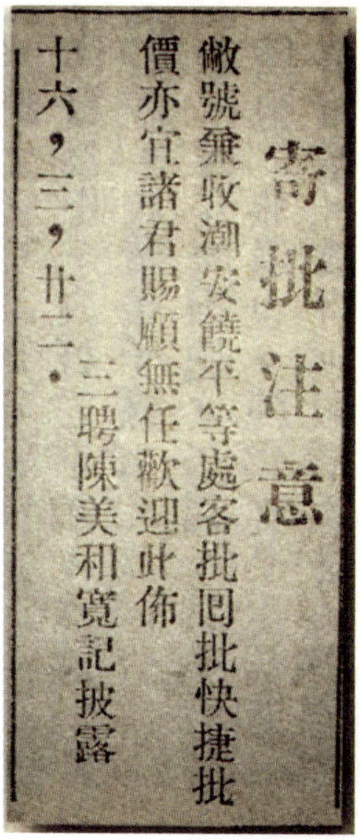

寄批注意

敝號兼收潮安饒平等處客批回批快捷批價亦宜諸君賜顧無任歡迎此佈

三聘陳美和寬記披露

十六，三，廿二．

1927 年 3 月 22 日《国民日报》刊登三聘陈美和宽记的广告：“寄批注意　敝号兼收潮安饶平等处客批回批快捷批价亦宜诸君赐顾无任欢迎此布”

陈美盛

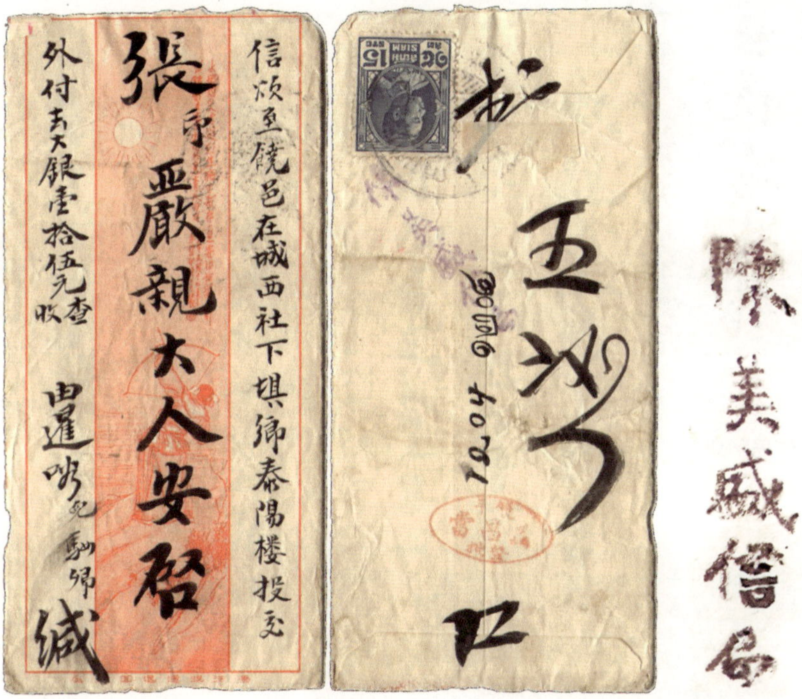

暹曼谷驷卿寄大银壹拾伍元至饶邑在城西社下坝乡父亲。批封盖“陈美盛信局”印

据泰国学者提供的资料，在泰国20世纪初的官方档案《御前报告》中，已有创建于曼谷三聘街的“陈美盛信局”的记录。该批局每年寄批金额约20万元。

陈美盛和记

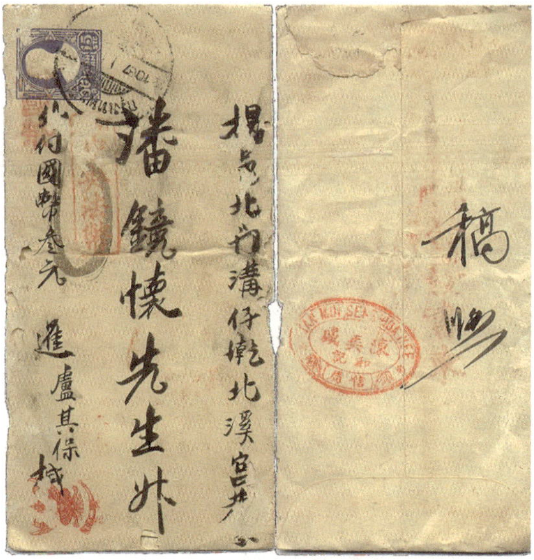

暹卢其保寄国币叁元至揭邑北门沟仔墘北溪宫巷潘镜怀。批封销泰国邮政局 1937 年邮戳，盖“陈美盛和记信局”印

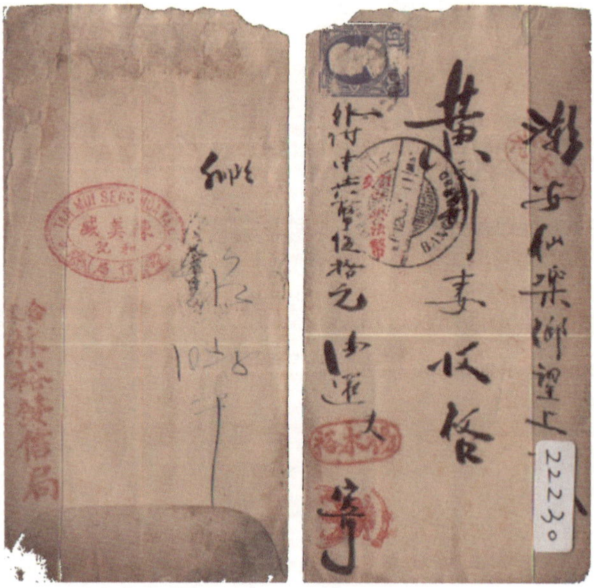

暹杨木裕用泰国 15 士丁邮资封寄中央币伍拾元至潮安仙乐乡妻子。批封盖“合艾林裕发信局”印和“陈美盛和记信局”印。合艾的林裕发与曼谷的陈美盛和记合作经营侨批业务

合艾（Hat Yai），泰国宋卡府的一个市。距马来西亚仅 36 公里。合艾市为泰国南部地区的主要城市。

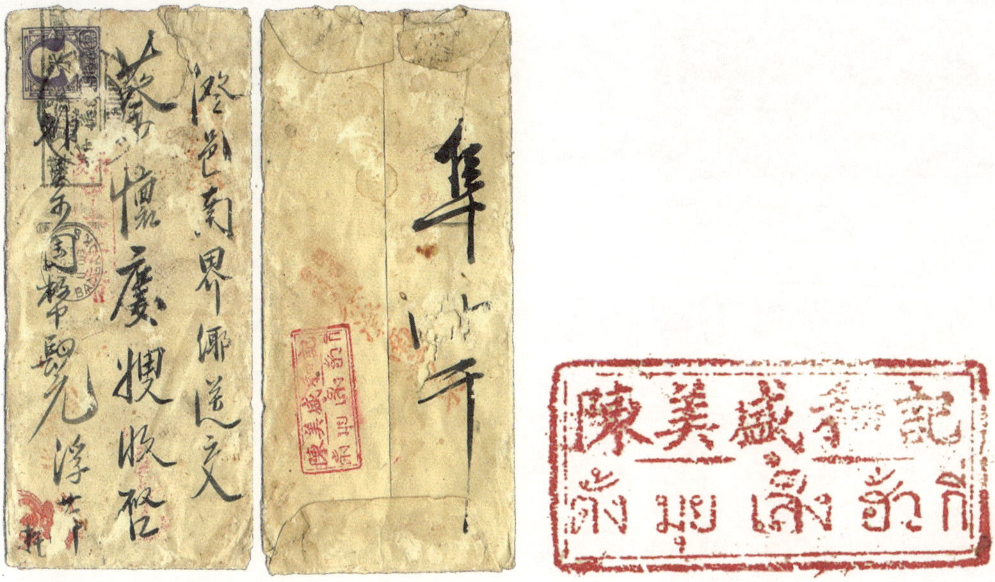

泰国浮□寄国币肆元至澄邑南界乡蔡怀庆。批封销曼谷第八邮政局 1938 年邮戳，盖“陈美盛和记”扁形印

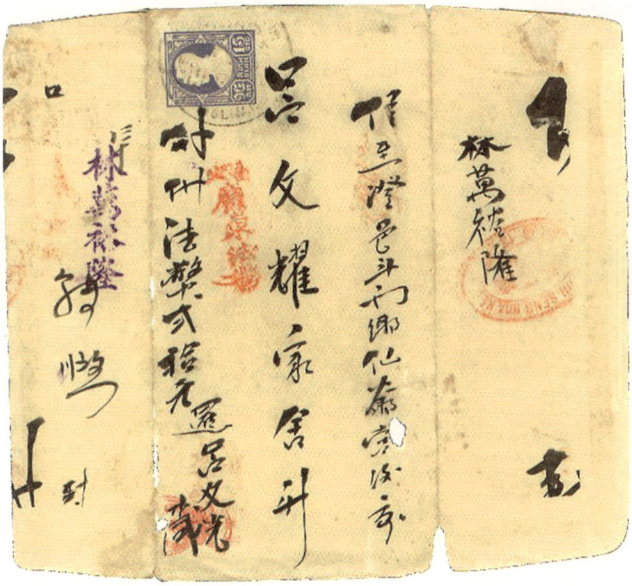

暹吕文光用泰国 15 士丁邮资封寄法币式拾元至澄邑斗门乡吕文耀。批封盖“林万裕隆”和“陈美盛和记信局”印。林万裕隆和曼谷的陈美盛和记合作经营侨批业务

1929 年 11 月 13 日泰国政府颁布《允许在暹罗和中国之间通信使用 15 士丁邮资信封的指令》，规定“对于从地方或城镇送往位于曼谷的批馆，再转往中国的银信，如果是使用邮资信封或其他已付邮资的信封，不需要另行收费”。

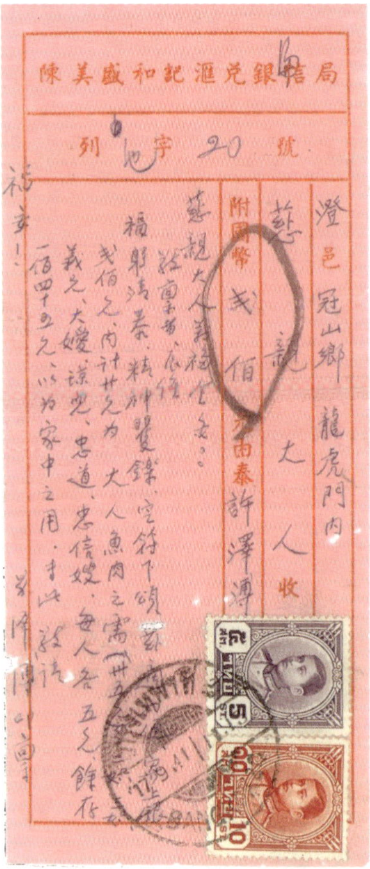

泰许泽溥寄国币式百元至澄邑冠山乡母亲。批封印“陈美盛和记汇兑银信局”，贴泰国 15 士丁邮票，盖曼谷“41. 9. 17”邮戳

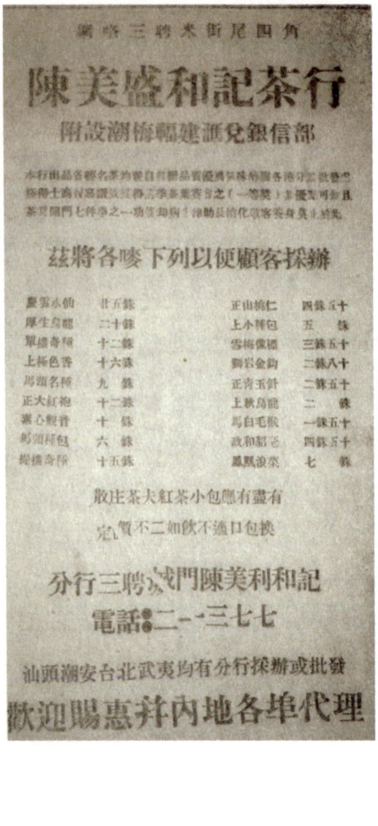

網峪三聘米街尾四角

陳美盛和記茶行

附設潮梅福建匯兌銀信部

茲將各嘜下列以便顧客採辦

龍雪小仙	廿五銖	正山桃仁	四銖五十
厚生烏龍	二十銖	上小种包	五銖
單欉奇種	十二銖	雪梅傑標	三銖五十
上極色香	十六銖	獅岩金鈎	二銖八十
馬頭名種	九銖	正青玉針	二銖五十
正大紅袍	十二銖	上秋烏龍	二銖
素心觀音	十銖	馬白毛猴	一銖五十
馬頭祥包	六銖	政和貂毛	四銖五十
提欉奇種	十五銖	鳳凰浪菜	七銖

散庄茶夫紅茶小包應有盡有

定價不二如飲不適口包換

分行三聘浅門陳美利和記

電話：二一一三七

汕頭潮安台北武夷均有分行採辦或批發

歡迎賜惠并內地各埠代理

1946 年 7 月 3 日泰国《光华报》刊登陈美盛和记茶行“附设潮梅福建汇兑银信部”广告。广告中的营业地址为网峪三聘米街尾四角

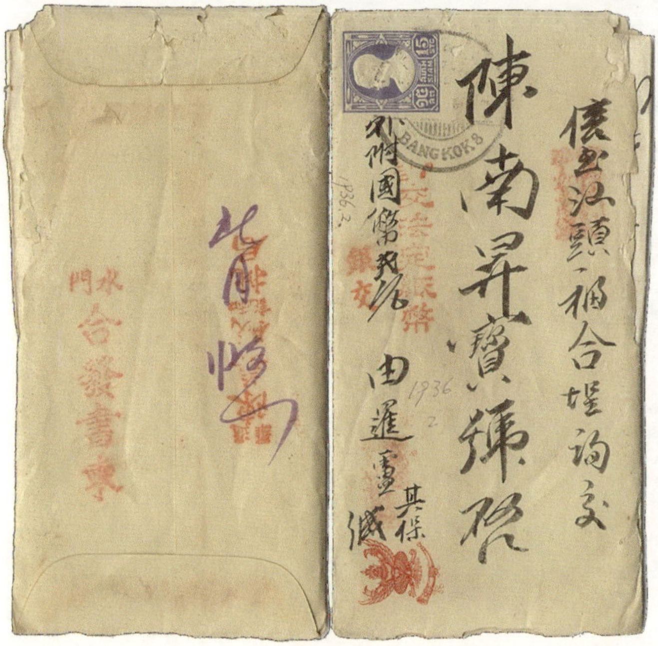

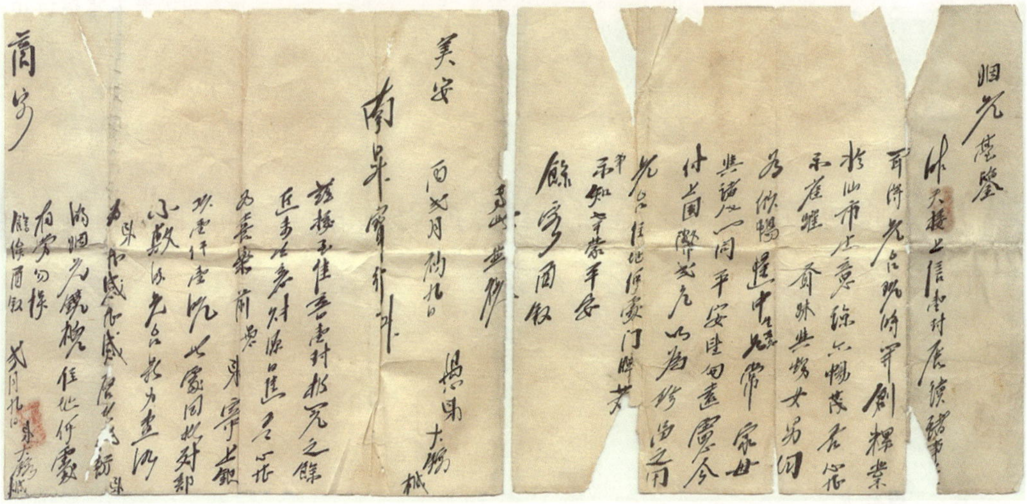

暹卢其保丙年（1936）弍月初九日用泰国 15 士丁邮资封寄国币弍元至汕头福合埕陈南昇宝号。批封盖“暹罗陈美盛和记批局”印

1947 年 5 月 18 日暹罗华侨银信局公会成立，陈美盛和记为首届会员商号，代表人陈书辰。

陈培兴

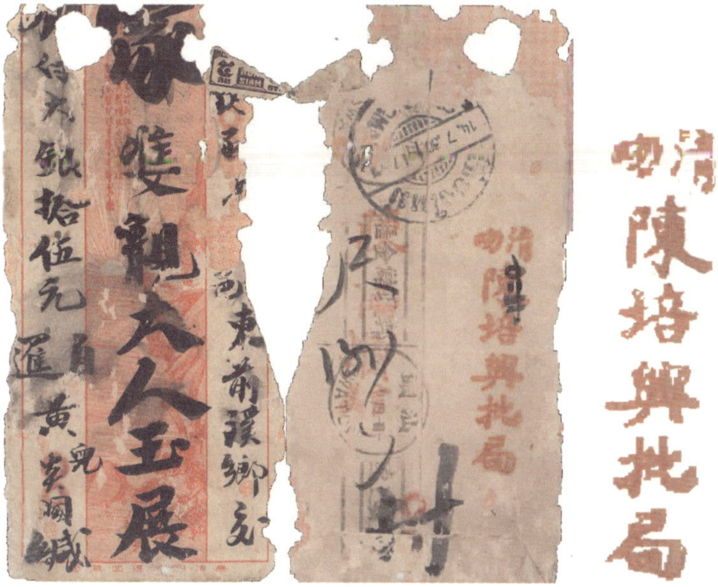

暹黄炎国寄大银拾伍元至□□东前溪乡双亲。批封盖泰国 1930 年 7 月 14 日邮戳和“清吻陈培兴批局”印

清吻，即清迈（Chiang Mai）。清迈，一译景迈，泰国第二大城市。北部古城和经济重镇。

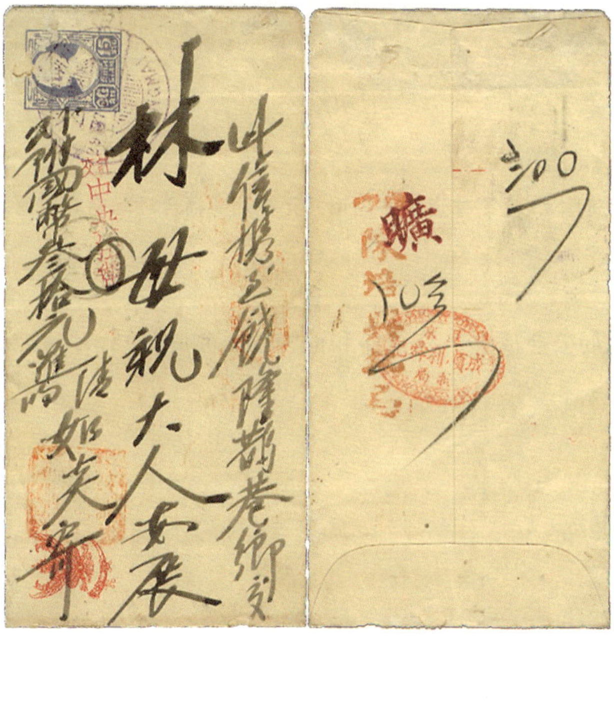

暹清吻如炎用泰国 15 士丁邮资封寄国币叁拾元至饶隆鹊巷乡母亲。批封盖“陈培兴批局”和“暹京成顺利舜记批局”印。清迈陈培兴与暹京成顺利舜记合作经营侨批业务

陈仁兴

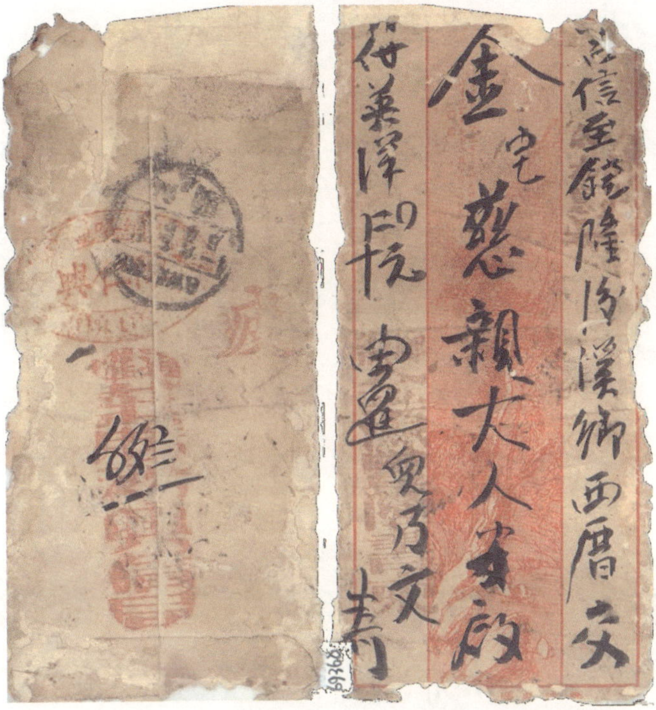

暹乃文寄英洋十二元至饶隆后溪乡母亲。批封盖“网哈陈仁兴”和“暹罗庄胜裕兴信局”印。庄胜裕兴与曼谷陈仁兴合作经营侨批业务

陈荣盛

泰陈联苞寄国币伍佰元至普邑大洋尾乡陈盛吟。批封盖“坤西育陈荣盛信局”和“泰京三聘街郑成顺利振记批业汇兑”印。陈荣盛和曼谷的郑成顺利振记合作经营侨批业务

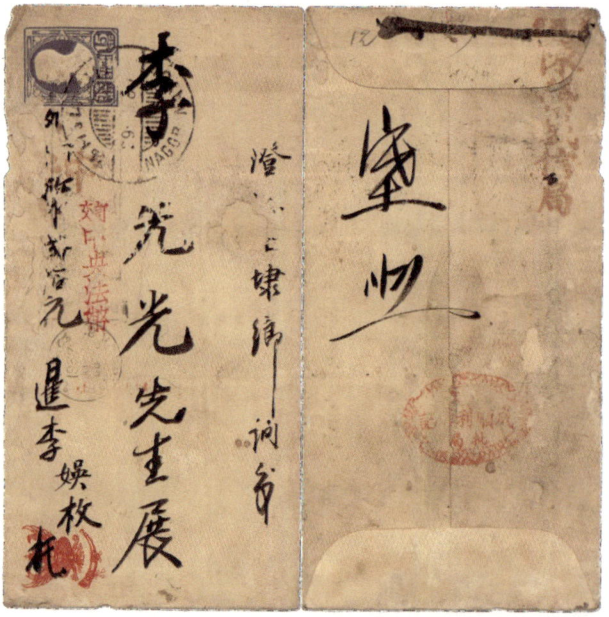

暹李娱枚用泰国 15 士丁邮资封寄国币式拾元至澄□□埭乡李先光。批封销曼谷 1937 年 7 月 6 日邮戳，盖“陈荣盛信局”印

陈瑞发

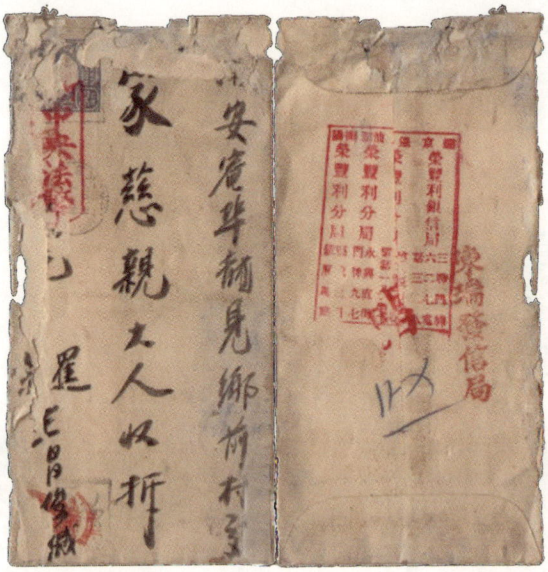

暹王昌俊寄中央法币□□元至潮安庵埠龙见乡母亲。批封销曼谷第八邮政局邮戳，盖“陈瑞发信局”和“暹京荣丰利银信局”印

1929 年 11 月 13 日泰国政府颁布《允许在暹罗和中国之间通信使用 15 士丁邮资信封的指令》，规定“对于从地方或城镇送往位于曼谷的批馆，再转往中国的银信，如果是使用邮资信封或其他已付邮资的信封，不需要另行收费”。

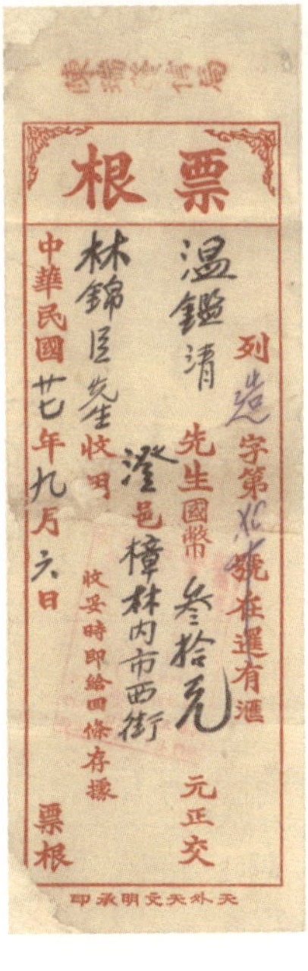

暹温鉴清民国廿七年（1938）九月六日寄国币叁拾元至澄邑樟林内市西街林锦臣的陈瑞发信局票根

陈盛合

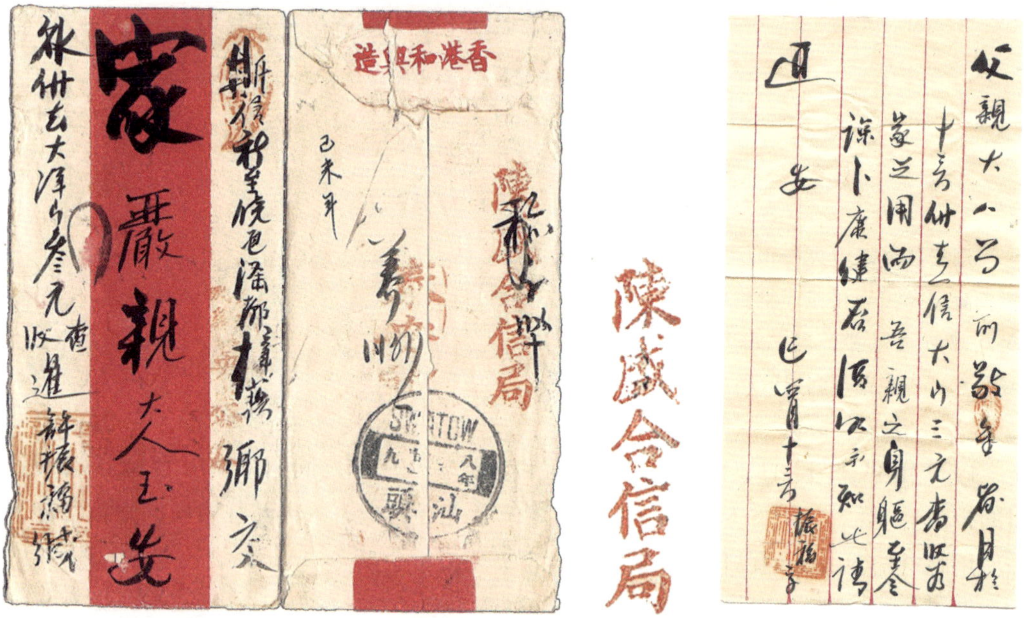

暹许振福己未年（1919）四月十三日寄大洋银叁元至饶邑隆都樟藉（籍）乡父亲。批封盖“陈盛合信局”印

陈石记

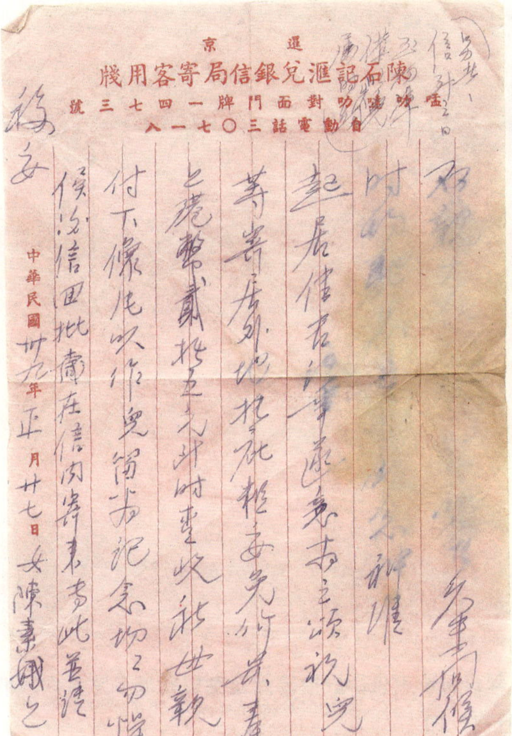
暹京

陳石記匯兌銀信局寄客用箋

嗌叻噠叻對面門牌一四七三號

自動電話三〇七一八

中華民國卅九年正月廿七日 女陳素娥上

陈素娥1950年正月廿七日寄港币贰拾五元予双亲。侨批专用信笺上印“暹京　陈石记汇兑银信局寄客用笺　嗌叻哒叻对面门牌一四七三号　自动电话三〇七一八”

陈顺记

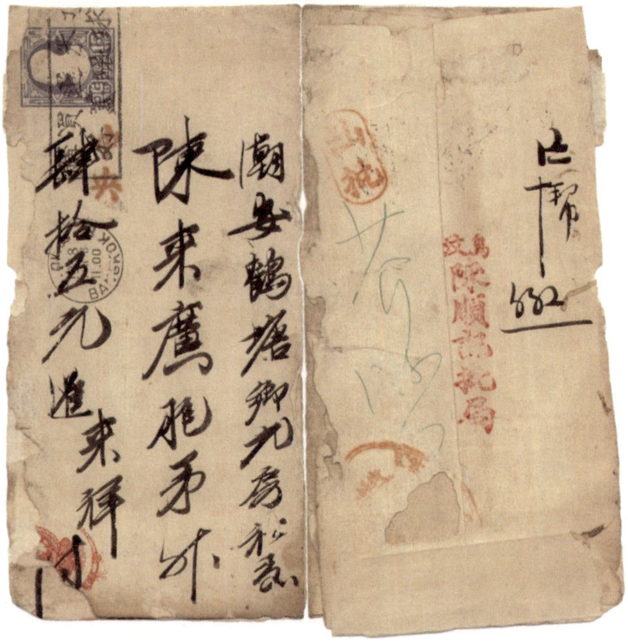

暹来祥用泰国 15 士丁邮资封寄中央币肆拾五元至潮安鹤塘乡陈来广。批封销 1938 年 4 月 13 日曼谷邮戳，盖“乌汶陈顺记批局”印

乌汶（Ubon Ratchathani），直译乌汶叻差他尼。泰国呵叻高原东南部城市。乌汶府，泰国东北部最大的府，东距老挝边界 64 公里。

陈天合集成昌

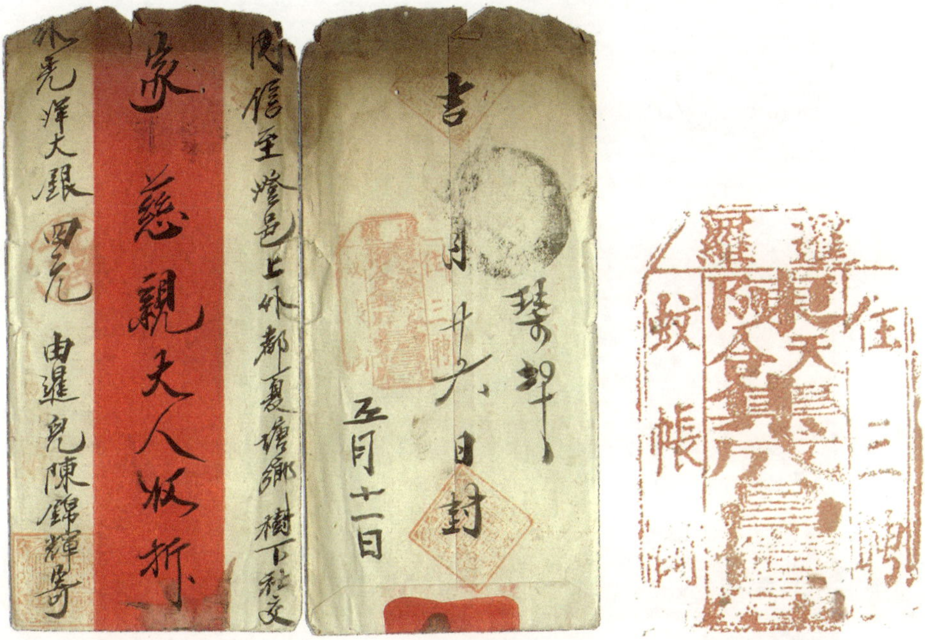

暹陈锦辉寄光洋大银四元至澄邑上外都夏塘乡母亲。批封盖“暹罗陈天合集成昌信局　住三聘蚊帐街”印

据泰国学者提供的资料，在泰国20世纪初的官方档案《御前报告》中，已有创建于曼谷三聘街的“陈天合集成昌信局”的记录。该批局每年寄批金额约20万元。

陈伍记德和

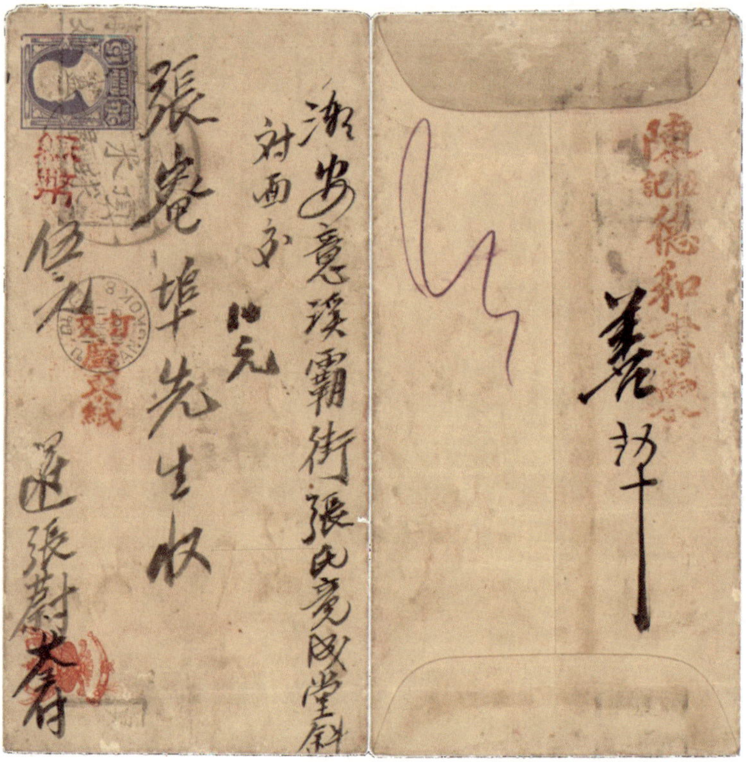

暹张蔚荃用泰国 15 士丁邮资封寄广东纸币伍元至潮安意溪霸街张氏竟成堂张庵埠。批封销曼谷 1936 年 4 月 11 日邮戳，盖“陈伍记德和书柬”印

陈协顺

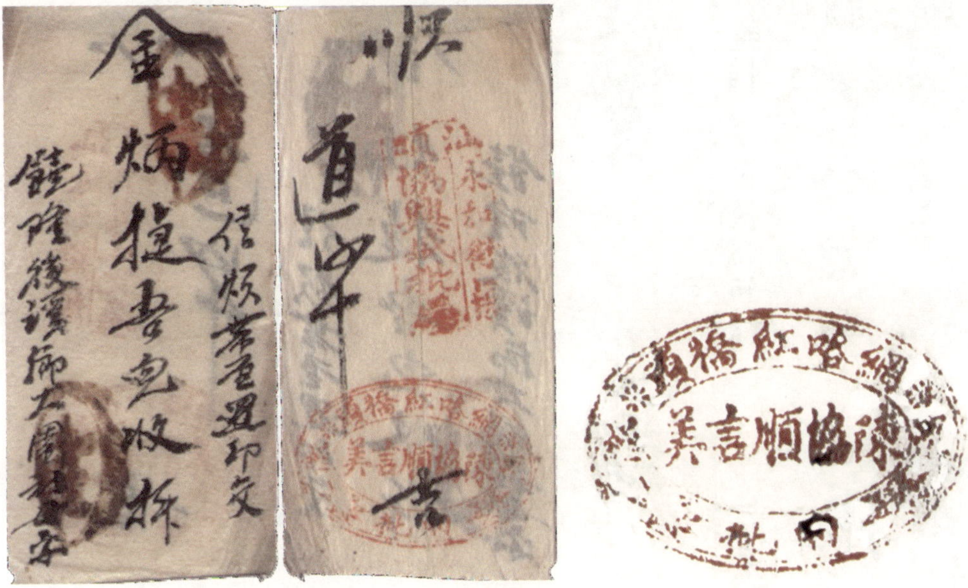

饶隆后溪乡母亲寄暹邦金炳捷回批。批封盖“网哈红桥头陈协顺言美批局”和“汕头永和街协兴盛批局”印

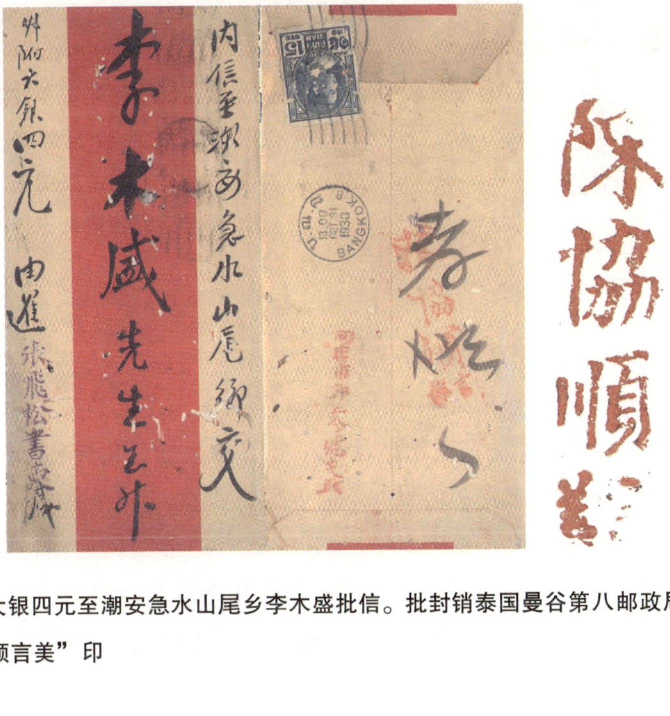

暹张飞松寄大银四元至潮安急水山尾乡李木盛批信。批封销泰国曼谷第八邮政局 1930 年 10 月 31 日邮戳和“陈协顺言美”印

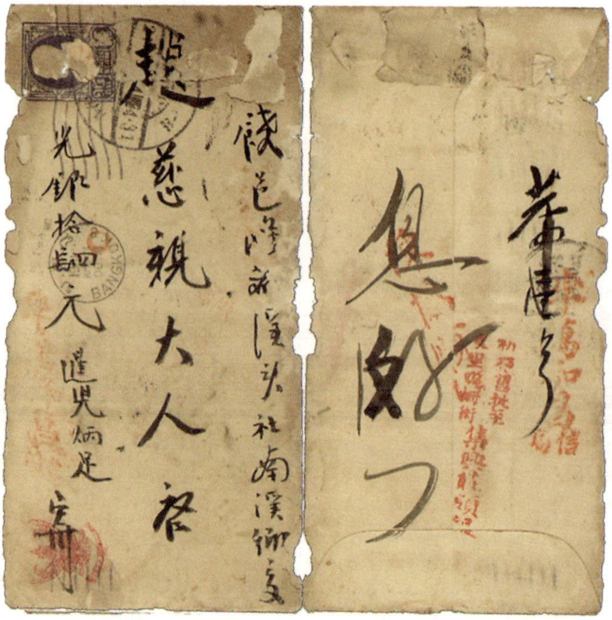

暹炳足用泰国 15 士丁邮资封寄光银拾肆元至饶邑隆都溪头社南溪乡母亲。批封盖“陈协顺言美”和“李万和昌信局”印。曼谷的陈协顺与李万和昌两家信局合作经营侨批业务

暹张天祜用泰国 15 士丁邮资封寄洋叁拾元至饶邑隆城乡双亲。批封销曼谷 1932 年 3 月 11 日邮戳，盖“陈协顺言美”和“万面源兴信局”印。曼谷的陈协顺与万面源兴两家信局合作经营侨批业务

万面（Ban Mi），泰国华富里府的一个县。

1929 年 11 月 13 日泰国政府颁布《允许在暹罗和中国之间通信使用 15 士丁邮资信封的指令》，规定“对于从地方或城镇送往位于曼谷的批馆，再转往中国的银信，如果是使用邮资信封或其他已付邮资的信封，不需要另行收费”。

据泰国学者提供的资料，在泰国 20 世纪初的官方档案《御前报告》中，已有创建于曼谷三聘街的“陈协顺信局”的记录。该批局每年寄批金额约 30 万元。

1932 年 1 月 31 日，暹罗华侨银信局公所成立，陈协顺成为首届监事会监事商号。

陈宜新

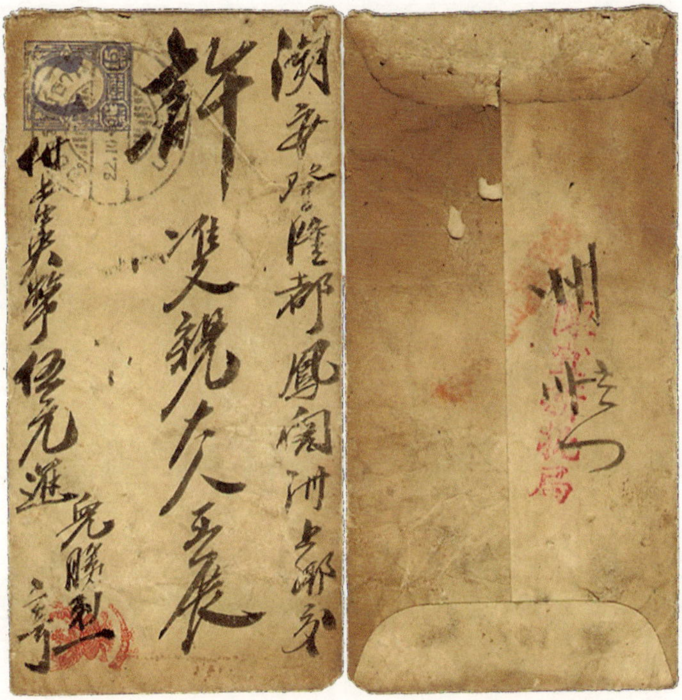

暹胜烈用泰国 15 士丁邮资封寄中央币伍元至潮安登隆都凤阁洲上乡双亲。批封盖“陈宜新批局”和“万兴昌信局”印，陈宜新与曼谷的万兴昌合作经营侨批业务

1929 年 11 月 13 日泰国政府颁布《允许在暹罗和中国之间通信使用 15 士丁邮资信封的指令》，规定“对于从地方或城镇送往位于曼谷的批馆，再转往中国的银信，如果是使用邮资信封或其他已付邮资的信封，不需要另行收费”。

陈义利

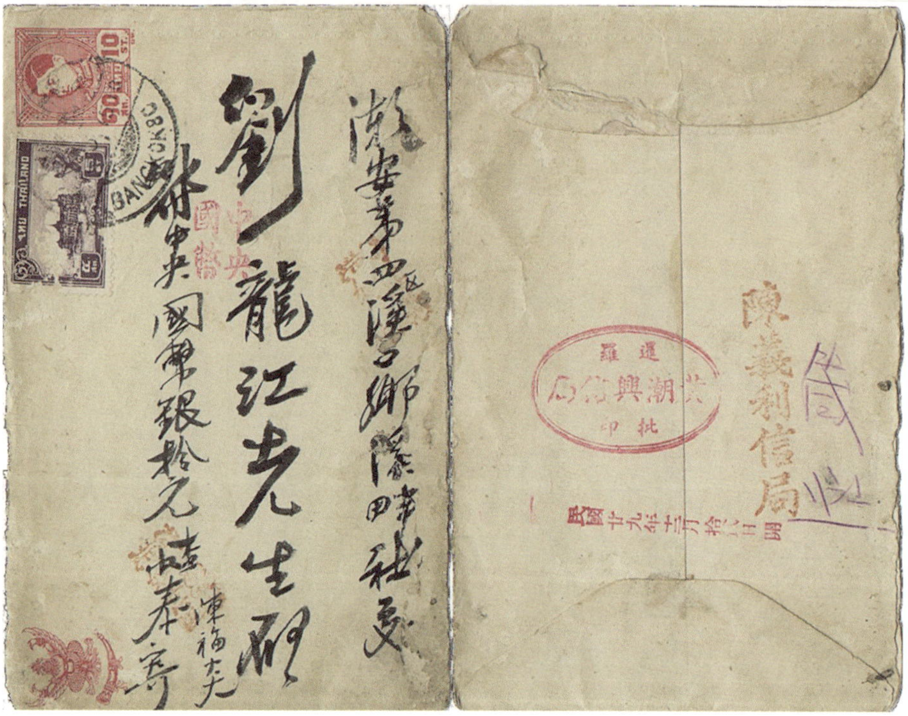

泰陈福炎用泰国 15 士丁邮资封寄国币拾元至潮安第四区溪口乡刘龙江。批封盖“民国廿九年十二月拾贰日开”，以及“陈义利信局”和“暹罗黄潮兴信局批印”印，陈义利与曼谷的黄潮兴合作经营侨批业务

1929 年 11 月 13 日泰国政府颁布《允许在暹罗和中国之间通信使用 15 士丁邮资信封的指令》，规定“对于从地方或城镇送往位于曼谷的批馆，再转往中国的银信，如果是使用邮资信封或其他已付邮资的信封，不需要另行收费”。

陈益发

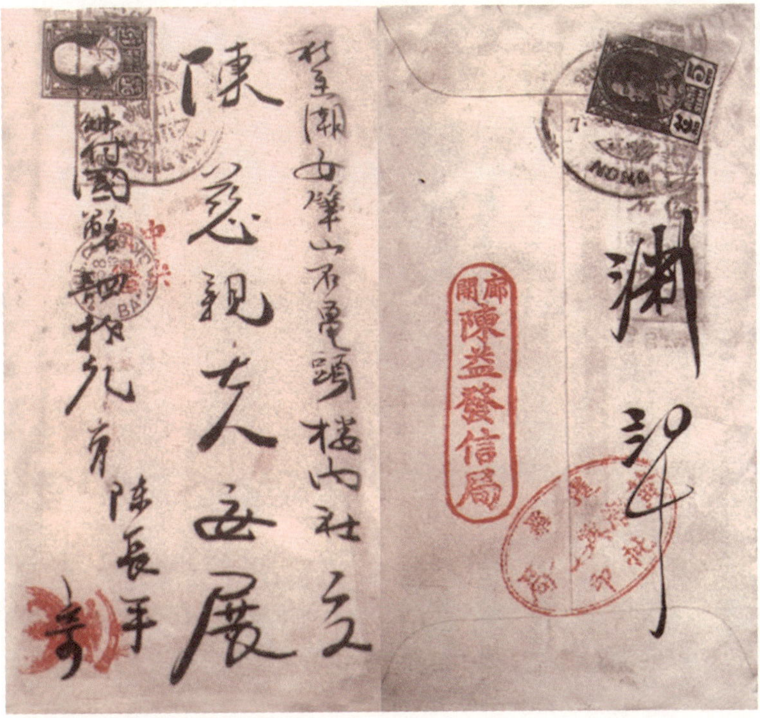

陈长平寄国币肆拾元至潮安笔山石龟头楼内社母亲。邮资封销泰国曼谷第八邮政局 1938 年邮戳，盖“廊开陈益发信局”和“暹罗黄潮兴信局批印”印。廊开陈益发与曼谷黄潮兴合作经营侨批业务

廊开（Nong Khai），泰国东北部边境城市。在湄公河右岸，西距老挝首都万象仅 19 公里。

陈裕隆

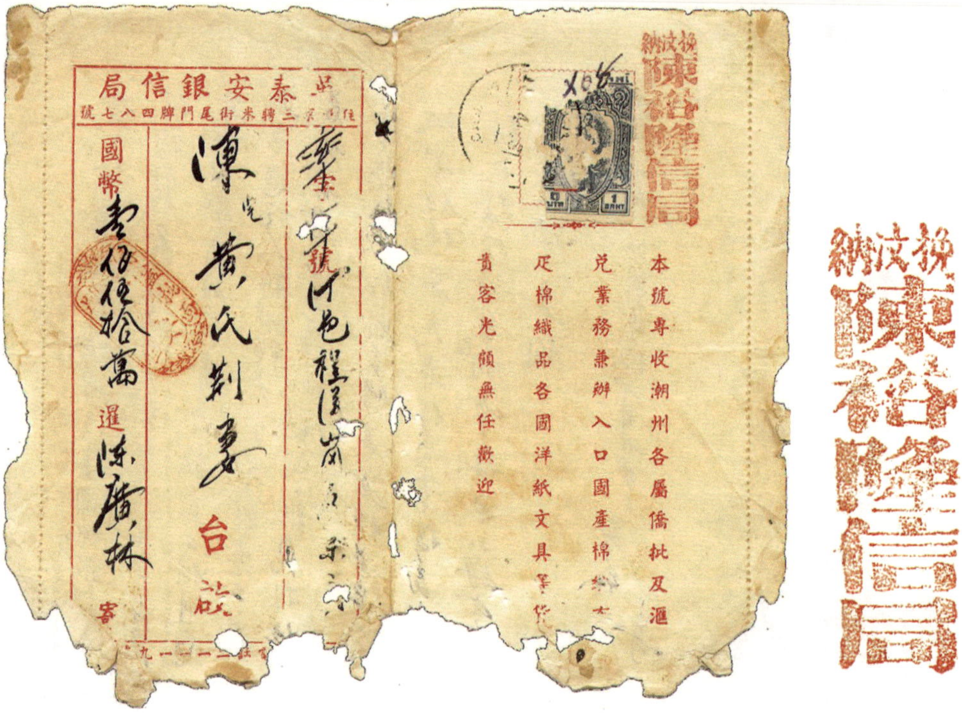

暹陈广林寄国币壹佰伍拾万元至汀（澄）邑程洋岗妻子。批信用吴泰安银信局自印封，盖“吴泰安银信局”和“挽汶纳陈裕隆信局”印。挽汶纳陈裕隆与曼谷吴泰安合作经营侨批业务

挽汶纳（Bang Mun Nak），泰国北部披集府的一个县。

陈悦记

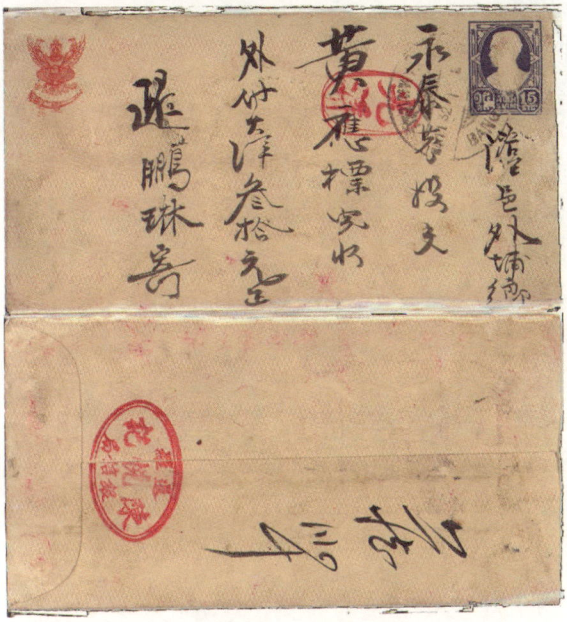

暹鹏琳用泰国15士丁邮资封寄大洋叁拾元至澄邑外埔乡永泰巷黄应标。批封销曼谷1932年1月5日邮戳，盖“暹罗陈悦记银信局”印

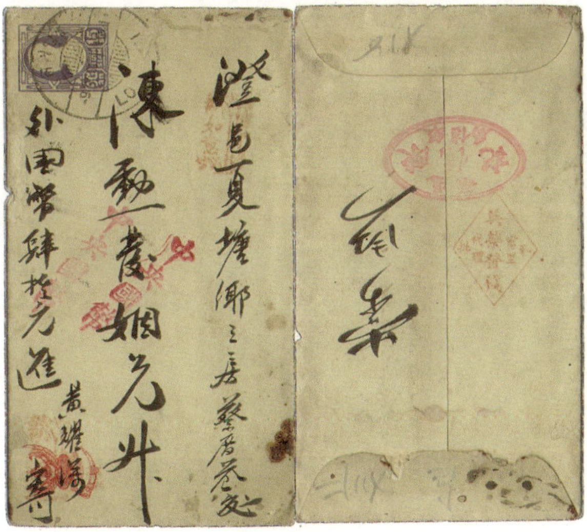

暹黄耀深寄国币肆拾元至澄邑夏塘乡陈勋发。批封盖“暹罗陈悦记银信局”和“和富里吴荣发代理批”印。和富里吴荣发代理曼谷陈悦记侨批业务

和富里，即华富里（Lop Buri）。泰国的一个府，属于中部地区，华富里府距首都曼谷约153公里。

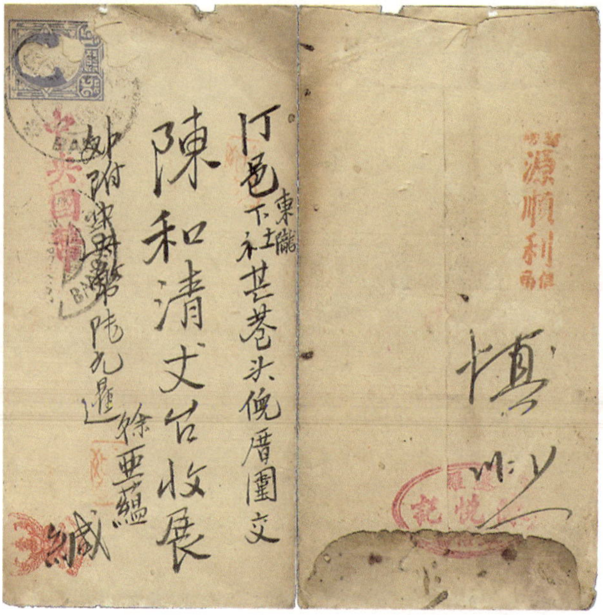

暹徐亚蕴用泰国 15 士丁邮资封寄中央币陆元至汀（澄）邑东陇下社芒巷头陈和清。批封盖“暹罗陈悦记银信局”和“源顺利信局”印。同在曼谷的两家批局合作经营侨批业务

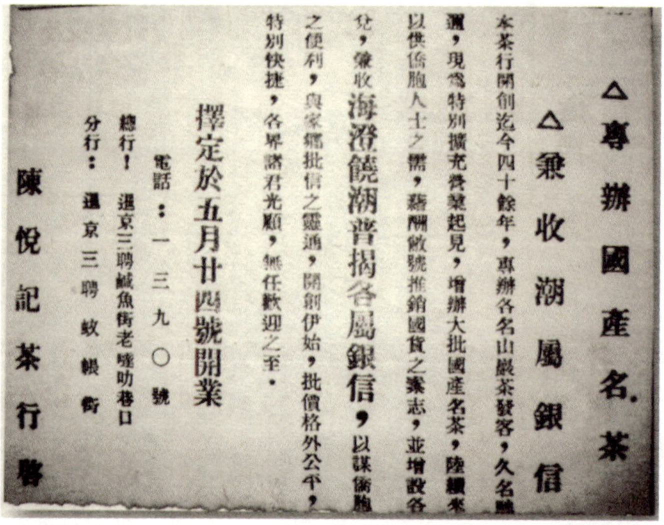

△專辦國產名茶

△兼收潮屬銀信

本茶行開創迄今四十餘年，專辦各名山巖茶發客，久名馳遐，現為特別擴充營業起見，增辦大批國產名茶，陸續來以供僑胞人士之需，藉酬敝號推銷國貨之素志，並增設各處，兼收海澄饒潮普揭各屬銀信，以謀僑胞之便利，與家鄉批信之靈通，開創伊始，批價格外公平，特別快捷，各界諸君光顧，無任歡迎之至。

擇定於五月廿四號開業

電話：一三九〇號

總行：暹京三聘鹹魚街老噠叻巷口

分行：暹京三聘蚊帳街

陳悅記茶行啓

陈悦记茶行于 1931 年在泰国《华侨日报》刊登广告。称该茶叶行定于五月廿四日开业，兼收潮属银信，以谋侨胞之便利，创业之初，批价格外公平，特别快捷。总行：暹京三聘咸鱼街老哒叻巷口。分行：暹京三聘蚊帐街。电话：一三九〇号

依据 1936 年汕头邮政管理局（邮局）向国家交通部邮政总局呈报的核发批局营业凭证申请书整理，汕头陈悦记于民国六年（1917）在暹罗三聘街设立陈悦记分号，营业人为饶平人陈景云。

陈振兴

暹罗陈林声民国卅六年（1947）十二月六日寄国币弍拾伍万元至潮安四区秋塘乡妻子。批封印“陈振兴银信局　住暹京三聘咸鱼街门牌三八七号　电话二二六五三”

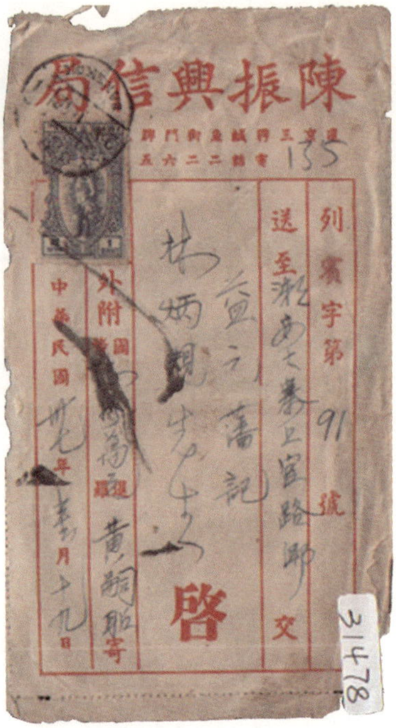

暹罗黄嗣昭民国卅七年（1948）壹月十九日寄国币陆拾万元至潮安大寨上官路乡林炳规。批封印“陈振兴信局”

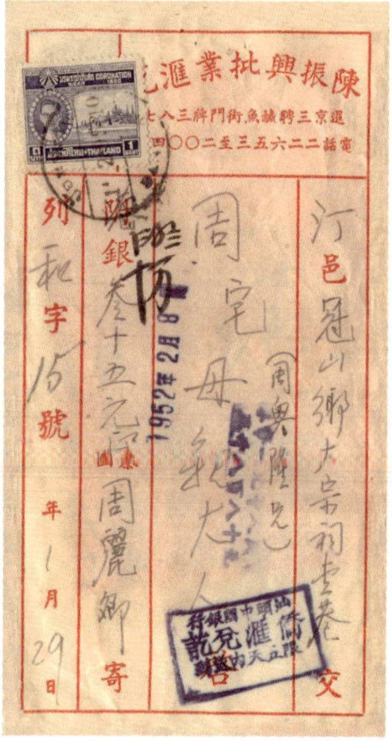

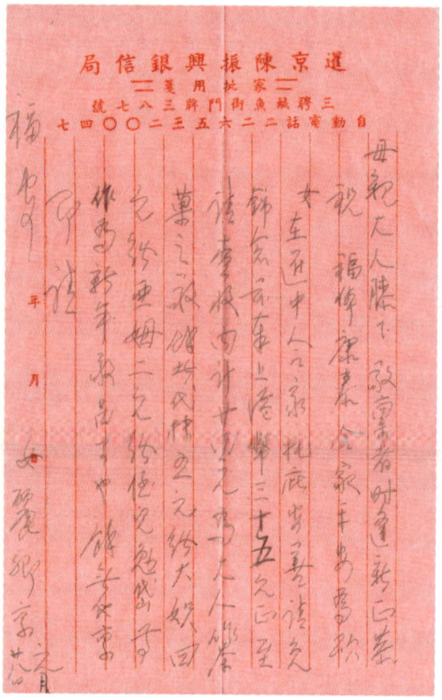

泰国周丽卿寄银叁十五元至汀（澄）邑冠山乡周兴隆。自印批封印“陈振兴批业汇兑　暹京三聘咸鱼街门牌三八七号　电话二二六五三至二〇〇四七”。1952 年 2 月 8 日由汕头中国银行办理结汇

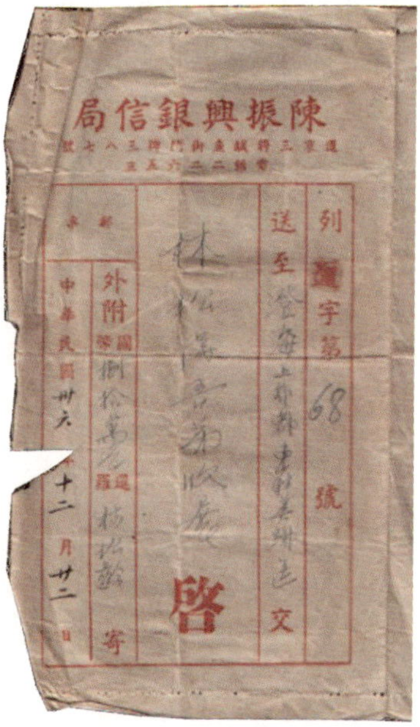

暹罗林松龄民国卅六年（1947）十二月廿二日寄国币捌拾万元至澄海上外都东林美乡林松得。批封印“陈振兴银信局”

1947 年 5 月 18 日暹罗华侨银信局公会成立，陈振兴为首届会员商号，代表人陈振刚。

陈钟利

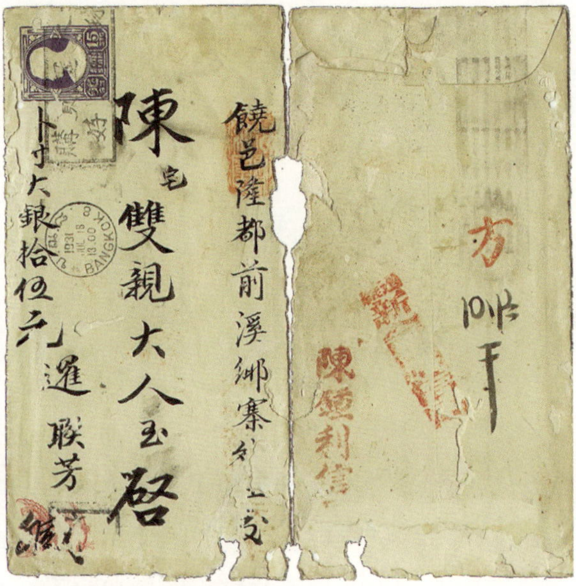

暹联芳用泰国 15 士丁邮资封寄大银拾伍元至饶邑隆都前溪乡双亲。批封销曼谷“1931 JUL 18”邮戳，盖“陈钟利信局”和“暹罗新合顺信局”印，陈钟利与曼谷新合顺两家信局合作经营侨批业务

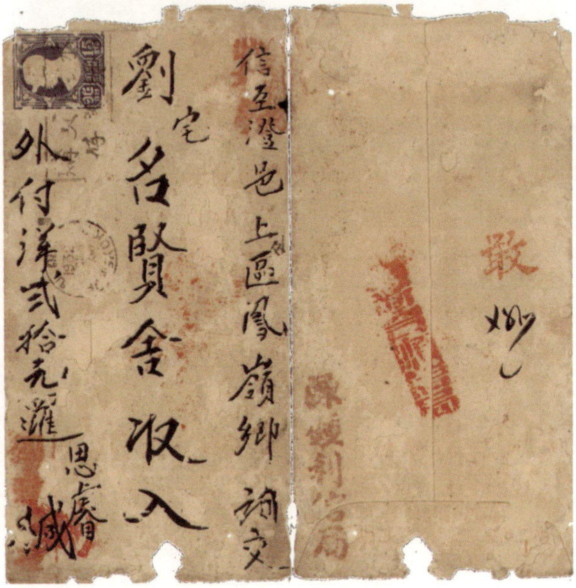

暹思睿用泰国 15 士丁邮资封寄洋弍拾元至澄邑上区凤岭乡刘名贤。批封销曼谷 1932 年□□邮戳，盖“陈钟利信局”和“暹罗新合顺信局”印。陈钟利与曼谷新合顺两家信局合作经营侨批业务

1929 年 11 月 13 日泰国政府颁布《允许在暹罗和中国之间通信使用 15 士丁邮资信封的指令》，规定“对于从地方或城镇送往位于曼谷的批馆，再转往中国的银信，如果是使用邮资信封或其他已付邮资的信封，不需要另行收费”。

成昌利

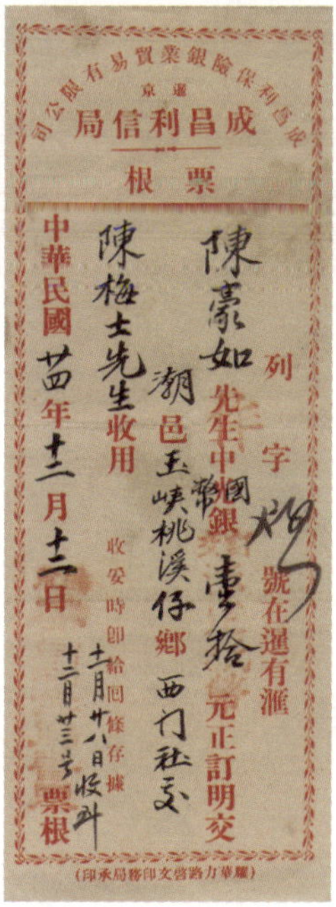

暹陈豪如民国廿四年（1935）十二月十二日寄国币壹拾元至潮邑玉峡桃溪仔乡陈梅士。“成昌利保险银业贸易有限公司　暹京成昌利信局票根”上盖“暹京成昌利信局书柬”印

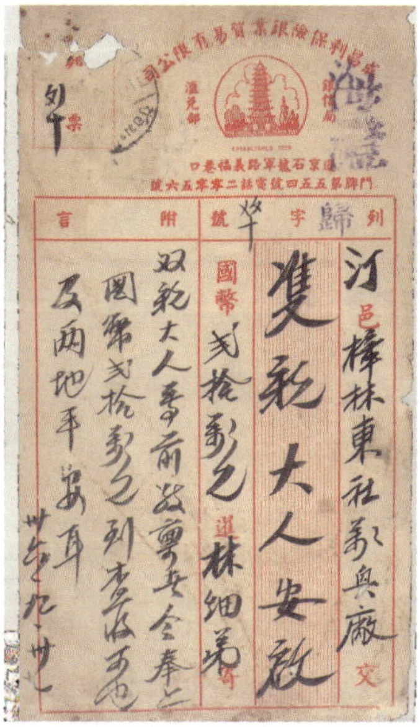

暹林细弟民国卅六年（1947）九月卅日寄国币弍拾万元至汀（澄）邑樟林双亲。批封印“成昌利保险银业贸易有限公司　银信局汇兑部　暹京石龙军路义福巷口　门牌第五五四号电话二零零五六号”

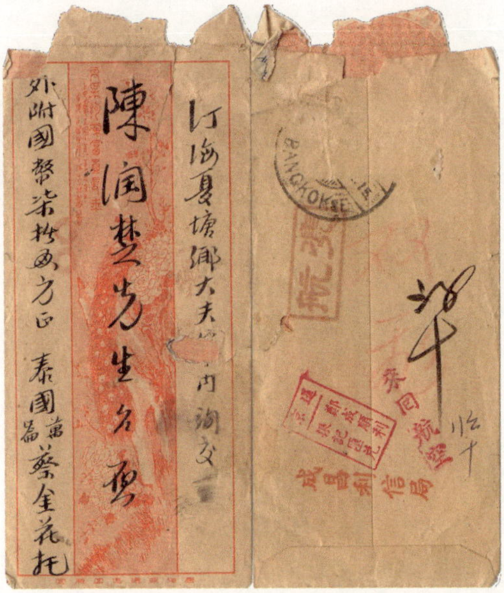

成昌利信局

泰国万仑蔡金花寄国币柒拾五元至汀（澄）海夏塘乡陈润楚。批封盖“成昌利信局”和“暹京郑成顺利振记汇兑”印。同在曼谷的两家信局合作经营侨批业务

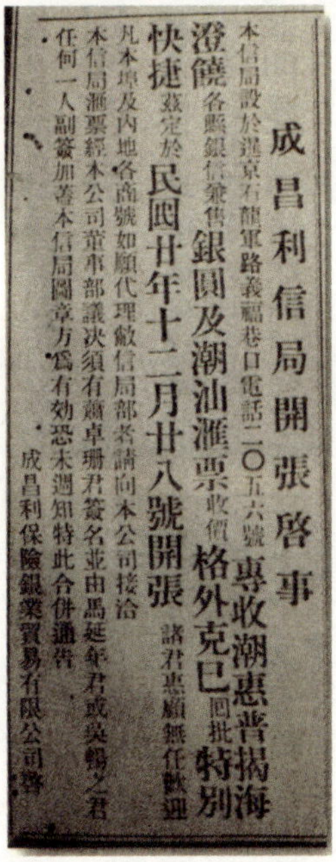

成昌利信局開張啓事

本信局設於暹京石龍軍路義福巷口電話二〇五六號專收潮惠普揭海澄饒各縣銀信兼售銀圓及潮汕滙票收價格外克己回批特別快捷茲定於民國廿年十二月廿八號開張請君惠顧無任歡迎

凡本埠及內地各商號如願代理敝信局部者請向本公司接洽

本信局滙票經本公司董事部議決須有蕭卓珊君簽名並由馬延年君或吳暢之君任何一人副簽加蓋本信局圖章方爲有効恐未週知特此合併通告

成昌利保險銀業貿易有限公司啓

成昌利 1931 年 12 月在《华侨日报》上刊登开业启事：“定于民国廿年（1931）十二月廿八号开张”，信局设于暹京石龙军路义福巷口，电话二〇五六号

依据 1936 年汕头邮政管理局（邮局）向国家交通部邮政总局呈报的核发批局营业凭证申请书整理，汕头马源丰民国十九年（1930）在暹罗曼谷豆芽廊设立成昌利分号，营业人为潮阳人萧卓珊。

1947 年 5 月 18 日暹罗华侨银信局公会成立，选举首届理监事。成昌利的萧卓珊当选为常务兼理事长。

成合昌

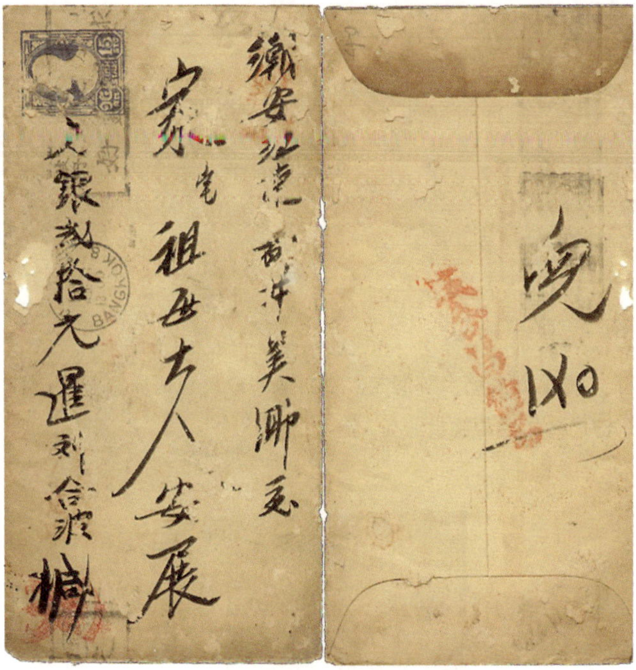

暹刘合波用泰国15士丁邮资封寄大银式拾元至潮安江东都井美乡祖母。批封销曼谷第八邮政局邮戳，盖“成合昌信局”印

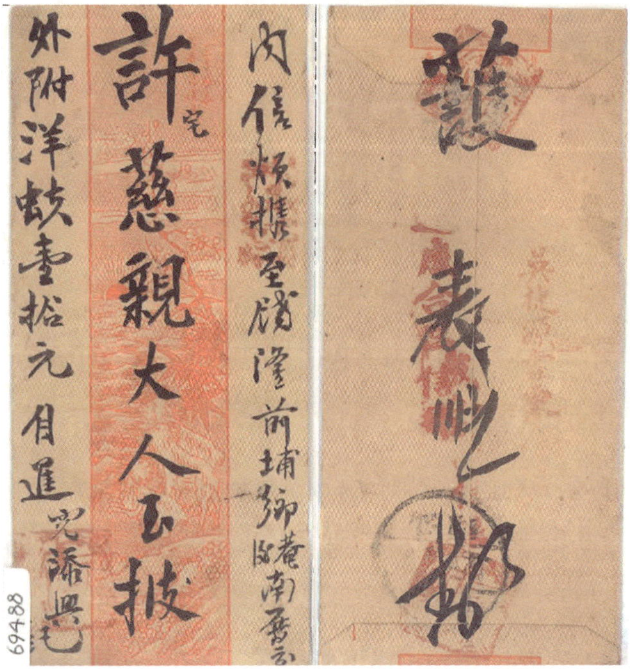

暹添兴寄洋蚨（洋银）壹拾元至饶隆前埔乡母亲。批封盖“成合昌信局”和“吴捷源书柬”印。成合昌与吴捷源合作经营侨批业务

成利发

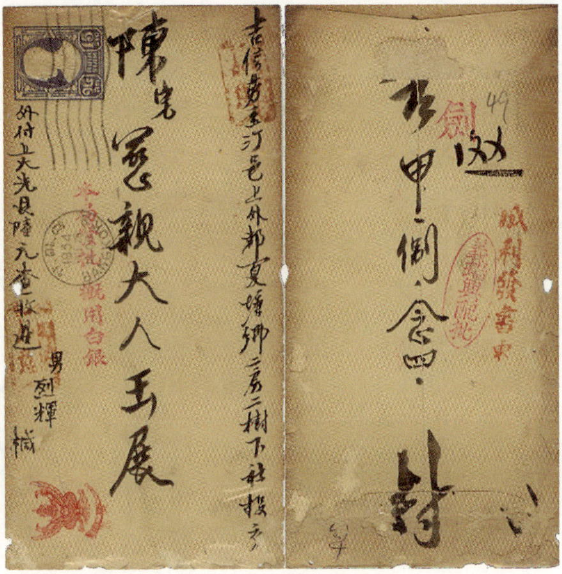

暹烈辉用泰国 15 士丁邮资封寄大光银陆元至汀（澄）邑上外都夏塘乡母亲。批封销“曼谷 1934 年 8 月 26 日邮戳”，盖“成利发书柬”和“义瑞兴配批”印。成利发与曼谷义瑞兴合作经营侨批业务

1929 年 11 月 13 日泰国政府颁布《允许在暹罗和中国之间通信使用 15 士丁邮资信封的指令》，规定“对于从地方或城镇送往位于曼谷的批馆，再转往中国的银信，如果是使用邮资信封或其他已付邮资的信封，不需要另行收费”。

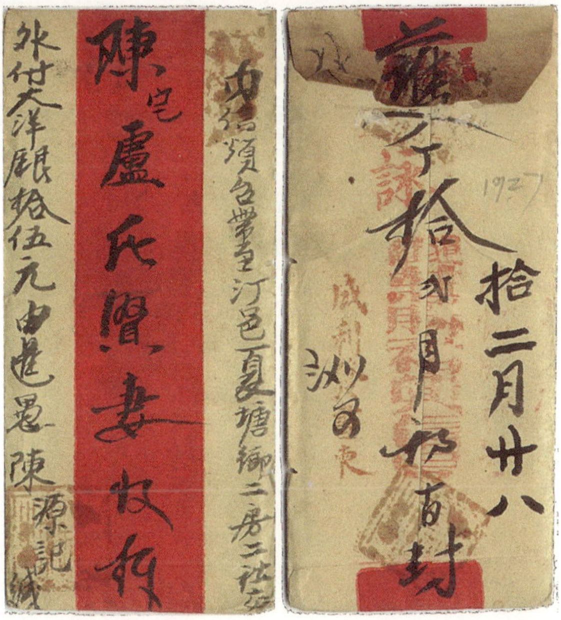

暹陈源记寄大洋银拾伍元至汀（澄）邑夏塘乡妻子。批封盖“成利发书柬”和“暹罗庄胜裕兴信局”印。成利发与庄胜裕兴两家批局合作经营侨批业务

成顺利

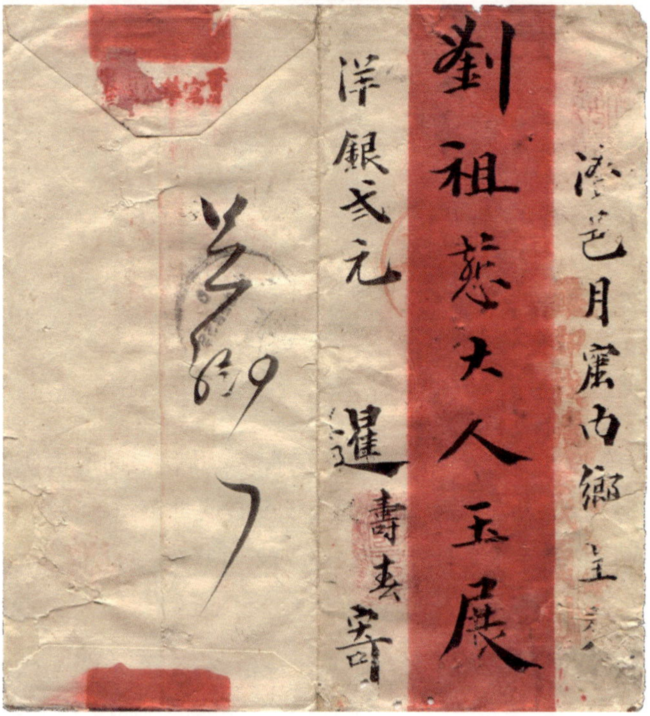

暹寿春寄洋银弍元至澄邑月窟内乡祖母。批封盖“成顺利”印

据泰国学者提供的资料，在泰国20世纪初的官方档案《御前报告》中，已有创建于曼谷三聘街的“成顺利信局”的记录。该批局每年寄批金额约20万元。

成顺利舜记

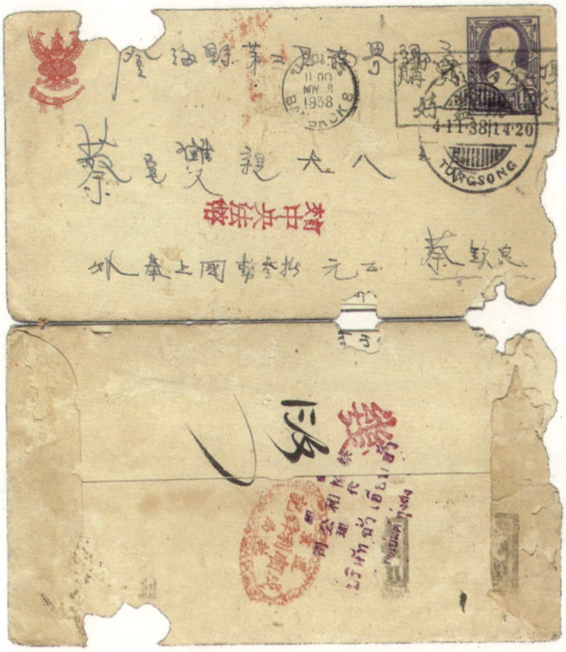

蔡钦泉用泰国 15 士丁邮资封寄国币叁拾元至澄海县第二区南界乡双亲。批封销曼谷第八邮政局 1938 年 11 月 8 日邮戳，盖“暹京成顺利舜记批局”印

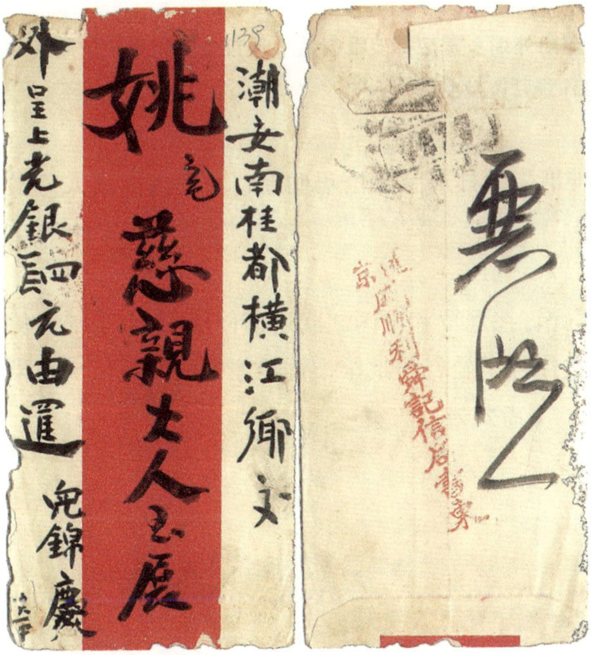

暹锦庆寄光银肆元至潮安南桂都横江乡母亲。批封盖“暹京成顺利舜记信局书柬”印

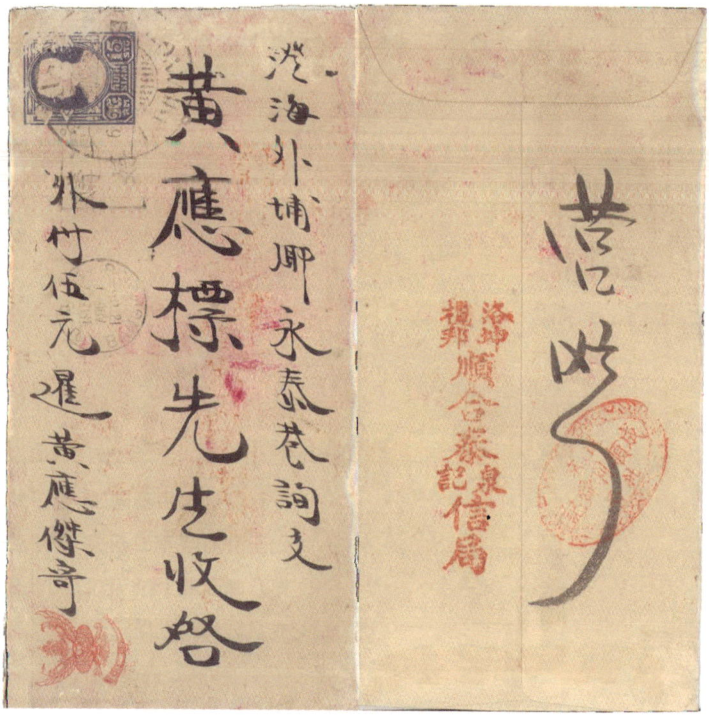

暹黄应杰用泰国 15 士丁邮资封寄伍元至澄海外埔乡黄应标。批封盖“暹京成顺利舜记信局”和“洛坤榄邦顺合泰泉记信局”印。两家信局合作经营侨批业务

洛坤（Nakhon Si Thammarat），洛坤府，全称那空是塔玛叻府，是泰国南部人口最多的府。

1929 年 11 月 13 日泰国政府颁布《允许在暹罗和中国之间通信使用 15 士丁邮资信封的指令》，规定“对于从地方或城镇送往位于曼谷的批馆，再转往中国的银信，如果是使用邮资信封或其他已付邮资的信封，不需要另行收费”。

成兴栈

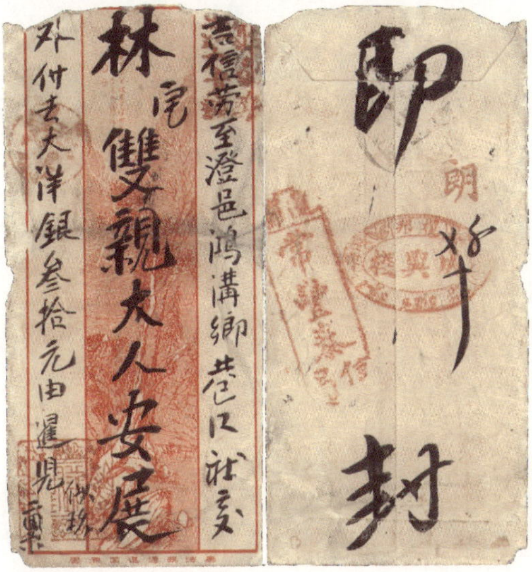

暹似玖寄大洋银叁拾元至澄邑鸿沟乡双亲。批封盖“榄邦成兴栈”和“暹罗常丰泰信局”印

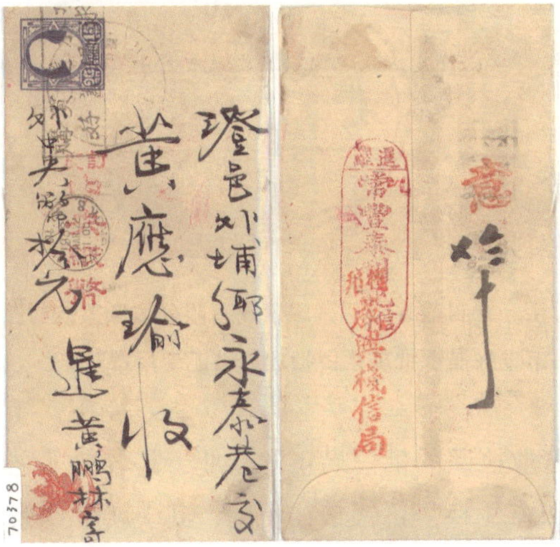

暹黄鹏林用泰国 15 士丁邮资封寄中央币拾元至澄邑外埔乡黄应瑜。批封销曼谷第八邮政局 1938 年 3 月 22 日邮戳，盖“榄邦成兴栈信局”和“暹罗常丰泰信局”印。榄邦成兴栈和暹罗常丰泰合作经营侨批业务

1929 年 11 月 13 日泰国政府颁布《允许在暹罗和中国之间通信使用 15 士丁邮资信封的指令》，规定“对于从地方城镇送往位于曼谷的批馆，再转往中国的银信，如果是使用邮资封或其他已付邮资的信封，不需要另行收费”。

崇　峻

暹陈卓谦寄港币叁拾元至澄邑隆都前溪乡母亲。批封盖泰国“崇峻信局有限公司专盖信封”印以及 1958 年 7 月 29 日汕头侨批专用邮戳和“汕头市进兴昌侨批局　侨批业已结汇专用章”

1956 年，泰国财政部规定只准持有营业执照的批信局正常营业，其各属下之代理公司不准经营。同时批准 12 家公司合法收寄兑换华侨银信往中国，其中就有“崇峻信局有限公司”，商号地址为曼谷鼎廊巷 431 号。

大隆

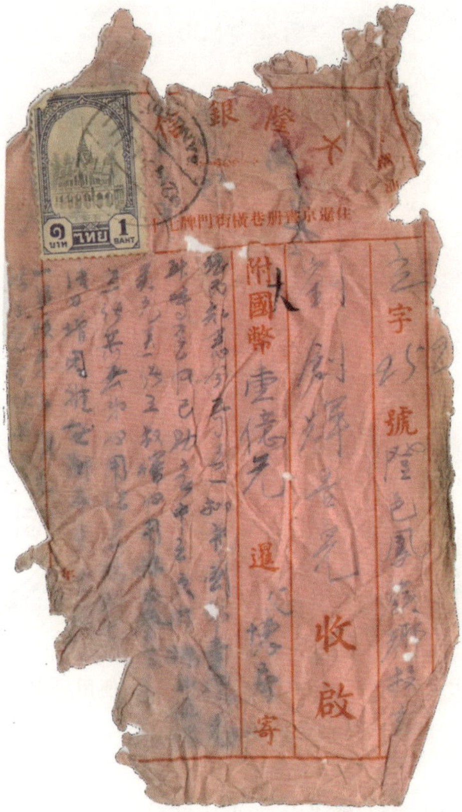

暹怀居寄国币壹亿元至澄邑凤岭乡刘创辉。批局自印封印“大隆银信局　住暹京书册巷横街门牌七十”，贴 1 铢泰国邮票，销曼谷“12. 3. 43”邮戳

大业

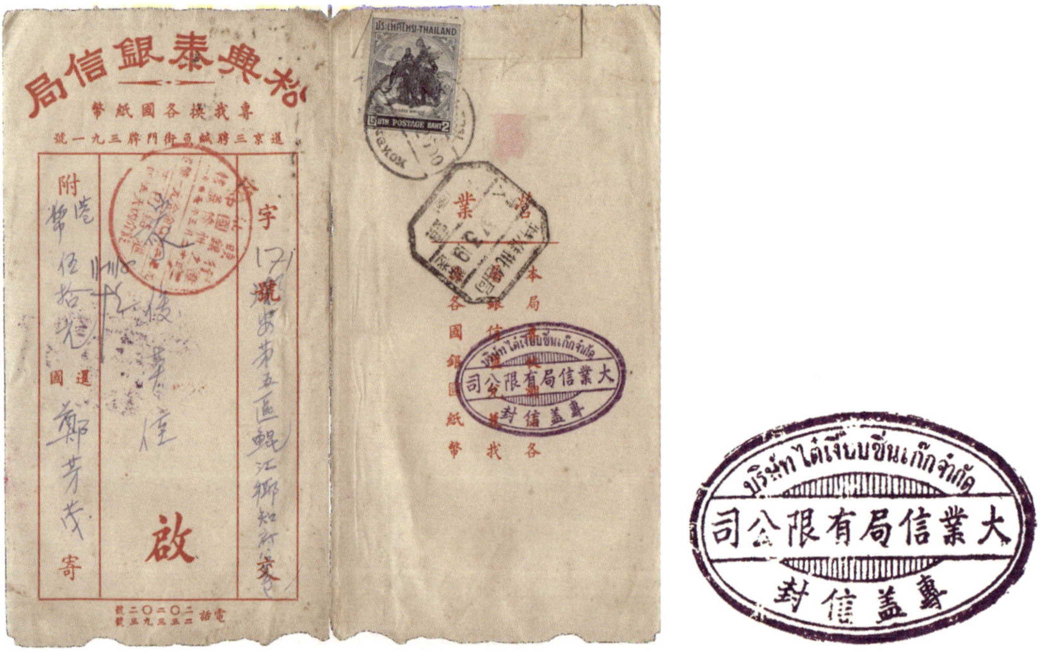

暹国郑芳茂寄港币伍拾元至潮安第五区鲲江乡俊英。该批使用松兴泰银信局自印封，盖“大业信局有限公司”印，销汕头“57. 3. 19”侨批专用邮戳

1956 年，泰国财政部规定只准持有营业执照的批信局正常营业，其各属下之代理公司不准经营。同时批准 12 家公司合法收寄兑换华侨银信往中国，其中就有“大业信局有限公司”，商号地址为曼谷鼎廊巷 429 号。

得万兴

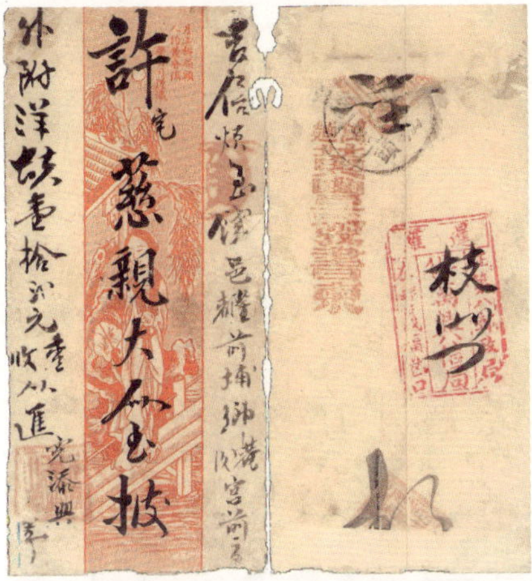

暹添兴寄洋蚨（洋银）壹拾元至饶邑隆都前埔乡母亲。批封盖“暹罗得万兴信局住第八邮政局左畔义福巷口”和“万面黄丰发书柬”印。万面黄丰发与曼谷得万兴两家批局合作经营侨批业务

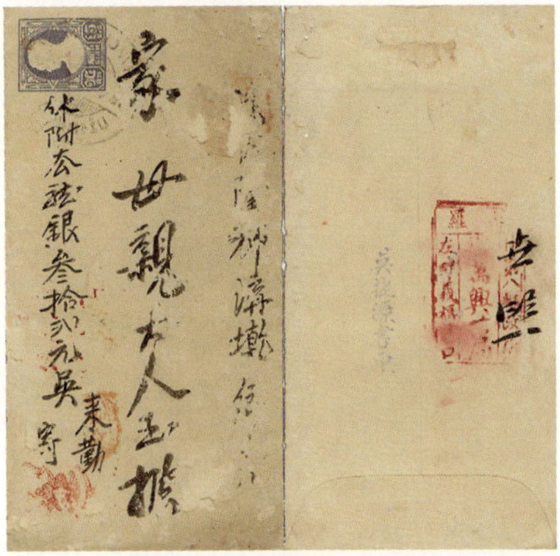

吴来勤用泰国15士丁邮资封寄龙银叁拾式元至隆都沟墘乡母亲。批封盖“吴捷源书柬”和“暹罗得万兴信局”印。吴捷源与曼谷得万兴合作经营侨批业务

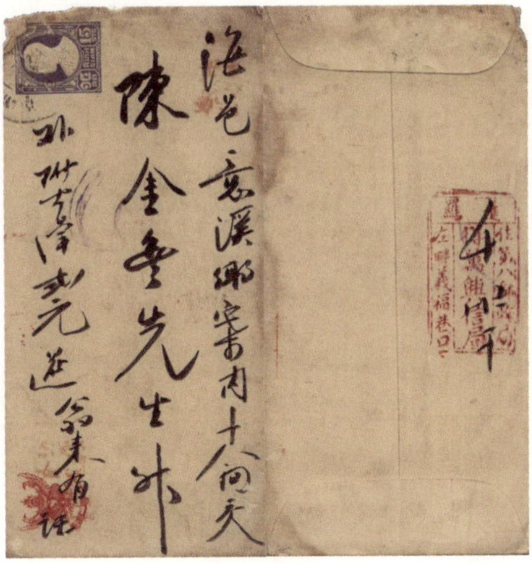

暹翁来有寄光洋式元至海邑意溪乡陈金丰。批信用泰国15士丁邮资封，盖“暹罗得万兴信局　住第八邮政局左畔义福巷口”印

1929年11月13日泰国政府颁布《允许在暹罗和中国之间通信使用15士丁邮资信封的指令》，规定“对于从地方城镇送往位于曼谷的批馆，再转往中国的银信，如果是使用邮资封或其他已付邮资的信封，不需要另行收费”。

德顺盛

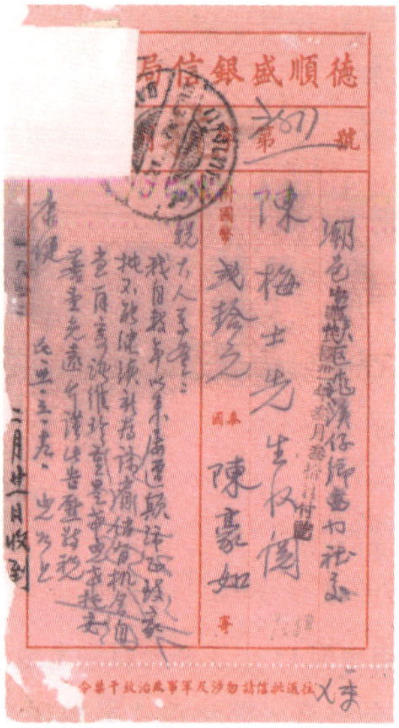

泰国陈豪如民国卅一年（1942）三月三十日用德顺盛红色自印封寄国币式拾元至潮邑玉峡区桃溪仔乡陈梅士

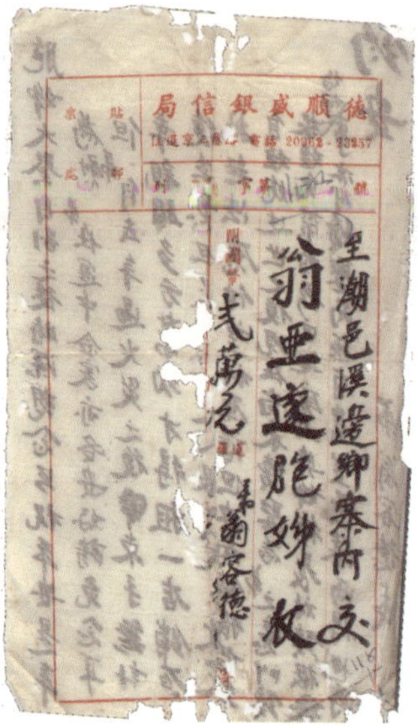

翁容德用德顺盛银信局白色自印封寄国币式万元至潮邑溪边乡翁亚遂。批封印“德顺盛银信局　住暹京三角路　电话 20962－23257”

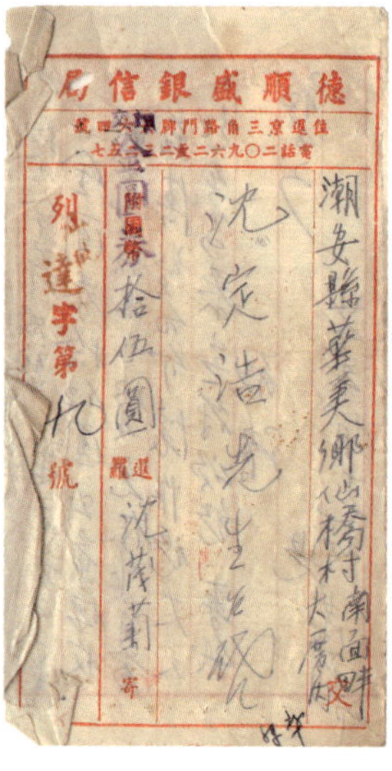

暹罗沈茂菊用德顺盛银信局黄色自印封寄金圆券拾伍元至潮安县华美乡沈定浩。批封印“德顺盛银信局　住暹京三角路门牌六六四号　电话二〇九六二至二三二五七”

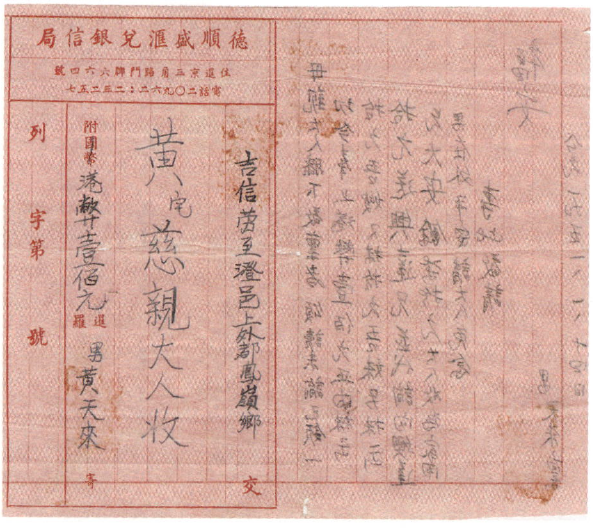

暹罗黄天来 1951 年 1 月 14 日用德顺盛粉红色自印封寄港弊（币）壹佰元至澄邑上外都凤岭乡母亲。批封印“德顺盛汇兑银信局　住暹京三角路门牌六六四号　电话二〇九六二：二三二五七”

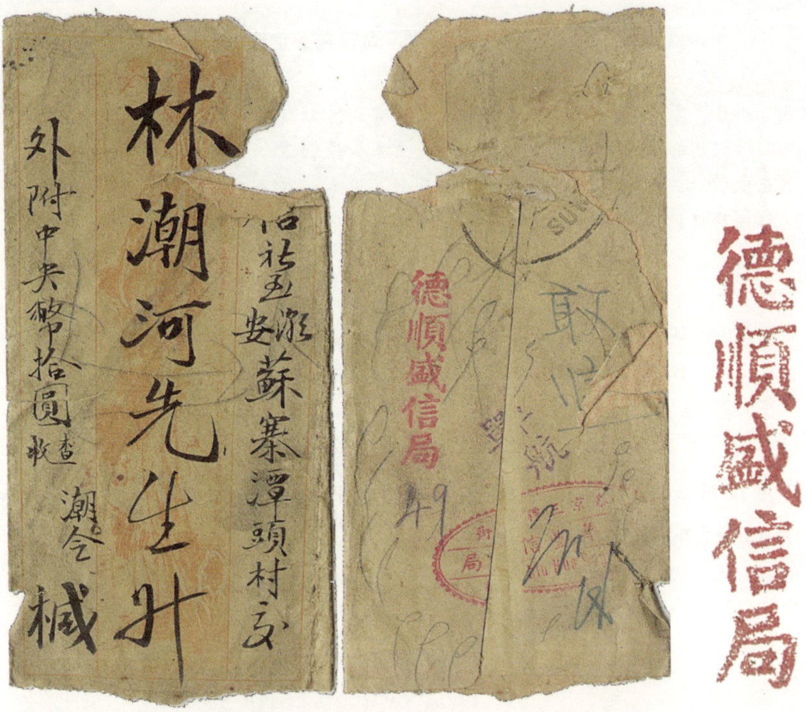

潮令寄中央币拾元至潮安苏寨潭头村林潮河。批封盖“德顺盛信局”和“振华丰信局”印。同在曼谷的两家信局合作经营侨批业务

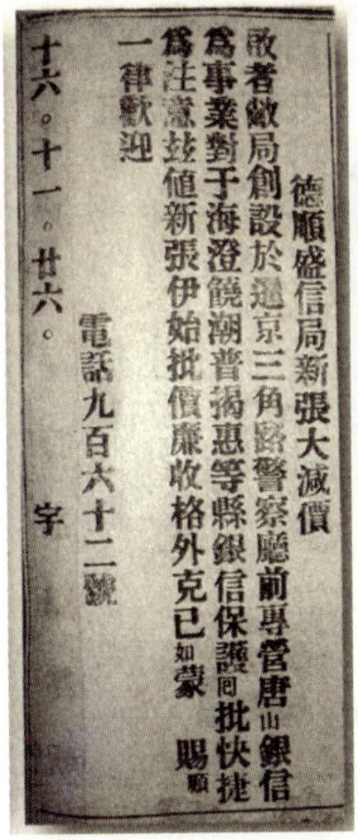

德順盛信局新張大減價

敝者敝局創設於暹京三角路警察廳前專營唐山銀信爲事業對于海澄饒潮普揭惠等縣銀信保護回批快捷爲注意茲値新張伊始批價廉收格外克己如蒙 賜顧一律歡迎

電話九百六十二號

十六。十一。廿六。 字

德顺盛民国十六年（1927）十一月廿六日在《国民日报》刊登信局新张广告。广告提供地址为暹京三角路警察厅前，电话九百六十二号

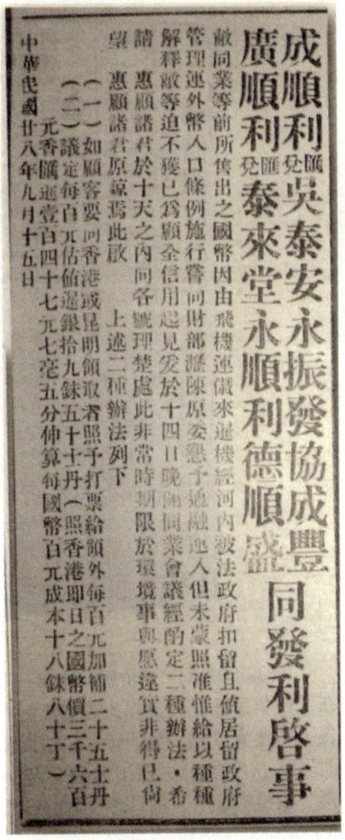

成順利匯兌 吳泰安 永振發 協成豐
廣順利匯兌 泰來堂 永順利 德順盛匯 同發利啓事

敝同業等前所售出之國幣因由飛機運儎來暹機經河內被法政府扣留且値居留政府管理運外幣入口條例施行嘗同財部灈陳原委懇予通融進入但未蒙照准惟給以種種解释敝等迫不獲已爲顧全信用起見爰於十四日晚開同業會議經酌定二種辦法，希請惠顧諸君於十天之內向各號理楚處此非常時期限於環境事與愿違實非得已尚望惠顧諸君原諒焉此啟 上述二種辦法列下

（一）如顧客要向香港或昆明領取者照予打票給領外每百元加補二十五士丹

（二）議定每百元估値還銀拾九銖五十士丹（一照香港即日之國幣價三千六百元香匯逗壹百四十七元七毫五分伸算每國幣百元成本十八銖八十丁）

中華民國廿八年九月十五日

德顺盛与成顺利、吴泰安、永振发等九家批局就批局所售出国币经河内时被法政府扣留一事于民国廿八年（1939）九月十五日刊登启事

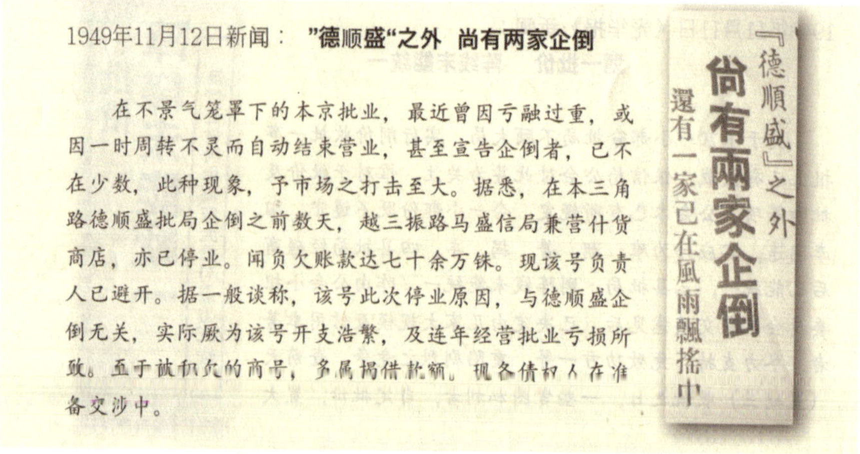

1949年11月12日新闻： "德顺盛"之外 尚有两家企倒

『德順盛』之外 尚有兩家企倒 還有一家已在風雨飄搖中

在不景气笼罩下的本京批业，最近曾因亏融过重，或因一时周转不灵而自动结束营业，甚至宣告企倒者，已不在少数，此种现象，予市场之打击至大。据悉，在本三角路德顺盛批局企倒之前数天，越三振路马盛信局兼营什货商店，亦已停业。闻负欠账款达七十余万铢。现该号负责人已避开。据一般谈称，该号此次停业原因，与德顺盛企倒无关，实际厥为该号开支浩繁，及连年经营批业亏损所致。至于被积欠的商号，多属揭借款额。现各债权人在准备交涉中。

1949年11月12日新闻："据悉，在本三角路德顺盛批局企倒之前数天……"。据此判断，德顺盛在1949年11月12日之前已经倒闭

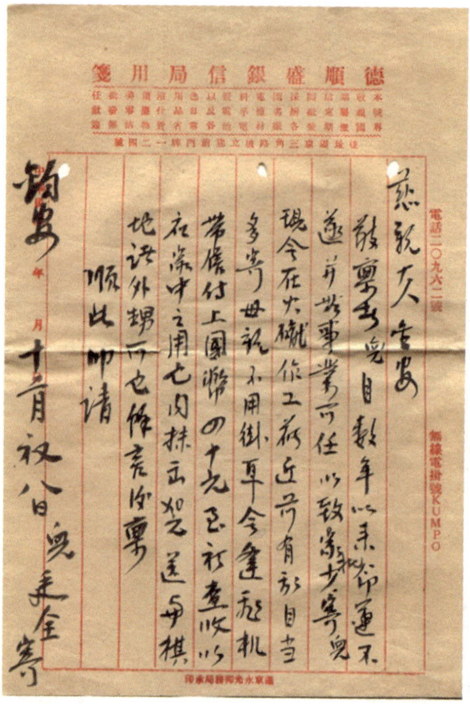

德順盛銀信局用箋

住址暹京三角路坡立廊前門牌一二四號

電話二〇九六二號

無線電掛號KUMPO

德顺盛银信局用笺。批笺印"住址暹京三角路坡立廊前门牌一二四号"

依据1936年汕头邮政管理局（邮局）向国家交通部邮政总局呈报的核发批局营业凭证申请书整理，汕头马德发民国十六年（1927）在暹罗三角路设立德顺盛分号，营业人为潮阳人马鉴波。

1947年5月18日暹罗华侨银信局公会成立，选举首届理监事。德顺盛的马鉴波当选为监事。

灯利

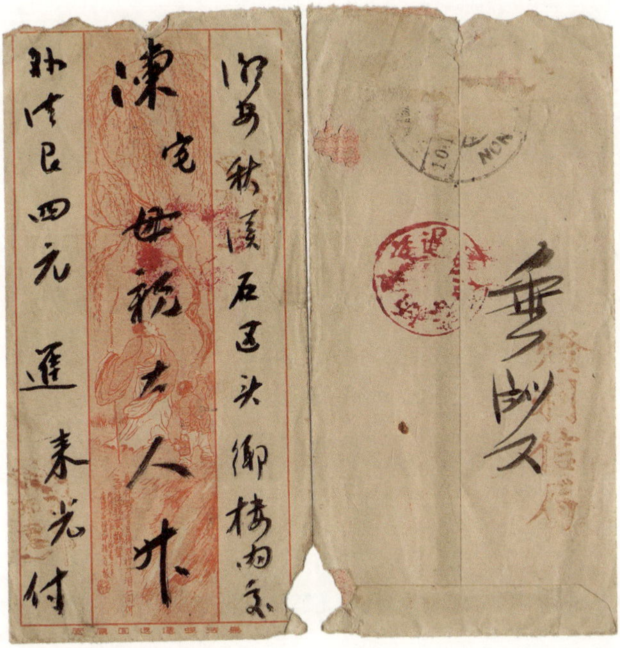

暹来光寄洋银四元至潮安秋溪石区头乡母亲。批封盖“灯利信局”和“暹京陈炳春信局”印。两家批局合作经营侨批业务

丁炳和

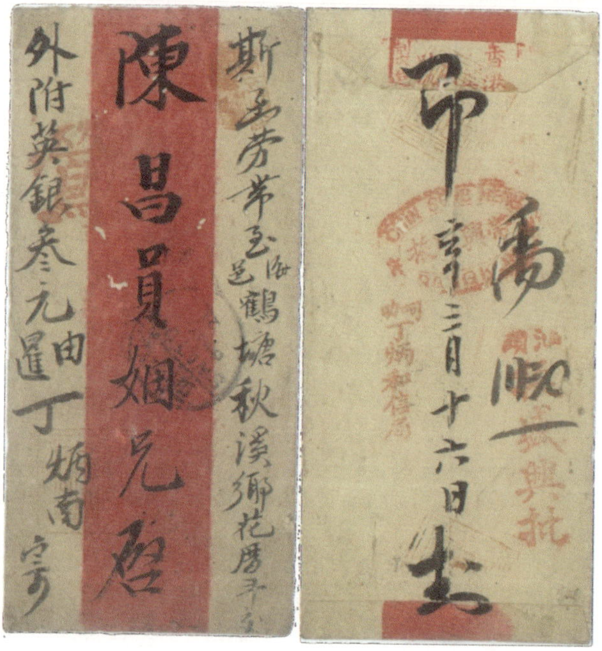

暹丁炳南寄英银叁元至海邑鹤塘秋溪乡陈昌员。批封记“辛三月十六日封”，盖“呵叻丁炳和信局”“振盛兴带”和“汕头振盛兴批”印。呵叻丁炳和与振盛兴合作经营侨批业务

呵叻（Korat），泰名 Nakhon Ratchasima，意为“边陲重镇”。泰国东部呵叻高原最大的城市，在蒙河上游南岸。

丁瑞合发

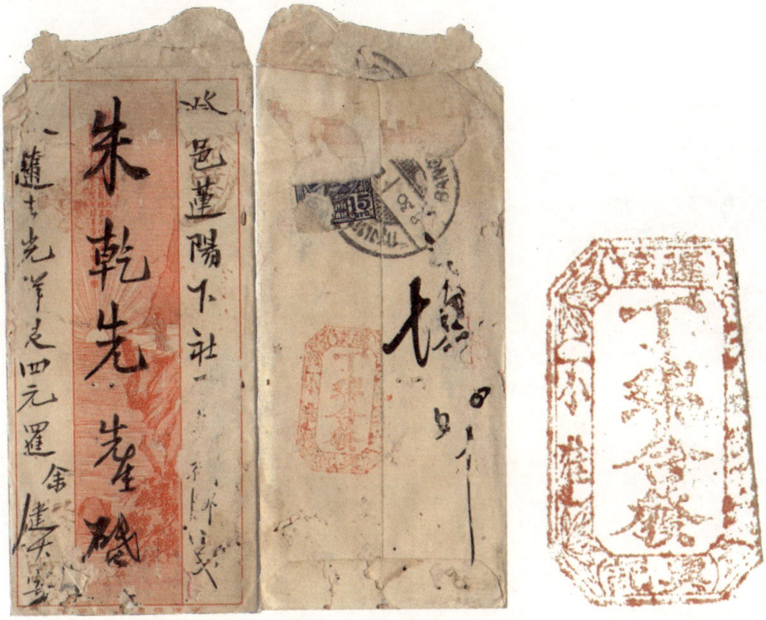

暹余健大寄光洋银四元至澄邑莲阳下社朱乾先。批封盖“暹京丁瑞合发”印

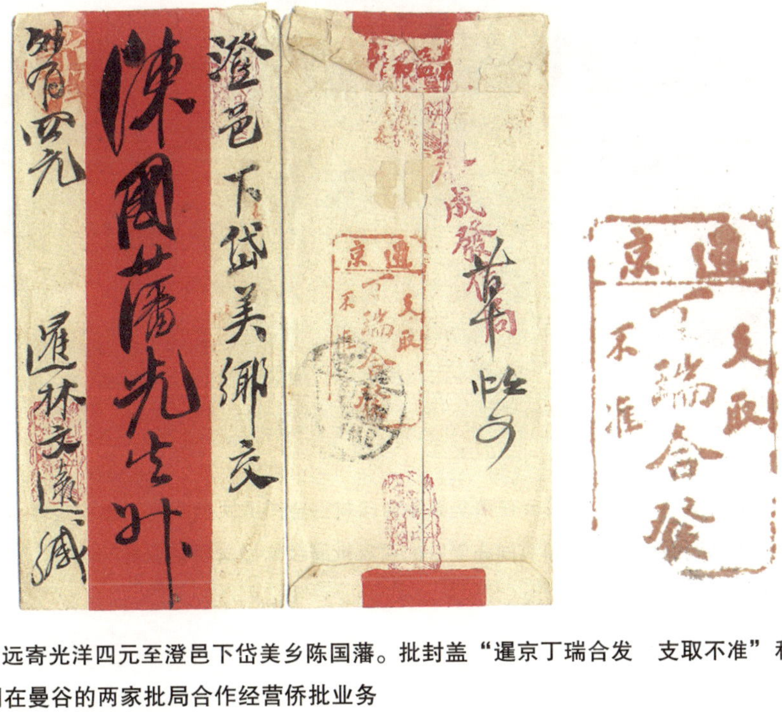

暹林文远寄光洋四元至澄邑下岱美乡陈国藩。批封盖“暹京丁瑞合发　支取不准”和“泰成发信局”印。同在曼谷的两家批局合作经营侨批业务

丁森利鸿源

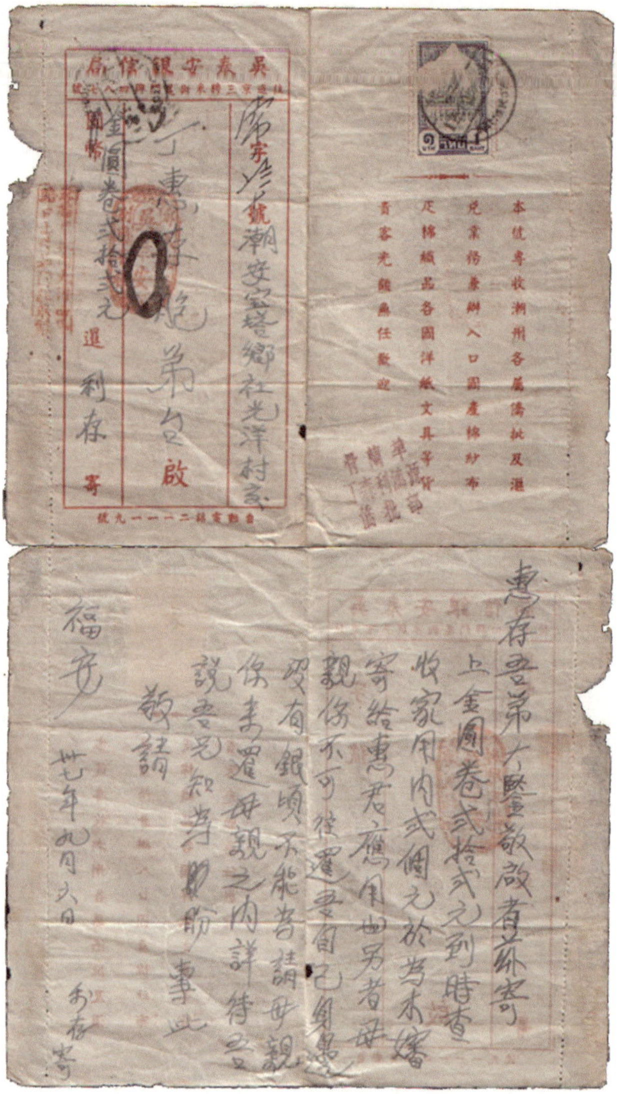

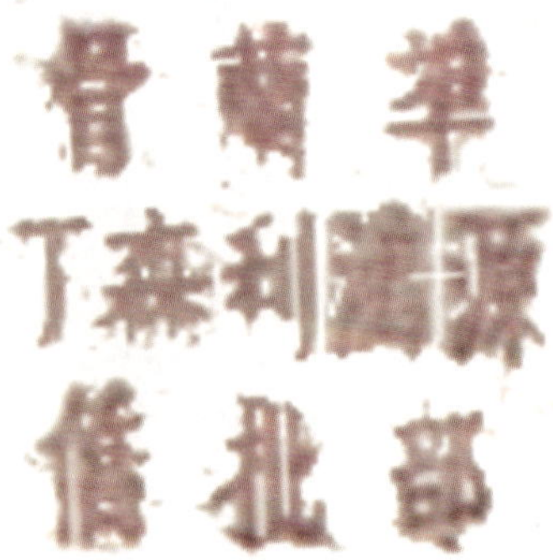

暹利存民国卅七年（1948）九月六日用吴泰安自印封寄金圆券式拾式元至潮安宝塔乡丁惠存。批封盖“骨兰埠丁森利鸿源侨批部”印。同在曼谷的两家批局合作经营侨批业务

笃友

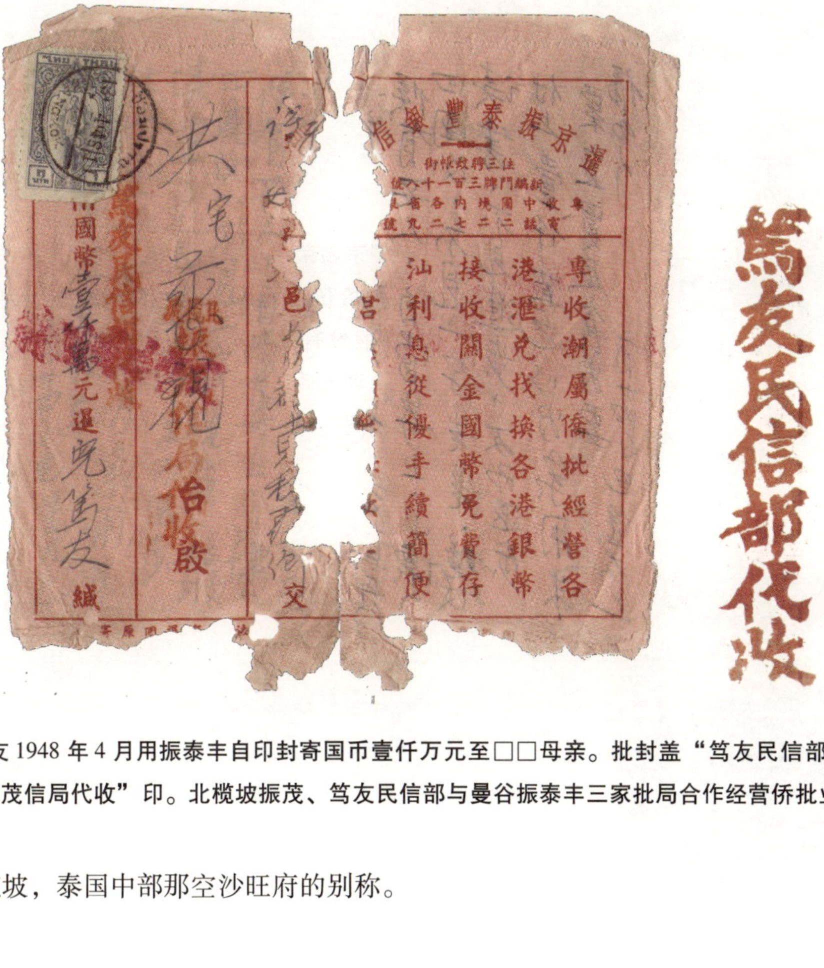

暹笃友 1948 年 4 月用振泰丰自印封寄国币壹仟万元至□□母亲。批封盖“笃友民信部代收”和“北榄坡振茂信局代收”印。北榄坡振茂、笃友民信部与曼谷振泰丰三家批局合作经营侨批业务

北榄坡，泰国中部那空沙旺府的别称。

繁荣

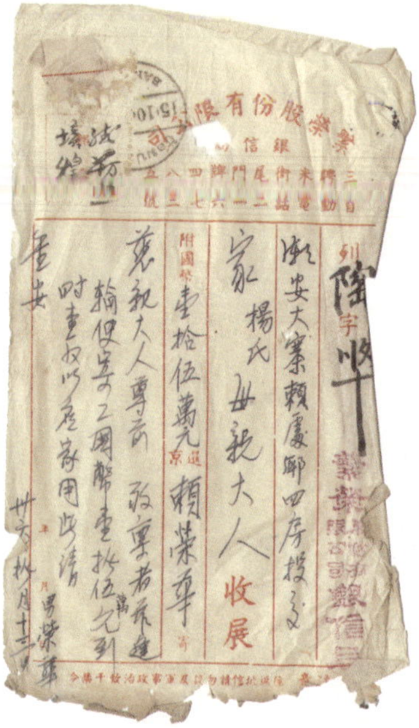

暹京赖荣华民国卅六年（1947）拾月十三日寄国币壹拾伍万元至潮安大寨赖处乡母亲。批封印“繁荣股份有限公司银信局　三聘米街尾门牌四八五　自动电话二一六七三号”，盖“繁荣股份有限公司银信局”印

暹王起扬民国三十六年（1947）闰二月廿九日用裕兴盛银信局自印封寄国币壹万元至潮安莆东乡母亲。批封盖“繁荣股份有限公司银信局”印。同在曼谷的两家批局合作经营侨批业务

1947年5月18日暹罗华侨银信局公会成立，繁荣为首届会员商号，代表人陈松茂。

孚中

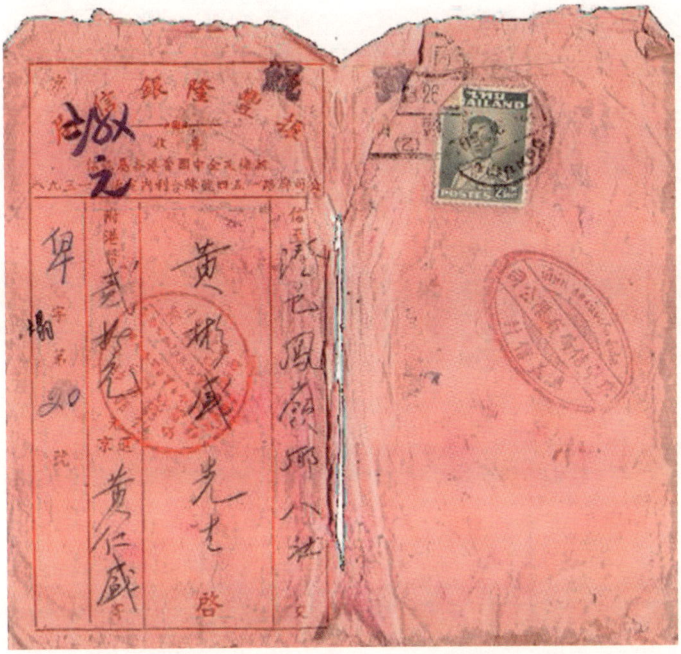

暹京黄仁盛寄港币贰拾元至澄邑凤岭乡黄彬盛。批封盖“孚中信局有限公司”印

1956 年，泰国财政部规定只准持有营业执照的批信局作正常营业外，其各属下之代理公司不准经营。同时批准 12 家公司合法收寄兑换华侨银信往中国，其中就有“孚中信局有限公司”，商号地址为曼谷天外天街 332 号。

福生堂

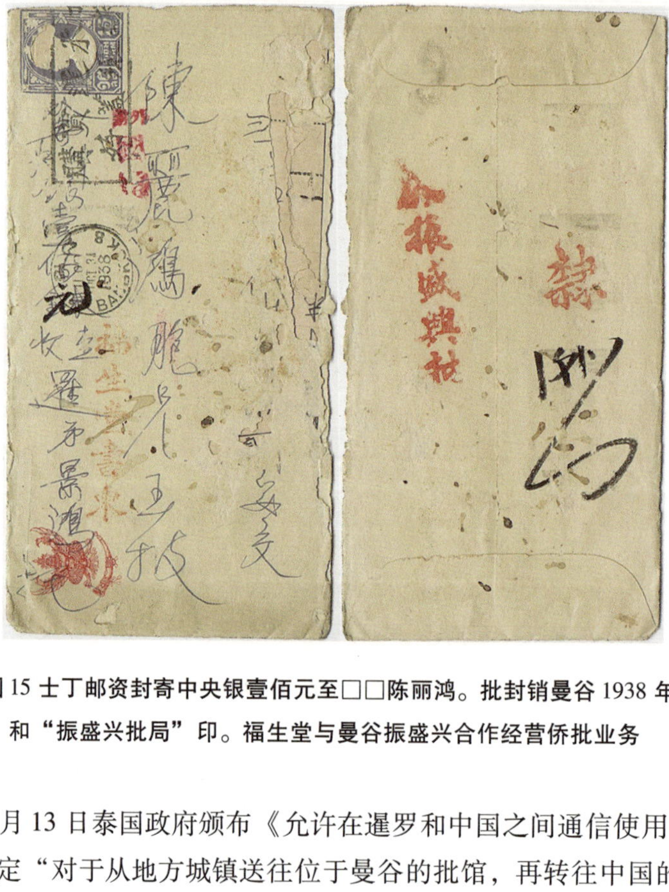

暹景鸿用泰国 15 士丁邮资封寄中央银壹佰元至□□陈丽鸿。批封销曼谷 1938 年 10 月 31 日邮戳，盖“福生堂书柬”和“振盛兴批局”印。福生堂与曼谷振盛兴合作经营侨批业务

1929 年 11 月 13 日泰国政府颁布《允许在暹罗和中国之间通信使用 15 士丁邮资信封的指令》，规定“对于从地方城镇送往位于曼谷的批馆，再转往中国的银信，如果是使用邮资信封或其他已付邮资的信封，不需要另行收费”。

阜丰

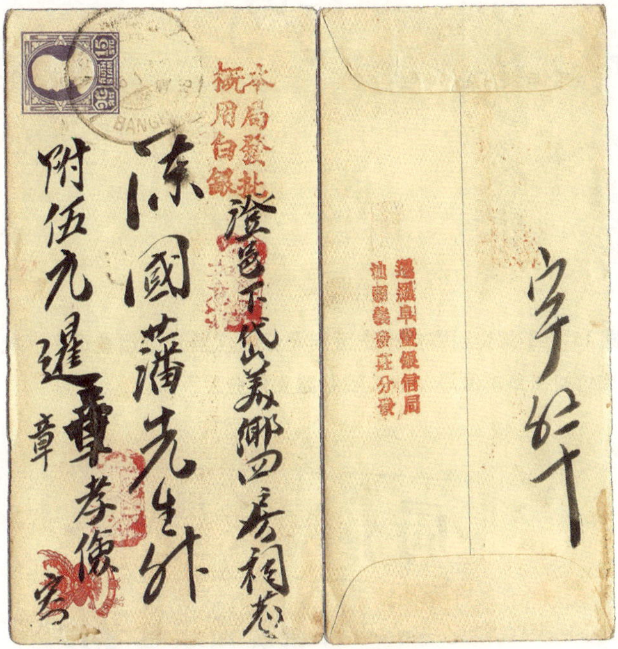

暹章孝俭用泰国15士丁邮资封寄伍元至澄邑下岱美乡陈国藩。批封盖“暹罗阜丰银信局　汕头义发庄分发”印

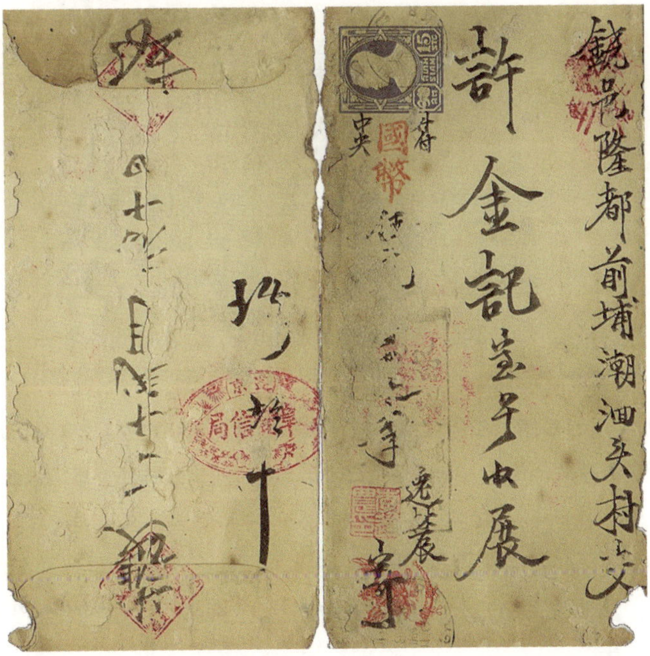

逸麓用泰国15士丁邮资封寄国币伍元至饶邑隆都前埔潮洄头村许金记。批封盖“暹京阜丰信局”印

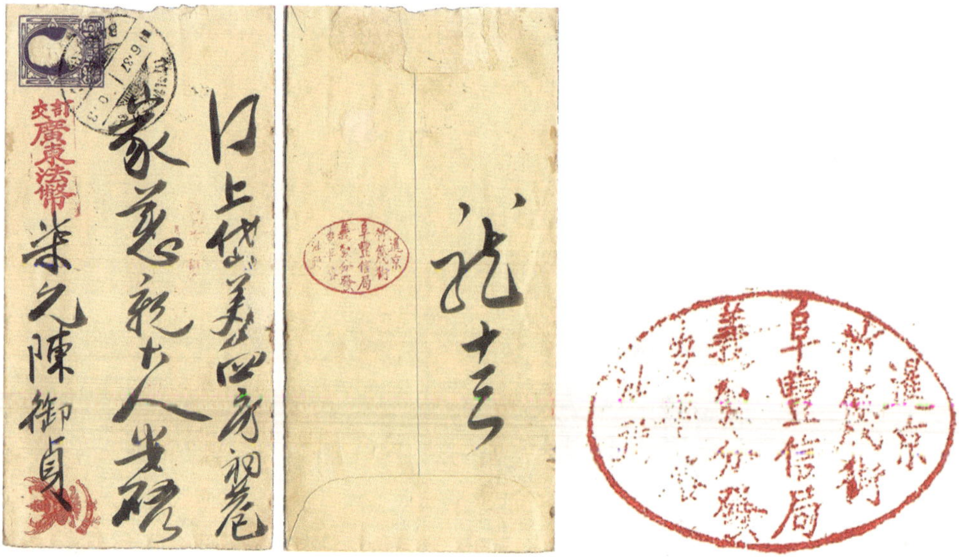

陈御贞用泰国 15 士丁邮资封寄广东法币柒元至汀（澄）上岱美母亲。批封销曼谷 1937 年 6 月 14 日邮戳，盖“暹京竹篾街阜丰信局　汕头安平路义发分发”印

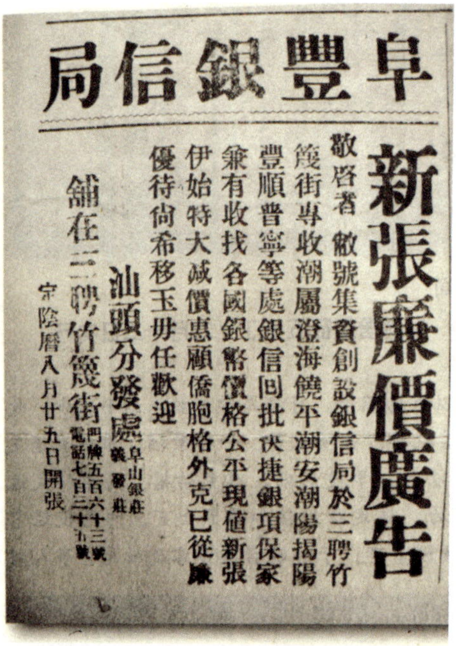

阜豐銀信局

新張廉價廣告

敬啓者　敝號集資創設銀信局於三聘竹篾街專收潮屬澄海饒平潮安潮陽揭陽豐順普寧等處銀信回批快捷銀項保家兼有收找各國銀幣價格公平現值新張伊始特大減價惠顧僑胞格外克己從廉優待倘希移玉毋任歡迎

汕頭分發處　阜山銀莊　義發莊

鋪在三聘竹篾街　門牌五百六十三號　電話七百三十五號

定陰曆八月廿五日開張

1935 年 9 月 21 日泰国《华侨日报》刊登阜丰银信局新张广告：“定阴历八月廿五日开张　铺在三聘竹篾街　门牌五百六十三号　电话七百三十五号”“汕头分发处　阜山银庄　义发庄”

依据 1936 年汕头邮政管理局（邮局）向国家交通部邮政总局呈报的核发批局营业凭证申请书，汕头义发民国廿四年（1935）在暹罗三聘竹篾街设立阜丰分号，营业人为潮安人许雪生。

阜丰良发

暹国蔡大迈丁年（1947）元月初七日寄国币壹万伍仟元至澄邑外砂乡王美才。批封印“阜丰良发汇兑银信局　住暹京三聘竹篾街门牌二九五号　电话二〇七三五号”，列“天字第252号”，盖“暹京阜丰良发银信局”印

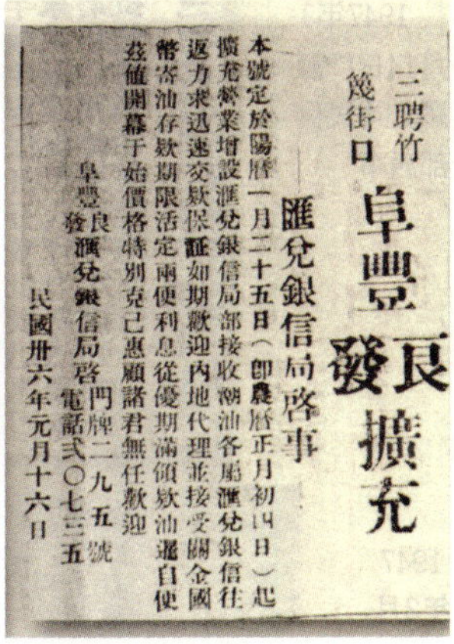
三聘竹篾街口
皐豐良發擴充
匯兌銀信局啓事
本號定於陽曆一月二十五日（即農曆正月初四日）起擴充營業增設滙兌銀信局部接收潮汕各屬滙兌銀信往返力求迅速交欵保證如期歡迎內地代理並接受關金國幣寄汕存欵期限活定兩便利息從優期滿領欵汕暹自便茲值開幕于始價格特別克己惠顧諸君無任歡迎
皐豐良發滙兌銀信局啓 門牌二九五號 電話式〇七三五
民國卅六年元月十六日

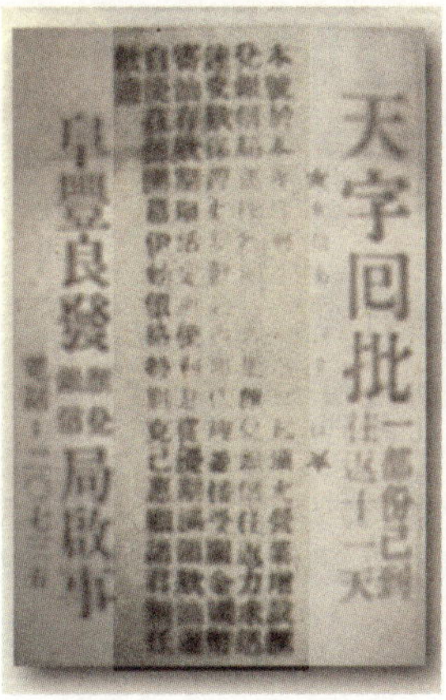
天字回批一部份已到往返十一天
皐豐良發滙兌銀信局啓事

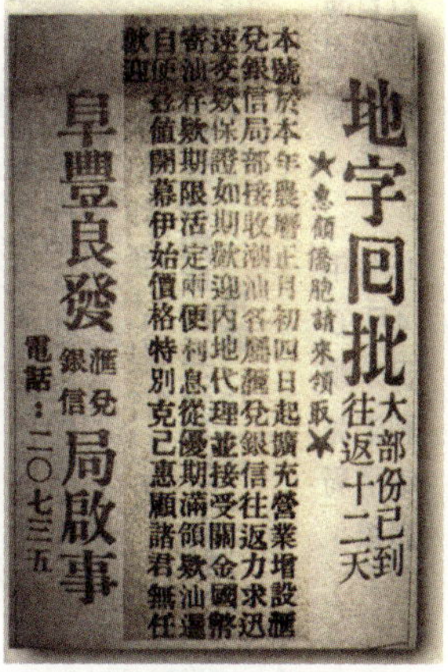
地字回批大部份已到往返十二天
★惠顧僑胞請來領取★
本號於本年農曆正月初四日起擴充營業增設滙兌銀信局部接收潮汕各屬滙兌銀信往返力求迅速交欵保證如期歡迎內地代理並接受關金國幣寄汕存欵期限活定兩便利息從優期滿領欵汕暹自便茲值開幕伊始價格特別克己惠顧諸君無任歡迎
皐豐良發滙兌銀信局啓事
電話：二〇七三五

阜丰良发民国卅六年（1947）元月十六日在泰国《光华报》刊登广告：“本号定于阳历一月二十五日（即农历正月初四日）起扩充营业增设汇兑银信局部接收潮汕各属汇兑银信往返……”。批局位于三聘竹篾街口，门牌二九五号，电话式〇七三五

阜丰良发汇兑银信局分别于民国三十六年（1947）二月八日和二月十六日在泰国《光华报》刊登启事：“天字回批一部分已到往返十一天”“地字回批大部分已到往返十二天”。启事重点强调该号于本年农历正月初四（阳历1月25日）起增设汇兑银信，往返迅速，交款保证如期的经营承诺

1947年5月18日暹罗华侨银信局公会成立，阜丰良发为首届会员商号，代表人陈富良。

高合

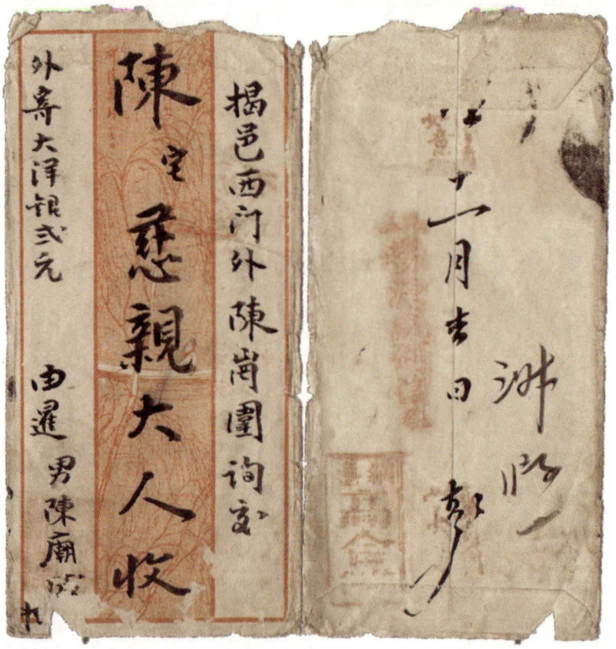

暹陈庙成寄大洋银式元至揭邑西门外陈岗围母亲。批封盖“网銮高合信局”和“暹罗杨源成利信局”印。高合与杨源成利两家批局合作经营侨批业务

网銮，即泰国佛统府的挽峦县，位于金河畔。

公兴昌

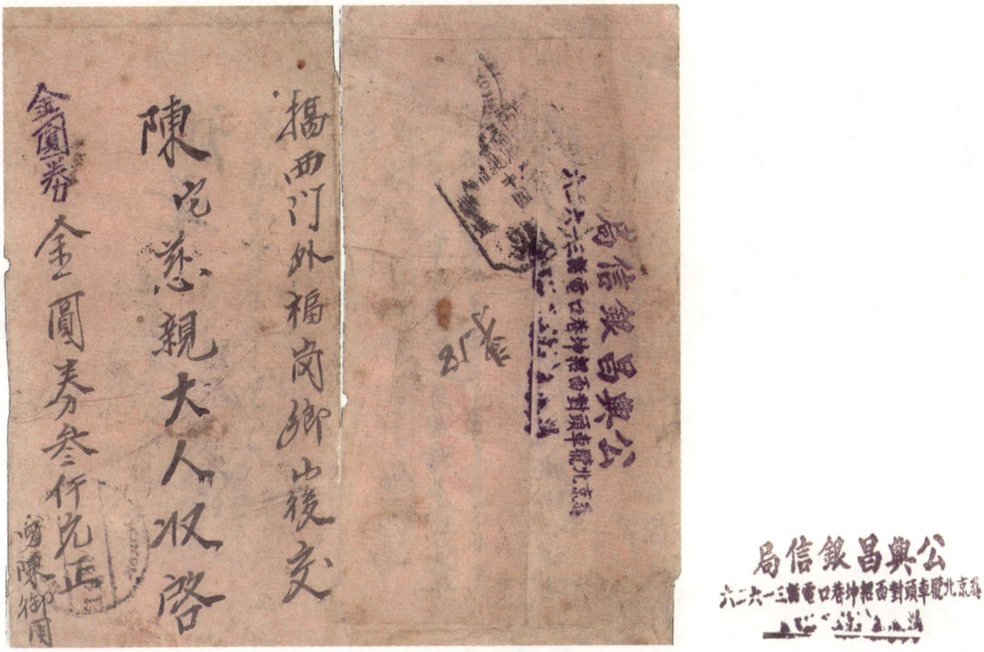

陈御园寄金圆券叁仟元至揭西门外福岗乡母亲。批封盖“公兴昌银信局　暹京北榄车头对面招坤巷口电话三一六二六”印

1947 年 5 月 18 日暹罗华侨银信局公会成立，公兴昌为首届会员商号，代表人林拱庭。

光华隆

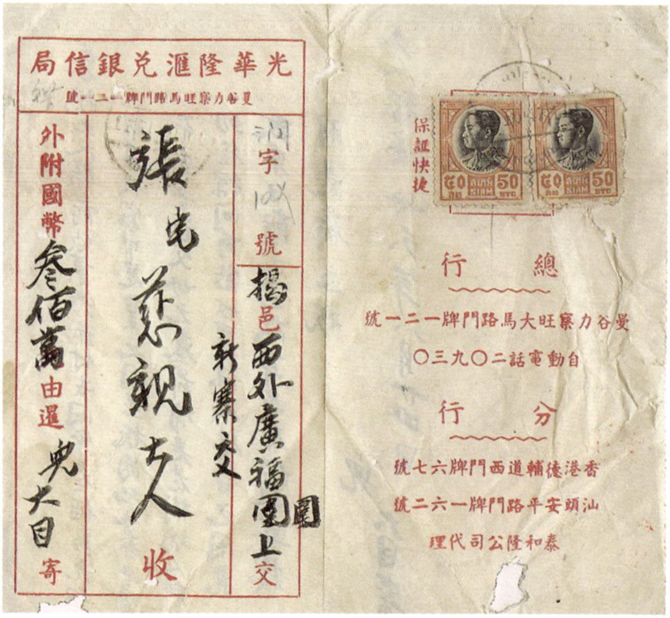

暹大目寄国币叁佰万至揭邑西外广福围母亲。批封印“光华隆汇兑银信局　曼谷力察旺马路门牌一二一号”“总行　自动电话二〇九三〇”，该行分别在香港德辅道西六七号和汕头安平路一六二号泰和隆公司开设分行

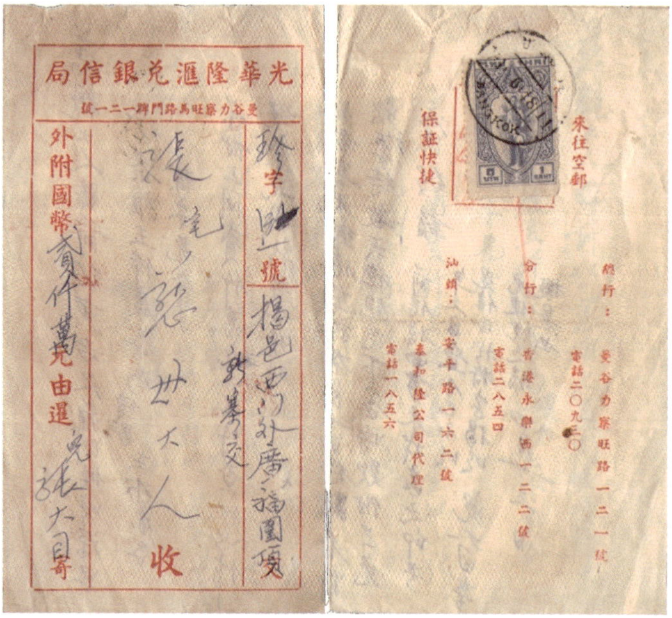

暹张大目寄国币贰千万至揭邑西门外广福围母亲。批封印“光华隆汇兑银信局　曼谷力察旺马路门牌一二一号”“总行：电话二〇九三〇”“分行：香港永乐西一二二号　电话二八五四”“汕头：安平路一六二号　泰和隆公司代理　电话一八五六”，销曼谷1948年6月3日邮戳

1947年5月18日暹罗华侨银信局公会成立，光华隆为首届会员商号，代表人纪经才。

光华兴

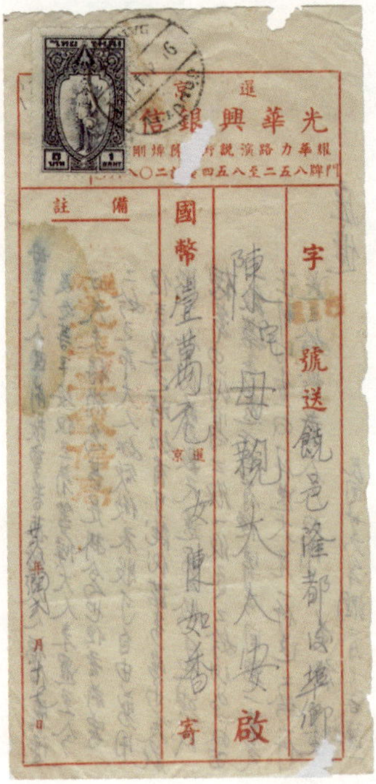

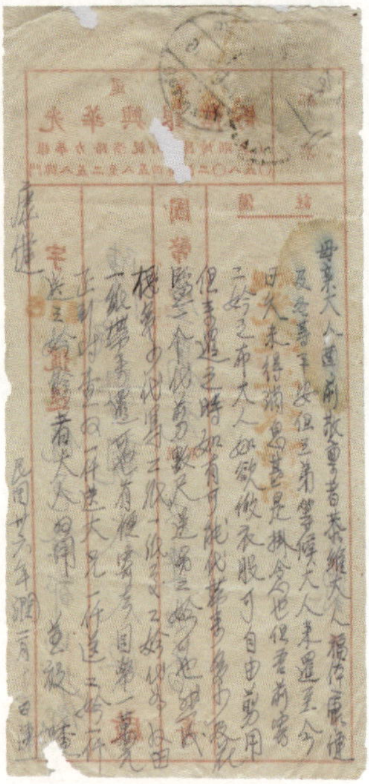

暹京陈如香民国卅六年(1947)闰二月十七日用光华兴银信局自印封寄国币壹万元至饶邑隆都后埠乡母亲。批封印“暹京光华兴银信局　耀华力路演说街陈焯刚巷　门牌八五二至八五四电话二〇八五〇”，销曼谷1947年4月9日邮戳

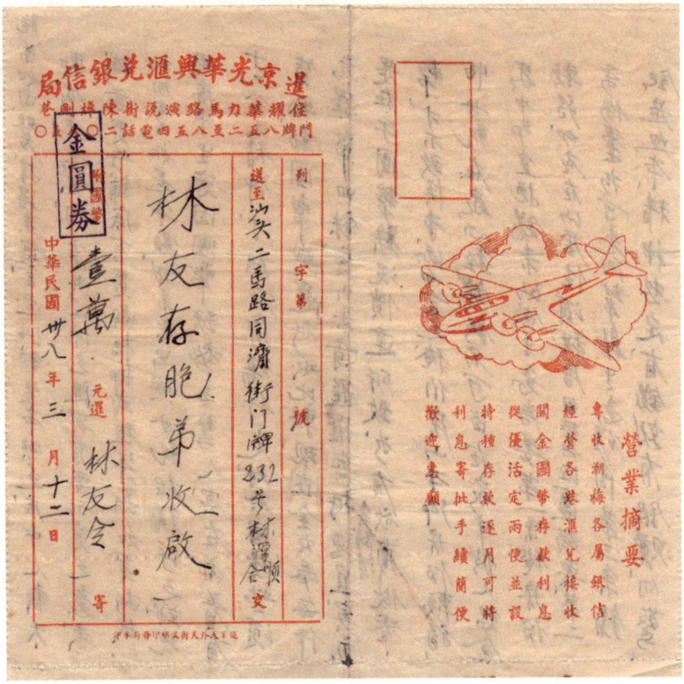

暹林友令民国卅八年(1949)三月十二日用光华兴汇兑银信局自印封寄金圆券壹万元至汕头二马路同济街门牌232号林友存。批封印“暹京光华兴汇兑银信局　住耀华力马路演说街陈焯刚巷　门牌八五二至八五四电话二〇八五〇”

暹京林诚波用光华兴银信局自印封寄港币伍拾元至澄邑南湾乡何氏。批封盖“光华兴汇兑银信局　暹京演说街八五四　自动电话二〇八五〇”印，销 1952 年 6 月 6 日侨批专用邮戳

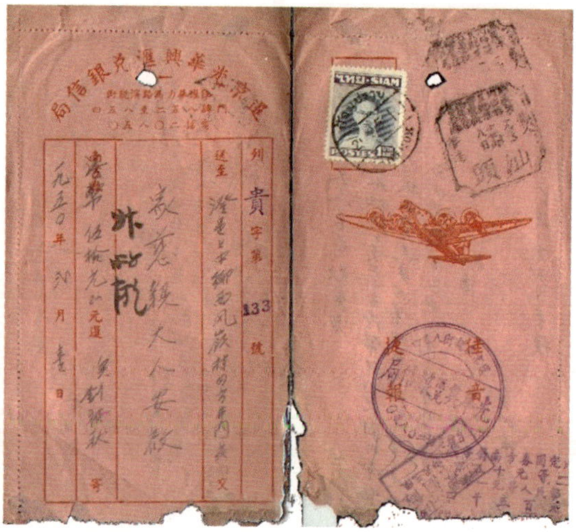

暹刘裕秋一九五〇年式月壹日用光华兴汇兑银信局自印封寄港币伍拾元至澄邑上中乡母亲。批封印“暹京光华兴汇兑银信局　住耀华力马路演说街　门牌八五二至八五四　电话二〇八五〇”，盖“光华兴汇兑银信局”印

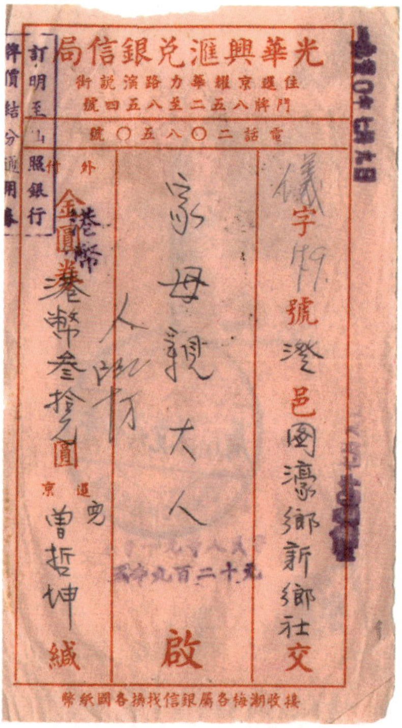

暹京曾哲坤用光华兴汇兑银信局自印封寄港币叁拾元至澄邑图濠乡母亲。批封盖一九五〇年七月九日汕头中国银行结汇章

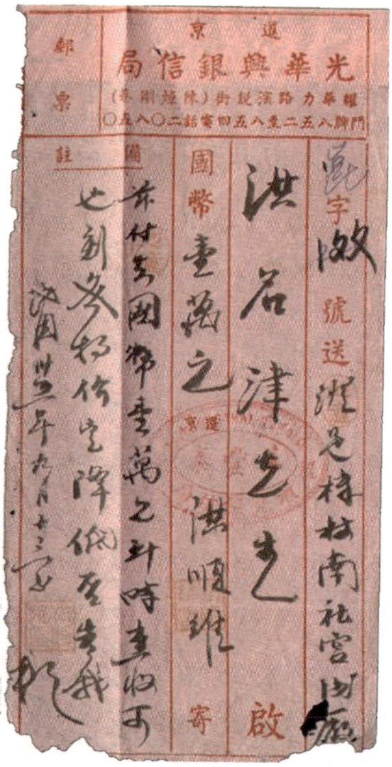

暹京洪顺维用光华兴银信局自印封寄国币壹万元至澄邑樟林洪名津。批封盖“华丰泰”信局印。同在曼谷的两家信局合作经营侨批业务

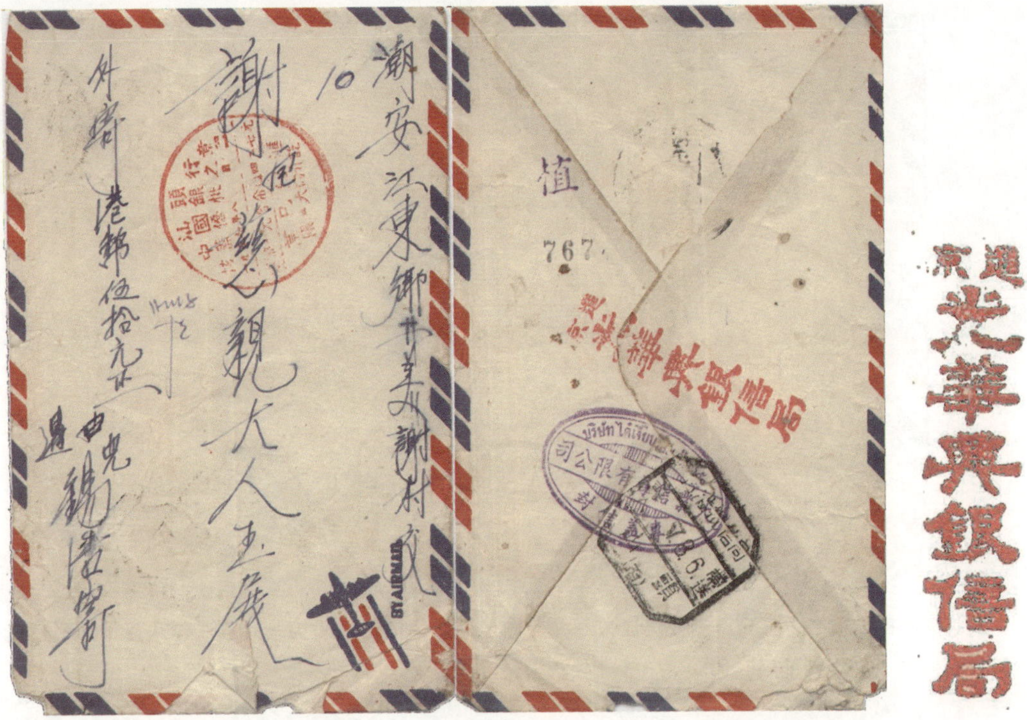

暹锡潘寄港币伍拾元至潮安江东乡母亲。批封销 1957 年 8 月 6 日侨批专用邮戳，盖“暹京光华兴银信局”印

暹京洪顺维用光华兴银信局自印封寄国币壹万元至澄邑樟林洪名津。批封盖“暹京泰成丰信局”和“东里集信分发”印。同在曼谷的光华兴、泰成丰合作经营侨批业务，由国内汕头澄海东里的集信分发

该批局自印封颜色、版式多有变化，但批局地址、电话基本无变更。

暹谢锡浩寄港币二十五元至潮安县江东都井美谢乡母亲。批封销汕头一九五三年八月十三日侨批专用邮戳，盖“光华兴批局”印

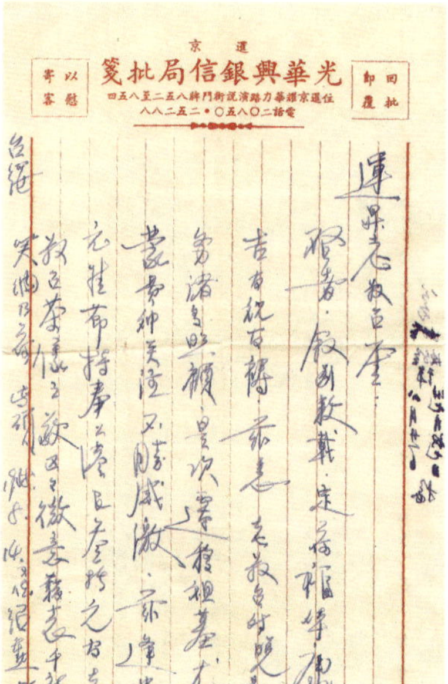

光华兴银信局专用批笺

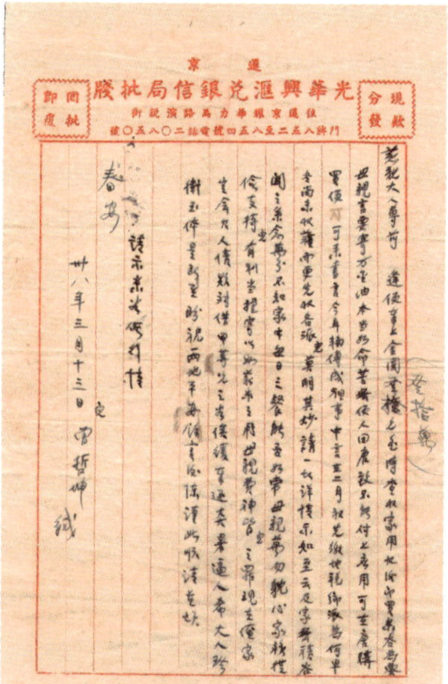

暹京光华兴汇兑银信局专用批笺

1947 年 5 月 18 日暹罗华侨银信局公会成立，光华兴为首届会员商号，代表人张耀坤。

1953 年臣信、能信、名信三家公司联合成立信联有限公司，成员包括其他批信局业者，称为购批代表。光华兴为其中之一。据该年 5 月 11 日《中原报》所载之《信联有限公司购批代表名单》，光华兴的经营地址在曼谷阿努翁路 48 号。

光信利

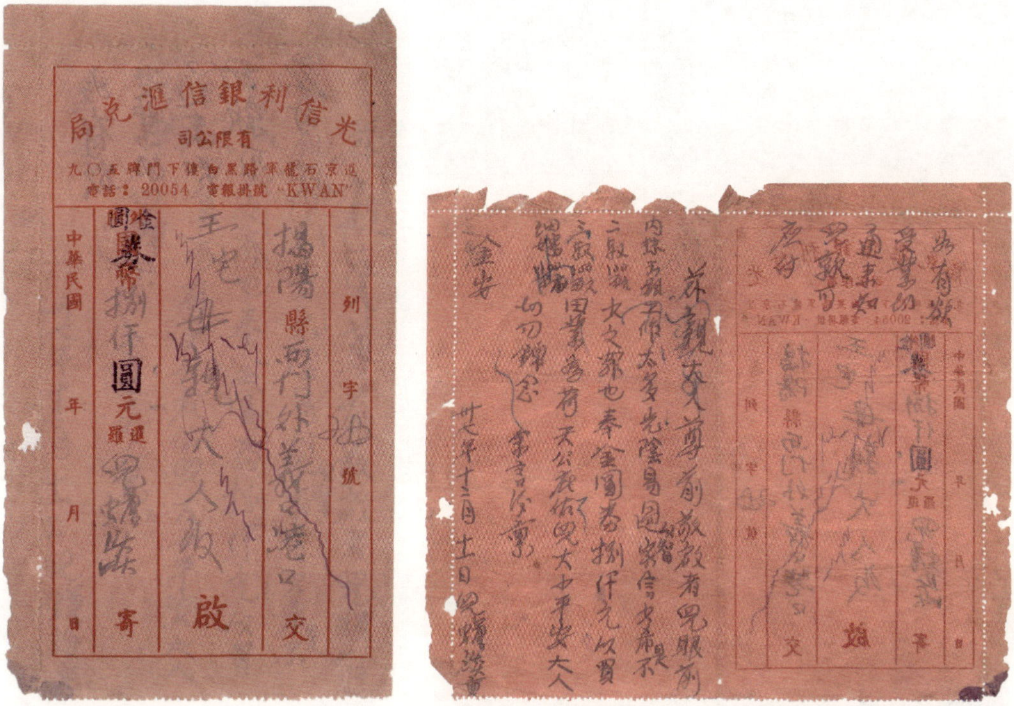

暹罗蟾淡民国卅七年（1948）十二月十一日寄金圆券捌仟元至揭阳西门外义口港口母亲。批封印“光信利银信汇兑局有限公司　暹京石龙军路黑白楼下门牌五〇九　电话：20054”

《1947 年暹罗华侨信局调查表》显示，光信利地址为曼谷。

光信利为暹罗华侨银信局公会第二届和第五届理事单位。

光益裕

暹罗卢准为寄叁拾元至澄邑图濠乡外祖母。批封印“光益裕银信局　暹京三聘蚊帐街门牌三二〇　电话二二七三〇”“总局：汕头永泰街三四号　分局：香港文咸西街三六号、新加坡二马路三九号、揭阳观音仔街光德成”，批封盖“卅八年（1949）六月二日”汕头侨批专用邮戳

暹罗刘鹤如寄港币伍拾元至澄邑月窟内乡刘宜宽。批封印“光益裕银信局　暹京力察旺路（公司廊）门牌二〇八　电话二二七三〇”，销曼谷 1951 年 9 月 8 日邮戳，盖“伟通信局有限公司专盖信封”印

1956 年，泰国财政部规定只准持有营业执照的批信局作正常营业外，其各属下之代理公司不准经营。同时批准 12 家公司合法收寄兑换华侨银信往中国，其中就有“伟通信局有限公司”，商号地址在 16 号 Soi Pipak san Bangkok。

泰国许锡卿用南泰发银信局自印封寄港币陆拾元至澄海隆都秦金坤。批封盖“暹京光益裕公司　三聘街三二〇号”和一九五三年六月三十日汕头侨批专用邮戳。同在曼谷的南泰发和光益裕合作经营侨批业务

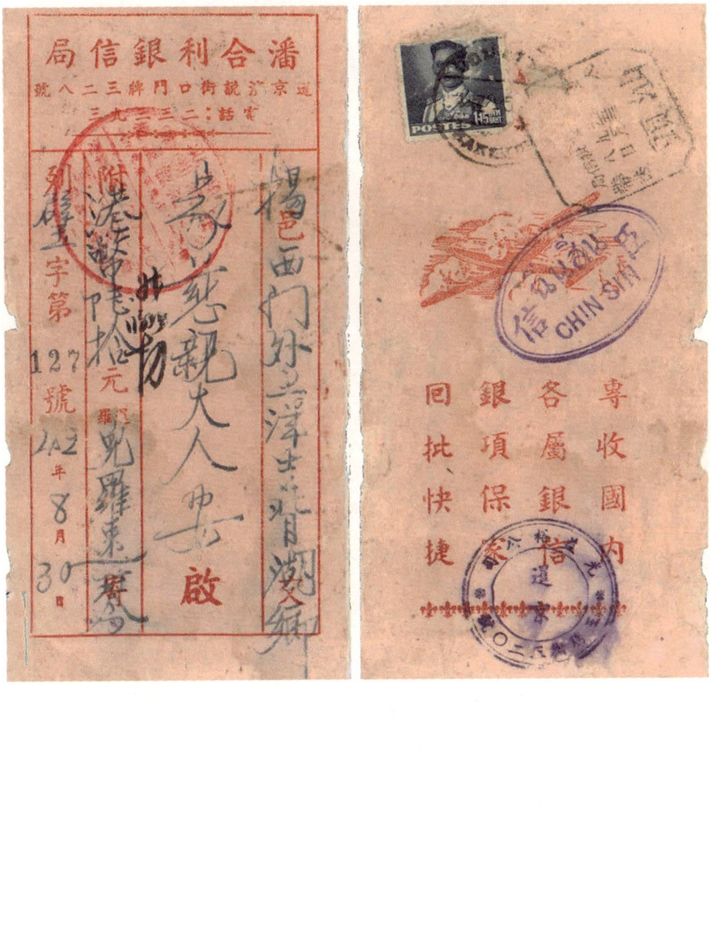

暹罗罗速琴用潘合利银信局自印封寄港币陆拾元至揭邑西门外上洋吉背湖乡母亲。批封盖“臣信”和“暹京光益裕公司”印，销汕头1953年9月8日侨批专用邮戳，同在曼谷的潘合利和光益裕合作经营侨批业务

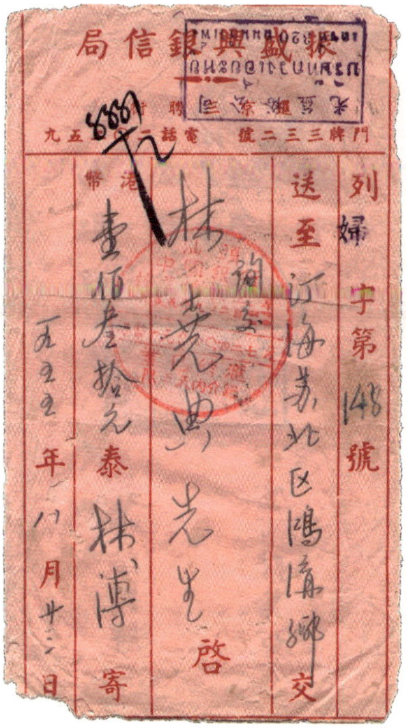

泰林溥一九五五年八月廿三日用振盛兴银信局自印封寄港币壹佰叁拾元至汀（澄）海苏北区鸿沟乡林尧典。批封盖“光益裕公司”印。同在曼谷的两家批局合作经营侨批业务

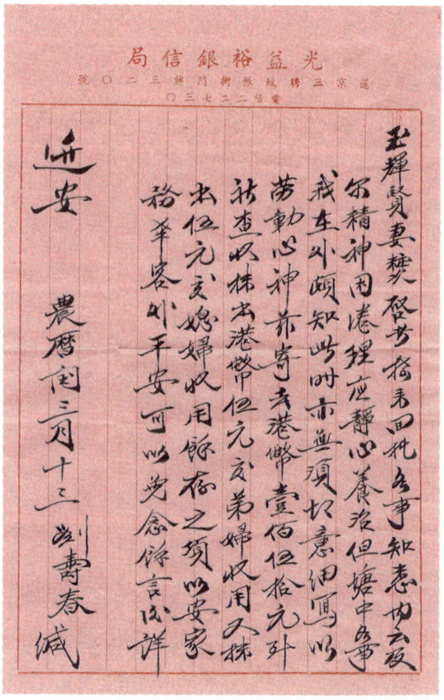

光益裕银信局写批用笺

暹罗王斯可用光益裕银信局自印封寄港币叁十元至澄海冠山乡周景洽之祖母。批封盖“臣信”印，销汕头 1954 年 6 月 30 日侨批专用邮戳

汕頭光益裕批局暹京分局新張啓事

本局開創于汕頭市雖數十年專營各港僑批匯兌歷史攸長信譽卓著久蒙各界僑胞熱誠愛護交相贊許向在香叻濕等地創設分局惟暹羅一埠未有分號現爲適應環境利便同僑匯款起見特創分局于暹京三聘蚊帳街門牌三百二十號（即怡順美金行對面）茲定于國曆九月十九日開幕接收全國各地銀信兼營汕香叻濕匯兌值茲新張伊始對于批價自當格外克已回批力求快捷銀信保家辦理認眞竭誠爲僑胞服務倘蒙惠顧無任歡迎

本分局謹啟

住址：三聘蚊帳街門牌三百二十號

電話：二二七三〇號

總行：汕頭：光益裕 住永泰街三十四號

分理處：揭陽：光德成 住觀音仔街

香港：同益莊

1948 年 9 月 18 日，总行位于汕头永泰街三十四号的光益裕在泰国《光华报》上刊登《汕头光益裕批局暹京分局新张启事》，称其从未在暹罗设立分号。为适应环境利便同侨汇款，特创分局于暹京三聘蚊帐街门牌三百二十号，电话二二七三〇号，于九月十九日开幕接收全国各地银信

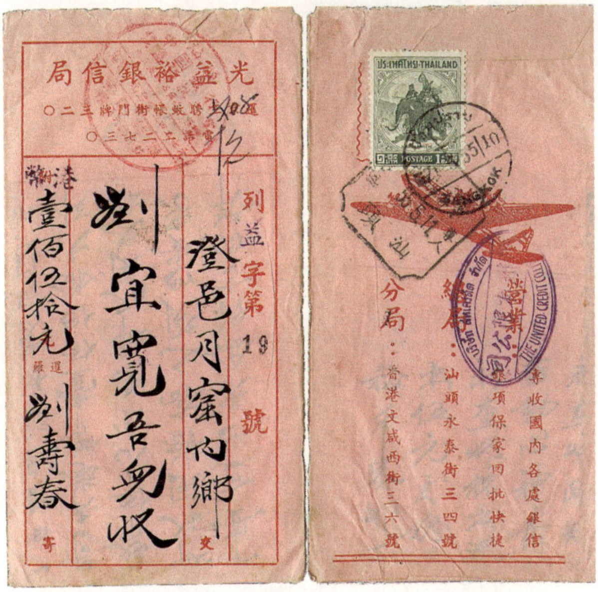

暹罗刘寿春寄港币壹佰伍拾元至澄邑月窟内乡刘宜宽。批封印“光益裕银信局　暹京三聘蚊帐街门牌三二〇　电话二二七三〇”，销“1955 年 5 月 11 日汕头侨批专用邮戳”，盖“信联有限公司”印

1953 年臣信、能信、名信三家公司联合成立信联有限公司，成员包括其他批信局业者，称为购批代表。光益裕为其中之一。据该年 5 月 11 日《中原报》所载之《信联有限公司购批代表名单》，光益裕的经营地址在曼谷三聘街 320 号。

1955 年 7 月，名信、能信、臣信三家公司改组联合成立为一家集团公司向当局注册，经核准为独家公司，成员包括其他批信局业者，称为购批代表。公司名称为“信联有限公司”，初期地址设于曼谷拍耶是路 21 号（十字路口），后迁往曼谷公司廊梯头 266 号二楼（叻察旺码头）。

广顺发

遅罗陈何同 1951 年 6 月 16 日寄港币四拾元至澄海县隆都下保梅陇乡陈林同。批封印“暹京广顺发银信局　住耀华力路门牌五二八号　电话二〇一六一号”，盖“广顺发”印

廣順發匯兌銀信局新張啟事

本局專收潮梅各屬僑批各港匯兌找換各國銀幣及接收僑胞寄款存汕利息優厚期滿暹汕均可支取手續簡便茲值新張伊始價格從廉諸君惠顧無任歡迎

住暹京耀華力路七層樓下（廣順泰內）電話二〇一六一

1947 年 7 月 24 日广顺发汇兑银信局在《光华报》刊登新张启事：“本局专收潮梅各属侨批各港汇兑找换各国银币及接收侨胞寄款存汕利息优厚期满暹汕均可支取手续简便兹值新张伊始价格从廉诸君惠顾无任欢迎　住暹京耀华力路七层楼下（广顺泰内）电话二〇一六一”

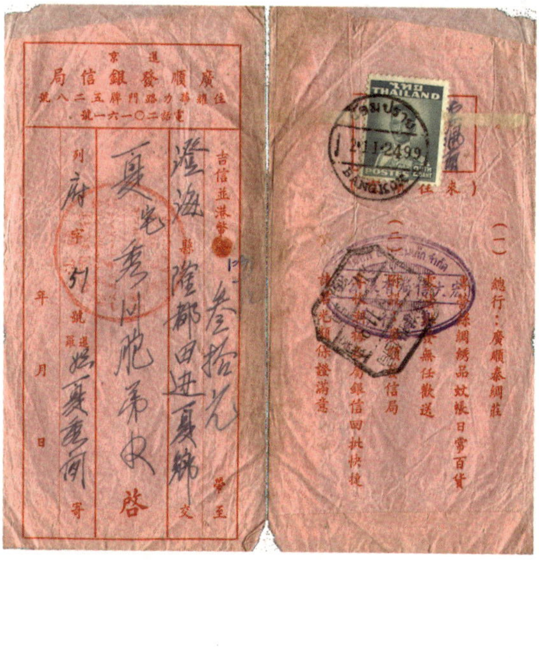

暹罗夏秀闲寄港币叁拾元至澄海隆都田边夏乡夏秀川。批封销曼谷佛历 2499 年（1956）11 月 2 日邮戳，盖“宏大信局有限公司”印。封背印“（一）总行：广顺泰绸庄　专营丝绸绣品蚊帐日常百货　零沽批发无任欢送　（二）附设：广顺发信局　专收潮梅各属银信回批快捷　诸君光顾保证满意”。封背所印内容显示，广顺发银信局是广顺泰绸庄附设的业务

广顺利

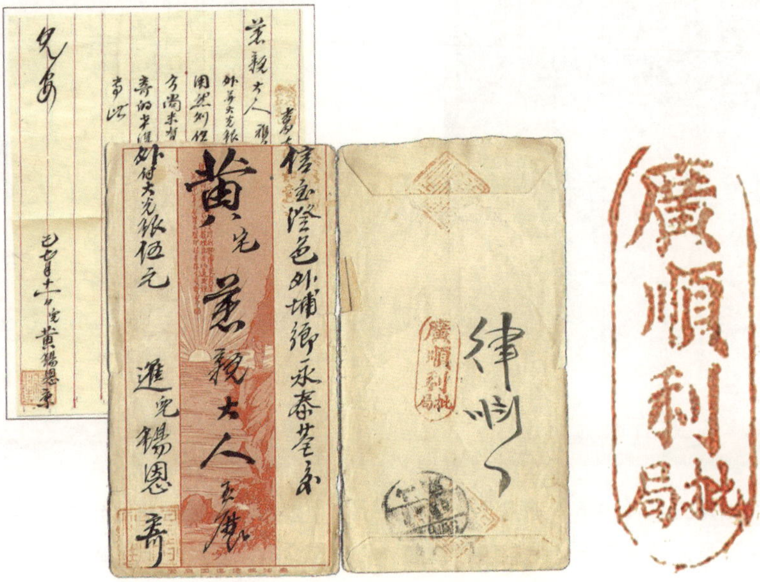

暹锡恩己年（1929）七月十一日寄大光银伍元至澄邑外埔乡母亲。批封盖“广顺利批局”印

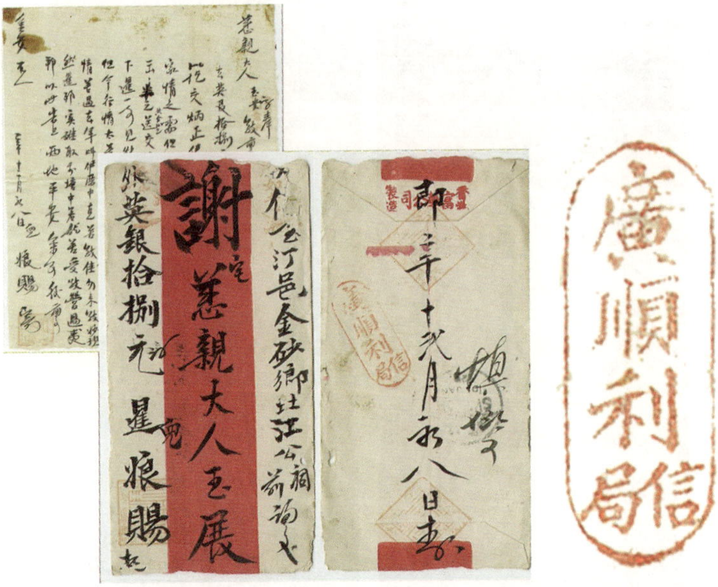

暹娘赐辛年（1931）十二月初八日寄英银拾捌元至汀（澄）邑金砂乡母亲。批封盖“广顺利信局”印

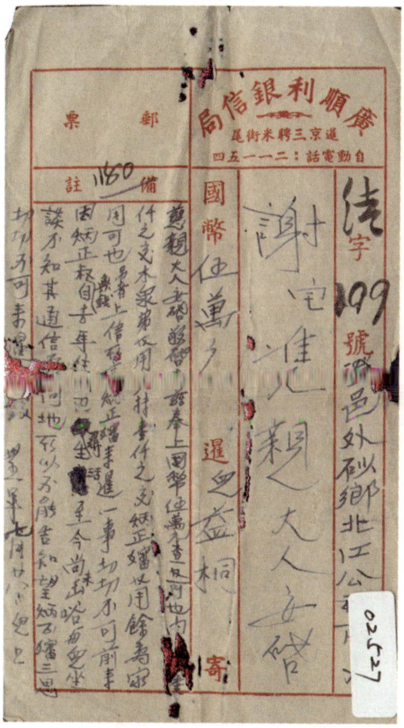

暹益桐民国卅五年（1946）七月廿八日寄国币伍万元至澄邑外砂乡双亲。批封印“广顺利银信局　暹京三聘米街尾　自动电话：二一一五四”

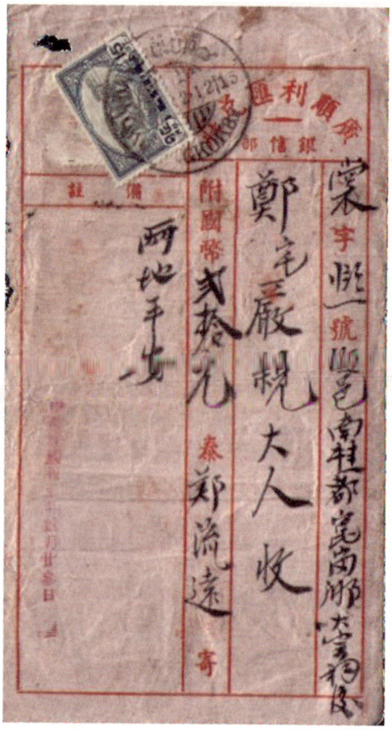

泰郑流远寄国币式拾元至海邑南桂都昆岗乡父亲，批封印“广顺利汇兑庄银信部”

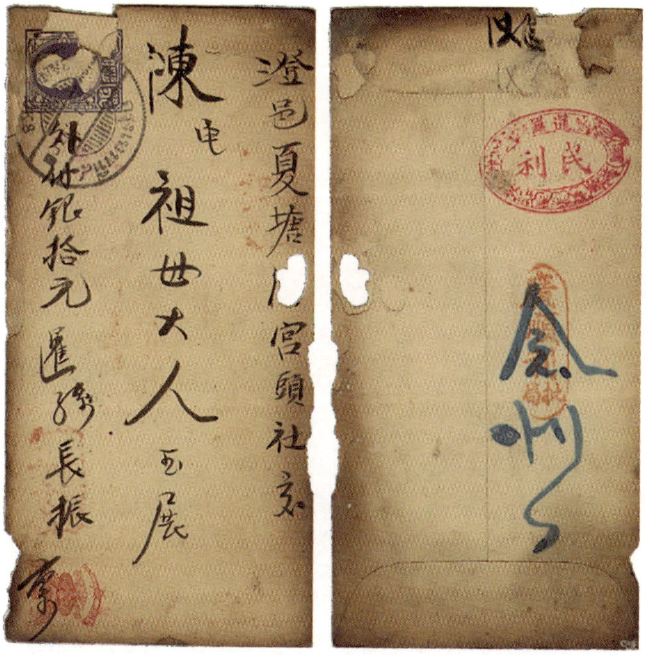

暹长振用泰国15士丁邮资封寄银拾元至澄邑夏塘□宫头社祖母。批封盖“广顺利批局”和“暹罗民利”印。两家批局合作经营侨批业务

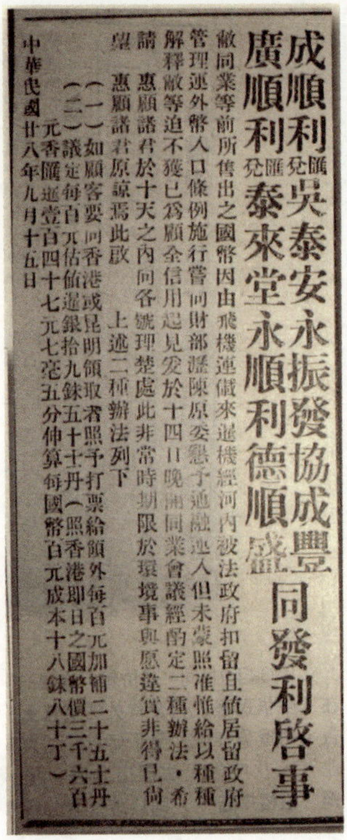

成順利匯兌 吳泰安 永振發 協成豐
廣順利匯兌 泰來堂 永順利 德順盛 同發利 啓事

敝同業等前所售出之國幣因由飛機運儎來暹機經河內被法政府扣留且値居留政府管理運外幣人口條例施行嘗向財部懇陳原委懇予通融進入但未蒙照准惟給以種種解釋敝等迫不獲已爲顧全信用起見爰於十四日晚開同業會議經酌定二種辦法・希請惠顧諸君於十天之內向各號理楚處此非常時期限於環境事與愿違實非得已尚望惠顧諸君原諒焉此啟 上述二種辦法列下

（一）如顧客要向香港或昆明領取者照予打票給領外每百元加補二十五士丹

（二）議定每百元估値暹銀拾九銖五十士丹（照香港即日之國幣價三千六百元香匯暹壹百四十七元七毫五分伸算每國幣百元成本十八銖八十丁）

中華民國廿八年九月十五日

广顺利与成顺利、吴泰安、永振发等九家批局就批局所售出国币经河内时被法政府扣留一事于民国廿八年（1939）九月十五日刊登启事

据泰国学者提供的资料，在泰国20世纪初的官方档案《御前报告》中，已有创建于曼谷三聘街的“广顺利信局”的记录。该批局每年寄批金额约20万元。

1932年1月31日暹罗华侨银信局公所成立，广顺利为副理事长商号。代表人谢毅庵。

1947年5月18日暹罗华侨银信局公会成立，选举首届理监事。广顺利的谢惠松当选为理事。

广顺利毅记

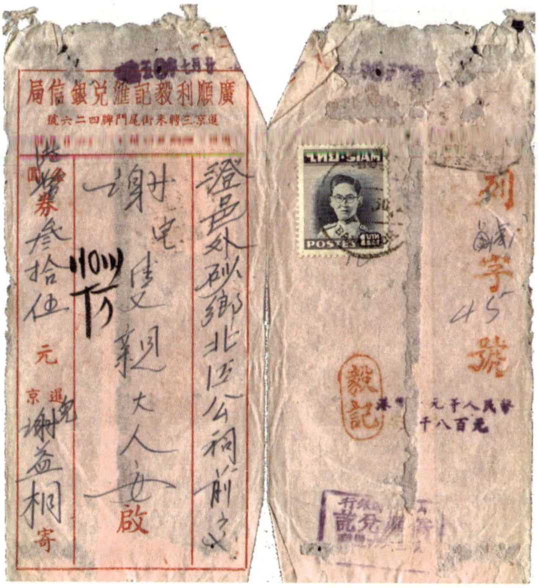

暹京谢益桐寄港币叁拾伍元至澄邑外砂乡双亲。批封印“广顺利毅记汇兑银信局　暹京三聘米街尾门牌四二六号　电话二一一五四号又二一二五九号”，盖“毅记”印和一九五〇年七月廿日“汕头中国银行侨汇兑讫”章

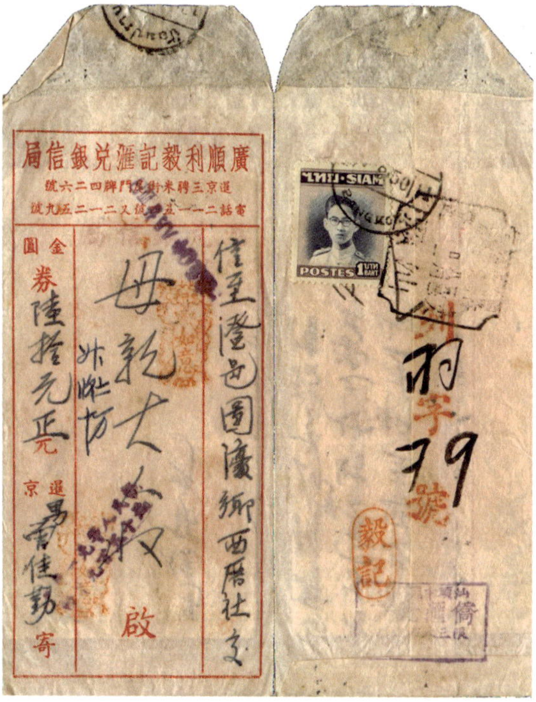

暹京曾佳勤寄金圆券寄陆拾元至澄邑图濠乡母亲。批封盖“毅记”印和一九五〇年八月廿四日“汕头中国银行侨汇兑讫”章

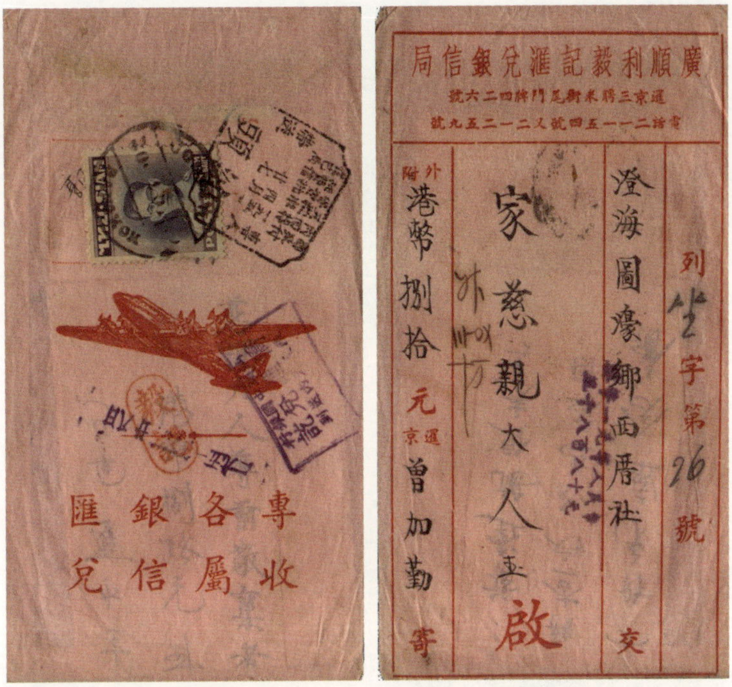

暹京曾加勤寄港币捌拾元至澄海图濠乡母亲。批封盖“毅记”印和“一九五一年四月廿八日”“汕头中国银行侨汇兑讫”章

以上三种自印封虽然颜色有差异，但批局名称、地址、电话号码保持不变。

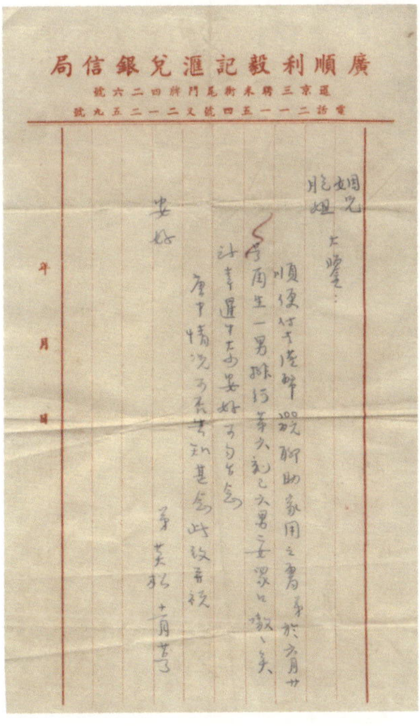

广顺利毅记汇兑银信局写批用笺

郭成昌

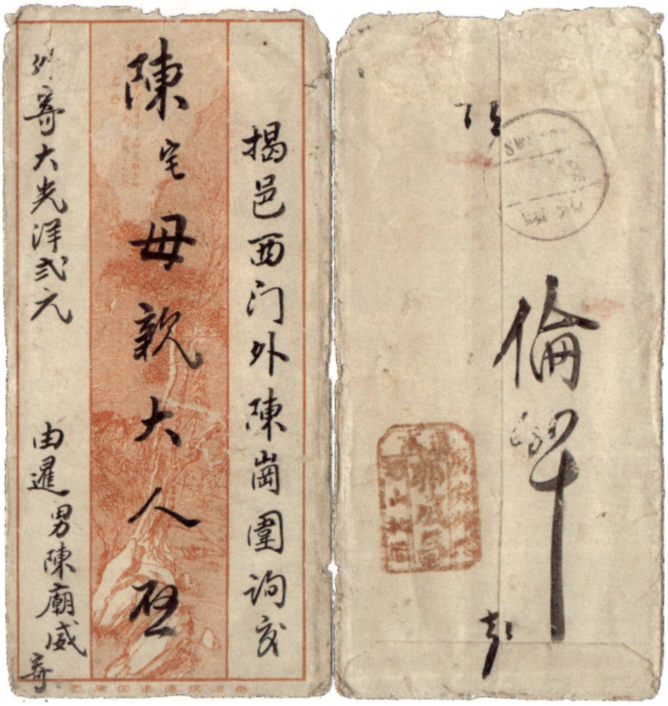

暹陈庙威寄大光洋弍元至揭邑西门外陈岗围母亲。批封盖“暹京郭成昌　唐山批信□□□□”印

郭泽成利

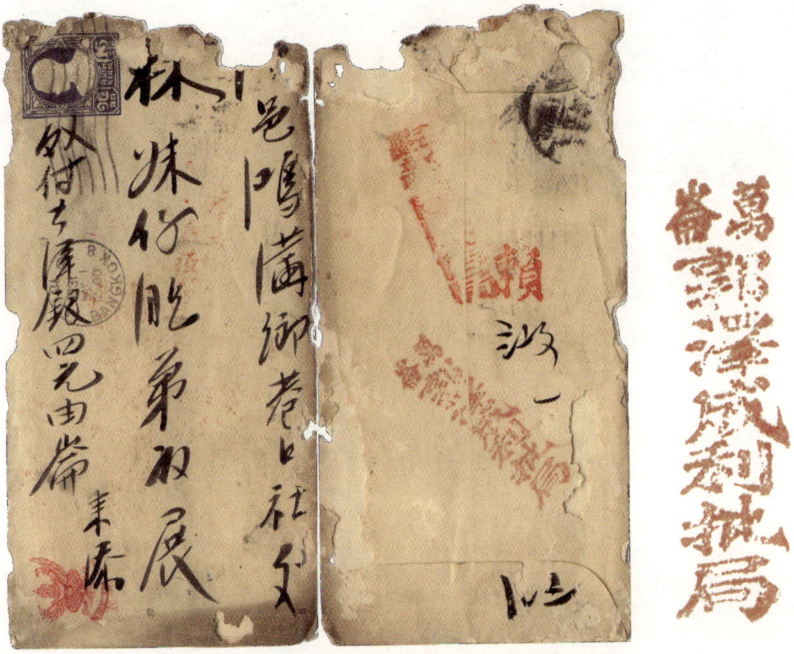

仑来添用泰国 15 士丁邮资封寄大洋银四元至澄邑鸿沟乡林妹仔。销曼谷第八邮政局 1931 年 5 月 1 日邮戳，盖“万仑郭泽成利批局”印

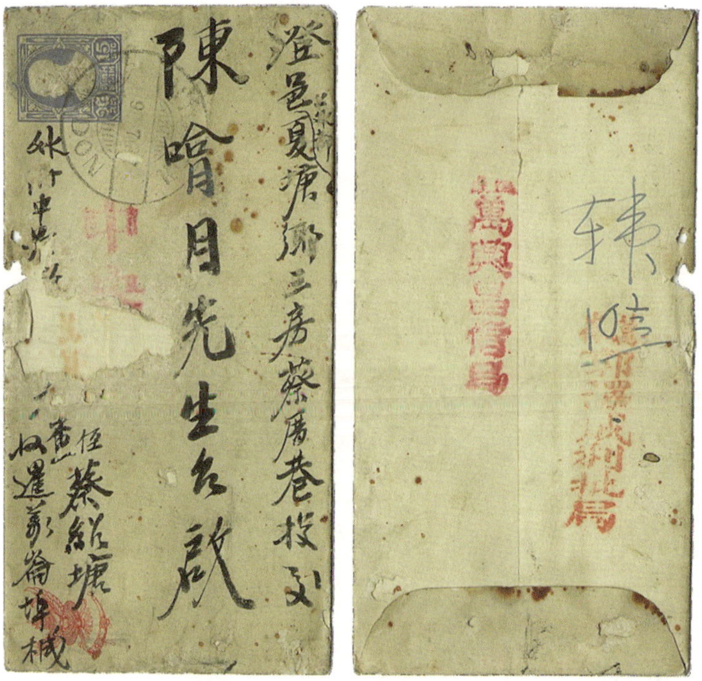

暹万仑蔡绍塘用泰国 15 士丁邮资封寄澄邑夏塘乡陈合目。批封盖“万仑郭泽成利批局”和“暹罗万兴昌信局”印。万伦的郭泽成利批局与曼谷的万兴昌信局合作经营侨批业务

1929 年 11 月 13 日泰国政府颁布《允许在暹罗和中国之间通信使用 15 士丁邮资信封的指令》，规定“对于从地方城镇送往位于曼谷的批馆，再转往中国的银信，如果是使用邮资封或其他已付邮资的信封，不需要另行收费”。

陈炳炮一九四九年用万兴昌银信局自印封寄南方券捌拾元至澄邑上外都婶母。批封贴泰国 1 铢邮票，销曼谷“49.11.01”邮戳，盖“汕头中国银行侨汇兑讫”结汇章、汕头一九四九年十一月廿一日侨批专用邮戳和“万伦郭泽成利批局”印

合 昌

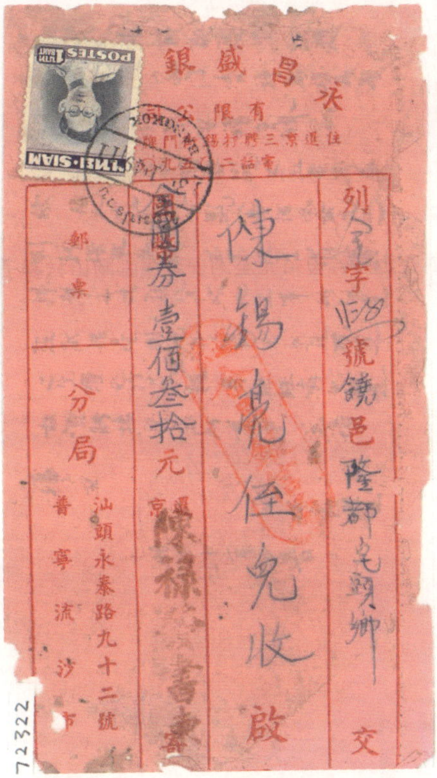

暹京陈禄发用永昌盛银信局自印封寄金圆券壹佰叁拾元至饶邑隆都宅头乡陈锡亮。批封销 1949 年 1 月 3 日邮戳，盖“暹京合昌银信局”印。两家批局合作经营侨批业务

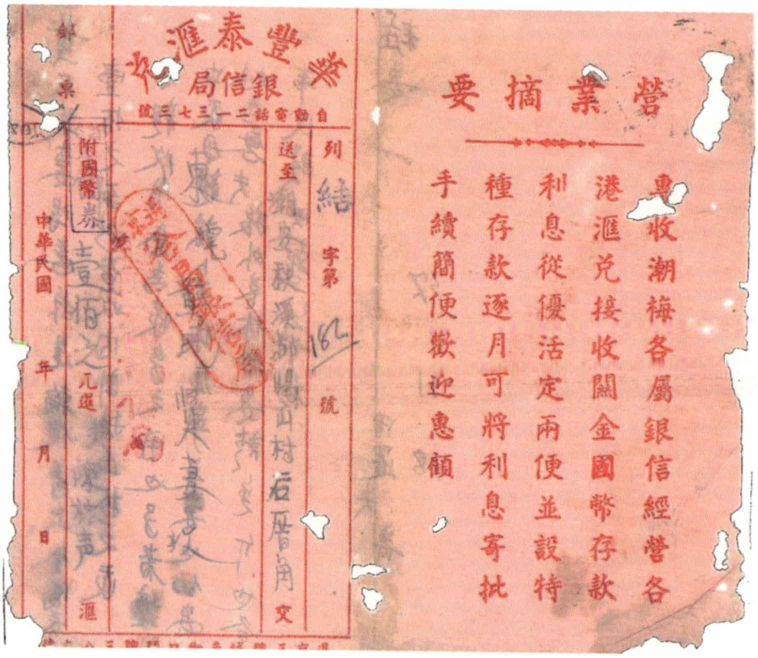

暹陈林声用华丰泰汇兑银信局自印封寄金圆券壹佰元至潮安秋溪都旸山村妻子。批封盖“暹京合昌银信局”印

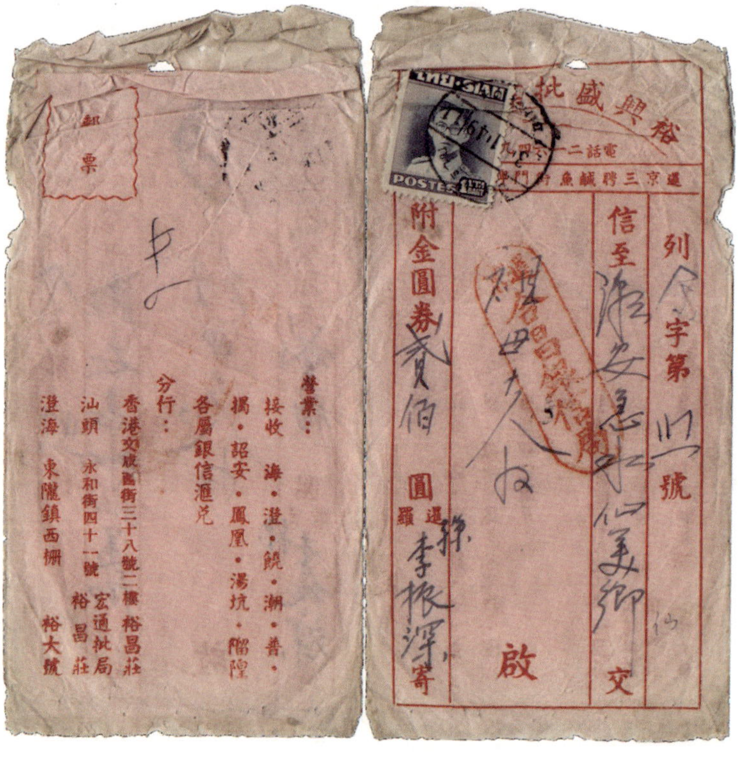

暹罗李振深用裕兴盛批局自印封寄金圆券贰佰元至潮安急水仙美乡祖母。批封盖“暹京合昌银信局”印。同在曼谷的合昌与永昌盛、华丰泰、裕兴盛合作经营侨批业务

合成发

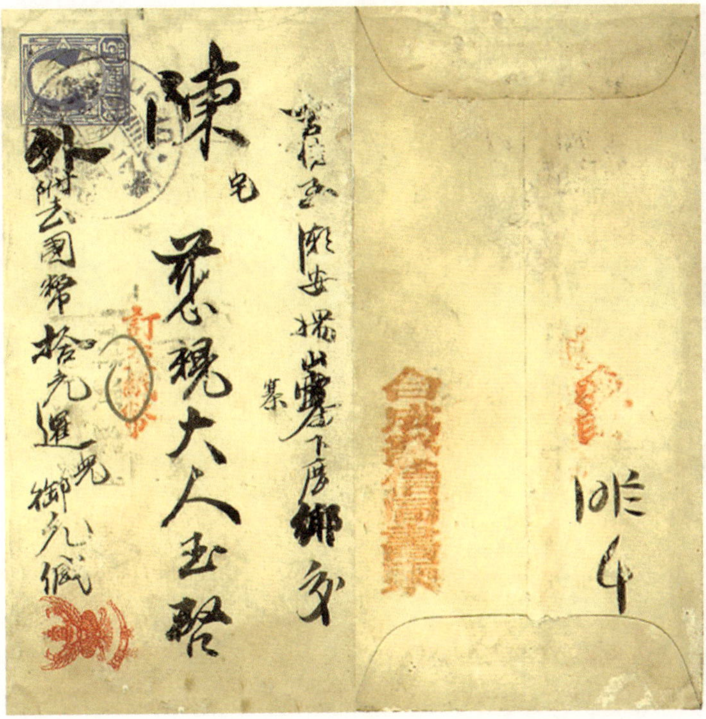

暹御允用泰国 15 士丁邮资封寄国币拾元至潮安独山寨下厝乡母亲。批封盖“合成发信局书柬”印

合 发

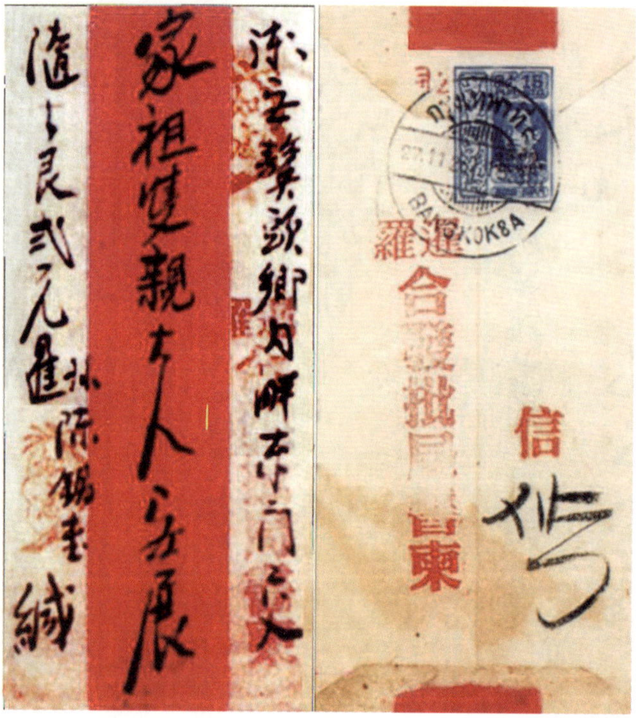

暹陈锡金寄银式元至潮安鳌头乡祖双亲。批封销曼谷 1926 年 11 月 27 日邮戳，盖“暹罗合发批局书柬”印

合丰发

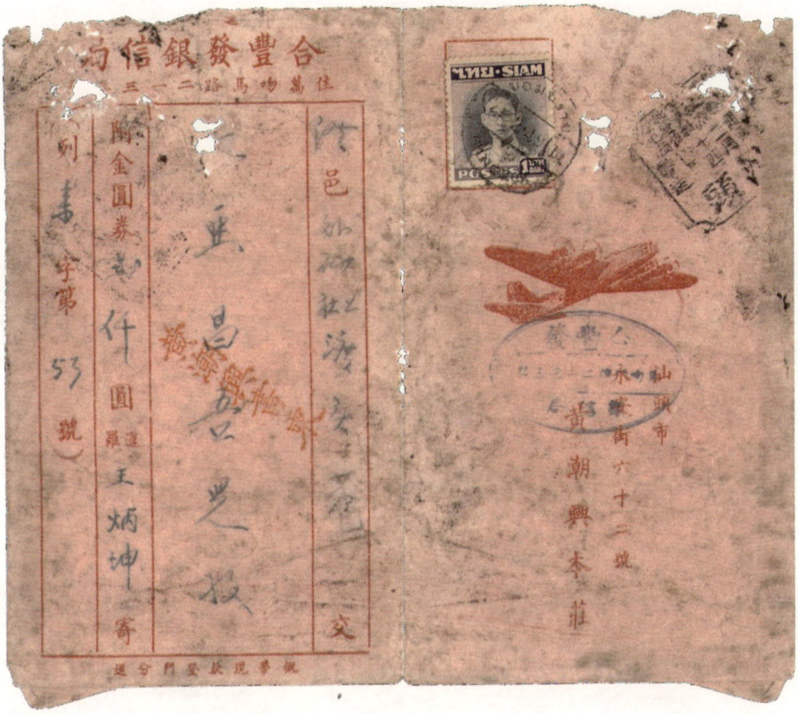

暹罗王炳坤寄金圆券式仟元至澄邑外砂上社王亚昌。批封印“合丰发银信局　住万吻马路二一三三号”“汕头市永安街六十二号黄潮兴本庄”，销汕头一九四九年二月十四日侨批专用邮戳，盖“合丰发银信局”椭圆形印和“黄潮兴书柬”印

合记丰记

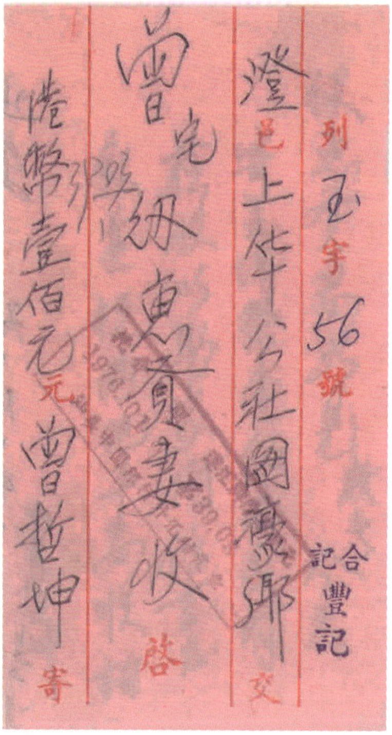

曾哲坤寄港币壹佰元至澄邑上华公社图濠乡妻子。批封盖“1976. 10. 1 汕头中国银行外汇结汇”章和“合记丰记”印

合兴利

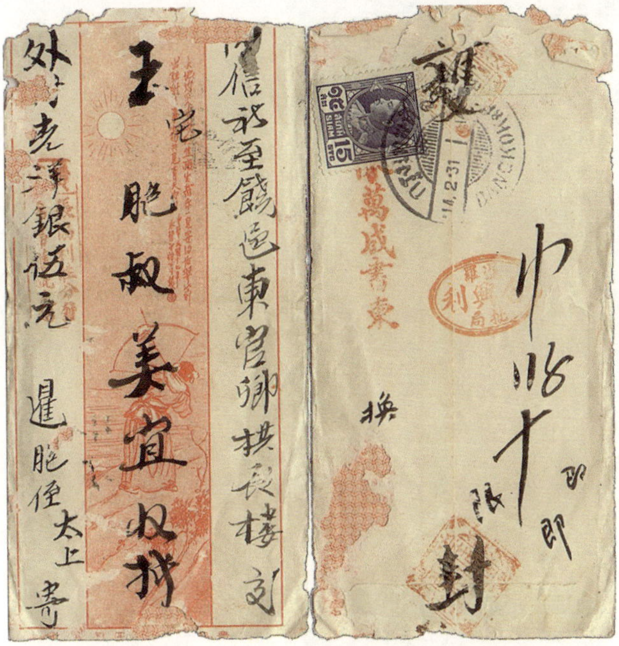

暹太上寄光洋银伍元至饶邑东官乡王美宜。批封销曼谷 1931 年 2 月 14 日邮戳，盖“暹罗合兴利批局”印

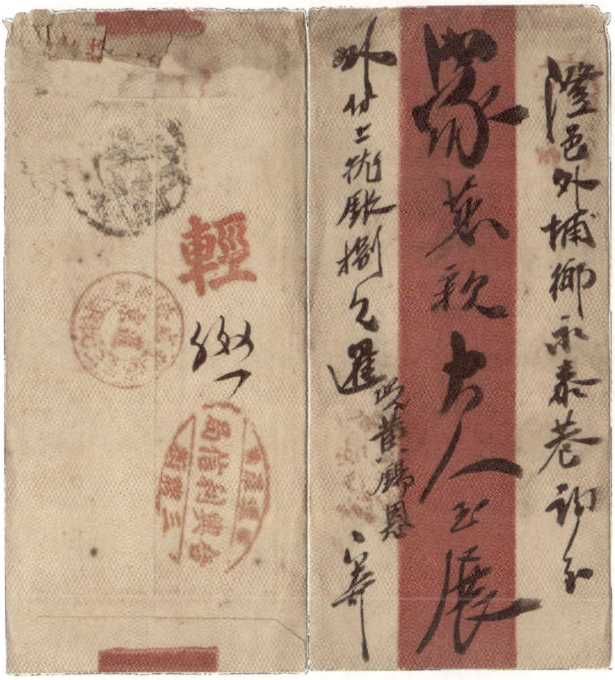

暹黄锡恩寄龙银捌元至澄邑外埔乡母亲。批封盖“暹罗三聘街合兴利信局”和“暹京振成发收找”印。同在曼谷的合兴利与振成发合作经营侨批业务

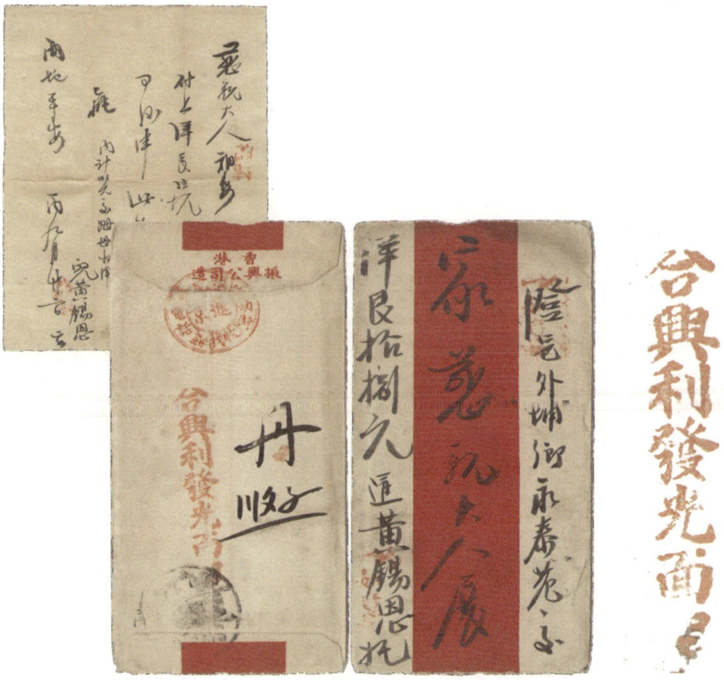

暹黄锡恩寄洋银拾捌元至澄邑外埔乡母亲。批封盖“合兴利发光面银”印

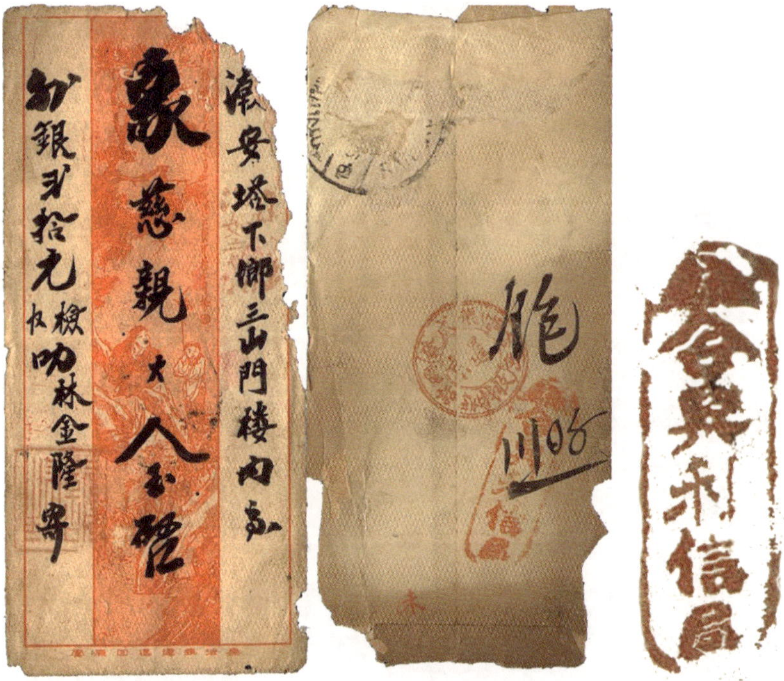

叻林金隆寄银弍拾元至潮安塔下乡母亲。批封盖“合兴利信局”和“暹京振成发收找”印

据泰国学者提供的资料，在泰国20世纪初的官方档案《御前报告》中，已有创建于曼谷三聘街的“合兴利信局”的记录。该批局每年寄批金额约30万元。

何德茂

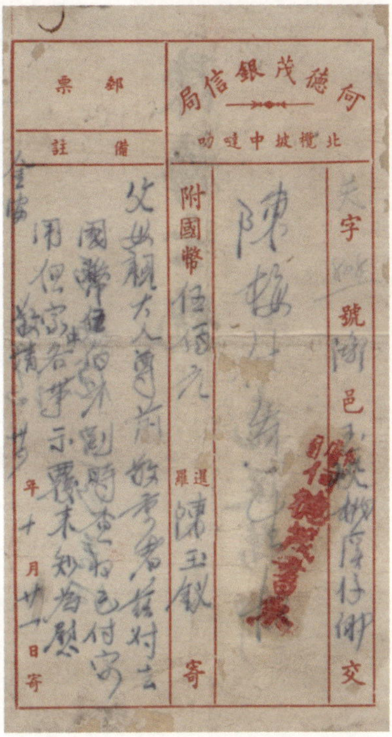

暹罗陈玉钗民国卅四年（1945）十月廿一日寄国币伍佰元至潮邑玉峡桃溪仔乡陈梅仕。批封印“何德茂银信局　北榄坡中哒叻”，盖“何德茂书柬”印

和合祥

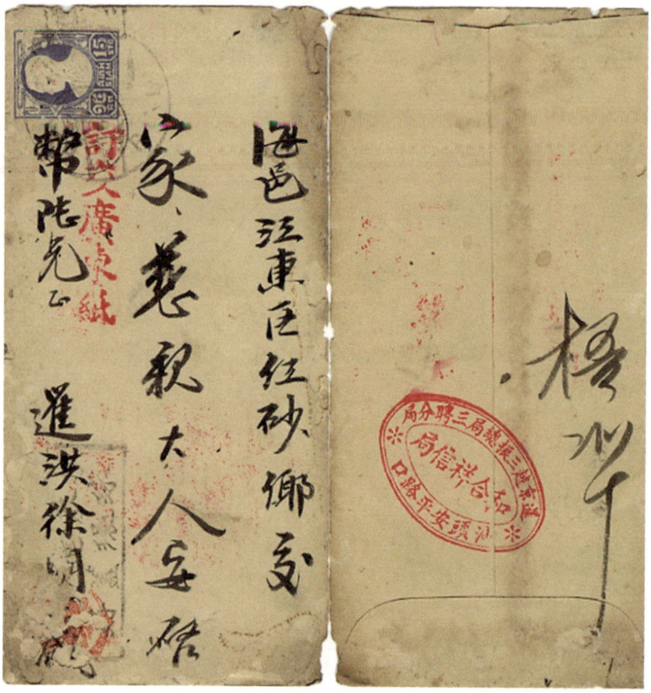

暹洪徐明用泰国 15 士丁邮资封寄广东纸（广东法币）陆元至海邑江东区红砂乡母亲。批封盖“和合祥信局　暹京越三振总局三聘分局　汕头安平路口”印

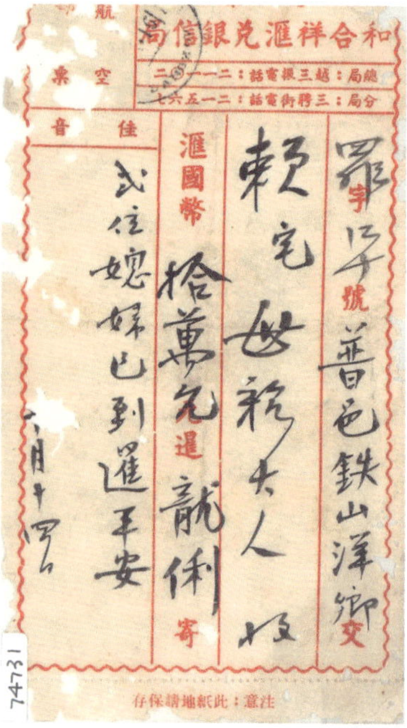

暹龙俐寄国币拾万元至普邑铁山洋乡母亲。批封印“和合祥汇兑银信局　总局：越三振电话：二一一〇二　分局：三聘街电话：二一五六七”

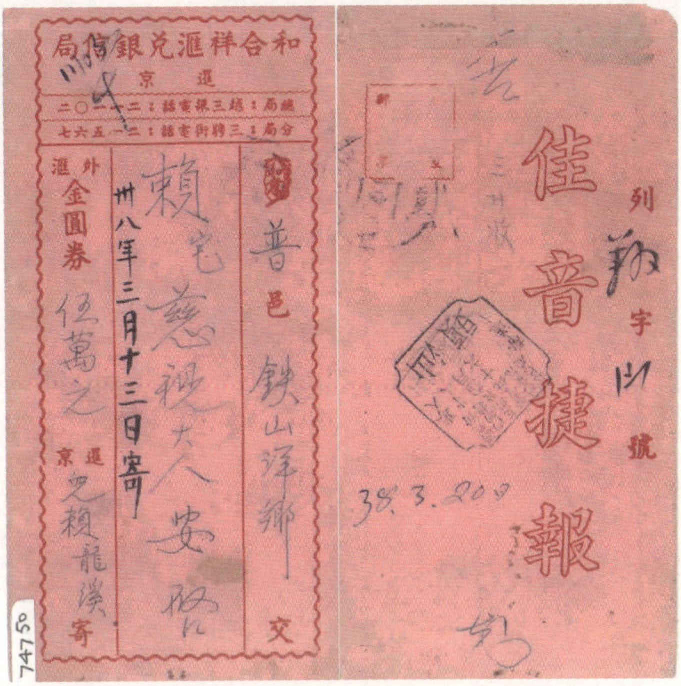

暹京赖龙溪寄金圆券伍万元至普邑铁山洋乡母亲。批封印“和合祥汇兑银信局　总局：越三振电话：二一一〇二　分局：三聘街电话二一五六七”，销汕头一九四九年四月十六日侨批专用邮戳

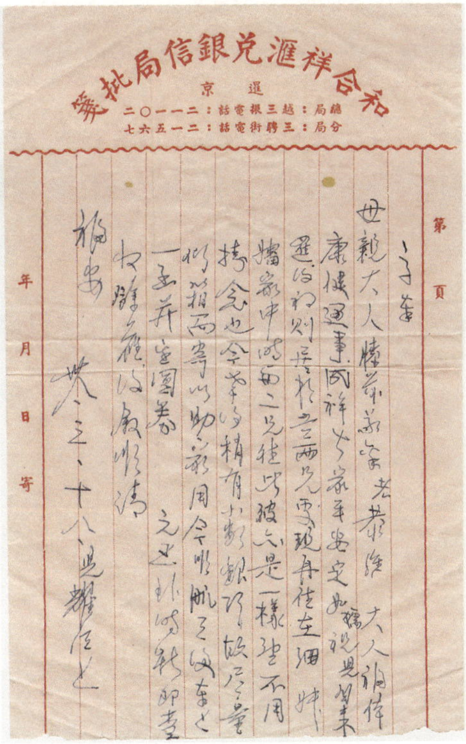

和合祥汇兑银信局写批专用笺

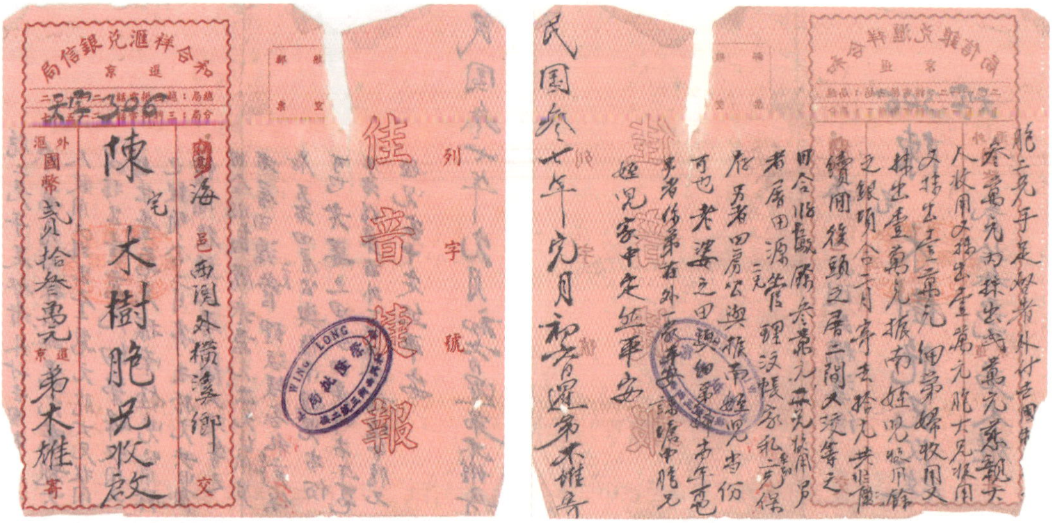

遑京木雄民国叁七年（1948）完月初六日用和合祥汇兑银信局自印封寄国币贰拾叁万元至海邑西关外横溪乡陈木树。批封盖“香港荣隆批局　和兴西街三号二楼 WING LONG”中英文印。泰国和合祥收发的批信通过香港的荣隆中转

据泰国学者提供的资料，在泰国20世纪初的官方档案《御前报告》中，已有创建于曼谷三聘街的“和合祥信局”的记录。该批局每年寄批金额约20万元。

1932年1月31日暹罗华侨银信局公所成立，和合祥为首任理事商号，代表人许声育。

1947年5月18日暹罗华侨银信局公会成立，和合祥为首届会员商号，代表人张伯继。

和和

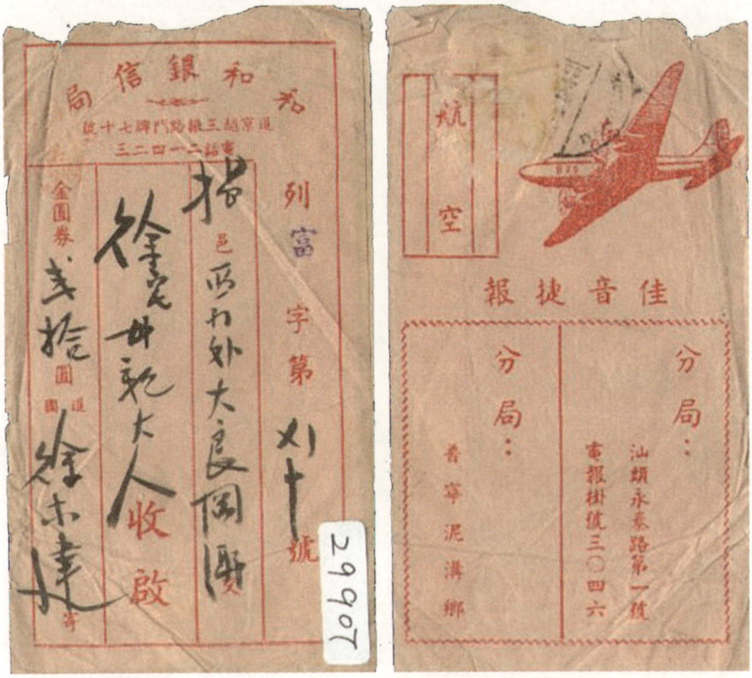

暹罗徐木达寄金圆券式拾元至揭邑西门外大良冈乡母亲。自印封上印“和和银信局　暹京越三振路门牌七十号　电话二一四二三”“分局：汕头永泰路第一号　电报挂号三〇四六”“分局：普宁泥沟乡”

暹罗林景松寄国币伍佰万至潮安官塘乡陈运昇。自印封销曼谷 1948 年 8 月邮戳，印“和和银信局　汕头永泰路三十七号　普宁泥沟乡　暹京越三振路门牌七十号　电话二一四二三”“汕头电报挂号三〇四六”

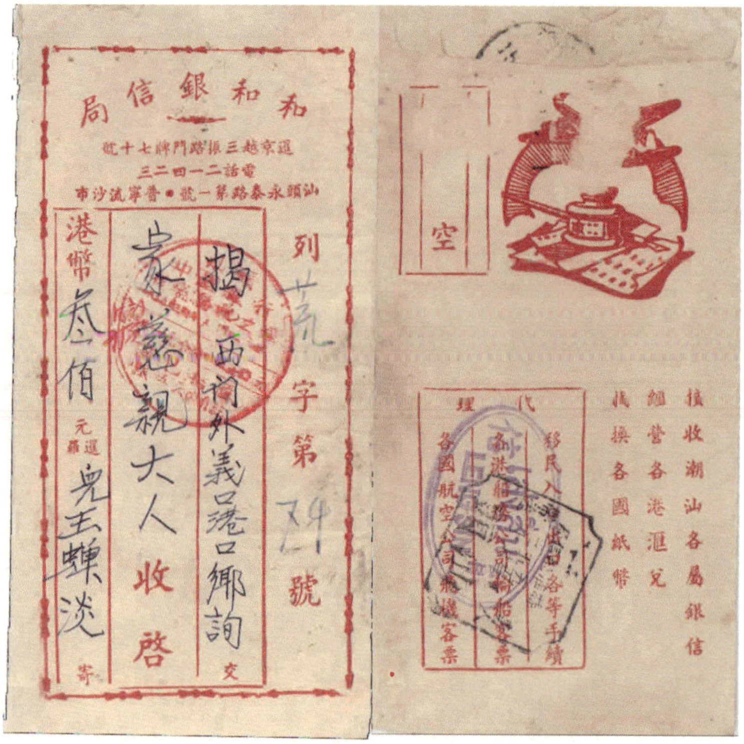

暹罗王蝉淡寄港币叁佰元至揭邑西门外义口港口乡母亲。批封销汕头1953年5月20日侨批专用邮戳，自印封上暹京的地址、电话均不变

暹罗蔡开茂寄港币伍拾元至潮安急水坑母亲。批封销汕头1956年1月31日侨批专用邮戳，自印封上暹京的地址、电话均不变

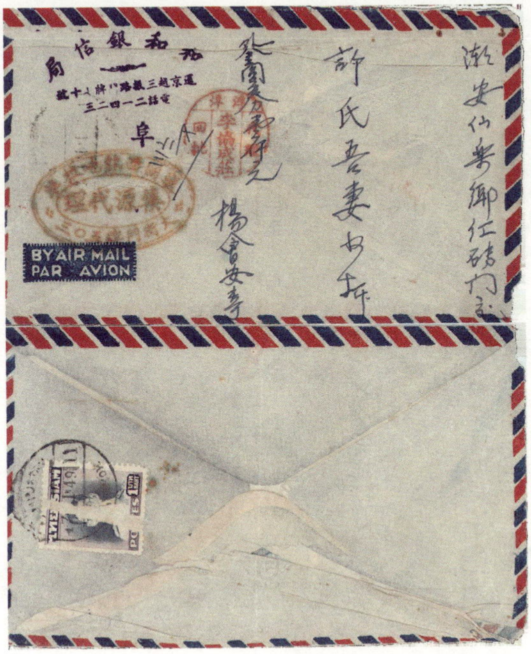

杨会安寄金圆券壹仟元至潮安仙乐乡妻子。批封销曼谷 1949 年 1 月邮戳，盖“和和银信局”“集源代理　乜拉埠大街门牌五〇三”和“浮洋李协成庄代理回批”印

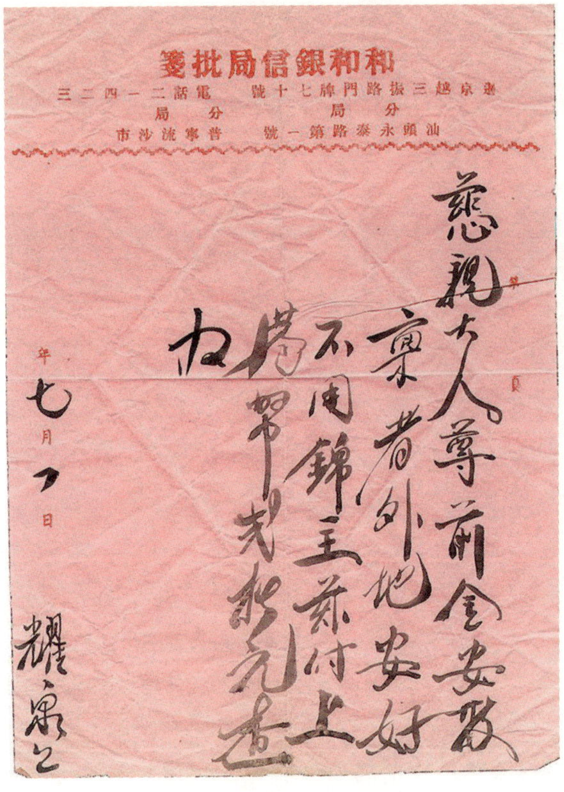

和和银信局写批用笺

暹国徒清寄金圆券式万元至普邑安仁后坽园母亲。批封盖“和和银信局”印

暹罗王来秀寄港币拾元至汀（澄）邑南阳乡王木泉。
批封印“和和银信局　暹京越三振路七〇号”

1947 年 5 月 18 日暹罗华侨银信局公会成立，和和为首届会员商号，代表人许培丰。

和顺

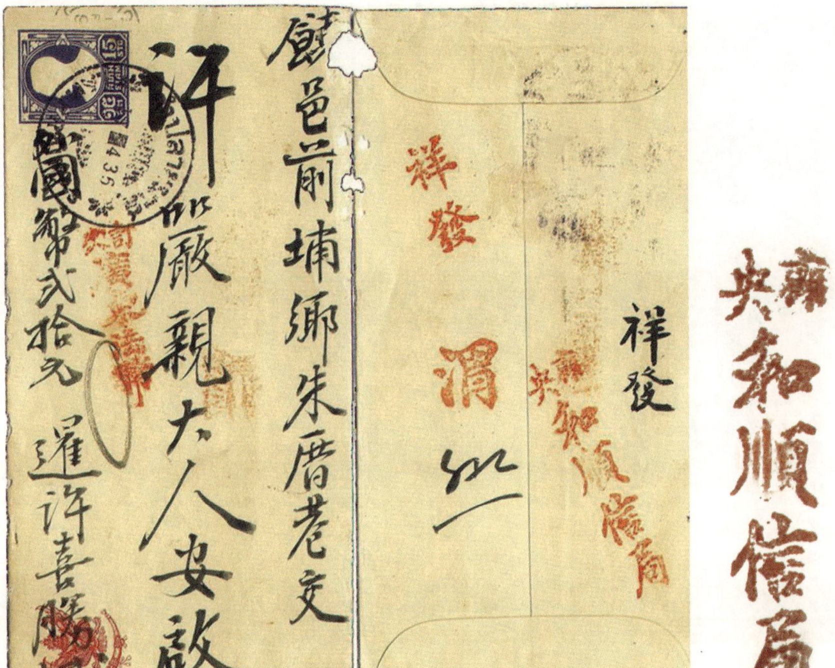

暹许喜胜用泰国 15 士丁邮资封寄国币式拾元至饶邑前埔乡父亲。批封销曼谷 1935 年 4 月邮戳，盖“雍央和顺信局”印

宏大

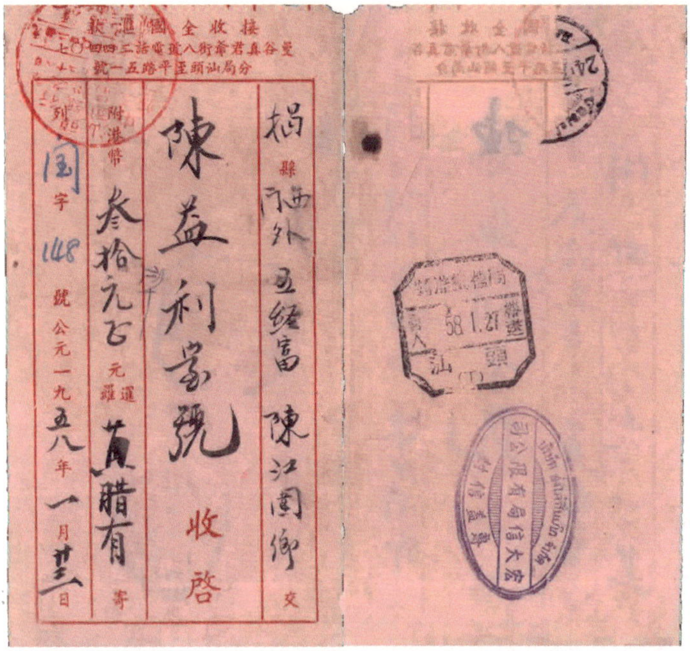

暹罗黄腊有一九五八年一月廿三日寄港币叁拾元至揭县西门外五经富陈江围乡陈益利宝号。批封盖“宏大信局有限公司专盖信封”印

1956 年，泰国财政部规定只准持有营业执照的批信局作正常营业外，其各属下之代理公司不准经营。同时批准 12 家公司合法收寄兑换华侨银信往中国，其中就有“宏大信局有限公司”，商号地址为曼谷耀华力路 528 号。

宏发

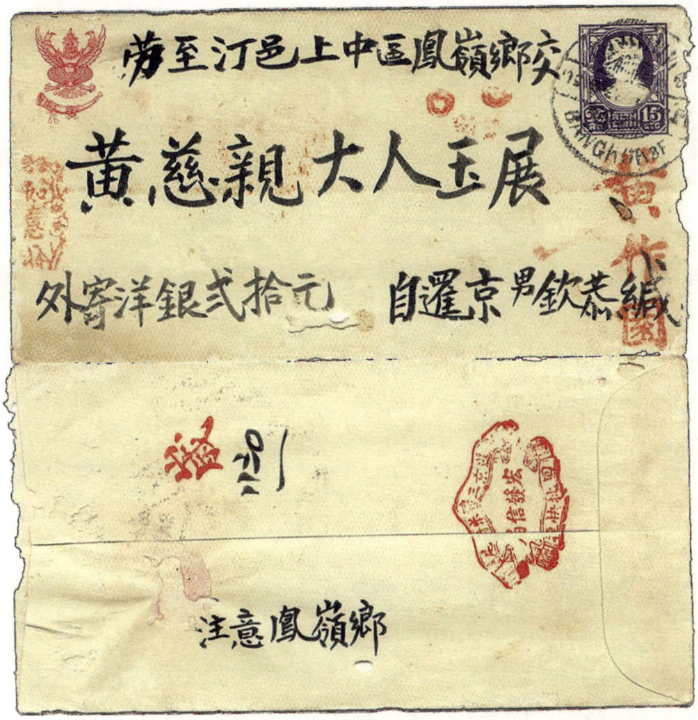

暹京钦恭用泰国15士丁邮资封寄洋银式拾元至汀（澄）邑上中区凤岭乡母亲。批封销曼谷邮戳，盖“宏发信局　暹京三聘米街尾　回批快捷”印

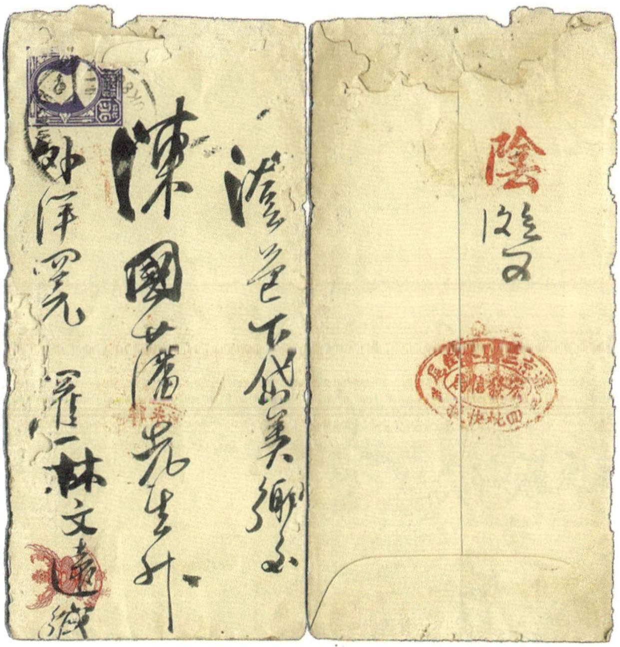

暹林文远用泰国 15 士丁邮资封寄洋银四元至澄邑下岱美乡陈国藩。批封销曼谷邮戳，盖“宏发信局　暹京三聘米街尾　回批快捷”印

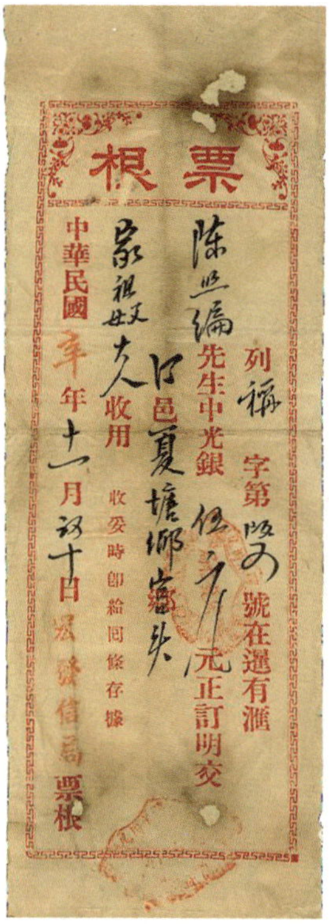

宏发信局辛年（1931）十一月初十日票根写明陈照编寄中光银伍元至汀（澄）邑夏塘乡祖父母。盖“宏发信局”印

洪礼堂

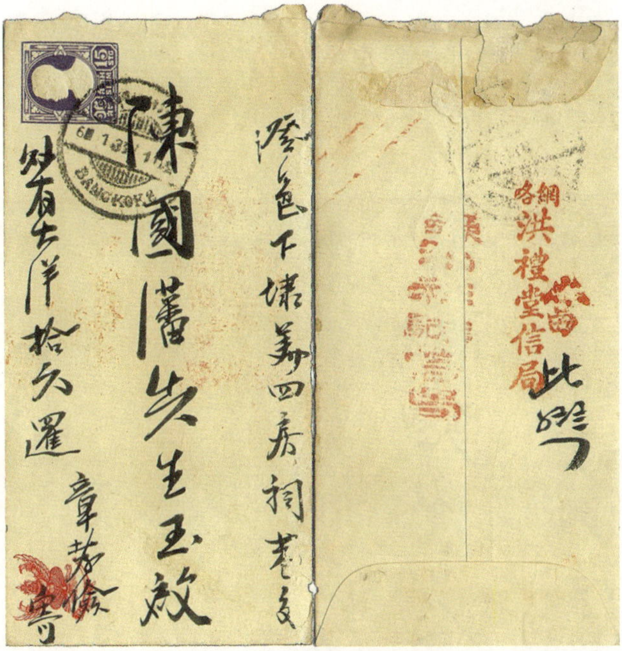

暹章孝俭用泰国15士丁邮资封寄大洋拾元至澄邑下埭美陈国藩。批封销曼谷邮戳，盖“网咯洪礼堂信局”印

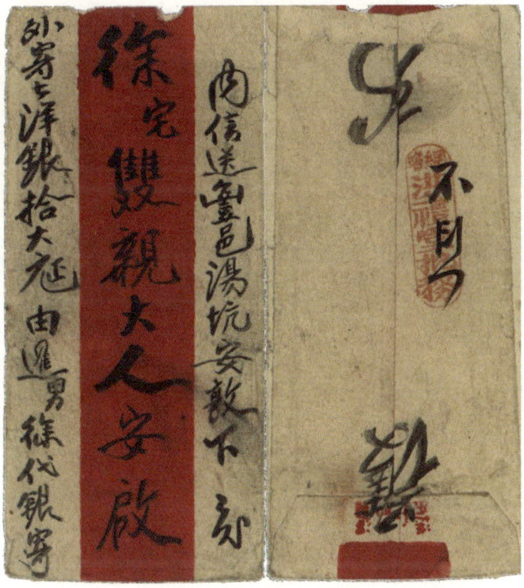

暹章孝俭用泰国15士丁邮资封寄大洋捌元至澄邑下埭美陈汉坤。批封销曼谷邮戳，盖“网咯洪礼堂信局”和“暹京三聘荣盛利大信局”印。同在曼谷的两家批局合作经营侨批业务

暹徐代银寄洋银拾元至丰邑汤坑安敦下双亲。批封盖“网咯洪礼堂批务”印

洪怡成丰

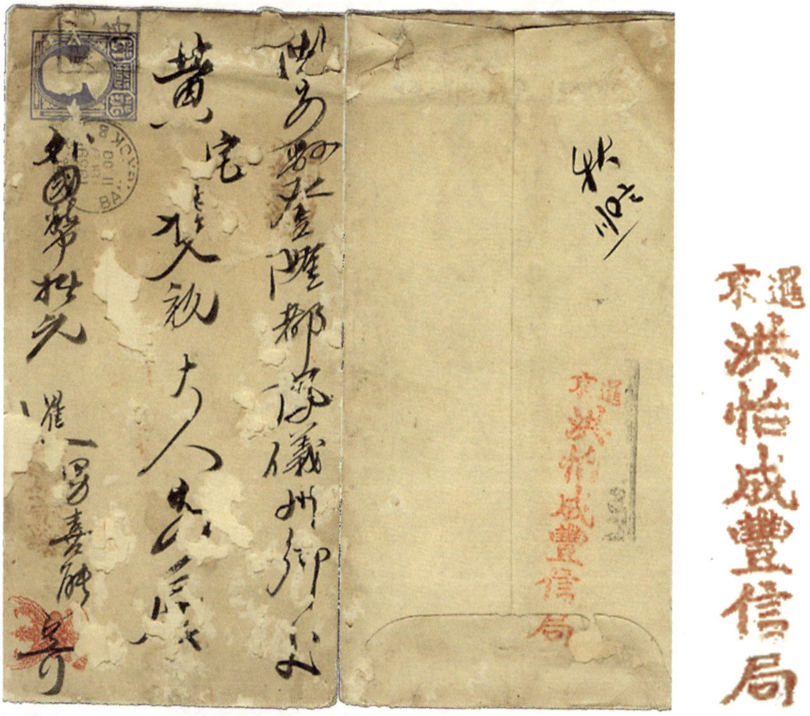

暹喜能用泰国 15 士丁邮资封寄国币拾元至潮安县登隆都凤仪州乡双亲。批封销曼谷 1939 年 4 月 27 日邮戳，盖“暹京洪怡成丰信局”印

洪中澄兴

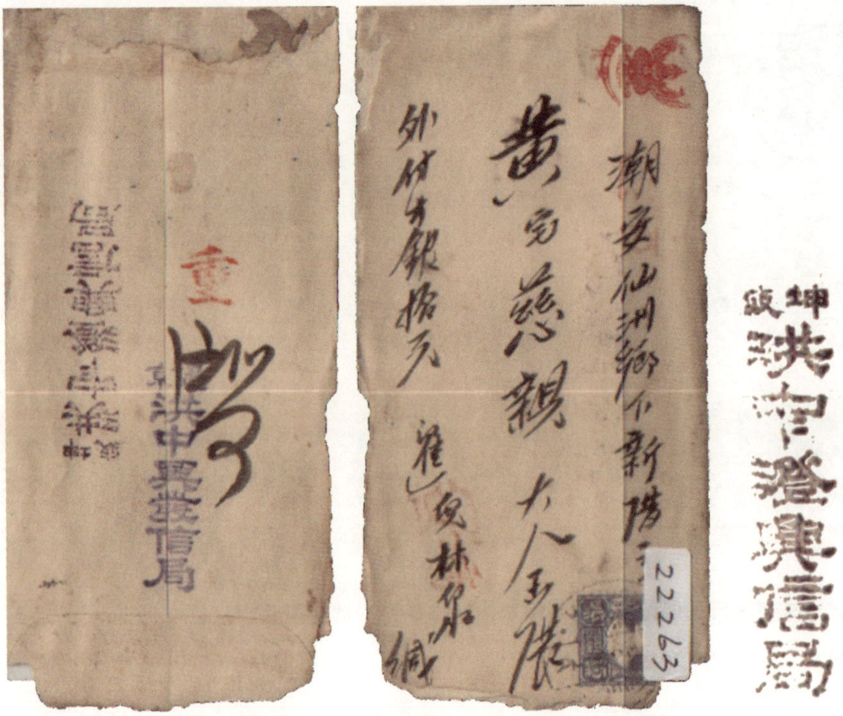

暹林泉用泰国 15 士丁邮资封寄大银拾元至潮安仙洲乡母亲。批封盖“坤敬洪中澄兴信局”和“暹京洪中兴发信局”印。坤敬洪中澄兴与曼谷洪中兴发合作经营侨批业务

坤敬（Khon Kaen），孔敬的别称。孔敬府首府，泰国东北部城市，距离曼谷 445 公里。

1929 年 11 月 13 日泰国政府颁布《允许在暹罗和中国之间通信使用 15 士丁邮资信封的指令》，规定“对于从地方城镇送往位于曼谷的批馆，再转往中国的银信，如果是使用邮资封或其他已付邮资的信封，不需要另行收费”。

洪中欧

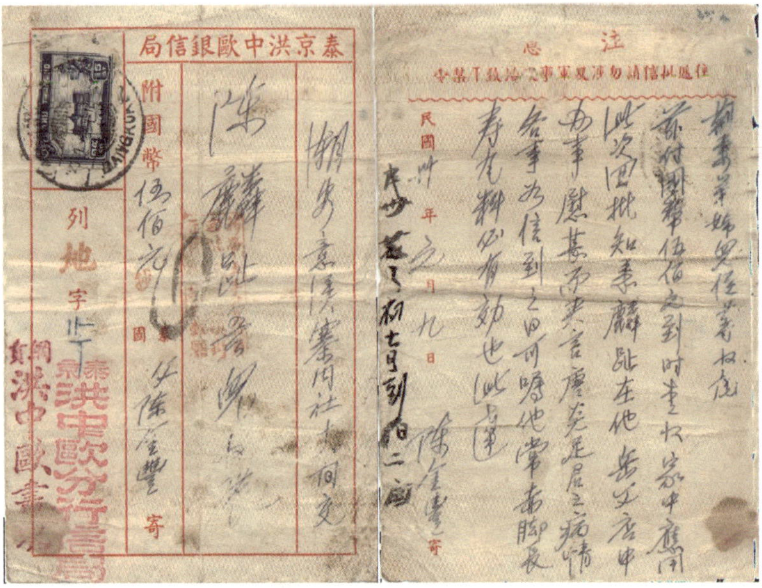

泰国陈金丰寄国币伍佰元至潮安意溪寨内社陈麟趾。批封印“泰京洪中欧银信局”，盖“泰京洪中欧分行信局”“网贡洪中欧书柬”印

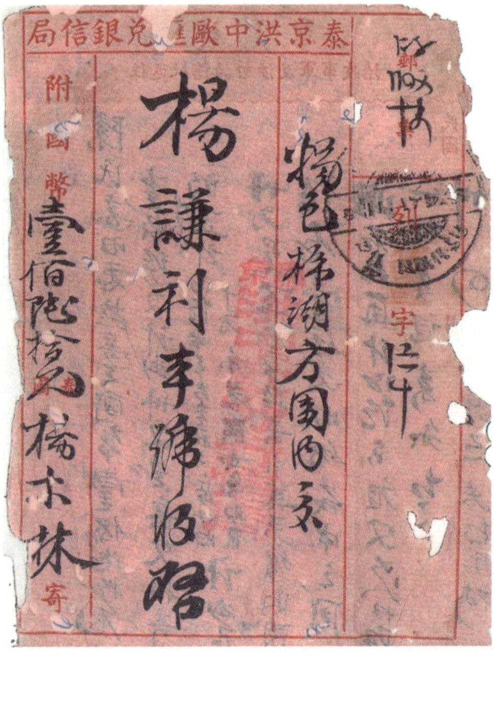

泰国杨木林寄国币壹佰陆拾元至揭邑棉湖方围内杨谦利，批封印“泰京洪中欧汇兑银信局”，盖“泰京洪中欧分行信局”印

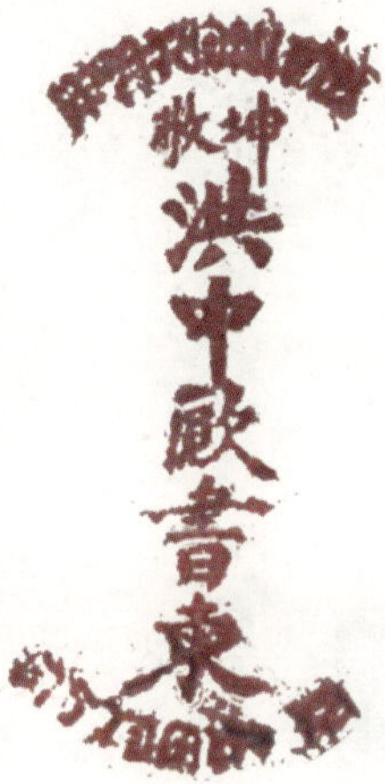

泰国文才寄国币壹佰元至澄邑樟林东社姚木坤。批封盖“坤敬洪中欧书柬”印

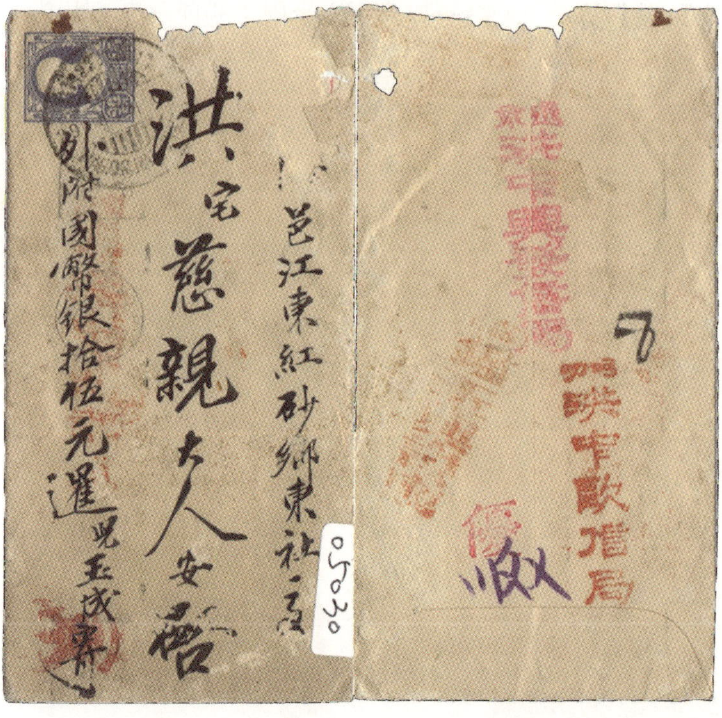

暹玉成寄国币拾伍元至海邑江东红砂乡母亲，批封盖“呵叻洪中欧信局”印

洪中兴发

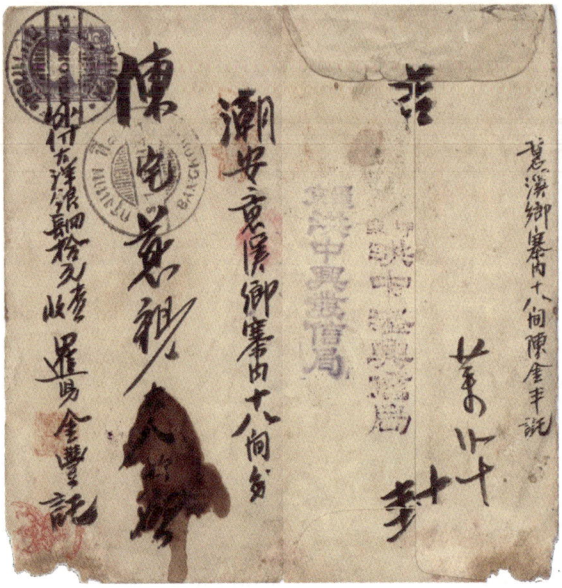

暹金丰用泰国 15 士丁邮资封寄大洋银肆拾元至潮安意溪乡寨内十八间祖母。批封销曼谷邮戳，盖“暹京洪中兴发信局”与“坤敬洪中澄兴信局”印。两家批局合作经营侨批业务

坤敬（Khon Kaen），孔敬的别称。孔敬府首府，泰国东北部城市，距离曼谷 445 公里。

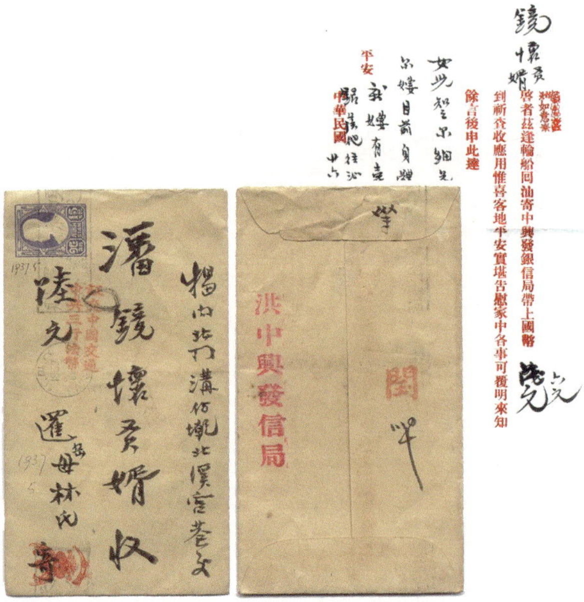

暹林氏用泰国 15 士丁邮资封寄中央法币陆元至揭内北门沟仔墘北溪宫巷潘镜怀。批封销曼谷 1937 年 6 月 2 日邮戳，盖“洪中兴发信局”印

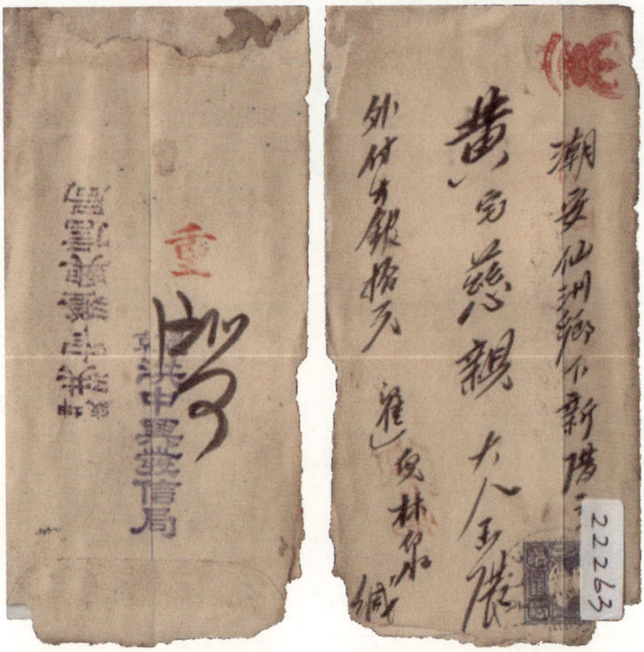

暹林泉用泰国 15 士丁邮资封寄大银拾元至潮安仙洲乡母亲。批封盖“坤敬洪中澄兴信局”和“暹京洪中兴发信局”印

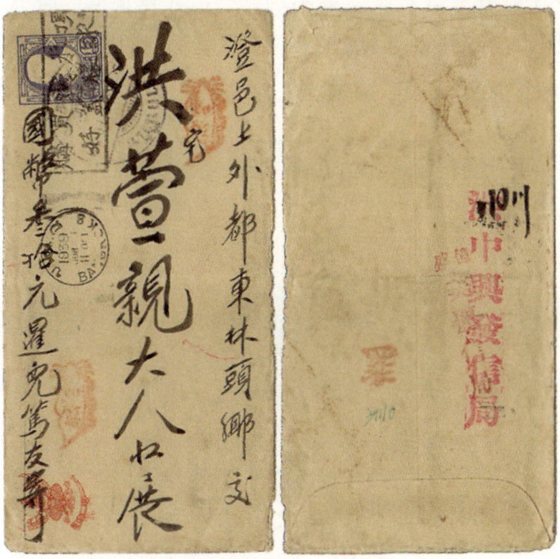

暹笃友寄国币叁拾元至澄邑上外都东林头乡母亲。批封盖“洪中兴发信局”和“亿盛美丽信局”印。两家批局合作经营侨批业务

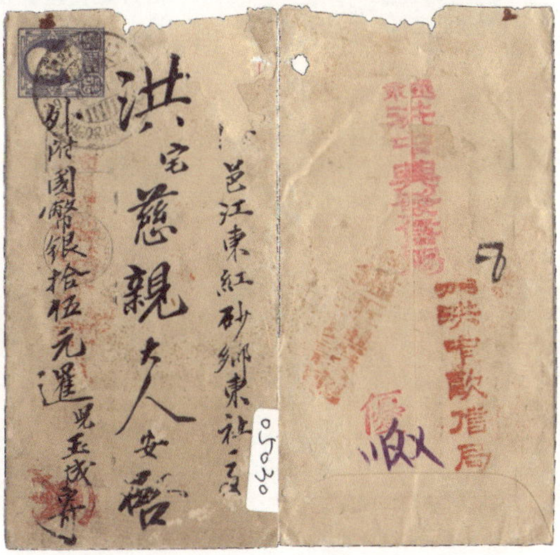

暹玉成寄国币拾伍元至海邑江东红砂乡母亲。批封盖“呵叻洪中欧信局”和“暹京洪中兴发信局”印

依据 1936 年汕头邮政管理局（邮局）向国家交通部邮政总局呈报的核发批局营业凭证申请书，汕头洪万丰民国十九年（1920）在暹罗越三振设立洪中兴发分号，营业人为揭阳人洪监登。

鸿发利

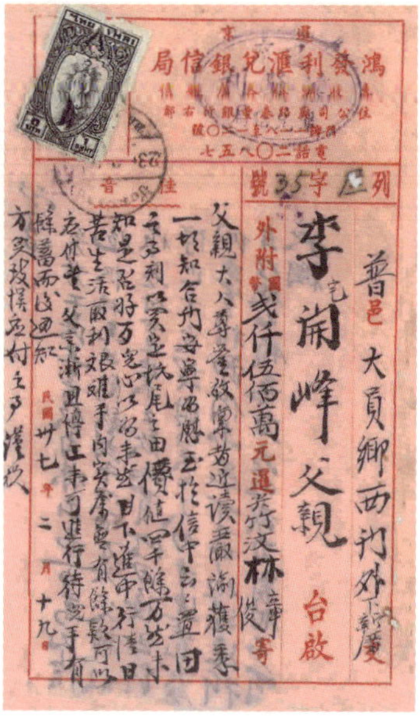

暹尖竹汶林俊章民国卅七年（1948）二月十九日寄国币式仟伍佰万至普邑大员乡李开峰。批封印“暹京鸿发利汇兑银信局　专收潮梅各属银信　住公司廊路泰丰银行右邻　门牌一一八至一二〇号　电话二〇八五七”，盖“暹京鸿发利汇兑信局”印

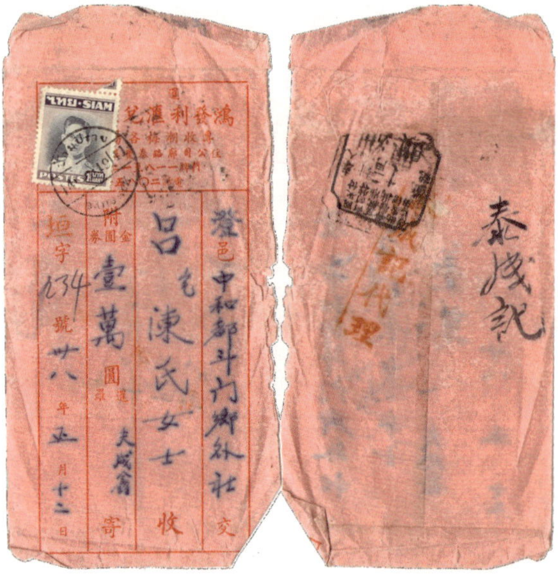

暹罗成鑫一九四九年正月十二日用暹京鸿发利汇兑信局自印封寄金圆券壹万元至澄邑中和都斗门乡妻子

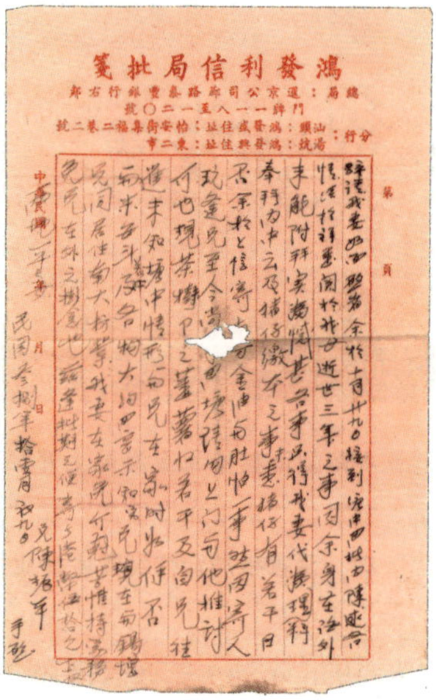

陈振平一九四九年十一月初九日用鸿发利信局批笺写信并寄港币伍拾元至妻子。批笺印“鸿发利信局批笺　总局：暹京公司廊路泰丰银行右邻　分行：汕头：鸿发盛住址：怡安街集福二巷二号　汤坑：鸿发兴住址：东二市”

胡福源

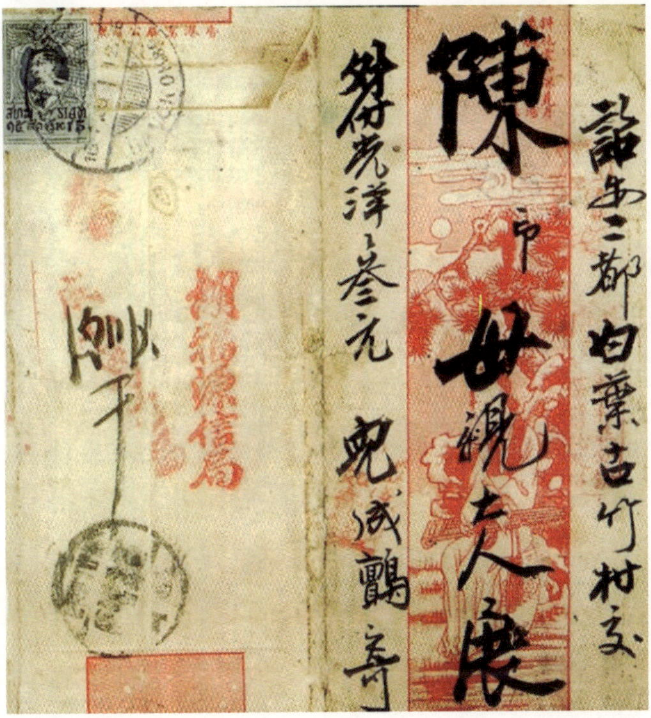

成鹤寄光洋叁元至诏安二都白叶古竹村母亲。批封盖“胡福源信局”和“成合昌信局”印。胡福源与成合昌合作经营侨批业务

华成昌

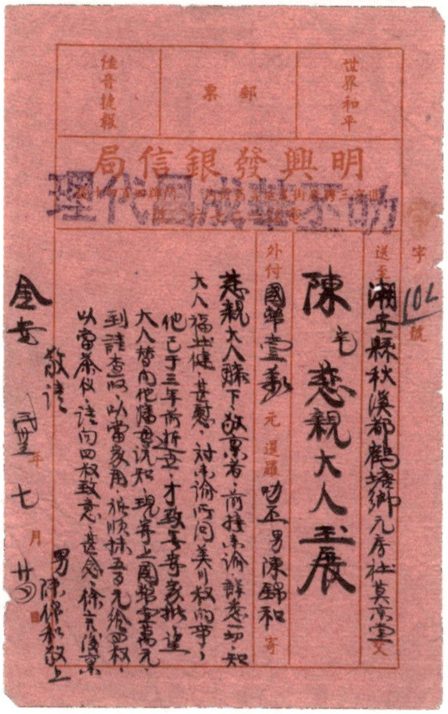

暹罗叻丕陈锦和民国卅五年（1946）七月廿四日用明兴发银信局自印封寄国币壹万元至潮安县秋溪都鹤塘乡母亲。批封盖“叻丕华成昌代理”印。叻丕的华成昌代理收批后，交予曼谷三聘街的明兴发递送至潮安

叻丕府（Ratcha Buri），泰国中部的一个府。距首都曼谷约80公里，西毗缅甸。

华丰泰

暹林声寄妻子的“泰华丰（华丰泰）汇兑银信局”批封，盖“暹京华丰泰汇兑银信局”中、英、泰三种文字的椭圆形印和“万沛陈鸿记信局”印

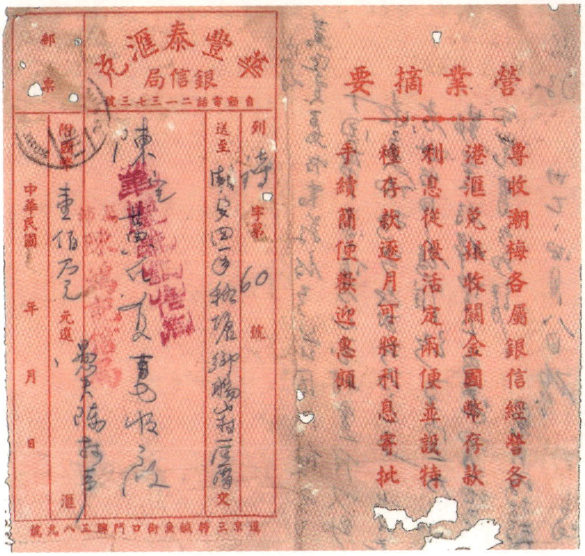

暹陈林声寄国币壹佰万元至潮安四区秋塘乡妻子。批封盖“华丰泰银信局”和“万沛陈鸿记信局”印。曼谷华丰泰和万沛陈鸿记合作经营侨批业务

暹许进恭寄港币伍拾元至澄邑隆都樟藉（籍）乡母亲。批封销汕头 1955 年 4 月 6 日侨批专用邮戳

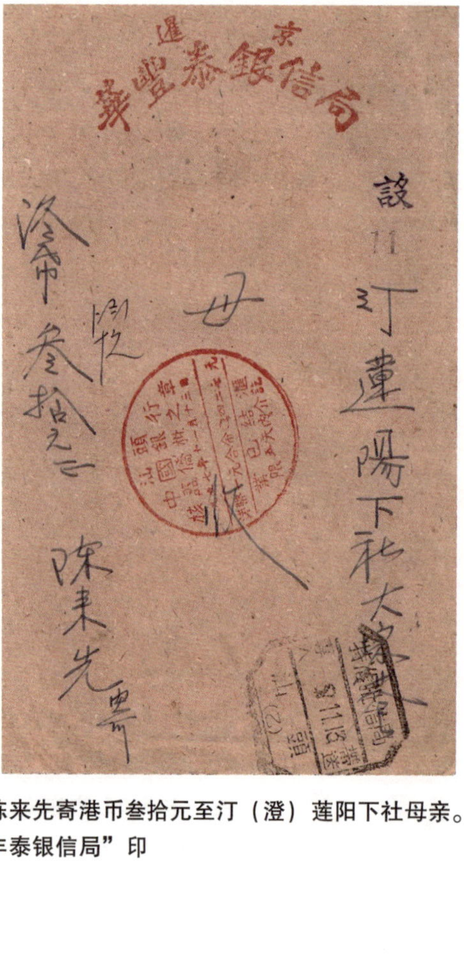

陈来先寄港币叁拾元至汀（澄）莲阳下社母亲。批封销汕头“57. 11. 13”侨批专用邮戳，盖“暹京华丰泰银信局”印

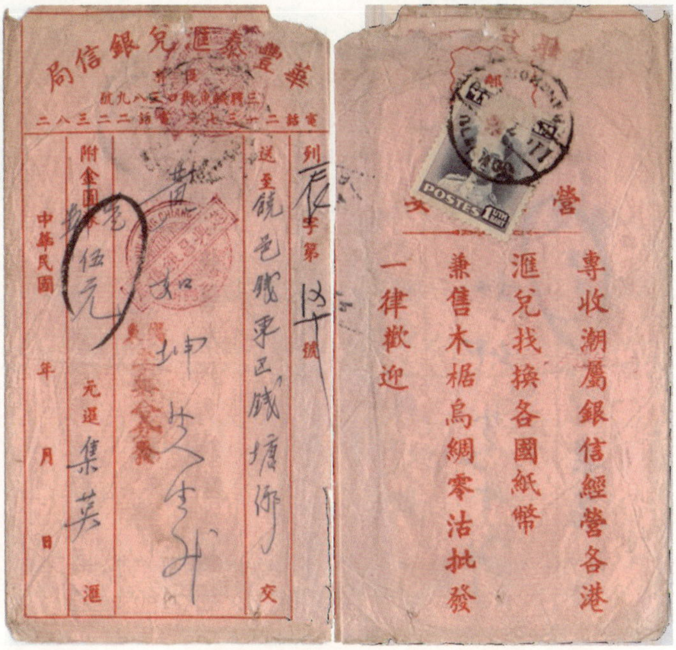

暹集英用华丰泰汇兑银信局自印封寄港币伍元至饶邑钱东区钱塘乡黄如坤。批封盖“进兴昌银信局”和“钱东李兴合分发”印。同在曼谷的两家批局合作经营侨批业务，饶平钱东的李兴合代理分发泰国侨批

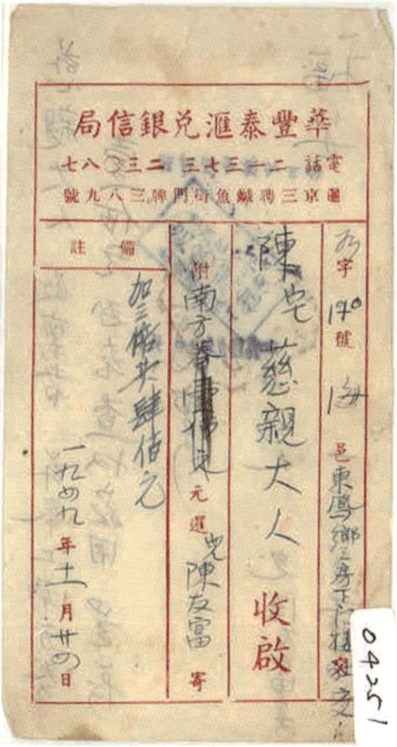

暹陈友富一九四九年十一月廿四日寄南方券肆佰元至海邑东凤乡母亲。批封印“华丰泰汇兑银信局　电话二一三七三　二三〇八七　暹京三聘咸鱼街门牌三八九号”

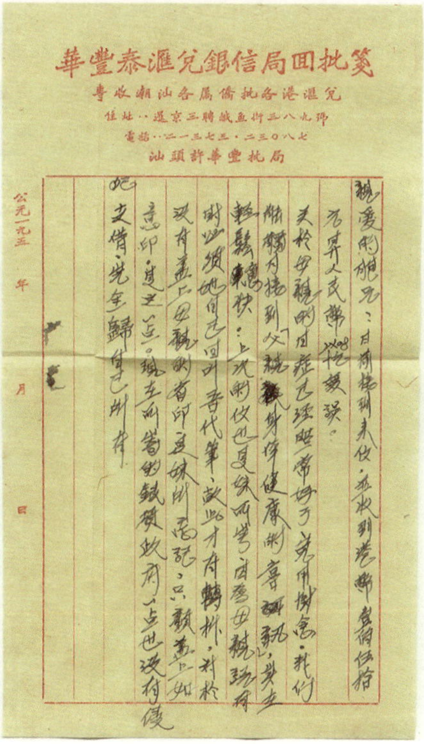

华丰泰汇兑银信局回批笺。上印该批局的住址和电话，还印有“汕头许华丰批局”。汕头许华丰是泰国华丰泰设于汕头的分号

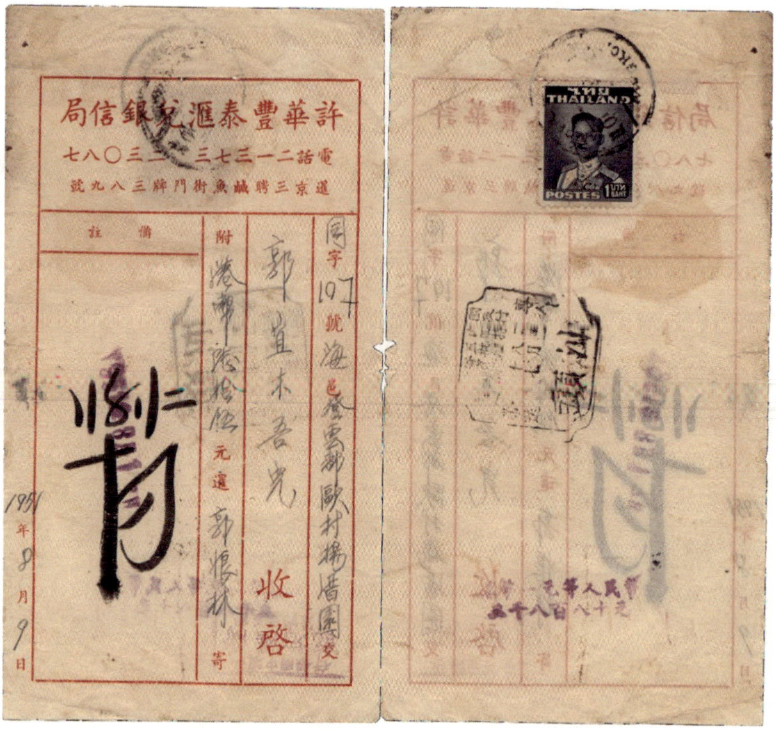

暹郭娘林寄港币陆拾伍元至海邑登云都郭宜木。批封印“许华丰泰汇兑银信局　电话二一三七三　二三〇八七　暹京三聘咸鱼街门牌三八九号”，销汕头“一九五一八月十七”侨批专用邮戳

1947 年 5 月 18 日暹罗华侨银信局公会成立，华丰泰为首届会员商号，代表人许潮藩。

1953 年臣信、能信、名信三家公司联合成立信联有限公司，成员包括其他批信局业者，称为购批代表。华丰泰为其中之一。据该年 5 月 11 日《中原报》所载之《信联有限公司购批代表名单》，华丰泰的经营地址在曼谷三聘街 389 号。

华祥兴

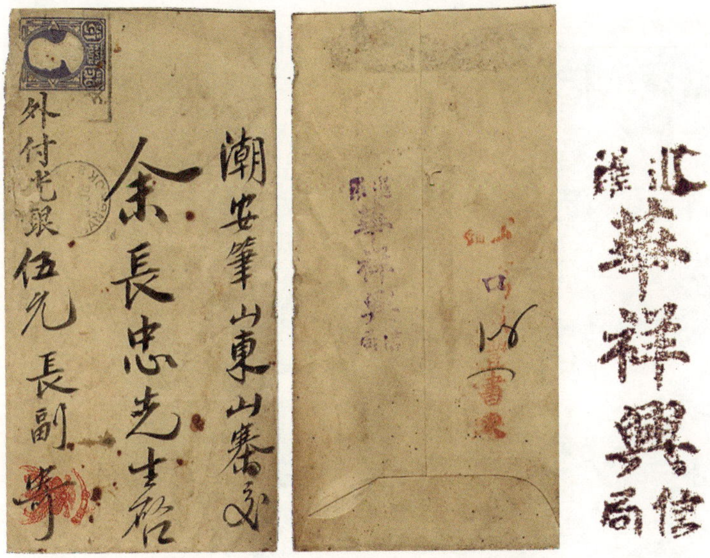

长副用泰国 15 士丁邮资封寄光银伍元至潮安笔山东山寨余长忠。批封盖“暹罗华祥兴信局”印

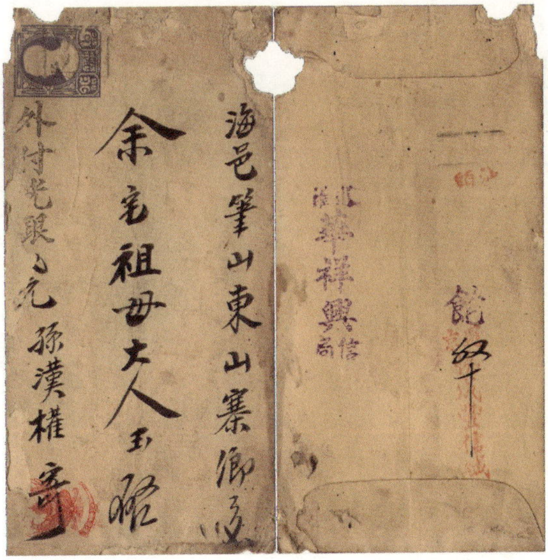

孙汉权用泰国 15 士丁邮资封寄光银□元至海邑笔山东山寨乡祖母，批封盖“暹罗华祥兴信局”和“暹京协成丰信缄”印。华祥兴与曼谷协成丰合作经营侨批业务

1929 年 11 月 13 日泰国政府颁布《允许在暹罗和中国之间通信使用 15 士丁邮资信封的指令》，规定“对于从地方城镇送往位于曼谷的批馆，再转往中国的银信，如果是使用邮资封或其他已付邮资的信封，不需要另行收费”。

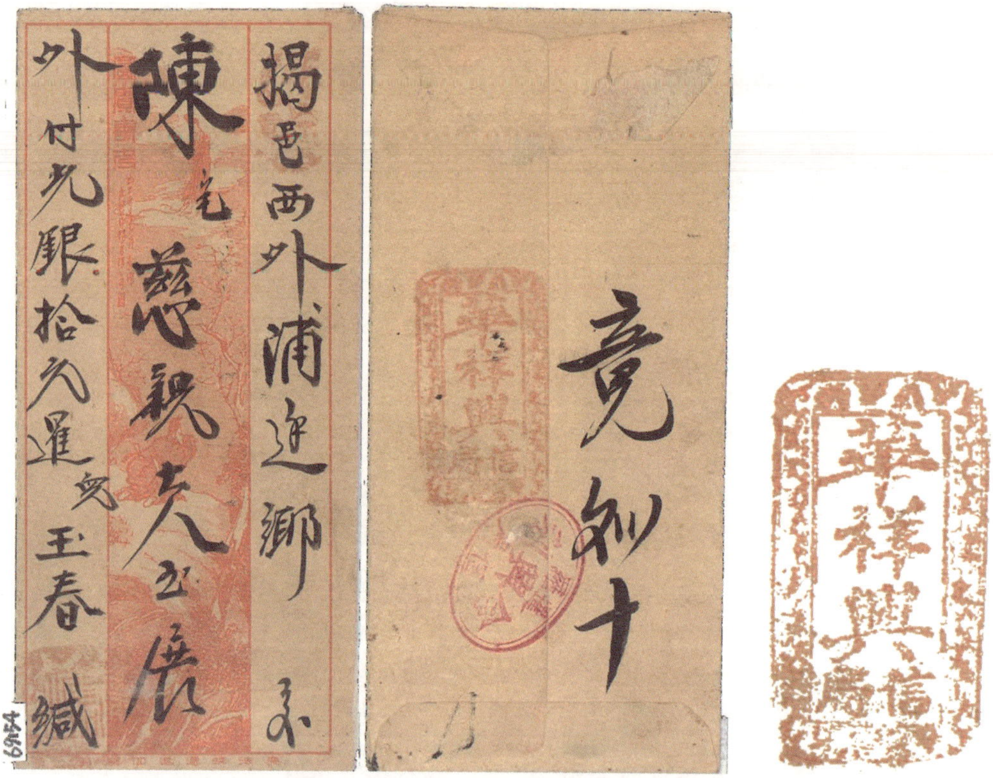

暹玉春寄光银拾元至揭邑西外浦边乡母亲。批封盖“华祥兴信局”和“暹罗合兴利信局”印。华祥兴与曼谷合兴利合作经营侨批业务

黄常兴

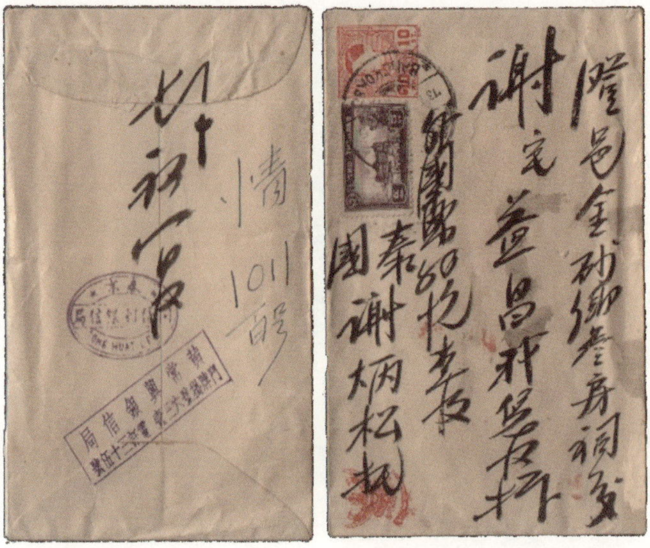

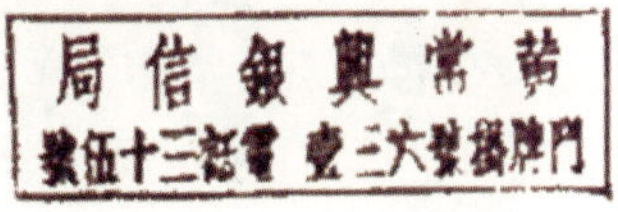

泰国谢炳松寄国币五十元至澄邑金砂乡谢益昌。批封盖“黄常兴银信局　门牌挂号六三壹　电话三十伍号”印

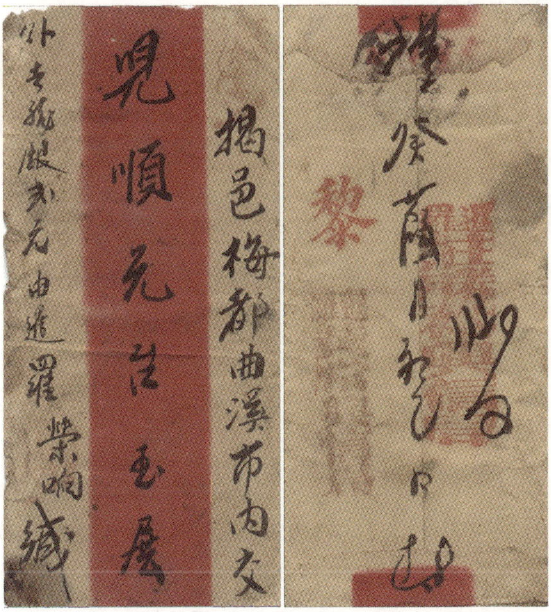

暹罗荣响寄龙银式元至揭邑梅都曲溪顺元。批封盖“暹罗黄常兴信局”和“暹罗庄胜裕兴信局”印。庄胜裕兴与曼谷黄常兴合作经营侨批业务

黄潮兴

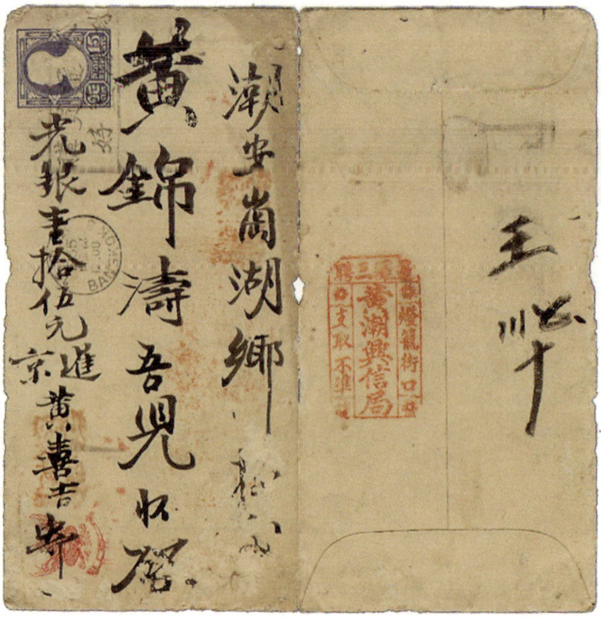

暹京黄喜吉用泰国 15 士丁邮资封寄光银壹拾伍元至潮安岗湖乡黄锦涛。批封销曼谷 1935 年 4 月 22 日邮戳，盖“暹罗三聘灯笼街口黄潮兴信局支取不准”印

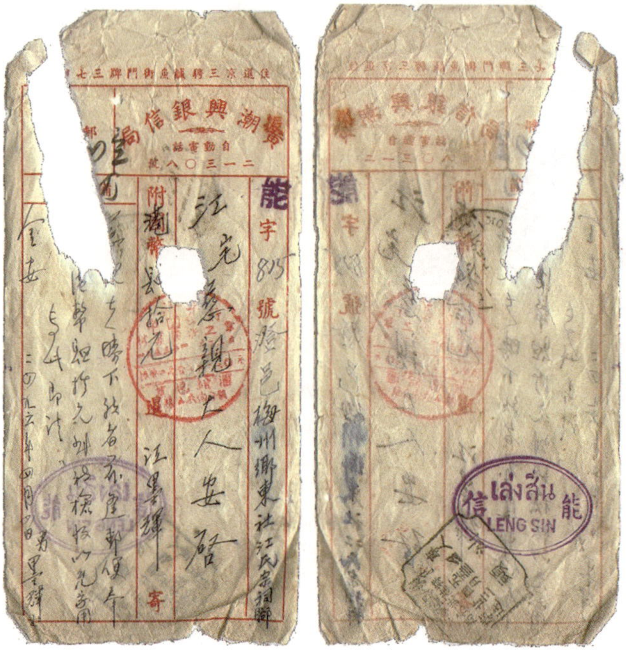

暹江墨辉佛历二四九六年（1953）四月四日用黄潮兴银信局自印封寄港币肆拾元至澄邑梅州乡东社母亲。批封盖“能信”印。黄潮兴收揽的侨批通过能信递寄

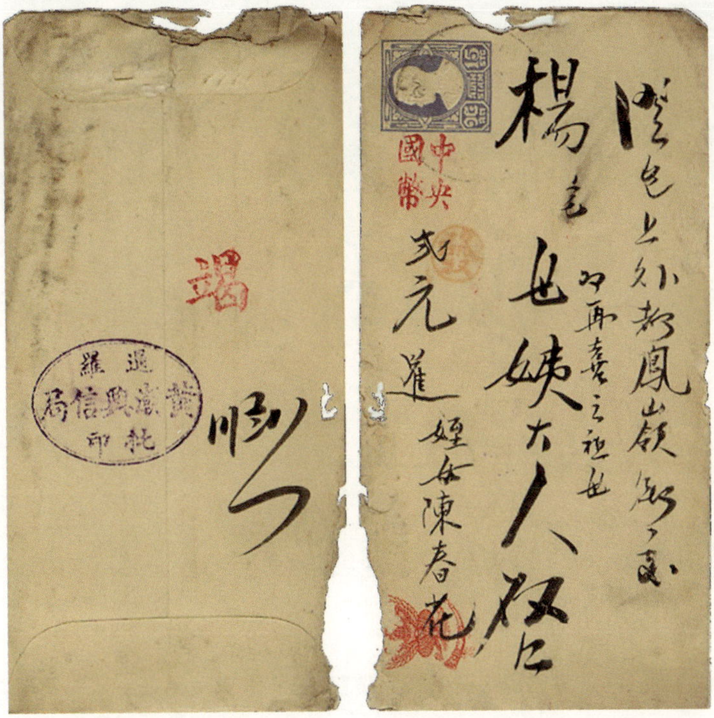

暹陈春花用泰国 15 士丁邮资封寄国币弍元至澄邑上外都凤岭乡姨母。批封盖“暹罗黄潮兴信局批印”印

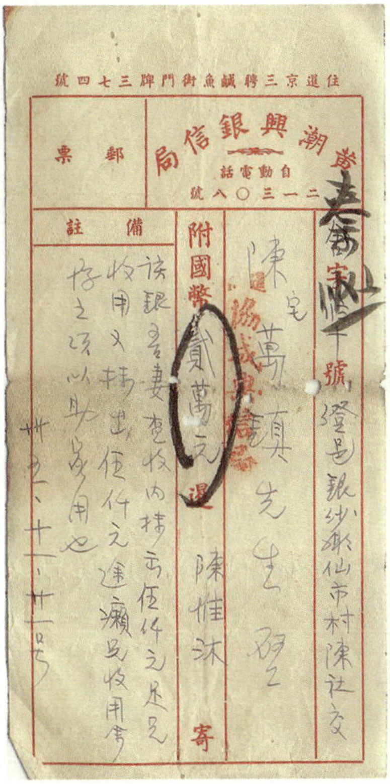

暹陈惟沐民国卅五年（1946）十一月二十一日寄国币贰万元至澄邑银砂乡陈万镇。批封印“黄潮兴银信局　住暹京三聘咸鱼街门牌三七四号　自动电话二一三〇八号”，盖“协成兴信局”印。同在曼谷的两家批局合作经营侨批业务

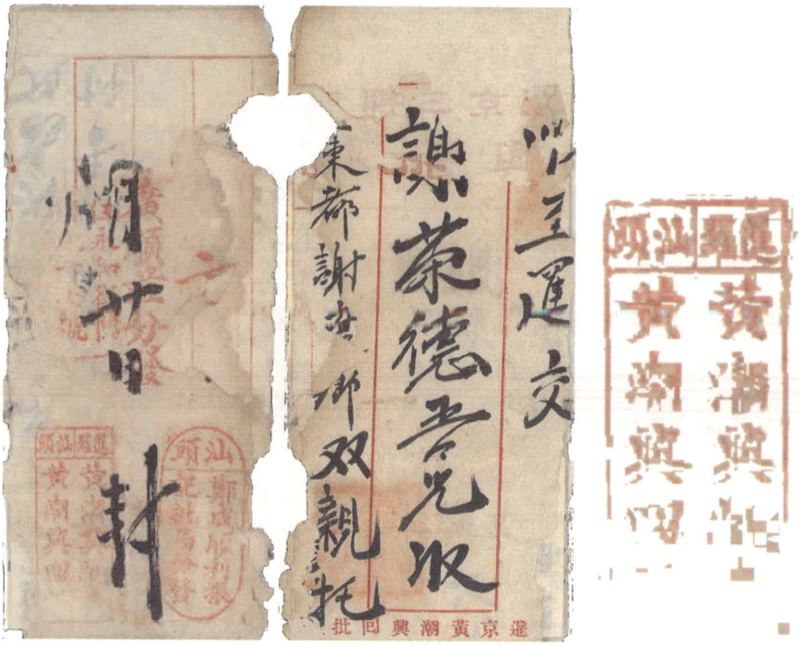

江东都谢度乡双亲寄暹谢荣德回批。批封印“暹京黄潮兴回批”，盖“暹罗黄潮兴　汕头黄潮兴”“汕头郑成顺利振记批局分发”印。暹罗黄潮兴在汕头开设同名分号，而暹罗郑成顺利振记设于汕头的同名分号代理分发黄潮兴经手的侨批

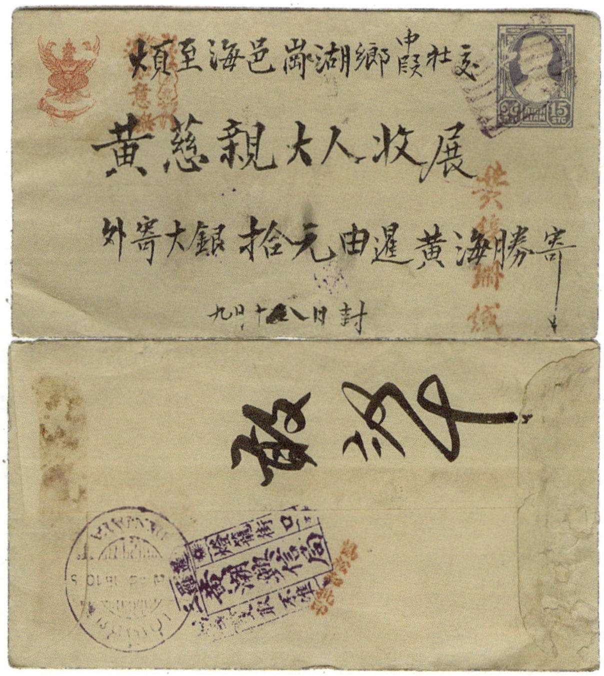

暹黄海胜用泰国 15 士丁邮资封寄大银拾元至海邑岗湖乡母亲。批封盖“暹罗三聘黄潮兴信局”和“协松和批印”。两家批局合作经营侨批业务

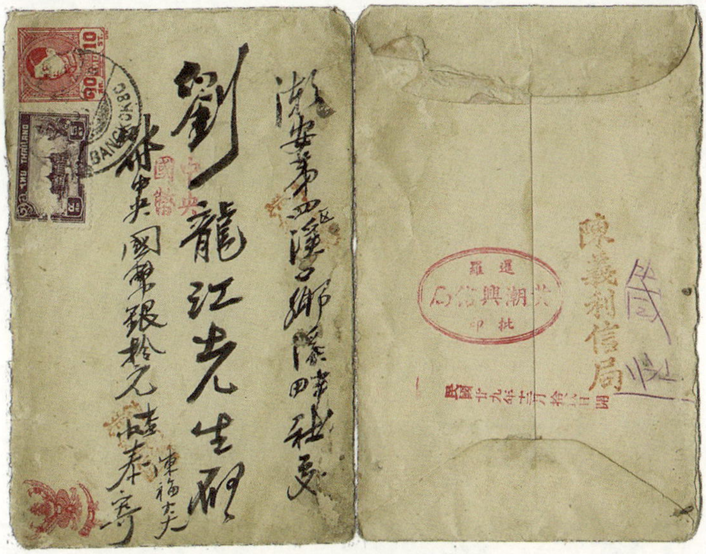

泰陈福炎用泰国 15 士丁邮资封寄国币拾元至潮安第四区溪口乡刘龙江。批封盖“民国廿九年十二月拾式日开”日戳，以及“陈义利信局”和“暹罗黄潮兴信局”印。陈义利与曼谷黄潮兴两家批局合作经营侨批业务

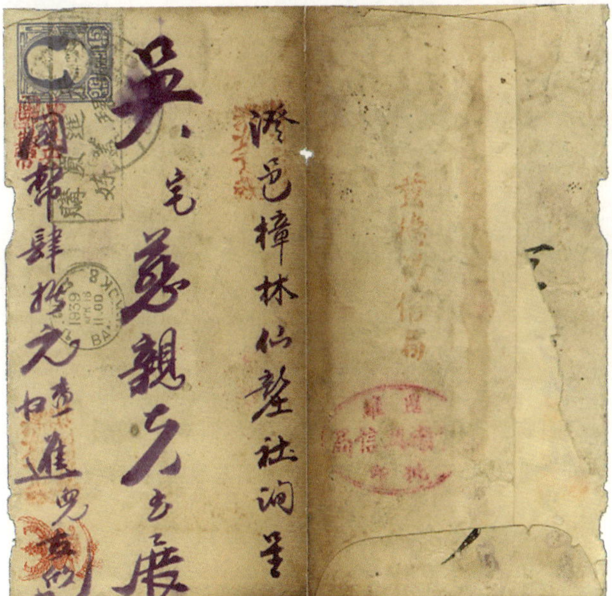

暹友欣用泰国 15 士丁邮资封寄国币肆拾元至澄邑樟林仙垄社母亲。批封销曼谷 1939 年 4 月 18 日邮戳，盖“黄德昌信局”和“暹罗黄潮兴信局”印。黄德昌与曼谷黄潮兴合作经营侨批业务

依据 1936 年汕头邮政管理局（邮局）向国家交通部邮政总局呈报的核发批局营业凭证申请书，汕头黄潮兴民国廿年（1931）在暹罗三聘街设立黄潮兴分号，营业人为饶平人黄顺泰。

黄德昌

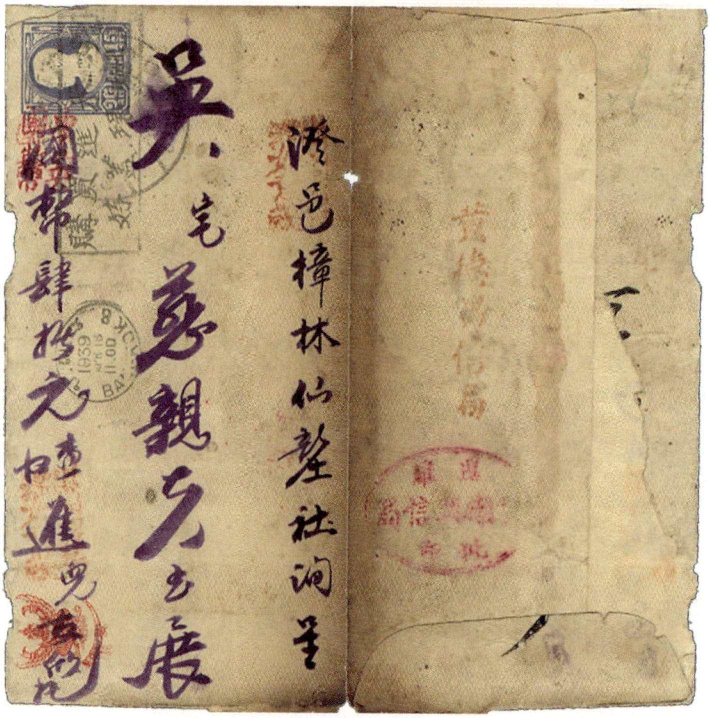

暹友欣用泰国 15 士丁邮资封寄国币肆拾元至澄邑樟林仙垄社母亲。批封销 1939 年 4 月 18 日邮戳，盖“黄德昌信局”和“暹罗黄潮兴信局”印。黄德昌与曼谷黄潮兴合作经营侨批业务

黄丰发

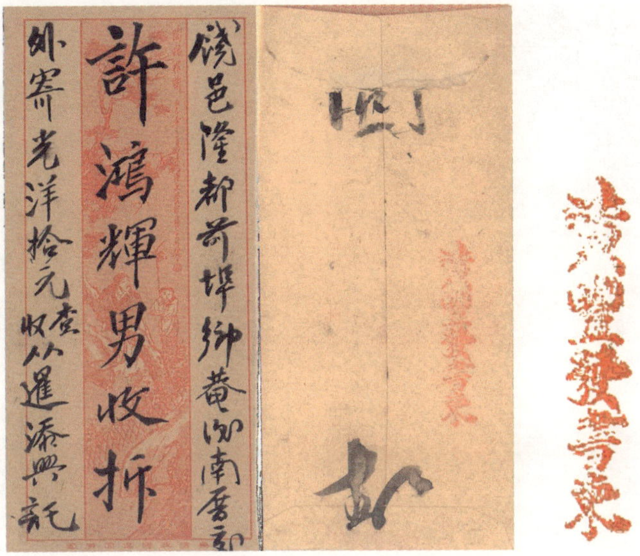

暹添兴寄光洋拾元至饶邑隆都前埠（埔）乡许鸿辉。批封盖“黄丰发书柬”印

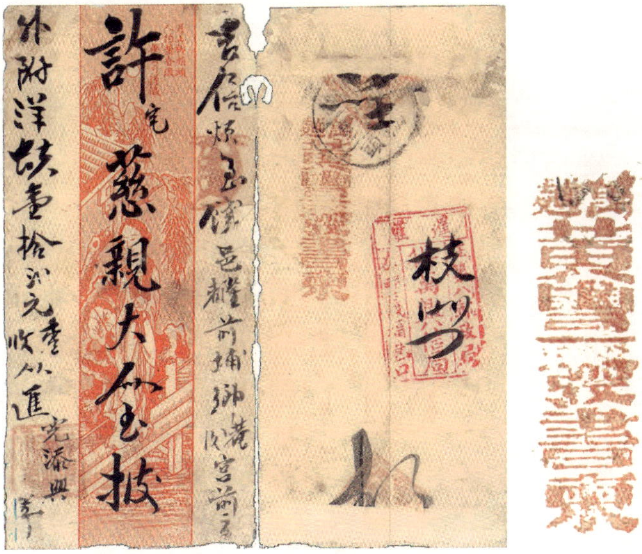

暹添兴寄洋蚨（洋银）壹拾式元至饶邑隆都前埔乡母亲。批封盖“万面黄丰发书柬”和“暹罗得万兴信局”印。万面黄丰发和曼谷得万兴合作经营侨批业务

万面（Ban Mi），泰国华富里府的一个县。

黄干成

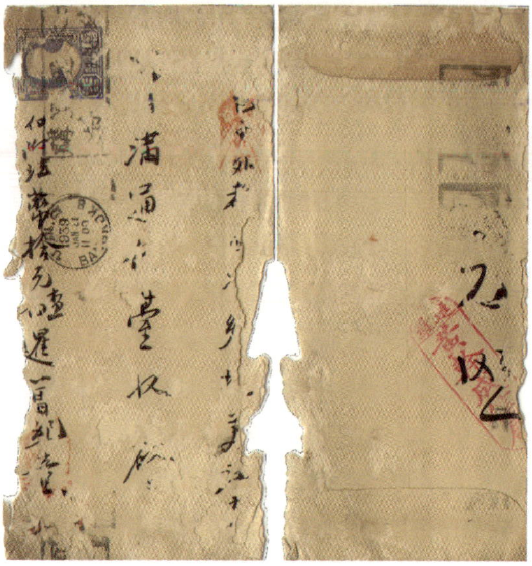

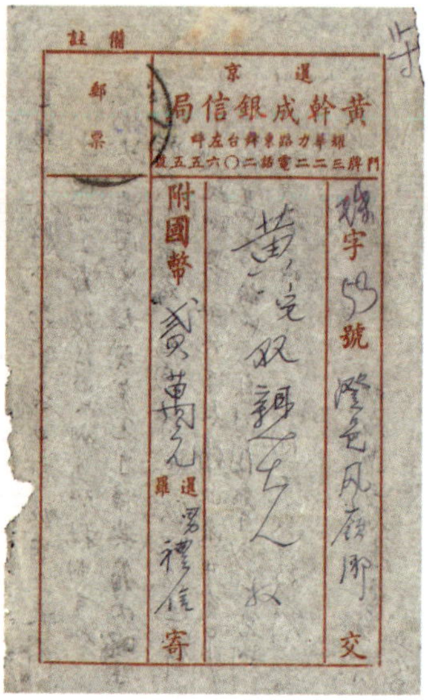

暹曾纪童用泰国 15 士丁邮资封寄法币拾元至□□满通。批封销 1939 年 1 月 21 日邮戳，盖“暹罗黄干成信局”印

暹罗礼信用黄干成灰色自印封寄国币贰万元至澄邑凤岭乡双亲

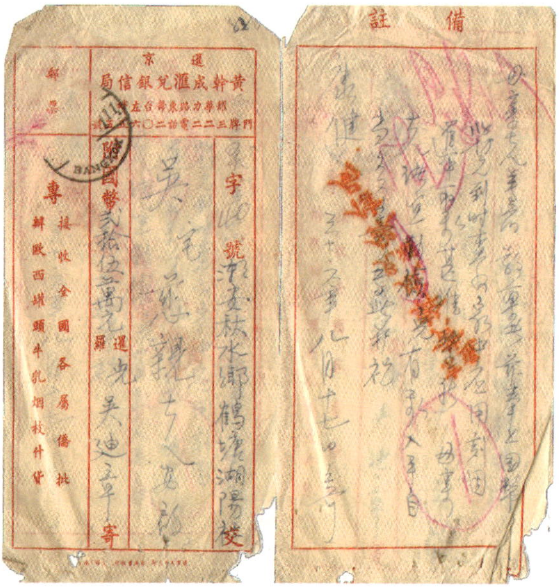

暹罗吴迪章民国三十六年（1947）八月十七日用黄干成汇兑银信局橙色自印封寄国币式拾伍万元至潮安秋水乡母亲。批封印“暹京黄干成汇兑银信局　耀华力路东舞台左畔　门牌三二二电话二〇六五五号”，盖“暹京黄干成汇兑银信局”印

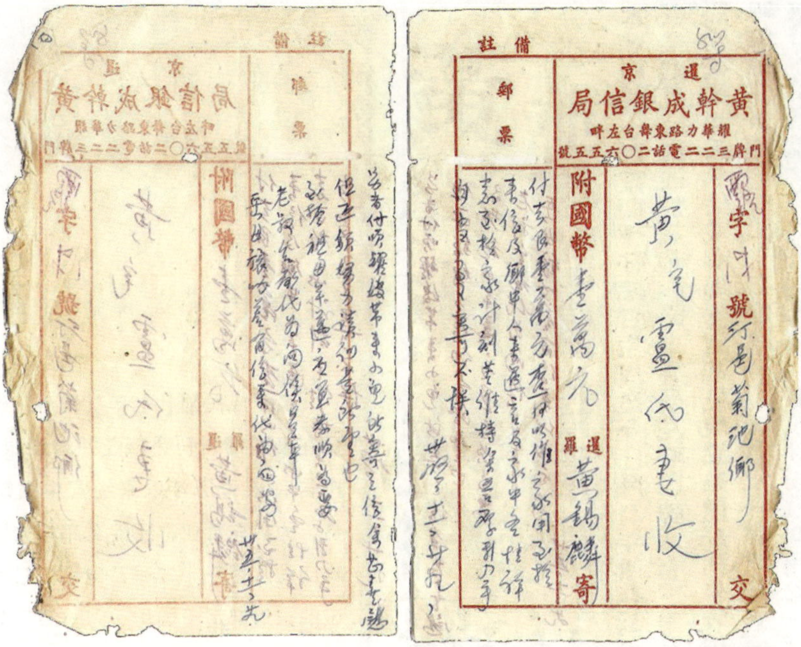

暹罗黄锡麟民国卅五年（1946）十一月廿九日用黄干成银信局白色自印封寄国币壹万元至汀（澄）邑菊池乡妻子

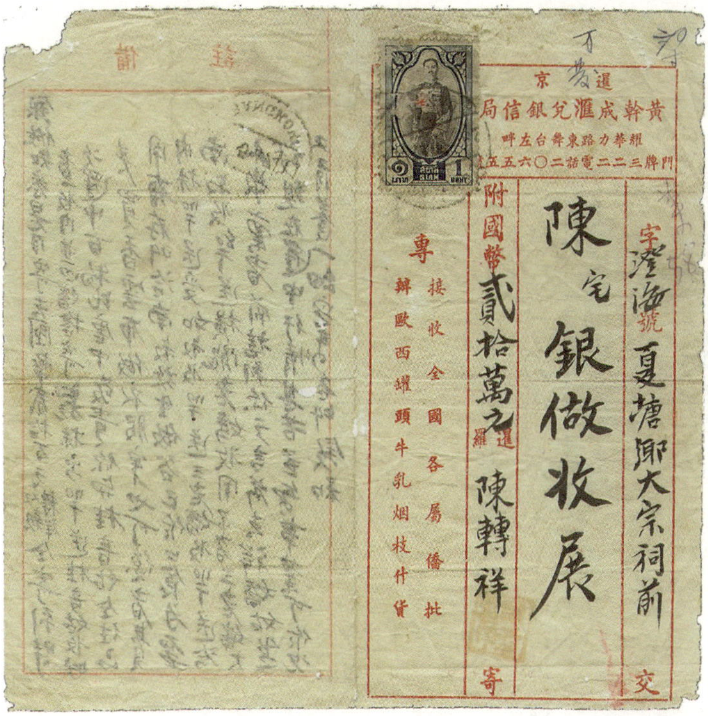

暹罗陈转祥用黄干成汇兑银信局浅绿色自印封寄国币贰拾万元至澄海夏塘乡陈银做

该批局自印封的制作格式、内容、色彩上略有变化，但其地址、电话号码均不变。

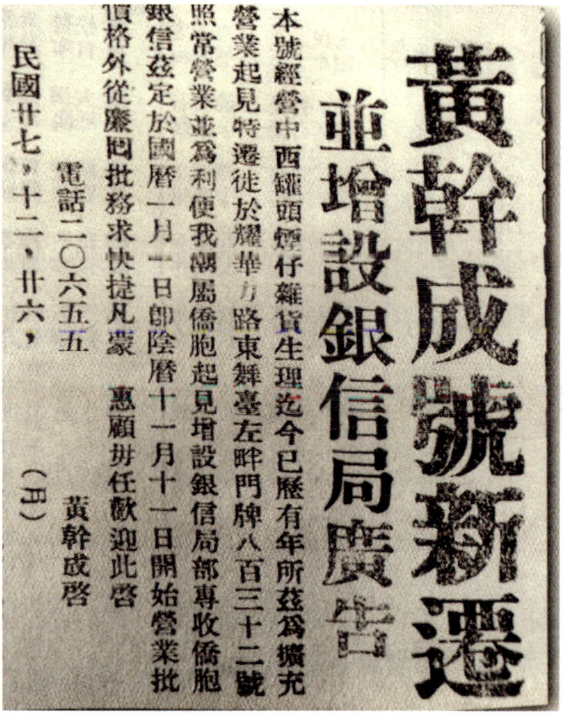

黄干成民国廿七年（1938）十二月廿六日在泰国报刊刊登新迁并增设银信局广告。广告称该号历年以来经营中西罐头烟仔杂货，为扩充营业，迁徙至耀华力路东舞台左畔门牌八百三十二号，电话二〇六五五。增设的银信部定于国历一月一日开始营业，批价格外从廉，回批务求快捷。据该广告可确定黄干成银信局设立于1939年1月1日

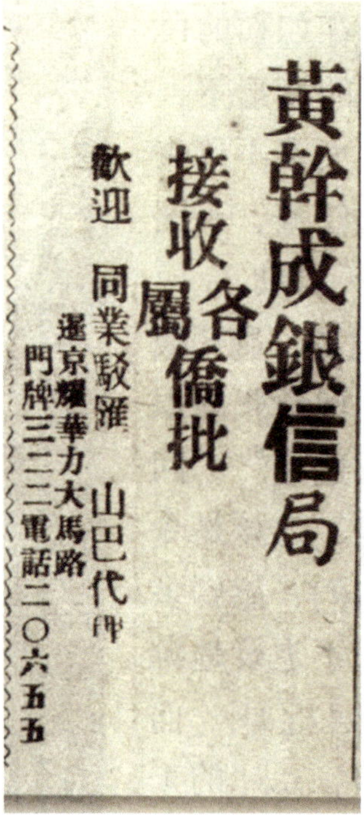

1946年黄干成银信局在泰国《中原报》刊登广告，“接收各属侨批 欢迎 同业驳汇 山巴代理”，地址“暹京耀华力大马路 门牌三二二电话二〇六五五”

1947年5月18日暹罗华侨银信局公会成立，黄干成为首届会员商号，代表人郑国良。

黄森泉

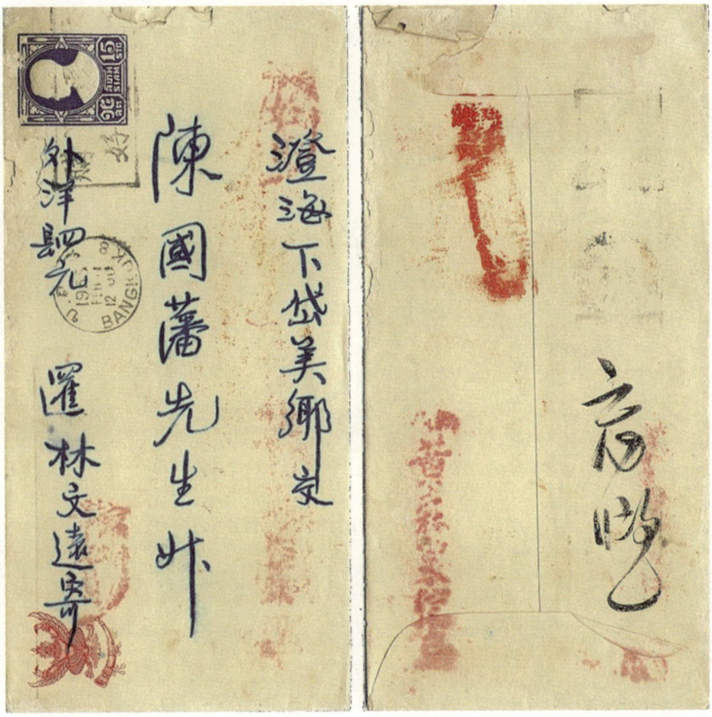

暹林文远用泰国 15 士丁邮资封寄洋肆元至澄海下岱美乡陈国藩。批封销曼谷“1933. 2. 1”邮戳，盖“□□黄森泉信局”印

黄顺发

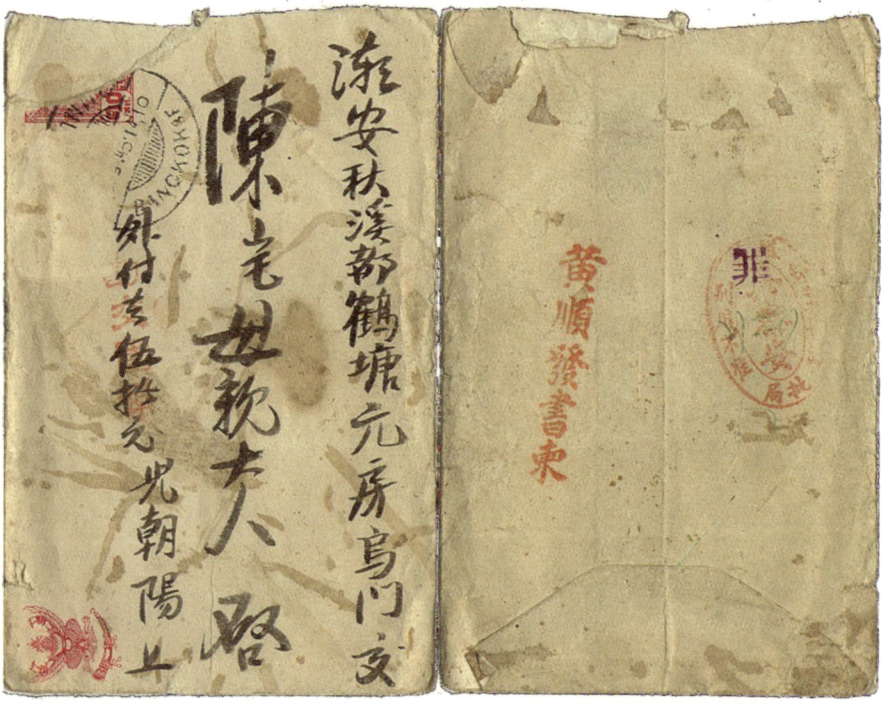

朝阳用邮资封寄国币伍拾元至潮安秋溪都鹤塘母亲。批封销曼谷第八邮政局邮戳，盖“黄顺发书柬”和“枫溪吴泰安批局专盖批面别用不准”印。黄顺发和吴泰安合作经营侨批业务

黄元亨

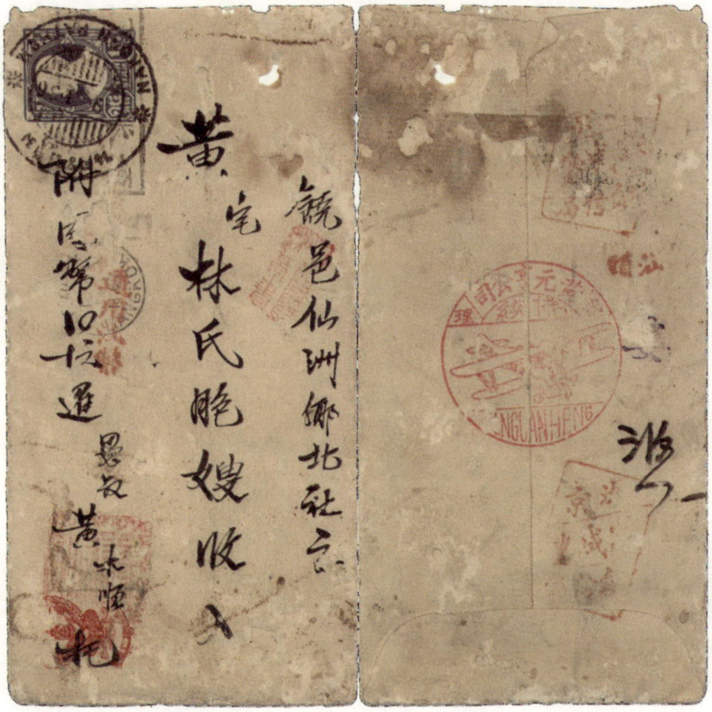

暹黄木顺用泰国 15 士丁邮资封寄国币十元至饶邑仙洲乡林氏胞嫂。批封盖“佛统黄元亨公司代理”和“暹京协成丰银信局”印。佛统黄元亨和曼谷的协成丰合作经营侨批业务

佛统府（Nakhon Pathom），泰国中部的一个府。距首都曼谷约 58 公里。

黄源泉

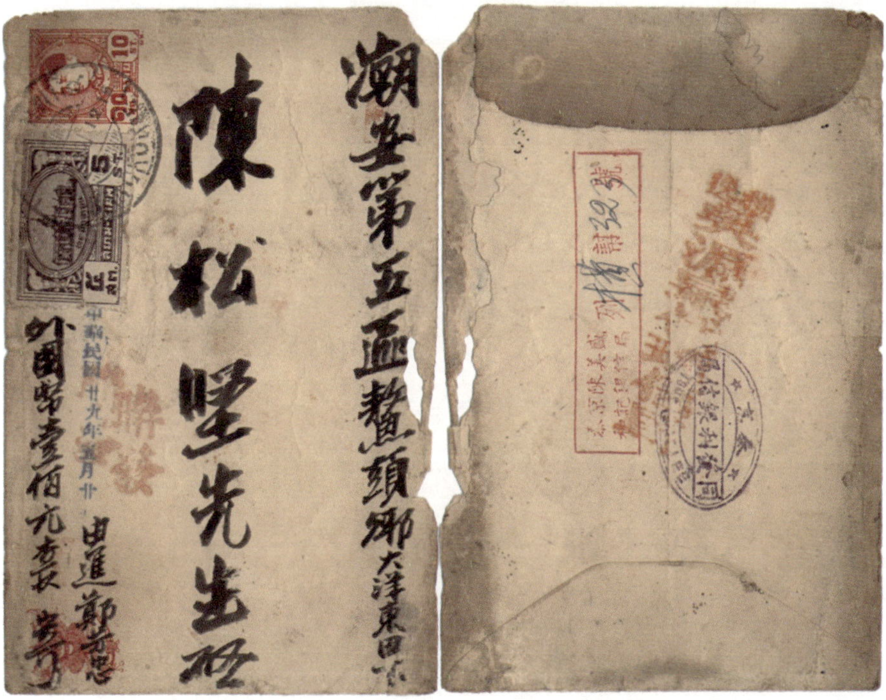

暹郑芳忠用泰国 10 士丁邮资封加贴 5 士丁邮票寄国币壹佰元至潮安第五区鳌头乡陈松坚。批封销“中华民国廿九年（1940）五月廿日”日戳，盖“程逸黄源泉代理信局”“泰京同发利银信局”和“泰京陈美盛和记银信局”印。黄源泉和曼谷的同发利、陈美盛和记合作经营侨批业务

集隆

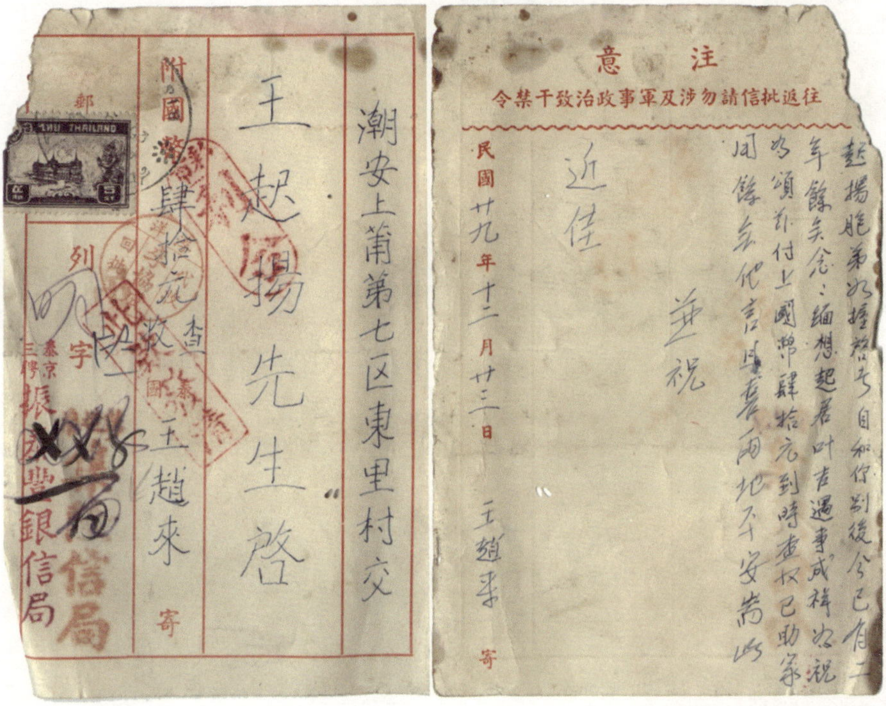

泰国王赵来民国廿九年（1940）十二月廿三日寄国币肆拾元至潮安上莆第七区东里村王起扬。批封盖“彭世洛集隆信局”和“泰京三聘振泰丰银信局”印。彭世洛集隆与曼谷振泰丰合作经营侨批业务

彭世洛府（Phitsanulok），泰国北部南端的主要府之一。

集 商

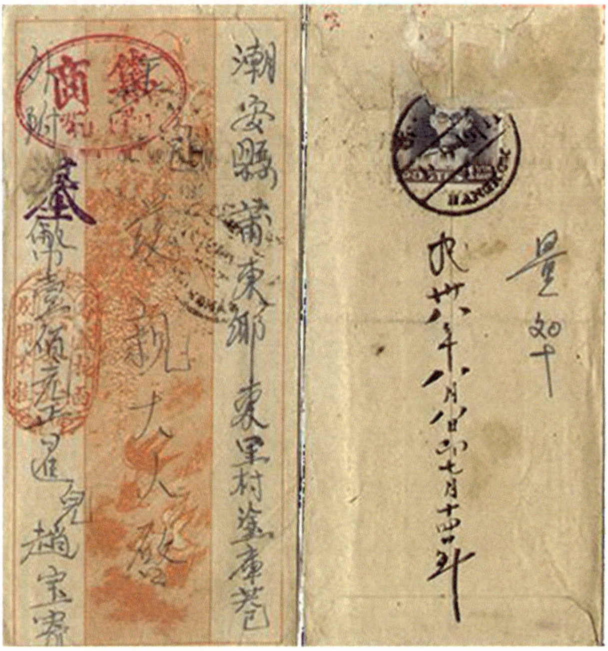

暹赵宝寄基币壹佰元至潮安县莆东乡母亲。批封贴泰国 1 铢邮票，销曼谷 1949 年 8 月 1 日邮戳，盖“集商”中泰文印和“吴泰安专盖批面别用不准”印。集商和曼谷吴泰安合作经营侨批业务

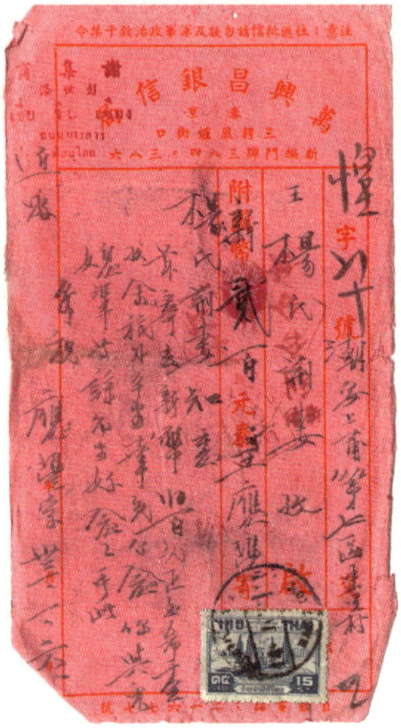

泰王应丰民国卅三年（1944）一月六日用万兴昌银信局自印封寄新币贰百元至潮安上莆第七区妻子。批封盖“谢集商彭世洛”中、泰文印。彭世洛谢集商和曼谷万兴昌合作经营侨批业务

彭世洛府（Phitsanulok），泰国北部的一个府，距离曼谷 377 公里。

集源

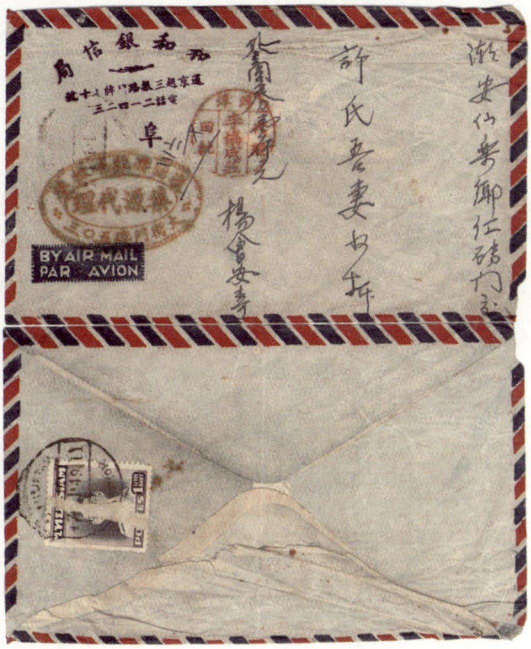

杨会安寄国币壹仟元至潮安仙乐乡妻子。批封盖“暹国西势吔拉埠大街门牌五〇三集源代理”“和和银信局”和“浮洋李协成庄”印。西势吔拉埠集源收批后交由曼谷的和和发批，批信到达潮安后由浮洋李协成分发。三地批局合作经营侨批业务

杨会安寄金圆券叁仟万元至潮安仙乐乡妻子。批封盖“暹国西势吔拉埠大街门牌五〇三集源代理”印

嘉源

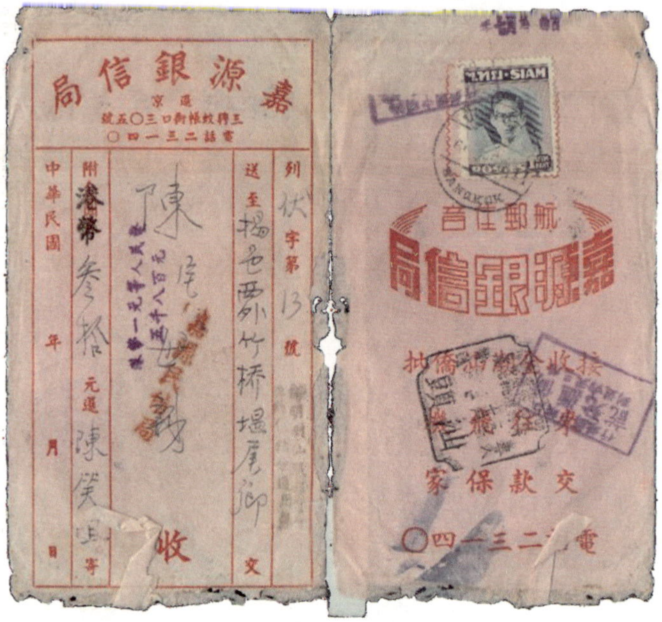

暹陈笑吧寄港币叁拾元至揭邑西外竹桥塭尾乡母亲。批封印“嘉源银信局　暹京三聘蚊帐街口三〇五号”，封背广告为“航邮佳音　嘉源银信局　接收全潮汕侨批　来往飞机　交款保家　电话二三一四〇”。销一九五〇年七月十三日侨批专用邮戳，盖“嘉源民信局”印

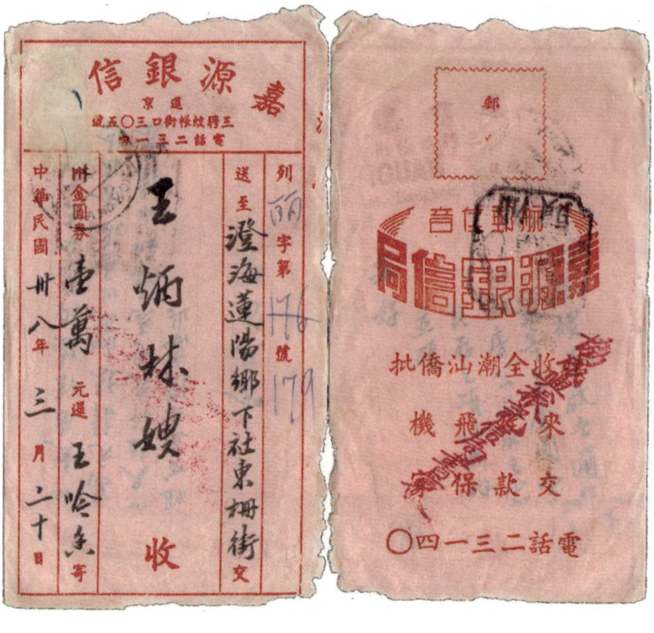

暹王吟香民国一九四九年三月二十日寄金圆券壹万元至澄海莲阳乡王炳林。批封盖“协成兴振记信局书柬”印。同在曼谷的两家批局合作经营侨批业务

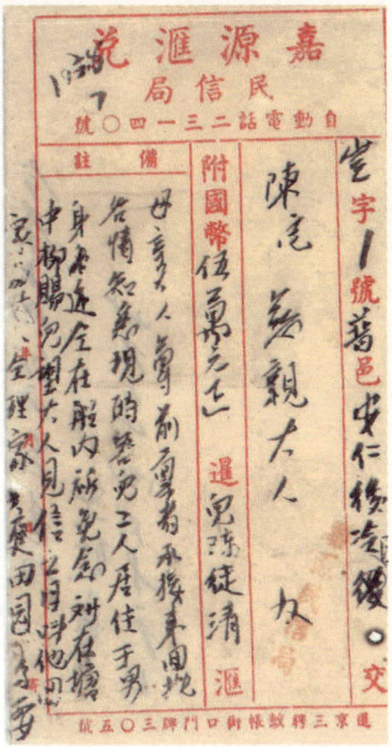

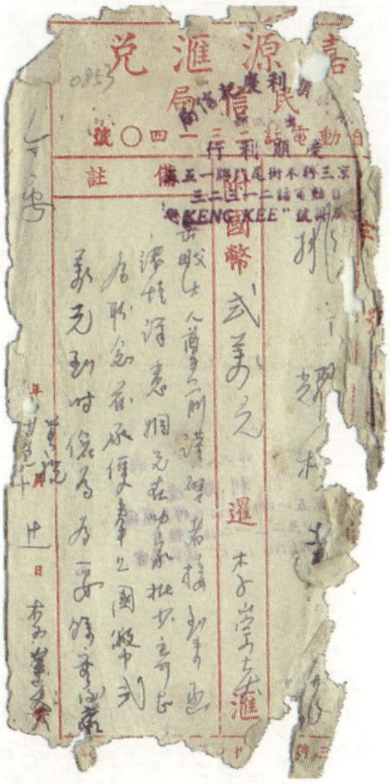

暹陈徒清用嘉源汇兑民信局黄色自印封寄国币伍万元至普邑安仁后玲母亲。批封印“自动电话二三一四〇号”

暹李崇炎用嘉源汇兑民信局自印封寄国币式万元至岳父母。批封盖“郑成顺利庆记信局”印。同在曼谷的两家批局合作经营侨批业务

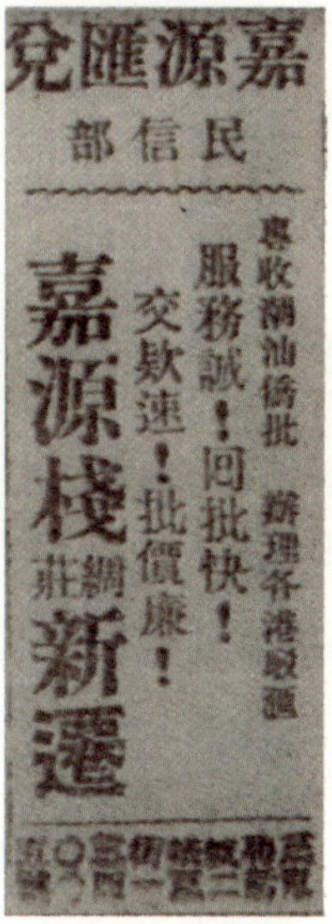

暹陈徒清寄国币壹佰万元至普邑埠仁后玲园乡母亲。批封盖“嘉源民信局”和“潮阳成田永顺利信局代理”印。潮阳成田永顺利代理泰国嘉源的侨批业务

1946 年 5 月 4 日嘉源汇兑民信部在《中原报》刊登广告：“专收潮汕侨批　办理各港驳汇　服务诚！回批快！交款速！批价廉！”地址“三聘蚊帐街三〇五　电话二三一四〇号”

1947 年 5 月 18 日暹罗华侨银信局公会成立，翁嘉源为首届会员商号，代表人翁汉铭。

建安堂

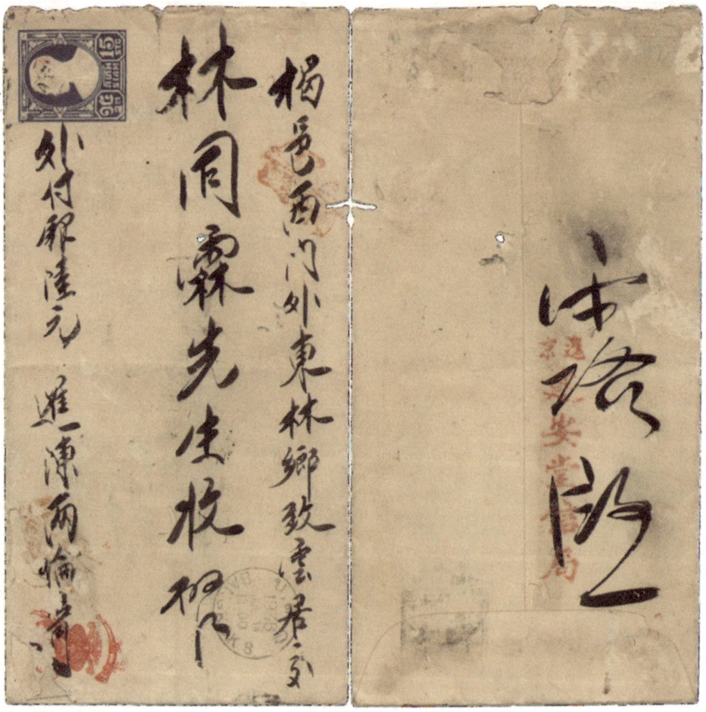

暹陈两伦用泰国 15 士丁邮资封寄银陆元至揭邑西门外东林乡林同霖。批封销曼谷 1936 年 7 月 14 日邮戳，盖“暹京建安堂信局”印

建益

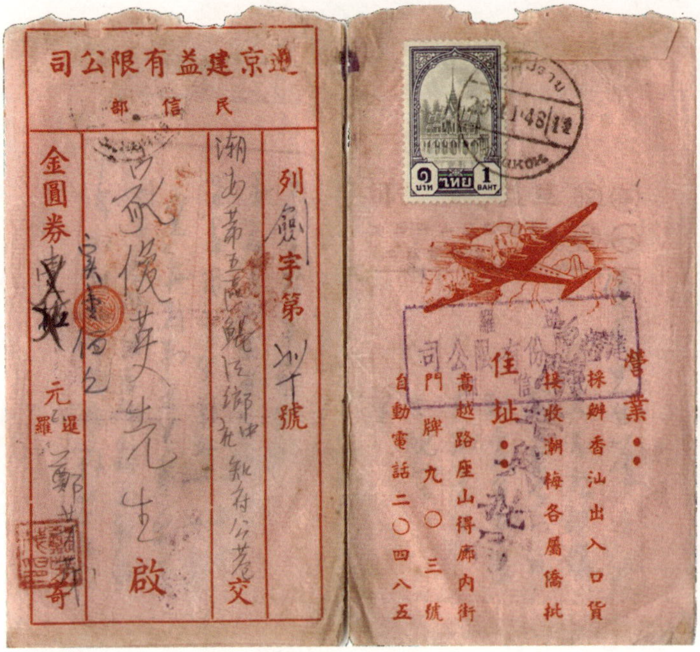

暹罗郑芳茂寄金圆券壹佰元至潮安第五区鲲江乡俊英。批封销曼谷 1948 年 11 月 28 日邮戳，盖“暹京建益股份有限公司”和“清吻陈培兴批局”印。清吻陈培兴和曼谷建益合作经营侨批业务

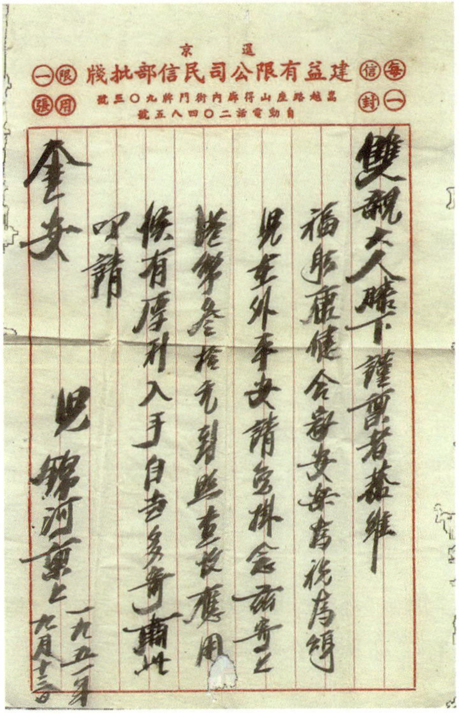

锦河一九五一年九月十三日用暹京建益有限公司民信部批笺寄港币叁拾元给双亲。批笺显示建益住址为“嵩越路座山得廊内街门牌九〇三号　自动电话二〇四八五号”

暹罗陈友富寄金圆券壹万元至海邑东凤乡母亲。批封印“暹京建益有限公司民信部　住址：崙越路座山得廊内街　门牌九〇三号　自动电话二〇四八五”，盖“暹京建益股份有限公司民信部”印

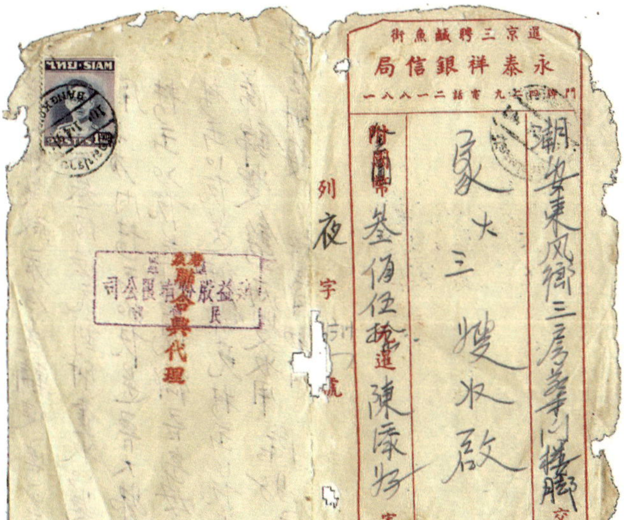

暹陈添好用永泰祥银信局自印封寄金圆（券）叁佰伍拾元至潮安东风（凤）乡三嫂。批封盖“暹罗建益股份有限公司民信部”和“磨猋联合兴代理”印。曼谷永泰祥、建益与莫肯联合兴三家侨批经营机构合作经营侨批业务

磨猋又称磨犬，即莫肯。潮侨将莫肯音译为“磨犬”，又讹写为“猋”，莫肯为乌隆（Udon Thani）的别称。泰国东北部城市，乌隆府（亦称乌东他尼府）首府，在銮河右岸。

江元发

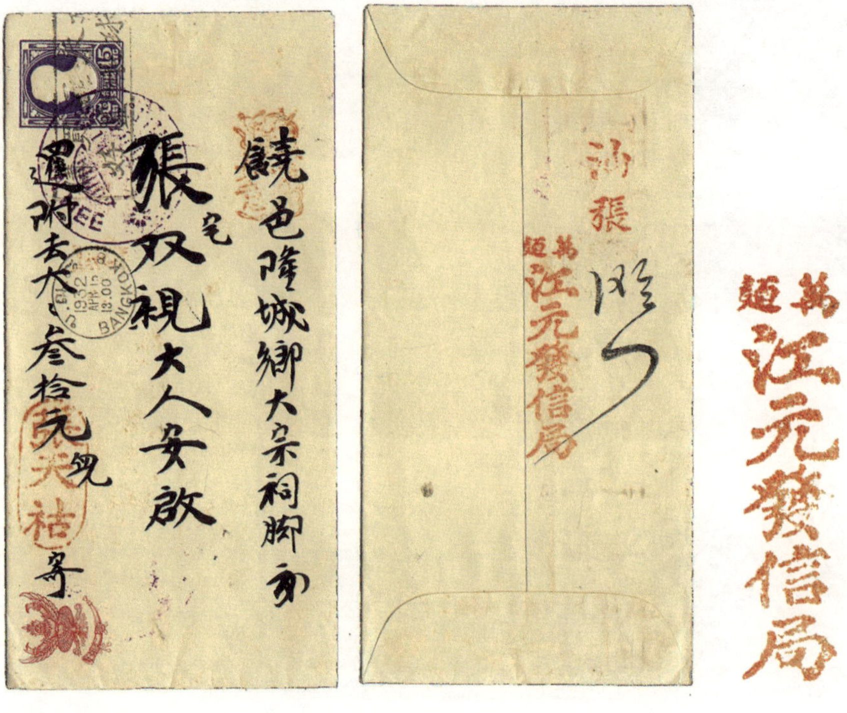

张天祐用泰国 15 士丁邮资封寄大银叁拾元至饶邑隆城乡双亲。批封销曼谷 1932 年 4 月 13 日邮戳，盖“万面江元发信局”印

金裕盛

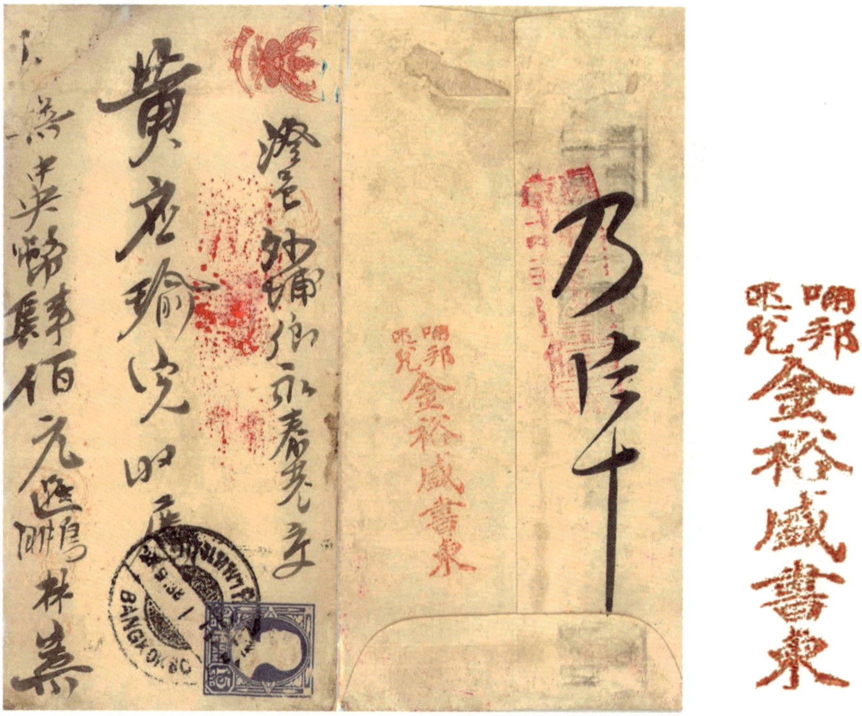

暹鹏林用泰国 15 士丁邮资封寄中央币肆佰元至澄邑外埔乡黄应瑜。批封销曼谷 1938 年 9 月 27 日邮戳，盖“喃邦汇兑金裕盛书柬”和“暹京振华丰信局”印。金裕盛与曼谷振华丰两家批局合作经营侨批业务

南邦府（Lampang），也译喃邦府，为泰国北部的一个府。

锦潮兴

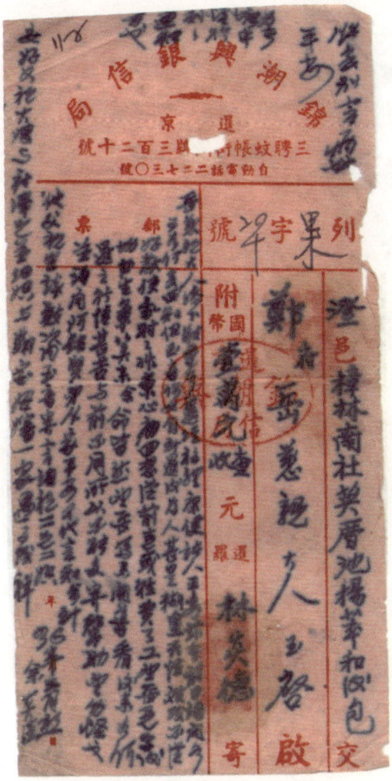

暹罗林炎德民国三十六年（1947）三月初一日寄国币壹万元至澄邑樟林南社英厝池岳母。批封印“锦潮兴银信局　暹京三聘蚊帐街门牌三百二十号　自动电话二二七三〇号”，盖“暹京锦潮兴信局”印

暹罗陈御贞用永泰祥银信局自印封寄国币壹万元至澄邑下岱美陈亚玩。盖“暹京锦潮兴信局”印。同在曼谷的两家批局合作经营侨批业务

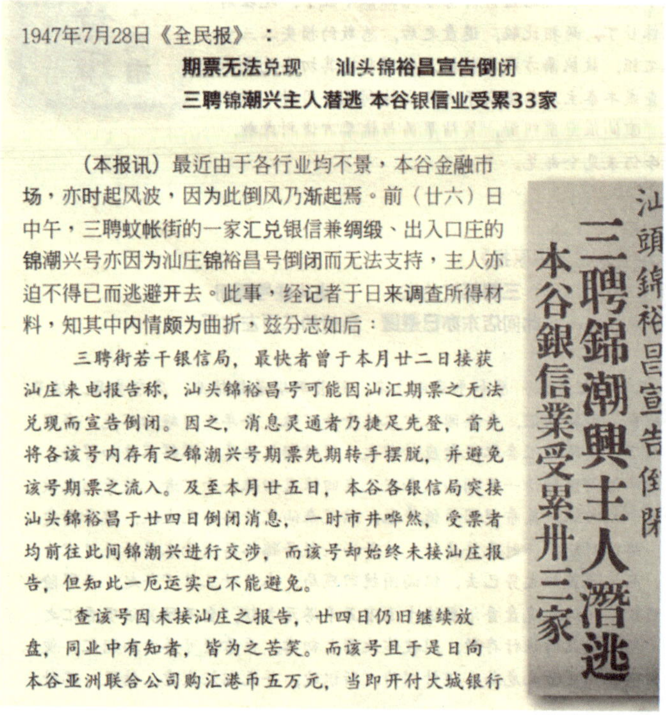

1947年7月28日《全民报》：

期票无法兑现　汕头锦裕昌宣告倒闭

三聘锦潮兴主人潜逃 本谷银信业受累33家

（本报讯）最近由于各行业均不景，本谷金融市场，亦时起风波，因为此倒风乃渐起焉。前（廿六）日中午，三聘蚊帐街的一家汇兑银信兼绸缎、出入口庄的锦潮兴号亦因为汕庄锦裕昌号倒闭而无法支持，主人亦迫不得已而逃避开去。此事，经记者于日来调查所得材料，知其中内情颇为曲折，兹分志如后：

三聘街若干银信局，最快者曾于本月廿二日接获汕庄来电报告称，汕头锦裕昌号可能因汕汇期票之无法兑现而宣告倒闭。因之，消息灵通者乃捷足先登，首先将各该号内存有之锦潮兴号期票先期转手摆脱，并避免该号期票之流入。及至本月廿五日，本谷各银信局突接汕头锦裕昌于廿四日倒闭消息，一时市井哗然，受票者均前往此间锦潮兴进行交涉，而该号却始终未接汕庄报告，但知此一厄运实已不能避免。

查该号因未接汕庄之报告，廿四日仍旧继续放盘，同业中有知者，皆为之苦笑。而该号且于是日向本谷亚洲联合公司购汇港币五万元，当即开付大城银行

汕頭錦裕昌宣告倒閉

三聘錦潮興主人潛逃

本谷銀信業受累卅三家

1947 年 7 月 28 日《全民报》报道：三聘锦潮兴主人因汕头锦裕昌宣告倒闭无法支持而潜逃，致使曼谷 33 家银信局受到牵连

1947 年 5 月 18 日暹罗华侨银信局公会成立，锦潮兴为首届会员商号，代表人黄潮鹏。

锦成利

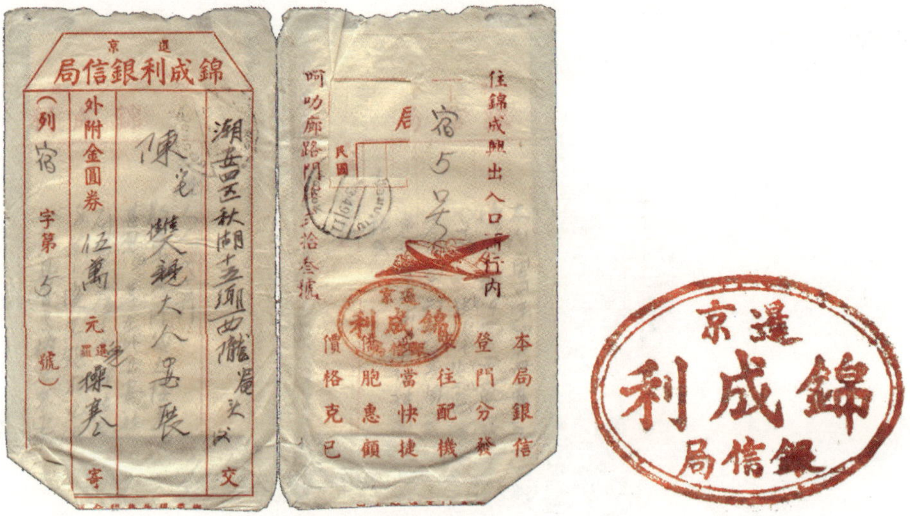

暹罗操寒寄金圆券伍万元至潮安四区秋湖十五乡双亲。批封印“暹京锦成利银信局”“住锦成兴出入口两行内　呵叻廊路门牌式拾叁号”，销曼谷 1949 年 3 月邮戳，盖“暹京锦成利银信局”印

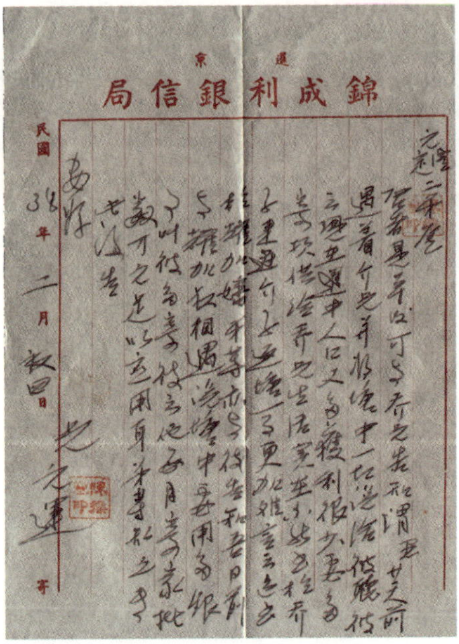

暹京锦成利银信局写批用笺

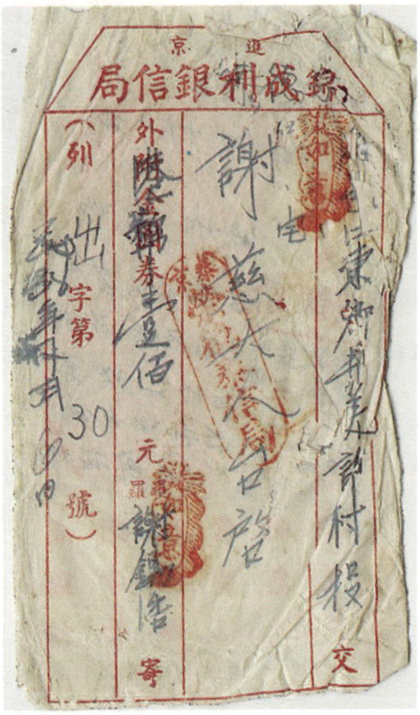

暹罗谢锡浩 1949 年 7 月 6 日用暹京锦成利银信局自印封寄港币壹佰元至潮安江东乡母亲。批封盖“泰京荣德泰信局”印。同在曼谷的两家批局合作经营侨批业务

进盛利

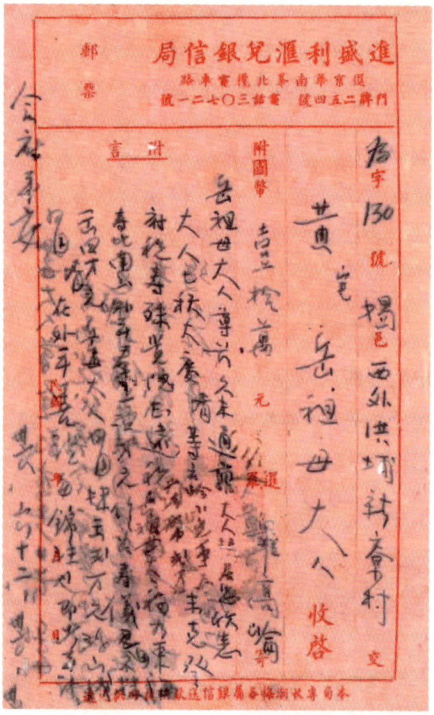
進盛利滙兑銀信局
暹京華南峯北攬電車路
門牌二五四號 電話三〇七二一號
郵票
附國幣 壹拾萬元
揭邑西外洪埔新寮村
黄宅 岳祖母大人 收啓

暹罗罗高仑民国卅六年（1947）六月十二日寄国币壹拾万元至揭邑西外洪埔新寮村岳祖母。批封印“进盛利汇兑银信局　暹京华南峰北榄电车路　门牌二五四号　电话三〇七二一号”

1947年5月18日暹罗华侨银信局公会成立，进盛利为首届会员商号，代表人罗价藩。

进兴昌

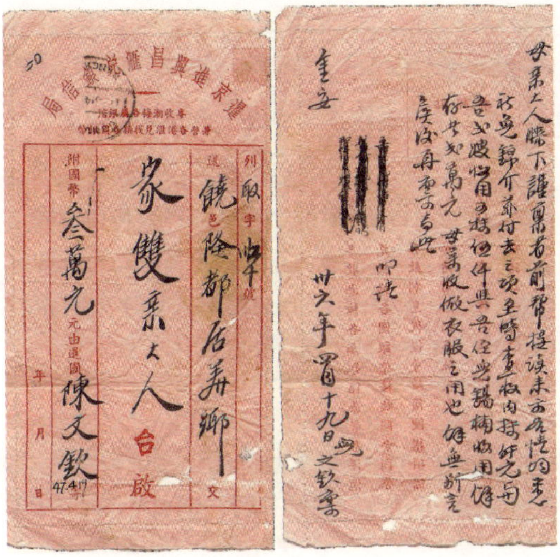

暹国陈文钦民国卅六年（1947）四月十九日寄国币叁万元至饶邑隆都居美乡双亲。批封印“暹京进兴昌汇兑银信局　专收潮梅各属银信　兼营各港汇兑找换各国银币”

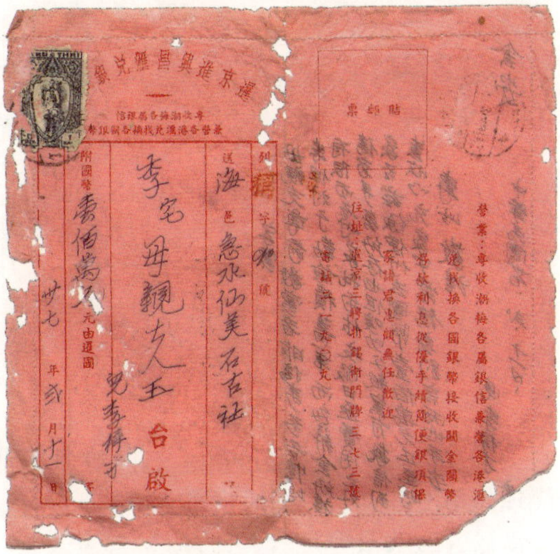

暹李梓才民国卅七年（1948）式月十一日寄国币壹佰万元至海邑急水仙美石古社母亲。红色批封印“暹京进兴昌汇兑银信局　住址：暹京三聘打锡街门牌三七三号　电话二一九〇九”

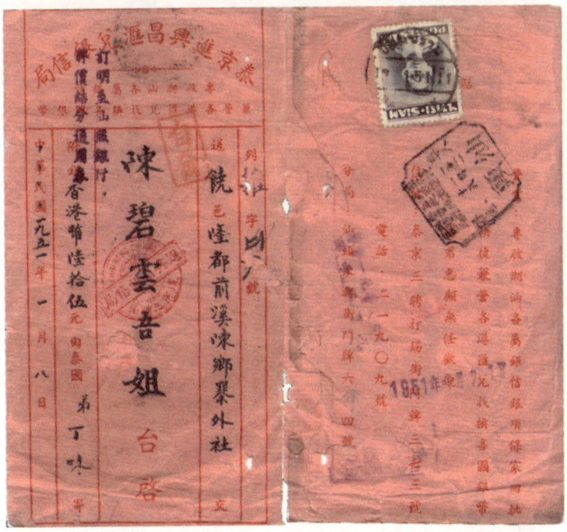

泰国丁味一九五一年一月八日寄港币陆拾伍元至饶邑隆都前溪陈乡陈碧云。红色批封印“泰京进兴昌汇兑银信局　住址：泰京三聘打锡街门牌三七三号　电话：二一九〇九号　分局：汕头永兴街门牌六十四号”，盖“进兴昌银信局”印

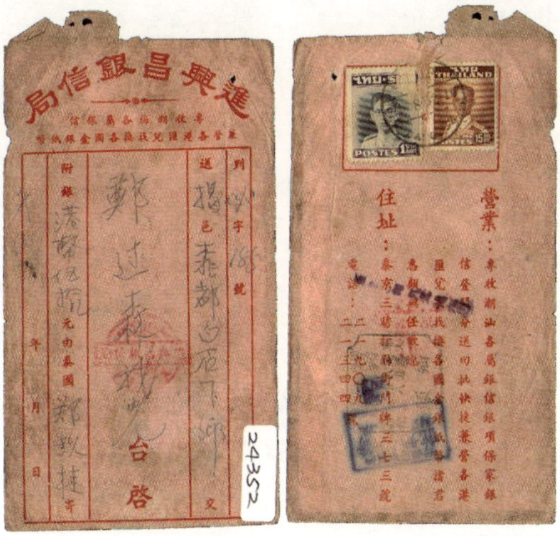

泰国郑钦桂寄港币伍拾元至揭邑桃都白石下乡郑过森。红色批封印“进兴昌银信局　住址：泰京三聘打锡街门牌三七三号　电话：二一九〇九号　二一三四四号”，销汕头一九五二年八月廿八日侨批专用邮戳

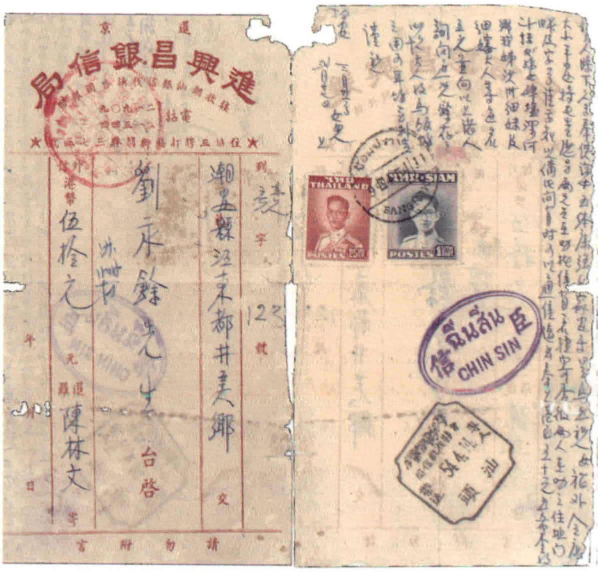

暹罗陈林文寄港币伍拾元至潮安县江东都井美乡刘永余。白色批封印“暹京进兴昌银信局　住址三聘打锡街门牌三七三号　电话二一九〇九　二一三四四”，销汕头一九五四年四月十四日侨批专用邮戳，盖“臣信”印

1956 年，泰国财政部规定只准持有营业执照的批信局作正常营业外，其各属下之代理公司不准经营。同时批准 12 家公司合法收寄兑换华侨银信往中国，其中就有“臣信信局有限公司”。

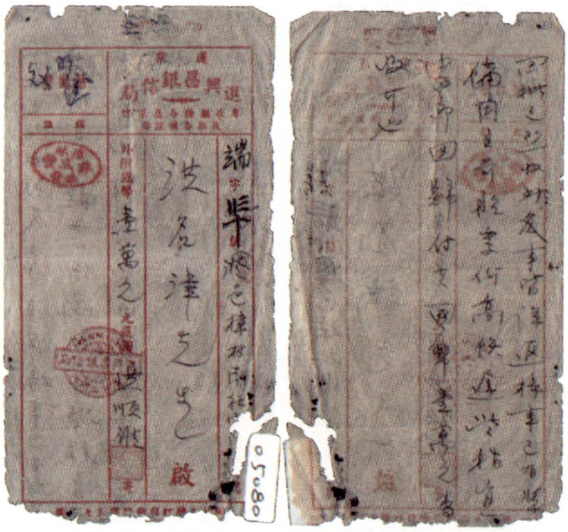

暹国洪顺维寄国币壹万元至澄邑樟林南社洪名津，批封盖“进兴昌银信局”和“樟林许成丰分发”印。澄海樟林许成丰分发进兴昌经手的泰国侨批

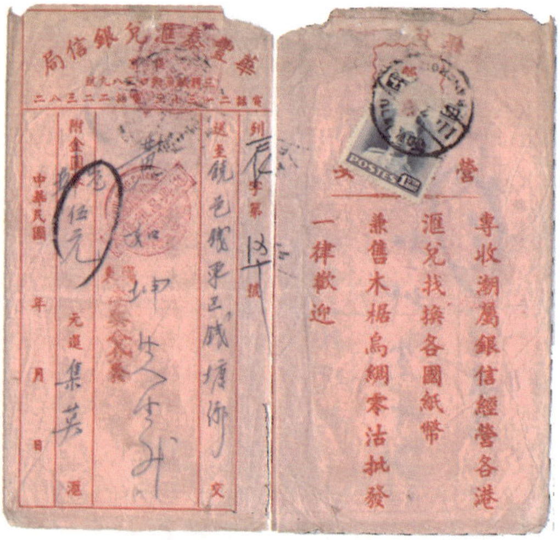

暹集英用华丰泰汇兑银信局自印封寄港币伍元至饶邑钱东区钱塘乡黄如坤。批封盖“进兴昌银信局”和“钱东李兴合分发”印。同在曼谷的华丰泰、进兴昌合作经营侨批业务，饶平钱东李兴合代理分发泰国侨批

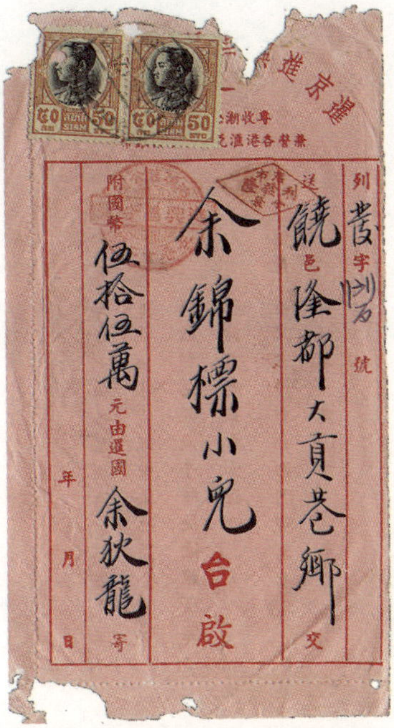

暹国余狄龙用暹京进兴昌汇兑银信局自印封寄国币伍拾伍万元至饶邑隆都大贡巷乡余锦标。批封盖“汕头旧公园左巷一二号进兴昌分发”和“店市利发隆分发”印。泰国、汕头、澄海多家批局合作经营侨批业务

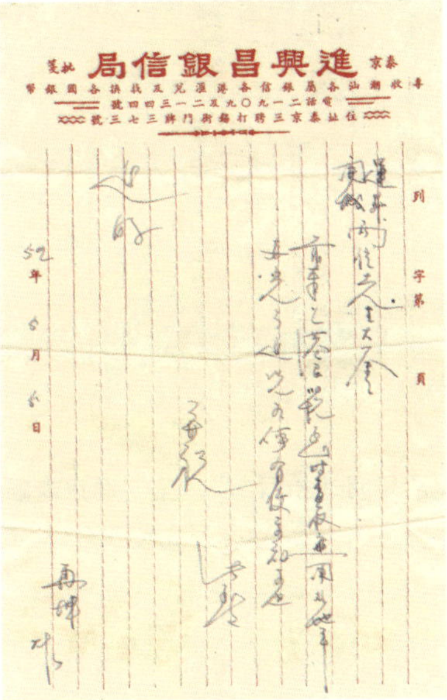

泰京进兴昌银信局专用批笺

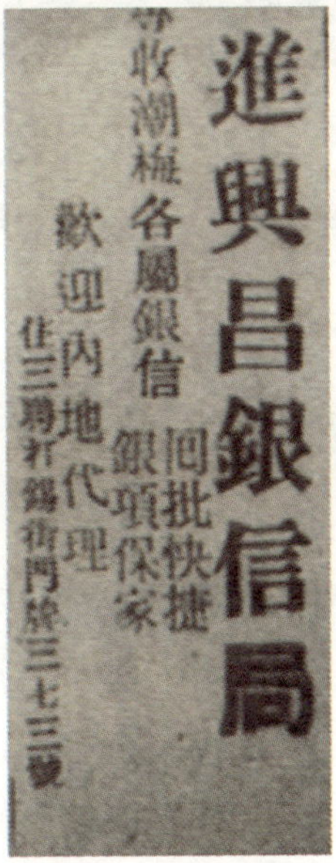

1946 年 5 月 4 日进兴昌银信局在《中原报》刊登广告：“专收潮梅各属银信　回批快捷　银项保家　欢迎内地代理　住三聘打锡街门牌三七三号”

1947 年 5 月 18 日暹罗华侨银信局公会成立，进兴昌为首届会员商号，代表人陈锦进。

1953 年臣信、能信、名信三家公司联合成立信联有限公司，成员包括其他批信局业者，称为购批代表。进兴昌为其中之一。据该年 5 月 11 日《中原报》所载之《信联有限公司购批代表名单》，进兴昌的经营地址在曼谷三聘街 373 号。

老顺昌荣记

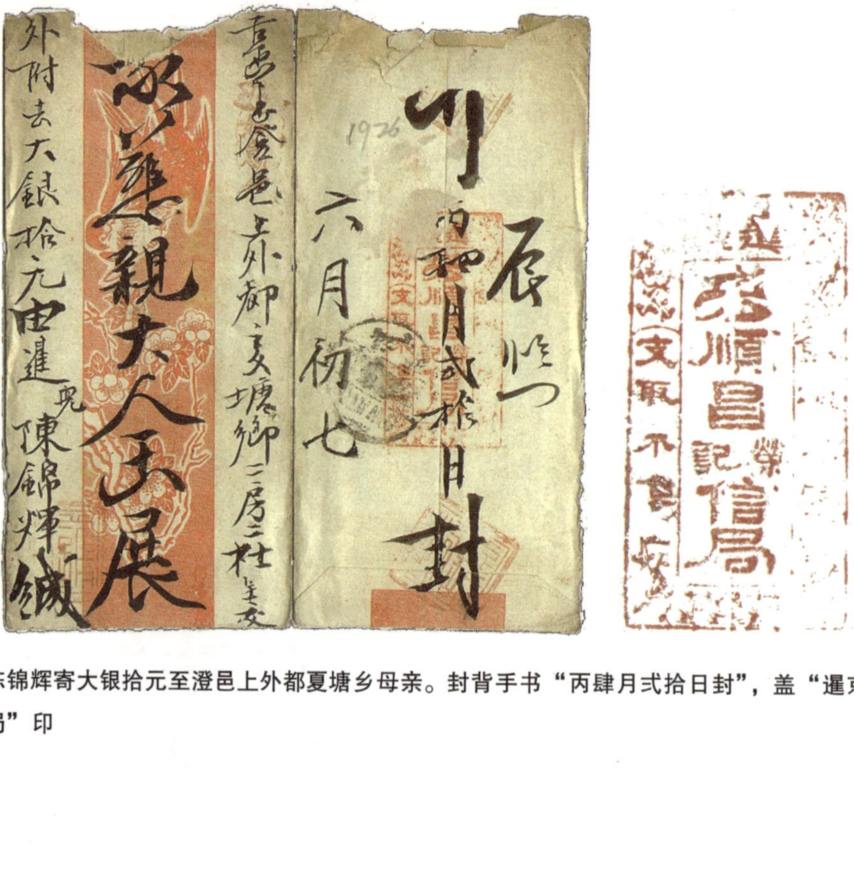

暹陈锦辉寄大银拾元至澄邑上外都夏塘乡母亲。封背手书“丙肆月式拾日封”，盖“暹京老顺昌荣记信局”印

李庆合

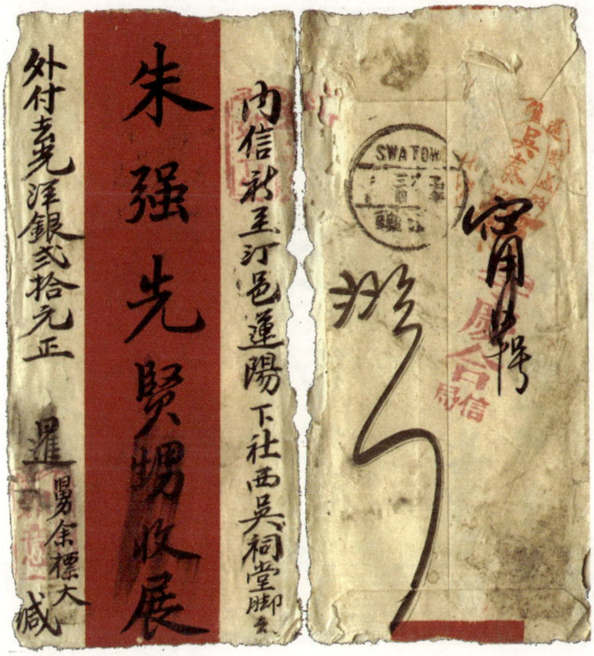

暹余标大寄光洋银式拾元至汀（澄）邑莲阳下社朱强。批封销汕头“一七年（1928）三月”邮戳，盖“李庆合信局”和“暹罗吴泰安信局”印。李庆合和曼谷吴泰安合作经营侨批业务

李万和昌

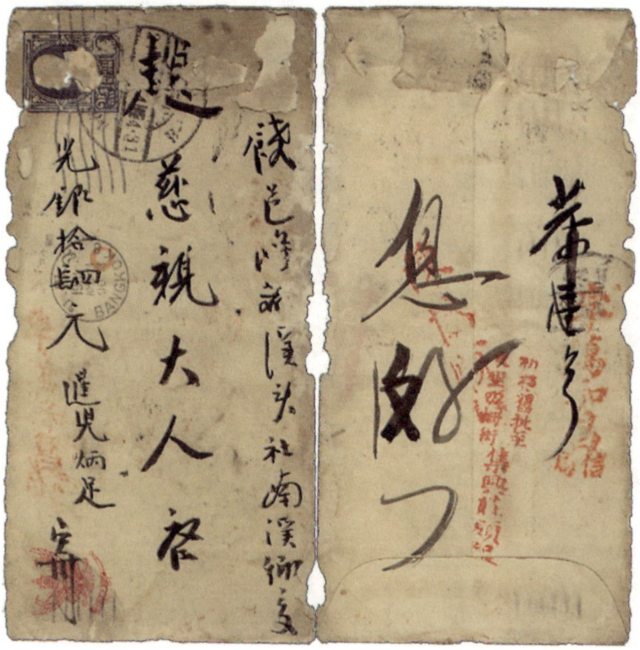

暹炳足用泰国 15 士丁邮资封寄光银拾肆元至饶邑隆都溪头社南溪乡母亲。批封盖“陈协顺”和“李万和昌信局”印。李万和昌与曼谷陈协顺合作经营侨批业务

丽商

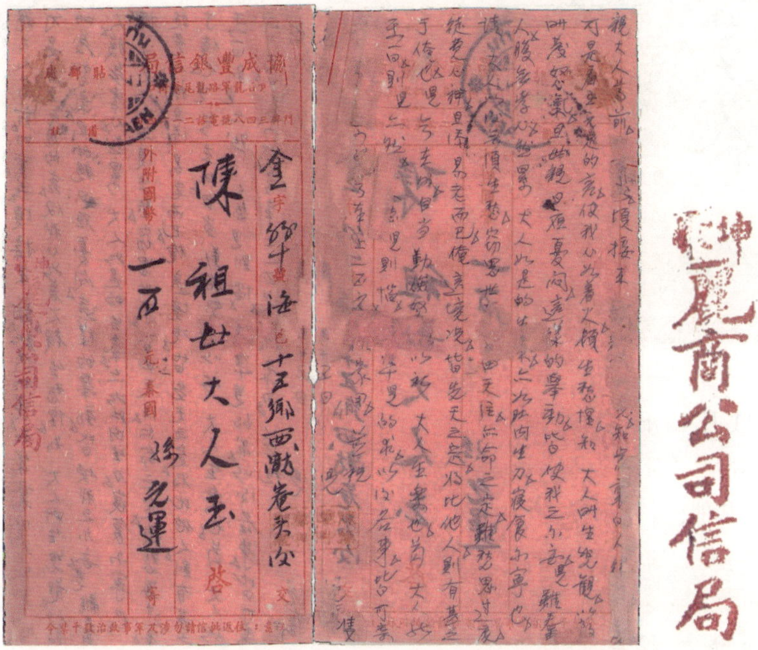

泰国元运用协成丰银信局自印封寄国币一百元至海邑十五乡西陇庵祖母。批封盖“坤敬丽商公司信局”印。坤敬丽商与曼谷协成丰合作经营侨批业务

坤敬（Khon Kaen），孔敬的别称，是泰国依善地区的一个城市，也是孔敬府和孔敬县（孔敬府的下辖地区）的首府。孔敬地处呵叻高原，距离曼谷 445 公里。

利民

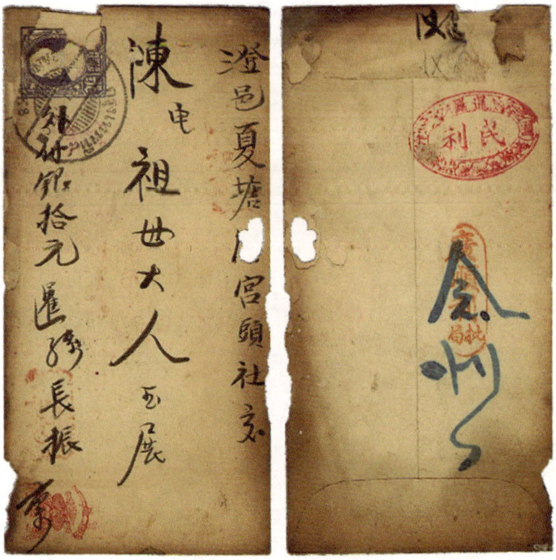

暹长振用泰国15士丁邮资封寄银拾元至澄邑夏塘乡祖母。批封盖“广顺利批局”和“暹罗利民”印。利民与曼谷广顺利合作经营侨批业务

1929年11月13日泰国政府颁布《允许在暹罗和中国之间通信使用15士丁邮资信封的指令》，规定“对于从地方城镇送往位于曼谷的批馆，再转往中国的银信，如果是使用邮资封或其他已付邮资的信封，不需要另行收费”。

暹罗洪植藩民国卅六年（1947）元月卅一日寄国币陆仟元至潮安南桂区书阁院乡双亲。批封印“利民公司银信局　暹京义福巷门牌二十八号　自动电话二〇三〇五号”，盖“网哈陈炳春银行有限公司信汇部”印。同在曼谷的两家批局合作经营侨批业务

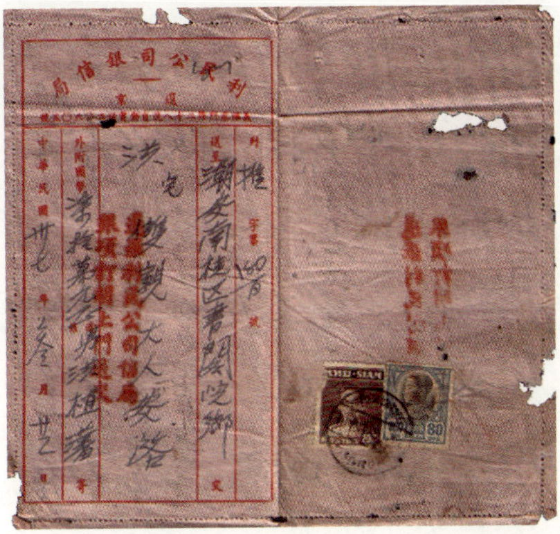

暹罗洪植藩民国卅七年（1948）叁月廿二日寄国币柒拾万元至潮安南桂区书阁院乡双亲。深红色批封盖“暹罗利民公司信局　银项订明上门送交”印

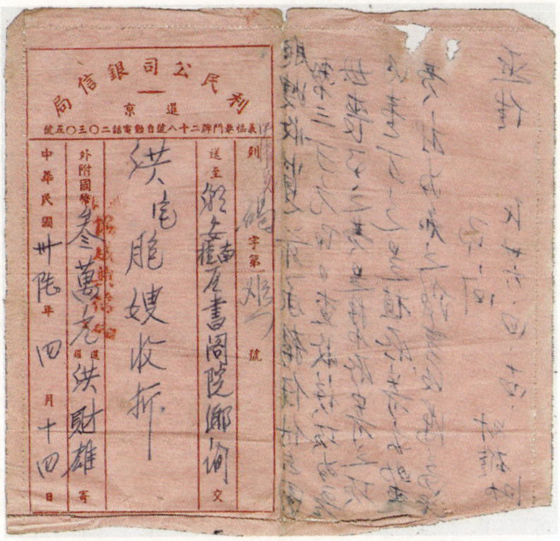

暹罗洪财雄民国卅陆年（1947）四月十四日用利民公司银信局自印封寄国币叁万元至潮安南桂区书阁院乡嫂子。批封盖“协成兴信局”印。同在曼谷的两家批局合作经营侨批业务

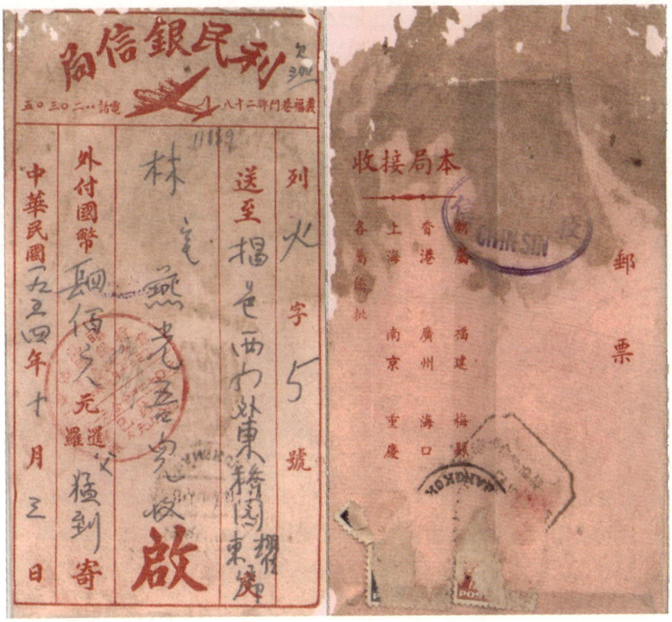

暹罗猛到一九五四年十月三日用利民银信局浅红色自印封寄国币肆佰元至揭邑西门外东桥园耀东乡林燕光。批封盖“臣信”印

1956年，泰国财政部规定只准持有营业执照的批信局作正常营业外，其各属下之代理公司不准经营。同时批准12家公司合法收寄兑换华侨银信往中国，其中就有“臣信信局有限公司”。

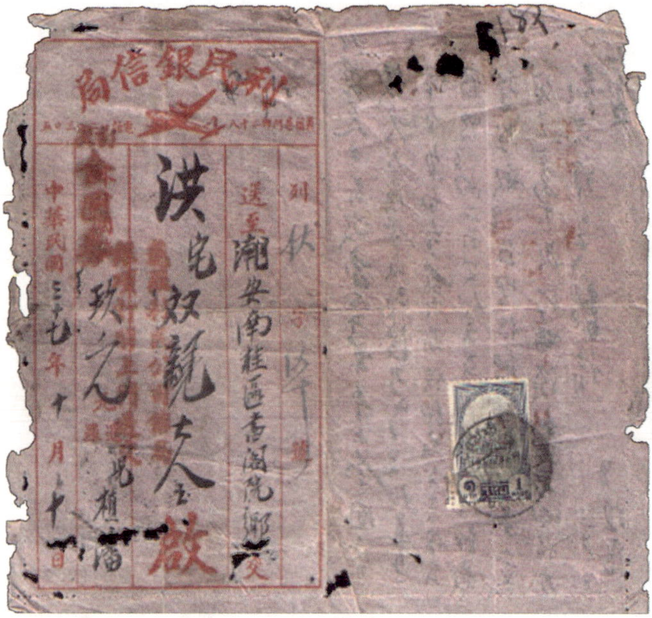

暹罗植藩民国三十七年(1948)十月十日寄金圆券玖元至潮安南桂区书阁院乡双亲。批封盖“获取利民公司信局银项计明上门还交”印

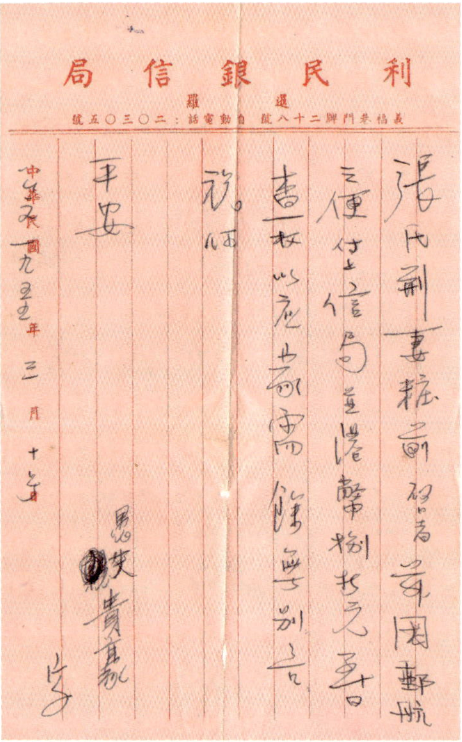

暹罗利民银信局写批用笺

1953年臣信、能信、名信三家公司联合成立信联有限公司，成员包括其他批信局业者，称为购批代表。利民为其中之一。据该年5月11日《中原报》所载之《信联有限公司购批代表名单》，利民的经营地址在曼谷义福巷28号。

联 发

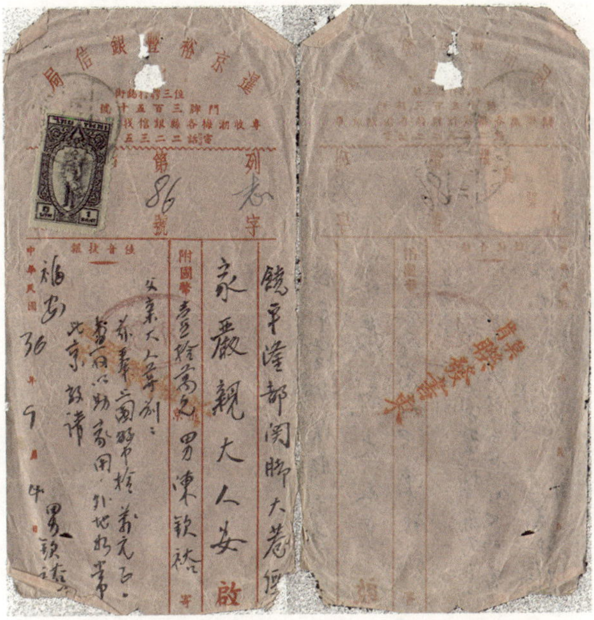

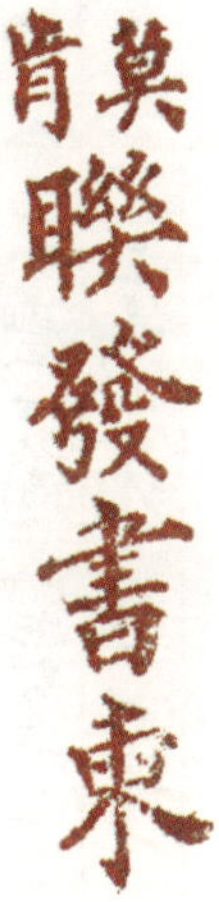

暹京陈钦裕民国三十六年（1947）9 月 4 日用裕丰银信局自印封寄国币壹拾万元至饶平隆都关脚大巷乡父亲。批封盖“莫肯联发书柬”印。莫肯联发与曼谷裕丰合作经营侨批业务

莫肯，乌隆（Udon Thani）的别称。泰国东北部城市，乌隆府（亦称乌东他尼府）首府，在銮河右岸。

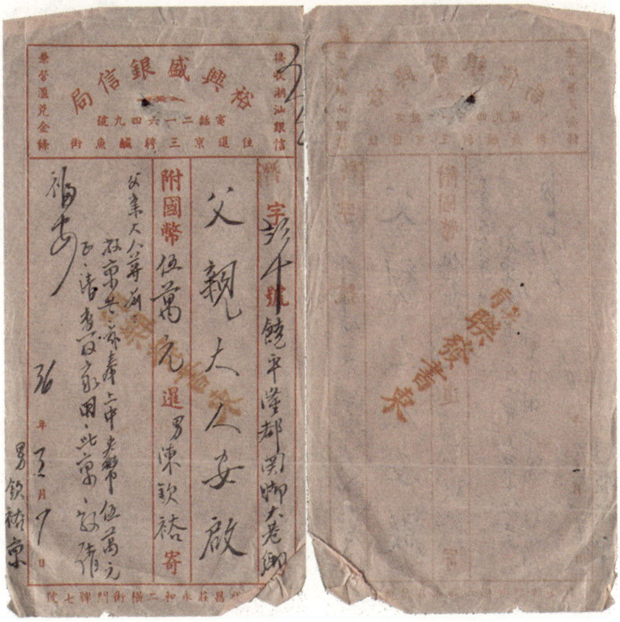

暹陈钦裕民国三十六年（1947）3 月 7 日用裕兴盛银信局自印封寄国币伍万元至饶平隆都关脚大巷乡父亲。批封盖“莫肯联发书柬”印。莫肯联发与曼谷裕兴盛合作经营侨批业务

联丰

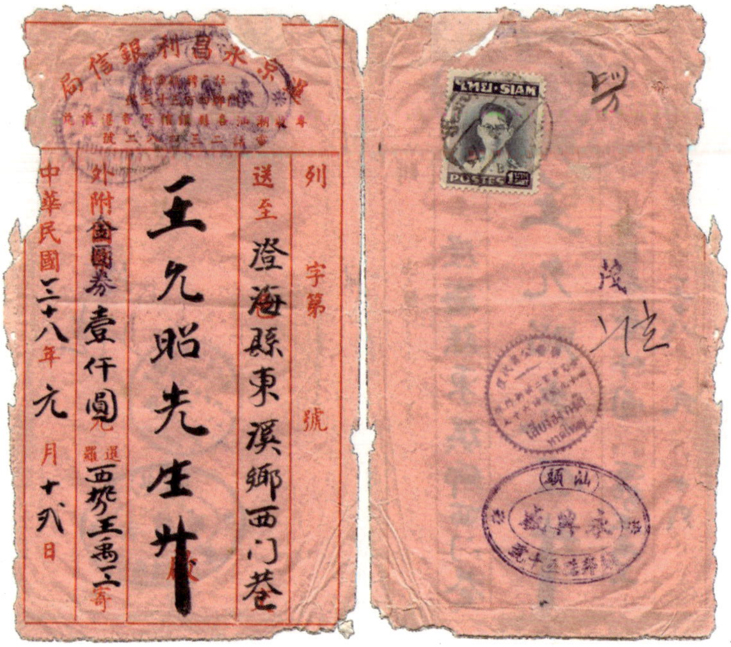

暹罗王禹三民国三十八年（1949）元月十式日用永昌利银信局自印封寄金圆券壹仟元至澄海县东溪乡王允昭。批封盖“合艾联丰公司代理”印。合艾联丰与曼谷永昌利合作经营侨批业务

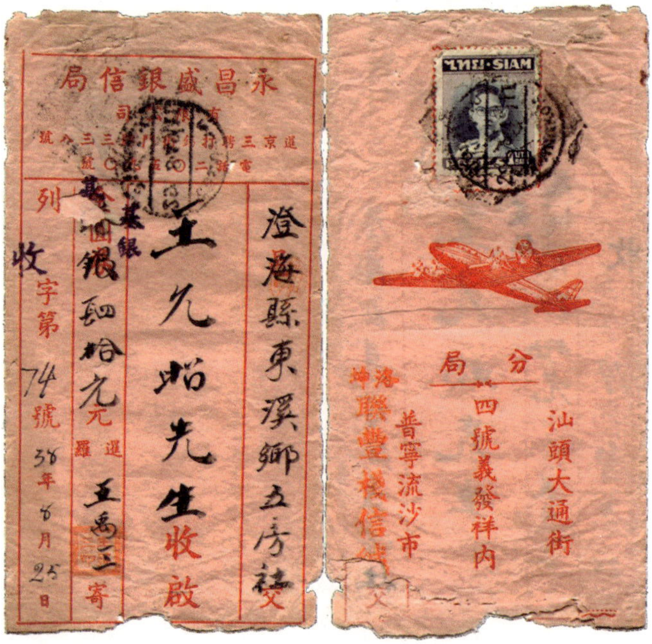

暹罗王禹三 1949 年 8 月 25 日用永昌盛银信局自印封寄基银肆拾元至澄海县东溪乡王允昭。批封盖“洛坤联丰栈信绒”印。洛坤联丰栈与曼谷永昌盛合作经营侨批业务

联合兴

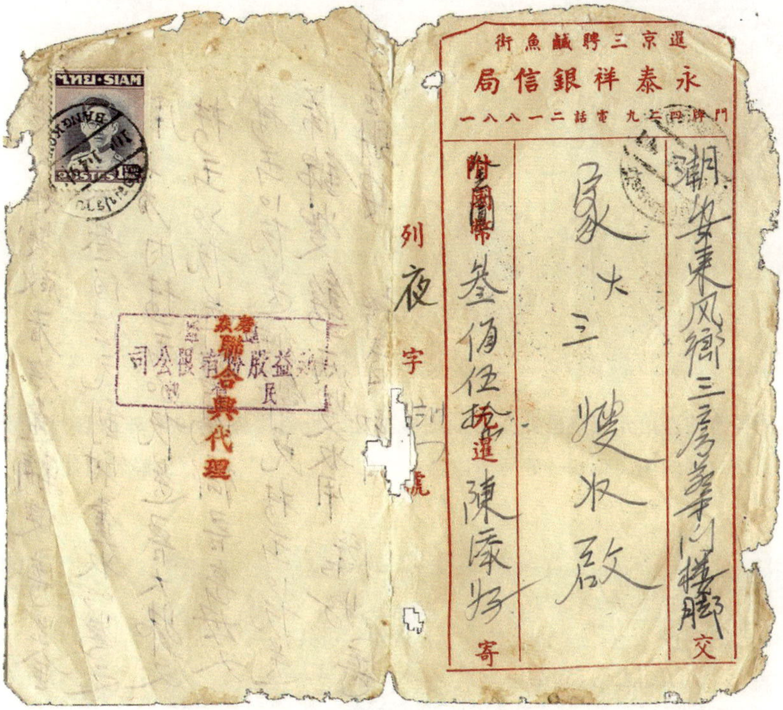

暹陈添好用永泰祥银信局自印封寄金圆叁佰伍拾元至潮安东风（凤）乡三嫂。批封盖“暹罗建益股份有限公司民信部”“磨㷊联合兴代理”印。莫肯联合兴与曼谷永泰祥、建益三家批局合作经营侨批业务

联顺利

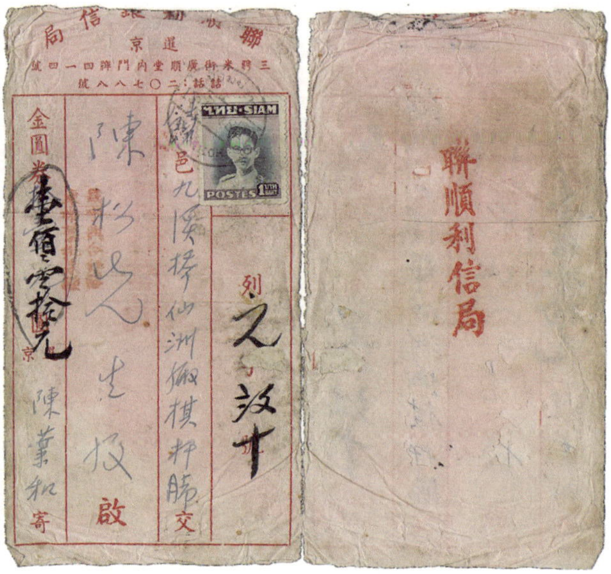

暹京陈叶和寄金圆券壹佰壹拾元至饶邑九溪桥仙洲乡陈松。批封销曼谷 1948 年邮戳，印“联顺利银信局　暹京三聘米街广顺堂内门牌四一四号　电话：二〇七八八号”，盖“联顺利信局”印

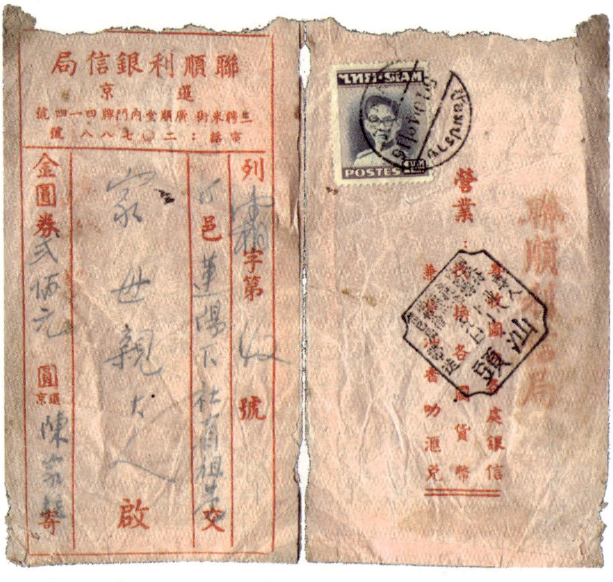

暹京陈家柱寄金圆券式佰元至汀（澄）邑莲阳下社母亲。批封销曼谷 1949 年 10 月 5 日邮戳，印“联顺利银信局　暹京三聘米街广顺堂内门牌四一四号　电话：二〇七八八号”，盖“联顺利信局”印

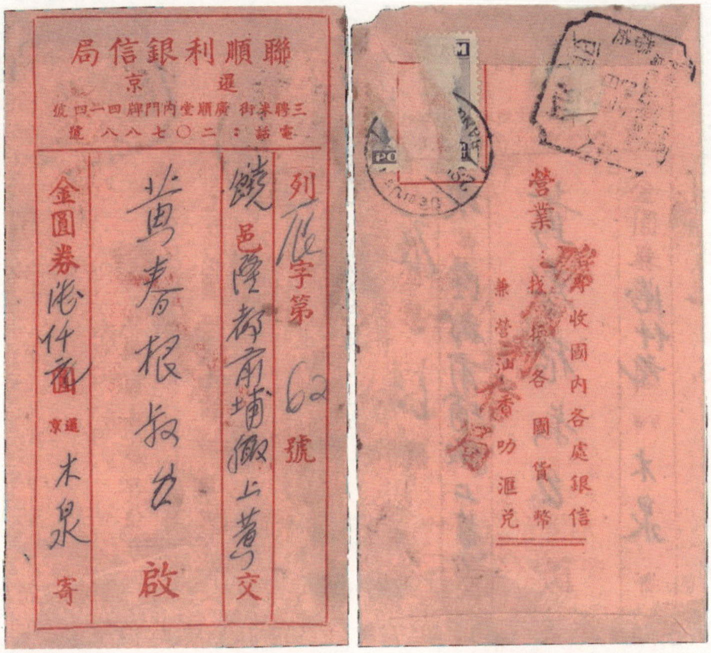

暹京木泉寄金圆券陆仟元至饶邑隆都前埔乡黄春根。批封销曼谷 1949 年 10 月 5 日邮戳，印“联顺利银信局　暹京三聘米街广顺堂内门牌四一四号　电话：二〇七八八号”，盖“联顺利信局”印

暹京谢亚贡寄港币伍拾元至澄邑外砂乡父亲。批封销汕头 1953 年 7 月 15 日侨批专用邮戳，印“联顺利银信局　暹京三聘米街广顺堂内门牌四一四号　电话：二〇七八八号”，盖“振潮兴银信局”印。联顺利与同在曼谷的振潮兴合作经营侨批业务

联 兴

暹京蓝耀璋寄港币壹拾元至澄邑大芽乡沟畔社蓝耀武。批封盖 1950 年 1 月 1 日“汕头中国银行侨汇兑讫限三天送到”结汇章，以及“素攀联兴公司民信部”和“暹京天外天横街郑成顺利贤记汇兑信局”印。素攀的联兴与曼谷的郑成顺利贤记合作经营侨批业务

聯興公司銀信局啓事

本號專收大埔豐順湯坑揭陽饒平永定潮梅各屬銀信收價便宜回批快捷保証無悮 住泰京越三振門牌二十六號電話二三四八三

1945 年 10 月 23 日联兴公司银信局刊登启事：“本号专收大埔丰顺汤坑揭阳饶平永定潮梅各属银信收价便宜回批快捷保证无误　住泰京越三振门牌二十六号电话二三四八三”

依据 1936 年汕头邮政管理局（邮局）向国家交通部邮政总局呈报的核发批局营业凭证申请书整理，汕头致盛民国廿二年（1933）在暹罗三聘街设立联兴分号，营业人为潮安人沈敬添。

两合兴

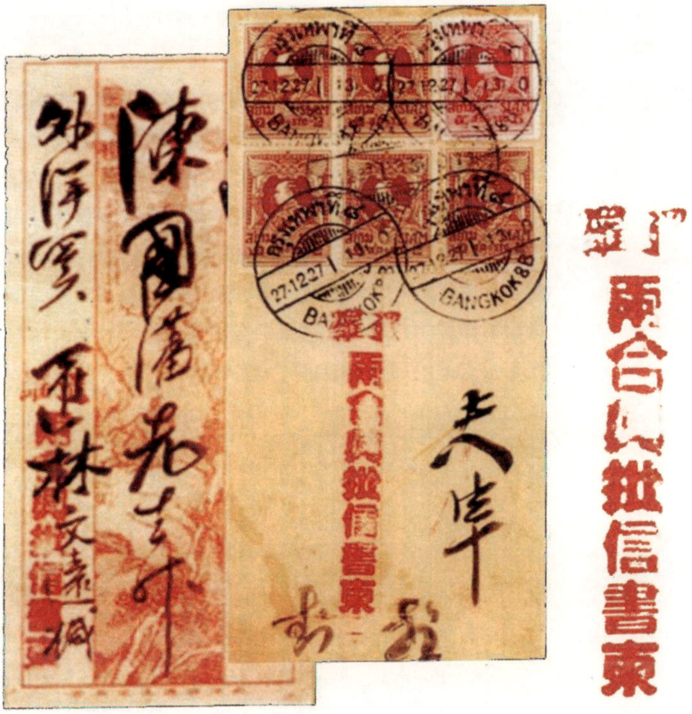

暹林文远寄洋银四元至陈国藩。批封销曼谷 1927 年 12 月 27 日邮戳，盖“暹罗两合兴批信书柬”印

廖福兴

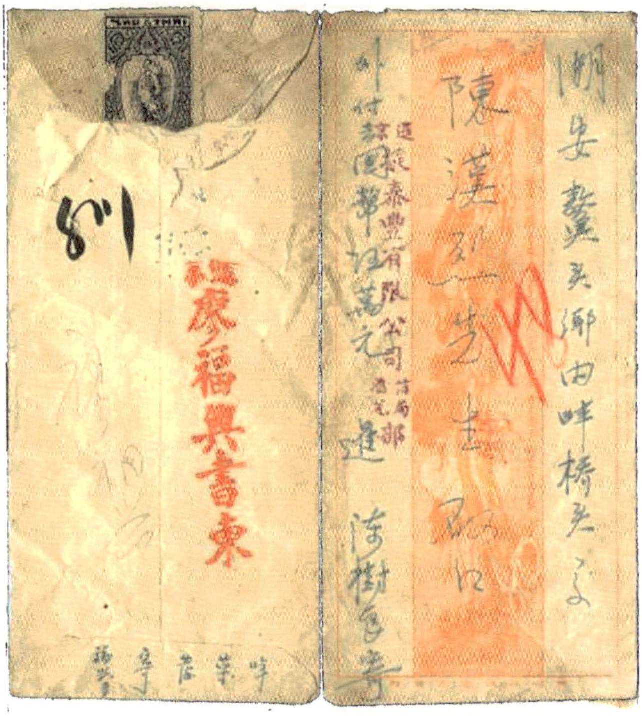

暹陈树良寄国币伍万元至潮安鳌头乡陈汉烈。批封盖“暹京廖福兴书柬”和“暹京振泰丰有限公司信局汇兑部”印。同在曼谷的两家批局合作经营侨批业务

廖美和

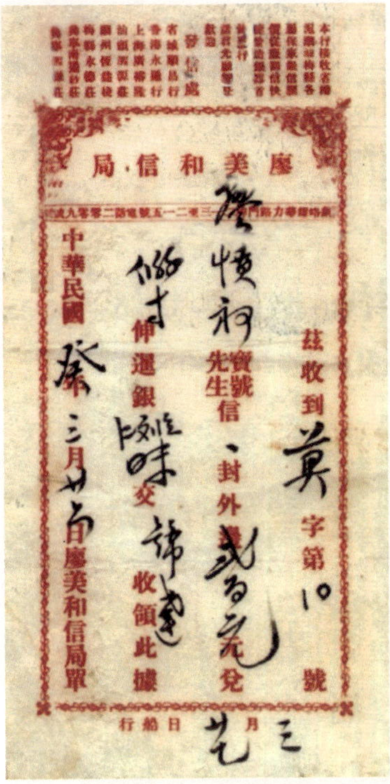

廖美和信局所发廖愤初癸年(1933)三月廿六日寄弍百元至锦达票根。上印“网咯耀华力路门牌二一三至二一五号电话二零零九号”

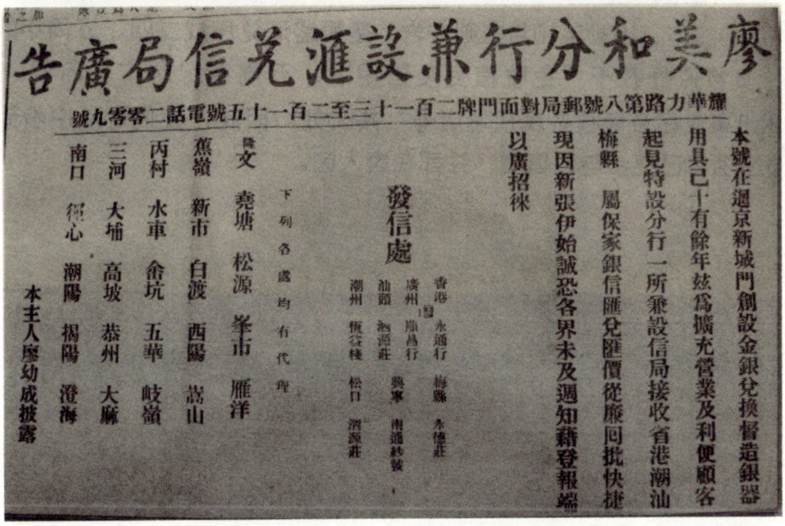

廖美和分行兼設滙兑信局廣告

耀華力路第八號郵局對面門牌二百一十三至二百一十五號電話二零零九號

本號在暹京新城門創設金銀兑换督造銀器用具已十有餘年兹爲擴充營業及利便顧客起見特設分行一所兼設信局接收省港潮汕梅縣 屬保家銀信滙兑滙價從廉回批快捷現因新張伊始誠恐各界未及週知藉登報端以廣招徠

發信處

香港 永通行　梅縣 永德莊
廣州 暹 順昌行　興寧 南通紗號
汕頭 潤源莊
潮州 恆裕棧　松口 潤源莊

下列各處均有代理

隆文　堯塘　松源　峯市　雁洋
蕉嶺　新市　白渡　西陽　嵩山
丙村　水車　畬坑　五華　岐嶺
三河　大埔　高坡　恭州　大麻
南口　徑心　潮陽　揭陽　澄海

本主人廖幼成披露

1931 年 12 月 2 日《华侨日报》刊出廖美和分行兼设汇兑信局广告：“为扩充营业及利便顾客起见　特设分行一所兼设信局接收省港潮汕梅县　属保家银信汇兑汇价从廉回批快捷　耀华力路第八号邮局对面门牌二百一十三至二百一十五号电话二零零九号”

廖炎兴

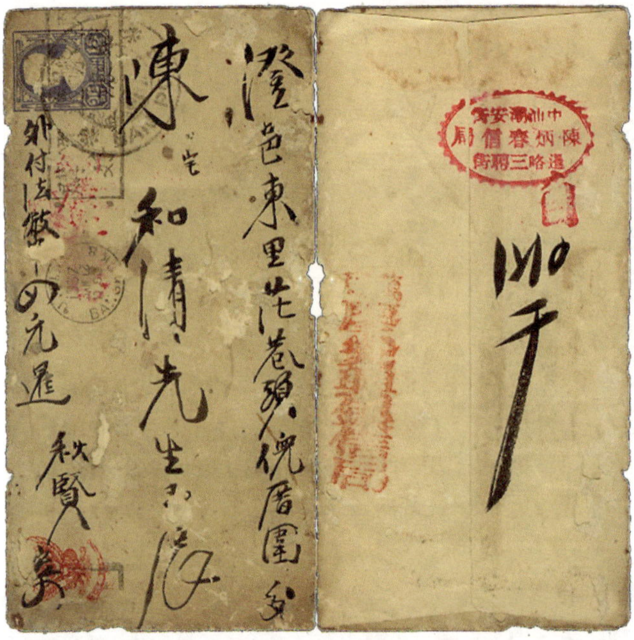

暹秋贤用泰国15士丁邮资封寄法币四元寄澄邑东里庄陈和清。批封销曼谷1937年1月23日邮戳，盖“陈炳春信局”和“万仑廖炎兴银信局”印。万伦廖炎兴与曼谷陈炳春合作经营侨批业务

林程记

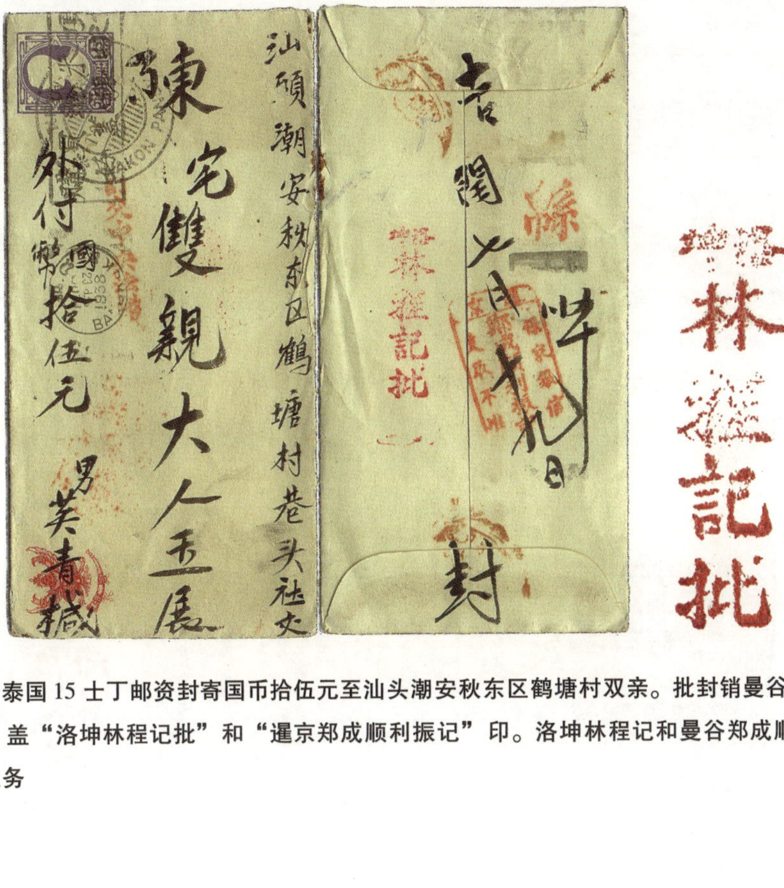

英青用泰国 15 士丁邮资封寄国币拾伍元至汕头潮安秋东区鹤塘村双亲。批封销曼谷 1938 年 9 月 23 日邮戳，盖“洛坤林程记批”和“暹京郑成顺利振记”印。洛坤林程记和曼谷郑成顺利振记合作经营侨批业务

林得记

胶拉柿禄发一九五二年三月六日寄港币叁拾元至澄邑隆都宅头乡陈锡亮。批封印“林得记银信局　住暹罗万沛埠直街　分局暹京越三振那那巷　门牌七十九号”

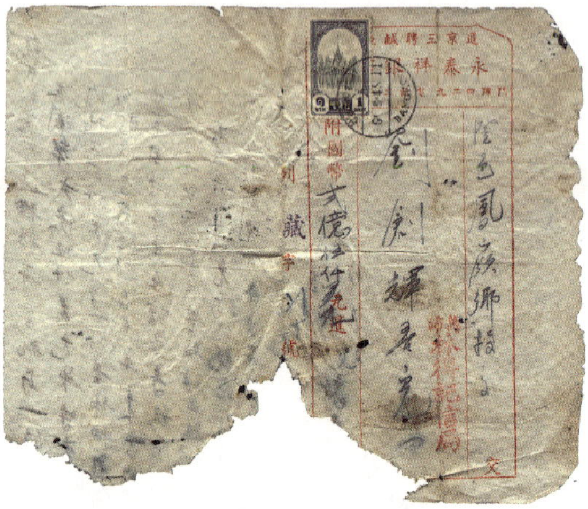

暹怀□用永泰祥银信局自印封寄国币弍亿伍仟万至澄邑凤岭乡刘创辉。批封销曼谷“48. 9. 6”邮戳，盖“万沛林得记信局”印。万沛林得记与曼谷永泰祥合作经营侨批业务

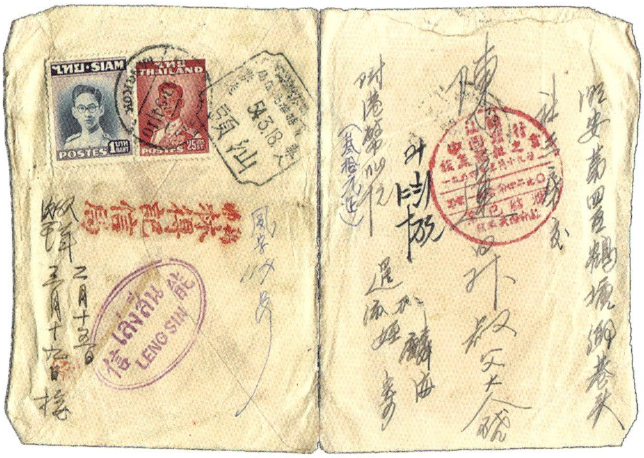

暹麟海寄港币叁拾元至潮安第四区鹤塘乡陈运昇。批封销汕头 1954 年 3 月 18 日侨批专用邮戳，盖“万沛林得记信局”和“能信”印。万沛林得记收揽的侨批通过能信公司递寄

1956 年，泰国财政部规定只准持有营业执照的批信局作正常营业外，其各属下之代理公司不准经营。同时批准 12 家公司合法收寄兑换华侨银信往中国，其中就有“能信信局有限公司”。

林均丰

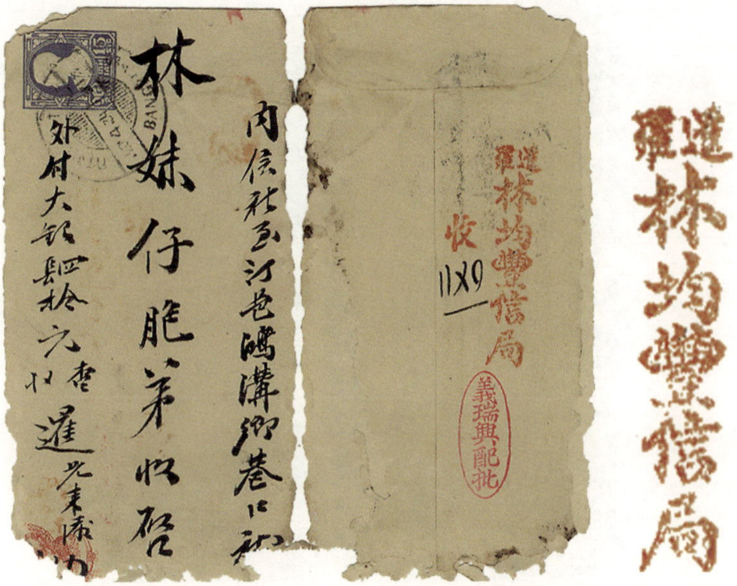

暹来添用泰国 15 士丁邮资封寄大银肆拾元至汀（澄）邑鸿沟乡林妹仔。批封销曼谷 1934 年 4 月 20 日邮戳，盖“暹罗林均丰信局”和“义瑞兴配批”印。林均丰与曼谷义瑞兴合作经营侨批业务

暹林佳音寄中央法币伍拾元至揭邑西门外和顺乡双亲。批封盖“暹罗林均丰信局”和“泰京荣丰利批业汇兑有限公司总行”中、英、泰文椭圆章，林均丰与曼谷荣丰利合作经营侨批业务

林荣成昌

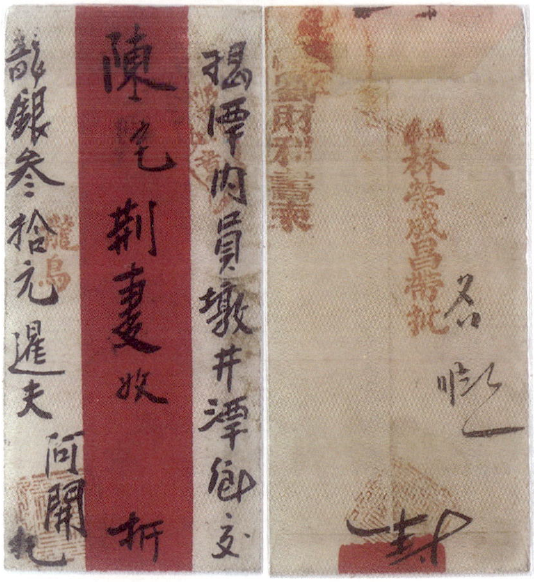

暹阿开寄龙银叁拾元至揭潭内员墩井潭乡妻子。批封盖“暹罗林荣成昌带批”印

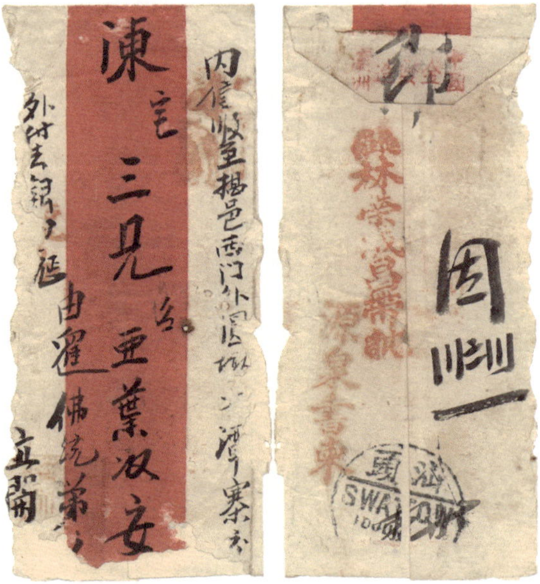

暹佛统立开寄银四元至揭邑西门外圆墩大潭寨陈亚叶。批封盖“暹罗林荣成昌带批”印

佛统府（Nakhon Pathom），泰国中部的一个府，距首都曼谷约 58 公里。

林胜裕

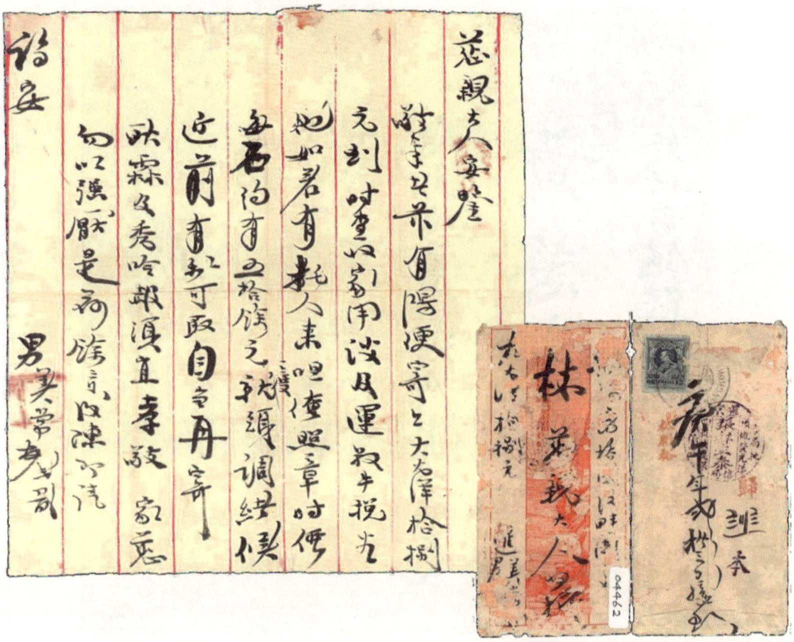

暹美常寄大光洋拾捌元至母亲。批封写“庚午年（1930）弍（月）拾三日接到”，盖“林胜裕”和“暹京张祥生泰信局”印。两家批局合作经营侨批业务

林松兴利

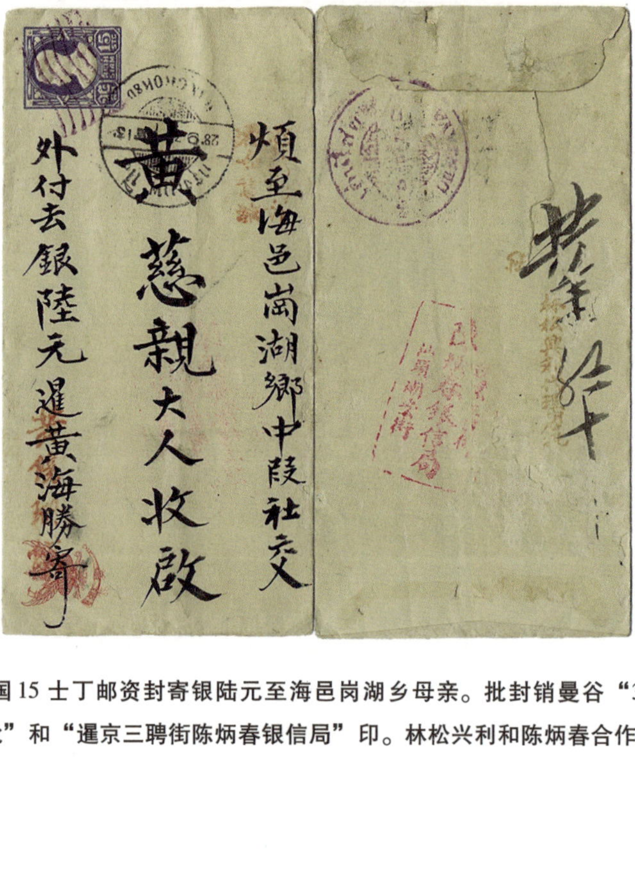

暹黄海胜用泰国 15 士丁邮资封寄银陆元至海邑岗湖乡母亲。批封销曼谷“31.9.28”邮戳，盖“林松兴利代理唐批”和“暹京三聘街陈炳春银信局”印。林松兴利和陈炳春合作经营侨批业务

林万生

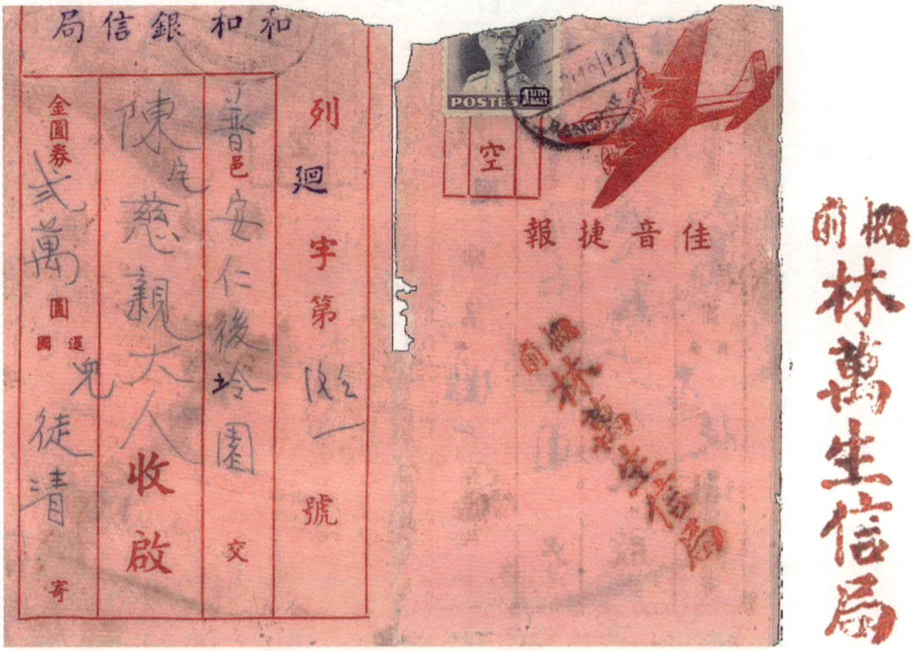

暹罗徒清用和和银信局自印封寄金圆券式万元至普邑安仁后坽园母亲。批封盖“概前林万生信局”印。林万生与曼谷和和合作经营侨批业务

林万裕隆

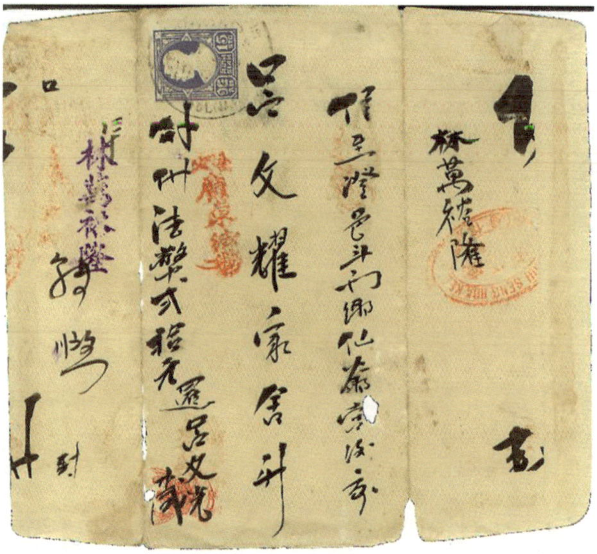

暹吕文光用泰国 15 士丁邮资封寄法币弍拾元至澄邑斗门乡吕文耀。批封盖“林万裕隆”和“陈美盛和记信局”印。林万裕隆与曼谷陈美盛和记合作经营侨批业务

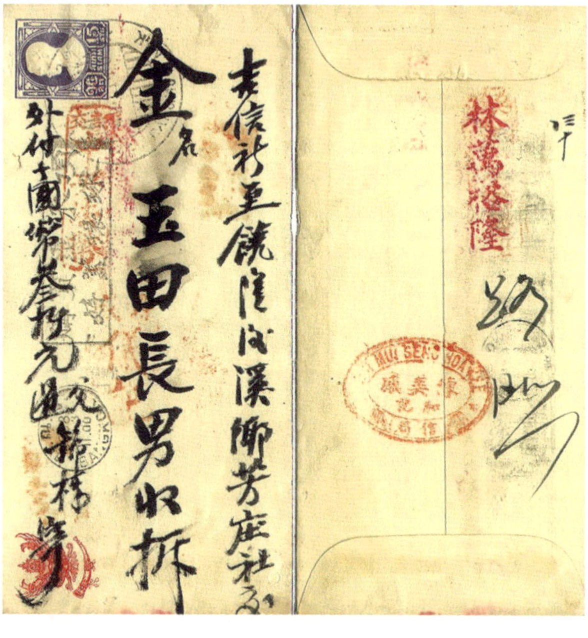

暹锦栋用泰国 15 士丁邮资封寄国币叁拾元至饶隆后溪乡金玉田。批封盖“林万裕隆”和“陈美盛和记信局”印。两家批局合作经营侨批业务

林协成

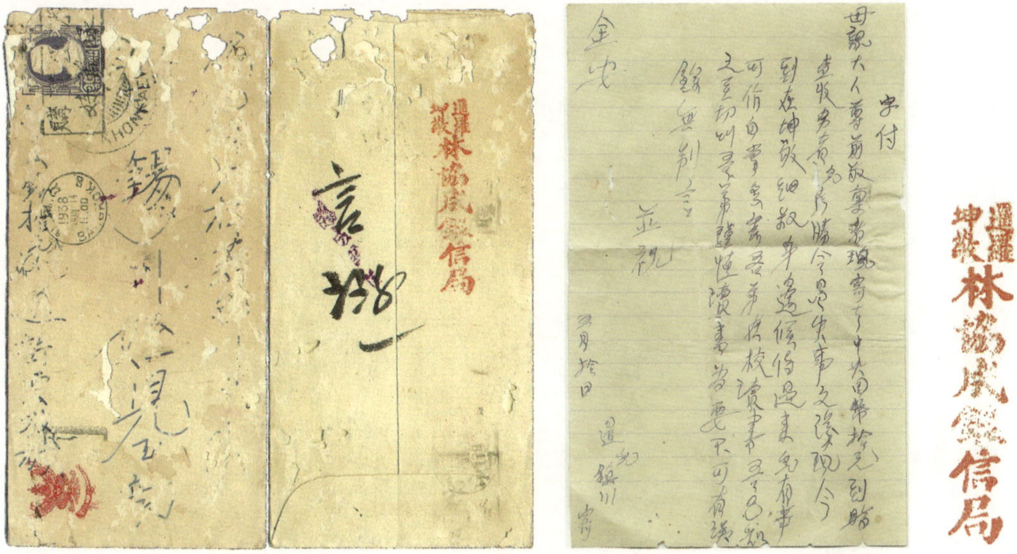

暹镇川旧历五月拾日（1938 年 6 月 7 日）用泰国 15 士丁邮资封寄中央国币拾元至□□母亲。批封销曼谷 1938 年 6 月 14 日邮戳，盖“暹罗坤敬林协成银信局”印

坤敬（Khon Kaen），又译孔敬，泰国依善地区的一个城市，孔敬府和孔敬县（孔敬府的下辖地区）的首府，孔敬地处呵叻高原，平均海拔 100 多米，距离曼谷 445 公里。

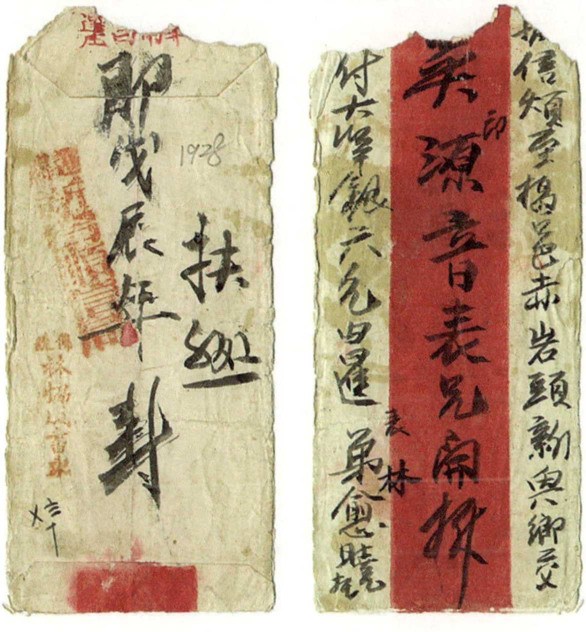

暹林愈晓寄大洋银六元至揭邑赤岩头新兴乡吴源音。批封手书戊辰年（1928）封，盖“佛统林协成书柬”和“暹罗新合顺信局”印。林协成与曼谷的新合顺合作经营侨批业务

佛统府（Nakhon Pathom），泰国中部的一个府，距首都曼谷约 58 公里。

林协利

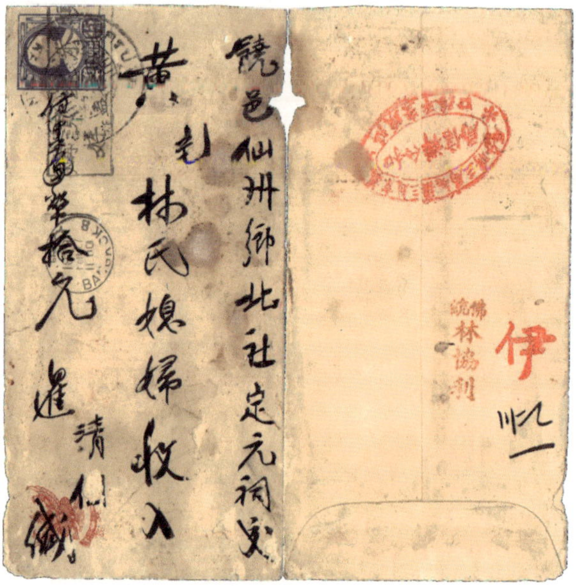

暹清□用泰国 15 士丁邮资封寄中央币拾元至饶邑仙州乡林氏媳妇。批封销曼谷 1929 年 2 月 7 日邮戳，盖“佛统林协利”和“和合祥信局”印。佛统林协利与曼谷和合祥合作经营侨批业务

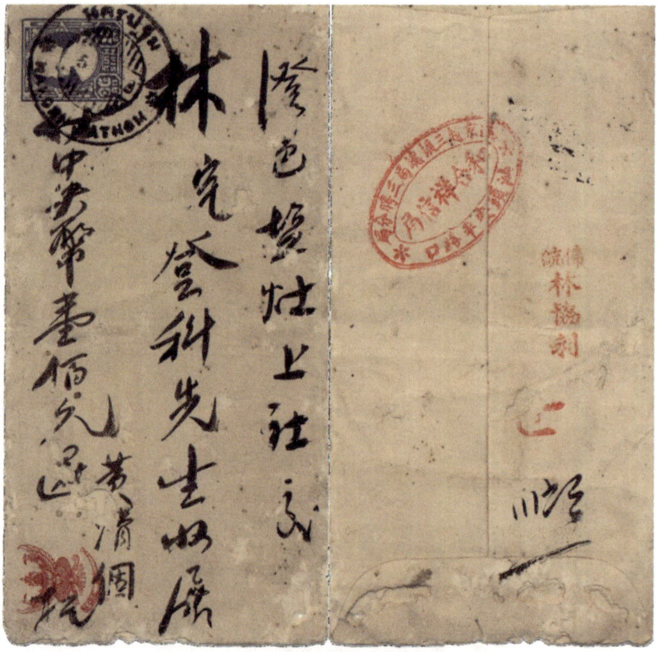

暹黄清个寄中央币壹佰元至澄邑盐灶上社林登科。批封盖“佛统林协利”印

林裕发

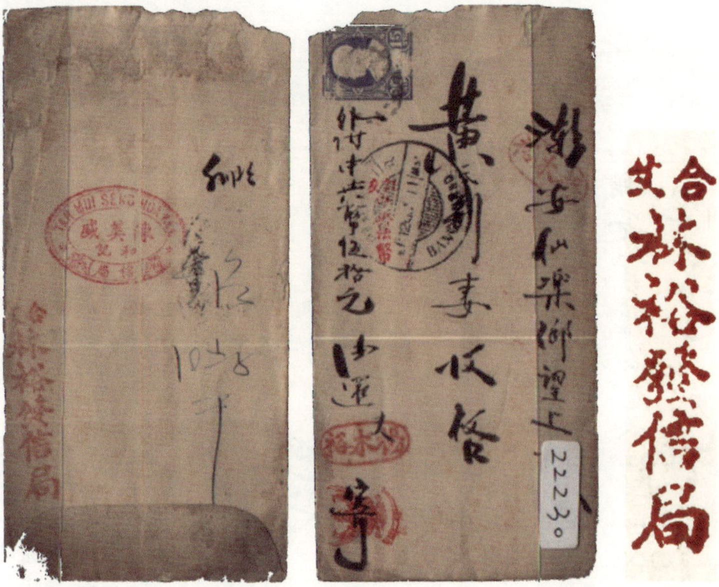

暹杨木裕用泰国 15 士丁邮资封寄中央币伍拾元至潮安仙乐乡妻子。批封盖“合艾林裕发信局”和“陈美盛和记信局”印。合艾林裕发与曼谷陈美盛和记合作经营侨批业务

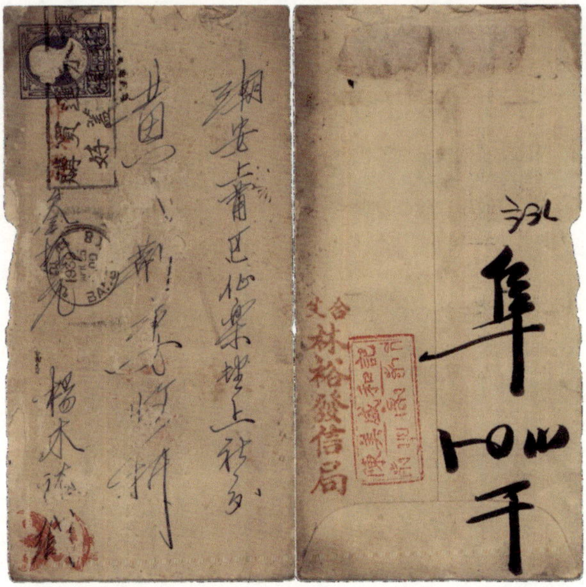

暹杨木裕用泰国 15 士丁邮资封寄中央票叁拾元至潮安上莆区仙乐望上社妻子。批封销曼谷 1939 年 4 月 25 日邮戳，盖“合艾林裕发信局”印

林源顺利

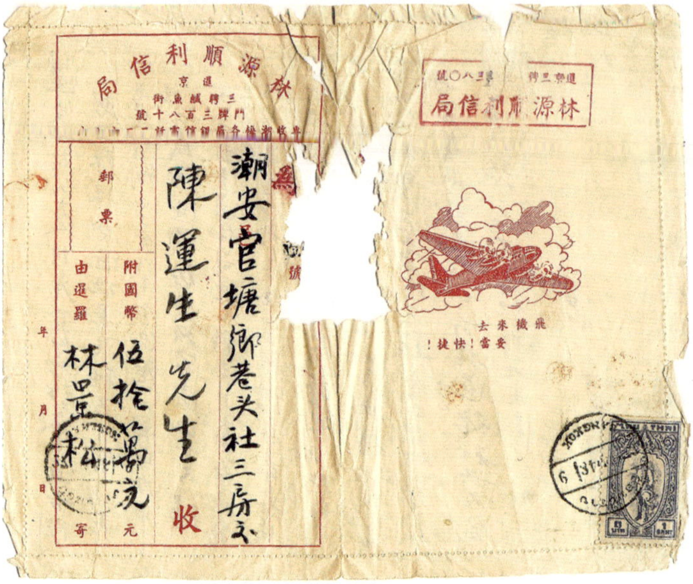

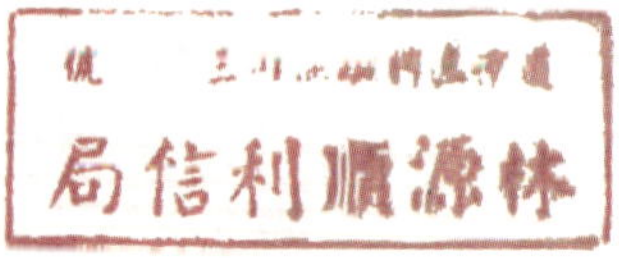

暹罗林景松寄国币伍拾万元至潮安官塘乡陈运生。白色批封销 1948 年曼谷邮戳，印“林源顺利信局　暹京　三聘咸鱼街　门牌三百八十号　电话二二六八六”，盖“林源顺利信局　暹京三聘咸鱼街三八〇号”印

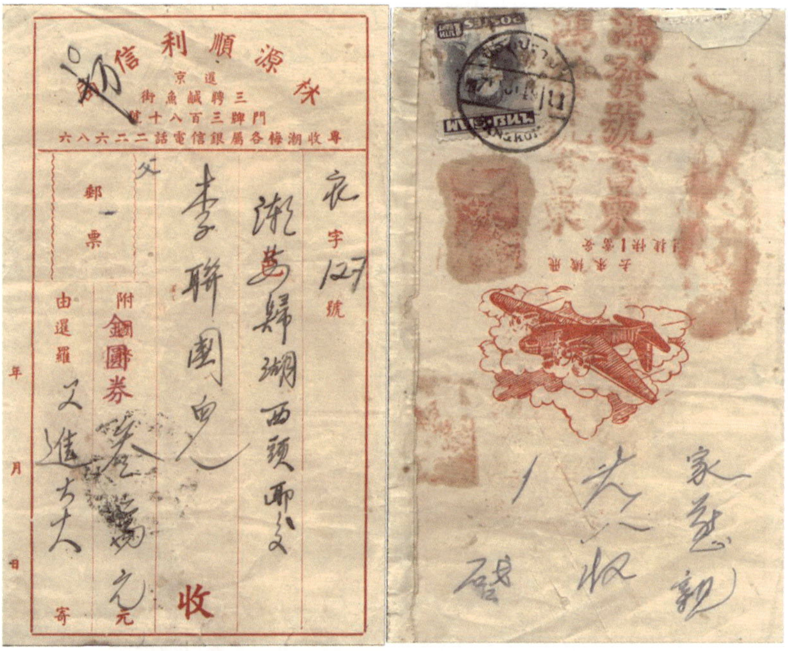

暹罗进炎寄金圆券叁万元至潮安归湖西头乡李联国。浅棕色批封销曼谷 1949 年邮戳

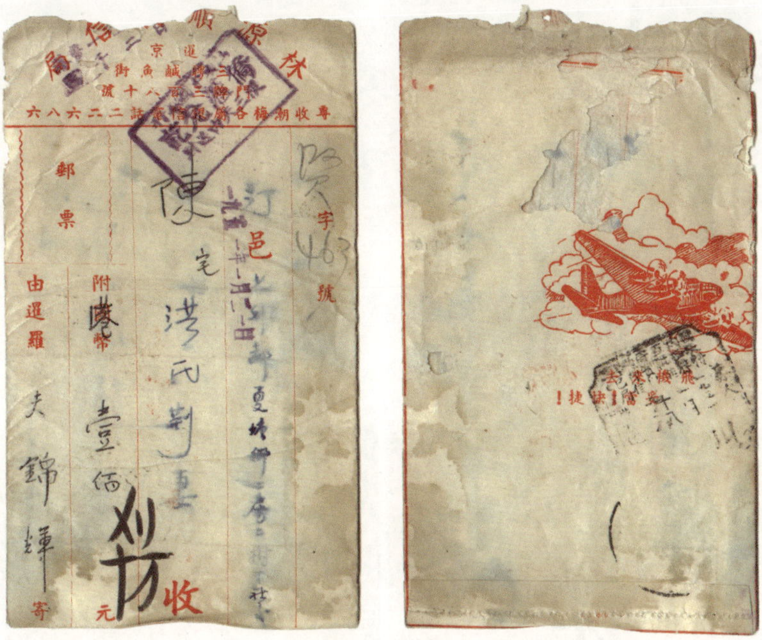

暹罗锦辉寄港币壹佰元至汀（澄）邑上外都夏塘乡妻子。批封盖 1951 年 1 月 21 日“汕头中国银行侨汇兑讫限三天内送达”结汇专用章

林源顺利信局三种自印封尽管格式、色彩不同，但地址、电话号码保持不变。

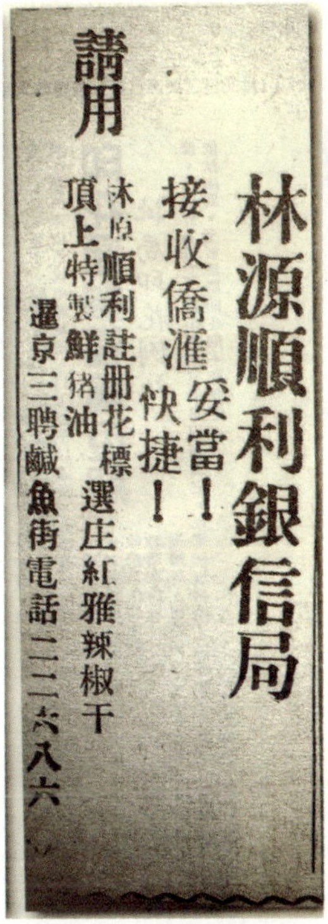

林源順利銀信局

接收僑滙妥當！

快捷！

請用

沐原順利註冊花標 選庄紅雅辣椒干

頂上特製鮮猪油

暹京三聘鹹魚街電話二二六八六

1947 年 9 月 2 日林源顺利银信局在《光华报》上刊登广告“接收侨汇　妥当！快捷！”地址“暹京三聘咸鱼街电话二二六八六”

刘炎成

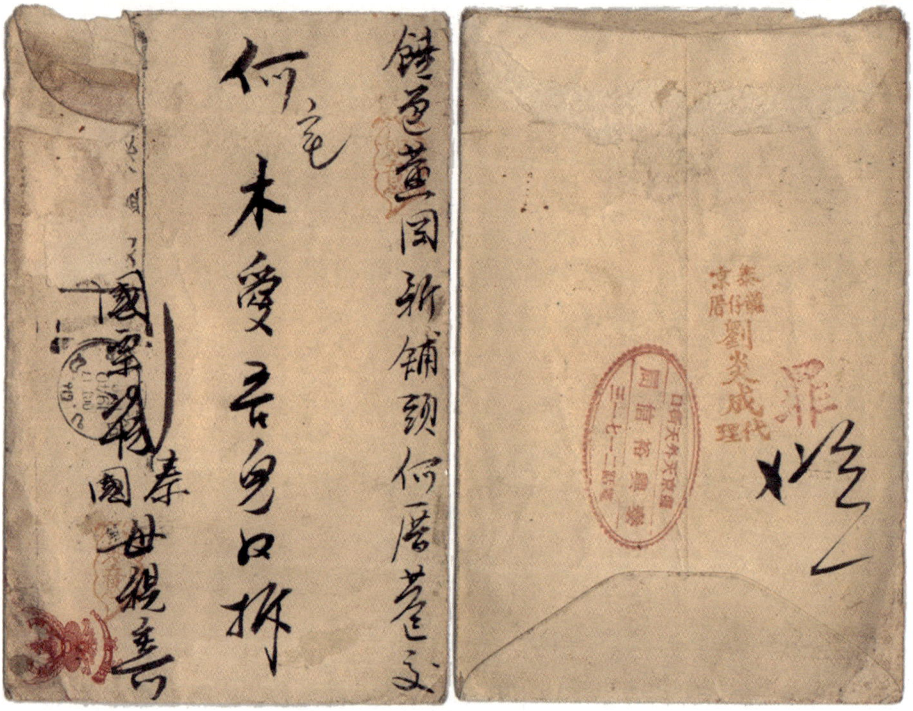

泰国母亲用邮资封寄国票六十元至饶邑黄冈新铺头何厝巷何木爱。批封销曼谷 1940 年 10 月 17 日邮戳，盖“暹京龙仔厝刘炎成代理”和“暹京天外天街口泰兴裕信局”印。刘炎成与泰兴裕合作经营侨批业务

刘益裕

来源用泰国15士丁邮资封寄国币叁拾元至潮安西陇十五乡杨国水。批封盖“刘益裕信局书柬”印

罗锦松昌

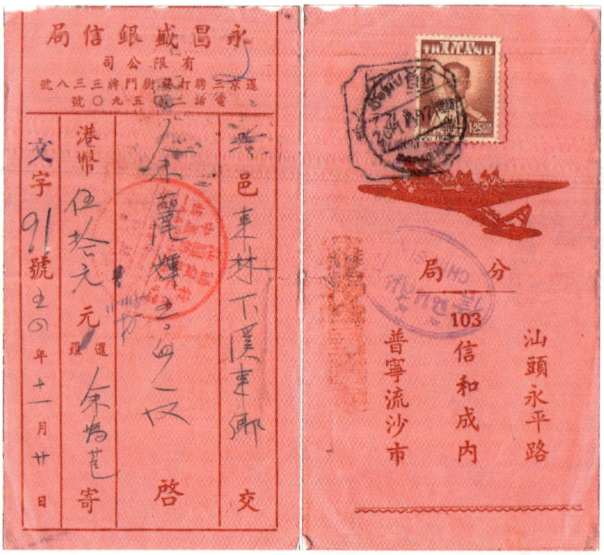

暹罗余为苞一九五四年十一月廿日用永昌盛银信局自印封寄港币伍拾元至澄邑东林下溪东乡余丽辉。批封盖“罗锦松昌书柬”印。罗锦松昌与曼谷永昌盛合作经营侨批业务

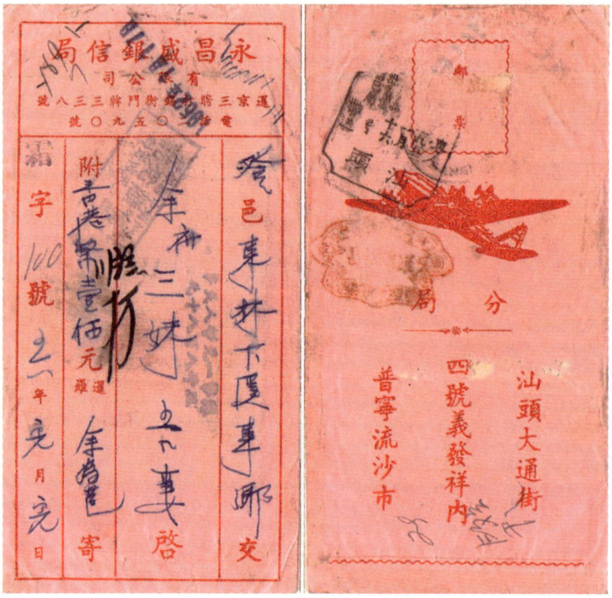

暹罗余为苞一九五一年完月完日用永昌盛银信局自印封寄港币壹佰元至澄邑东林下溪东乡三妹。批封盖“罗锦松昌图章”印。两家批局合作经营侨批业务

马金峰

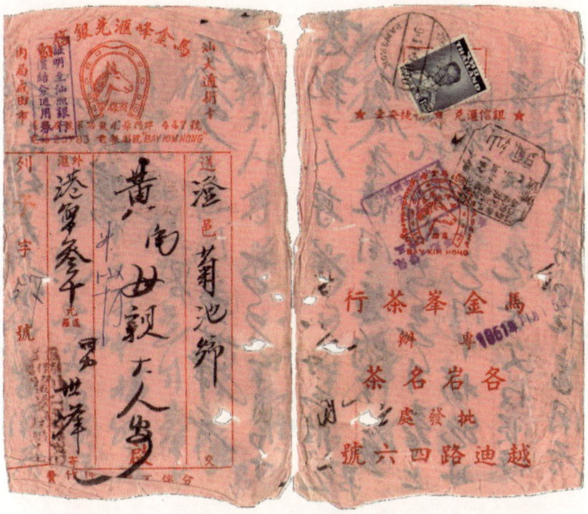

暹罗世峰寄港币叁十元至澄邑菊池乡母亲。粉红色批封印“马金峰汇兑银信局　暹罗石龙军路龙尾爷门牌 447 号　电话 20783”，盖汕头 1951 年 11 月 15 日“汕头中国银行侨汇兑讫限三天内送达”结汇专用章

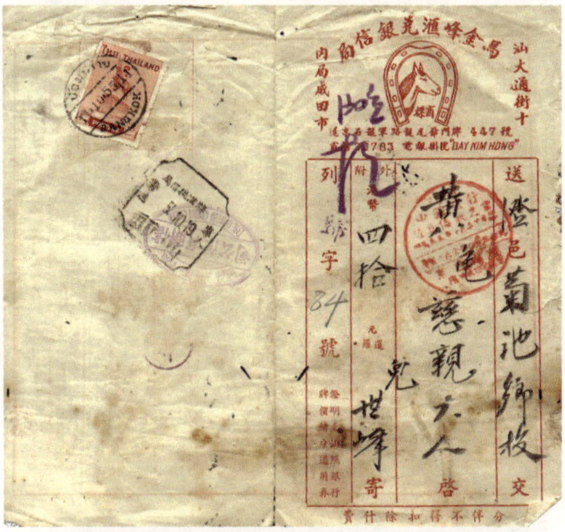

暹罗世峰用马金峰汇兑银信局自印封寄港币四拾元至澄邑菊池乡母亲。批封盖“马金峰信局”印

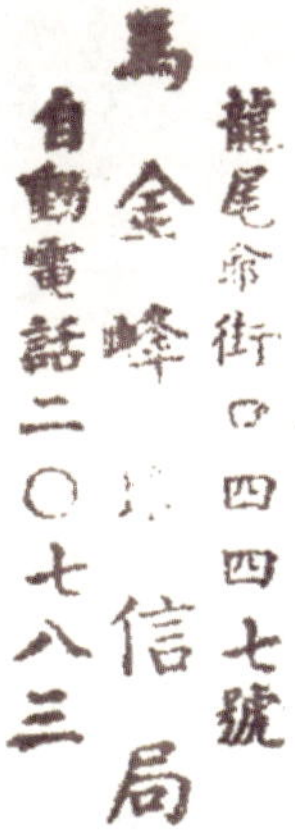

暹世峰寄港币四拾元至澄邑菊池乡母亲。批封盖汕头 1956 年 7 月 9 日汕头侨批专用邮戳、“马金峰银信局　龙尾爷街口四四七号　自动电话二〇七八三”和“信联有限公司”印。马金峰揽收的侨批通过信联公司递寄

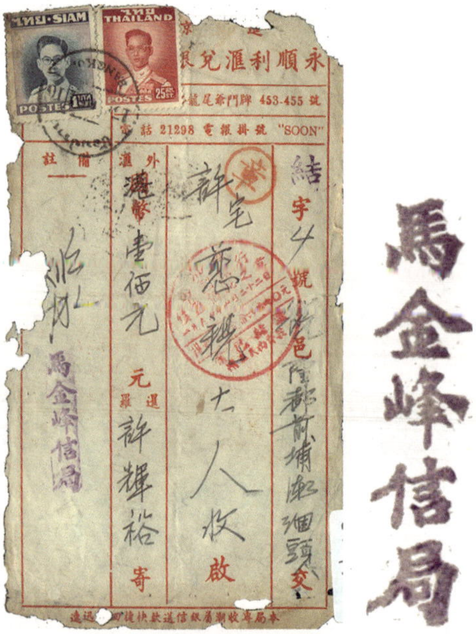

暹罗许辉裕用永顺利汇兑银信局自印封寄港币壹佰元至饶邑隆都前埔母亲。批封盖“马金封信局”印。同在曼谷的两家批局合作经营侨批业务

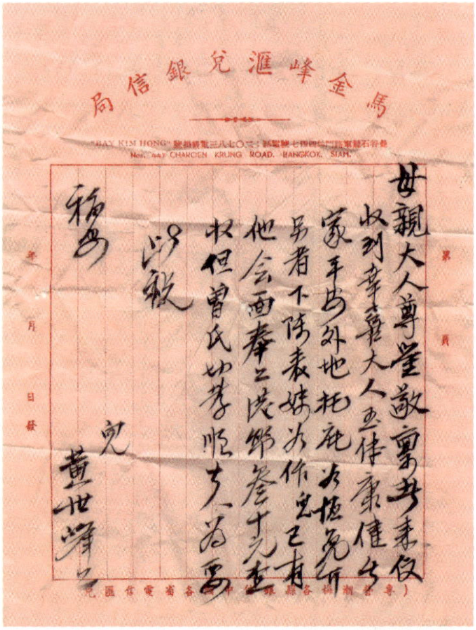
馬金峰匯兌銀信局

"BAY KIM HONG"

No. 447 CHAROEN KRUNG ROAD, BANGKOK, SIAM.

马金峰汇兑银信局批柬

1956 年，泰国财政部规定只准持有营业执照的批信局作正常营业外，其各属下之代理公司不准经营。同时批准 12 家公司合法收寄兑换华侨银信往中国，其中就有“信联有限公司”。

1947 年 5 月 18 日暹罗华侨银信局公会成立，马金峰为首届会员商号，代表人马植南。

1953 年臣信、能信、名信三家公司联合成立信联有限公司，成员包括其他批信局业者，称为购批代表。马金峰为其中之一。据该年 5 月 11 日《中原报》所载之《信联有限公司购批代表名单》，马金峰的经营地址在曼谷石龙军路 447 号。

马丽丰

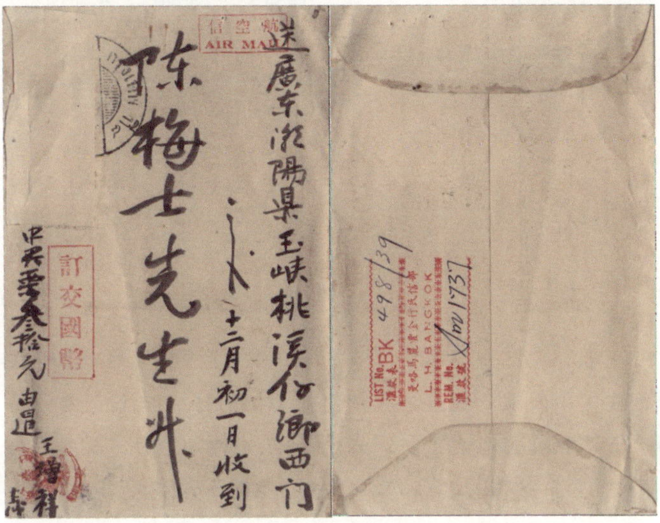

暹王增祥寄中央票叁拾元至潮阳县玉峡桃溪仔乡陈梅士。批封盖“曼谷马丽丰金行民信部”印

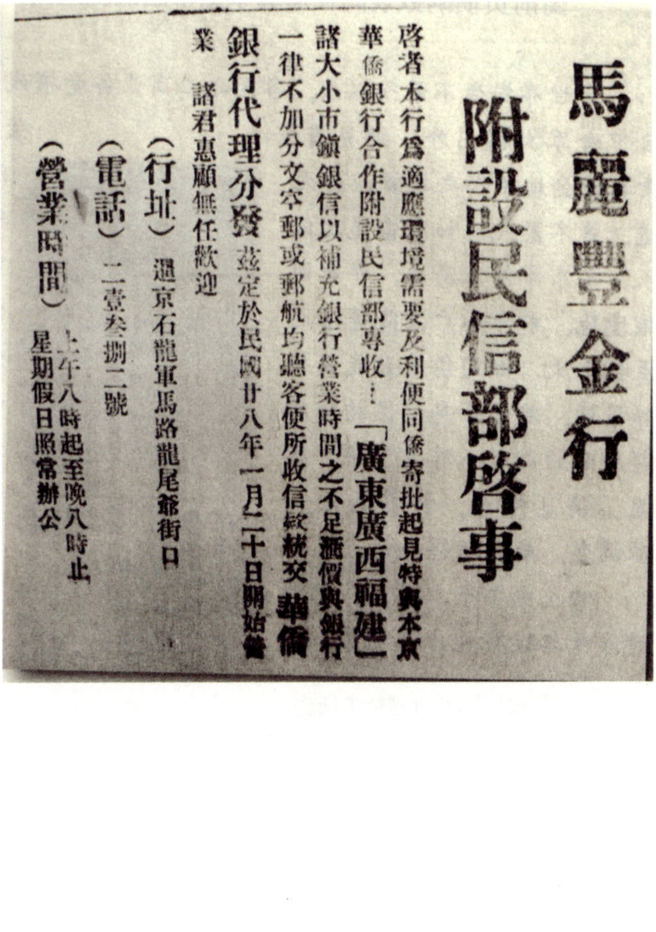

馬麗豐金行

附設民信部啓事

啓者本行爲適應環境需要及利便同僑寄批起見特與本京華僑銀行合作附設民信部專收：「廣東廣西福建」諸大小市鎮銀信以補充銀行營業時間之不足甑假與銀行一律不加分文空郵或郵航均聽客便所收信款統交華僑銀行代理分發茲定於民國廿八年一月二十日開始營業 諸君惠顧無任歡迎

（行址）暹京石龍軍馬路龍尾爺街口

（電話）二壹叁捌二號

（營業時間）上午八時起至晚八時止 星期假日照常辦公

1939 年 1 月 14 日马丽丰金行在《中华民报》刊登启事：与华侨银行合作附设民信部，于民国廿八年（1939）一月二十日开始营业。（行址）暹京石龙军马路龙尾爷街口 （电话）二壹叁捌二号 （营业时间）上午八时起至晚八时止 星期假日照常办公

馬麗豐金行民信部擴大營業啓事

潮汕各縣銀信匯欵

1939 年 9 月 16 日马丽丰金行民信部刊登扩大营业启事：“除接收潮汕各县银信汇款外及闽粤桂滇川陕苏浙赣皖黔诸省大小市镇银信皆可送到”

馬麗豐金行民信部徵請代理啓事

1940 年 1 月 13 日马丽丰金行在《中原报》刊登启事，征请泰属各地诸宝号为其代理侨批业务

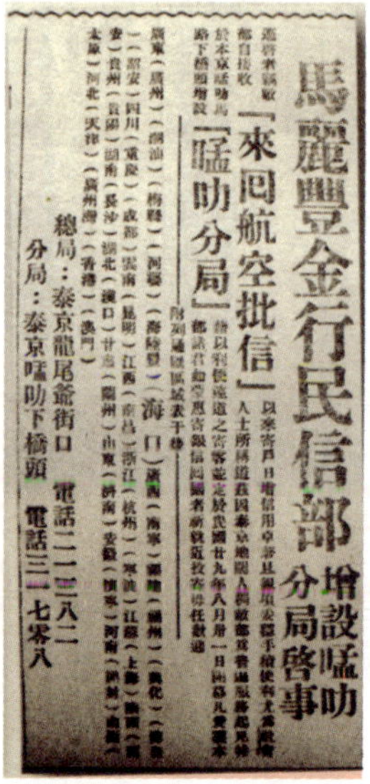
馬麗豐金行民信部增設嗒叻分局啓事

「來囘航空批信」

「嗒叻分局」

總局：泰京龍尾爺街口　電話二一三八二

分局：泰京嗒叻下橋頭　電話三一七零八

1940 年 9 月 9 日马丽丰金行民信部在《中原报》就增设孟叻分局刊登启事：分局地址为“泰京孟叻下桥头　电话三一七零八”

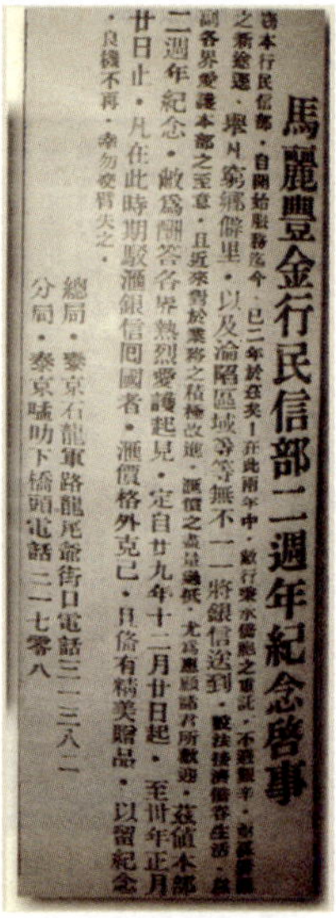
馬麗豐金行民信部二週年紀念啓事

總局：泰京石龍軍路龍尾爺街口電話二一三八二

分局：泰京嗒叻下橋頭電話三一七零八

1940 年 12 月 24 日马丽丰金行民信部在《中原报》刊登两周年纪念启事

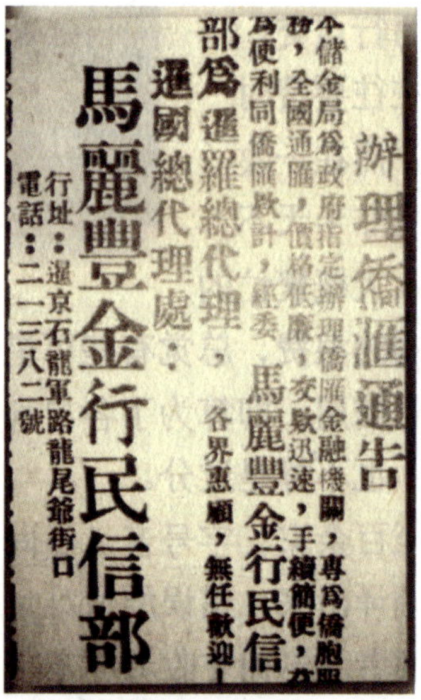
辦理僑滙通告

本儲金局爲政府指定辦理僑滙金融機關，專爲僑胞服務，全國通匯，價格低廉，交欵迅速，手續簡便，茲爲便利同僑匯欵計，經委馬麗豐金行民信部爲暹羅總代理，各界惠顧，無任歡迎！

暹國總代理處：

馬麗豐金行民信部

行址：暹京石龍軍路龍尾爺街口

電話：二一三八二號

1948 年 9 月 14 日马丽丰金行民信部在《光华报》刊登办理侨汇通告

1947 年 5 月 18 日暹罗华侨银信局公会成立，马丽丰为首届会员商号，代表人马灿然。

马荣丰

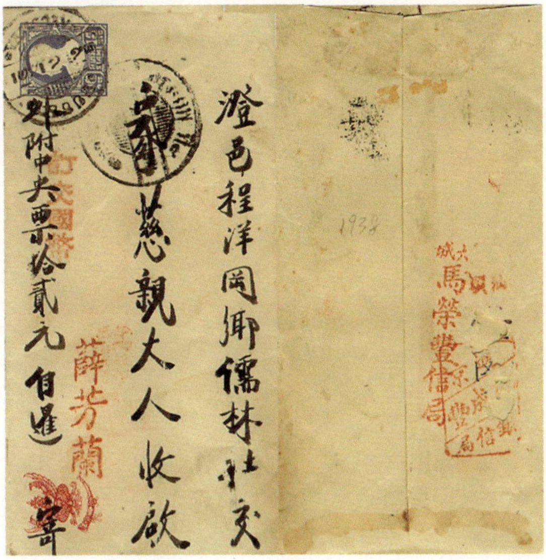

暹薛芳兰用泰国 15 士丁邮资封寄中央票拾贰元至澄邑程洋冈乡母亲。批封盖“大城马荣丰信局”和“暹京协成丰银信局”印。大城的马荣丰与曼谷的协成丰合作经营侨批业务

大城府，又译阿育他耶府（泰文：Phra Nakhon Si Ayutthaya），泰国中部的一个府，距首都曼谷约 76 公里。

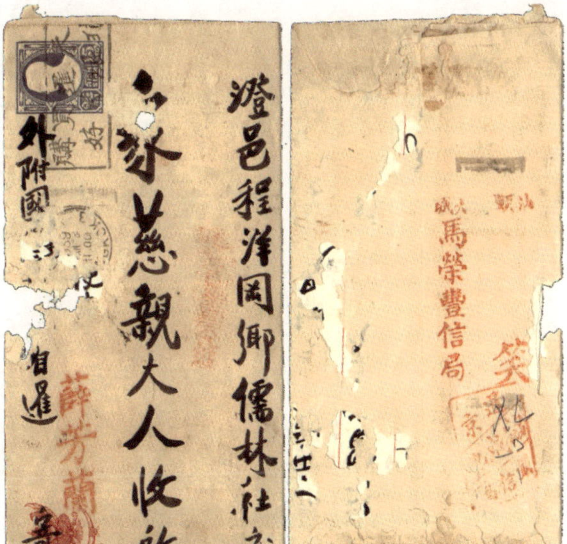

暹薛芳兰用泰国 15 士丁邮资封寄国币□□至澄邑程洋冈乡母亲。批封销曼谷 1939 年 1 月 3 日邮戳，盖“大城马荣丰信局”和“暹京协成丰银信局”印。大城的马荣丰与曼谷的协成丰合作经营侨批业务

马泰盛

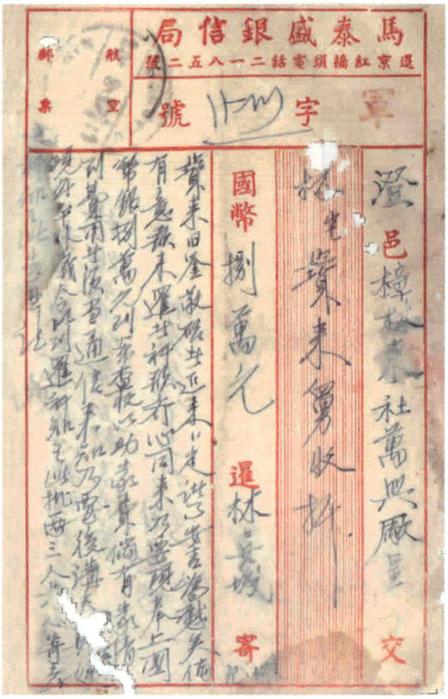

暹林喜城寄国币捌万元至澄邑樟林东社林宝来。批封印“马泰盛银信局　暹京红桥头电话二一八五二号”

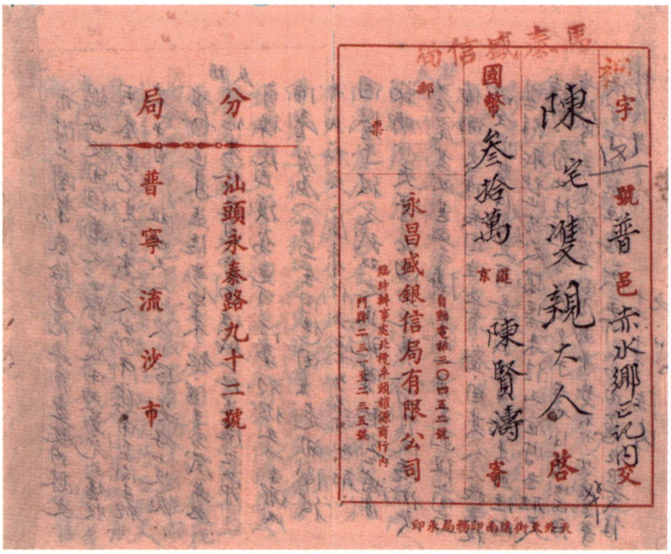

暹京陈贤涛用永昌盛银信局自印封寄国币叁拾万元至普邑赤水乡双亲。批封盖“马泰盛信局”印。同在曼谷的两家批局合作经营侨批业务

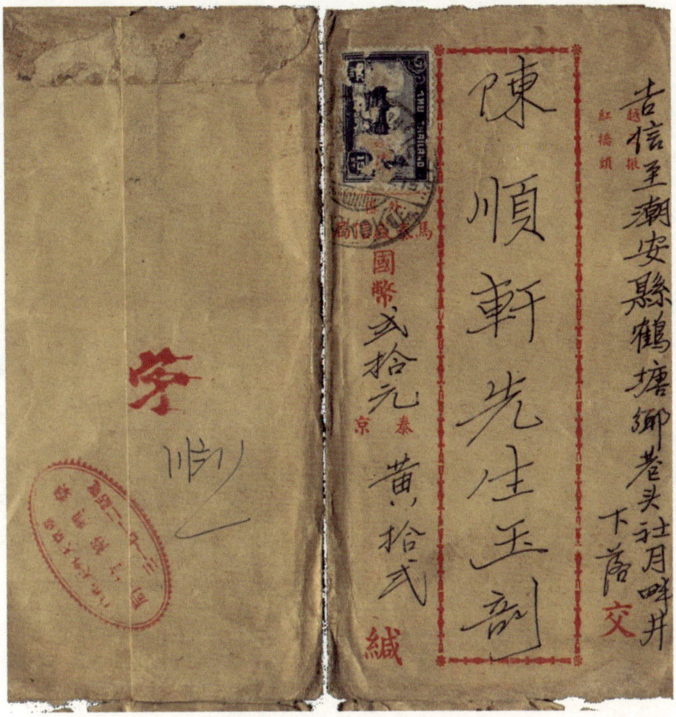

泰京黄拾式寄国币式拾元至潮安县鹤塘乡陈顺轩。自印封上印“越三振红桥头　马泰盛信局”，盖“泰兴裕信局”印。同在曼谷的两家批局合作经营侨批业务

1947 年 5 月 18 日暹罗华侨银信局公会成立，马泰盛为首届会员商号，代表人马定洲。

马振发

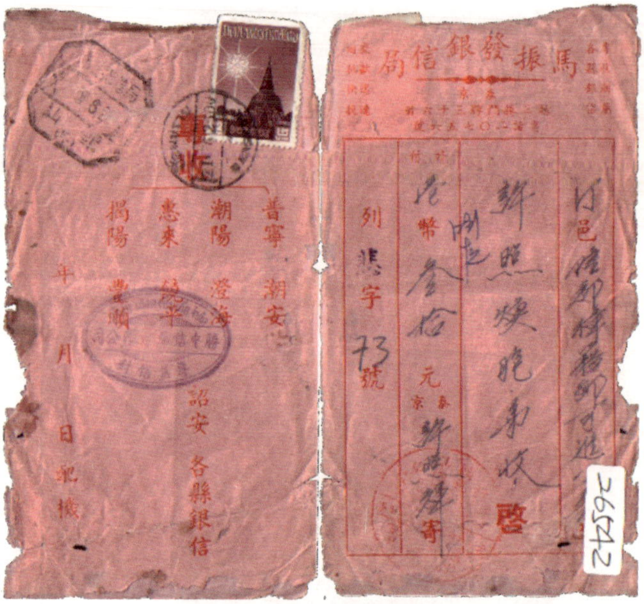

泰京许照辉寄港币叁拾元至汀（澄）邑隆都樟籍乡许照焕。批封印“马振发银信局 泰京 越三振门牌三十六号 电话二〇七五六号”，销泰国佛历 2500 年（1957）6 月 21 日曼谷邮戳

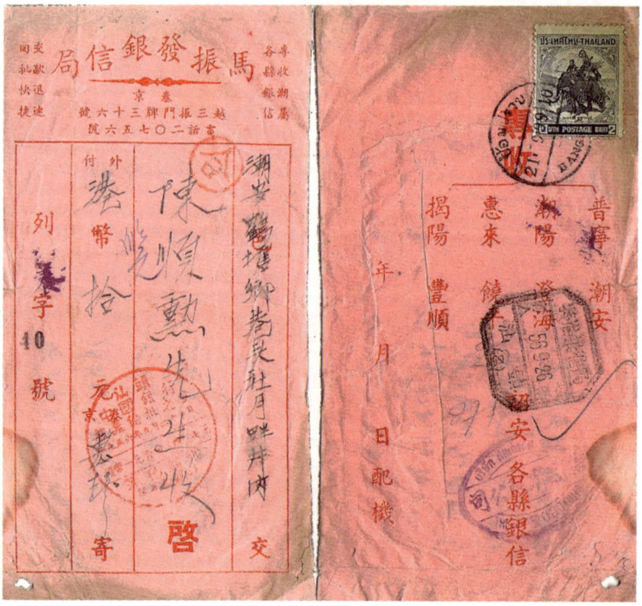

泰京惠珍寄港币拾元至潮安鹤塘乡陈顺勋。销汕头 1956 年 9 月 26 日侨批专用邮戳，盖“信联有限公司”印

1953 年臣信、能信、名信三家公司联合成立信联有限公司，成员包括其他批信局业者，称为购批代表。马振发为其中之一，地址为拉玛四路 36 号。

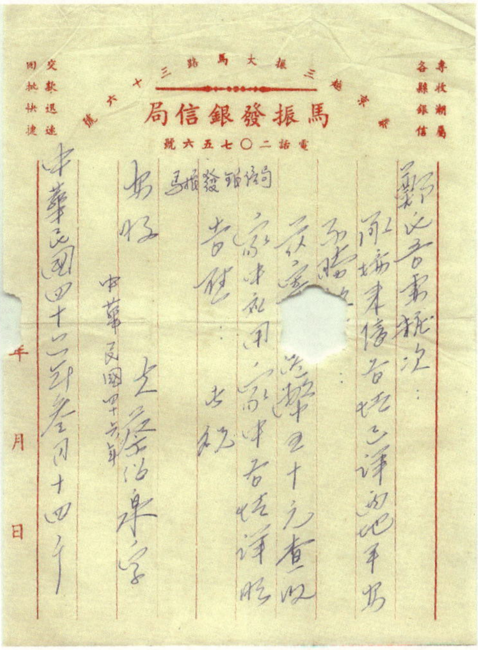

马振发银信局写批专用信笺

泰京林长兴寄港币伍拾元至海邑樟厝洲乡妻子。批封销曼谷 1956 年 11 月 9 日邮戳，盖“胜中信局有限公司”印

1956 年，泰国财政部规定只准持有营业执照的批信局作正常营业外，其各属下之代理公司不准经营。同时批准 12 家公司合法收寄兑换华侨银信往中国，其中就有“胜中信局有限公司”，商号地址为曼谷三聘街 301 号。

美成元

暹友有用泰国 15 士丁邮资封寄国币五十元至饶邑高堂乡树下社母亲。批封盖“美成元信局”印

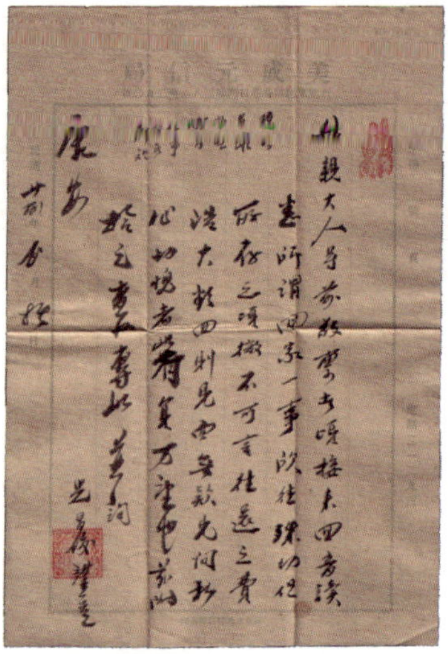

昌俊民国廿八年（1939）瓜月（7 月）拾日用美成元信局写批用笺寄拾元给母亲

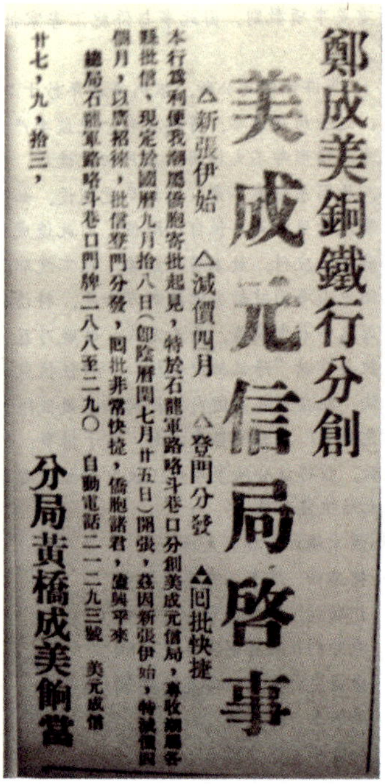

鄭成美銅鐵行分創

美成元信局啓事

△新張伊始 △減價四月 △登門分發 △回批快捷

本行爲利便我潮屬僑胞寄批起見，特於石龍軍路咯斗巷口分創美成元信局，專收潮屬各縣批信，現定於國曆九月拾八日（即陰曆閏七月廿五日）開張，茲因新張伊始，特減價四個月，以廣招徠，批信登門分發，回批非常快捷，僑胞諸君，盍興乎來

總局石龍軍路咯斗巷口門牌二八八至二九〇

自動電話二一二九三號

美元成信

分局黃橋成美餉當

廿七，九，拾三，

民国廿七年（1938）九月拾三日郑成美铜铁行在华文报刊刊登分创美成元信局启事：“本行为利便我潮属侨胞寄批起见，特于石龙军路咯斗巷口分创美成元信局，专收潮属各县批信，现定于国历九月拾八日（即阴历闰七月廿五日）开张，兹因新张伊始，特减价四个月，以广招徕，批信登门分发，回批非常快捷，侨胞诸君，盍兴乎来　总局石龙军路咯斗巷口门牌二八八至二九〇　自动电话二一二九三号”

美丽

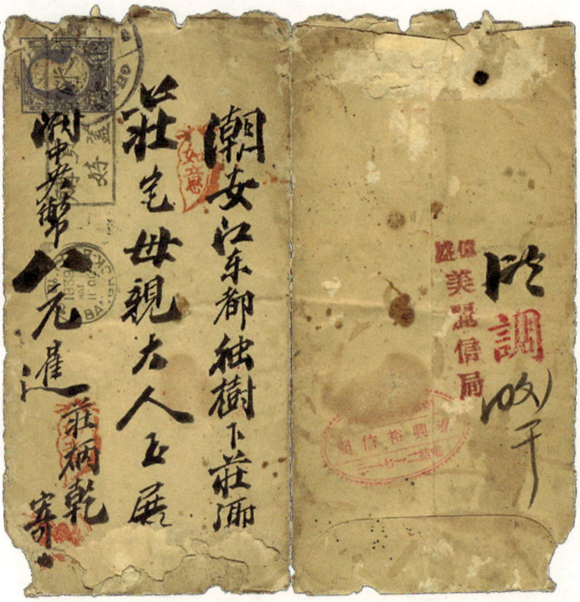

暹庄炳乾用泰国 15 士丁邮资封寄中央币八元至潮安江东都独树下庄乡母亲。批封销曼谷 1939 年 5 月邮戳，盖“亿盛美丽信局”和“泰兴裕信局”印。亿盛美丽与曼谷泰兴裕合作经营侨批业务

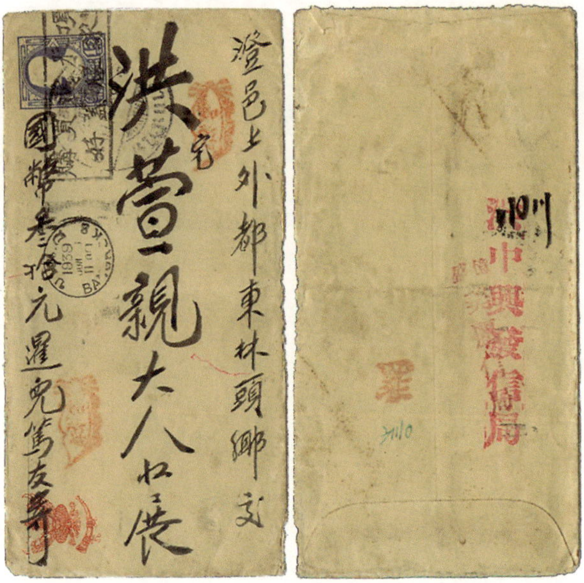

暹笃友用泰国 15 士丁邮资封寄国币叁拾元至澄邑上外都东林头乡母亲。批封销曼谷 1939 年 6 月 6 日邮戳，盖“洪中兴发信局”和“亿盛美丽信局”印。亿盛美丽与曼谷洪中兴发合作经营侨批业务

1929 年 11 月 13 日泰国政府颁布《允许在暹罗和中国之间通信使用 15 士丁邮资信封的指令》，规定“对于从地方城镇送往位于曼谷的批馆，再转往中国的银信，如果是使用邮资封或其他已付邮资的信封，不需要另行收费”。

明德盛

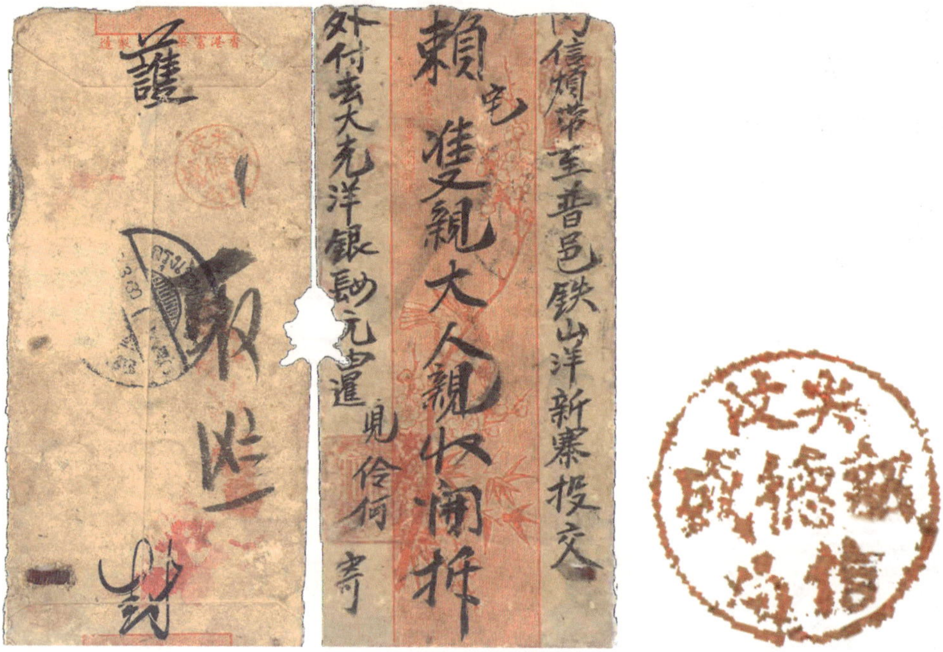

暹伶何寄大光洋银肆元至普邑铁山洋新寨双亲。批封盖“尖汶明德盛信局”印

尖汶，尖竹汶（Chanthaburi）的简称，泰国东部的一个府。位于泰柬边界上，靠近柬埔寨的马德望和拜林省，距首都曼谷 245 公里。

明强发

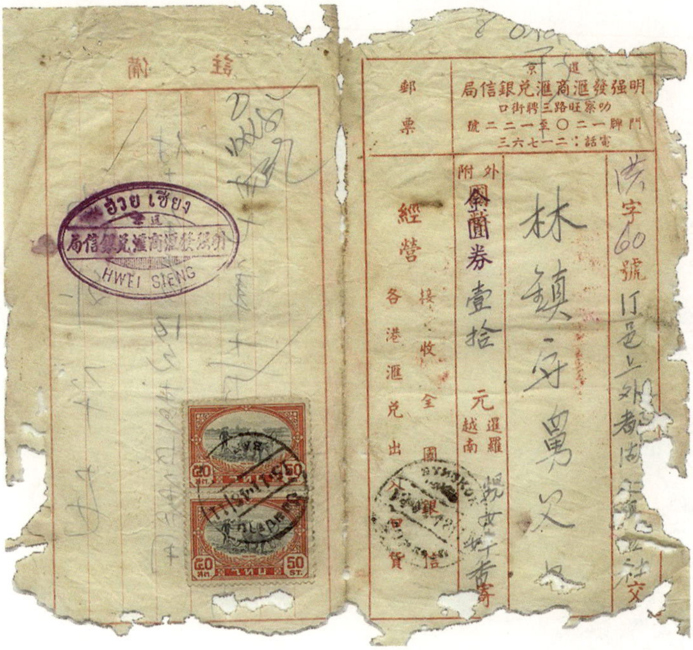

暹罗婵香寄金圆券壹拾元至汀（澄）邑上外都林镇守。批封印“暹京　明强发汇商汇兑银信局　叻察旺路三聘街口　门牌一二〇至一二二号　电话：二一七六三”，销曼谷1948年11月15日邮戳，盖“暹京明强发汇商汇兑银信局”泰、英、中三种文字椭圆形印

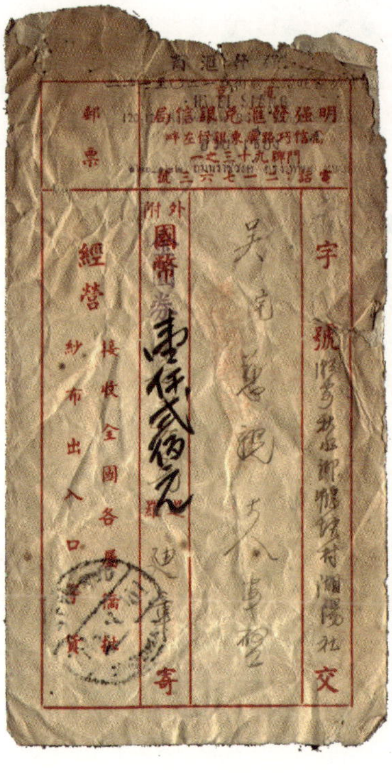

暹罗迪章寄国币壹仟式佰元至潮安秋水乡母亲。批封印“暹京　明强发汇兑银信局　乔信巧路广东银行左畔　门牌九十三之一　电话：二一七六三号”

明兴发

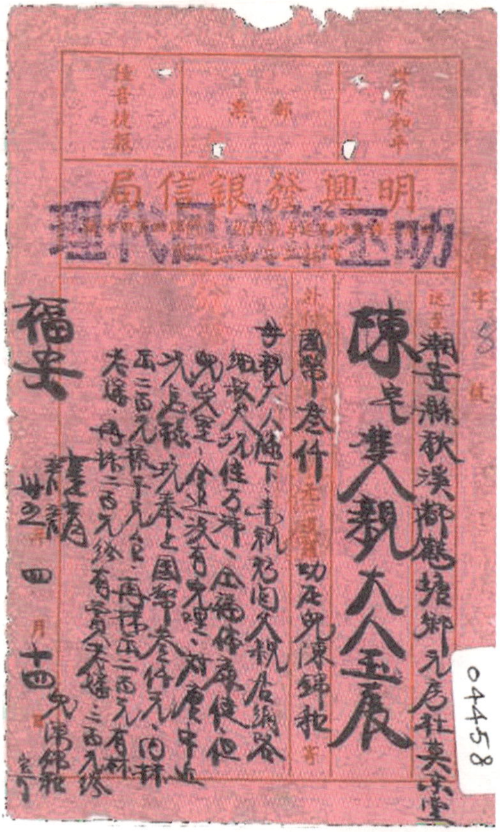

暹罗陈锦和卅五年（1946）四月十四日寄国币叁仟元至潮安县秋溪都鹤塘乡双亲。批封印“明兴发银信局”

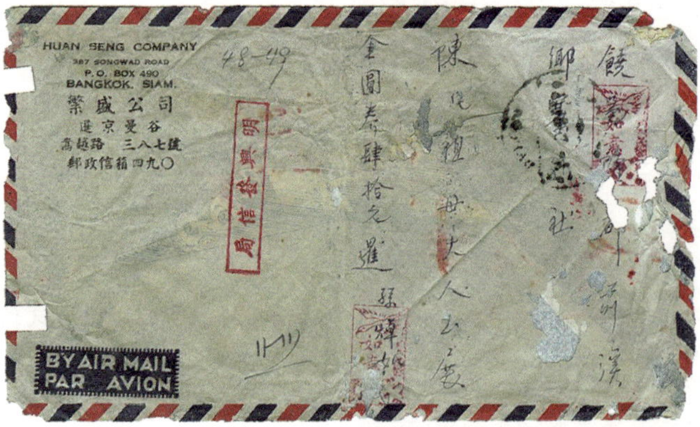

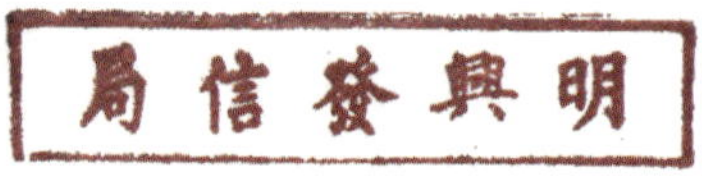

暹焯如寄金圆券肆拾元至饶邑隆都前溪乡祖母。批封盖“明兴发信局”印

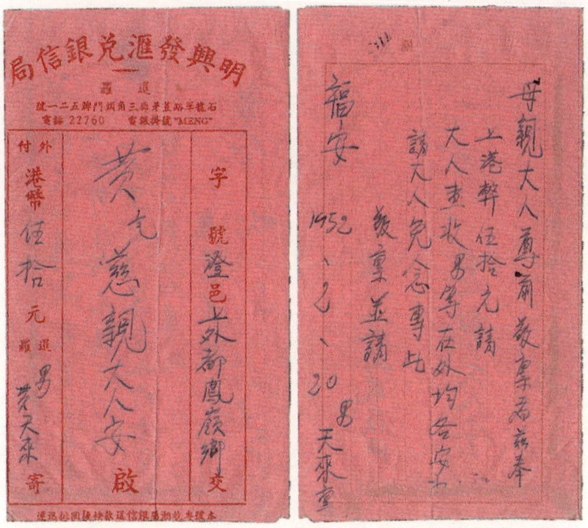

暹罗黄天来1952年2月20日寄港币伍拾元至澄邑上外都凤岭乡母亲。批封印“明兴发汇兑银信局　暹罗　石龙军路豆芽廊三角头门牌五二一号　电话22760”

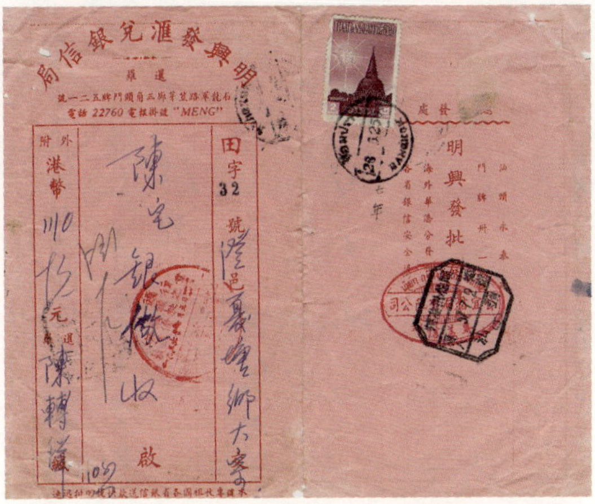

暹罗陈转祥寄港币三十元至澄邑夏塘乡陈银做。批封销“汕头57.7.2”侨批专用邮戳，印“明兴发批局总分发处　汕头永泰路门牌卅一号”

江木辉寄港币伍拾元至澄邑梅州乡母亲。批封销汕头“56.10.18”侨批专用邮戳，盖“明兴发银信局　曼谷豆芽廊三角头521　汕头永泰路门牌31”印

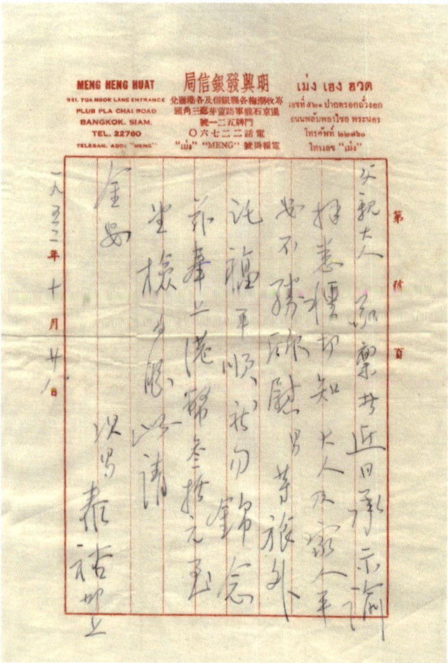

明兴发银信局写批专用笺

三聘
明興發銀信局接收潮梅銀信歡迎山吧代理
住米街尾延壽藥行內　電報掛號MENG　自動電話二二七六〇

1945 年 10 月 3 日明兴发在《光华报》刊登广告：“三聘明兴发银信局接收潮梅银信欢迎山吧代理　住米街尾延寿药行内　电报挂号 MENG　自动电话二二七六〇”

1947 年 5 月 18 日暹罗华侨银信局公会成立，明兴发为首届会员商号，代表人周灿如。

1953 年臣信、能信、名信三家公司联合成立信联有限公司，成员包括其他批信局业者，称为购批代表。明兴发为其中之一。据该年 5 月 11 日《中原报》所载之《信联有限公司购批代表名单》，明兴发的经营地址在曼谷豆芽廊 521 号。

南昌合记

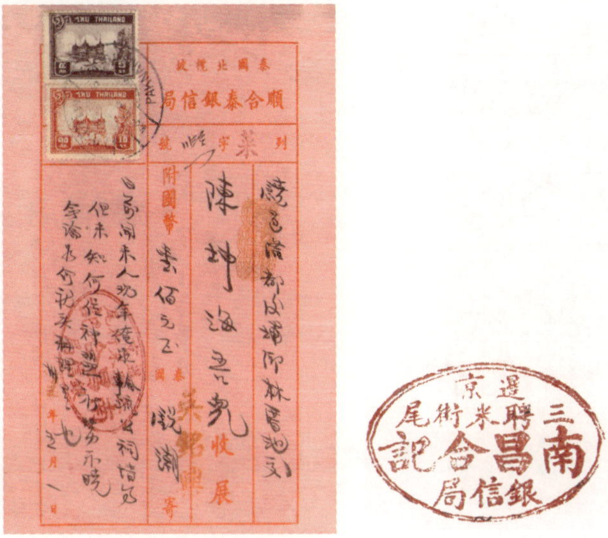

泰国锐潮民国卅年（1941）五月一日用泰国北榄坡顺合泰银信局自印封寄国币壹佰元至饶邑隆都后埔乡陈坤海。批封盖“暹京三聘米街尾南昌合记银信局”印。北榄坡顺合泰与曼谷南昌合记合作经营侨批业务

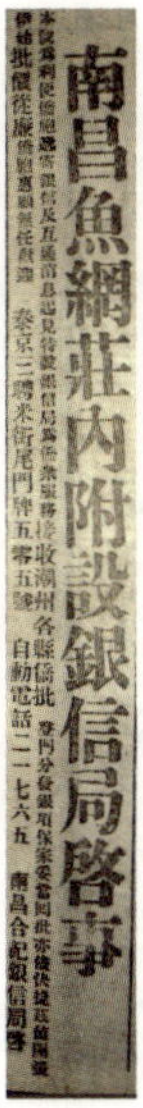

南昌魚網莊內附設銀信局啓事

本號為利便僑胞遞寄銀信及互通消息起見特設銀信局為僑衆服務接收潮州各縣僑批 登門分發銀項保家妥當回批亦儘快捷茲值開張伊始批價從廉僑胞惠顧無任歡迎 泰京三聘米街尾門牌五零五號 自動電話二一一七六五 南昌合記銀信局啓

1940 年 1 月 13 日南昌合记在《中原报》刊登启事：“本号为利便侨胞递寄银信及互通消息起见特设银信局为侨众服务接收潮州各县侨批　登门分发银项保家妥当回批亦尽快捷兹值开张伊始批价从廉侨胞惠顾无任欢迎　泰京三聘米街尾门牌五零五号　自动电话二一七六五”

1947 年 5 月 18 日暹罗华侨银信局公会成立，南昌合记为首届会员商号，代表人刘朝阳。

南昌隆

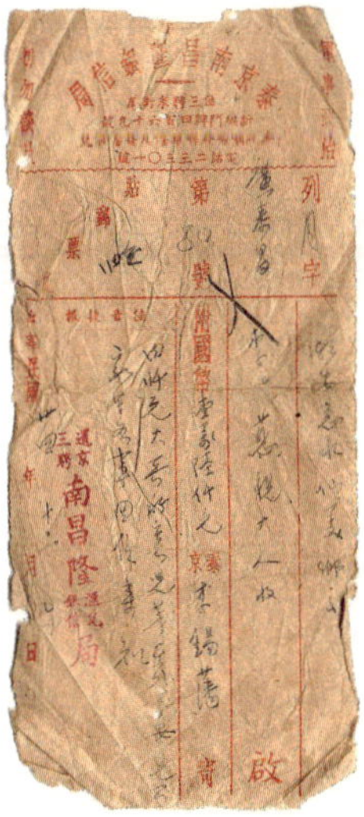

泰京李锡藩民国卅四年（1945）十二月八日用批局黄色自印封寄国币壹万陆仟元至潮安急水仙美乡母亲。批封印“泰京南昌隆银信局　住三聘米街尾　新编门牌四百六十九号　电话二三三〇一号”

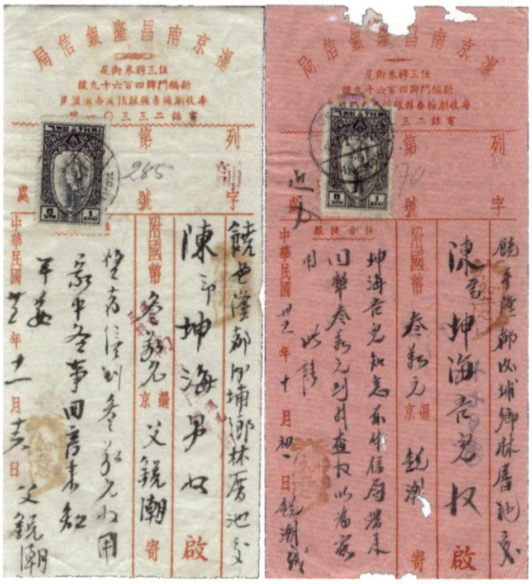

暹京锐潮分别于民国卅六年（1947）十月初一日和十一月十六日用南昌隆批局红色、白色自印封寄国币叁万元至饶邑隆都外埔乡陈坤海

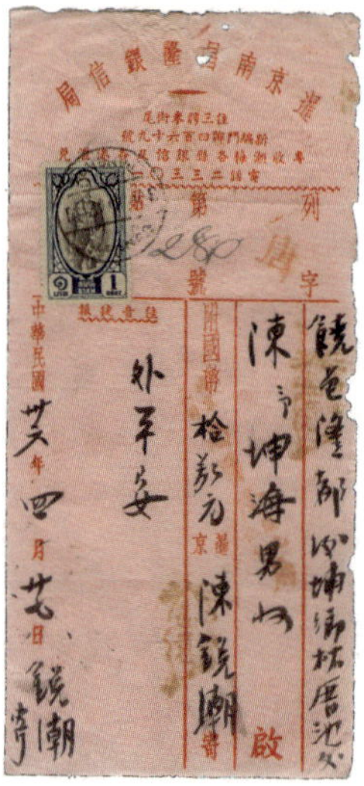

暹京陈锐潮民国卅六年（1947）四月廿七日用南昌隆银信局粉红色自印封寄国币拾万元至铙邑隆都外埔乡陈坤海

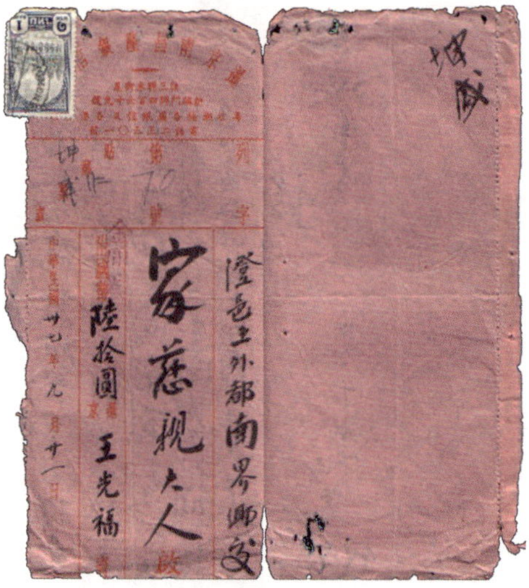

暹京王光福民国卅七年（1948）九月廿一日用南昌隆银信局深红色自印封寄金圆券陆拾元至澄邑上外都南界乡母亲

暹京陈友清民国一九四九年一月九日用南昌隆银信局暗红色自印封寄金圆券叁百元至澄邑莲阳乡王照勋。本自印封与其他颜色的自印封相比，印制格式、通讯地址、电话均未发生改变

暹京郭娘林寄港币陆拾元至潮安丁云都欧村郭宜木。批封印“暹京南昌隆银信局　住天外天直街（通三聘）　新编门牌一百五十三号　电话：二三三〇一”，销曼谷“18. 1. 57”邮戳

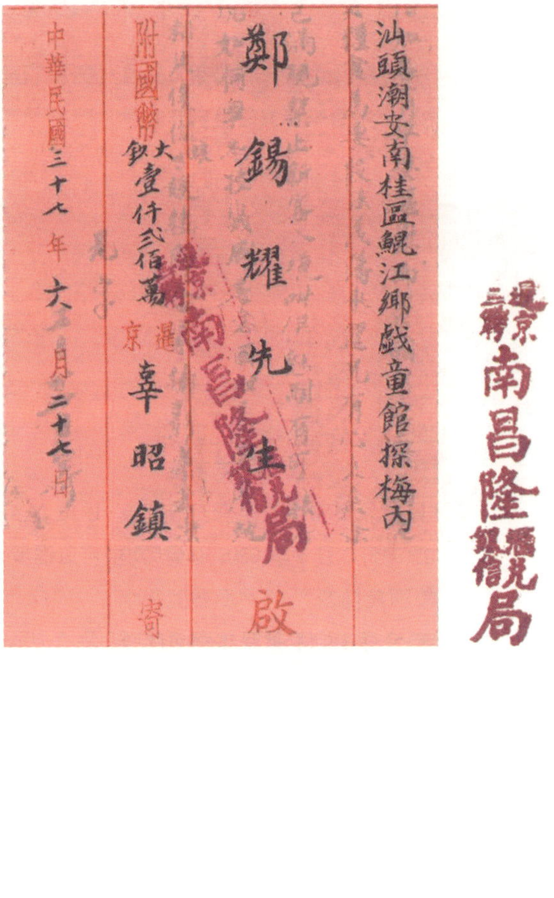

暹京辜昭镇民国三十七年（1948）六月二十七日寄国币壹仟弍佰万元至汕头潮安南桂区鲲江乡郑锡耀。批封盖“暹京三聘南昌隆汇兑银信局”印

家鄉僑眷 急待贍養
南昌隆銀信局 專收

1945 年 10 月南昌隆在《光华报》上刊登广告：“家乡侨眷　急待赡养　南昌隆银信局　专收潮汕各属银信”

要寄銀項往潮州 贍養眷屬者 請向（三聘米街尾四六九號普通藥房對面）
南昌隆銀信局接洽
電話二三三零一

1945 年 11 月 26 日南昌隆在《光华报》刊登广告：“要寄银项往潮州　赡养眷属者　请向（三聘米街尾四六九号普通药房对面）南昌隆银信局接洽　电话二三三零一”

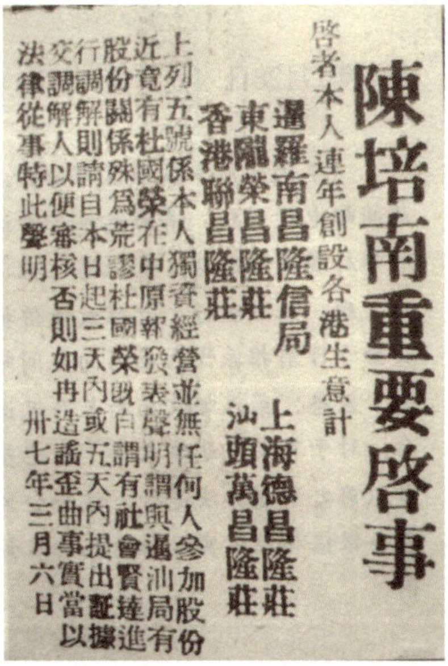
陳培南重要啓事

啓者本人連年創設各港生意計

暹羅南昌隆信局　上海德昌隆莊
東隴榮昌隆莊　汕頭萬昌隆莊
香港聯昌隆莊

上列五號係本人獨資經營並無任何人參加股份近竟有杜國榮在中原報發表聲明謂與暹汕局有股份關係殊爲荒謬杜國榮既自謂有社會賢達進行調解則請自本日起三天內或五天內提出證據交調解人以便審核否則如再造謠歪曲事實當以法律從事特此聲明

卅七年三月六日

1948 年 3 月 6 日《中原报》刊出有关陈培南重要启事。文中可见暹罗南昌隆信局系由陈培南创设且独资经营

1947 年 5 月 18 日暹罗华侨银信局公会成立，选举首届理监事，南昌隆的陈培南当选为常务兼副理事长。

1953 年臣信、能信、名信三家公司联合成立信联有限公司，成员包括其他批信局业者，称为购批代表。南昌隆为其中之一。据该年 5 月 11 日《中原报》所载之《信联有限公司购批代表名单》，南昌隆的经营地址在曼谷三聘 469 号。

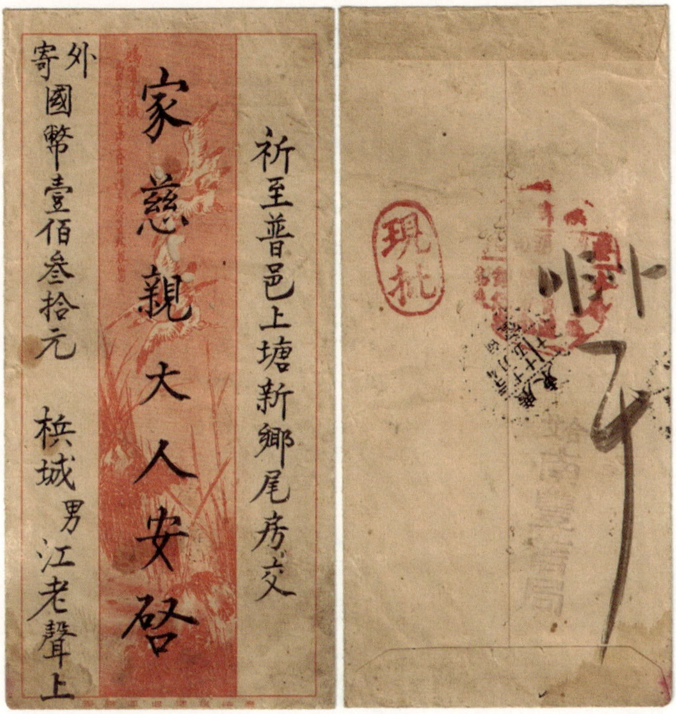

梹城江老声寄国币壹佰叁拾元至普邑上塘新乡母亲。批封盖“合艾南丰信局”印

南合盛

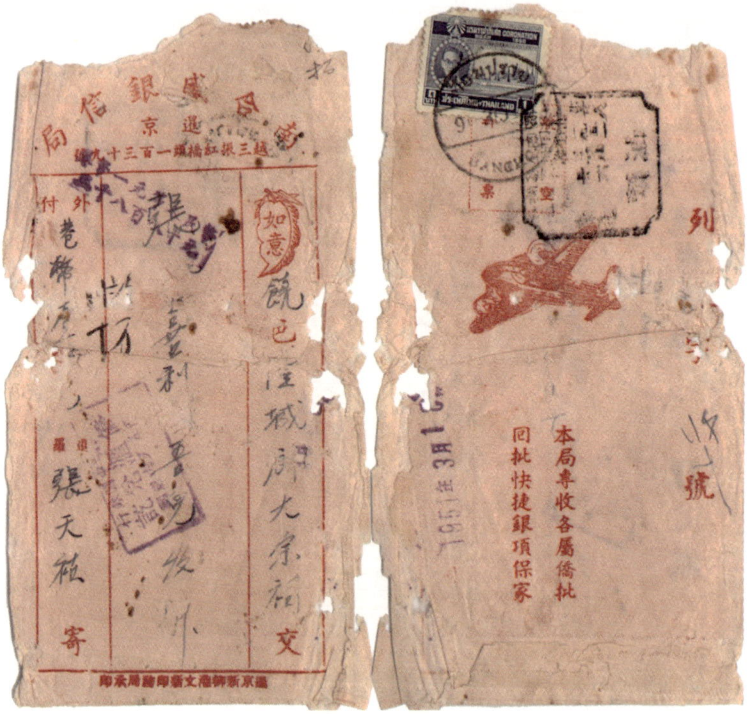

暹罗张天祐寄港币□□元至饶邑隆城乡大宗祠张喜利。批封印“南合盛银信局　暹京　越三振红桥头一百三十九号”，盖 1951 年 3 月 18 日“汕头中国银行侨汇兑讫”专用章

南亨泰

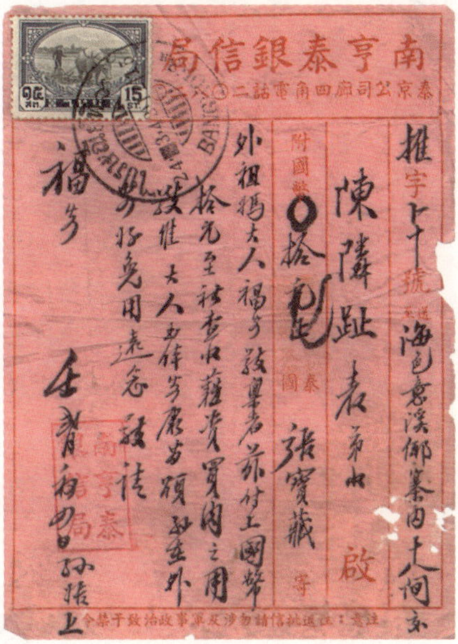

泰国张宝藏壬年（1942）弍月初八日寄国币拾元至海邑意溪乡陈隣趾。批封印“南亨泰银信局泰京公司廊四角电话二〇八二〇”

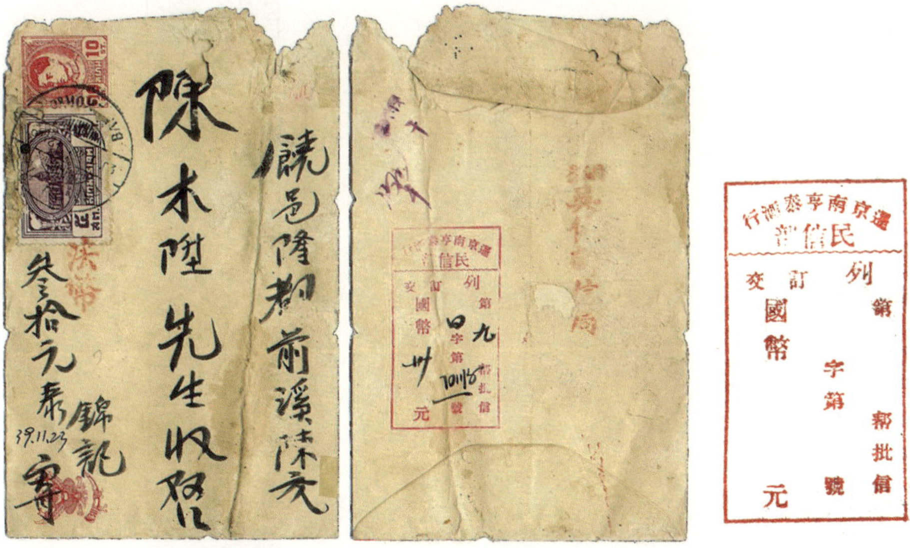

泰锦记用泰国 10 士丁邮资封加贴 5 士丁邮票寄法币叁拾元至饶邑隆都前溪陈木升。批封上写“39. 11. 23”字样，盖“网哈吴俊新信局”和“暹京南亨泰酒行民信部”印，同在曼谷的两家批局合作经营侨批业务

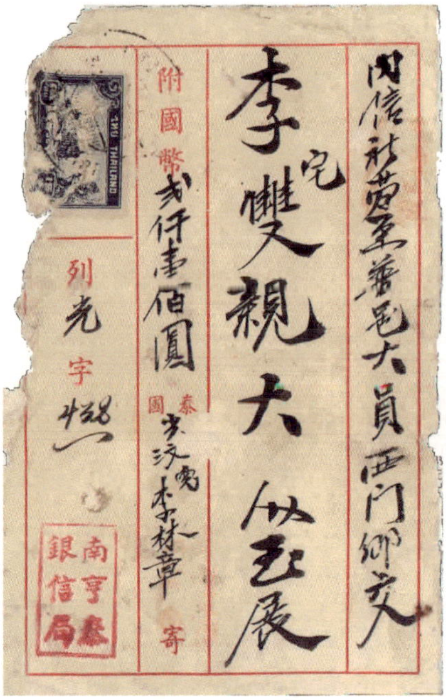

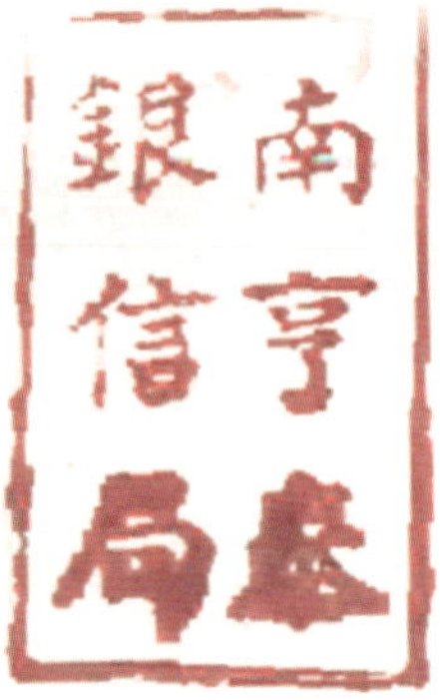

泰国尖汶李林章寄国币式仟壹佰元至普邑大员西门乡双亲。批封盖“南亨泰银信局”印

南亨泰酒行增設銀信局啓事

接受潮梅各屬批信

批價從廉

本號住址

1939 年 11 月南亨泰酒行在《中原报》刊登增设银信局启事，接受潮梅各属批信，批价从廉。批局地址：曼谷公司廊四角路三零二二号　电话二零八二零一

南生堂

暹吕成鑫用暹京泰合昌汇兑银信局自印封寄国币伍佰万元至澄海中和都兜门乡陈惜兰。批封销曼谷 1948 年 4 月 27 日邮戳，盖“楠邦南生堂代理侨批”印。喃邦的南生堂与曼谷的泰合昌合作经营侨批业务

楠邦，即喃邦府（Lampang），泰国北部的一个府。

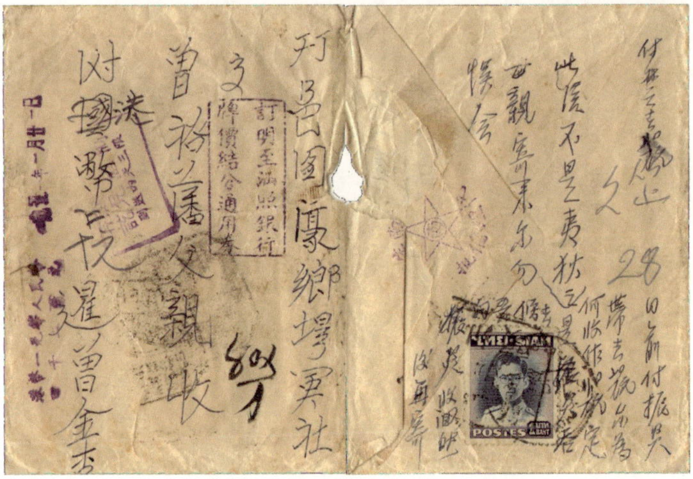

暹曾金杏寄港币十二元至汀（澄）邑图濠乡曾裕藩。批封盖一九五一年一月廿一日“汕头中国银行　侨汇兑讫　限三天内送到”结汇章和“□□南生代理侨批”印

南泰发

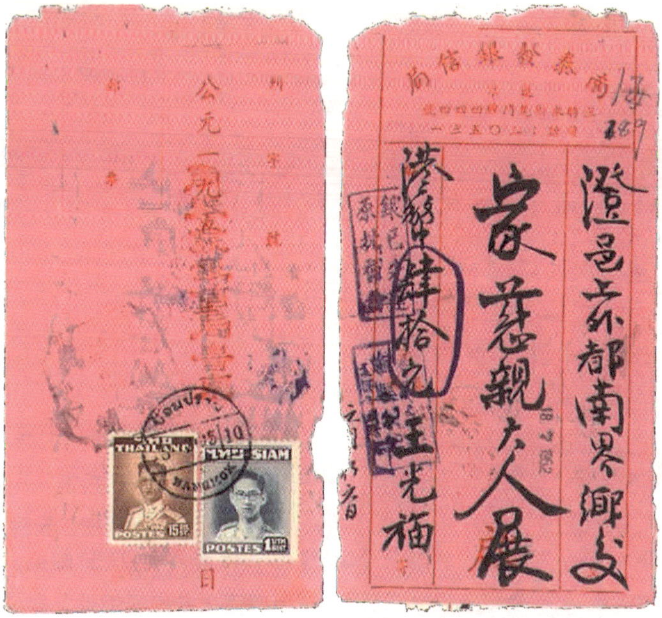

暹王光福寄港币肆拾元至澄邑上外都南界乡母亲。批封印“南泰发银信局　暹京　三聘米街尾门牌四四四号　电话：二〇五三一”

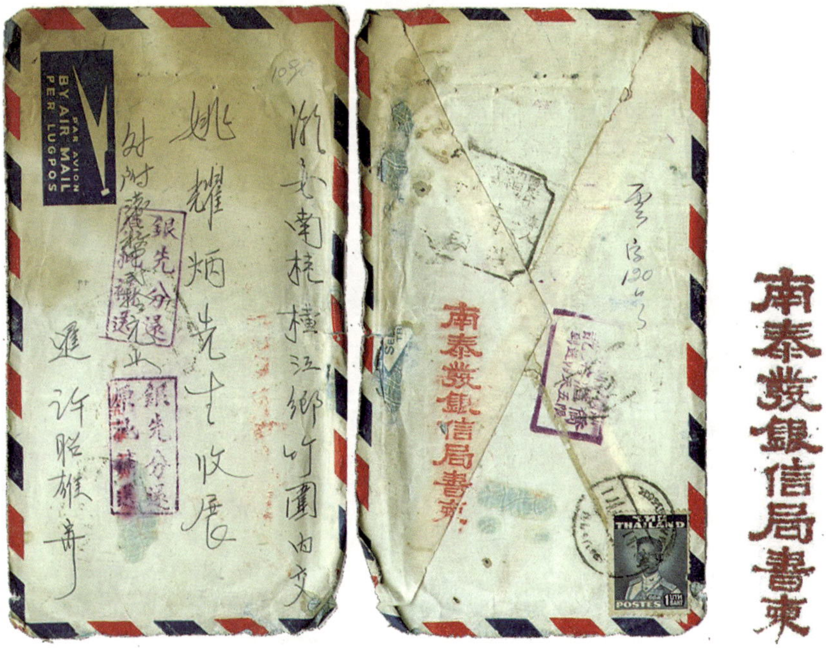

暹许昭雄寄港币式拾元至潮安南桂横江乡姚耀炳。批封盖“南泰发银信局书柬”印

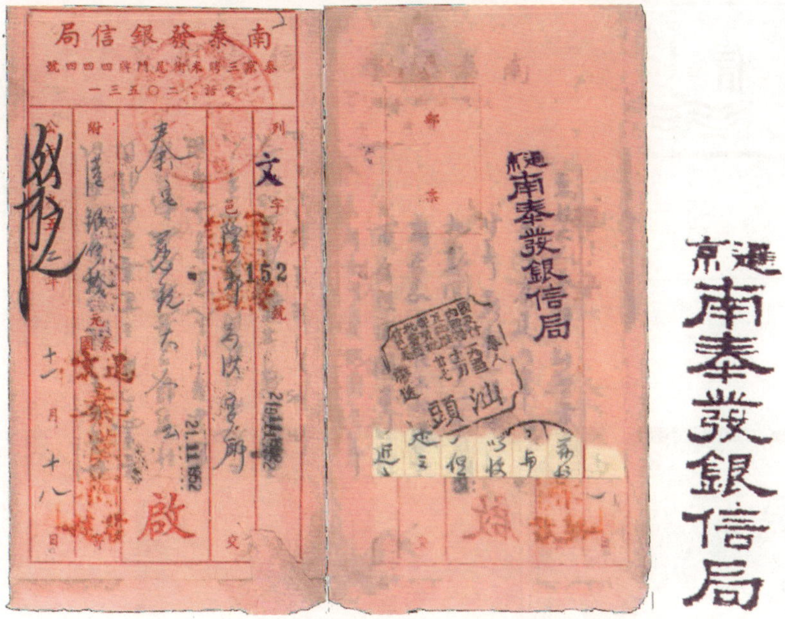

暹京秦汉桐一九五二年十一月十八日寄港银伍拾元至隆都白沙宫乡母亲。批封盖“暹京南泰发银信局”印

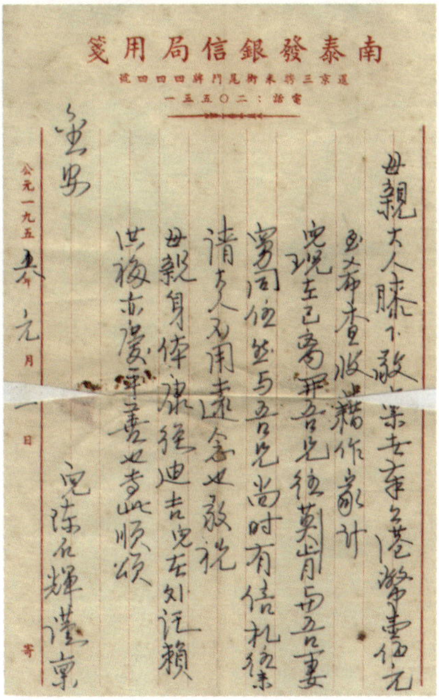
南泰發銀信局用箋
暹京三聘尾門牌四四四號
電話：二〇五一三

南泰发银信局写批专用笺

1953 年臣信、能信、名信三家公司联合成立信联有限公司，成员包括其他批信局业者，称为购批代表。南泰发为其中之一。据该年 5 月 11 日《中原报》所载之《信联有限公司购批代表名单》，南泰发的经营地址在曼谷三聘 444 号。

能 信

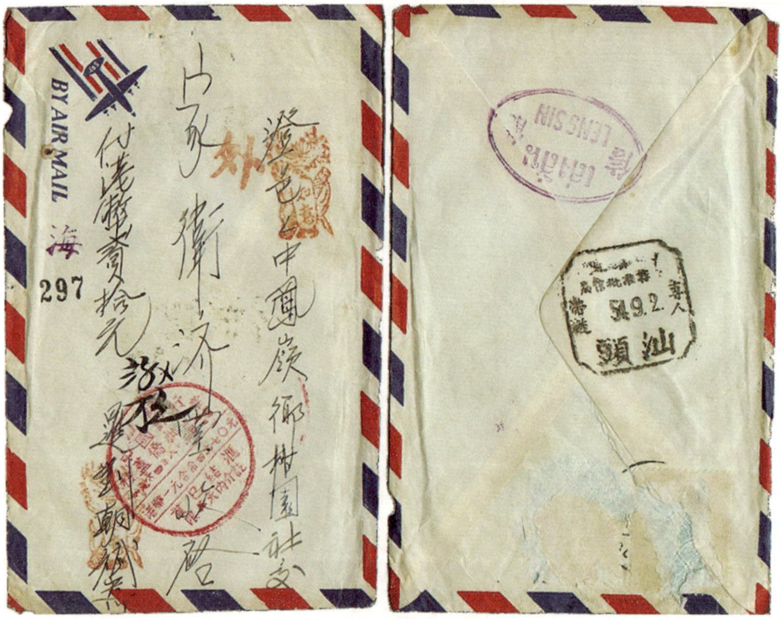

暹刘朝斌寄港币贰拾元至澄邑上中凤岭乡家卫济堂。批封销汕头“54. 9. 2”侨批专用邮戳，盖“能信”印

1956 年，泰国财政部规定只准持有营业执照的批信局作正常营业外，其各属下之代理公司不准经营。同时批准 12 家公司合法收寄兑换华侨银信往中国，其中就有“能信信局有限公司”。

潘合利

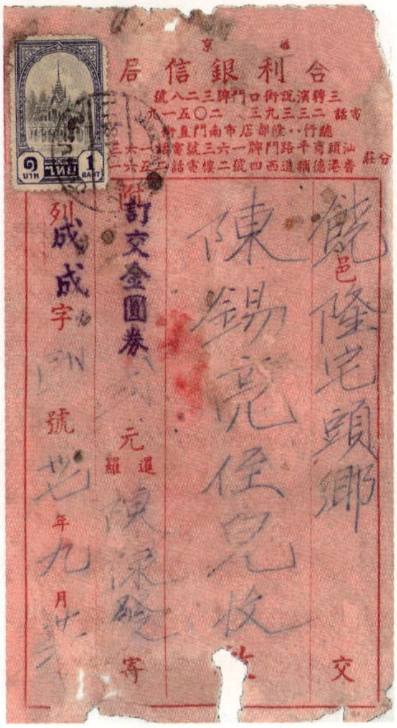

暹罗陈禄发用潘合利粉红色自印封于民国卅七年（1948）九月廿六日寄金圆券弍元至饶邑隆宅头乡陈锡亮。批封印“暹京　潘合利银信局　三聘演说街口门牌三二八号　电话二三三九三　二〇五一九　总行隆都店市南门直街　分庄汕头商平路门牌一六三号　香港德辅道西四号二楼”

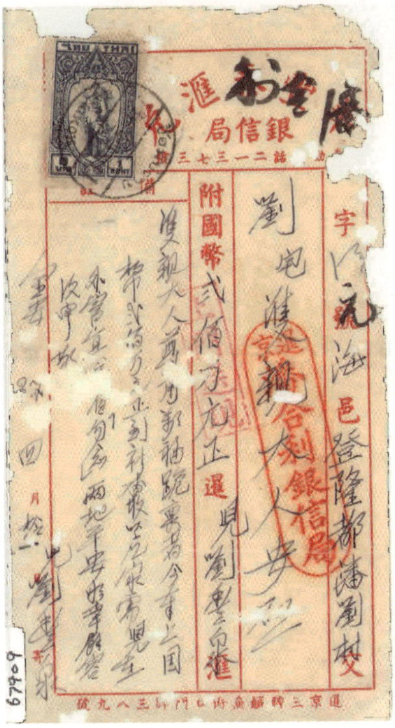

刘丰泉民国卅七年（1948）四月拾日寄国币弍佰万元至海邑登隆都潘刘村双亲。批封盖“暹京潘合利银信局”印

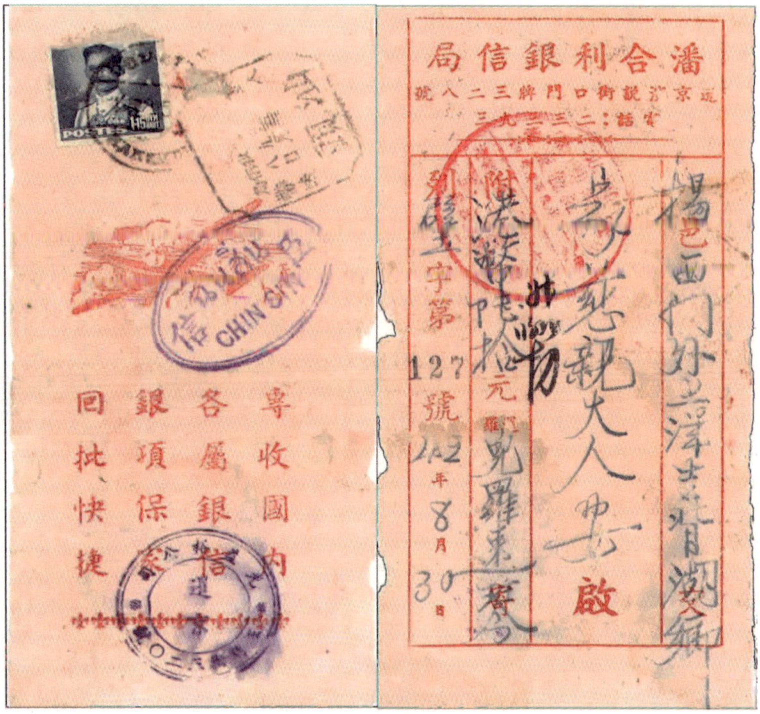

暹罗罗速琴用潘合利自印封寄港币陆拾元至揭邑西门外上洋吉背湖乡母亲。批封销汕头一九五三年九月八日侨批专用邮戳，盖“暹京光益裕公司”印。同在曼谷的潘合利和光益裕合作经营侨批业务

暹罗许清文用潘合利深红色自印封寄国币弍仟伍佰万元至饶邑隆都樟藉（籍）村母亲。批封显示批局地址、电话均无变化

彭洽泰栈

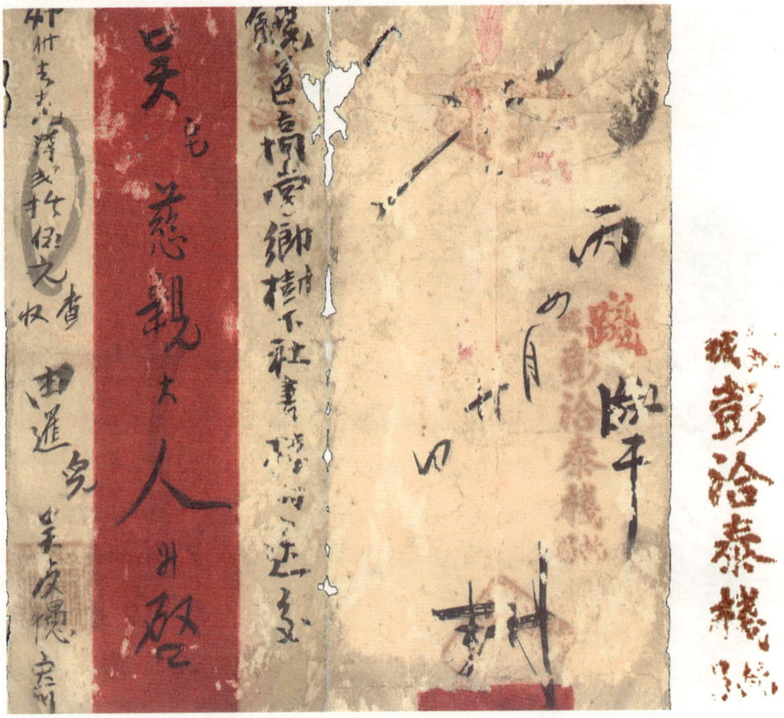

暹吴友愚寄光洋式拾伍元至饶邑高堂乡母亲。批封盖“大城彭洽泰栈批局”印

大城府，全称阿育他耶府（泰文 Phra Nakhon Si Ayutthaya），泰国中部的一个府，距首都曼谷约 76 公里。

谦和祥

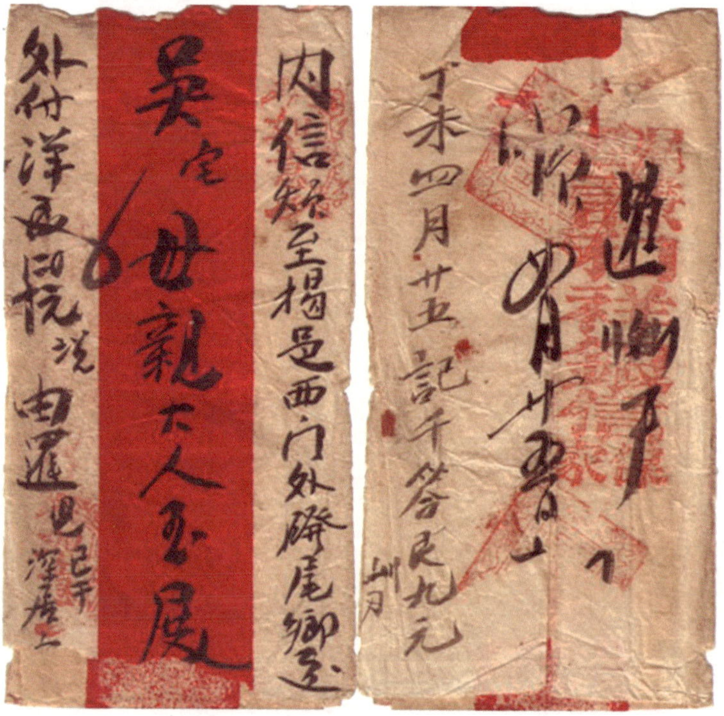

暹己千、深居寄洋银十二元至揭邑西门外磜尾乡母亲。批封盖“暹罗谦和祥银信保家”印。手写丁未（1907）四月廿五日（寄）

据泰国学者提供的资料，在泰国 20 世纪初的官方档案《御前报告》中，已有创建于曼谷三聘街的“谦和祥信局”的记录。该批局每年寄批金额约 20 万元。

谦和祥源记

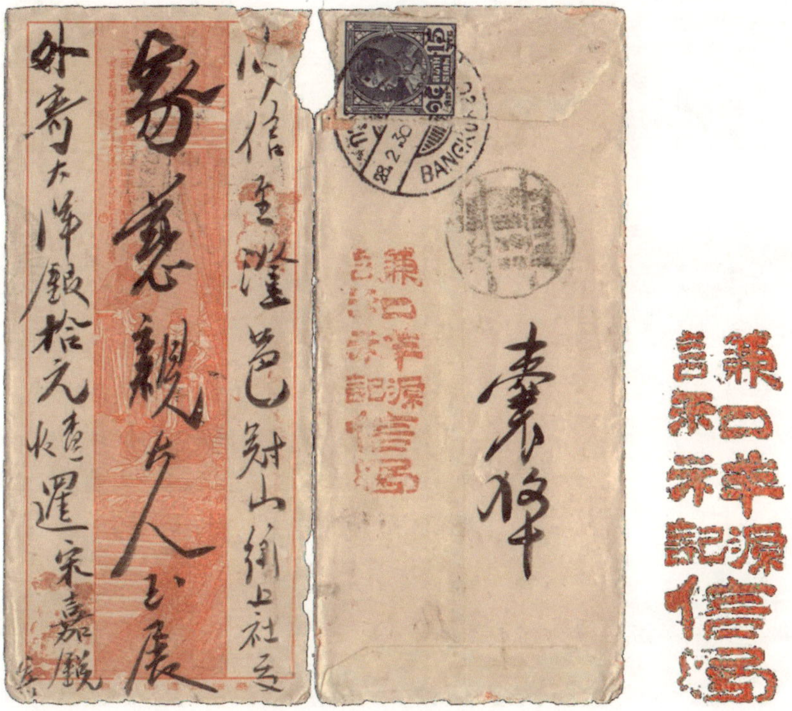

暹宋嘉锐寄大洋银拾元至澄邑冠山乡母亲。批封销曼谷 1930 年 2 月 28 日邮戳，盖“谦和祥源记信局”印

乾华隆

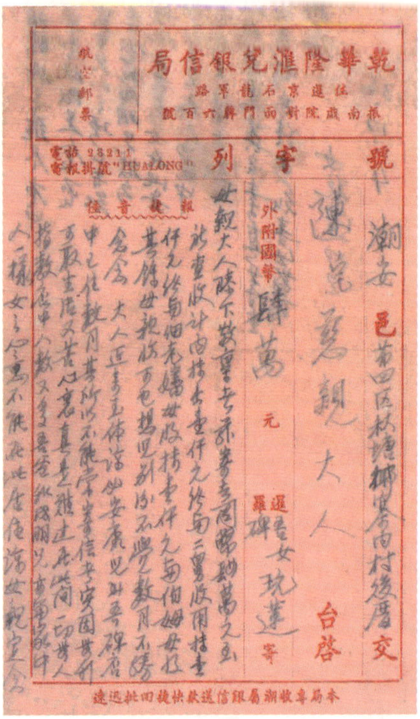

暹罗吾碑玩莲寄国币肆万元至潮安第四区秋塘乡母亲。批封印“乾华隆汇兑银信局　住暹京石龙军路　振南戏院对面门牌六百号”“电话 23211”

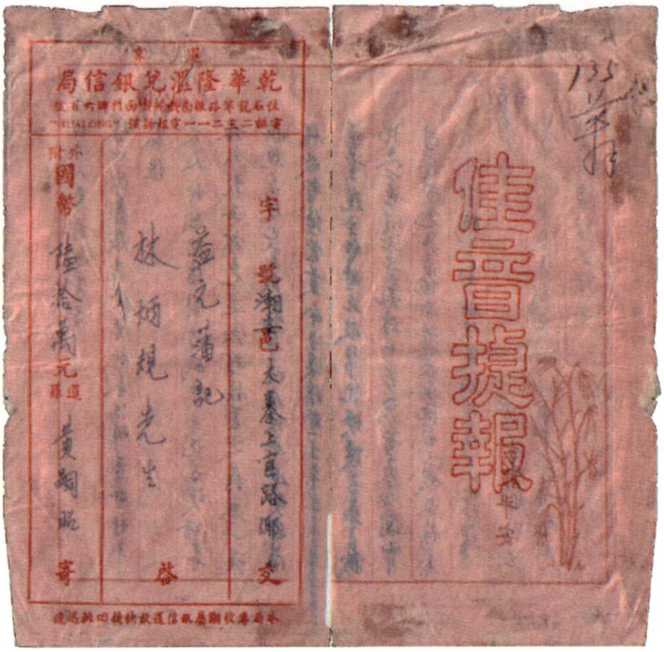

暹罗黄嗣昭寄国币陆拾万元至潮安大寨上官路乡林炳规。自印封格式虽有不同，但地址、电话均无变化

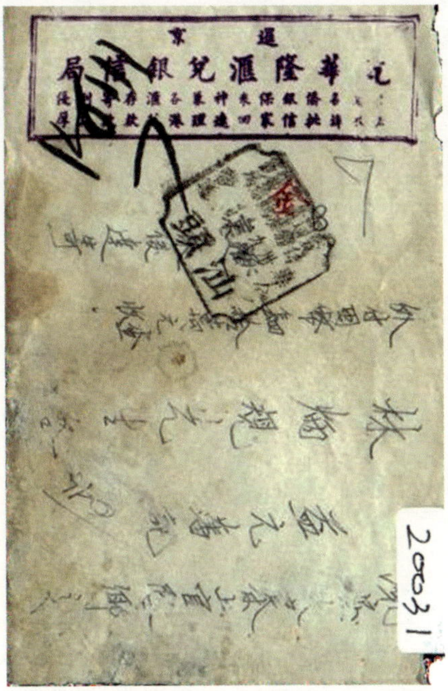

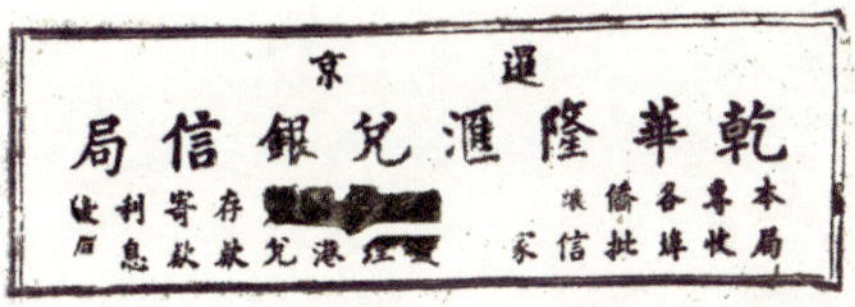

暹京林俊达寄国币肆拾万元至潮安大寨上官路乡林炳规。批封销“汕头卅六（1947 年）九月”侨批专用邮戳，盖“暹京　乾华隆汇兑银信局　本局专收各埠侨批银信保家来回神速兼理各港汇兑存款寄款利息优厚”印

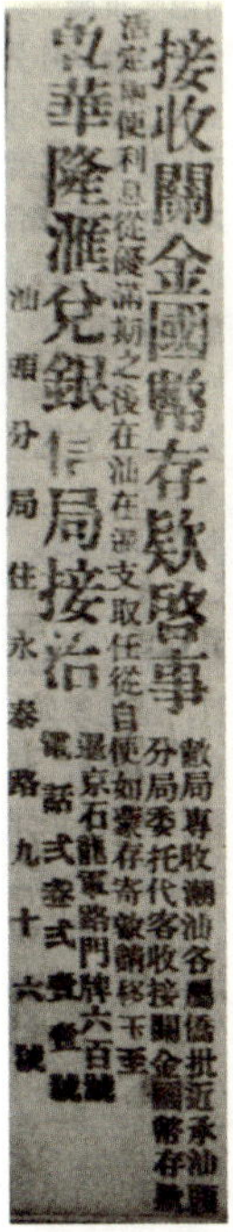

接收關金國幣存款啓事

敝局專收潮汕各屬僑批近承汕頭分局委托代客收接關金國幣存款活定兩便利息從優滿期之後在汕在暹支取任從自便如蒙存寄敬請移玉至乾華隆滙兌銀信局接洽　暹京石龍軍路門牌六百號　電話式叁式壹壹號　汕頭分局住永泰路九十六號

1946 年 11 月 16 日乾华隆汇兑银信局在《中原报》刊登启事：“敝局专收潮汕各属侨批近承汕头分局委托代客收接关金国币存款活定两便利息从优满期之后在汕在暹支取任从自便如蒙存寄敦请移玉至乾华隆汇兑银信局接洽　暹京石龙军路门牌六百号　电话式叁式壹壹号　汕头分局住永泰路九十六号”

1947 年 5 月 18 日暹罗华侨银信局公会成立，乾华隆为首届会员商号，代表人徐汉清。

乾泰元

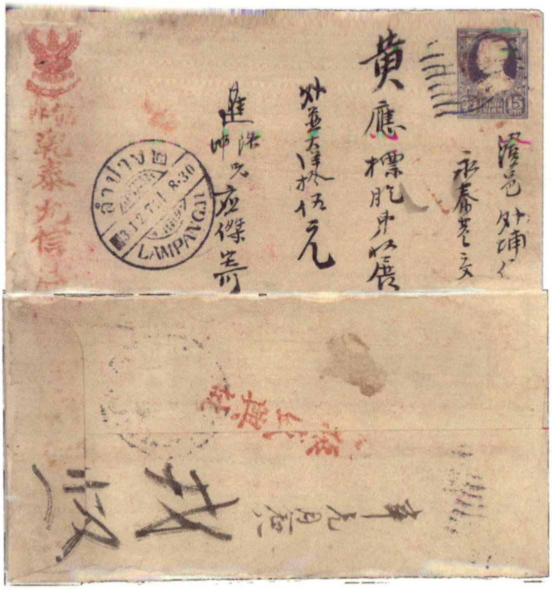

暹洛坤应杰用泰国 15 士丁邮资封寄大洋拾伍元至澄邑外埔乡黄应标。批封销喃邦“31. 2. 7”邮戳，盖“榄邦乾泰元信局”和“振盛兴批”印。喃邦乾泰元与曼谷振盛兴合作经营侨批业务

榄邦，即喃邦府，泰国北部的一个府。

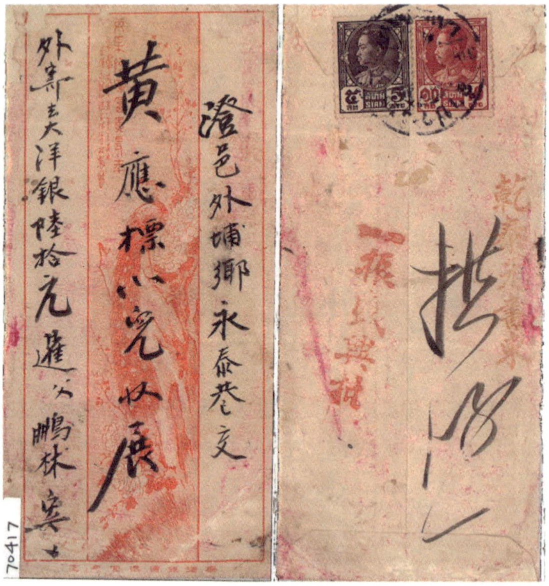

暹鹏林寄大洋银陆拾元至澄邑外埔乡黄应标。批封销喃邦 1931 年 2 月 7 日邮戳，盖“乾泰元书柬”和“振盛兴批”印。乾泰元与曼谷振盛兴合作经营侨批业务

丘成利

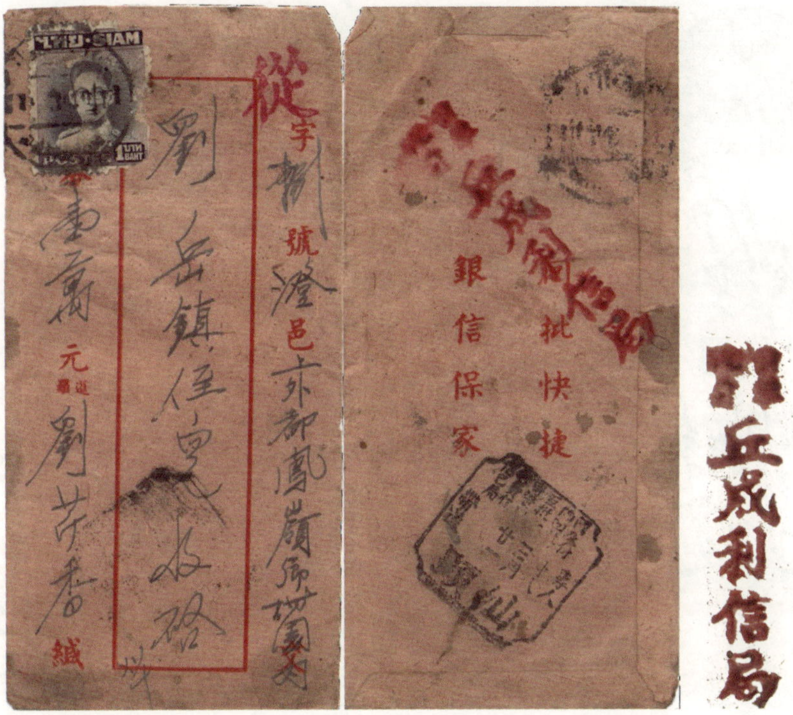

暹罗刘芹香寄壹万元至澄邑上外都凤岭乡刘岳镇。批封销汕头一九四九年三月廿一日侨批专用邮戳，盖“丘成利信局”印

丘成兴

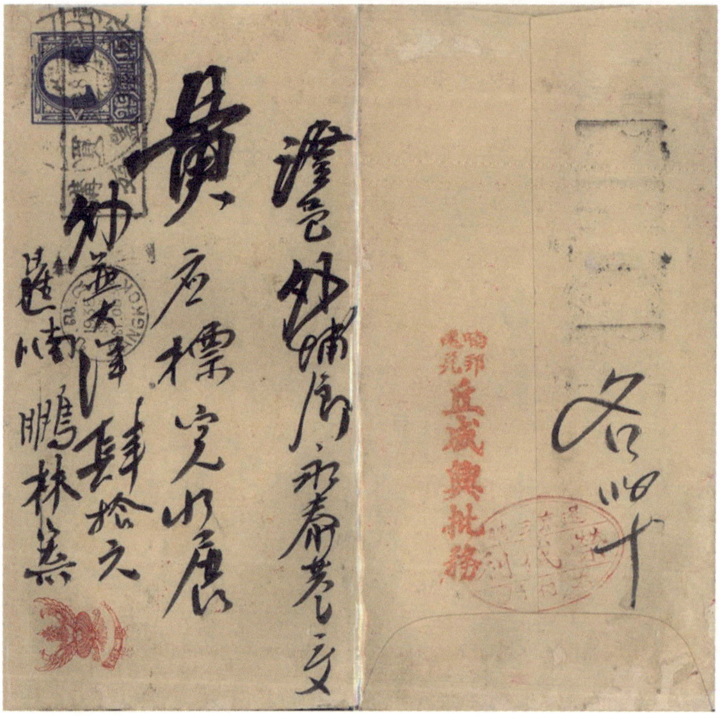

暹鹏林用泰国 15 士丁邮资封寄大洋肆拾元至澄邑外铺乡黄应标。批封销曼谷 1935 年 9 月邮戳，盖“暹京三聘荣盛利大信局”和“喃邦汇兑丘成兴批务”印。喃邦丘成兴和曼谷荣盛利两家批局合作经营侨批业务

邱发利

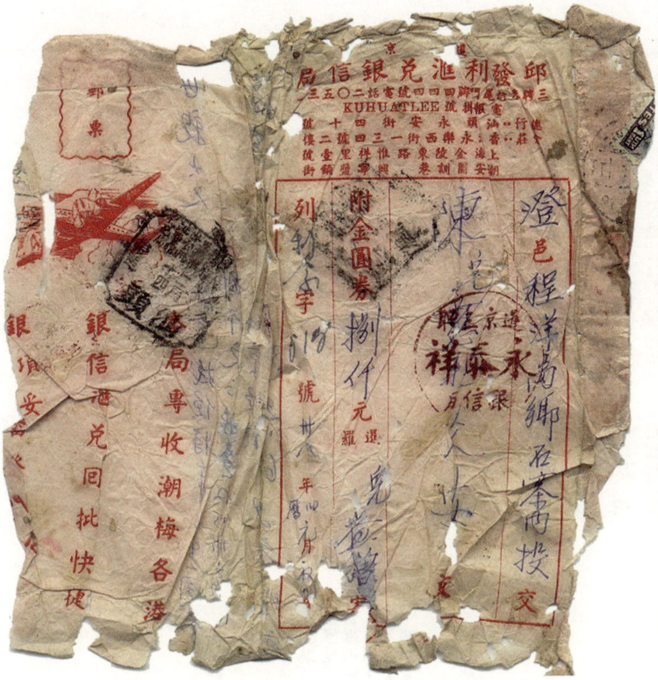

暹罗益曾一九四九年元月初四寄金圆券捌仟元至澄邑程洋岗乡母亲。批封印“暹京　邱发利汇兑银信局　三聘米街尾门牌四四四号　电话二〇五三一　总行：汕头永安街四十号　分庄：香港永乐西街一三四号二楼　上海金陵东路惟祥里壹号　潮安图训巷兴宁盐铺街”。批封盖“暹京三聘永泰祥银信局”印。同在曼谷的两家批局合作经营侨批业务

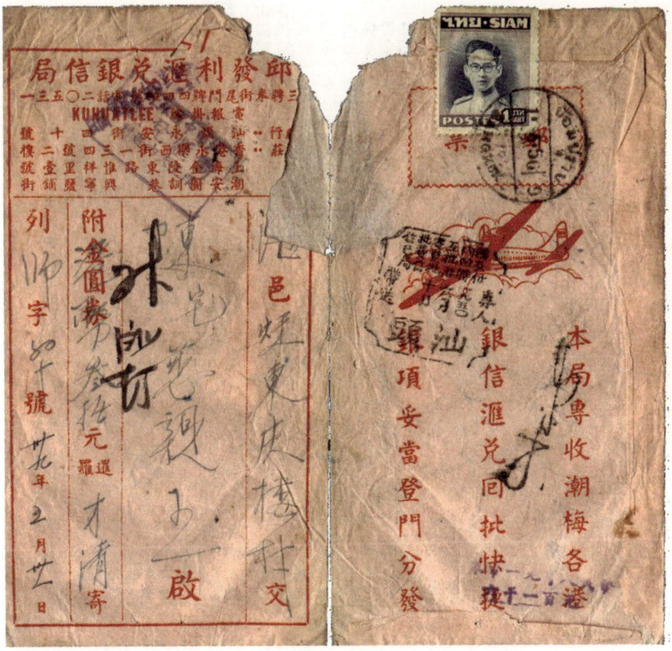

暹罗才清一九五〇年五月卅一日寄港币叁拾元至海邑炑东庆楼社母亲。销汕头一九五〇年六月十日侨批专用邮戳

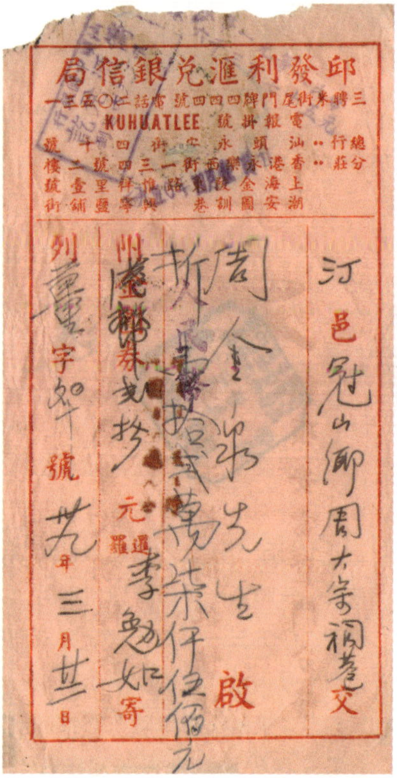

邱發利滙兌銀信局

三聘米街尾門牌四四四號 寄話二〇五三一

電報掛號 KUHUATLEE

總行：汕頭永安街四十號

分莊：香港永樂西街一三四號二樓 上海金陵東路惟祥里壹號 潮安圖訓巷 興寧鹽舖街

澄邑冠山鄉周大宗祠巷交

暹羅李勉如寄

暹罗李勉如一九五〇年三月廿二日寄港币式拾元至澄邑冠山乡周金泉。批封盖“一九五〇年四月五日　汕头中国银行侨汇兑讫　限三天送到”结汇章

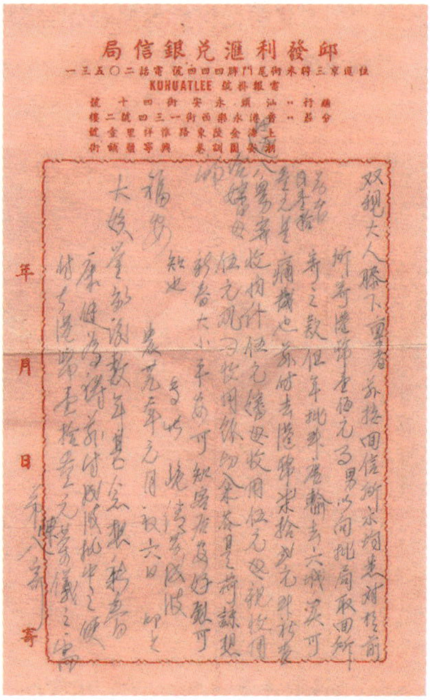

邱發利滙兌銀信局

住暹京三聘米街尾門牌四四四號 寄話二〇五三一

電報掛號 KUHUATLEE

總行：汕頭永安街四十號

分莊：香港永樂西街一三四號二樓 上海金陵東路惟祥里壹號 潮安圖訓巷 興寧鹽舖街

邱发利汇兑银信局写批专用信笺

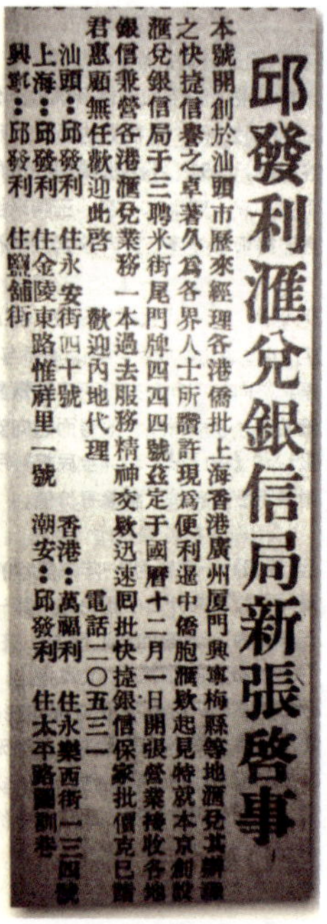

邱發利滙兌銀信局新張啓事

本號開創於汕頭市歷來經理各港僑批上海香港廣州厦門興寧梅縣等地滙兌其辦理之快捷信譽之卓著久爲各界人士所讚許現爲便利暹中僑胞滙款起見特就本京創設滙兌銀信局于三聘米街尾門牌四四四號茲定于國曆十二月一日開張營業接收各地銀信兼營各港滙兌業務一本過去服務精神交款迅速回批快捷銀信保家批價克己諸君惠顧無任歡迎此啓

歡迎內地代理　電話二〇五三一

汕頭：邱發利 住永安街四十號　香港：萬福利 住永樂西街一三四號

上海：邱發利 住金陵東路惟祥里一號　潮安：邱發利 住太平路圖訓巷

興寧：邱發利 住鹽舖街

1948 年 12 月 8 日《光华报》刊登《邱发利汇兑银信局新张启事》，定于国历十二月一日在三聘米街尾门牌四四四号开张营业，接收各地银信，兼营各港汇兑业务。电话二〇五三一

邱荣隆

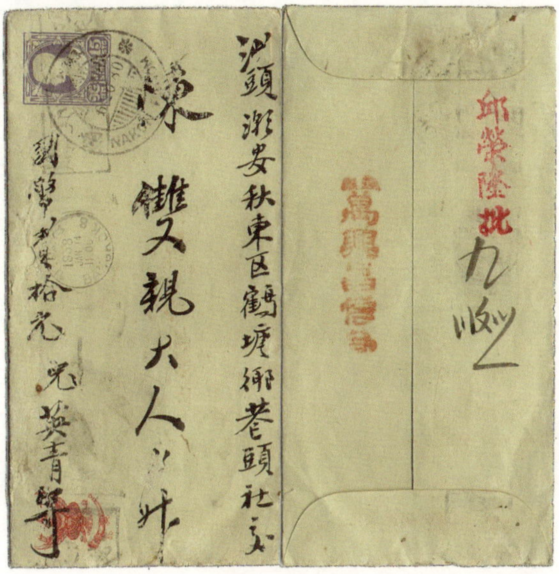

英青用泰国 15 士丁邮资封寄国币弍拾元至潮安秋东区鹤塘乡双亲。批封销曼谷“1938. 1. 14”邮戳，盖“邱荣隆批”和“暹罗万兴昌信局”印。邱荣隆与曼谷万兴昌合作经营侨批业务

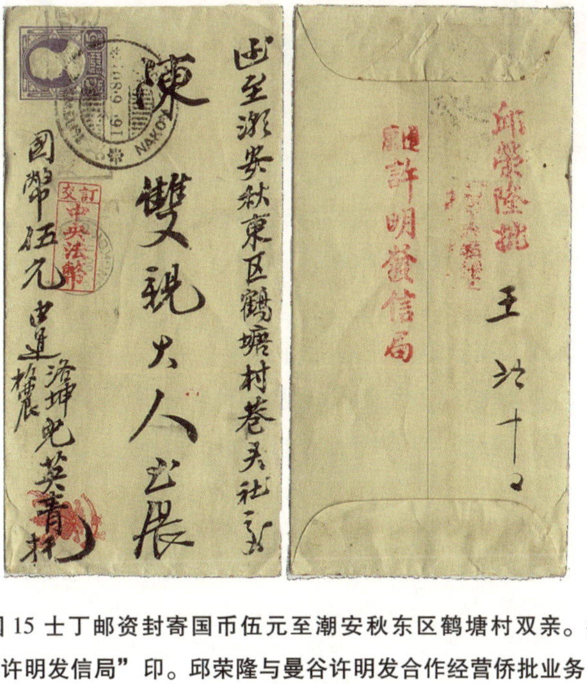

暹洛坤英青用泰国 15 士丁邮资封寄国币伍元至潮安秋东区鹤塘村双亲。批封销曼谷邮戳，盖“邱荣隆批”和“暹京许明发信局”印。邱荣隆与曼谷许明发合作经营侨批业务

群力

泰国遗庭用永合兴银信局自印封寄港币柒拾元至澄邑外砂上社母亲。批封盖汕头中国银行 1960 年 4 月 8 日核盖侨批之章和“群力信局有限公司”印

1956 年，泰国财政部规定只准持有营业执照的批信局作正常营业外，其各属下之代理公司不准经营。同时批准 12 家公司合法收寄兑换华侨银信往中国，其中就有“群力信局有限公司”，商号地址在曼谷灯加街老达叻 5552 号。

荣德泰

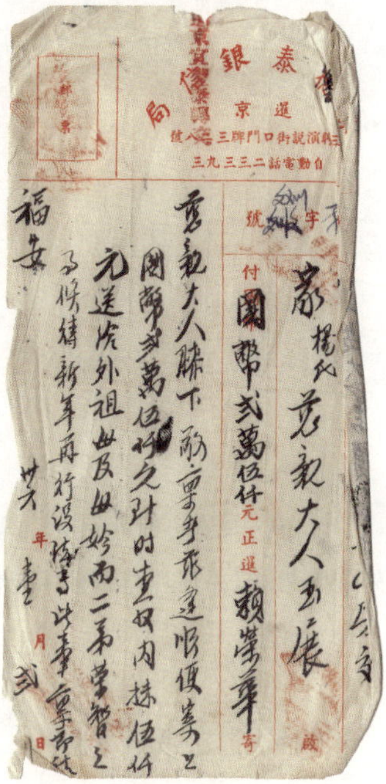

暹赖荣华（民国）卅六年（1947）壹月弍日寄国币弍万伍仟元至□□母亲。批封印“荣德泰银信局　暹京　三聘演说街口门牌三二八号　自动电话二三三九三”

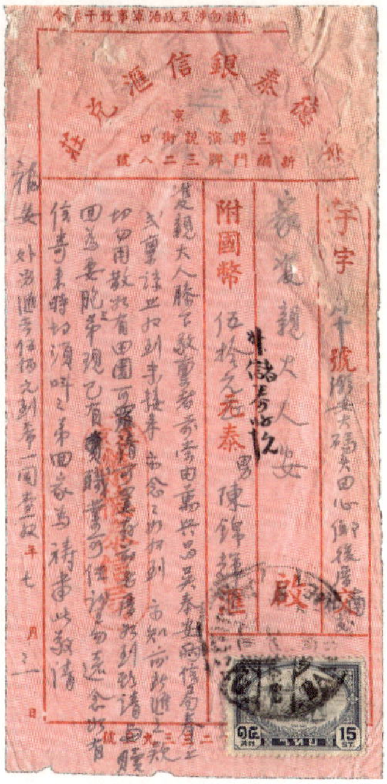

泰陈锦辉寄国币伍拾元至潮安大码头田心乡母亲。批封印有“荣德泰银信汇兑庄”抬头，盖“泰京荣德泰信局”印

林贤铭寄港币肆拾元至澄邑南砂乡诰锡堂。批封印“荣德泰汇兑银信局　暹京罗斗圈贞祥里办事处门牌七号”，盖“泰京荣德泰信局”印，销汕头一九五〇年四月廿五日侨批专用邮戳

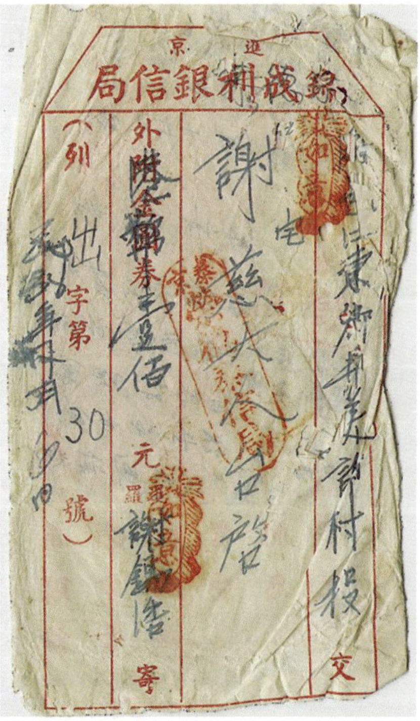

暹罗谢锡潘浩 1949 年 7 月 6 日用暹京锦成利银信局自印封寄港币壹佰元至潮安江东乡谢宅母亲。批封盖“泰京荣德泰信局”印。同在曼谷的两家批局合作经营侨批业务

1947 年 5 月 18 日暹罗华侨银信局公会成立，荣德泰为首届会员商号，代表人吴达经。

荣　发

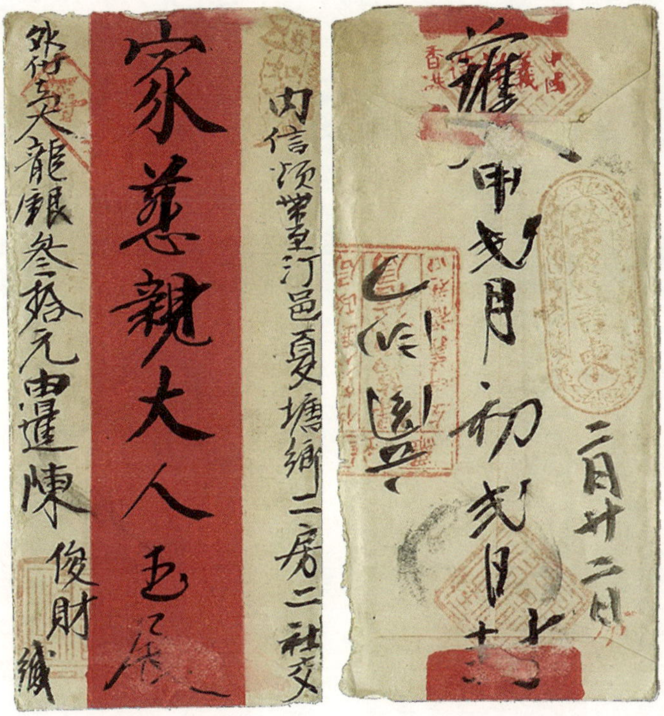

暹陈俊财寄大龙银叁拾元至汀（澄）邑夏塘乡母亲。批封盖“荣发书柬”和“暹京得万兴信局　住第八邮政局左畔义福巷口”印。荣发与曼谷得万兴合作经营侨批业务

荣丰利

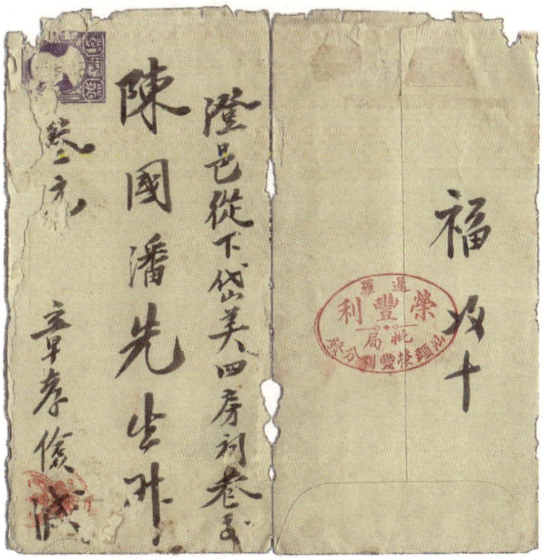

章孝俭用泰国15士丁邮资封寄叁元至澄邑从下岱美陈国潘。批封盖“暹罗荣丰利批局汕头荣丰利分发”印

暹罗吕成鑫寄港币伍拾元至澄邑中社斗门都陈惜兰。批封印“荣丰利批业汇兑有限公司　暹京三聘打锡街门牌三五七号　自动电话二〇三二八号　汕头分局荣丰利：住永泰路四十号　揭阳分局荣丰利：住镇履街七十号”，销汕头一九五三年十一月十三日侨批专用邮戳

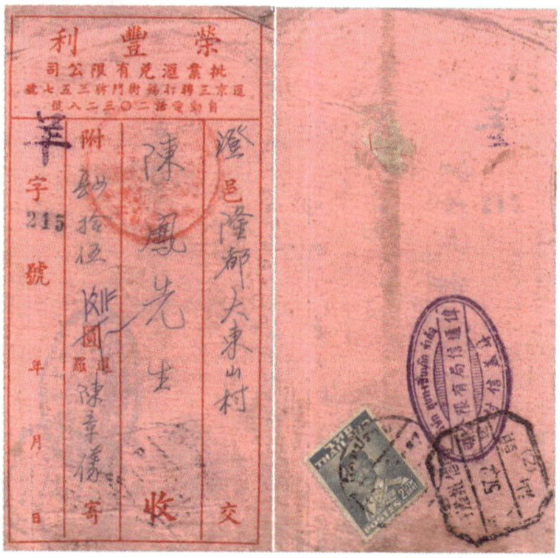

暹罗陈章㒟寄肆拾伍元至澄邑隆都大东山村陈凤。销汕头1957年2月9日侨批专用邮戳，盖“伟通信局有限公司”印。荣丰利收揽的侨批通过伟通递寄

1956年，泰国财政部规定只准持有营业执照的批信局作正常营业外，其各属下之代理公司不准经营。同时批准12家公司合法收寄兑换华侨银信往中国，其中就有“伟通信局有限公司”，商号地址在16号Soi Pipak san Bangkok。

暹罗朱权高寄港币叁拾元至揭邑梅北横祥坑英寿。批封盖汕头中国银行 1961 年 2 月 3 日核盖侨批之章

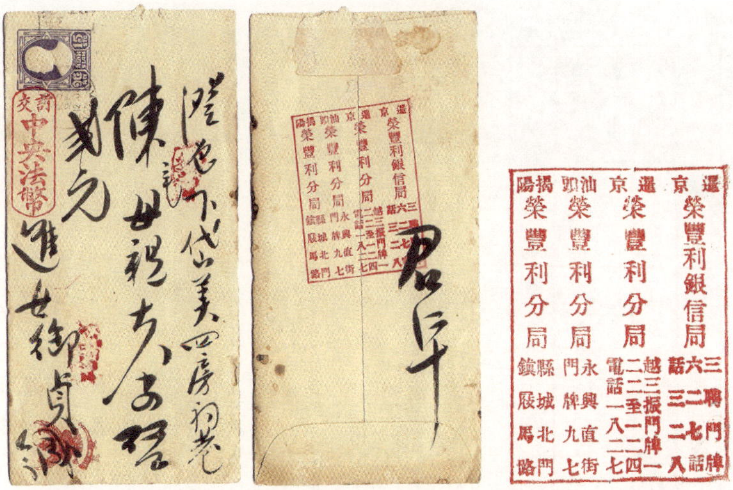

暹御贞用泰国 15 士丁邮资封寄中央法币贰元至澄邑下岱美母亲。批封销 1937 年 9 月 28 日曼谷邮戳”，盖“暹京荣丰利银信局三聘门牌六二七电话三二八　暹京荣丰利分局越三振门牌一二二至一二四电话一八二七　汕头荣丰利分局永兴直街门牌九七　揭阳荣丰利分局县城北门镇履马路”印

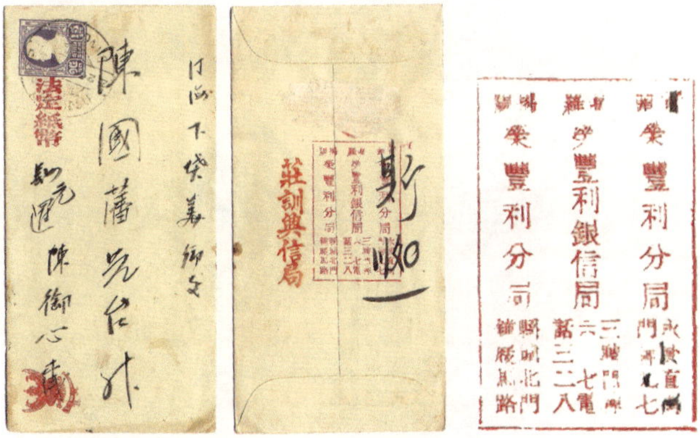

暹陈御心用泰国 15 士丁邮资封寄法币肆元至澄海下岱美乡陈国藩。批封盖“暹罗荣丰利信局”和“庄训兴信局”印。庄训兴与曼谷荣丰利合作经营侨批业务

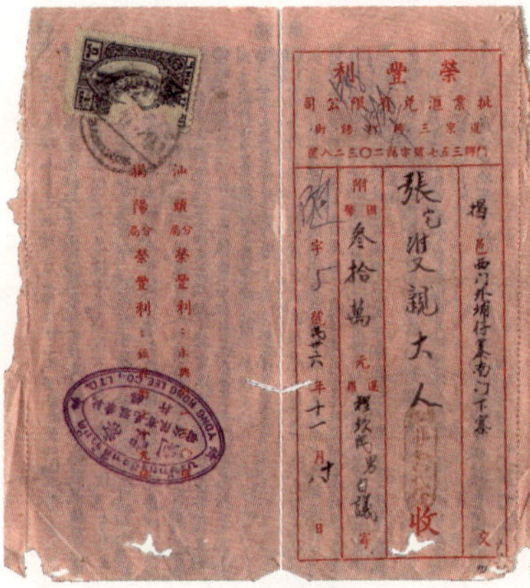

暹罗自议民国卅六年（1947）十一月十八日寄国币叁拾万元至揭邑西门外埔仔寨双亲。批封盖“泰京荣丰利批业汇兑有限公司总行”中、英、泰三种文字印

暹罗成鑫寄国币壹佰万元至汀（澄）邑上中都斗门乡妻子。批封销曼谷 1947 年 12 月 23 日邮戳，印“汕头分局荣丰利：永兴街一三〇号”，盖“楠邦徐松发”印。喃邦徐松发与曼谷荣丰利合作经营侨批业务

楠邦，即喃邦府（Lampang），泰国北部的一个府。

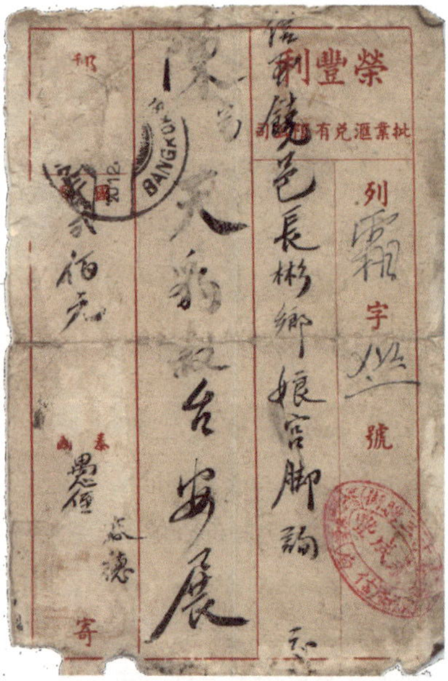

泰国容德用荣丰利批业汇兑有限公司自印封寄国币式佰元至饶邑长彬乡陈天豹。批封盖“暹京三聘街永成丰信局”印。同在曼谷的两家批局合作经营侨批业务

暹林佳音寄中央法币伍拾元至揭邑西门外和顺乡双亲。批封盖“暹罗林均丰信局”和“荣丰利批业汇兑有限公司总行”印。林均丰与曼谷荣丰利合作经营侨批业务

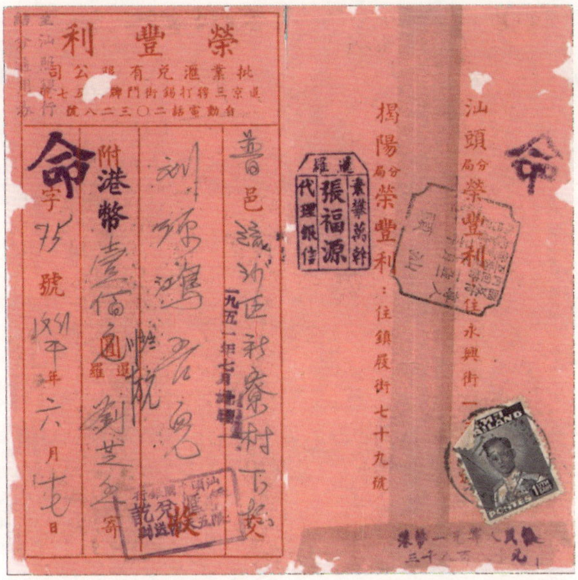

暹罗刘芝香用荣丰利批业汇兑有限公司自印封寄港币壹佰元至普邑流沙区新寮村刘源鸿。批封销汕头一九五一年十月二十日侨批专用邮戳，盖“暹罗素攀万干张福源代理银信”印。素攀张福源与曼谷荣丰利合作经营侨批业务

素攀（Suphanburi），泰国中南部城市，素攀府首府，距首都曼谷约107公里。

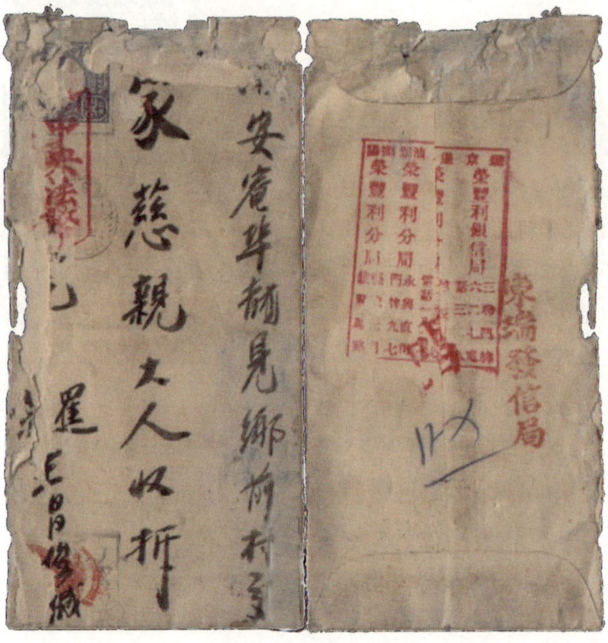

暹罗王昌俊寄中央法币□元至潮安庵埠龙见乡母亲。批封销曼谷第八邮政局邮戳，盖“陈瑞发信局”和“荣丰利银信局”印。陈瑞发与曼谷荣丰利合作经营侨批业务

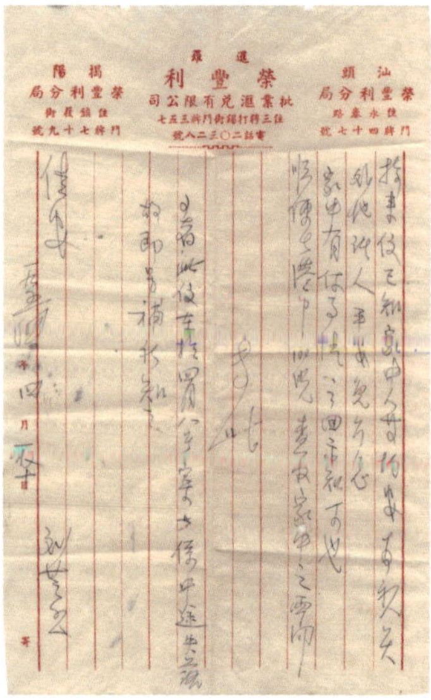

暹羅
榮豐利批業匯兌有限公司
汕頭 榮豐利分局
揭陽 榮豐利分局

荣丰利批业汇兑有限公司写批专用笺

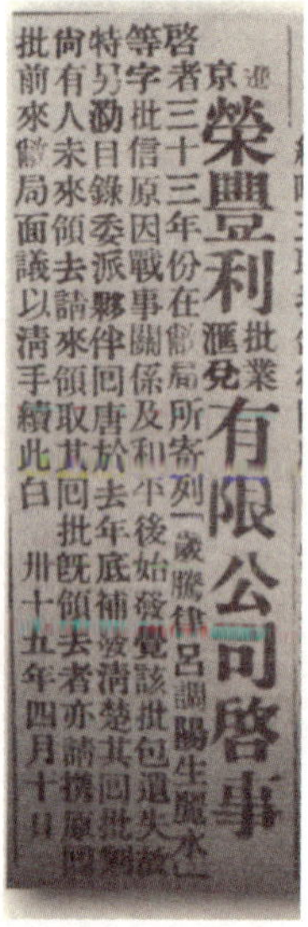

逕
京
榮豐利批業匯兌有限公司啓事
啓者三十三年份在敝局所寄列一歲豚伴呂謁賜生龍水亡等字批信原因戰事關係及和平後始發覺該批包遺失特另劾目錄委派夥伴回唐於去年底補波清楚其回批尚有人未來領去請來領取其回批既領去者亦請攜廢回對批前來敝局面議以清手續此白
卅十五年四月十日

1946 年 4 月 10 荣丰利就民国三十三年（1944）侨批遗失一事在《中原报》刊登启事

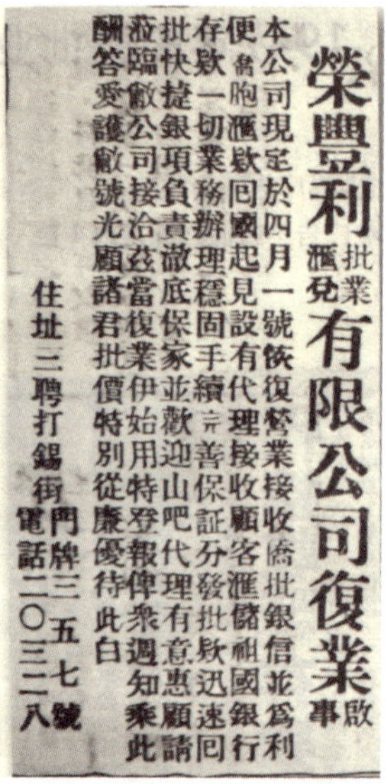

榮豐利批業匯兌有限公司復業啓事
本公司現定於四月一號恢復營業接收僑批銀信並為利便僑胞匯款回國起見設有代理接收顧客匯儲祖國銀行存款一切業務辦理穩固手續完善保証分發批款迅速回批快捷銀項負責澈底保家並歡迎山吧代理有意惠顧請蒞臨敝公司接洽茲當復業伊始用特登報俾衆週知乘此酬答愛護敝號光顧諸君批價特別從廉優待此白
住址三聘打錫街門牌三五七號
電話二〇三二八

1947 年 3 月 11 日荣丰利批业汇兑有限公司在泰国《光华报》上刊登复业启事：“本公司现定于四月一号恢复营业接受侨批银信……住址三聘打锡街　门牌三五七号　电话二〇三二八”

依据 1936 年汕头邮政管理局（邮局）向国家交通部邮政总局呈报的核发批局营业凭证申请书整理，汕头荣丰利民国廿三年（1934）在暹罗三聘街设立荣丰利分号，营业人为丰顺人徐名奋。

1947 年 5 月 18 日暹罗华侨银信局公会成立，荣丰利为首届会员商号，代表人徐名兴。

1953 年臣信、能信、名信三家公司联合成立信联有限公司，成员包括其他批信局业者，称为购批代表。荣丰利为其中之一。据该年 5 月 11 日《中原报》所载之《信联有限公司购批代表名单》，荣丰利的经营地址在曼谷三聘 357 号。

荣盛利

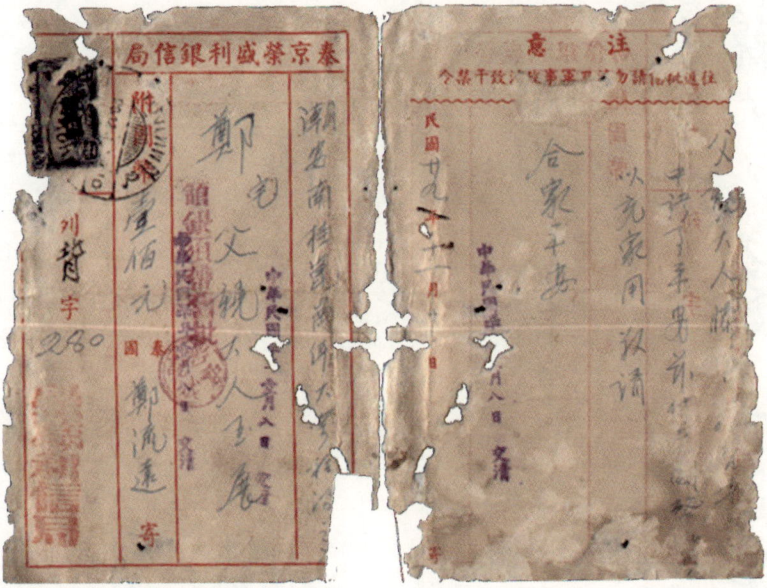

泰国郑流远民国廿九年（1940）十一月廿一日寄国币壹佰元至潮安南桂昆岗乡父亲。批封印“泰京荣盛利银信局”，盖“荣盛利信局”印

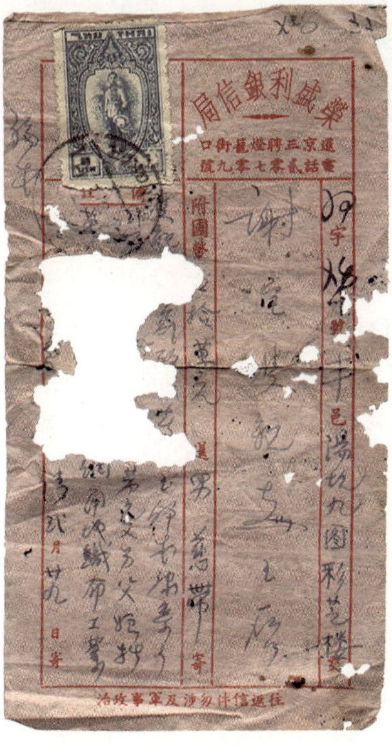

暹慈带寄国币伍拾万元至丰邑汤坑九图彩芝楼双亲。批封印“荣盛利银信局　暹京三聘灯笼街口　电话贰零七零九号”

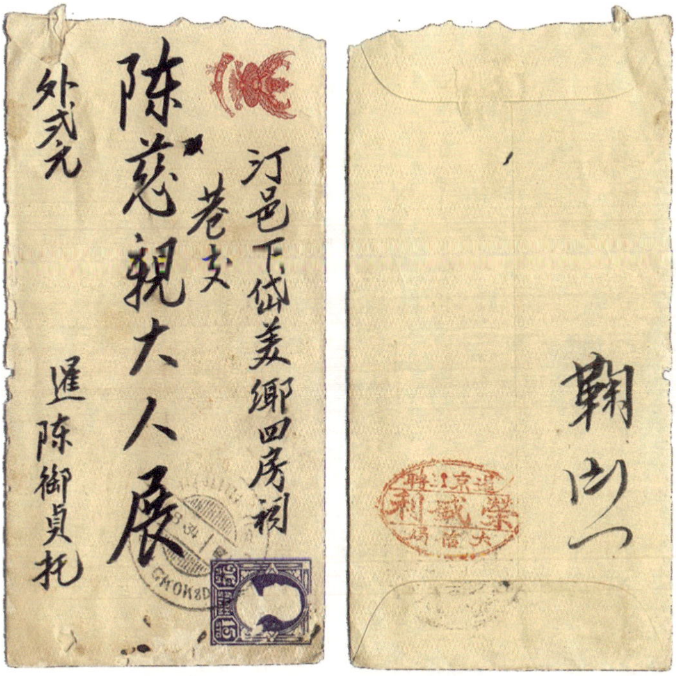

暹陈御贞用泰国 15 士丁邮资封寄式元至汀（澄）邑下岱美乡母亲。批封销曼谷 1934 年 8 月邮戳，盖“暹京三聘荣盛利大信局”印

暹鹏林用泰国 15 士丁邮资封寄大洋肆拾元至澄邑外埔乡黄应标。批封销曼谷 1935 年 9 月邮戳，盖“暹京三聘荣盛利大信局”和“喃邦汇兑丘成兴批务”印。喃邦丘成兴与曼谷荣盛利合作经营侨批业务

暹章孝俭用泰国 15 士丁邮资封寄大洋捌元至澄邑下埭美陈汉坤。批封销曼谷邮戳，盖“网咯洪礼堂信局”和“暹京三聘荣盛利大信局”印。同在曼谷的两家批局合作经营侨批业务

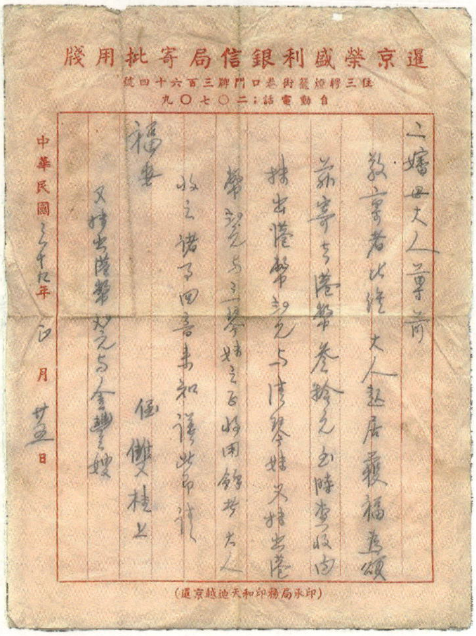
暹京榮盛利銀信局寄批用牋
住三聘燈籠街巷口門牌三百六十四號
自動電話：二〇七〇九
中華民國　年　月　日
（暹京越池天和印務局承印）

双桂一九五〇年正月廿五日用荣盛利银信局寄批用笺写批至二婶母。批笺印“暹京荣盛利银信局寄批用笺　住三聘灯笼街巷口门牌三百六十四号　自动电话：二〇七〇九”

三聘燈籠街口榮盛利銀信局揭普豐航空銀信回批抵暹啓事
逕啓者本局于陰曆九月廿一日配行揭普豐之航空銀信「列盛字回批」經於十月廿七日抵暹矣顧客諸友祈早蒞臨領取回音為荷
陰曆十月廿八日本局啓

一九三九年阴历十月廿八日荣盛利在泰国《中原报》上刊登启事：“本局于阴历九月廿一日配行揭普丰之航空银信‘列盛字回批’经于十月廿七日抵暹矣顾客诸友祈早莅临领取回音为荷”

依据 1936 年汕头邮政管理局（邮局）向国家交通部邮政总局呈报的核发批局营业凭证申请书整理，汕头广汇通民国二十二年（1933）在暹罗三聘街设立荣盛利分号，营业人为揭阳人刘拱展。

1947 年 5 月 18 日暹罗华侨银信局公会成立，荣盛利为首届会员商号，代表人刘廷服。

榕江

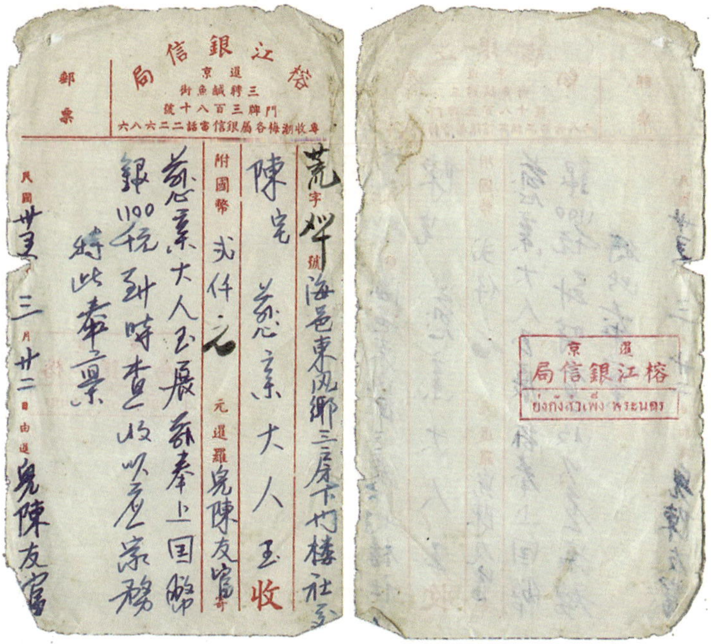

暹罗陈友富民国卅五年（1946）三月廿二日寄国币弍仟元至海邑东风乡母亲。批封印“榕江银信局　暹京　三聘咸鱼街　门牌三百八十号　专收潮梅各属银信电话二二六八六”，盖“暹京榕江银信局”中、泰文印

1947年5月18日暹罗华侨银信局公会成立，榕江为首届会员商号，代表人林彩辉。

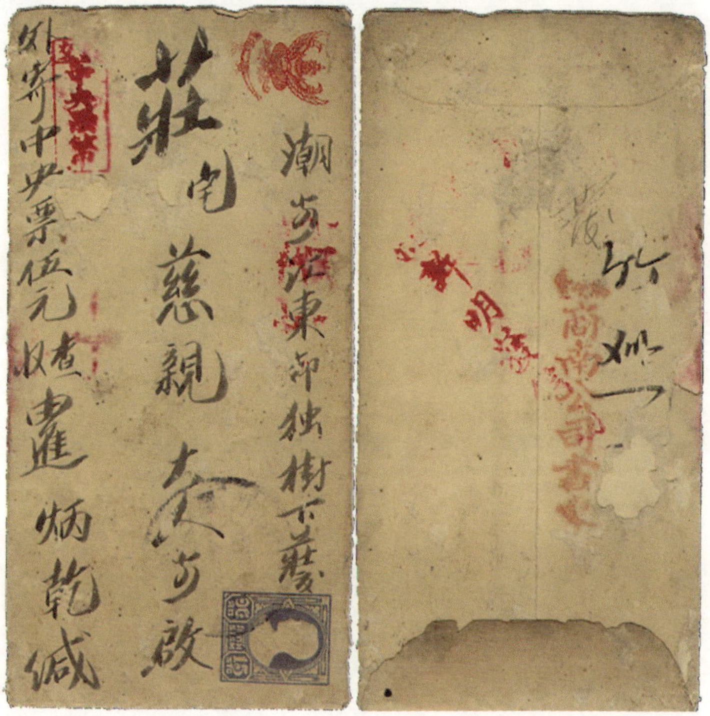

暹炳乾用泰国 15 士丁邮资封寄中央票伍元至潮安江东都独树下庄母亲。批封盖“暹京许明发信局”和“商南公司书柬”印。商南公司与曼谷许明发合作经营侨批业务

佘耀合

暹罗陈成明民国卅六年（1947）二月廿七日寄国币叁万元至潮安县第四区秋塘乡母亲。批封盖“佘耀合批局住暹罗横逸专营粗杂货”和“长兴银信局书柬”印。佘耀合与曼谷长兴合作经营侨批业务

胜中

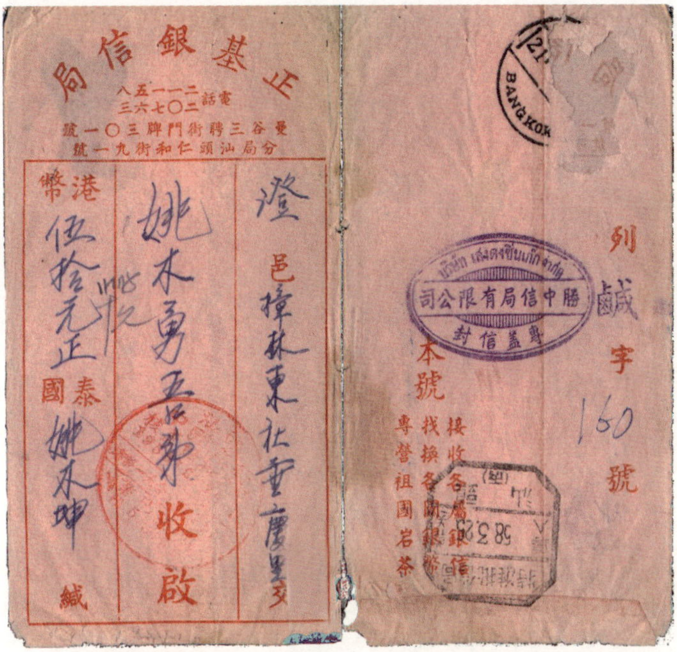

泰国姚木坤用正基银信局自印封寄港币伍拾元至澄邑樟林东社姚木勇。批封销汕头“58. 3. 25”侨批专用邮戳，盖“胜中信局有限公司”印。正基收揽的侨批通过胜中递寄

1956 年，泰国财政部规定只准持有营业执照的批信局作正常营业外，其各属下之代理公司不准经营。同时批准 12 家公司合法收寄兑换华侨银信往中国，其中就有“胜中信局有限公司”，商号地址在曼谷三聘街 301 号。

时荣利

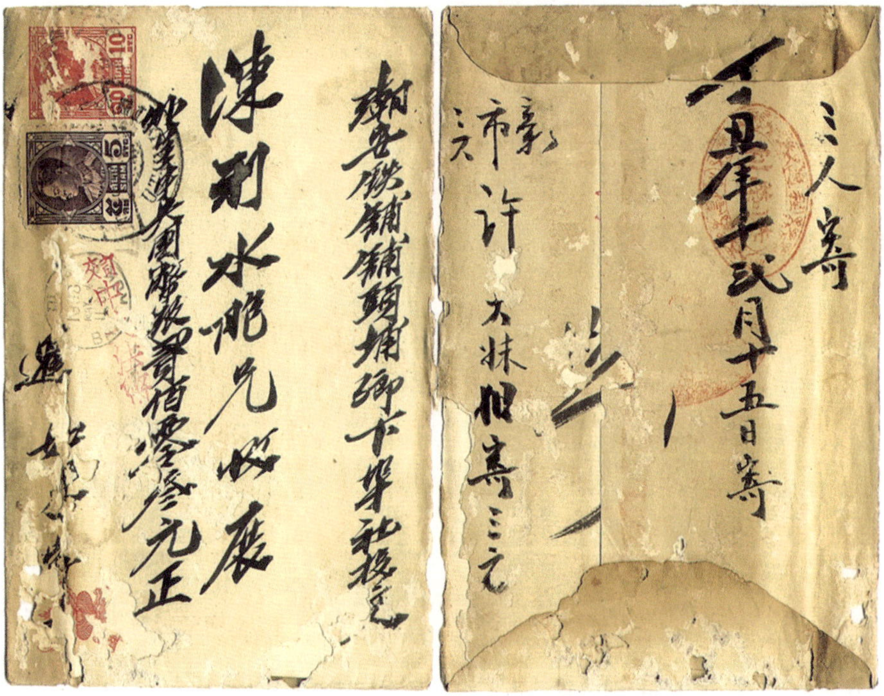

暹如□寄国币贰佰零叁元至潮安铁铺铺头埔乡陈利水。批封盖“程逸时荣利信局”印。封背手写“丁丑年（1937）十式月十五日寄”

程逸，即程逸府（Uttaradit），位于泰国东北部，东邻老挝。

实　昌

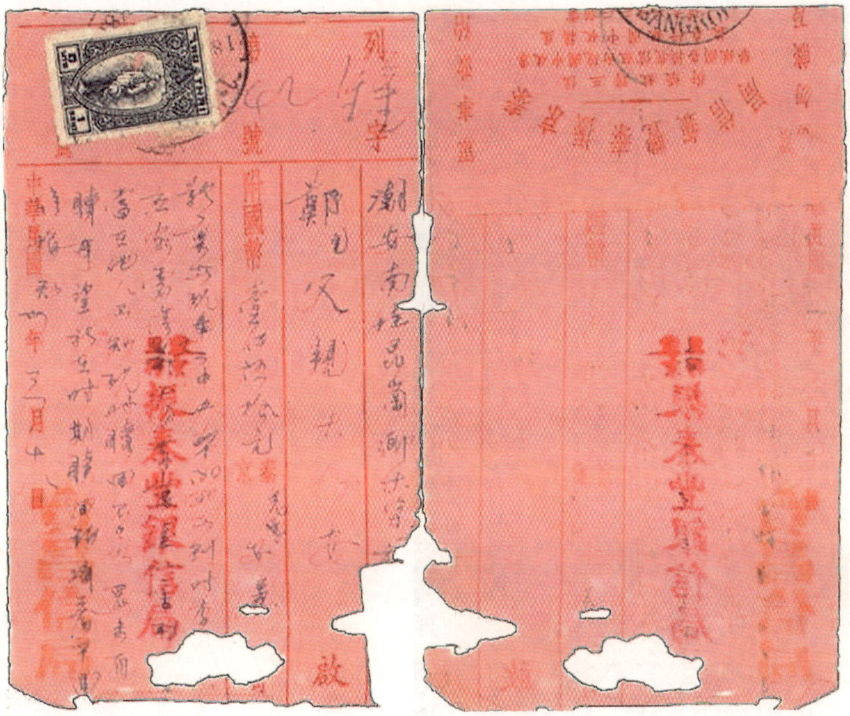

泰京安庆民国卅年（1941）三月十八日寄国币壹佰伍拾元至潮安南桂昆岗乡父亲。批封盖“实昌信局”和“暹京三聘振泰丰银信局”印。两家批局合作经营侨批业务

顺成利

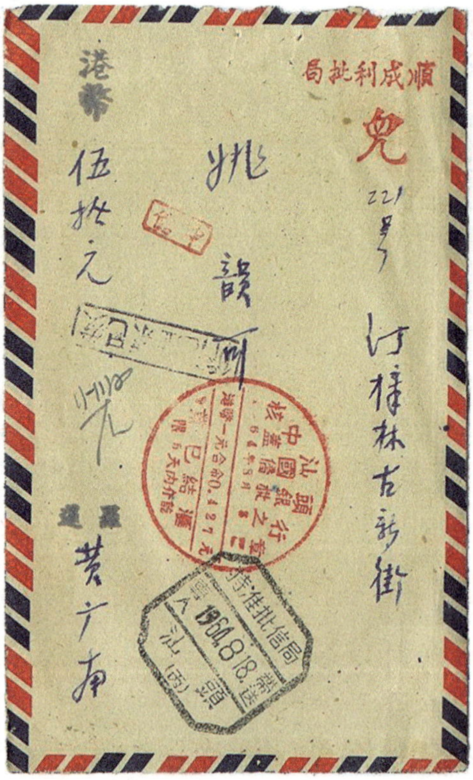

暹罗黄广南寄港币伍拾元至澄樟林古新街姚韵可。批封销汕头“1964. 8. 18”侨批专用邮戳，盖“顺成利批局”印

顺合泰

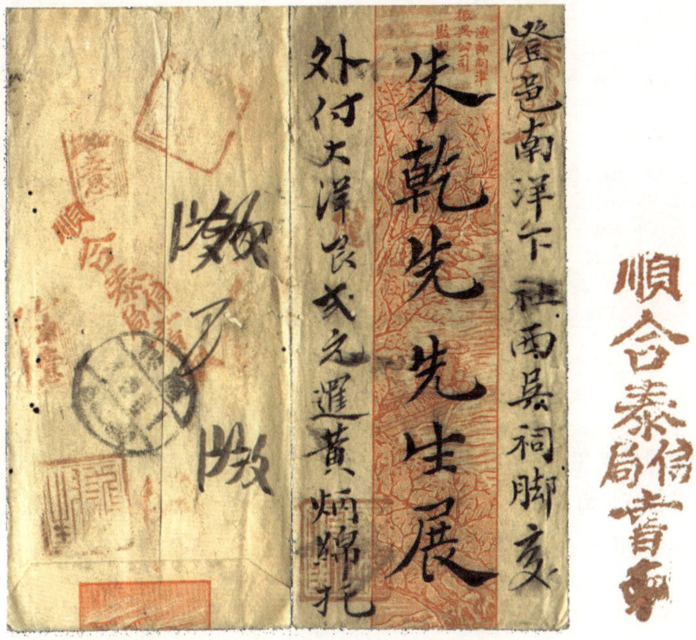

暹黄炳绵寄大洋银弍元至澄邑南洋下社朱乾先。批封盖“顺合泰信局书柬”印

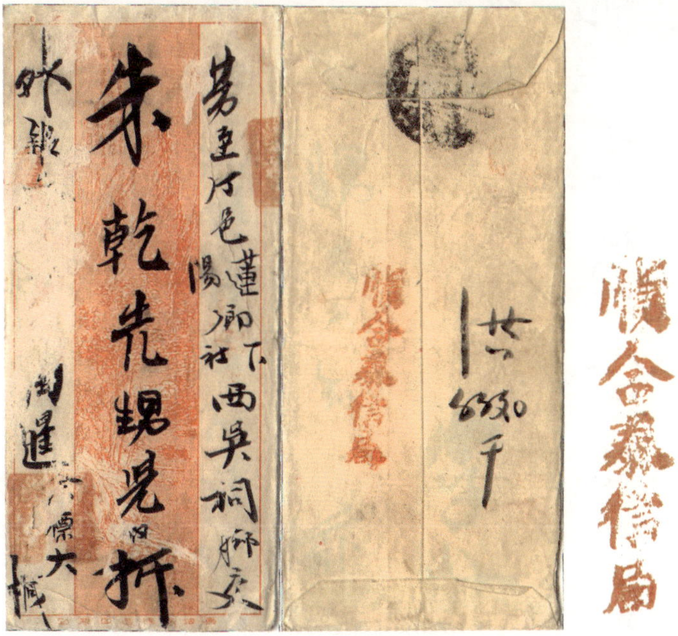

暹标大寄银□□至汀（澄）邑连阳乡下社朱乾先。批封盖“顺合泰信局”印

泰国锐潮民国卅年（1941）五月一日寄国币壹佰元至饶邑隆都后埔乡陈坤海。批封印“泰国北榄坡顺合泰银信局”，盖“暹京南昌合记银信局”印。北榄坡顺合泰与曼谷南昌合记合作经营侨批业务

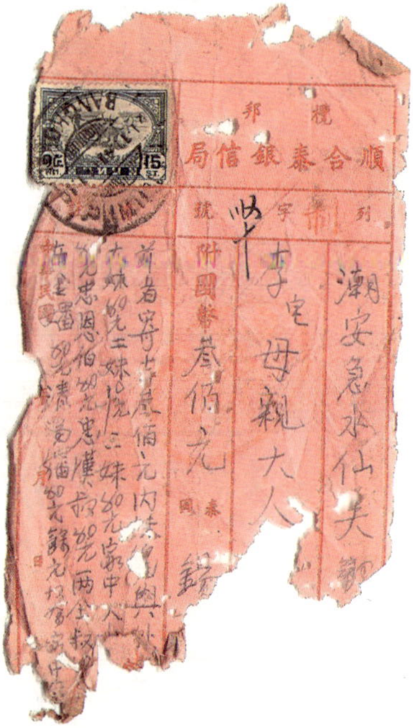

泰国锡□寄国币叁佰元至潮安急水仙美乡母亲。批封印“榄邦顺合泰银信局”

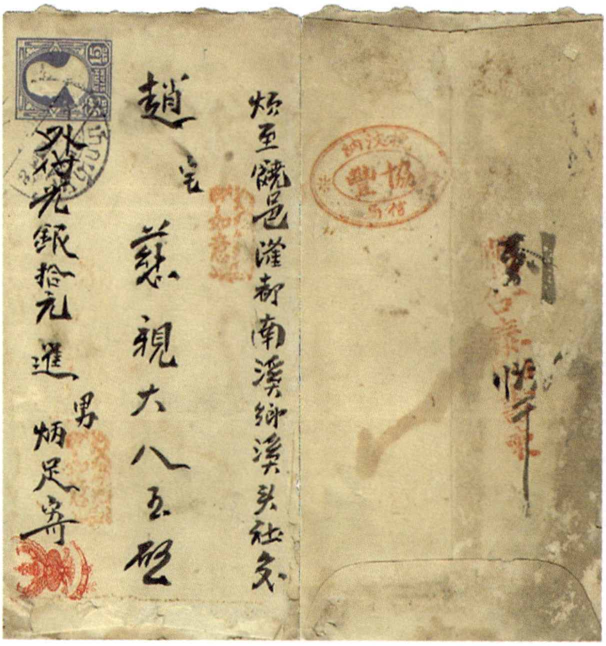

暹炳足寄光银拾元至饶邑隆都南溪乡母亲。批封盖“顺合泰信局书柬”和“挽汶纳协丰信局”印。顺合泰与挽汶纳协丰合作经营侨批业务

挽汶纳（Bang Mun Nak），泰国北部披集府的一个县。

顺合泰泉记

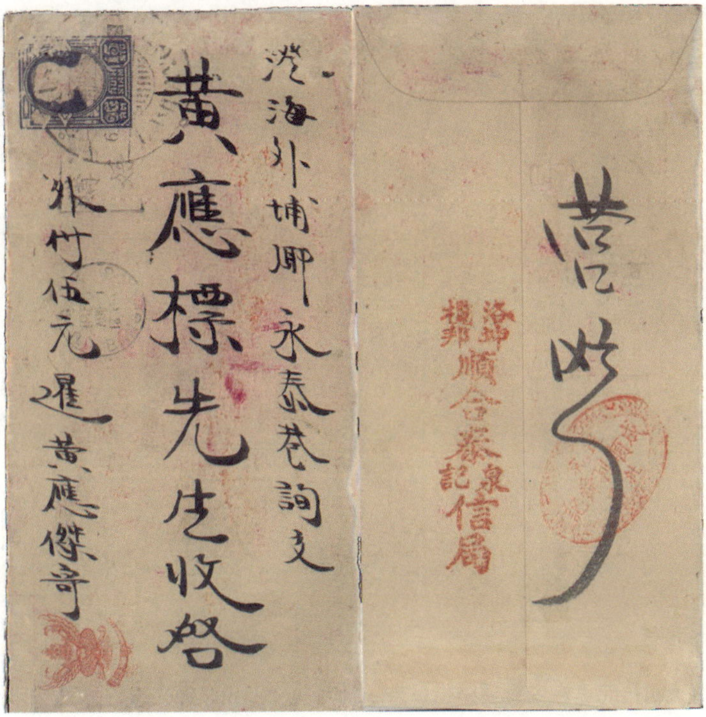

暹黄应杰寄伍元至澄海外埔乡黄应标。批封盖“洛坤榄邦顺合泰泉记信局”和“暹京成顺利舜记批局”印。洛坤榄邦顺合泰泉记和曼谷成顺利舜记合作经营侨批业务

洛坤，即那空是塔玛叻府（Nakhon Si Thammarat），位于泰国南部，东临泰国湾。

顺源兴玉记

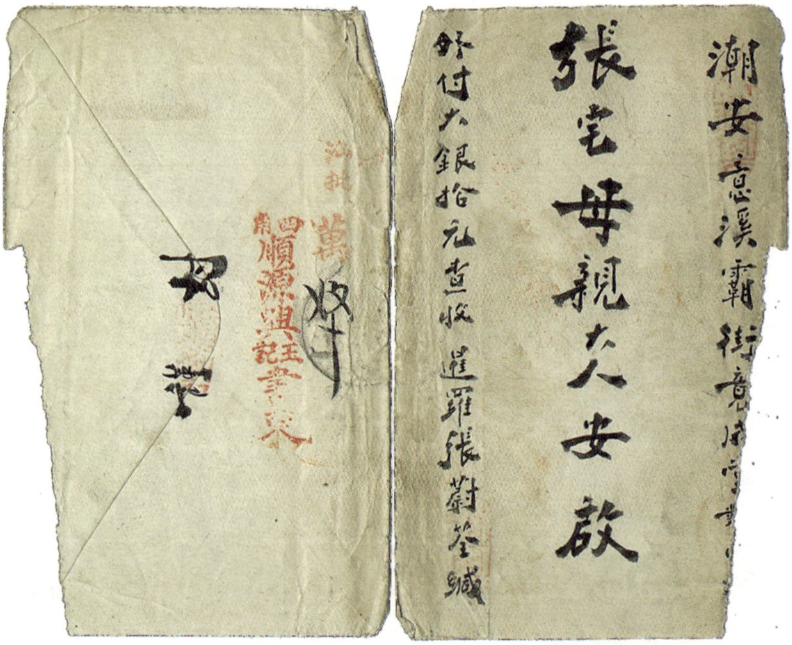

暹罗张蔚荃寄大银拾元至潮安意溪霸街母亲。批封盖“四角顺源兴玉记书柬”印

思成兴

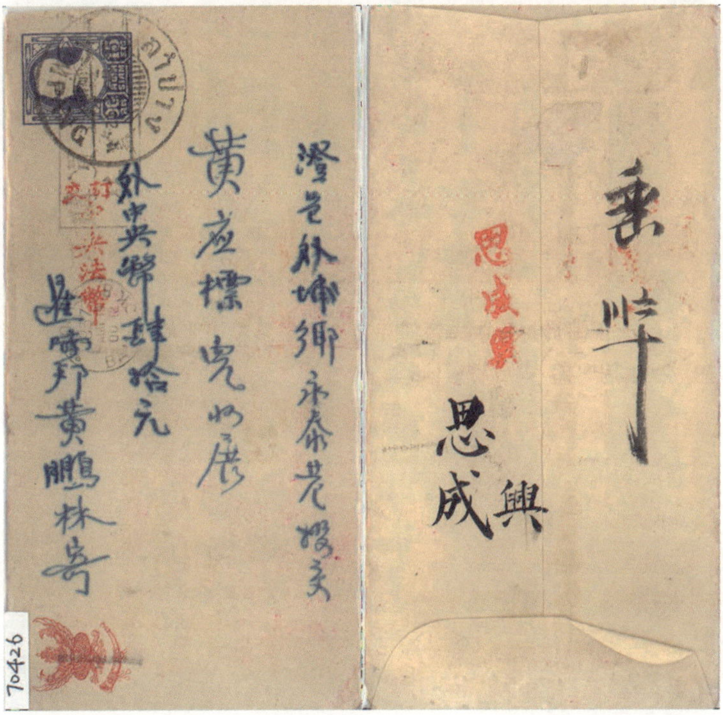

暹喃邦黄鹏林用泰国 15 士丁邮资封寄中央币肆拾元至澄邑外埔乡永泰巷黄应标。批封盖“思成兴”印

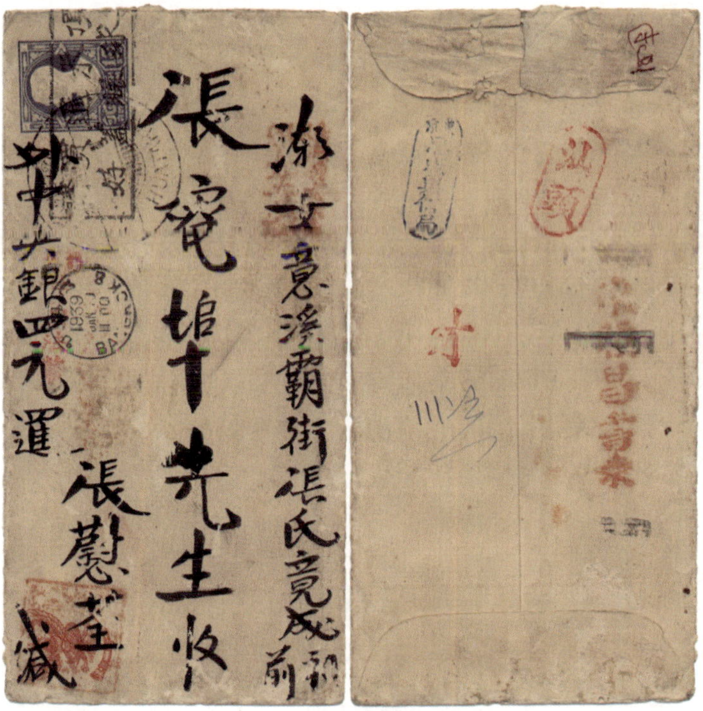

暹张蔚荃用泰国15士丁邮资封寄中央银四元至潮安意溪霸街张庵埠。批封销曼谷“1939. 1. 10”邮戳，盖“暹京思成兴信局”印

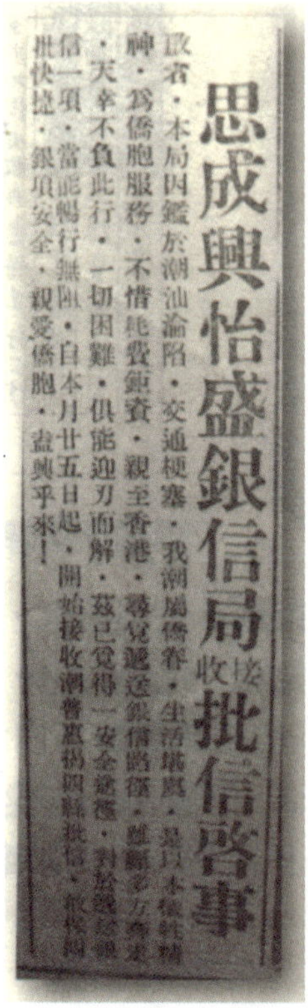

思成興怡盛銀信局 接收 批信啓事

啓者・本局因鑑於潮汕淪陷・交通梗塞・我潮屬僑眷・生活堪虞・是以本犧牲精神・爲僑胞服務・不惜耗費鉅資・親至香港・尋覓遞送銀信路徑・雖經多方奔走・天幸不負此行・一切困難・俱能迎刃而解・茲已覓得一安全途徑・對於親送銀信一項・當能暢行無阻・自本月廿五日起・開始接收潮普惠揭四縣批信・敢保回批快捷・銀項安全・親愛僑胞・盍興乎來！

1939年9月思成兴怡盛银信局在《中原报》刊登接收批信启事：“启者，本局因鉴于潮汕沦陷，交通梗塞，我潮属侨眷，生活堪虞。是以本牺牲精神，为侨胞服务，不惜耗费巨资，亲至香港，寻觅递送银信路径，虽经多方奔走，天幸不负此行。一切困难，俱能迎刃而解。兹已觅得一安全途径，对于亲送银信一项，当能畅行无阻。自本月廿五日起，开始接收潮普惠揭四县批信。敢保回批快捷，银项安全。亲爱侨胞，盍兴乎来！”

松华兴

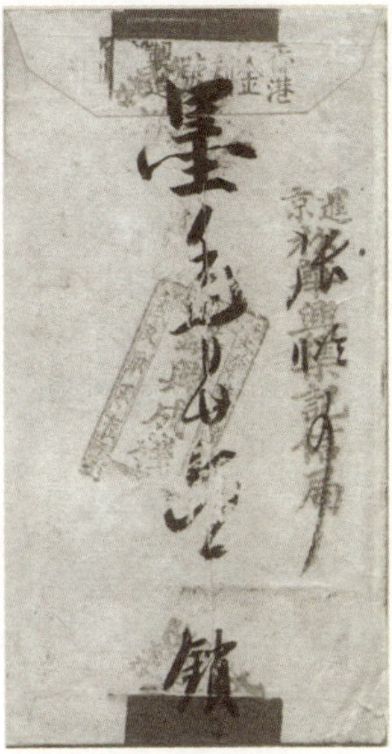

批封背面盖“暹京松华兴集记信局”印

揭阳发现的石碑

据泰国学者洪林、黎道纲提供的资料，在泰国20世纪初的官方档案《御前报告》中，已有创建于曼谷三聘街的“松华兴信局”的记录。该批局每年寄批金额约20万元。

揭阳大儒姚梓芳在其名著《觉庵丛稿》（京师京华书局印刷，1928年）中，对族人到泰国谋生并于咸丰年间创设侨批馆，乘红头船递送侨批的经历有一页简明而精彩的叙述，这在侨批文化研究中可谓凤毛麟角的珍贵资料。

据学者考证，姚达材创设的批馆为泰国松华兴。

学者在揭阳市的田野调查中发现了一通珍贵碑记，校录如下：

狮头地心房祖儒望梁公捐地一片。凤林姚、庵后陈松华兴信局捐银壹佰式拾五元七兑。古沟张铨记、隆裕捐银壹佰式拾五元七兑。督工姚松兴、志中。光绪拾柒年花月姚良才　梁□熙监。

碑文传递给我们的明确信息是：光绪十七年花月（1891年农历二月）由凤林姚、庵后陈创设的松华兴捐资七兑银一百二十五元。凤林姚、庵后陈即泰国松华兴的创办者姚达材、王锦裕。

松兴泰

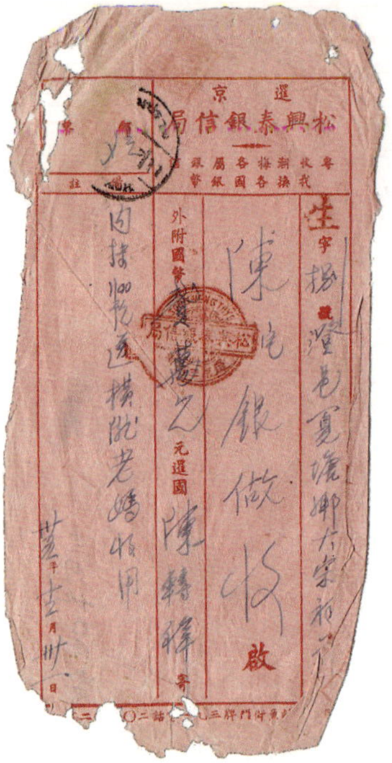

暹国陈转祥民国卅五年（1946）十二月卅一日寄国币贰万元至澄邑夏塘乡陈银做。批封印“暹京松兴泰银信局　咸鱼街门牌三九一”，盖“暹京三聘街松兴泰银信局”印

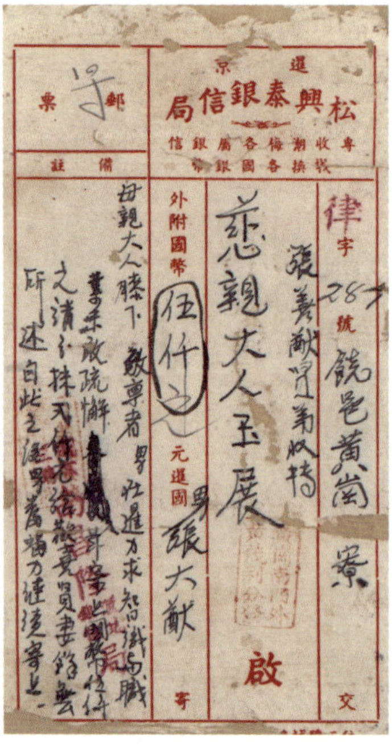

暹国张大猷寄国币伍仟元至饶邑黄岗（冈）寮张善猷。批封盖“暹京三聘南昌隆汇兑银信局”和“黄冈南门外黄茂利分发”印。同在曼谷的松兴泰与南昌隆合作收揽侨批，而收批地饶平黄冈黄茂利则负责将侨批送达收批人

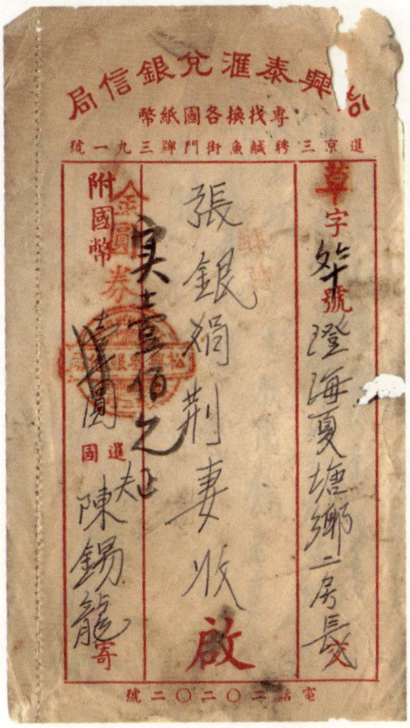

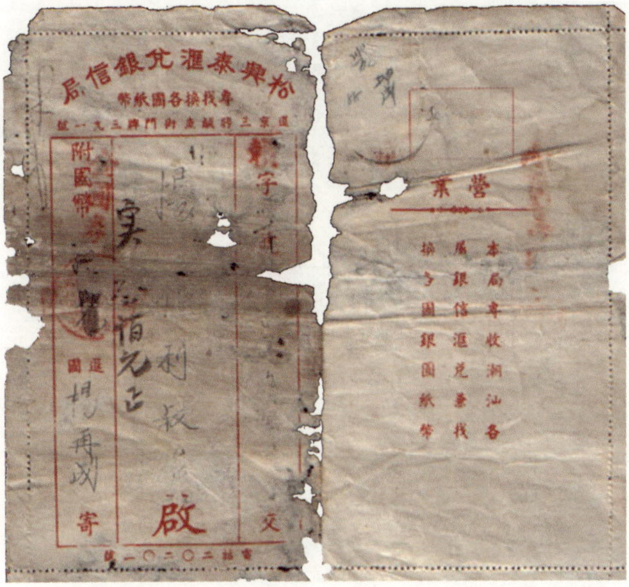

暹国陈锡龙寄金圆券壹佰元至澄海夏塘乡张银娟。批封印“松兴泰汇兑银信局　专找换各国纸币　暹京三聘咸鱼街门牌三九一号　电话二〇二〇二号”，盖“暹京三聘街松兴泰银信局”印

暹国杨再成寄金圆券叁佰元至澄海夏塘乡□□利。批封印“松兴泰汇兑银信局　暹京三聘咸鱼街门牌三九一号　电话二〇二〇二号”

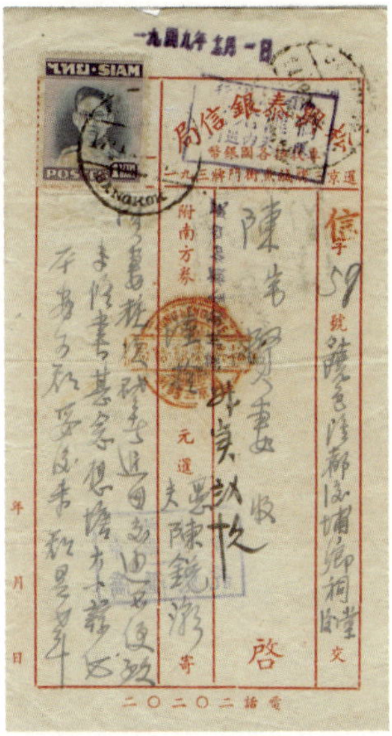

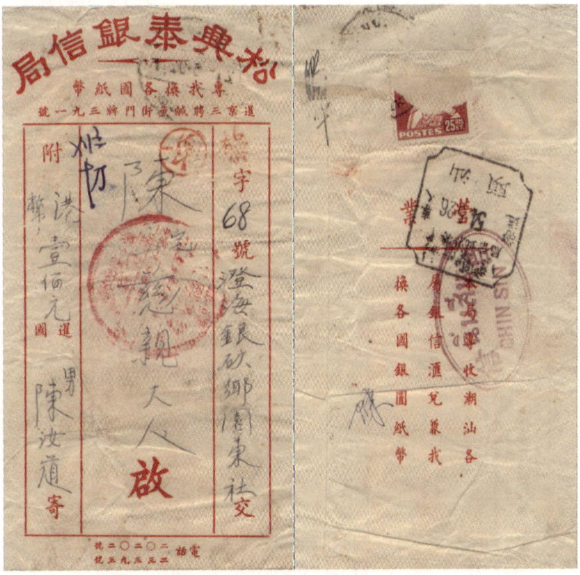

暹陈锐潮寄南方券陆拾元至饶邑隆都后埔乡妻子。批封盖“汕头中国银行一九四九年十二月一日侨汇兑讫”章

暹国陈汝道寄港币壹佰元至澄海银砂乡母亲。电话号码增加二三三九三号，盖汕头 1954 年 5 月 26 日侨批专用邮戳

暹国曾维标寄港币伍拾元至澄邑夏塘乡陈淑恒。批封盖“汕头中国银行一九五三年一月十四日专盖侨批之章”和“暹京振盛兴信局”印。同在曼谷的两家批局合作经营侨批业务

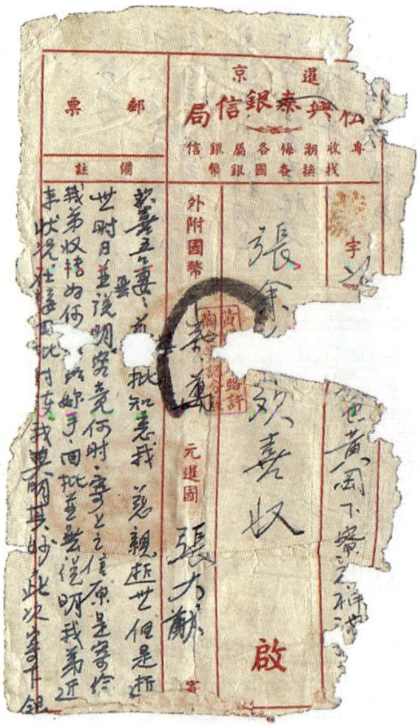

暹国张大猷用暹京松兴泰银信局自印封寄国币壹万元至饶邑黄冈下寮张余欢喜。批封盖“黄冈丁未路许陶合丰记分发”。收批地饶平黄冈许陶合丰记分发松兴泰递寄的侨批

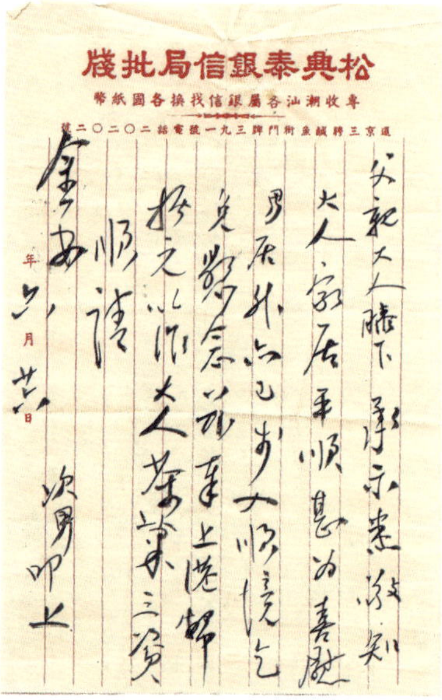

松兴泰银信局专用批笺

1947 年 5 月 18 日暹罗华侨银信局公会成立，松兴泰为首届会员商号，代表人黄景云。

1953 年臣信、能信、名信三家公司联合成立信联有限公司，成员包括其他批信局业者，称为购批代表。松兴泰为其中之一。据该年 5 月 11 日《中原报》所载之《信联有限公司购批代表名单》，松兴泰的经营地址在曼谷三聘街 391 号。

泰安

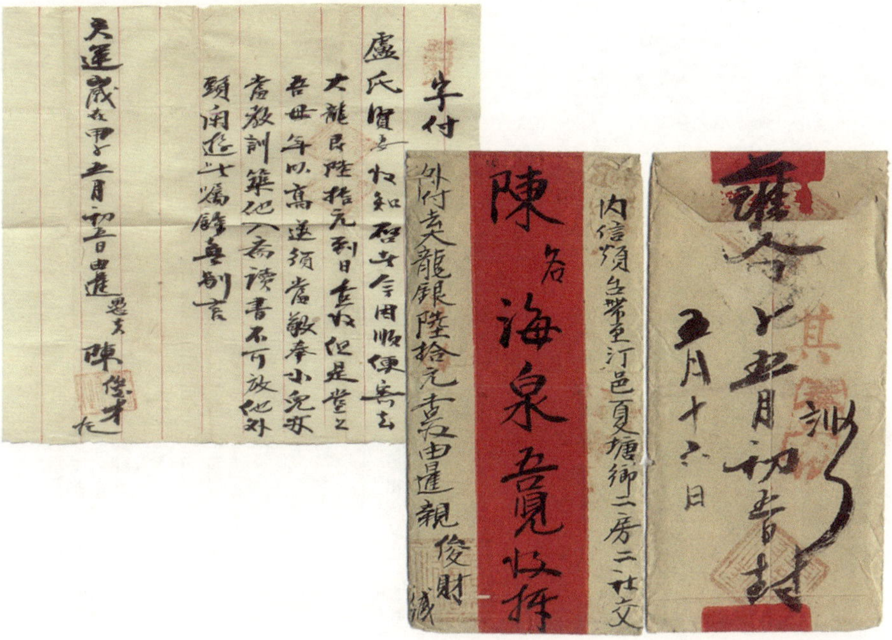

暹陈俊财甲子（1924）五月初五日寄大龙银陆拾元至汀（澄）邑夏塘乡陈海泉。批封列字编号为“其 824”，盖“泰安信局”印

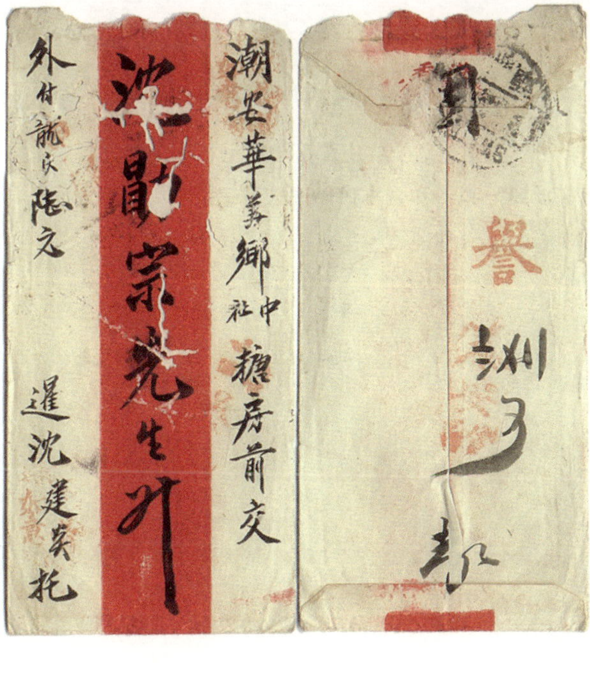

暹沈建炎寄龙银陆元至潮安华美乡沈勖宗。批封列字编号为“誉842”，盖“泰安信局”印

泰成

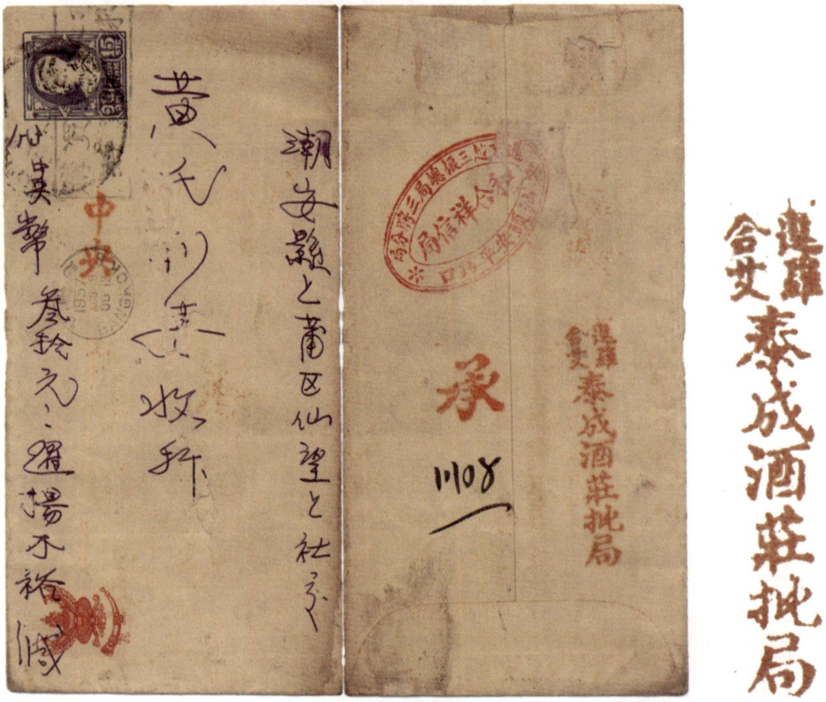

暹杨木裕用泰国 15 士丁邮资封寄中央币叁拾元至潮安县上莆区仙望上社妻子。批封销曼谷 1937 年 8 月 10 日邮戳，盖“暹罗合艾泰成酒庄批局”和“和合祥信局暹京越三振总局三聘分局”印。合艾泰成和曼谷和合祥合作经营侨批业务

泰成发

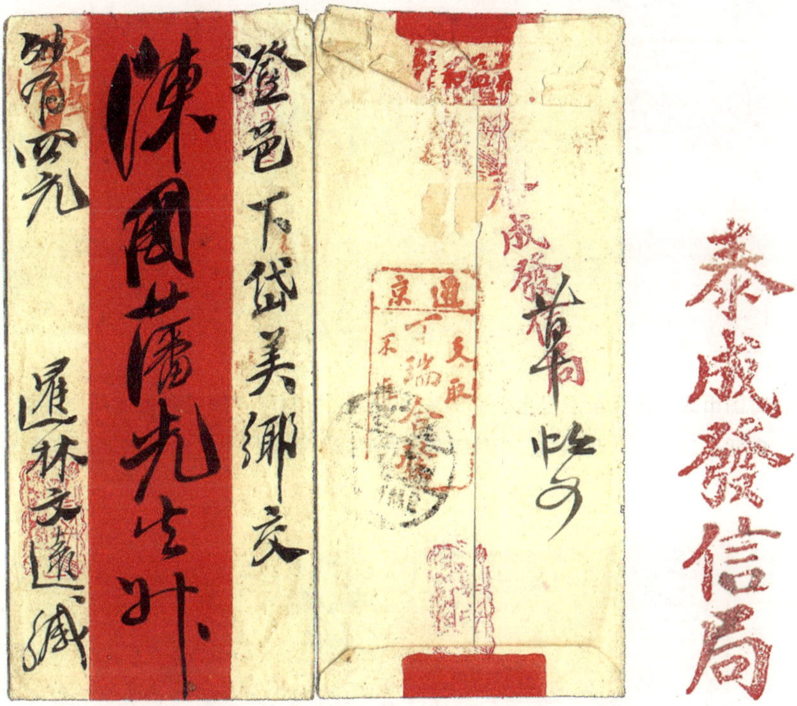

暹林文远寄光洋四元至澄邑下岱美乡陈国藩。批封盖“泰成发信局”和“暹京丁瑞合发支取不准”印。泰成发与曼谷丁瑞合发合作经营侨批业务

泰成兴

暹京黄礼信寄国币式拾伍元至澄邑上外都凤岭乡双亲。批封印“泰成兴银信局　暹京　三聘咸鱼街门牌三四五　电话：二一八八八”，盖“暹京泰成兴信局”印

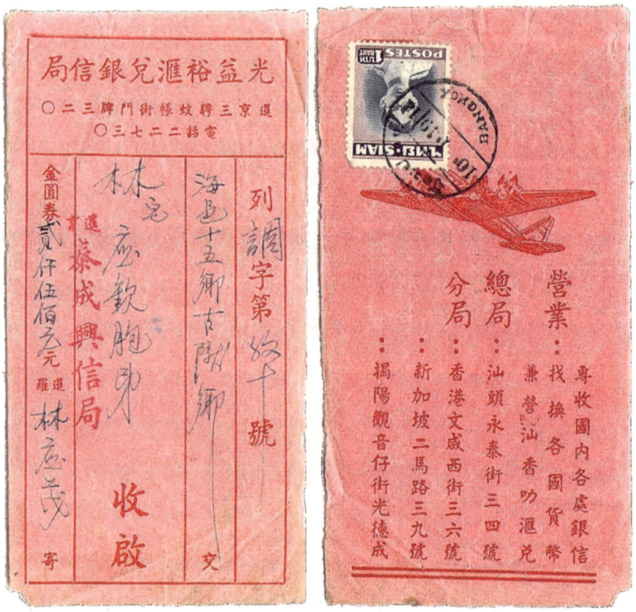

暹罗林应茂用光益裕汇兑银信局自印封寄金圆券贰仟伍佰元至海邑十五乡古陇乡林应钦。批封销曼谷 1949 年 1 月 10 日邮戳，盖“暹京泰成兴信局”印。同在曼谷的两家批局合作经营侨批业务

泰合昌

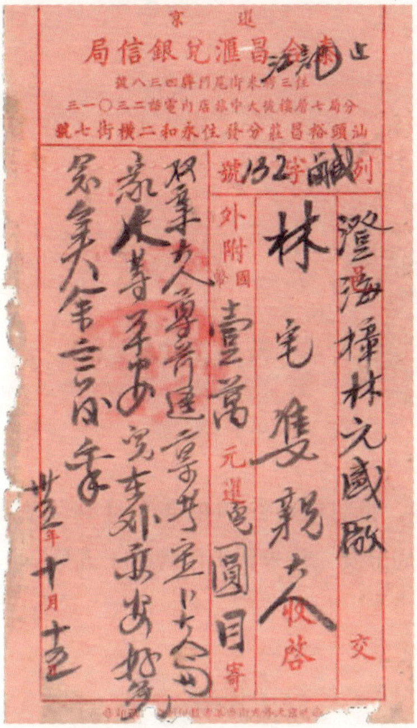

暹圆目民国卅五年（1946）十月十五日寄国币壹万元至澄海樟林双亲。批封印“暹京　泰合昌汇兑银信局　住三聘米街尾门牌四三八号　分局七层楼后大中旅店内电话二三〇一三　汕头裕昌庄分发住永和二横街七号”

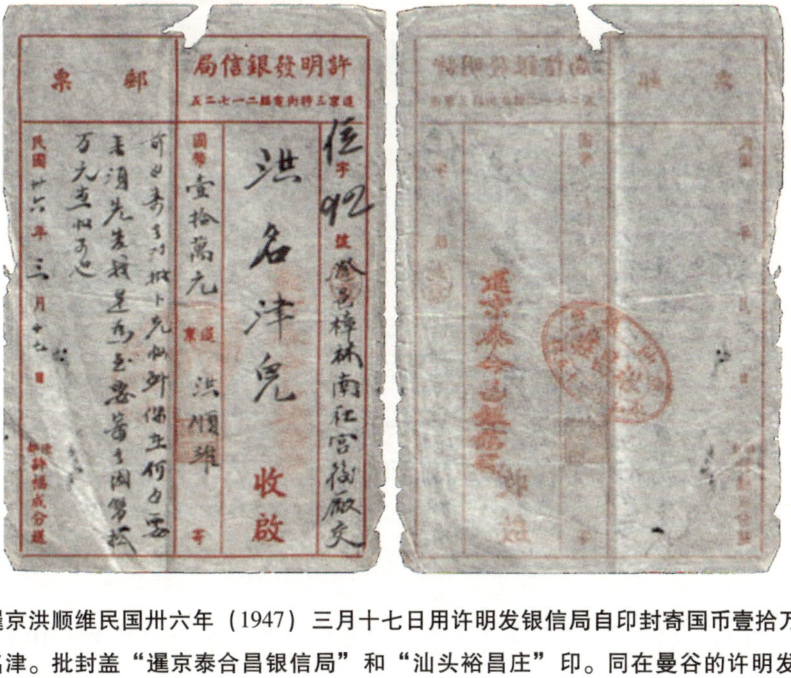

暹京洪顺维民国卅六年（1947）三月十七日用许明发银信局自印封寄国币壹拾万元至澄邑樟林南社洪名津。批封盖“暹京泰合昌银信局”和“汕头裕昌庄”印。同在曼谷的许明发银和泰合昌合作收揽递寄侨批，侨批到达汕头后由裕昌庄负责分发

暹郑钦桂寄金圆券一百万元至揭邑桃都白石下乡郑过森。批封销曼谷 1949 年 2 月 14 日邮戳，暹京泰合昌电话改为“二三三二五”，批封印“汕头　宏通批局分发　住永和街门牌四十五号”

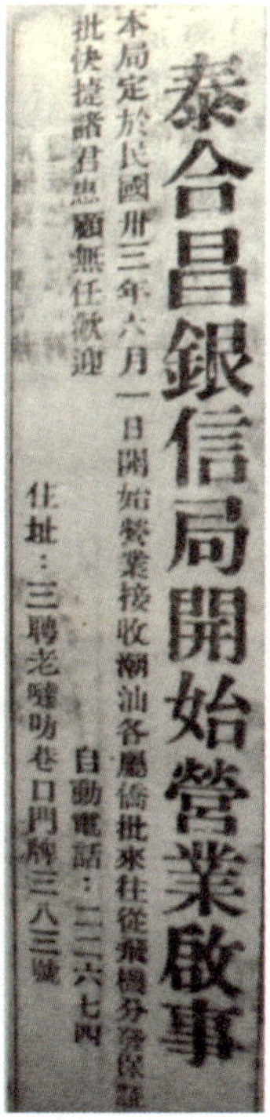
泰合昌銀信局開始營業啟事
本局定於民國卅三年六月一日開始營業接收潮汕各屬僑批來往從飛機分發保證回批快捷諸君惠顧無任歡迎
自動電話：二二六七四
住址：三聘老噠叻巷口門牌三八三號

1944 年泰合昌银信局在《中原报》上刊登开业启事：“本局定于民国卅三年（1944）六月一日开始营业接收潮汕各属侨批来往从飞机分发保证回批快捷诸君惠顾无任欢迎　住址：三聘老哒叻巷口门牌三八三号”

1947 年 5 月 18 日暹罗华侨银信局公会成立，泰合昌为首届会员商号，代表人蔡布天。

泰和隆

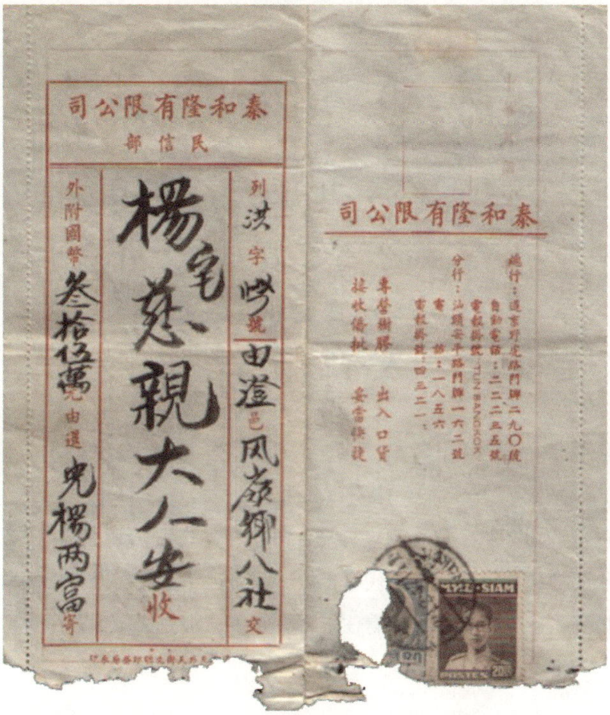

暹杨两富寄国币叁拾伍万元至澄邑风（凤）岭乡母亲。批封印“泰和隆有限公司民信部”“总行：暹京野虎路门牌二九〇号　自动电话：二二二三五号　分行：汕头安平路门牌一六二号　电话：一八五六”

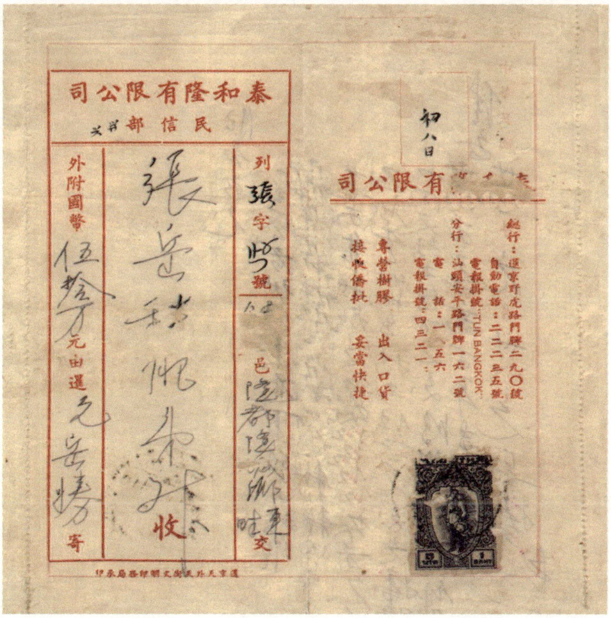

暹岳胜寄国币伍拾万元至饶邑隆都隆城乡张岳秋

泰和隆有限公司啓事

本公司接收潮梅各屬滙兌銀信及代客存欵於銀行且絡續派員携批回國分發保証快捷妥當惠顧僑胞祈從速焉住址野虎路中原報對面

1945 年 11 月 27 日泰和隆有限公司在《光华报》刊登启事：“本公司接收潮梅各属汇兑银信及代客存款于银行且络续派员携批回国分发保证快捷妥当惠顾侨胞祈从速焉住址野虎路中原报对面”

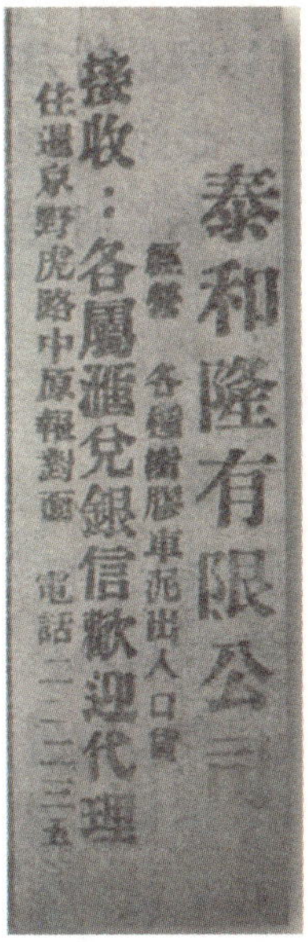
泰和隆有限公司

接收：各屬滙兌銀信歡迎代理

住暹京野虎路中原報對面　電話二二二三五

泰和隆有限公司刊登广告：“接收：各属汇兑银信欢迎代理　住暹京野虎路中原报对面　电话二二二三五”

1947 年 5 月 18 日暹罗华侨银信局公会成立，泰和隆为首届会员商号，代表人纪经智。

泰华丰

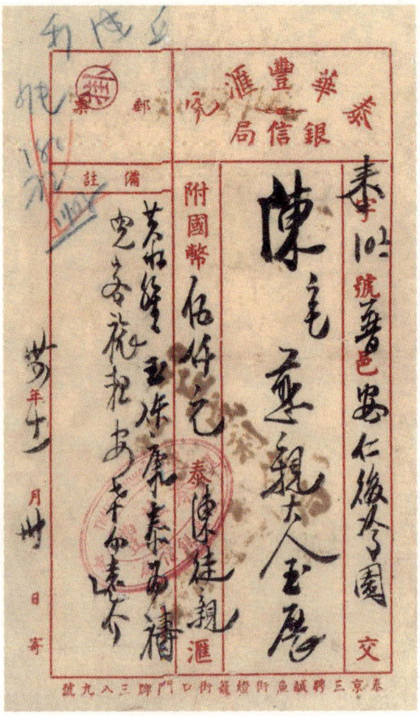

泰陈徒亲民国卅四年（1945）十一月卅日寄国币伍仟元至普邑安仁后冷园母亲。批封印“泰华丰汇兑银信局　泰京三聘咸鱼街灯笼街口门牌三八九号”，盖“暹京泰华丰汇兑银信局”印

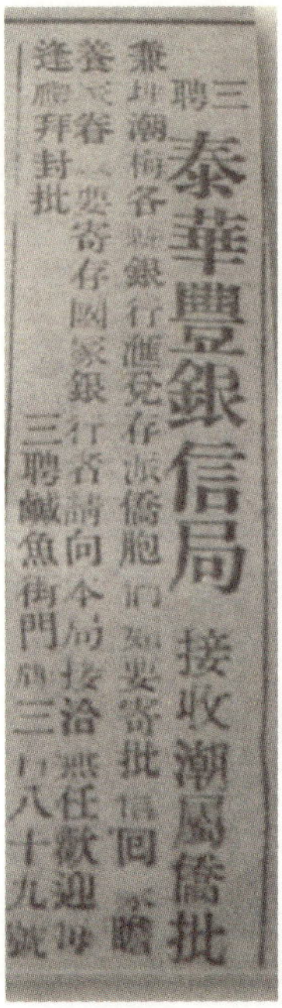
三聘 泰華豐銀信局 接收潮屬僑批
兼理潮梅各縣銀行滙兌存派僑胞們如要寄批信回家贍養家眷或要寄存國家銀行者請向本局接洽無任歡迎每逢禮拜封批
三聘鹹魚街門牌三百八十九號

泰华丰银信局 1945 年 11 月 26 日在《光华报》刊登广告：“接收潮属侨批兼理潮梅各县银行汇兑存派侨胞们如要寄批信回家赡养家眷或要寄存国家银行者请向本局接洽无任欢迎每逢礼拜封批　三聘咸鱼街门牌三百八十九号”

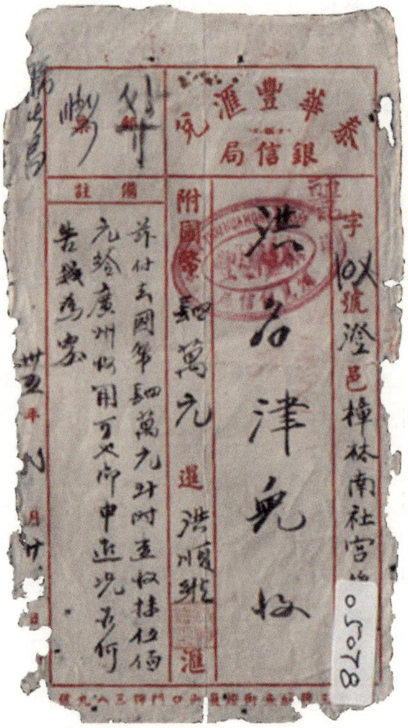

暹洪顺维民国卅五年（1946）寄国币肆万元至澄邑樟林南社洪名津。盖“暹京泰华丰汇兑银信局”印

泰　记

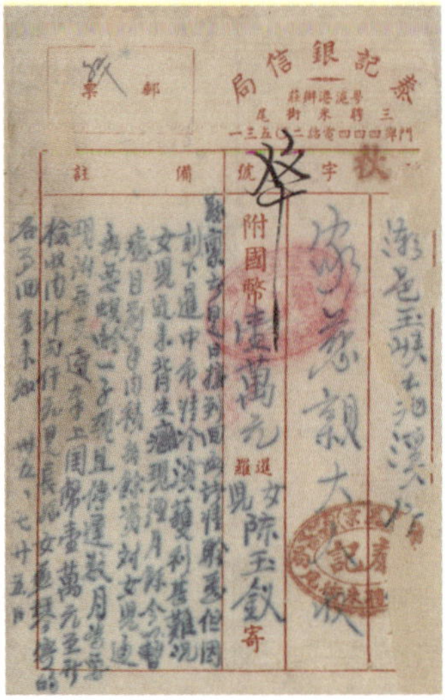

暹罗陈玉钗民国卅五年（1946）寄国币壹万元至潮邑玉峡桃溪仔母亲。批封印“泰记银信局　粤沪港办庄　三聘米街尾　门牌四四四电话二〇五三一”

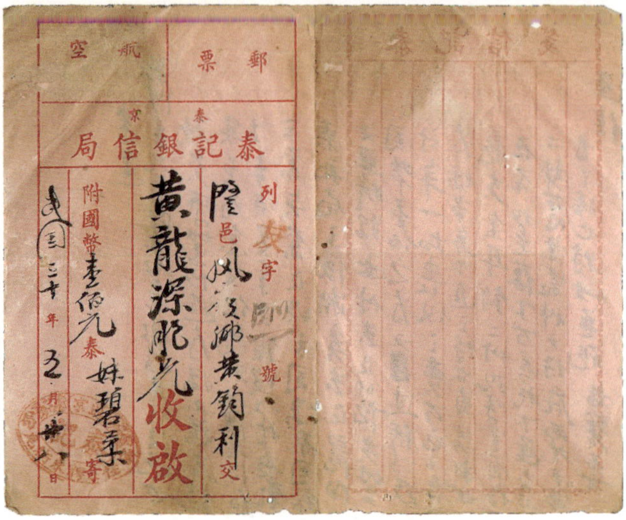

泰碧柔民国三十年（1941）五月廿八日寄国币壹佰元至隆邑风（凤）岭乡黄龙深。批封盖“暹京泰记信局　住三聘米街尾”印

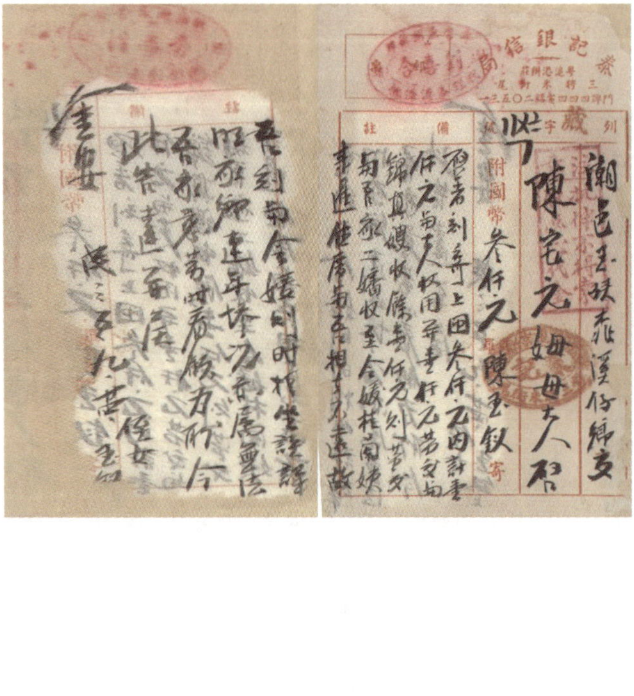

暹罗陈玉钗民国卅五年（1946）九月廿四日寄国币叁仟元至潮邑玉峡桃溪仔乡姆母。批封盖“潮汕刘喜合代理各港侨批”“暹京泰记信局　住三聘米街尾”和“泰京泰源亨银信局”印。同在曼谷的泰记和泰源亨收揽递寄侨批，侨批送达目的地潮阳后，则由刘喜合分发送交收批人

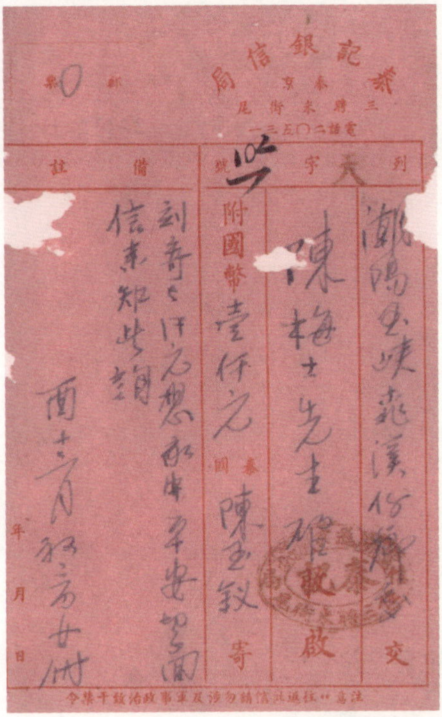

泰国陈玉钗酉年（1945）十二月初三日寄国币壹仟元至潮阳邑玉峡桃溪仔陈梅士。批封盖“暹京泰记信局　住三聘米街尾”印

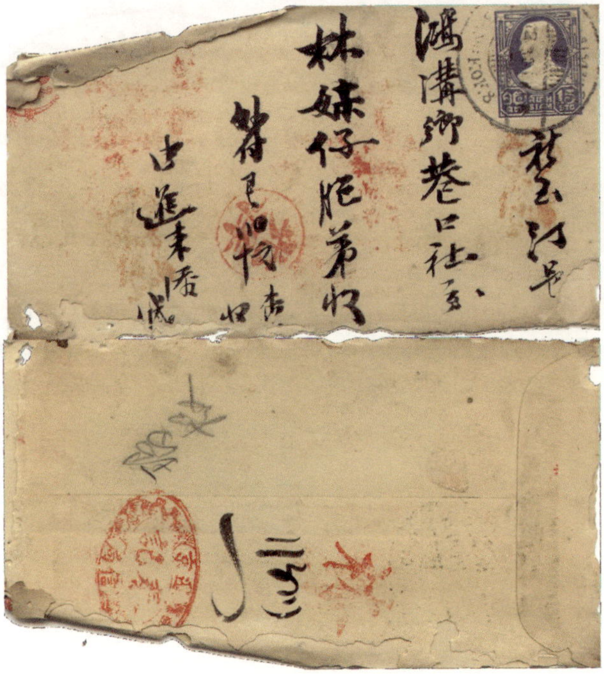

暹来添用泰国15士丁邮资封寄光洋二十元至汀（澄）邑鸿沟乡林妹仔。批封盖“暹京泰记信局”印

1932年1月31日暹罗华侨银信局公所成立，泰记为首任监事商号。

泰铭兴

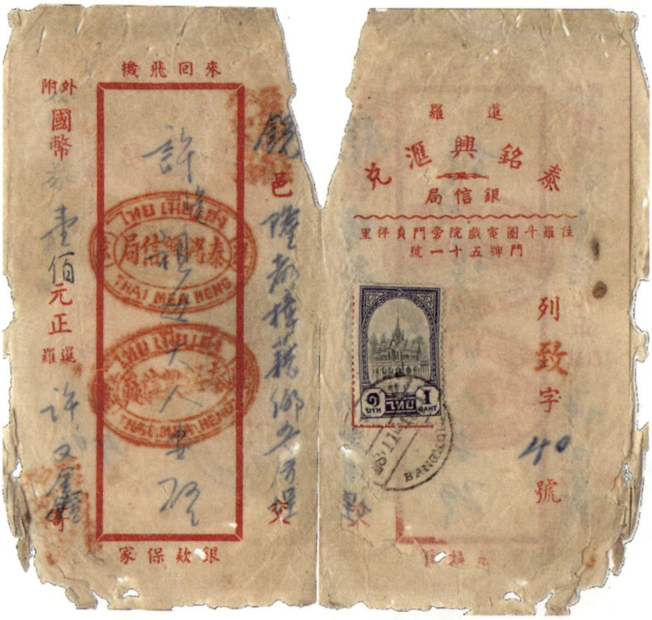

暹罗许又鑫寄国币壹佰元至饶邑隆都樟藉（籍）乡祖母。批封销曼谷 1948 年 11 月 8 日邮戳，印“暹罗　泰铭兴汇兑　银信局　住罗斗圈电戏院旁门贞祥里　门牌五十一号”，盖“暹京泰铭兴信局”印

泰盛利

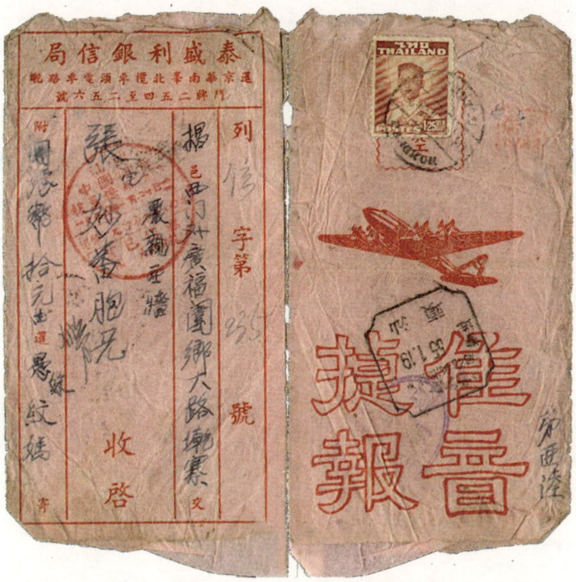

暹纹妈用批局浅红色自印封寄港币拾元至揭邑西门外广福围乡张妙蕃。批封印“泰盛利银信局暹京华南峰北榄车头电车路墘　门牌二五四至二五六号”，盖汕头 1955 年 1 月 19 日侨批专用邮戳

暹吴赞音用泰盛利银信局红色自印封寄港币伍拾元至揭邑棉湖和顺乡双亲。批封盖汕头 1955 年 11 月 21 日侨批专用邮戳

暹吴世英用批局粉红色自印封寄港币陆拾元至揭邑砲台大青溪乡吴克藩。批封印“泰盛利银信局　暹京华南峰北榄车头电车路墘　门牌二五四至二五六号　电话：三〇七二一”，盖“臣信”印

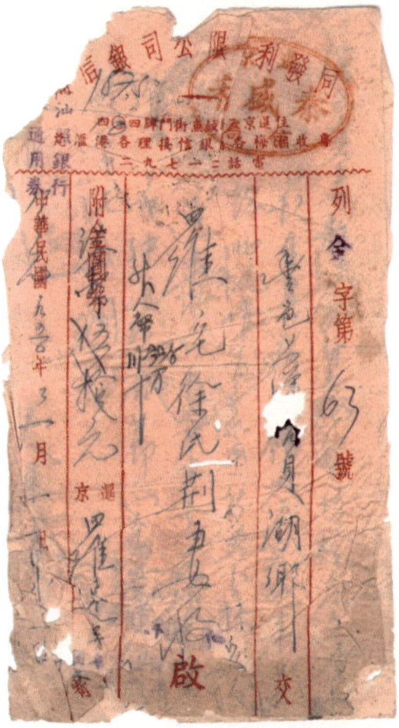

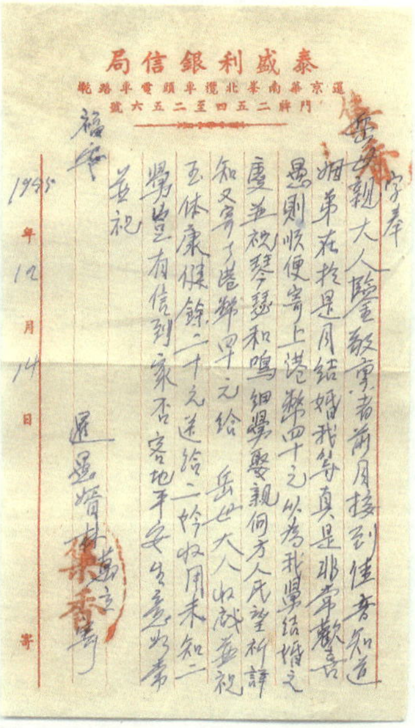

暹京罗速□一九五〇年三月一日用同发利有限公司银信局自印封寄港币伍拾元至丰邑上洋□贝湖乡妻子。批封盖“暹京泰盛利信局”椭圆形印。同在曼谷的同发利和泰盛利合作经营侨批业务

泰盛利银信局写批专用笺

1953 年臣信、能信、名信三家公司联合成立信联有限公司，成员包括其他批信局业者，称为购批代表。泰盛利为其中之一。据该年 5 月 11 日《中原报》所载之《信联有限公司购批代表名单》，泰盛利的经营地址在曼谷拉玛四路 254 号。

泰兴裕

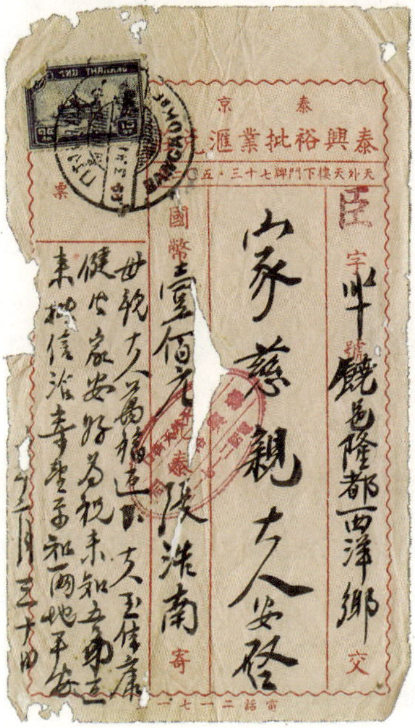

张浩南用批局白色自印封寄国币壹佰元至饶邑隆都西洋乡母亲。批封销曼谷 1941 年 3 月 29 日邮戳，印“泰京　泰兴裕批业汇兑庄　天外天楼下门牌七十三·五〇二号　电话二一七一三”，盖“暹京天外天街口泰兴裕信局电话二一七一三”印

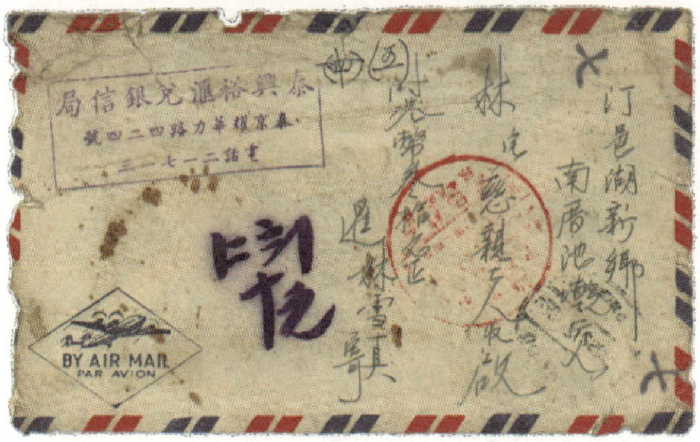

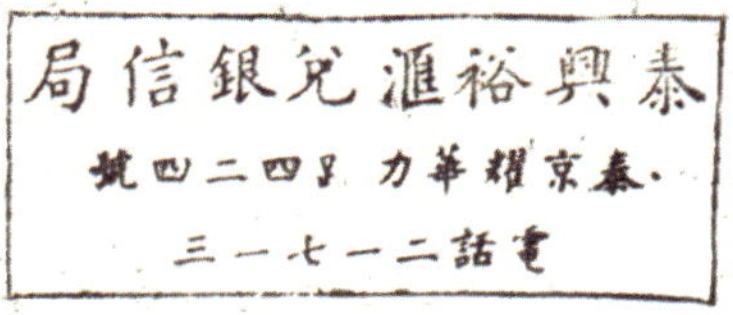

暹林雪真寄港币叁拾元至汀（澄）邑湖新乡母亲。批封盖“泰兴裕汇兑银信局泰京耀华力路四二四号电话二一七一三”长方形印

泰興裕信局設昆明香港滙兌啓事

泰兴裕 1939 年刊登启事：在昆明、香港增设分庄，接收汇兑业务

泰国陈何桐用批局红色自印封寄港币式拾元至澄邑樟林塘西后梅陇乡陈林桐。批封印“泰兴裕汇兑银信局　泰京耀华力路四二四号　电话二一七一三”，盖“汕头中国银行一九五四年三月十一日核盖侨批之章”

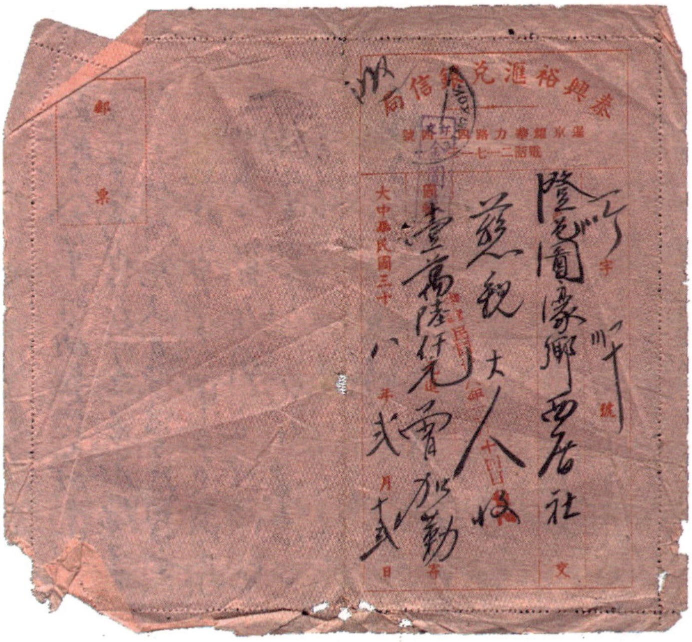

暹曾加勤民国一九四九年式月十式日用泰兴裕汇兑银信局深红色自印封寄国币壹万陆仟元至澄邑图濠乡母亲

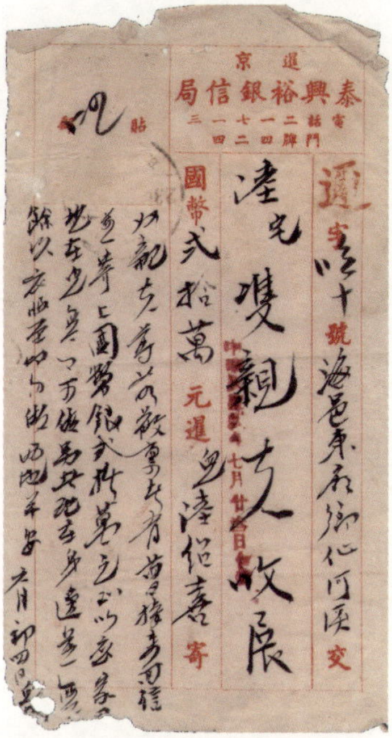

暹陆绍喜用泰兴裕银信局白色自印封寄国币式拾万元至海邑东廓乡双亲

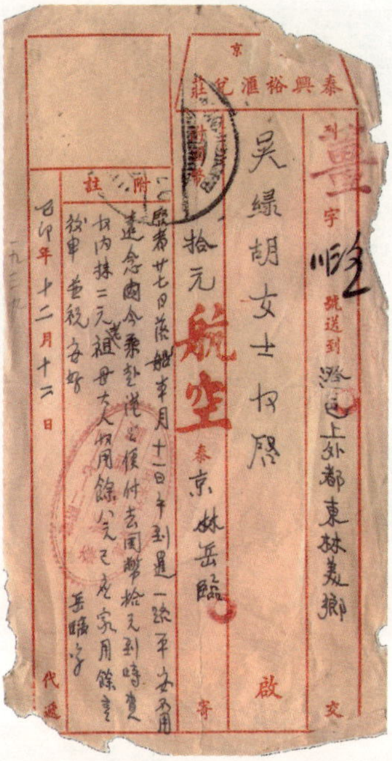

泰京林岳临己卯年（1939）十二月十二日用批局橙色自印封寄国币拾元至澄邑上外都东林美乡吴绿胡。批封抬头印“暹京　泰兴裕汇兑庄”，盖“泰兴裕信局”印

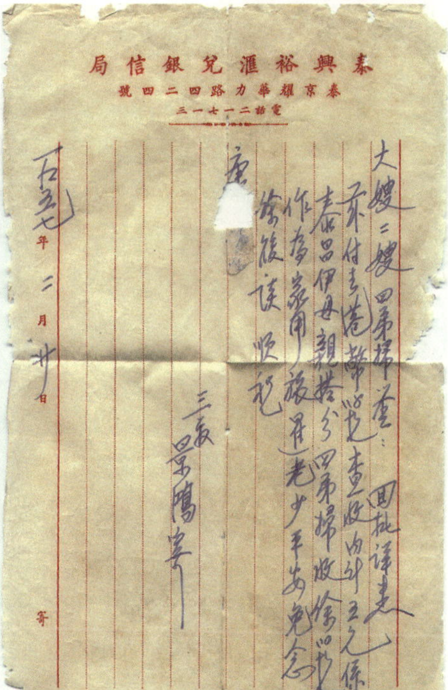

泰兴裕汇兑银信局写批专用笺

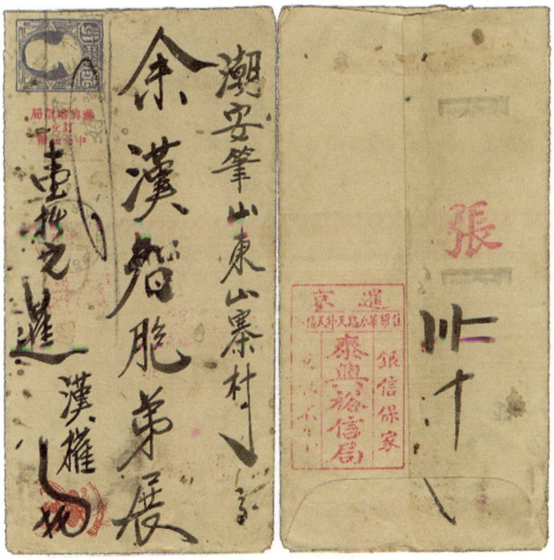

暹汉权用泰国 15 士丁邮资封寄中央币壹拾元至潮安笔山东山寨村余汉智。批封印“泰兴裕信局交订中央法币”，盖“暹京泰兴裕信局住耀华力路天外天楼下　银信保家支取不准”印

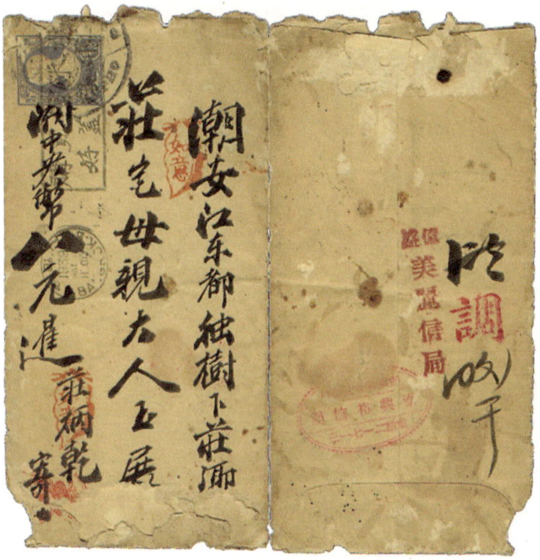

暹庄炳乾用泰国 15 士丁邮资封寄中央币八元至潮安江东都独树下庄乡母亲。批封销曼谷 1939 年 5 月邮戳，盖“亿盛美丽”和“暹京泰兴裕信局”印。亿盛美丽信局与曼谷泰兴裕合作经营侨批业务

1929 年 11 月 13 日，泰国政府颁布《允许在暹罗和中国之间通信使用 15 士丁邮资信封的指令》，规定“对于从地方城镇送往位于曼谷的批馆，再转往中国的银信，如果是使用邮资封或其他已付邮资的信封，不需要另行收费”。

1947 年 5 月 18 日，暹罗华侨银信局公会成立，泰兴裕为首届会员商号，代表人张香筹。

1953 年臣信、能信、名信三家公司联合成立信联有限公司，成员包括其他批信局业者，称为购批代表。泰兴裕为其中之一。据该年 5 月 11 日《中原报》所载之《信联有限公司购批代表名单》，泰兴裕的经营地址在曼谷耀华力路 424 号。

泰怡昌

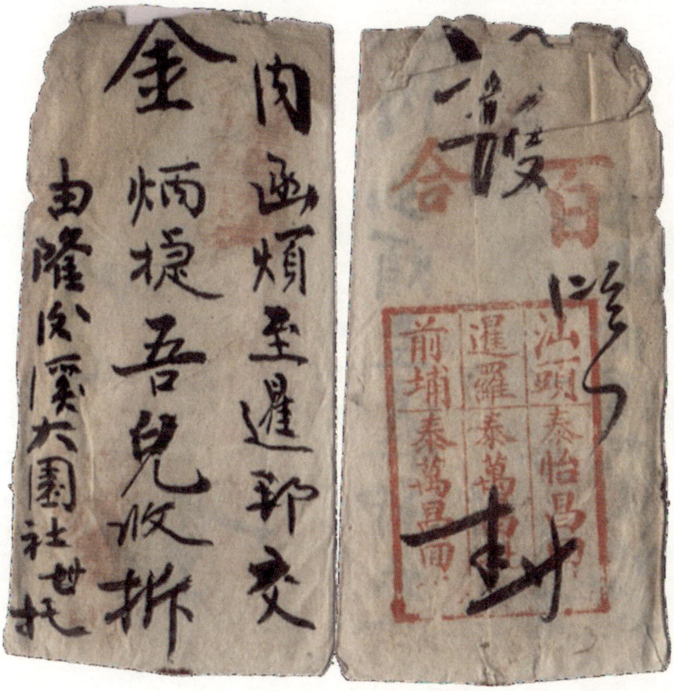

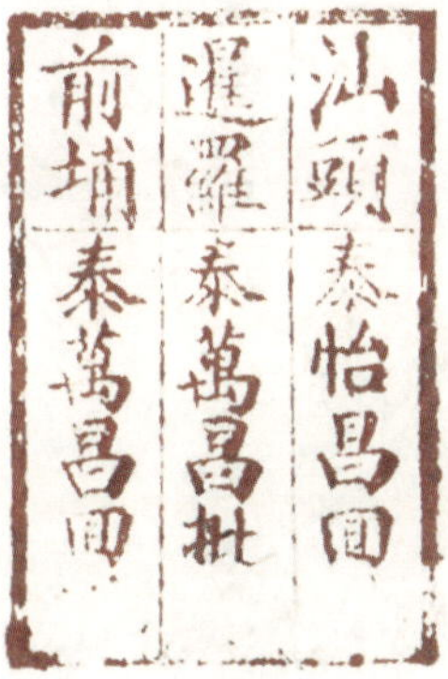

隆后溪大园社母亲寄暹邦金炳捷回批。批封盖“汕头泰怡昌回批　暹罗泰万昌批局　前埔泰万昌回批”印。泰国泰万昌在泰国收揽递寄的批信到达潮汕地区后，由汕头泰怡昌和饶平隆都泰万昌负责送达收批人并收取回批

泰源亨

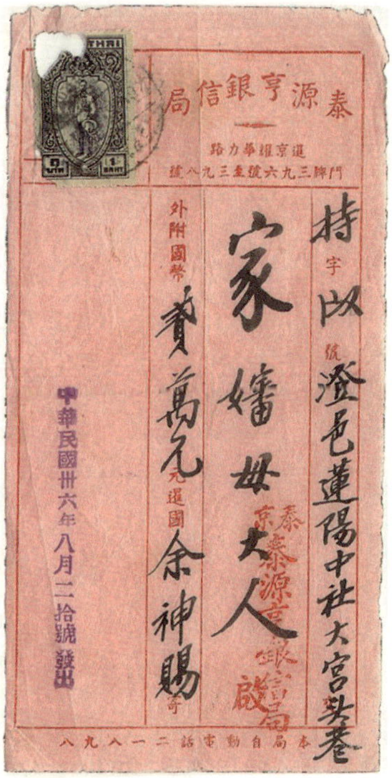

暹国余神赐民国卅六年（1947）八月二拾号用批局粉红色自印封寄国币贰万元至澄邑莲阳中社婶母。批封印“泰源亨银信局　暹京耀华力路　门牌三九六号至三九八号　本局自动电话二一八九八”，盖“泰京泰源亨银信局”印

暹庄钦城民国卅八年（1949）三月拾四日寄金圆券伍仟元至潮安登隆都阁洲上乡许胜裕。批封盖“泰京泰源亨银信局”和“浮洋李协成代理回批”印。曼谷泰亨源收揽递寄的批信到达收批地后，由潮安浮洋李协成分发并收取回批转送寄批人

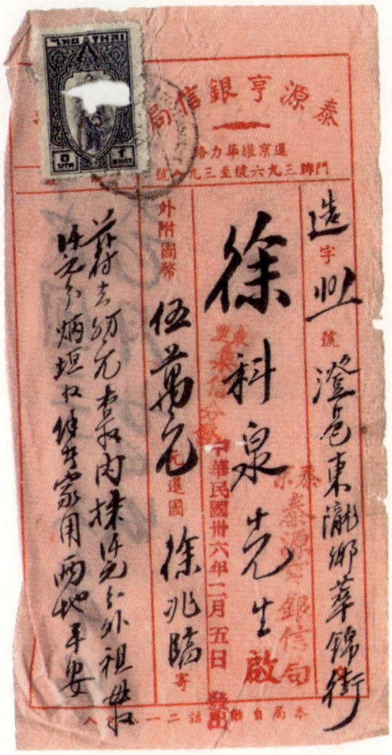

暹国徐兆临民国卅六年（1947）二月五日用泰源亨银信局红色自印封寄国币伍万元至澄邑东陇乡徐科泉。批封盖“泰京泰源亨银信局”和“东里集信分发”印。曼谷泰亨源收揽递寄的批信到达收批地后，由澄海东里集信分发并收取回批转送寄批人

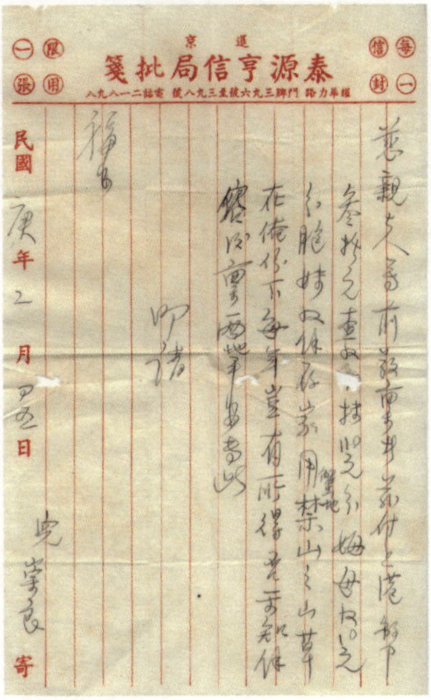

泰源亨信局写批用笺上印：每一信封　限用一张

1945 年 11 月泰源亨银信局在《光华报》刊登广告：“接收潮汕各属侨批　山吧代理无任欢迎　暹京耀华力路天外天街口门牌三九六至三九八　自动电话二一八九八”

1949 年 12 月 21 日泰源亨批局在《全民报》刊登启事：自民国卅八年（1949）十月一日自动停业

1947 年 5 月 18 日暹罗华侨银信局公会成立，选举首届理监事，泰源亨的陈畏三当选为常务兼秘书。

唐双合

暹莫荣用泰国 15 士丁邮资封寄大洋叁拾元至潮安水南都急水坑乡蔡森水。批封盖“唐双合”印

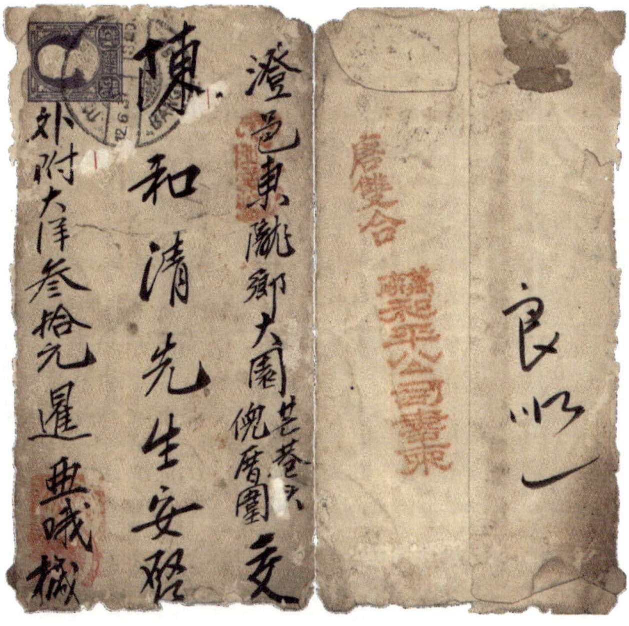

暹亚哦用泰国 15 士丁邮资封寄大洋叁拾元至澄邑东陇乡陈和清。批封销曼谷“31. 6. 12”邮戳，盖“唐双合”印

天寿堂

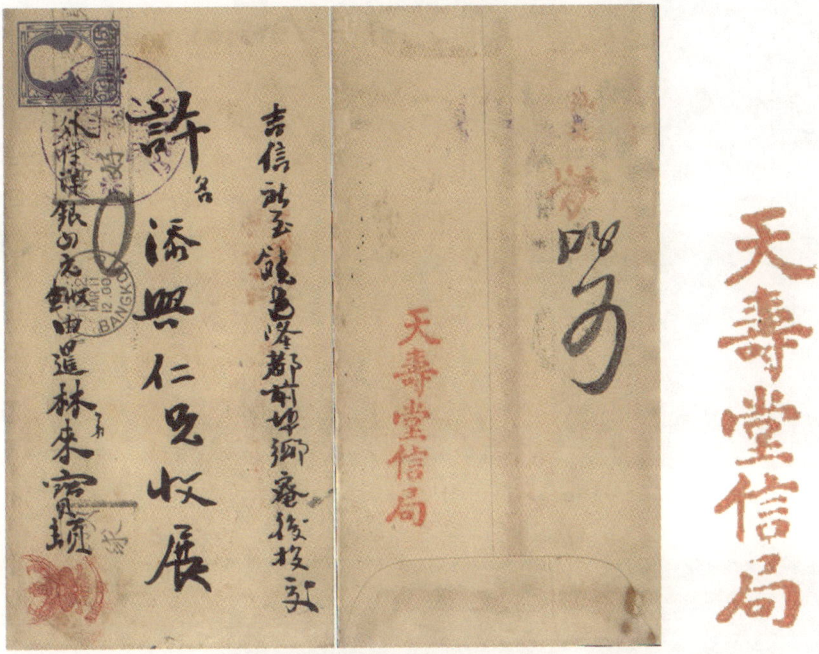

暹林来宝用泰国 15 士丁邮资封寄洋银四元至饶邑隆都前埠乡许添兴。批封销曼谷 1932 年 3 月 11 日邮戳，盖“天寿堂信局”印

天外天

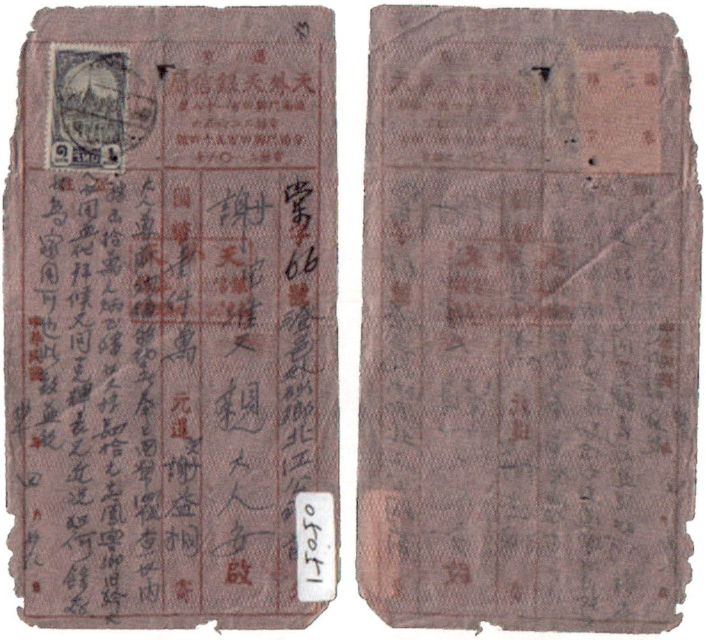

暹谢益桐民国卅四年（1945）四月廿九日用批局红色自印封寄国币壹仟万元至澄邑外砂乡双亲。批封印“暹京　天外天银信局　总局门牌四百一十八号　电话二二六五六　分局门牌四百五十四号　电话二一〇六七”

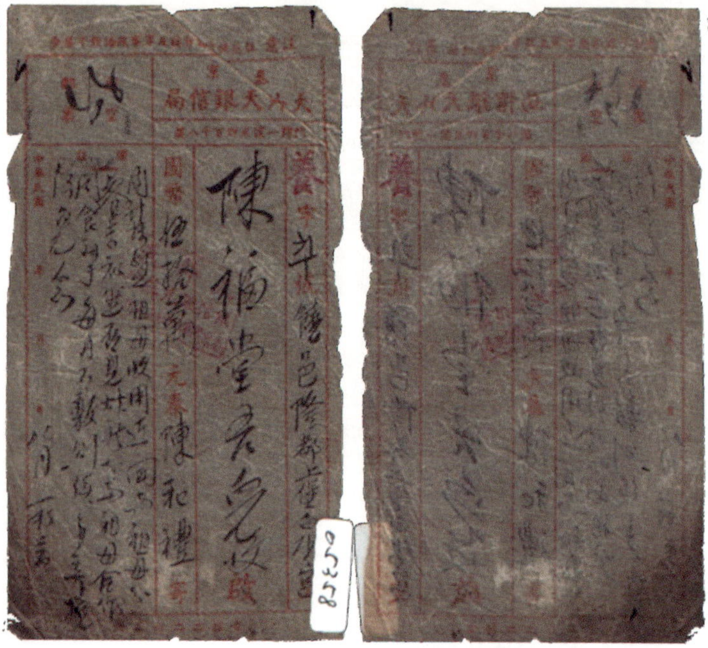

泰陈和礼用天外天棕色批局自印封寄国币伍拾万元至饶邑隆都上堡白砂乡陈福堂

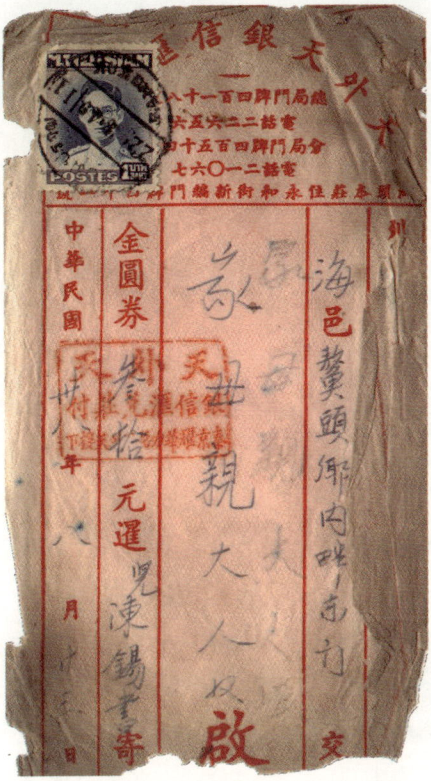

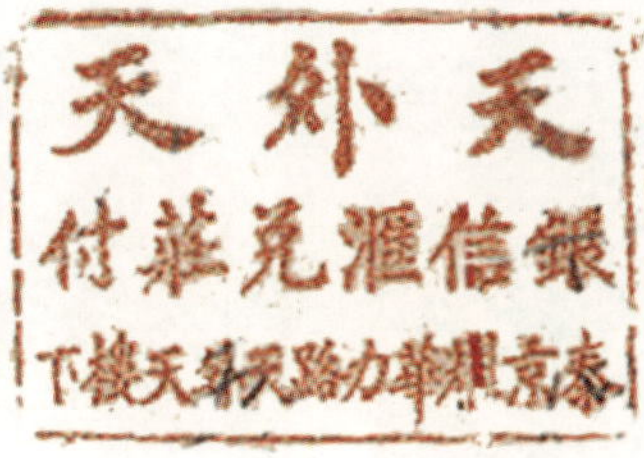

暹陈锡书一九四九年八月廿三日用批局橙色自印封寄金圆券叁拾元至海邑鳌头乡母亲。批封印“汕头本庄住永和街新编门牌四十一号”，盖“天外天银信汇兑庄付泰京耀华力路天外天楼下”印

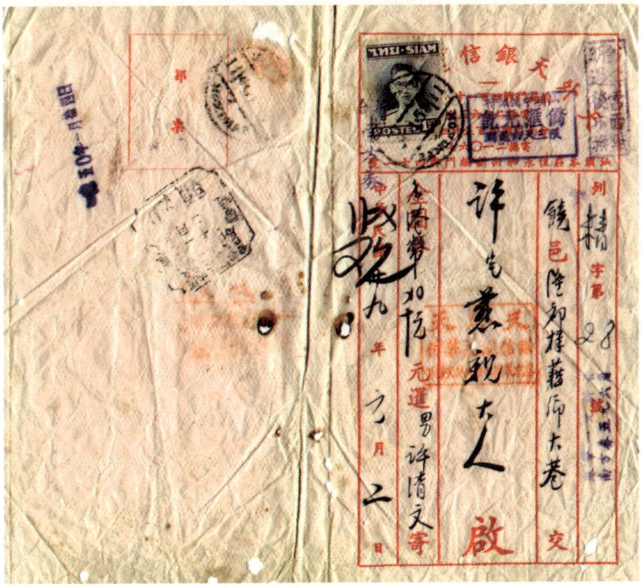

暹许清文一九五〇年元月二日用天外天银信局黄色自印封寄港币四十元至饶邑隆都樟藉（籍）乡母亲

泰国潘均服用天外天银信局紫色自印封寄港币伍拾元至饶邑隆都福洋乡双亲。批封盖汕头一九五三年二月四日侨批专用邮戳

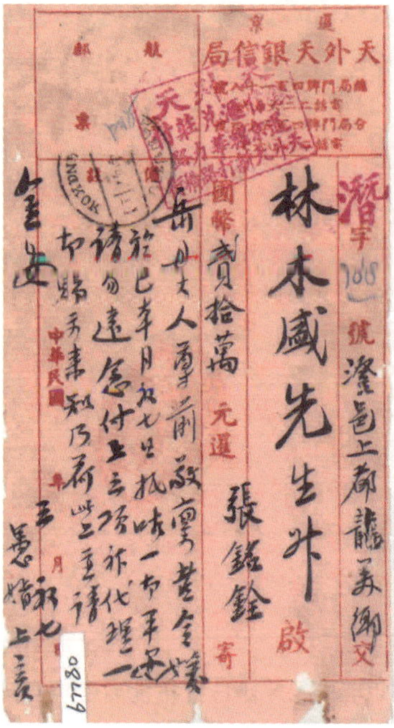

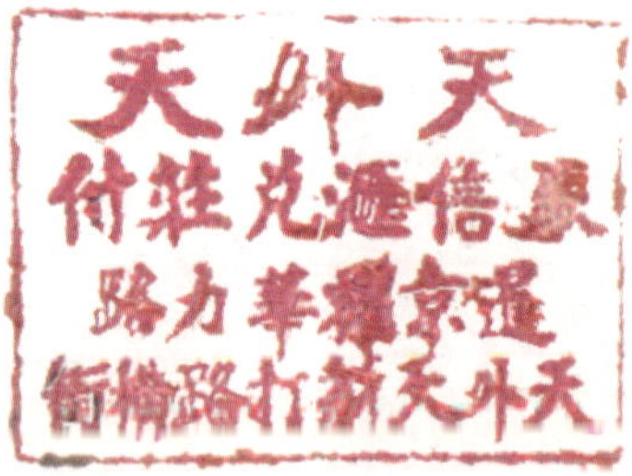

暹张铭铨一九四七年三月初七日用天外天批局粉色自印封寄国币贰拾万元至澄邑上都龙美乡林木盛。批封盖“天外天银信汇兑庄付暹京耀华力路天外天新打路横街”印

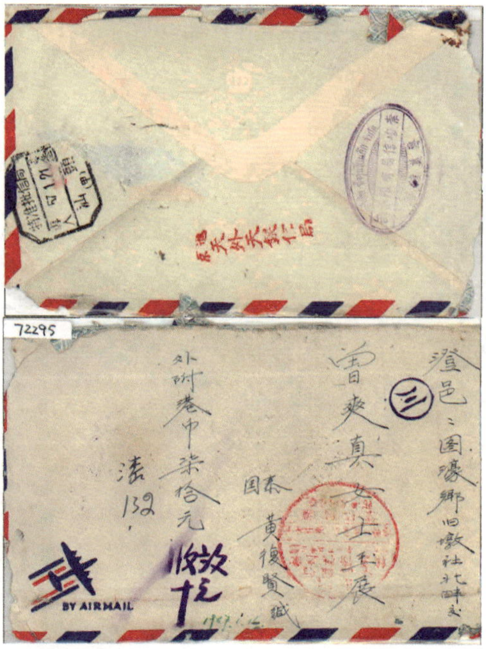

泰国黄复贤寄港币柒拾元至澄邑图濠乡曾爽真。批封销 1957 年 1 月 21 日侨批专用邮戳，盖“暹京天外天银信局”和“崇峻信局有限公司”印

1956 年，泰国财政部规定只准持有营业执照的批信局作正常营业外，其各属下之代理公司不准经营。同时批准 12 家公司合法收寄兑换华侨银信往中国，其中就有“崇峻信局有限公司”，商号地址为曼谷鼎廊巷 431 号。

暹潘均服一九五二年十一月五日用批局红色自印封寄港币伍拾元至饶邑隆都福洋乡双亲。批封盖“泰京天外天银信分局付”印

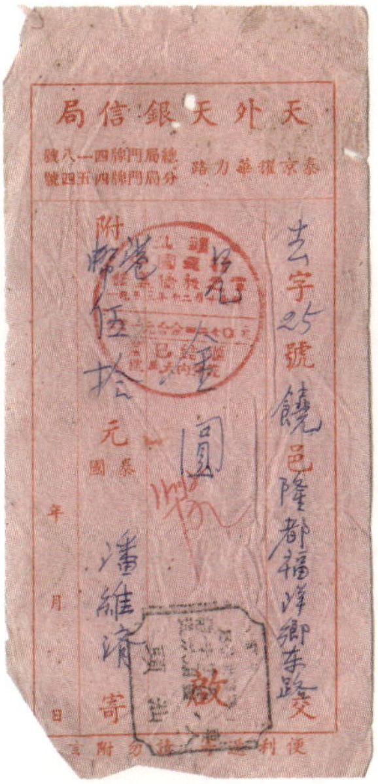

泰国潘维济用天外天银信局粉色自印封寄港币伍拾元至饶邑隆都福洋乡金圆。批封盖汕头中国银行一九五三年二月十七日核盖侨批之章

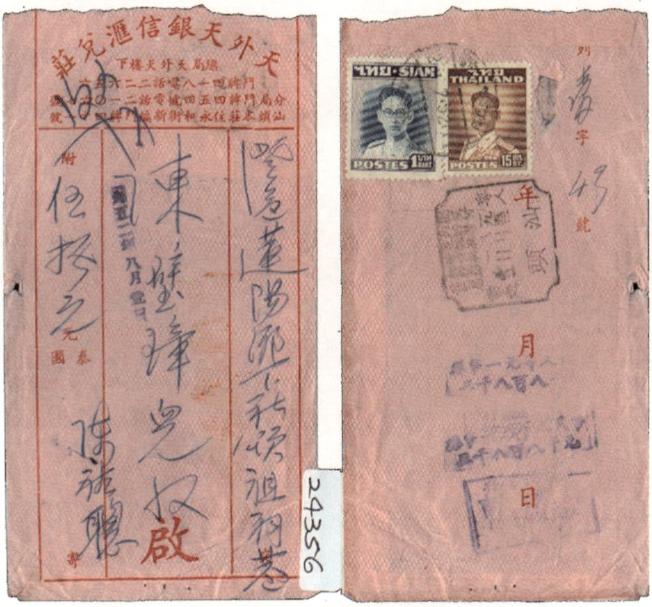

泰国陈裕聪寄伍拾元至澄邑莲阳乡陈璧璋。批封销一九五三年八月一日侨批专用邮戳

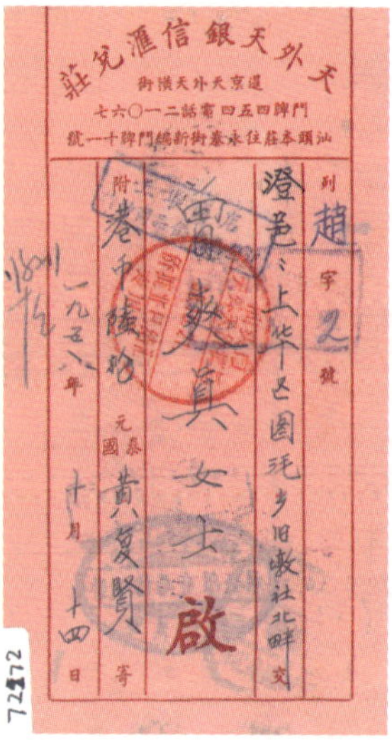

泰国黄复贤一九五八年十月十四日寄港币陆拾元至澄邑图濠乡曾爽真。批封盖汕头“58. 10. 21”侨批业已结汇专用章。汕头天外天递送侨批并办理侨批结汇业务

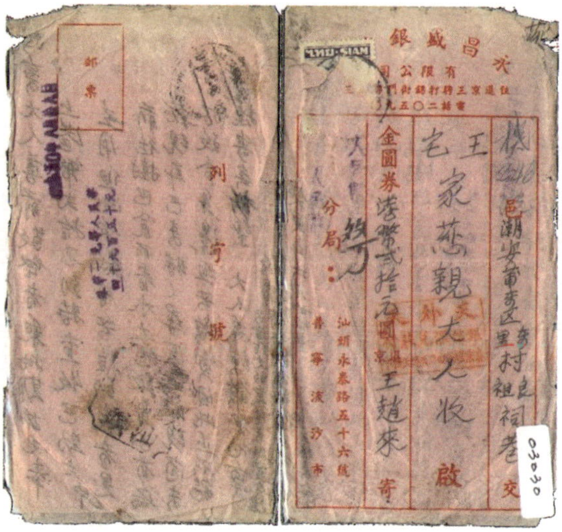

暹京王赵来用永昌盛银信局自印封寄港币式拾元至潮安莆东区东里村母亲。批封盖结汇日期为一九五〇年八月十八日，批封还同时盖“天外天银信汇兑庄付”印。同在曼谷的两家批局合作经营侨批业务

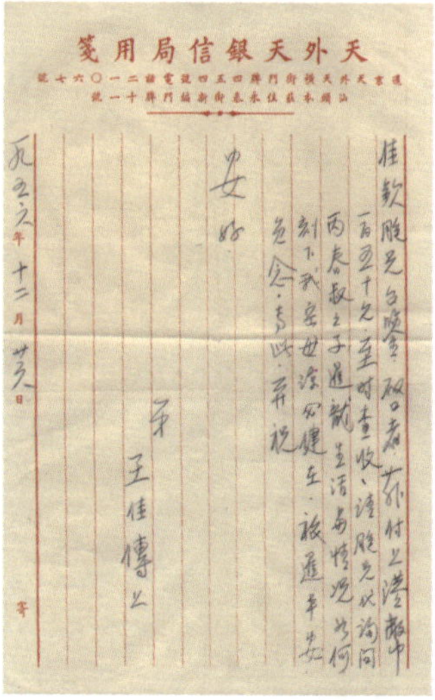

天外天银信局写批用笺

天外天銀信局啓事

本局接收潮汕各屬銀信價格克己諸君惠顧無任歡迎

門牌四一八號電話二二六五六

中華民國三十五年十二月十四日

1946 年 12 月 16 日天外天银信局在《中原报》刊登启事：本局接收潮汕各属银信价格克己诸君惠顾无任欢迎　门牌四一八号电话二二六五六

1947 年 5 月 18 日暹罗华侨银信局公会成立，选举首届理监事，天外天的陈雁秋当选为监事长。

1953 年臣信、能信、名信三家公司联合成立信联有限公司，成员包括其他批信局业者，称为购批代表。天外天为其中之一。据该年 5 月 11 日《中原报》所载之《信联有限公司购批代表名单》，天外天的经营地址在曼谷耀华力路 454 号。

通通

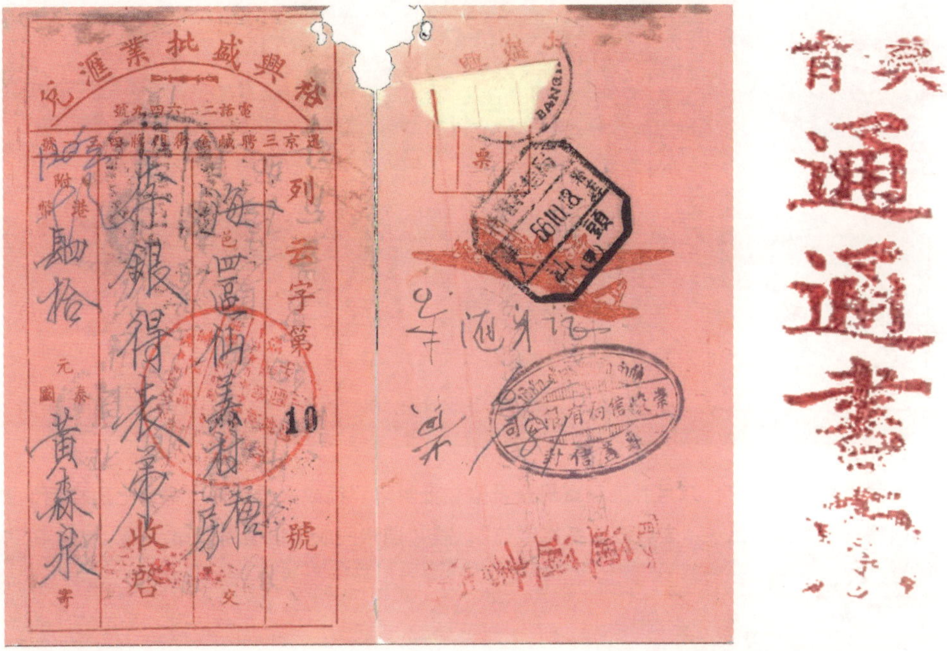

泰国黄森泉用裕兴盛批业汇兑自印封寄港币肆拾元至海邑四区仙美村李银得。批封盖“莫肯通通书柬”和“崇峻信局有限公司”印。莫肯通通与曼谷裕兴盛合作收揽侨批，经崇峻递寄

莫肯，乌隆（Udon Thani）的别称。泰国东北部城市，乌隆府（亦称乌隆他尼府）首府，在銮河右岸。

1956 年，泰国财政部规定只准持有营业执照的批信局作正常营业外，其各属下之代理公司不准经营。同时批准 12 家公司合法收寄兑换华侨银信往中国，其中就有“崇峻信局有限公司”，商号地址在曼谷鼎廊巷 431 号。

同成兴

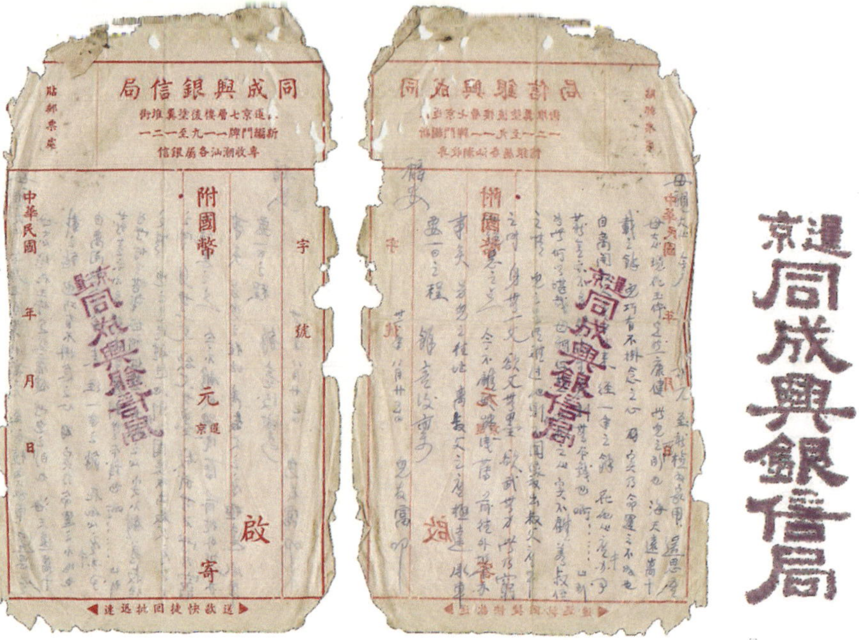

友富民国卅六年（1947）八月廿五日寄母亲批信。批封印“同成兴银信局　暹京七层楼后涂粪堆街　新编门牌一一九至一二一　专收潮汕各属银信”，盖“暹京同成兴银信局”印

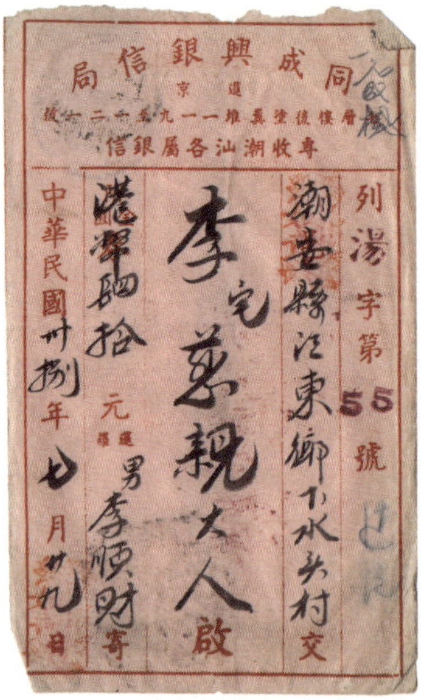

暹罗李顺财一九四九年七月廿九日用同成兴银信局粉色自印封寄港币肆拾元至潮安县江东乡母亲

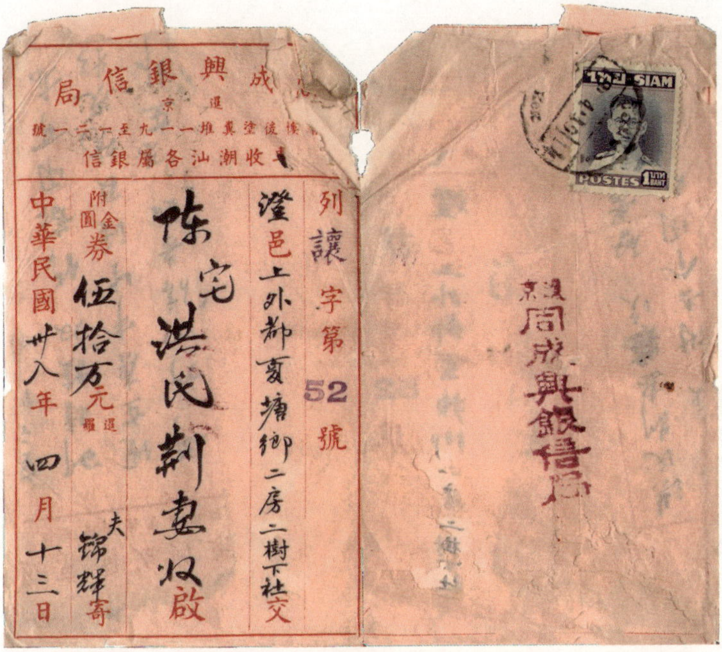

暹罗锦辉一九四九年四月十三日用同成兴银信局橙色自印封寄金圆券伍拾万元至澄邑上外都夏塘乡妻子

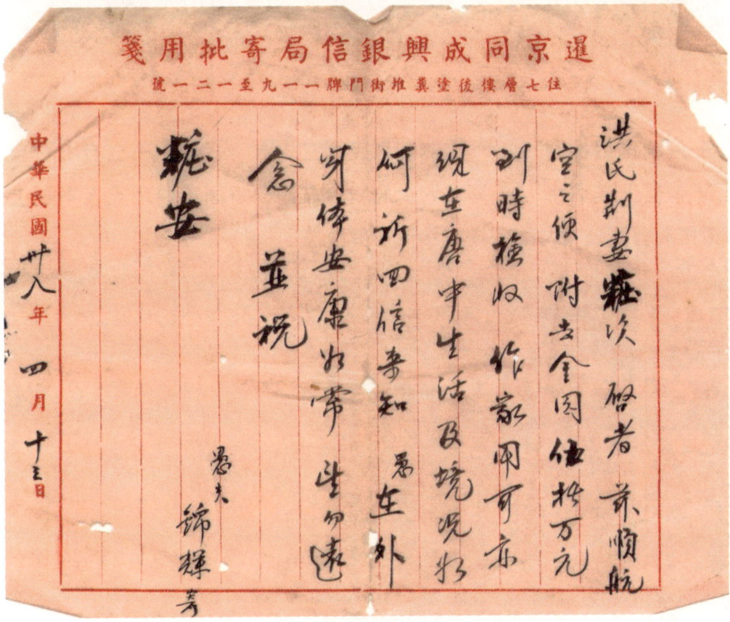
暹京同成興銀信局寄批用箋
住七層樓後塗糞堆街門牌一一九至一二一號

洪氏荊妻粧次 啓者 許順航
宜之便 附去金圓伍拾万元
到時查收 作家用可也
現在唐中生活及境况如何
祈回信告知 愚在外
身体安康如常 望勿遠
念 並祝
粧安
愚夫 錦輝寄

中華民國卅八年四月十三日

同成兴银信局寄批用笺

同成興滙兌銀信局開幕啓事

本局專收潮梅各屬僑批滙兌並接收關金國幣存欵
定於七月三日開幕茲值新張伊始價格特別優待惠顧諸君無任歡迎
暹京七層樓後塗糞堆街門牌一一九至一二一 司理吳貽鈞啓

同成兴 1947 年 7 月在《光华报》刊登开幕启事：“定于七月三日开幕兹值新张伊始价格特别优待惠顾诸君无任欢迎暹京七层楼后涂粪堆街门牌一一九至一二一司理吴贻钧启”

同发利

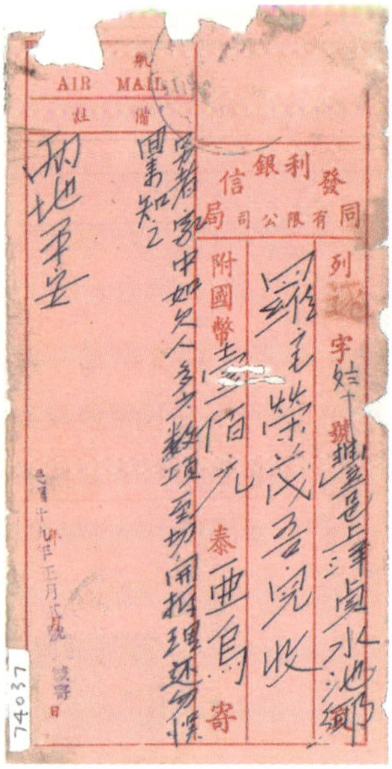

泰亚乌民国廿九年（1940）正月贰日用批局浅粉红色自印封寄国币壹佰元至丰邑上洋贞水池乡罗荣茂。批封印“同发利银信局有限公司”

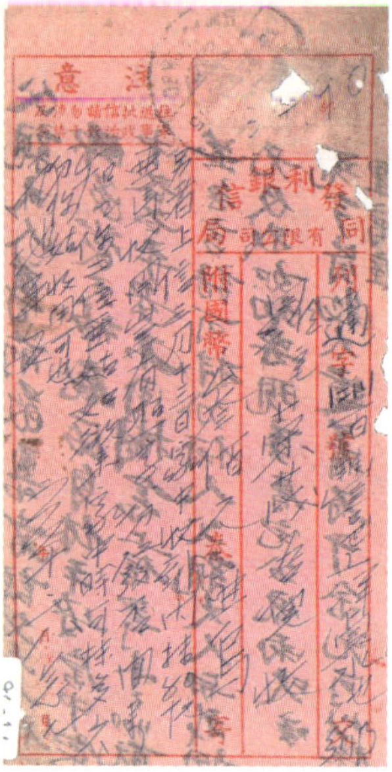

泰亚乌民国三十年（1941）十二月七日用同发利批局粉色自印封寄国币叁佰元至丰邑上洋贞水池乡罗荣茂

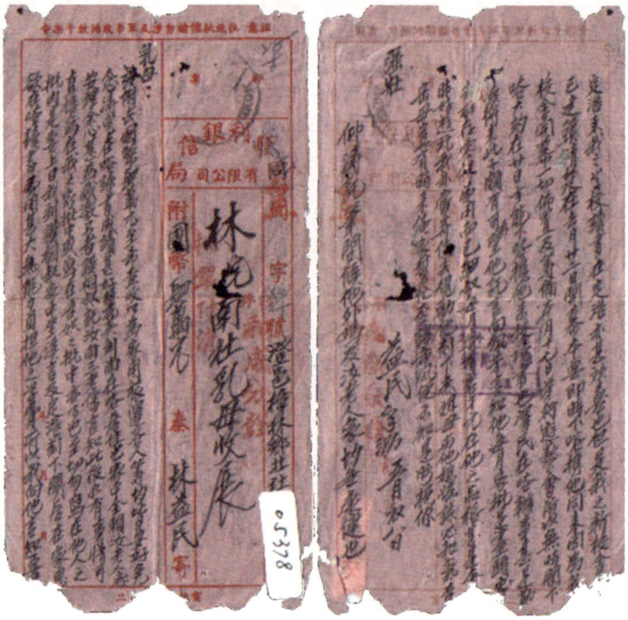

泰林益民用同发利银信局红色自印封寄国币肆万元至澄邑樟林乡北社林南社乳母。批封盖“和盛分发”印

暹罗罗速琴寄港币肆拾元至丰邑上洋吉贝湖乡母亲。批封印“同发利有限公司银信局　住暹京三聘咸鱼街门牌四〇四　电话二一七九二号”，盖汕头一九五一年五月十七日侨批专用邮戳

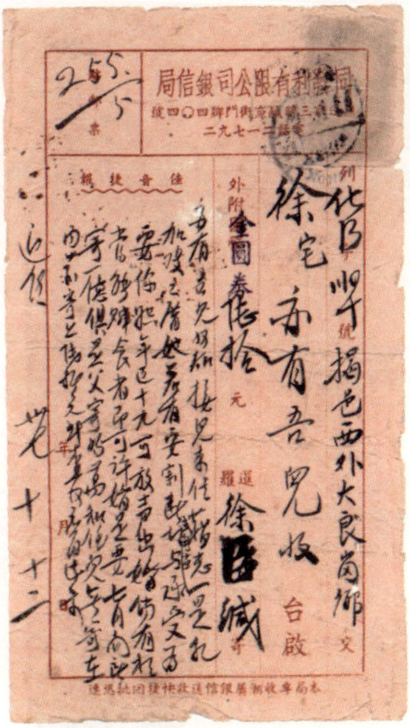

暹罗徐臣民国卅七年(1948)十月十二日寄金圆券陆拾元至揭邑西外大良岗乡徐亦有。批封印“同发利有限公司银信局”

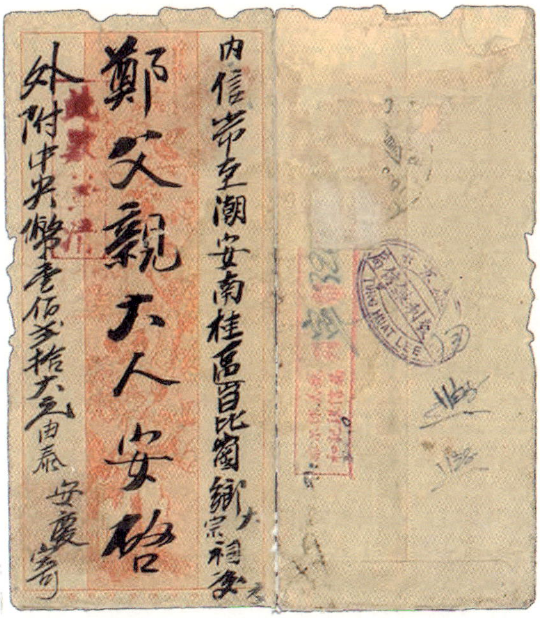

泰安庆寄中央币壹佰式拾元至潮安南桂区昆岗乡父亲。批封盖“泰京同发利银信局 TUNG HUAT LEE”和“泰京陈美盛和记银信局”印，同在曼谷的两家批局合作经营侨批业务

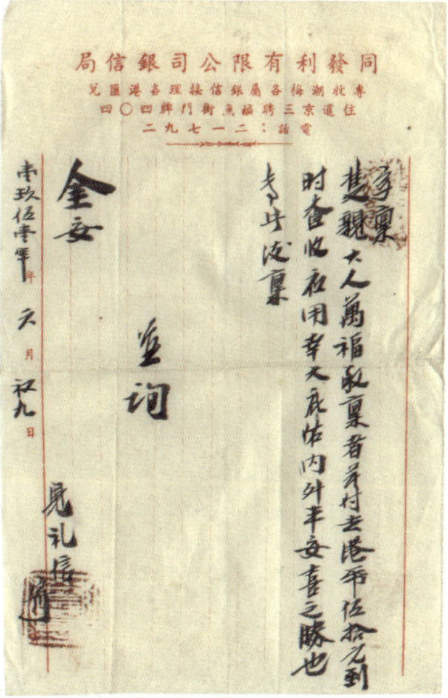

同发利有限公司银信局写批专用笺

同發利信局移店告白

啓者本局經移往三聘鹹魚街（即劉鴻興棧斜對面）諸君欲寄銀信或取回批者祈移玉至該處無任歡迎此告

民國十六年二月廿二日

同發利謹啓

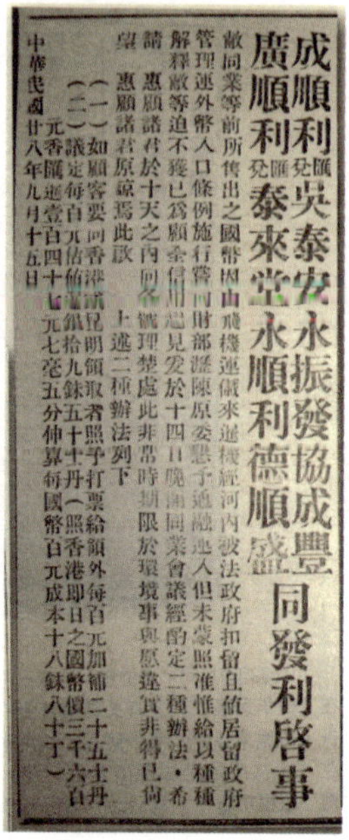

成順利匯兌 吳泰安 永振發 協成豐

廣順利匯兌 泰來堂 永順利 德順盛 同發利啓事

敝同業等前所售出之國幣因由飛機運儎來暹機經河內被法政府扣留且欲居留政府管理運外幣入口條例施行當向財部經陳原委懇予通融進入但未蒙照准惟給以種種解釋敝等迫不獲已爲顧全信用起見爰於十四日晚開同業會議經酌定二種辦法・希請惠顧諸君於十天之內向各號理楚處此非常時期限於環境事與願違實非得已尚望惠顧諸君原諒爲此啟

上述二種辦法列下

（一）如顧客要向香港請覓明領取者照予打票給領外每百元加補二十五士丹

（二）議定每百元估値銀拾九銖五十士丹（一照香港即日之國幣價三千六百元香匯壹百四十七元七亳五分伸算每國幣百元成本十八銖八十丁）

中華民國廿八年九月十五日

民国十六年（1927）二月廿二日同发利在《国民日报》上刊登移店告白："启者本局经移往三聘咸鱼街（即刘鸿兴栈斜对面）诸君欲寄银信或取回批者祈移玉至该处无任欢迎此告　民国十六年二月廿二日"

同发利、广顺利与成顺利、吴泰安、永振发等九家批局就批局所售出国币经河内时被法政府扣留一事于民国廿八年（1939）九月十五日刊登启事

同發利有限公司銀信局

接收潮梅各屬僑批

住三聘鹹魚街門牌四零四電話二一七九三

1945 年 11 月 26 日同发利有限公司银信局在《光华报》上刊登广告："接收潮梅各属侨批　住三聘咸鱼街门牌四零四电话二一七九三"

1932 年 1 月 31 日暹罗华侨银信局公所成立，同发利为首任理事商号，代表人罗舜辉。1947 年 5 月 18 日暹罗华侨银信局公会成立，同发利为首届会员商号，代表人罗尧大。

同盛昌

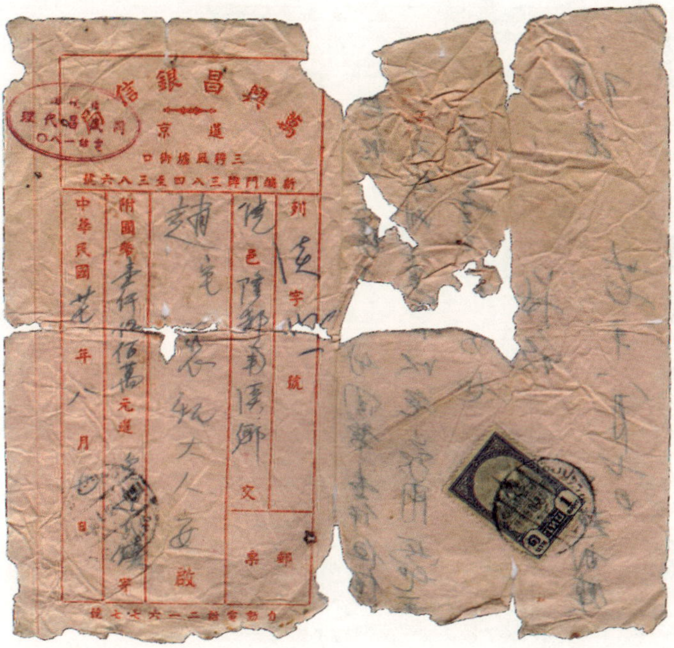

暹赵武镇民国卅七年（1948）八月七日用万兴昌银信局自印封寄国币壹仟伍佰万至饶邑隆都南溪乡母亲。批封盖“北榄坡同盛昌代理电话一八〇”，北榄坡同盛昌与曼谷万兴昌合作经营侨批业务

桐春堂

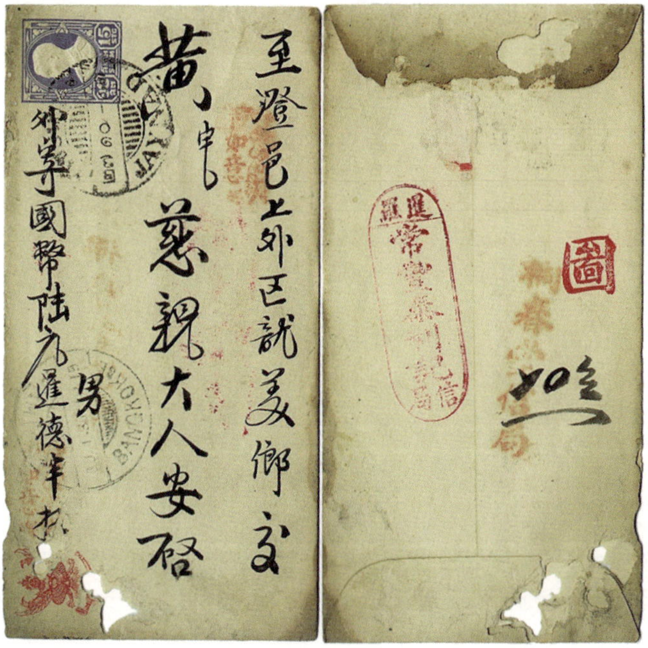

暹德丰用泰国 15 士丁邮资封寄国币陆元至澄邑上外区龙美乡母亲。批封盖“桐春堂信局”和“暹罗　常丰泰利记信局”印。两家批局合作经营侨批业务

万成顺

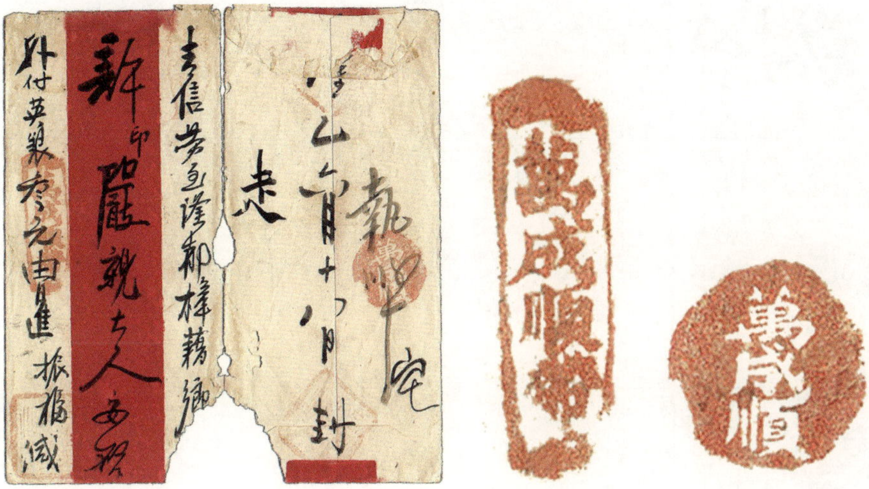

暹振福寄英银叁元至隆都樟藉（籍）乡父亲。批封列字编号为“执 35”，有手写“乙六月十八日封”字样，封面盖“万成顺带”印，封背盖“万成顺”印

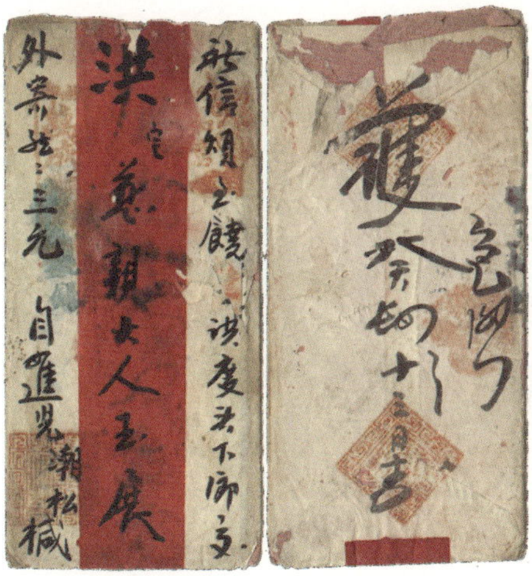

暹潮松寄龙银三元至饶□洪度（渡）头下乡母亲。批封列字编号为“色 150”，有手写“癸肆月十三日封”字样，盖“万成顺”印

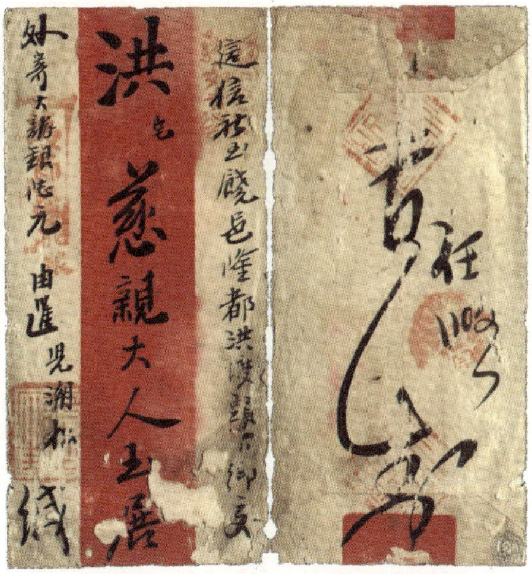

暹潮松寄大龙银陆元至饶邑隆都洪渡头下乡母亲。批封列字编号为“任 209”，盖“万成顺”印

据泰国学者提供的资料，在泰国 20 世纪初的官方档案《御前报告》中，已有创建于曼谷三聘街的“万成顺信局”的记录。该批局每年寄批金额约 50 万元。

万德盛

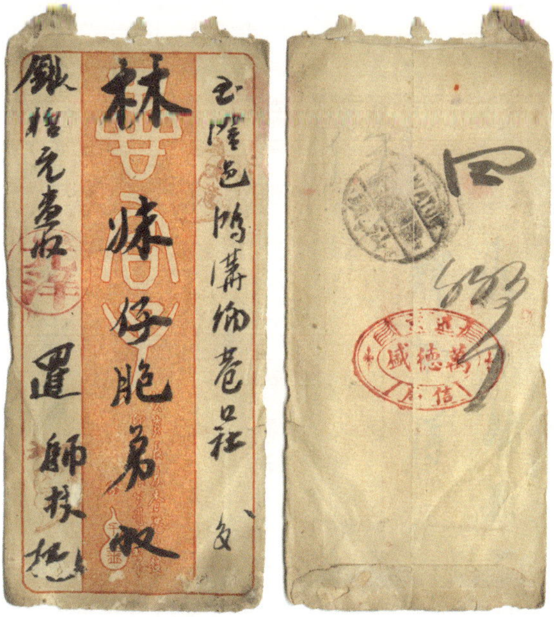

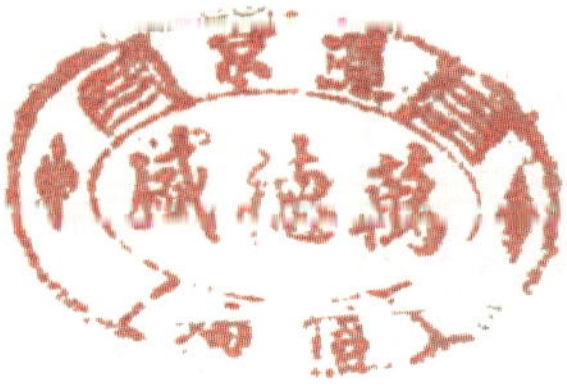

暹师技寄银拾元至澄邑鸿沟乡林妹仔。批封盖“暹京万德盛信局”印

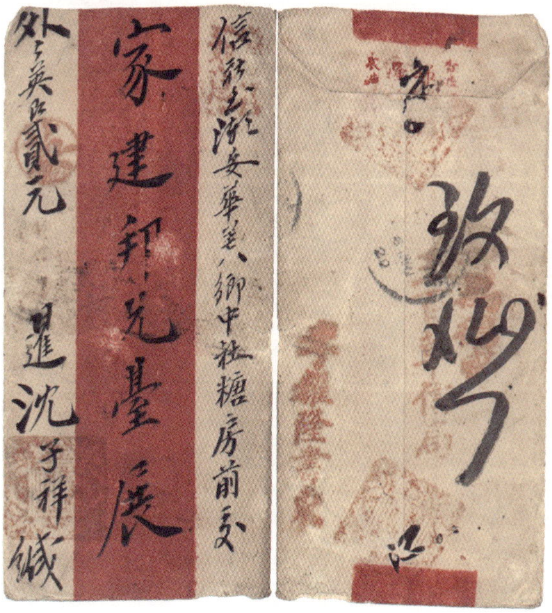

暹沈子祥寄英银贰元至潮安华美乡建邦。批封盖“王百草信局”和“万德盛”印。王百草和万德盛合作经营侨批业务

据泰国学者提供的资料，在泰国20世纪初的官方档案《御前报告》中，已有创建于曼谷三聘街的“万德盛信局”的记录。该批局每年寄批金额约20万元。

万合发

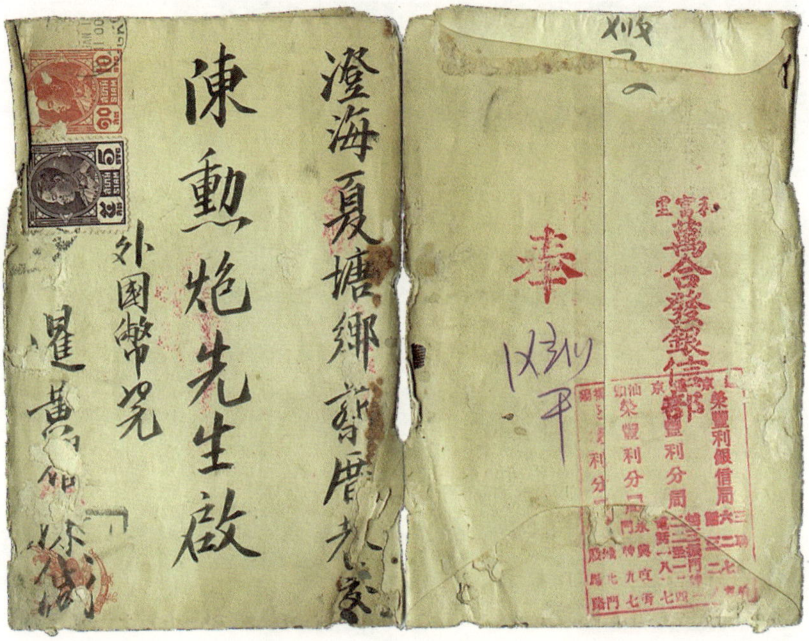

暹黄□□寄国币六元至澄海夏塘乡陈勋炮。批封盖“和富里万合发银信部”和“荣丰利银信局”印。和富里万合发和曼谷荣丰利合作经营侨批业务

和富里，即华富里（Lopburi），是泰国中部地区的一个府。距首都曼谷约 153 公里。

万和丰

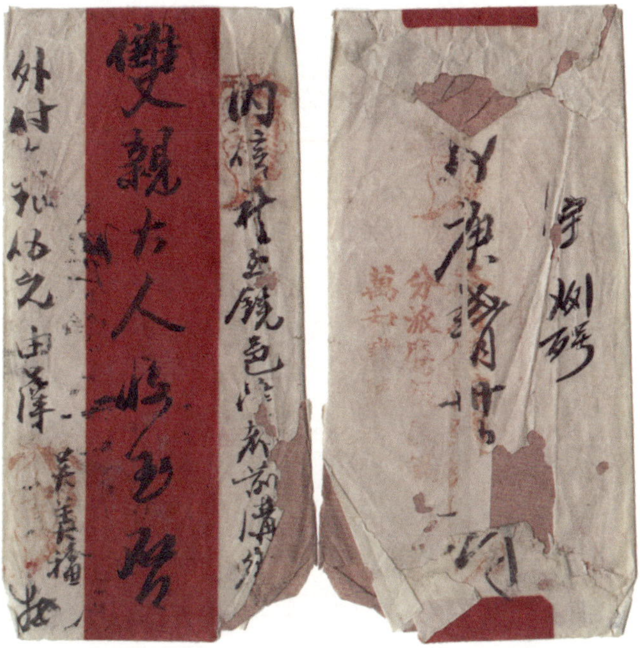

暹洋吴美福寄大银伍元至饶邑隆都前沟乡双亲。批封盖“本局银信到唐　分派鹰银龙银　万和丰谨文”印。列“宇”字四百九十一号，手写“庚弍月卅日封”

万通

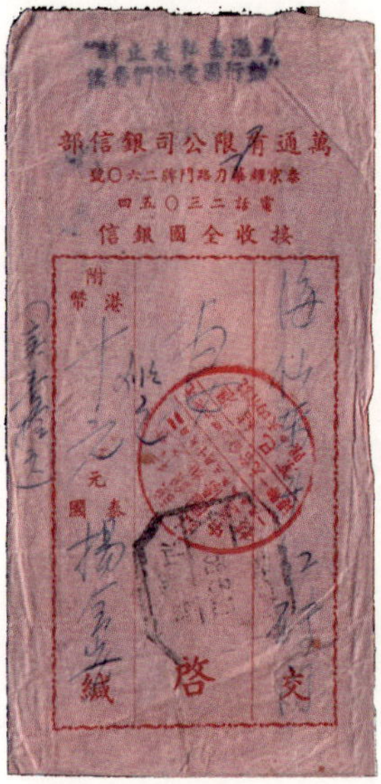

泰国杨会安用批局红色自印封寄港币十元至海仙东乡妻子。批封印“万通有限公司银信部　泰京耀华力路门牌二六〇号　电话二三〇五四　接收全国银信”，盖汕头 1958 年 3 月 10 日侨批专用邮戳

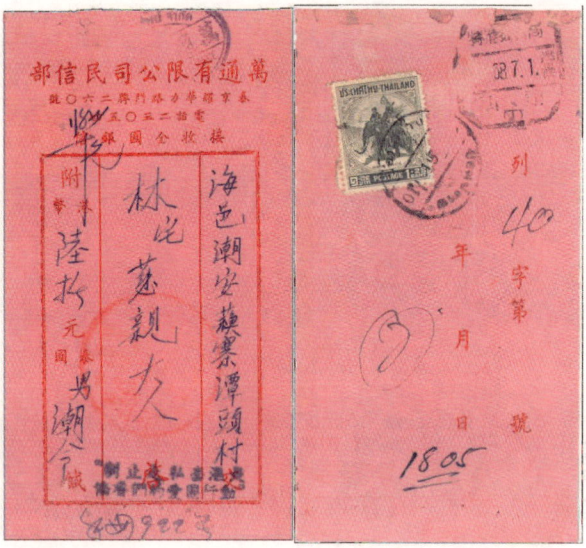

泰国潮令用批局粉色自印封寄港币陆拾元至海邑潮安藕寨潭头村母亲。批封抬头印“万通有限公司民信部”，盖汕头 1958 年 7 月 1 日侨批专用邮戳

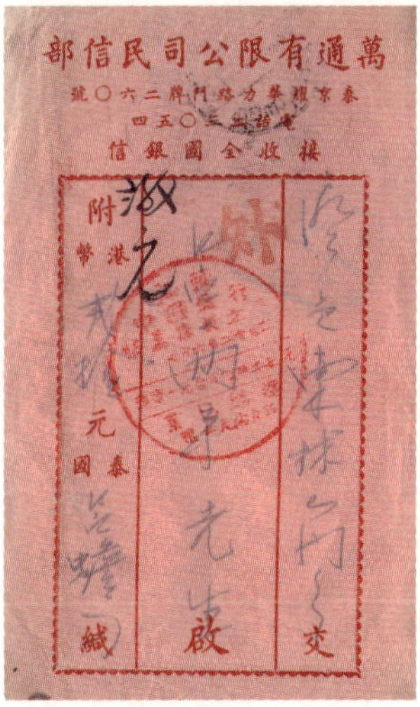

泰国吕蟾用批局红色自印封寄港币式拾元至潮邑东林山门乡吕两平。批封印“万通有限公司民信部　泰京耀华力路门牌二六〇号　电话二三〇五四”

万通有限公司民信部写批用笺

万兴昌

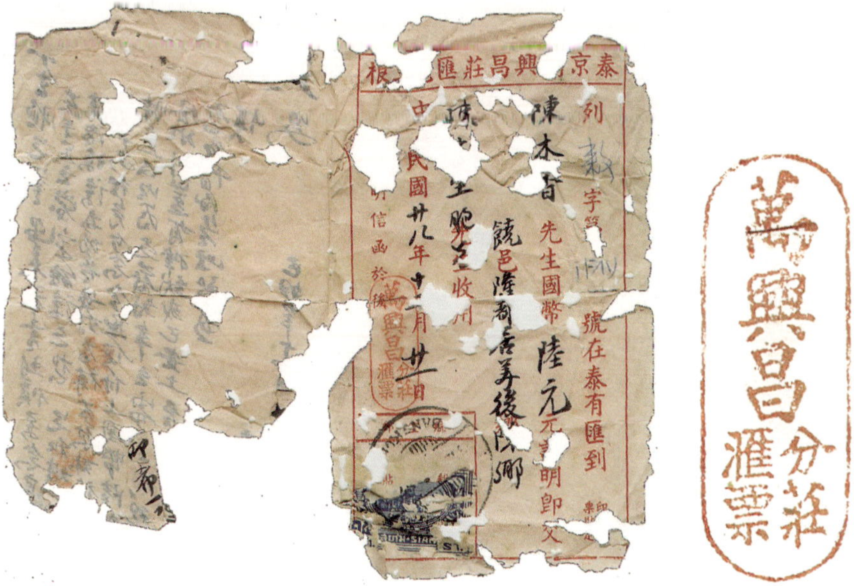

陈木香民国廿八年（1939）十二月廿一日寄国币陆元至饶邑隆都居美后陈乡陈□□汇票存根。上印“泰京万兴昌庄汇□□根”，盖“万兴昌分庄汇票”印

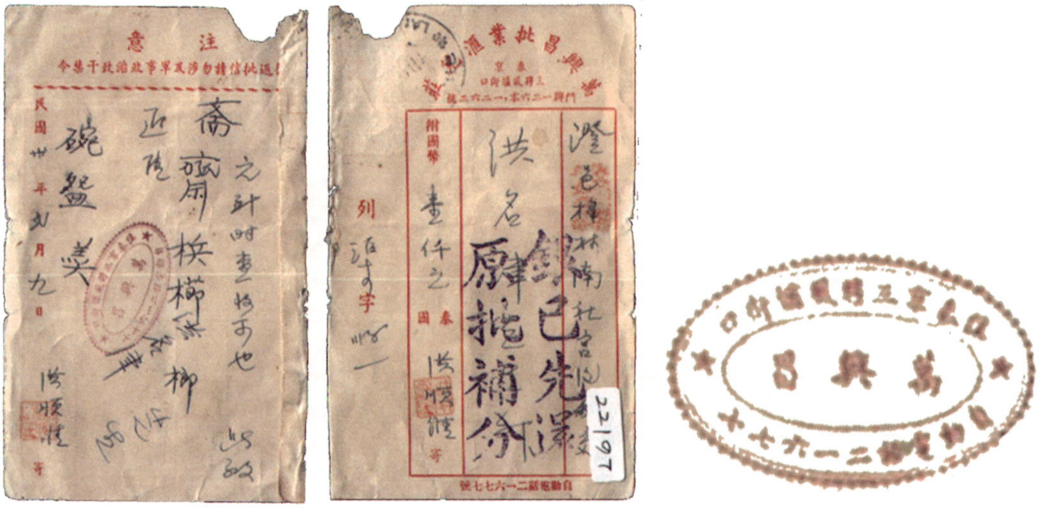

泰国洪顺维民国卅年（1941）弍月九日寄国币壹仟元至澄邑樟林南社洪名津。批封印“万兴昌批业汇兑庄　泰京　三聘风炉街口　门牌一二六零，一二六二号　自动电话二一六七七号”，盖“万兴昌住泰京三聘风炉街口自动电话二一六七七”印

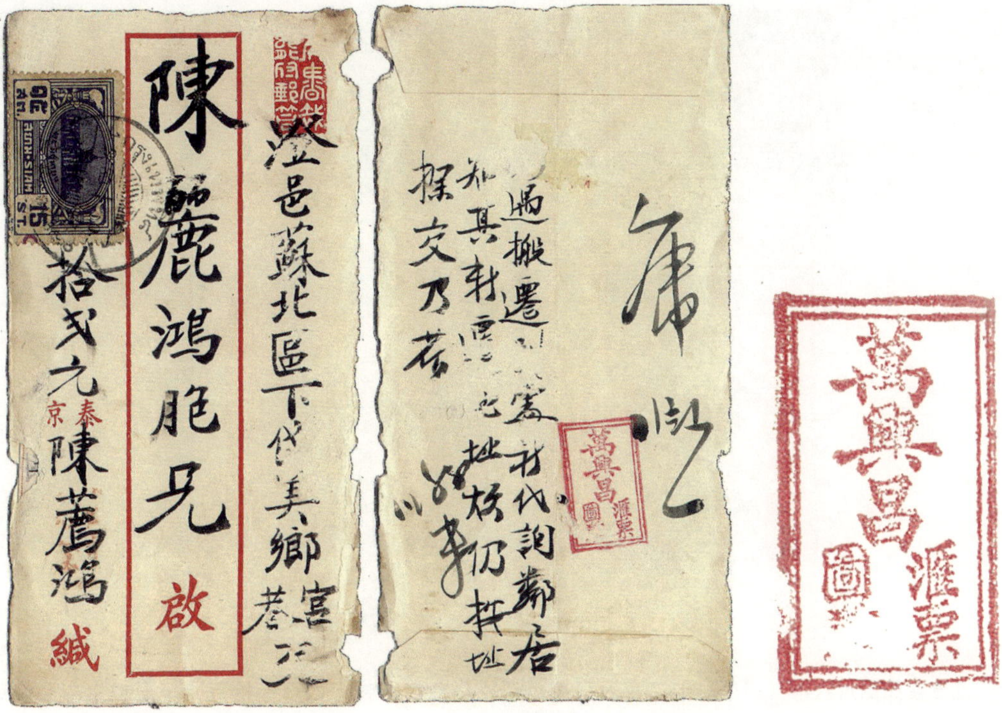

泰京陈荐鸿寄拾式元至澄邑苏北区下岱美乡陈丽鸿。批封盖“万兴昌汇票图章”

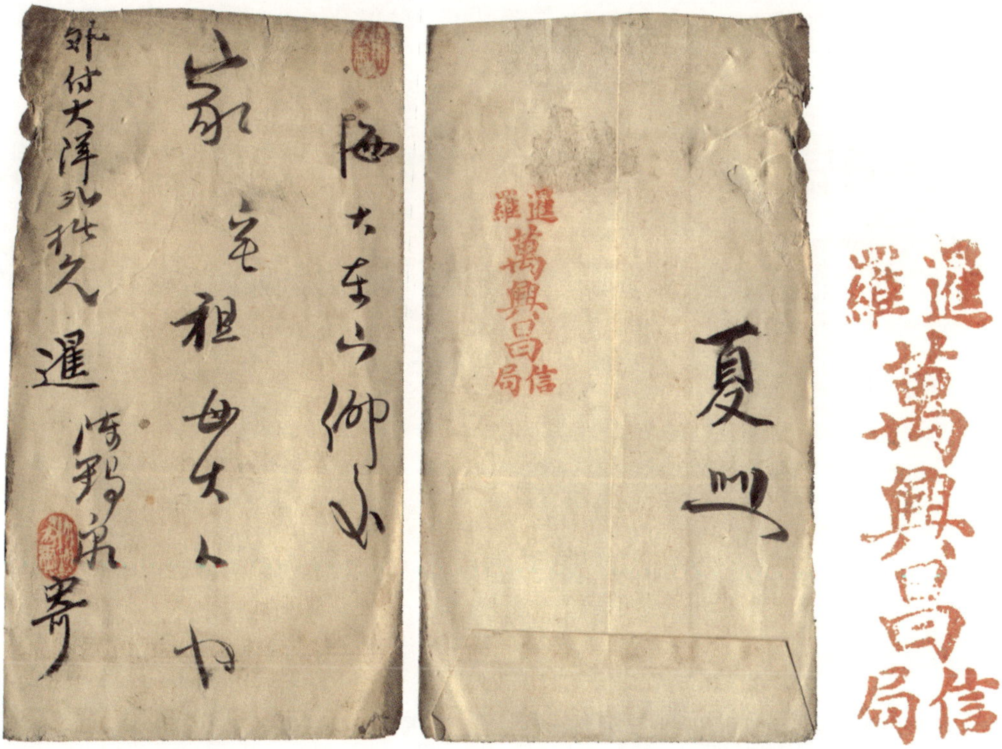

暹陈玛泉寄大洋式拾元至海大东山乡祖母。批封盖“暹罗万兴昌信局”印

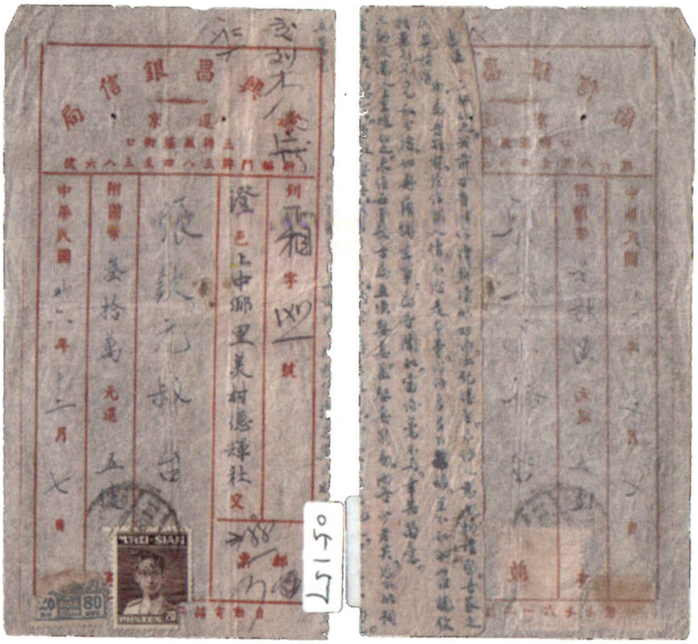

暹五嫂民国卅六年（1947）十二月七日用批局棕红色自印封寄国币叁拾万元至澄邑上中乡张钦元。批封印“万兴昌银信局　暹京　三聘风炉街口　新编门牌三八四至三八六号”

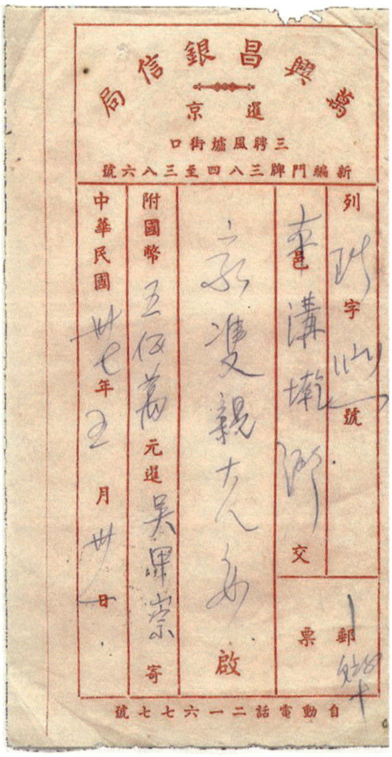

暹吴甲崇民国卅七年（1948）五月卅一日用万兴昌银信局白色自印封寄国币五佰万元至本邑沟墘乡双亲

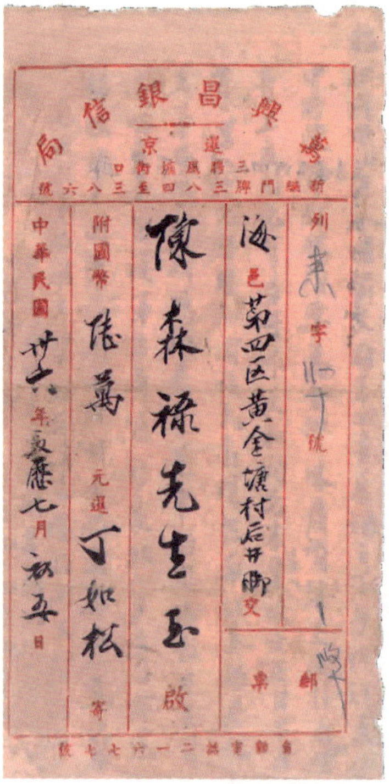

暹丁如松民国卅六年（1947）七月初五日用万兴昌银信局粉色自印封寄国币陆万元至海邑第四区黄金塘村陈森禄

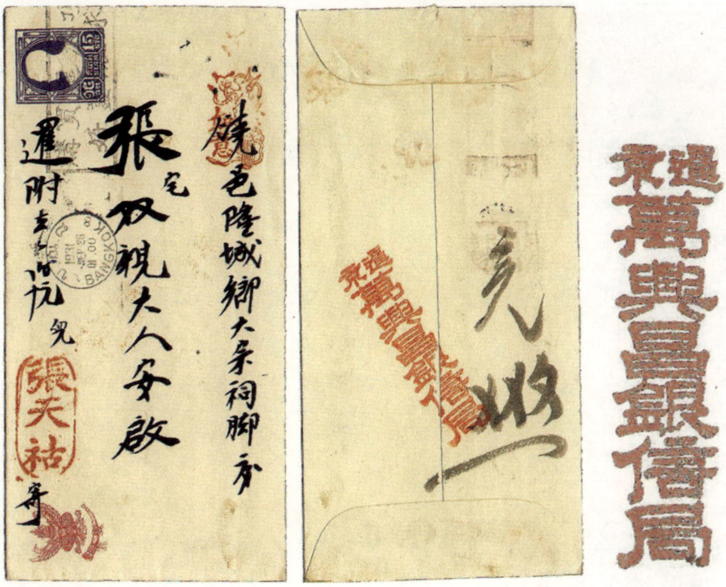

张天祐用泰国 15 士丁邮资封寄银十五元至饶邑隆城乡双亲。批封销曼谷 1931 年 9 月 26 日邮戳，盖“暹京万兴昌银信局”印

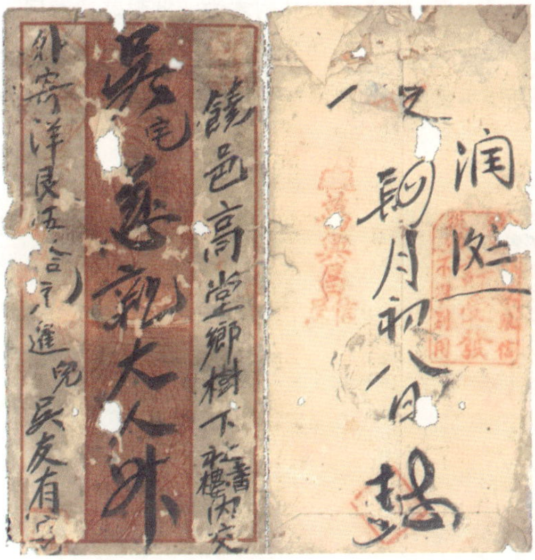

暹吴友有寄洋银伍拾元至饶邑高堂乡母亲。批封盖“暹罗万兴昌信局”和“许受发保家银信不准别用”印。万兴昌与许受发合作经营侨批业务

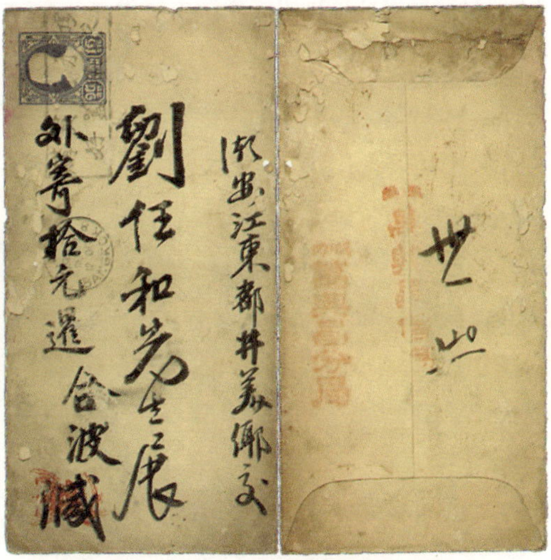

暹合波用泰国 15 士丁邮资封寄拾元至潮安江东都井美乡刘任和。批封盖“暹罗万兴昌信局”和“呵叻万兴昌分局”印。呵叻万兴昌分局与曼谷万兴昌分工收发侨批

呵叻府（Nakhon Ratchasima），泰国东北高原上的大府，也是通往东北地区其他各府的关口。距离曼谷 259 公里。

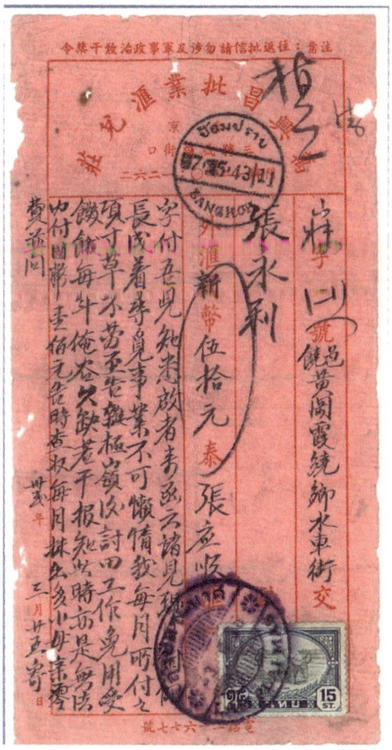

泰张应顺卅弍年（1943）三月廿五日用万兴昌批局深红色自印封寄新币伍拾元至饶邑黄冈霞绕乡张永利

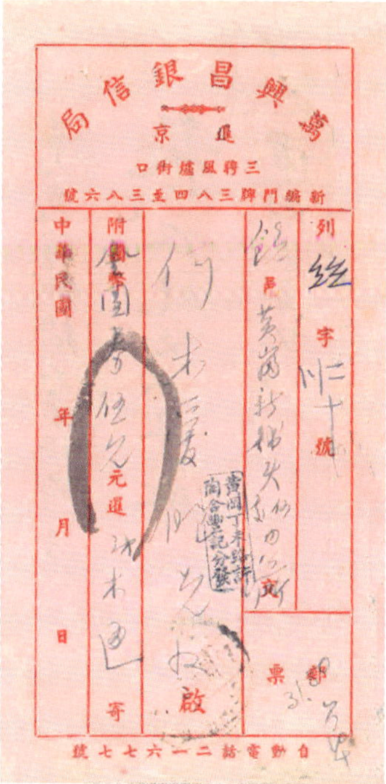

暹木通用万兴昌银信局粉红色自印封寄金圆券伍元至饶邑黄岗（冈）新铺头何木爱。批封盖“黄冈丁未路许陶合丰记分发”印。泰国万兴昌收揽递寄的侨批委托饶平黄冈许陶合丰记分发，合作经营侨批业务

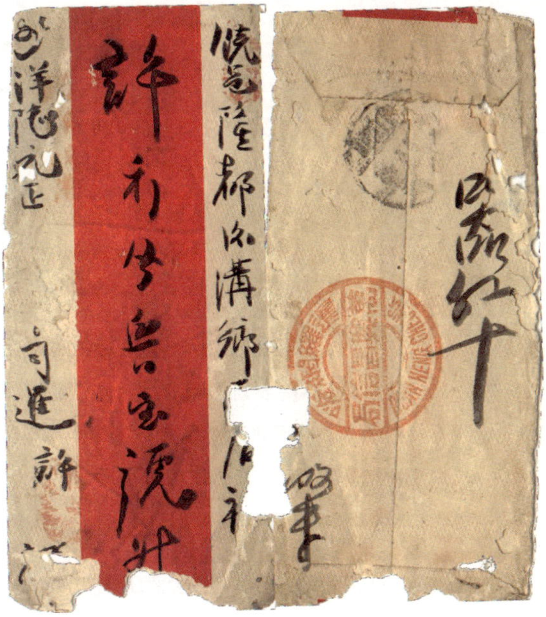

暹许□□寄洋陆元至饶邑隆都仙沟乡许利合兴宝号。批封盖“暹罗网哈万兴昌信局”圆形印

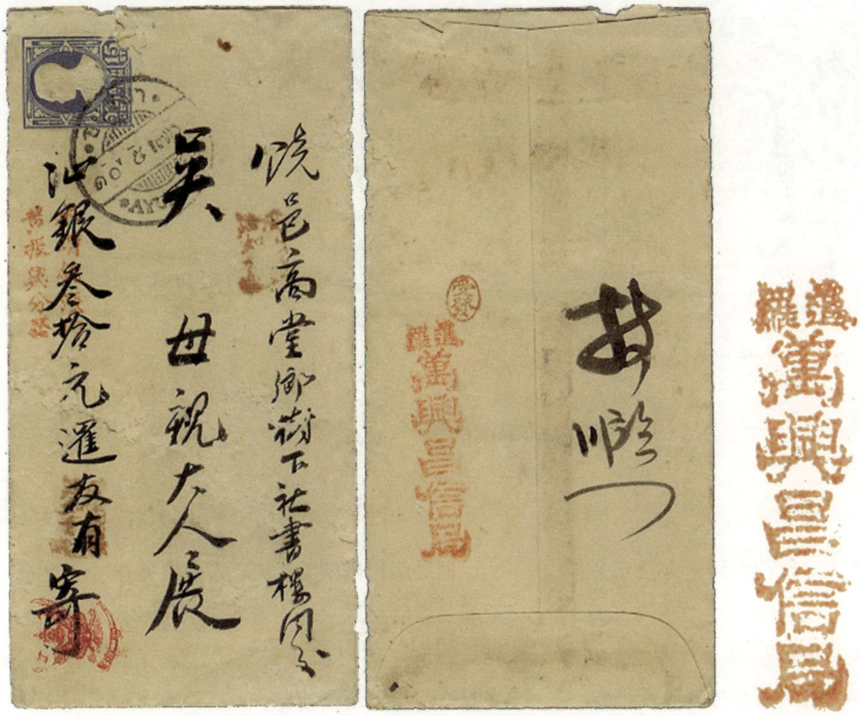

暹友有用泰国 15 士丁邮资封寄汕银叁拾元至饶邑高堂乡母亲。批封销曼谷 1936 年 7 月邮戳，盖“暹罗万兴昌信局”印

暹罗陈炳炮用万兴昌银信局自印封寄南方券捌拾元至澄邑上外都夏塘乡婶母。批封贴一铢泰国邮票，销曼谷 1949 年 11 月 10 日邮戳及汕头一九四九年十一月廿一日侨批专用邮戳，盖“万仑郭泽成利批局”和“汕头中国银行侨汇兑讫”印。万伦郭泽成利和曼谷万兴昌合作经营侨批业务

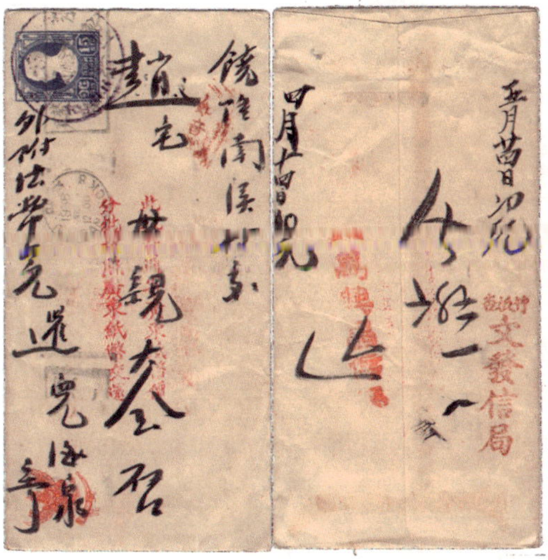

暹海泉用泰国 15 士丁邮资封寄法币六元至饶隆南溪村母亲。批封销曼谷 1936 年 7 月邮戳，盖“暹京万兴昌信局”和“竹板杏文发信局”印。文发与曼谷万兴昌合作经营侨批业务

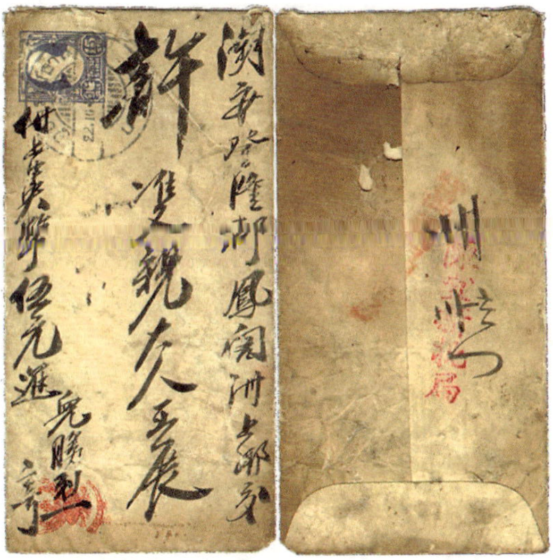

暹胜烈用泰国 15 士丁邮资封寄中央币伍元至潮安登隆都凤关洲上乡双亲。批封盖“陈宜新批局”和“万兴昌信局”印，陈宜新与曼谷万兴昌合作经营侨批业务

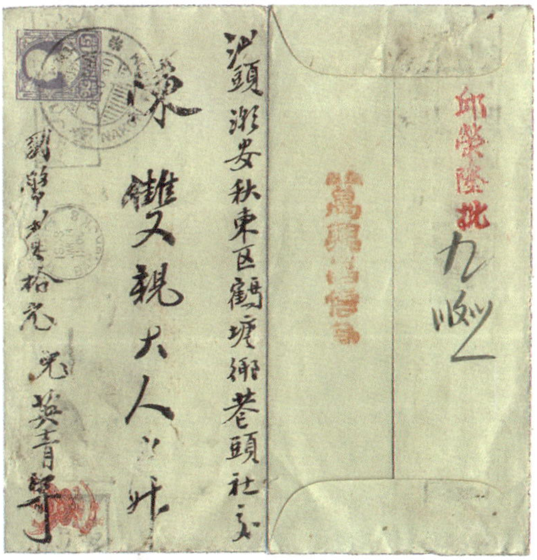

英青用泰国 15 士丁邮资封寄国币式拾元至潮安秋东区鹤塘乡双亲，批封销曼谷“1938 JAN 14”邮戳，盖“邱荣隆批”和“暹罗万兴昌信局”印。两家批局合作经营侨批业务

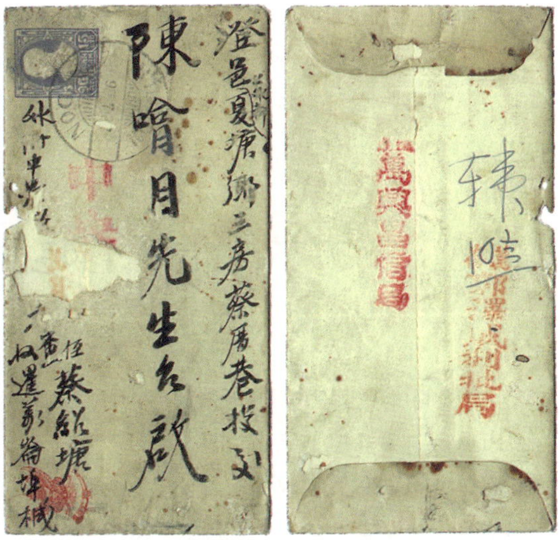

暹万仑蔡绍塘用泰国 15 士丁邮资封寄澄邑夏塘乡陈合目，批封盖“万仑郭泽成利批局”和“暹罗万兴昌信局”印，万伦郭泽成利与曼谷万兴昌合作经营侨批业务

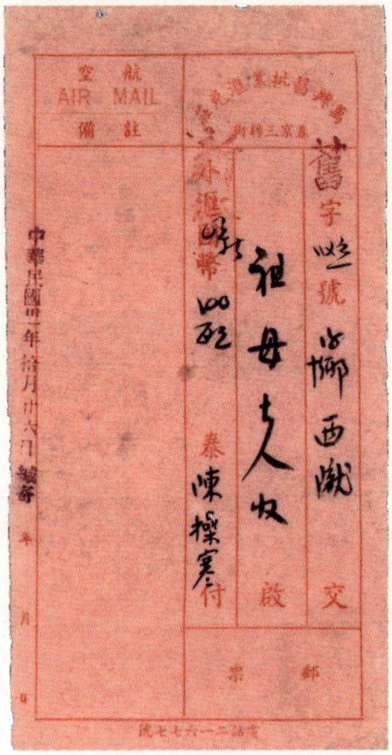

航空 AIR MAIL
備註
舊字1152號
汕郷西隴
祖母大人收
交
啟
泰陳操寒付
郵票

泰陈操寒民国卅一年（1942）十月廿六日寄新币一百元至十五乡西陇祖母

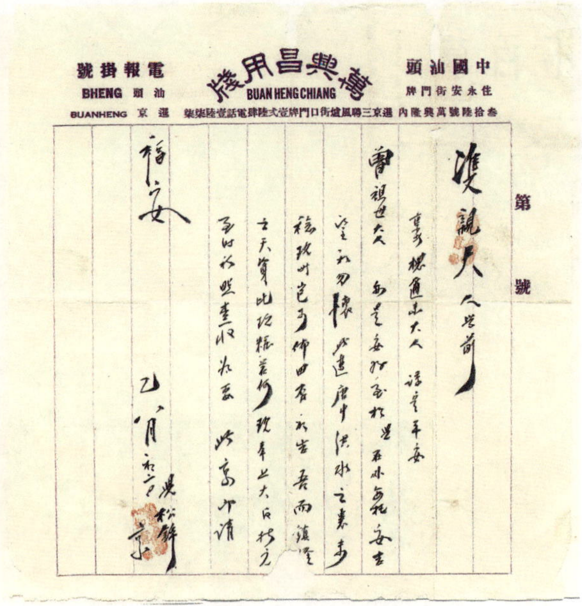

萬興昌用箋
BUAN HENG CHIANG
中國汕頭 住永安街門牌叁拾陸號萬興隆內
電報掛號 汕頭 BHENG 暹京 BUANHENG
暹京三聘風爐街口門牌壹式陸肆號 電話壹陸柒柒

松锦乙年（1935）八月写批所用的万兴昌用笺上印“暹京三聘风炉街口门牌壹式陆肆号　电话壹陆柒柒　中国汕头住永安街门牌叁拾陆号万兴隆内”

萬興昌信箋
住暹京三聘風爐街口門牌一二四六號
自動電話式壹陸柒柒號
BUAN HENG CHIANG

萬興昌信箋
住暹京三聘風爐街口門牌一二四六號
自動電話式壹陸柒柒號
BUAN HENG CHIANG

松锦戊年（1938）七月三日写批所用的万兴昌信笺上印“住暹京三聘风炉街口门牌一二四六号”

1947 年 5 月 18 日暹罗华侨银信局公会成立，选举首届理监事，万兴昌的许允诗当选为理事。

王百草

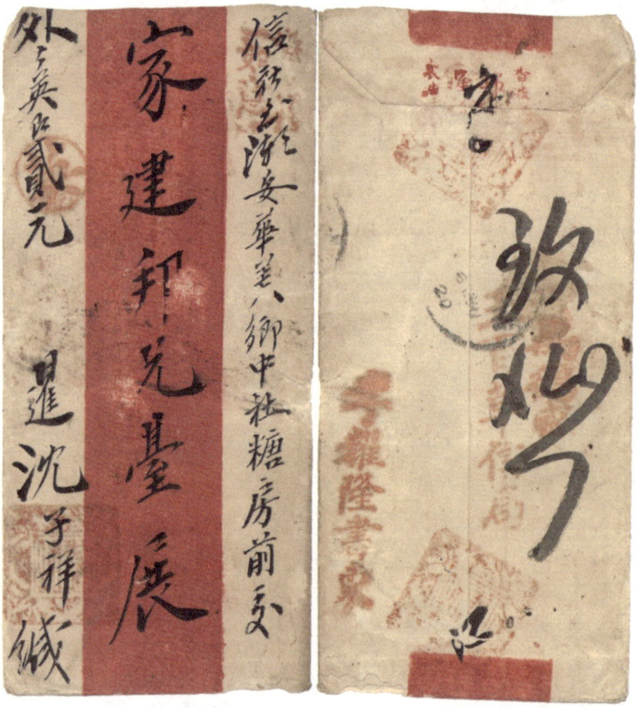

暹沈子祥寄英银贰元至潮安华美乡建邦。批封盖“王百草信局”和“万德盛”印。王百草和万德盛合作经营侨批业务

王江成

暹罗许辉裕用马金峰汇兑银信局自印封寄港币壹佰元至饶邑隆都前埔潮洄头乡母亲。批封盖汕头中国银行一九五七年五月二十六日核盖侨批之章、“廊开王江成代理”和“公宜信局有限公司”印。王江成与曼谷马金峰收揽的侨批由公宜递寄

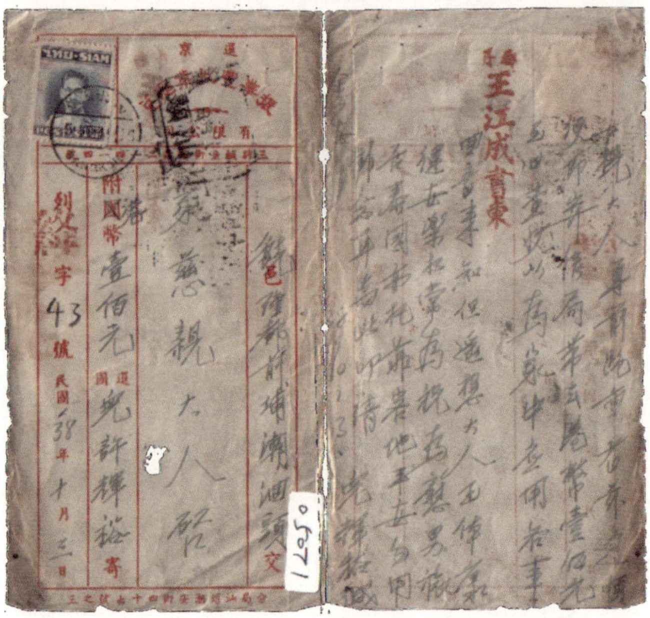

暹国许辉裕一九四九年十月三日用振华丰批局自印封寄港币壹佰元至饶邑隆都前埔潮洄头母亲。批封盖“廊开王江成书柬”印。廊开王江成和曼谷振华丰合作经营侨批业务

廊开（Nong Khai），泰国东北地区的一个府。

王利市

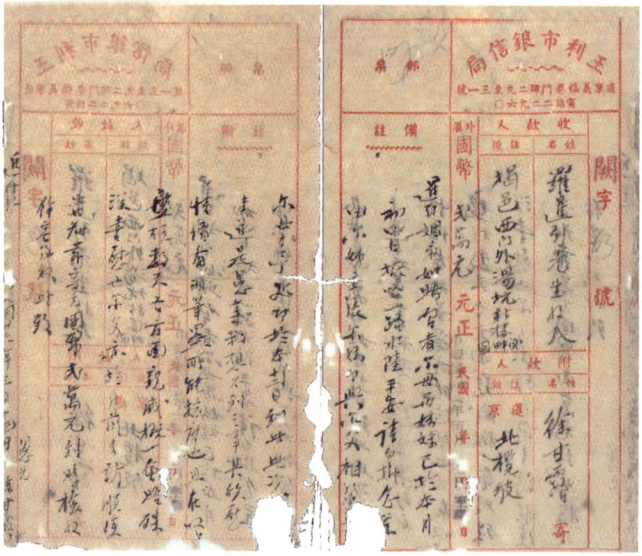

暹京北榄坡徐甘露民国卅六年（1947）三月十四日用批局黄色自印封寄国币式万元至揭邑西门外汤坑新楼罗暹引。批封印“王利市银信局　暹京义福巷门牌二九至三一号　电话二二九六〇”

暹京鸿财用王利市银信局粉红色自印封寄港币拾元至澄邑上外都风（凤）岭乡刘益明。批封印“王利市银信局　暹京义福巷门牌三十一号　电话二二九六〇”，盖汕头 1954 年 2 月 6 日侨批专用邮戳

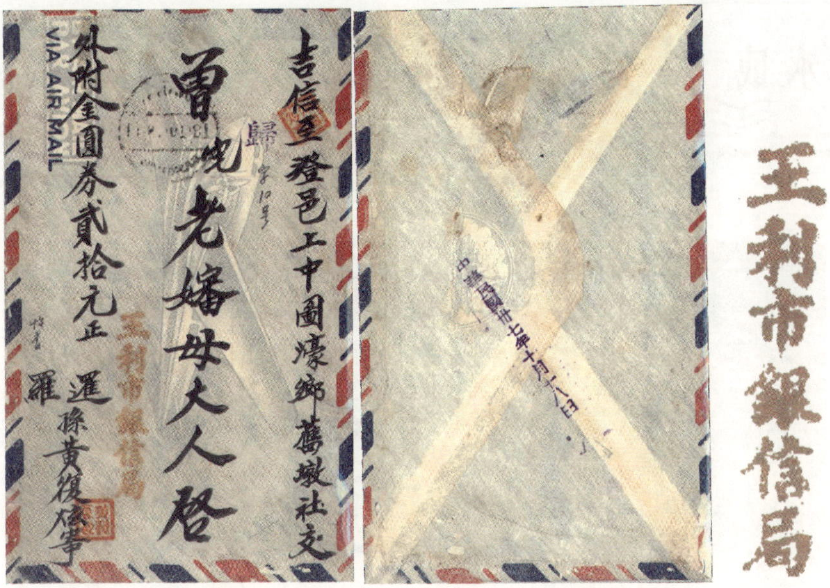

暹罗黄复炫民国卅七年（1948）十月十八日寄金圆券贰拾元至澄邑上中图濠乡婶母。批封盖“王利市银信局”印

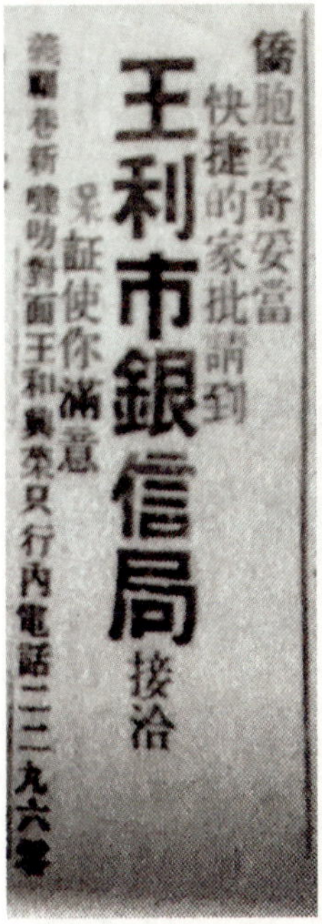

1964 年 4 月 18 日王利市银信局在《中原报》上刊登广告。批局地址为义福巷新哒叻对面王和兴菜只行内，电话二二九六零

1947 年 5 月 18 日暹罗华侨银信局公会成立，王利市为首届会员商号，代表人王易合。

1953 年臣信、能信、名信三家公司联合成立信联有限公司，成员包括其他批信局业者，称为购批代表。王利市为其中之一。据该年 5 月 11 日《中原报》所载之《信联有限公司购批代表名单》，王利市的经营地址在曼谷义福巷 29 号。

王永成

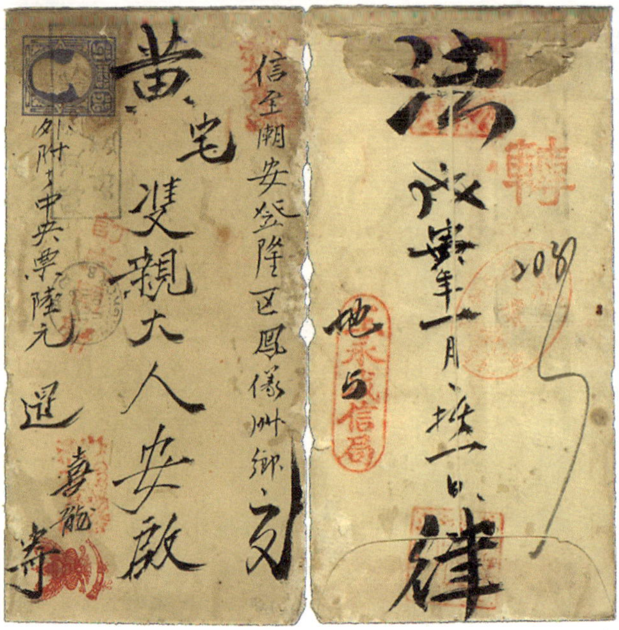

暹喜龙寄中央票陆元至潮安登隆区凤仪州乡双亲，批封销曼谷 1938 年 2 月 11 日邮戳，盖“王永成信局”和“吴泰安批局”印，两家批局合作经营侨批业务

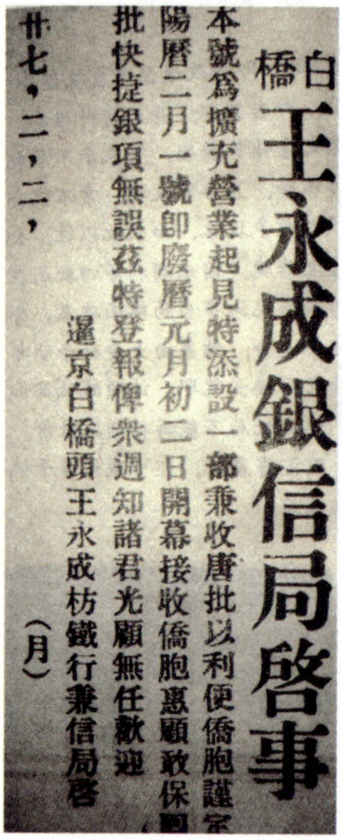

白橋 王永成銀信局啓事

本號爲擴充營業起見特添設一部兼收唐批以利僑胞謹定陽曆二月一號卽廢曆元月初二日開幕接收僑胞惠顧敢保回批快捷銀項無誤茲特登報俾衆週知諸君光顧無任歡迎

暹京白橋頭王永成枋鐵行兼信局啓

廿七，二，二，(月)

1938 年 2 月 2 日王永成银信局在泰国华文报刊登启事：“本号为扩充营业起见特添设一部兼收唐批以利侨胞谨定阳历二月一号即废历元月初二日开幕接收侨胞惠顾敢保回批快捷银项无误兹特登报俾众周知诸君光顾无任欢迎　暹京白桥头王永成枋铁行兼信局启”

伟 通

暹罗陈章仪用荣丰利批业汇兑有限公司自印封寄肆拾伍元至澄邑隆都大东山村陈凤。批封销汕头1957年2月19日侨批专用邮戳，盖“伟通信局有限公司专盖信封”印

1956年，泰国财政部规定只准持有营业执照的批信局作正常营业外，其各属下之代理公司不准经营。同时批准12家公司合法收寄兑换华侨银信往中国，其中就有“伟通信局有限公司”，商号地址16号 Soi Pipak san Bangkok。

文成

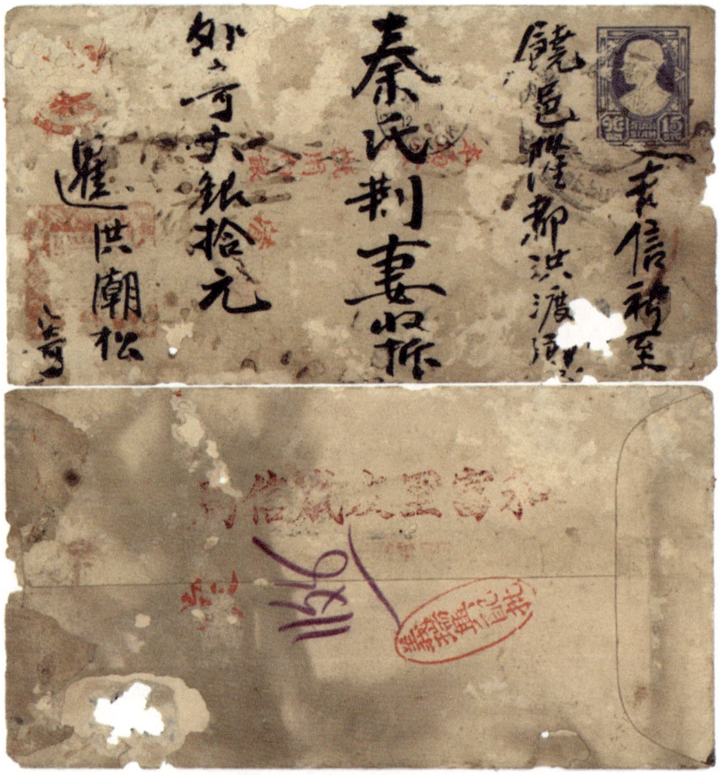

暹洪潮松用泰国 15 士丁邮资封寄大银拾元至饶邑隆都洪渡乡妻子。批封盖“和富里文成信局”和“义瑞兴配批”印。和富里文成和曼谷义瑞兴合作经营侨批业务

和富里，即华富里（Lopburi），是泰国中部的一个府。华富里府距首都曼谷约 153 公里。

文 发

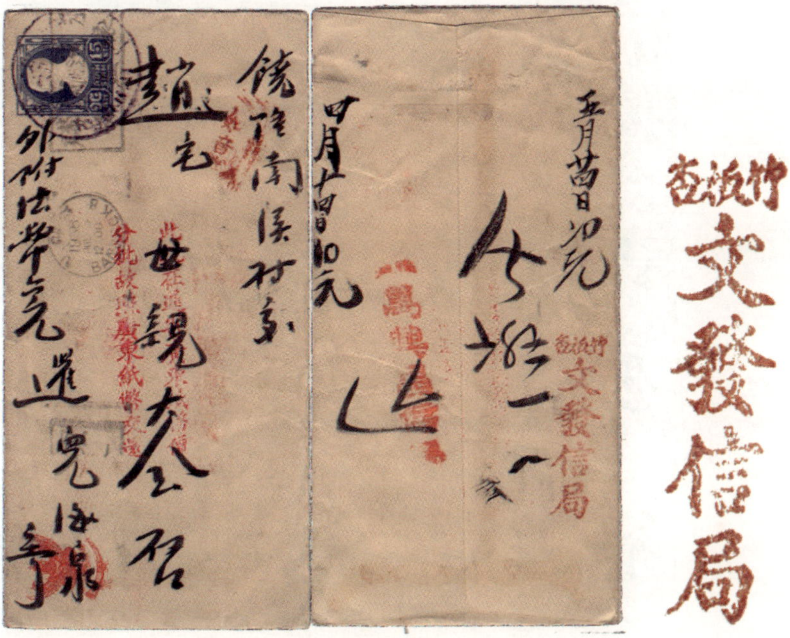

暹海泉用泰国 15 士丁邮资封寄法币六元至饶隆南溪村母亲。批封销曼谷“1936 Jul”邮戳，盖“竹板杏文发信局”和“暹京万兴昌信局”印。竹板杏文发和曼谷万兴昌合作经营侨批业务

竹板杏，泰国偏北部披集府的一个县。

吴合盛兴

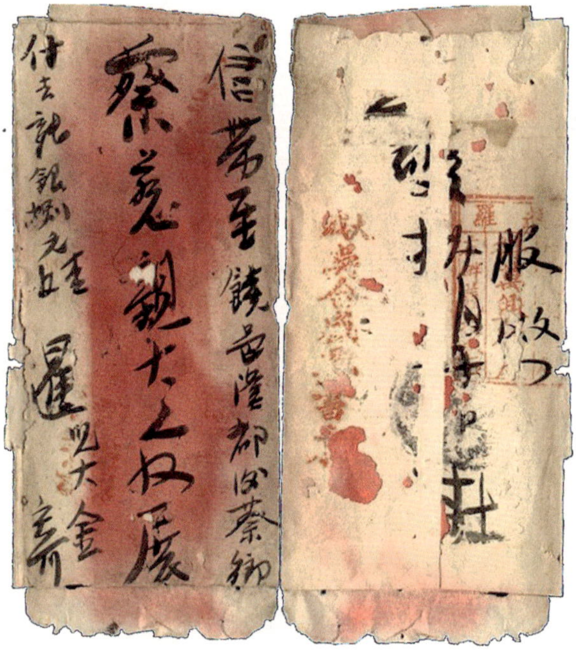

暹大金寄龙银捌元至饶邑隆都后蔡乡母亲。批封盖“大城吴合盛兴书柬”和“暹罗得万兴信局住第八邮政局左畔义福巷口”印。大城吴合盛兴与曼谷得万兴合作经营侨批业务

大城府，全称阿育他耶府（Phra Nakhon Si Ayutthaya），泰国中部的一个府，距首都曼谷约 76 公里。

吴合源

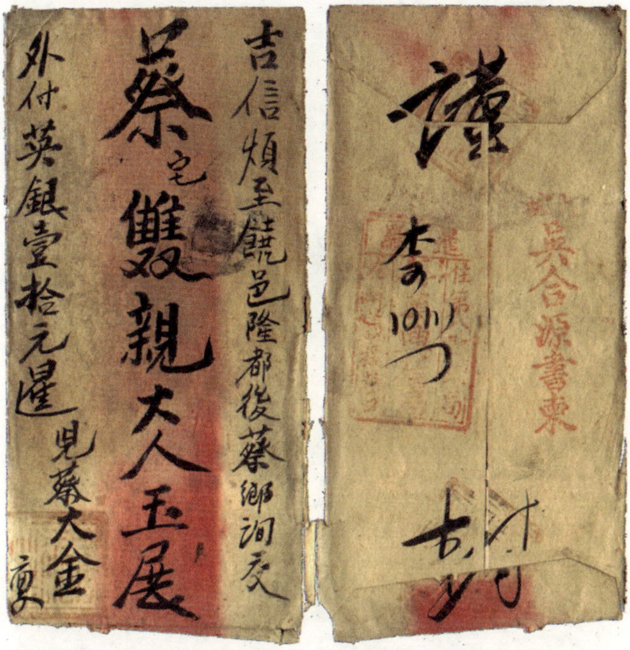

暹蔡大金寄英银壹拾元至饶邑隆都后蔡乡双亲。批封盖“大城吴合源书柬”和“暹罗得万兴信局住第八邮政局左畔义福巷口”印。大城吴合源与曼谷得万兴合作经营侨批业务

大城府，全称阿育他耶府（Phra Nakhon Si Ayutthaya），泰国中部的一个府，距首都曼谷约 76 公里。

吴嘉兴

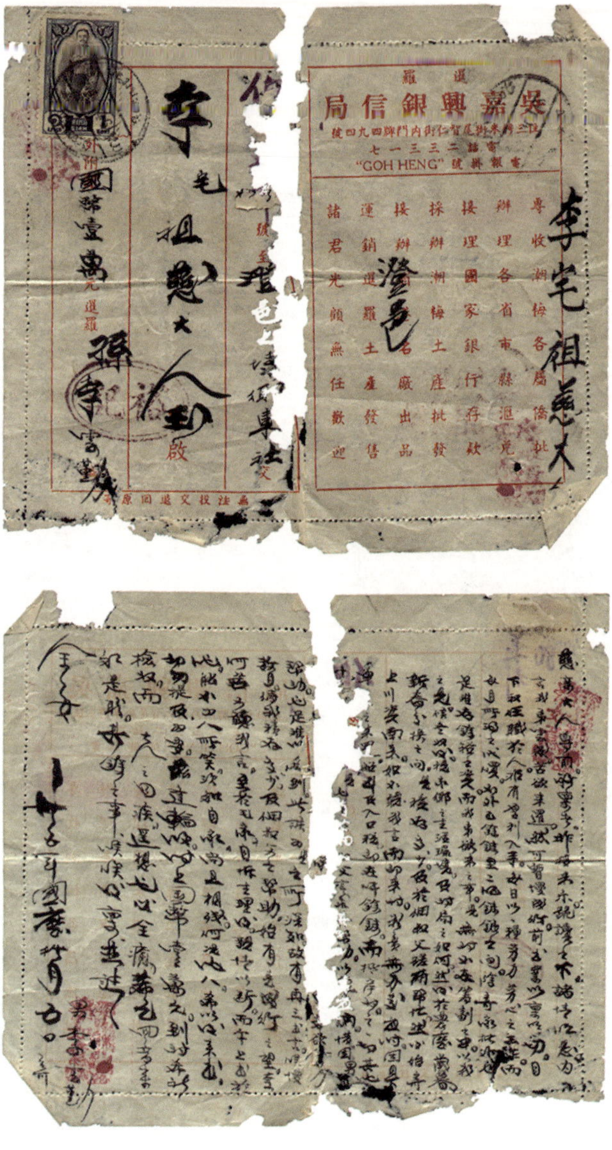
暹羅
吳嘉興銀信局
住三聘米街尾智仁街内門牌四九四號
電話二三三一七
電報掛號"GOH HENG"
專收潮梅各屬僑批
辦理各省市縣匯兌
接理國家銀行存款
採辦洲梅土産批發
接辦各名廠出品
運銷暹羅土産發售
諸君光顧無任歡迎

李宅祖慈大人

國幣壹萬元
暹羅 孫李雲勤

暹罗李云勤卅五年（1946）十月五日寄国币壹万元至澄邑上□乡东社祖母。批封印“暹罗吴嘉兴银信局　住三聘米街尾智仁街内门牌四九四号　电话二三三一七”

1947 年 5 月 18 日暹罗华侨银信局公会成立，吴嘉兴为首届会员商号，代表人吴醉白。

吴捷源

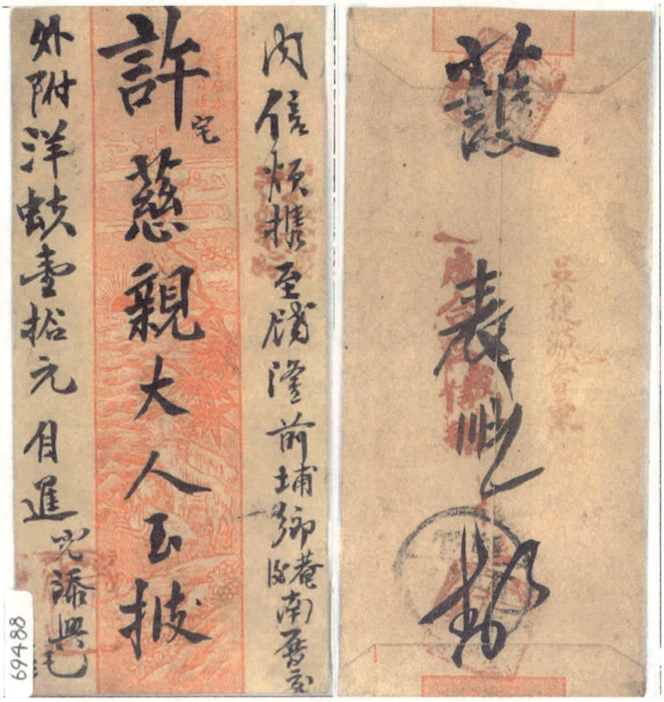

暹添兴寄洋蚨（洋银）壹拾元至饶隆前埔乡母亲。批封盖“吴捷源书柬”和“成合昌信局”印。吴捷源与成合昌合作经营侨批业务

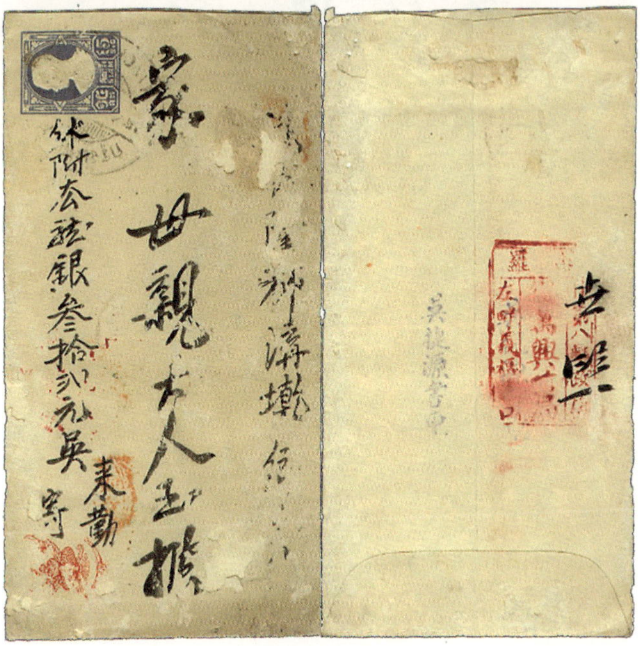

吴来勤用泰国15士丁邮资封寄龙银叁拾式元至隆都沟墘乡母亲。批封盖“吴捷源书柬”和“暹罗得万兴信局”印。吴捷源与曼谷得万兴合作经营侨批业务

吴俊新

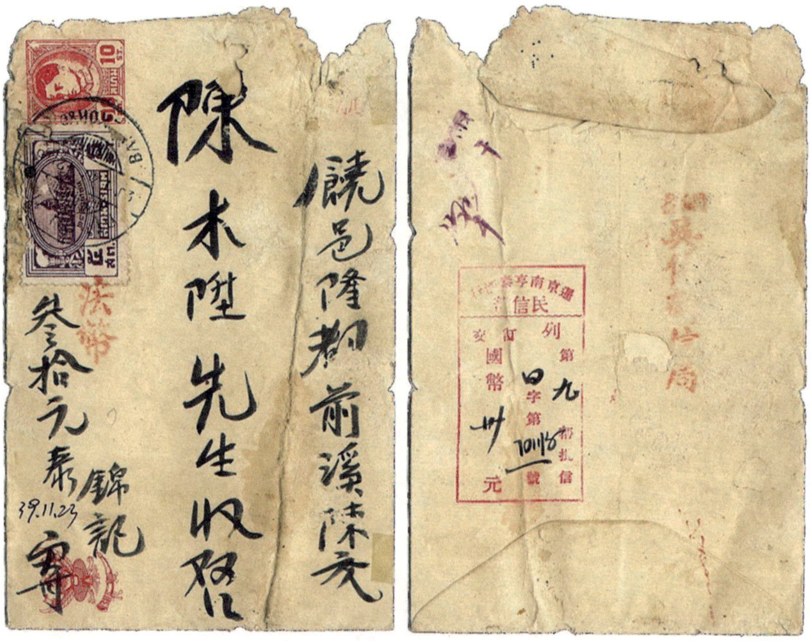

泰锦记用泰国 10 士丁邮资封加贴 5 士丁邮票寄法币叁拾元至饶邑隆都前溪陈木升。批封上写“39. 11. 23”字样。盖“网谷吴俊新信局”和“暹京南亨泰酒行民信部”印。同在曼谷的两家批局合作经营侨批业务

吴荣发

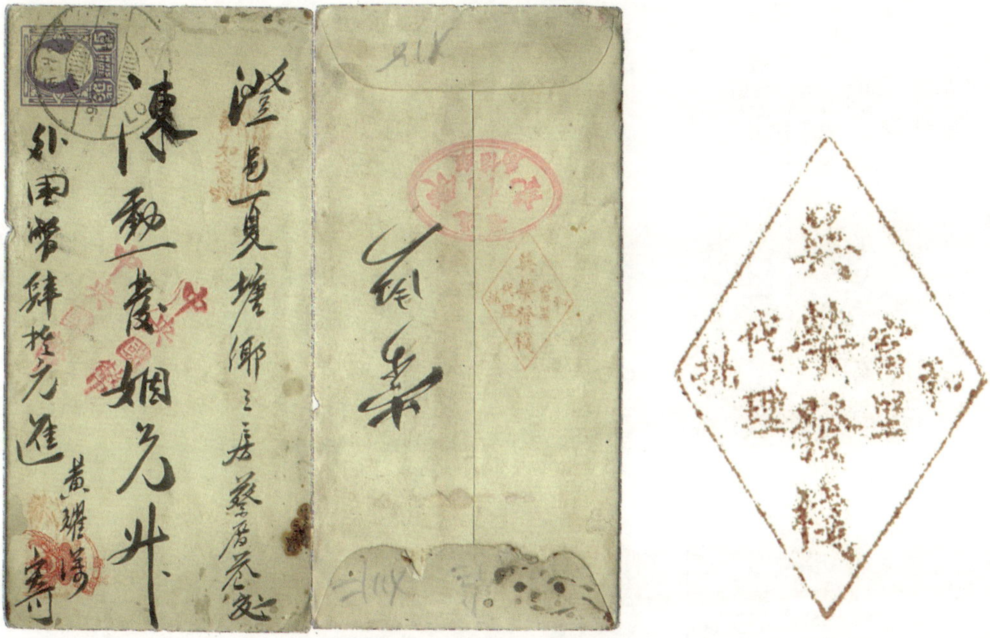

暹黄耀深用泰国 15 士丁邮资封寄国币肆拾元至澄邑夏塘乡陈勋发，批封盖“和富里吴荣发栈代理批”和“暹罗陈悦记银信局”，和富里吴荣发与曼谷陈悦记合作经营侨批业务

和富里，即华富里（Lopburi）。泰国中部地区的一个府，距首都曼谷约 153 公里。

吴泰安

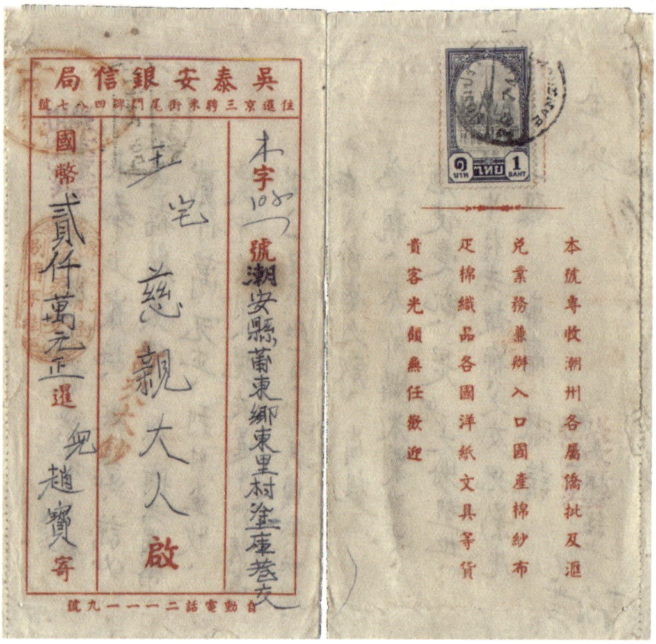

暹赵宝寄国币贰仟万元至潮安县莆东乡母亲。批封印“吴泰安银信局　住暹京三聘米街尾门牌四八七号　自动电话二一一一九号”，销曼谷 1948 年 4 月 7 日邮戳，盖“吴泰安”印

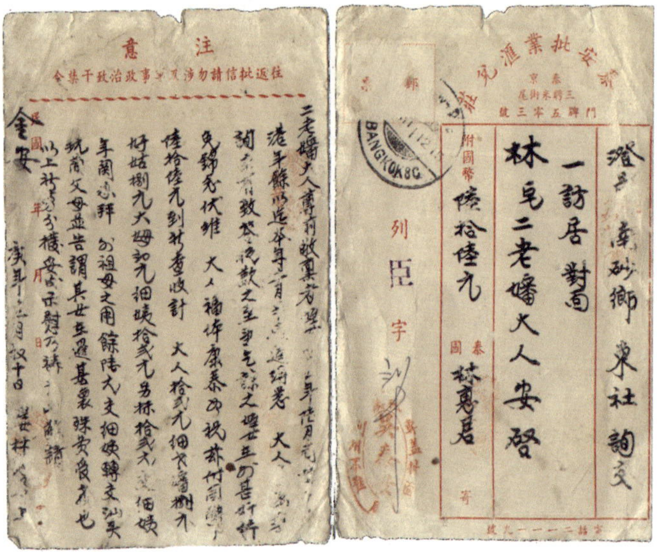

泰国林惠君庚年（1940）三月初十日寄国币陆拾陆元至澄邑南砂乡二老婶。批封印“吴泰安批业汇兑庄　泰京　三聘米街尾　门牌五零三号”，盖“枫溪吴泰安批局专盖批面别用不准”印

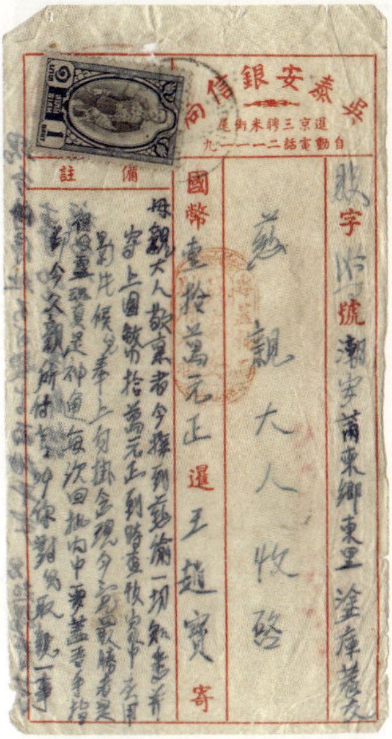

暹王赵宝寄国币壹拾万元至潮安莆东乡母亲。批封印“吴泰安银信局　暹京三聘米街尾　自动电话二一一一九”

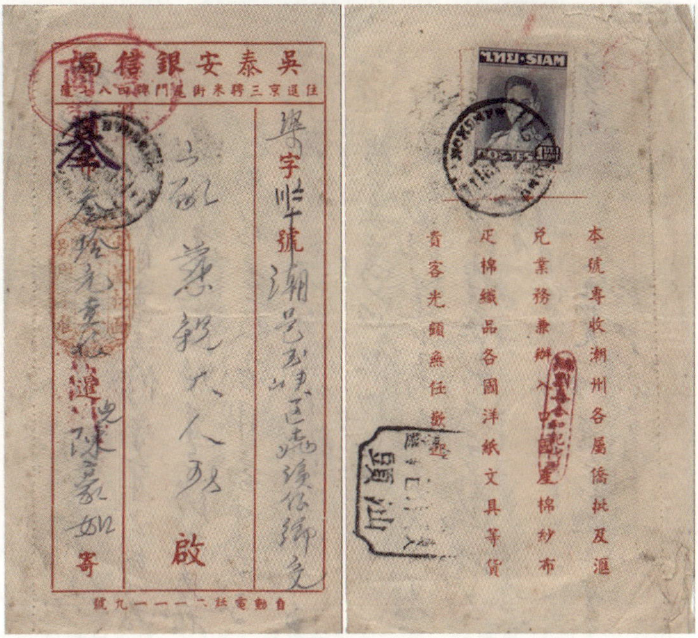

暹陈豪如寄基数叁拾元至朝邑玉峡区桃溪仔乡母亲。批封盖“吴泰安专盖批面别用不准”和“潮阳刘喜合和记代理”印。潮阳刘喜合和记代理分发泰国吴泰安收揽递寄的侨批

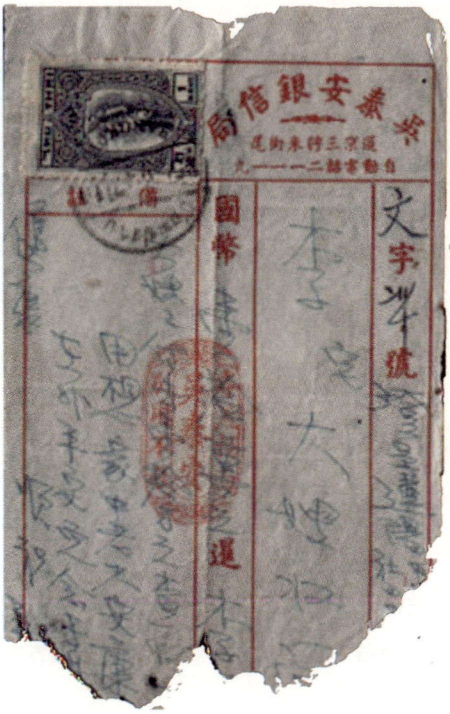

暹李□□寄国币壹拾万元至澄邑莲阳大嫂。批封盖“吴泰安专盖批面别用不准”信局印

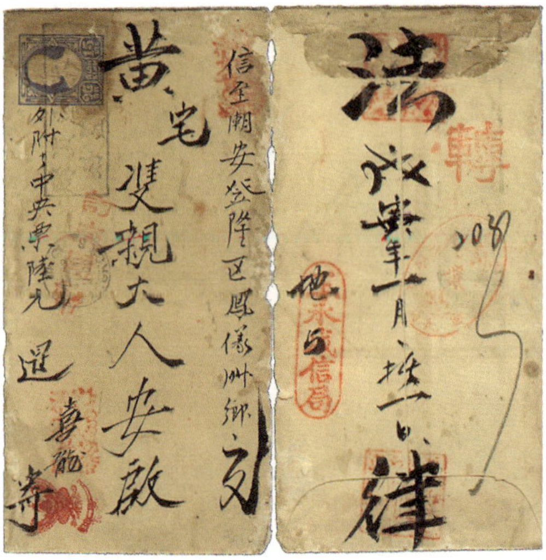

暹喜龙用泰国 15 士丁邮资封寄中央票陆元至潮安登隆区凤仪洲乡双亲。批封销曼谷 1938 年 2 月 11 日邮戳，盖“吴泰安批局”和“王永成信局”印。王永成与曼谷吴泰安合作经营侨批业务

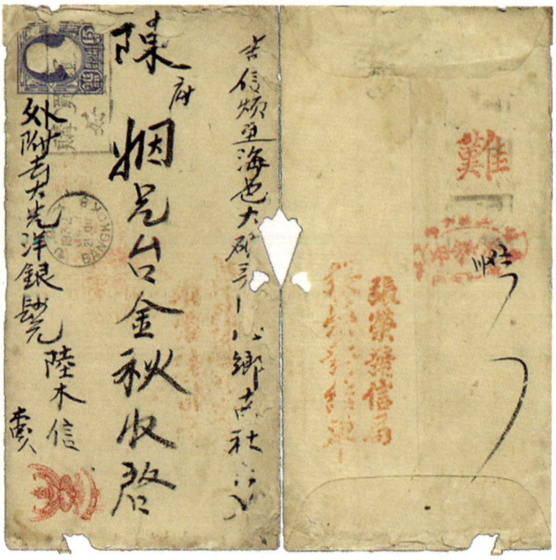

陆木信用泰国 15 士丁邮资封寄大光洋银肆元至海邑大码头田心乡。批封销曼谷 1932 年 6 月 7 日邮戳，盖“吴泰安批局”和“张荣发信局”“张荣发结单”印。张荣发与曼谷吴泰安合作经营侨批业务

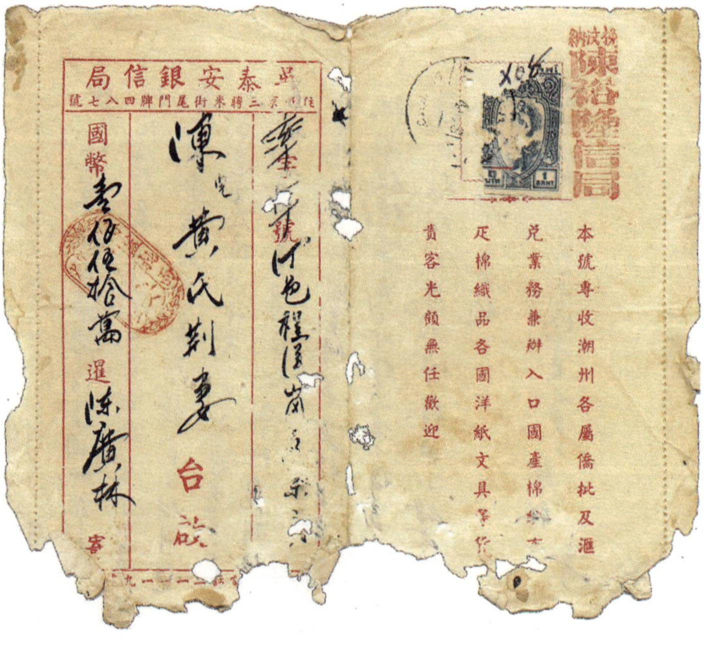

暹陈广林用吴泰安银信局自印封寄国币壹佰伍拾万至汀（澄）邑程洋岗妻子。批封盖“吴泰安批局”和“挽汶纳陈裕隆信局”印。挽汶纳陈裕隆和曼谷吴泰安合作经营侨批业务

挽汶纳（Bang Mun Nak），泰国北部披集府的一个县。

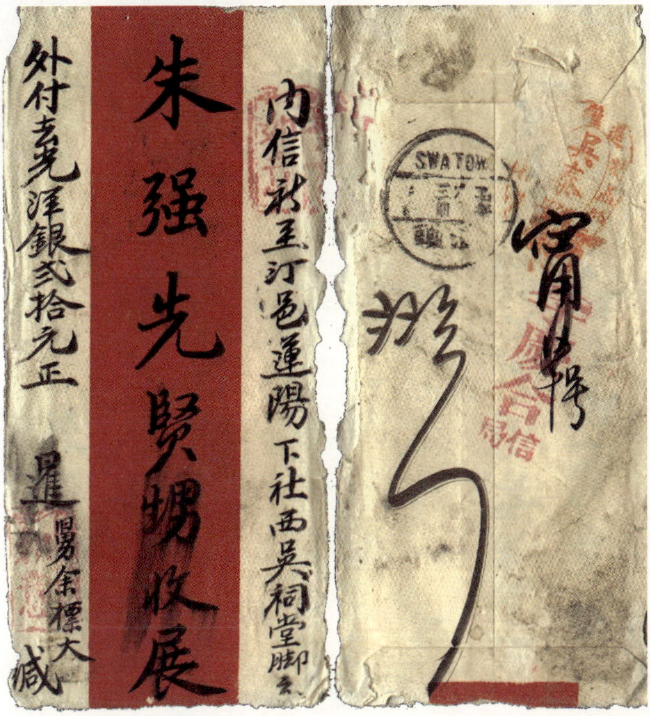

暹余标大寄光洋式拾元至汀（澄）邑莲阳下社朱强。批封销汕头一七年（1928）邮戳，盖“李庆合信局”和“吴泰安信局”印。李庆合与曼谷吴泰安合作经营侨批业务

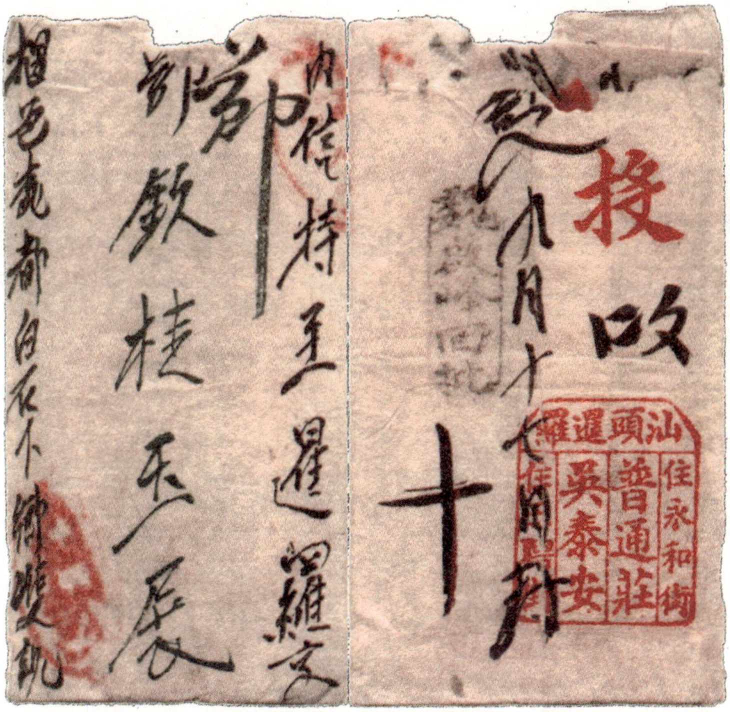

揭邑桃都白石下乡双亲寄暹罗郑钦桂回批。批封盖“暹罗吴泰安住三聘街　汕头普通庄住永和街”印。暹罗吴泰安与汕头普通庄合作经营侨批业务

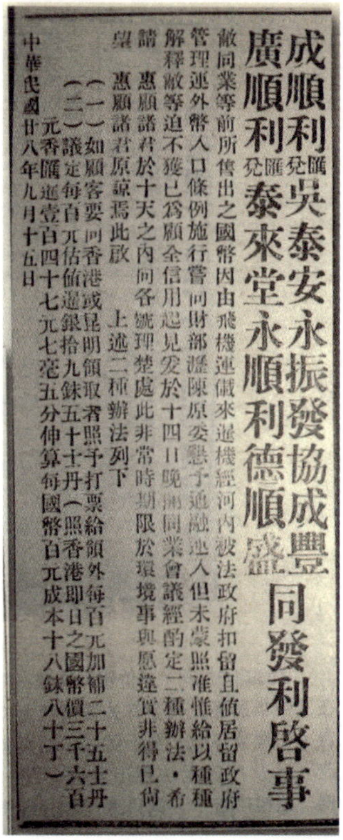
成順利 匯兌 吳泰安永振發協成豐
廣順利 兌匯 泰來堂永順利德順盛 同發利啓事
敝同業等前所售出之國幣因由飛機運儎來暹機經河內被法政府扣留且值居留政府管理運外幣人口條例施行曾向財部遷陳原委懇予通融進入但未蒙照准惟給以種種解釋敝等迫不獲已爲顧全信用起見爰於十四日晚開同業會議經酌定二種辦法，希請惠顧諸君於十天之內向各號理楚處此非常時期限於環境事與愿違實非得已倘望惠顧諸君原諒焉此啟 上述二種辦法列下
（一）如顧客要向香港或昆明領取者照予打票給領外每百元加補二十五士丹
（二）議定每百元估值暹銀拾九銖五十士丹（照香港即日之國幣價三千六百元香匯進壹百四十七元七毫五分伸算每國幣百元成本十八銖八十丁）
中華民國廿八年九月十五日

吴泰安与同发利、广顺利、成顺利、永振发等九家批局就批局所售出国币经河内时被法政府扣留一事于民国廿八年（1939）九月十五日刊登启事

据泰国学者提供的资料，在泰国20世纪初的官方档案《御前报告》中，已有创建于曼谷三聘街的“吴泰安信局”的记录。该批局每年寄批金额约30万元。

1932年1月31日暹罗华侨银信局公所成立，吴泰安为首任理事长商号，代表人陈鹤九。

1947年5月18日暹罗华侨银信局公会成立，吴泰安为首届会员商号，代表人李俊三。

锡丰

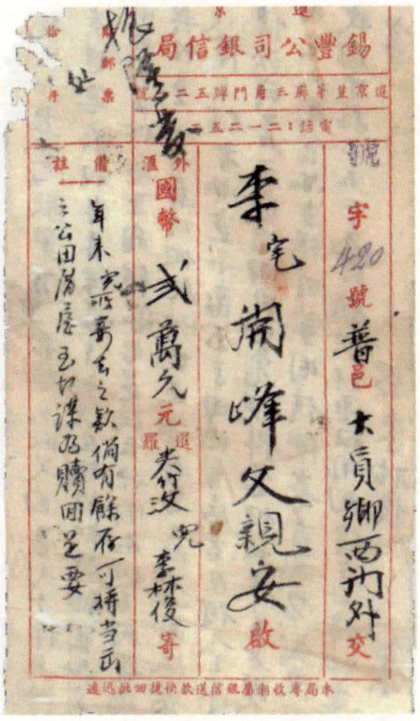

暹罗尖竹汶李林俊寄国币式万元至普邑大员乡李开峰。批封印“暹京　锡丰公司银信局　暹京豆芽廊三角门牌五二一号　电话：二一二五二”

锡丰公司银信局于 1945 年在《光华报》上刊登广告：“本局接收潮州各属银信专派人回国分送发亲友如有委托敝行存款或□□等事请向暹京豆芽廊三角门牌五二一　电话二一二五二”

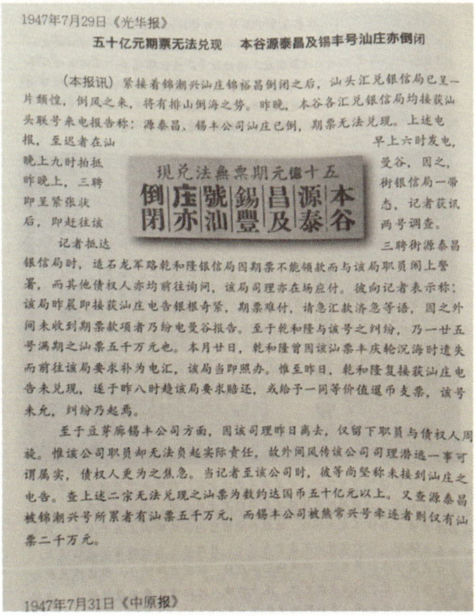

1947年7月29日《光华报》

五十亿元期票无法兑现　本谷源泰昌及锡丰号汕庄亦倒闭

（本报讯）紧接着锦潮兴汕庄锦裕昌倒闭之后，汕头汇兑银信局已呈一片颓惶，倒风之来，将有排山倒海之势。昨晚，本谷各汇兑银信局均接获汕头联号来电报告称：源泰昌、锡丰公司汕庄已倒，期票无法兑现。上述电报，至迟者在汕早上六时发电，晚上九时拍抵曼谷，因之，昨晚上，三聘街银信局一带即呈紧张状态，记者获讯后，即赶往该两号调查。

五十億元期票無法兌現

本谷源泰昌及錫豐號汕莊亦倒閉

记者抵达三聘街源泰昌银信局时，适石龙军路乾和隆银信局因期票不能领款而与该局职员闹上警署，而其他债权人亦均前往询问，该局司理亦在场应付。彼向记者表示称：该局昨晨即接获汕庄电告银根奇紧，期票难付，请急汇款济急等语，因之外间未收到期票款项者乃纷电曼谷报告。至于乾和隆与该号之纠纷，乃一廿五号满期之汕票五千万元也。本月廿日，乾和隆曾因该汕票丰庆轮沉海时遗失而前往该局要求补为电汇，该局当即照办。惟至昨日，乾和隆复接获汕庄电告未兑现，适于昨八时趋该局要求赔还，或给予一同等价值暹币支票，该号未允，纠纷乃起焉。

至于豆芽廊锡丰公司方面，因该司理昨日离去，仅留下职员与债权人周旋。惟该公司职员却无法负起实际责任，故外间风传该公司司理潜逃一事可谓属实，债权人更为之焦急。当记者至该公司时，彼等尚坚称未接到汕庄之电告。查上述二宗无法兑现之汕票为数约达国币五十亿元以上。又查源泰昌被锦潮兴号所累者有汕票五千万元，而锡丰公司被焦常兴号牵连者则仅有汕票二千万元。

1947年7月31日《中原报》

1947 年 7 月 29 日《光华报》报道《五十亿元期票无法兑现　本谷源泰昌及锡丰号汕庄亦倒闭》。称：“至于豆芽廊锡丰公司方面，因该司理昨日离去，仅留下职员与债权人周旋。惟该公司职员却无法负起实际责任，故外间风传该公司司理潜逃一事可谓属实，债权人更为之焦急。”

1947 年 5 月 18 日暹罗华侨银信局公会成立，锡丰为首届会员商号，代表人张仲渠。

锡泉

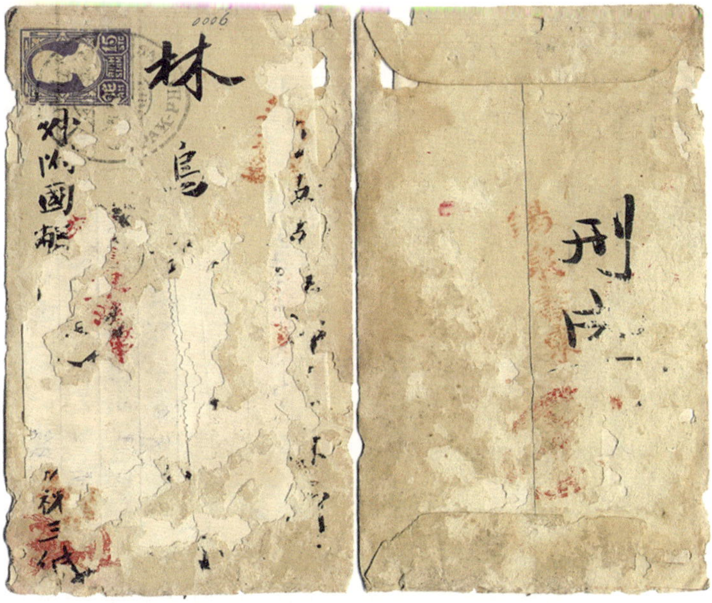

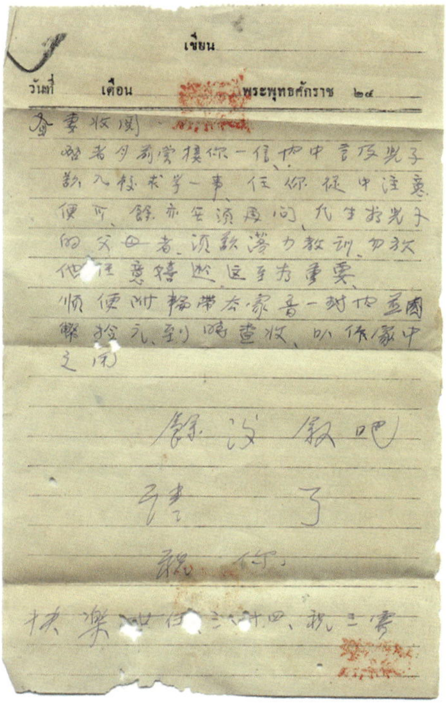
เขียน
วันที่ เดือน พระพุทธศักราช ๒๔

爱妻收阅：
启者日前曾接你一信，内中言及光子欲入校求学一事，任你从中注意便可，余亦无须再问，凡生为光子的父母者，须要努力教训，勿致他任意转逃，这至为重要。
顺便附转带去家音一封，内并国币拾元，到时查收，以作家中之用。

余没叙吧
是了
祝你
快乐 廿五年三月廿四 祝三寄

□□祝三民国廿五年（1936）三月十四日用泰国15士丁邮资封寄国币拾元至□□□□林乌记。批封盖“锡泉书柬”印

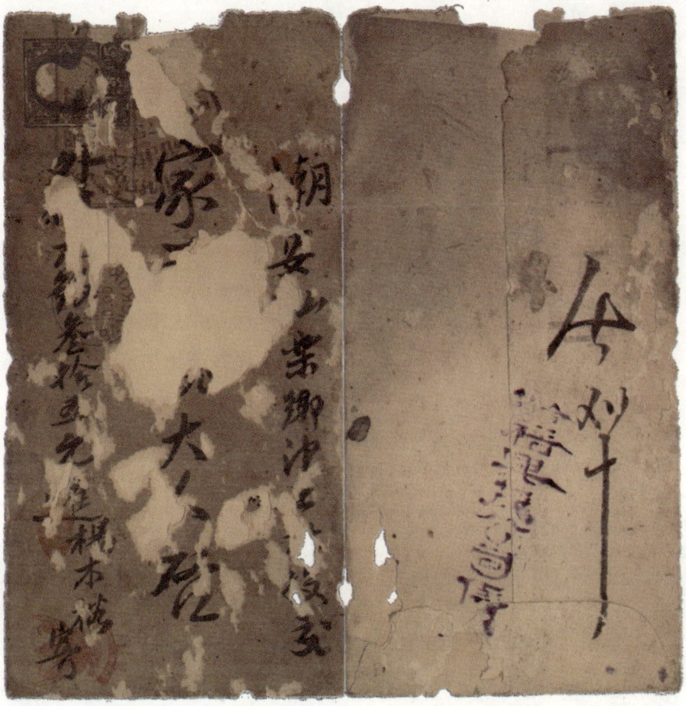

暹杨木裕用泰国 15 士丁邮资封寄大银叁拾五元至潮安仙乐乡□□。批封销曼谷邮戳，盖“合艾禧兴茂公司信局”印

协成丰

暹陈豪如民国廿一年（1932）七月廿六日汇光银壹拾伍元至潮邑桃溪陈乡陈梅士票根，上盖“暹罗协成丰信局”印

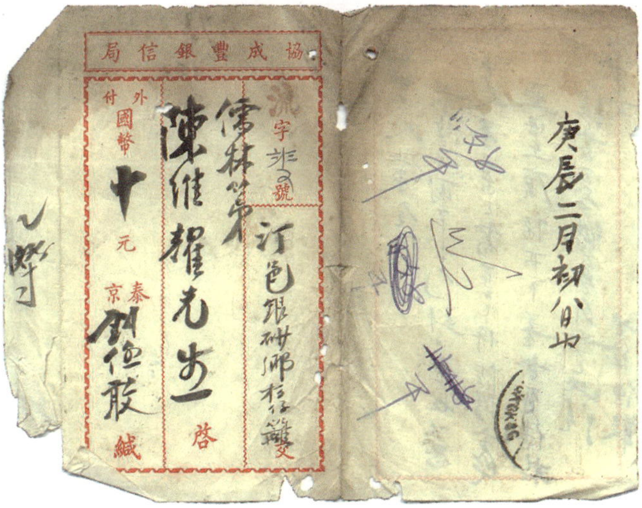

泰京刘任敢用批局黄绿色自印封寄国币十元至汀（澄）邑银砂乡陈维耀，批封印“协成丰银信局”，有手书“庚辰（1940）二月初八日收”字样

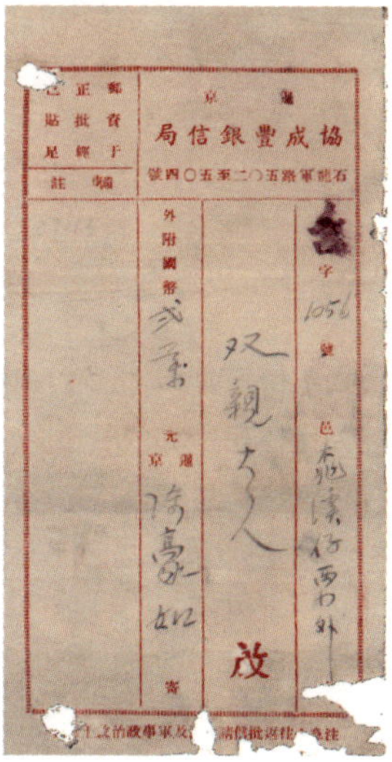

暹京陈豪如用批局黄色自印封寄国币弍万元至桃溪仔双亲。批封印“暹京协成丰银信局　石龙军路五〇二至五〇四号”

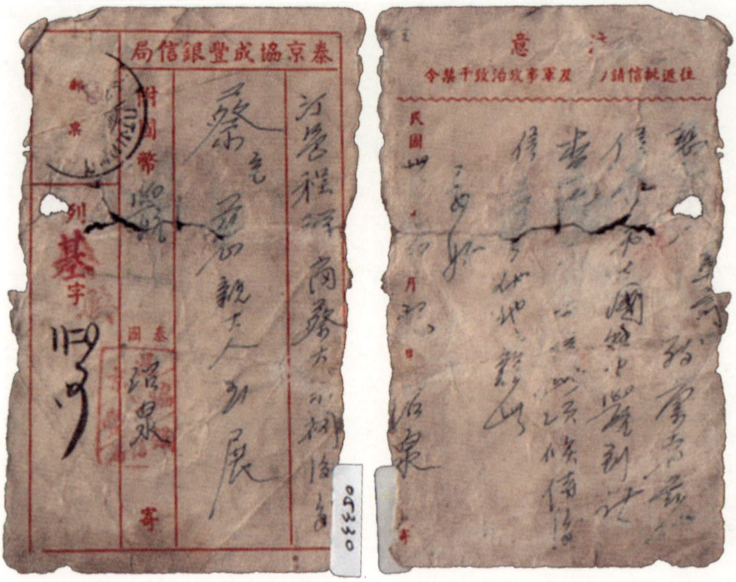

泰国绍泉用批局棕色自印封寄国币一百五十元至汀（澄）邑程洋岗母亲。批封盖“暹京协成丰银信局”印

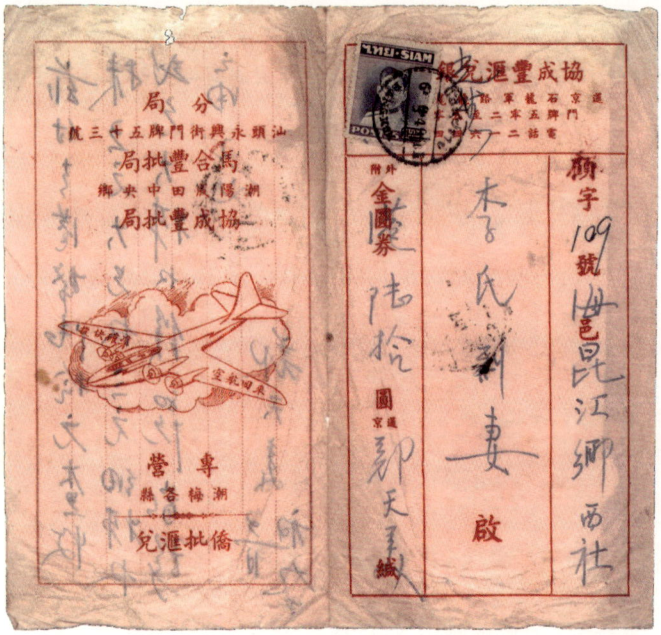

暹京郑天美用批局自印封寄港币陆拾元至海邑昆江乡妻子。批封背面印“分局　汕头永兴街门牌五十三号　马合丰批局　潮阳成田中央乡　协成丰批局”。飞机图案上还印有“来回航空　准确快捷”的广告语。批封盖销曼谷“49. 6. 6”邮戳

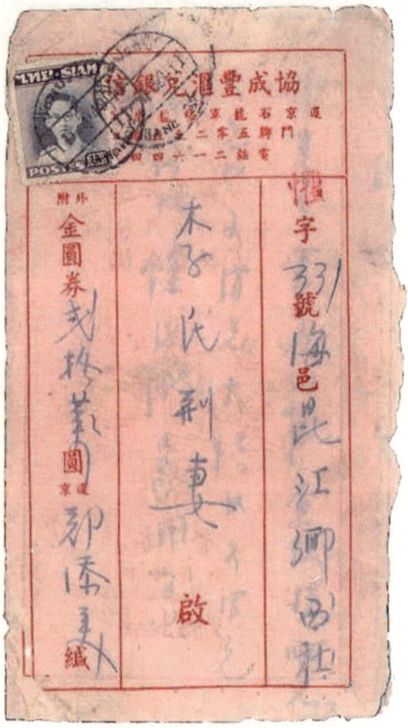

暹京郑添美用协成丰汇兑银信局粉红色自印封寄金圆券式万元至海邑昆江乡妻子。盖销曼谷1949年4月11日邮戳

暹罗余秋龙用协成丰银信局红色自印封寄港币伍拾元至汀（澄）邑隆都大贡巷村余锦标。批封销汕头一九五三年二月四日侨批专用邮戳和“汕头中国银行一九五三年二月五日核盖侨批之章”

泰国元运寄国币一百元至海邑十五乡西陇祖母。批封印“协成丰银信局　暹京石龙军路龙尾爷街口　门牌三四八号电话二一六四四”，盖“坤敬丽商公司信局”印。坤敬丽商与曼谷协成丰合作经营侨批业务

坤敬，即孔敬（Khon Kaen），泰国依善地区的一个城市，也是孔敬府和孔敬县（孔敬府的下辖地区）的首府。孔敬地处呵叻高原，平均海拔 100 多米，距离曼谷 445 公里。

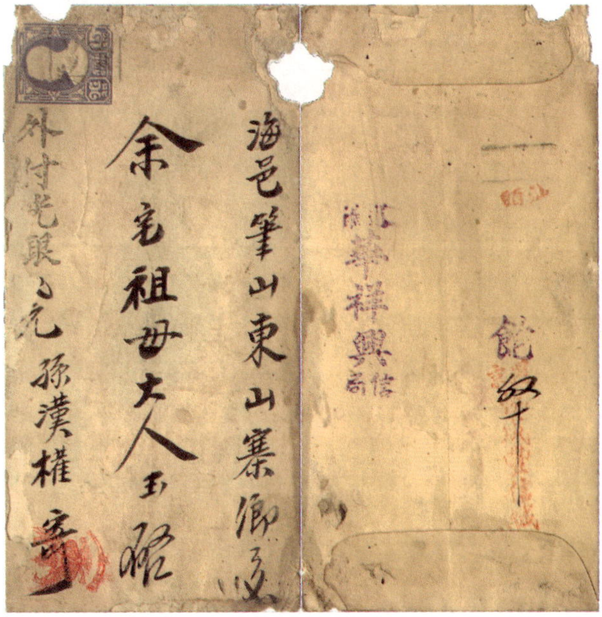

孙汉权寄光银式元至海邑笔山东山寨乡祖母。批封盖“暹罗华祥兴信局”和“暹京协成丰信缄”印。华祥兴与曼谷协成丰合作经营侨批业务

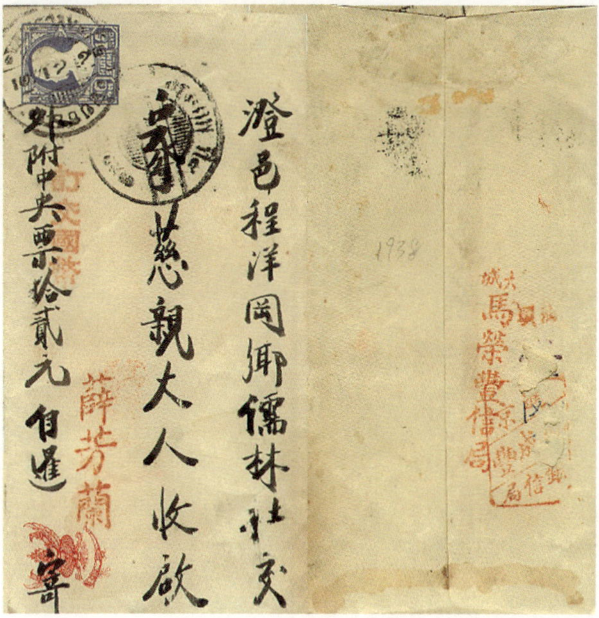

暹薛芳兰用泰国15士丁邮资封寄中央票拾贰元至澄邑程洋冈乡母亲。批封盖“大城马荣丰信局”和“暹京协成丰银信局”印。大城马荣丰与曼谷协成丰合作经营侨批业务

大城府（阿育他耶府，Phra Nakhon Si Ayutthaya），泰国中部的一个府。距首都曼谷约76公里。

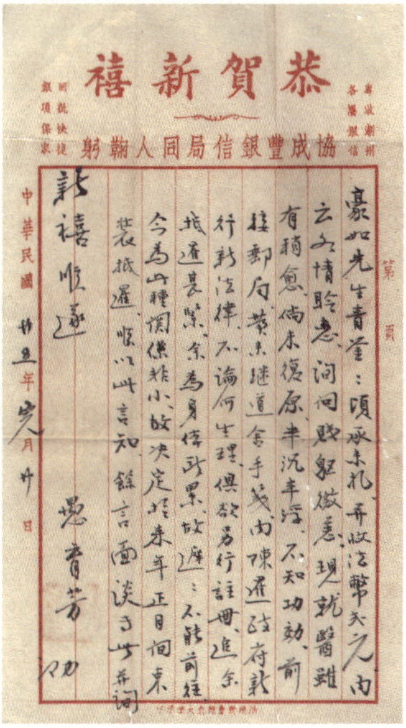

育芳用协成丰银信局写批用笺写于民国廿五年（1936）完月廿日的批信

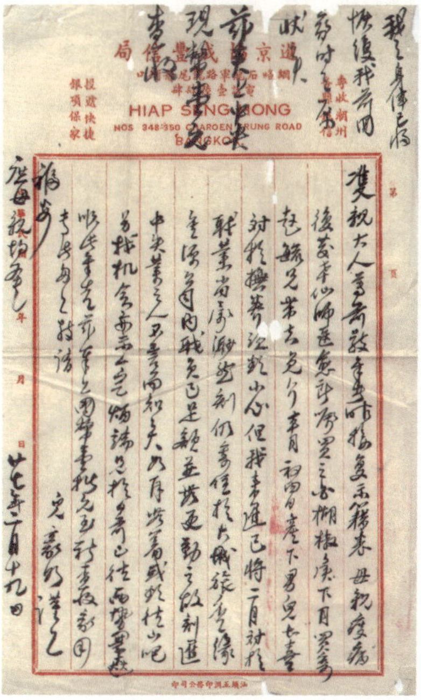

豪如用暹京协成丰信局写批用笺写于民国廿七年（1938）二月十九日的批信

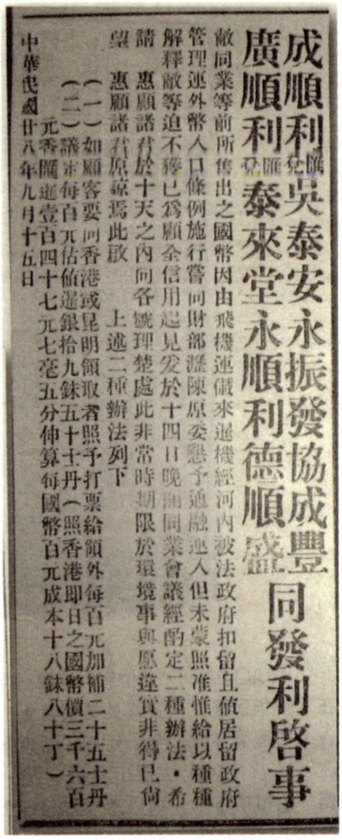

成順利匯兌吳泰安永振發協成豐
廣順利匯兌泰來堂永順利德順盛 同發利啟事

敝同業等前所售出之國幣因由飛機運儎來暹機經河內被法政府扣留且値居留政府管理運外幣入口條例施行管同財部暹陳原委懇予通融進入但未蒙照准惟給以種種解釋敝等迫不獲已爲顧全信用起見爰於十四日晚開同業會議經酌定二種辦法・希請 惠顧諸君於十天之內向各號理楚處此非常時期限於環境事與愿違實非得已倘望 惠顧諸君原諒焉此啟 上述二種辦法列下

（一）如顧客要向香港或昆明領取者照予打票給領外每百元加補二十五士丹

（二）請正每百元佔値暹銀拾九銖五十士丹（照香港即日之國幣價三千六百元香匯逬壹百四十七元七毫五分伸算每國幣百元成本十八銖八十丁）

中華民國廿八年九月十五日

协成丰与吴泰安、同发利、广顺利、成顺利、永振发等九家批局就批局所售出国币经河内时被法政府扣留一事于民国廿八年（1939）九月十五日刊登启事

依据1936年汕头邮政管理局（邮局）向国家交通部邮政总局呈报的核发批局营业凭证申请书整理，汕头马源丰于民国十五年（1926）在暹罗曼谷石龙军路设立协成丰分号，营业人为潮阳人马灿锐。

据泰国学者提供的资料，在泰国20世纪初的官方档案《御前报告》中，已有创建于曼谷三聘街的“协成丰信局”的记录。该批局每年寄批金额约30万元。

1947年5月18日暹罗华侨银信局公会成立，协成丰为首届会员商号，代表人马端凯。

1953年臣信、能信、名信三家公司联合成立信联有限公司，成员包括其他批信局业者，称为购批代表。协成丰为其中之一。据该年5月11日《中原报》所载之《信联有限公司购批代表名单》，协成丰的经营地址在曼谷石龙军路504号。

协成兴

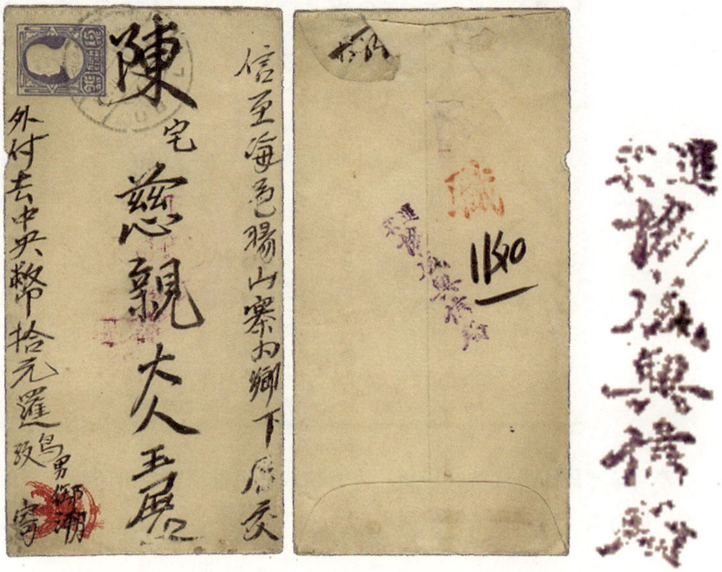

暹御潮用泰国 15 士丁邮资封寄中央币拾元至海邑旸山寨内乡母亲。批封盖“暹京协成兴信局”印

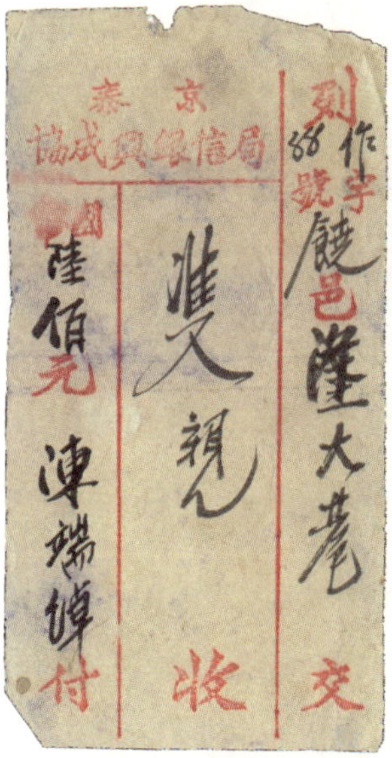

陈端绰寄国币陆佰元至饶邑隆大巷双亲。批封印“泰京协成兴银信局”

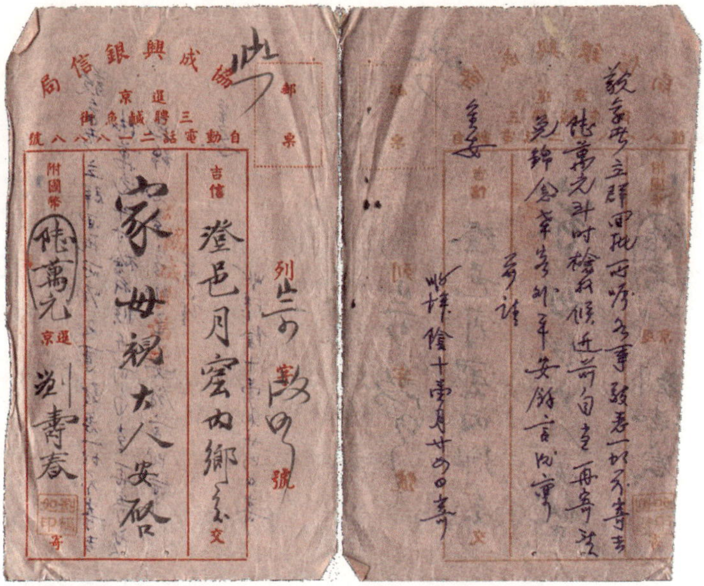

暹京刘寿春民国三十五年（1946）十壹月廿四日寄国币陆万元至澄邑月窟内乡母亲。批封印“协成兴银信局　暹京　三聘咸鱼街　自动电话二一八八八号”

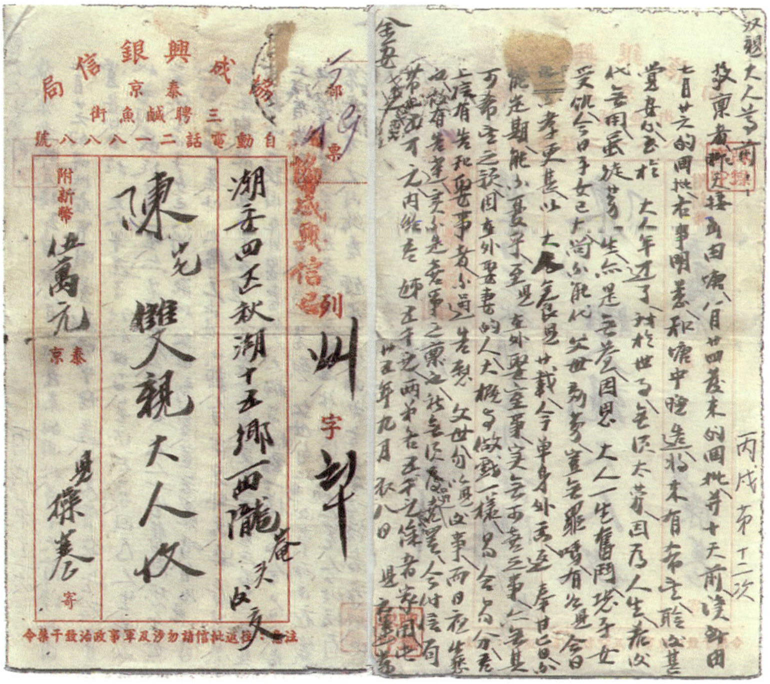

泰京操寒民国卅五年（1946）九月初八日用批局黄色自印封寄新币伍万元至潮安四区秋湖十五乡双亲。批封盖“暹京协成兴信局”印

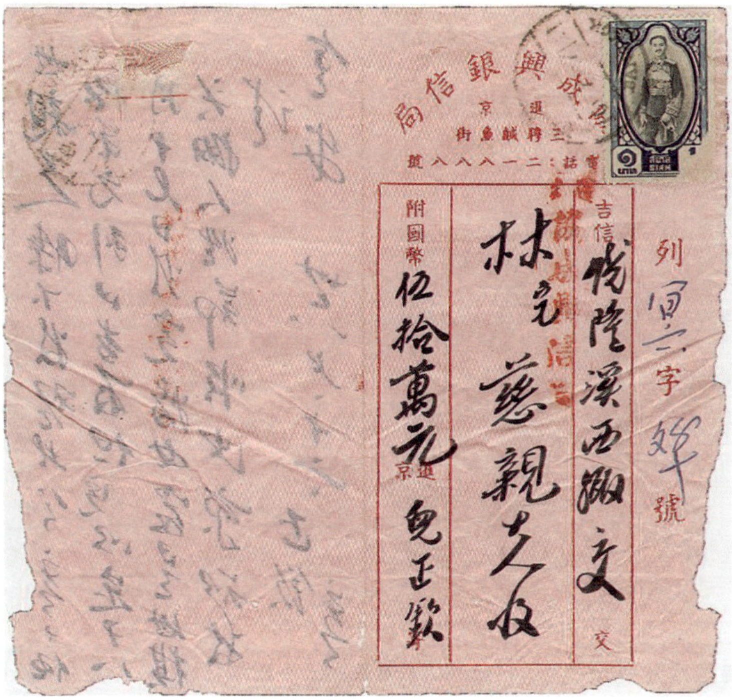

暹京正钦用批局粉红色自印封寄国币伍拾万元至饶隆溪西乡母亲。批封盖“暹京协成兴信局”印

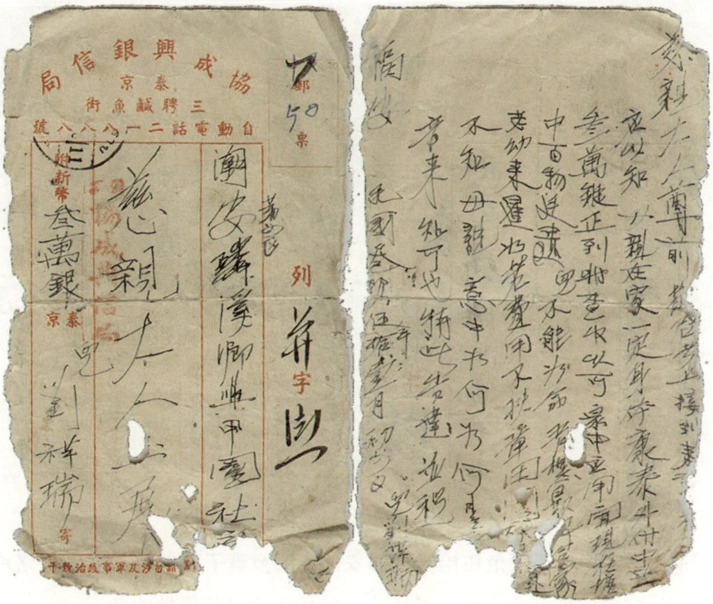

泰京刘祥瑞民国叁拾伍年（1946）壹月初四日用批局白色自印封寄新币叁万元至潮安璘溪乡母亲。批封盖“暹京协成兴信局”印

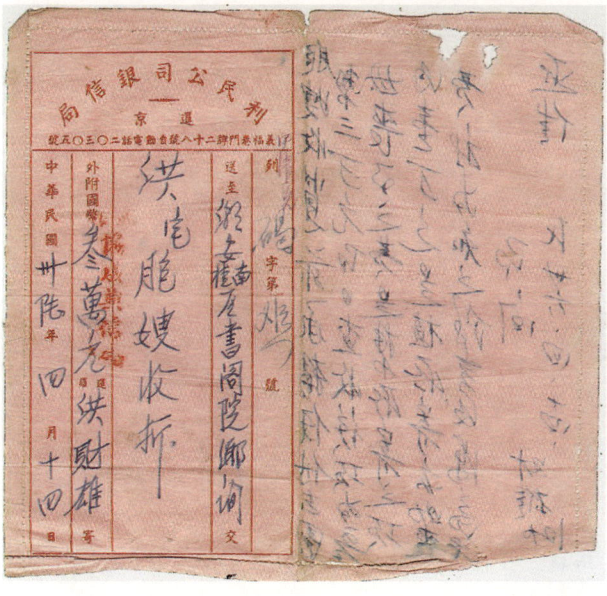

暹罗洪财雄民国卅陆年（1947）四月十四日用利民公司银信局自印封寄国币叁万元至潮安南桂区书阁院乡嫂子。批封盖“暹京协成兴信局”印。同在曼谷的两家批局合作经营侨批业务

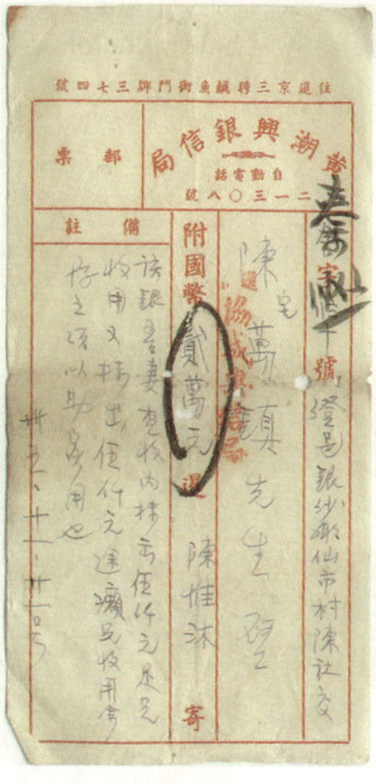

暹陈惟沐民国卅五年（1946）十一月廿一日寄国币贰万元至澄邑银沙乡陈万镇。批封印“黄潮兴银信局 住暹京三聘咸鱼街门牌三七四号 自动电话 二一三〇八号”，盖“暹京协成兴信局”印。同在曼谷的两家批局合作经营侨批业务

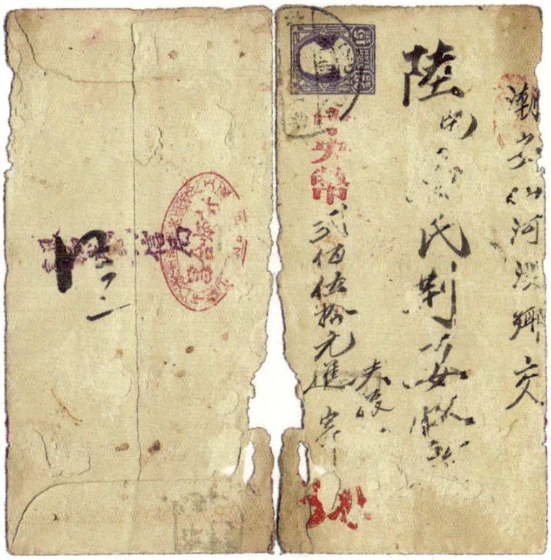

暹振□寄中央币式佰伍拾元至潮安仙河溪乡妻子。批封盖“宋胶洛许炳合昌”和“暹京协成兴信局”印。宋胶洛许炳合昌和曼谷协成兴信局合作经营侨批业务

宋胶洛（Sawankhalok），泰国北部素可泰府的一个县。

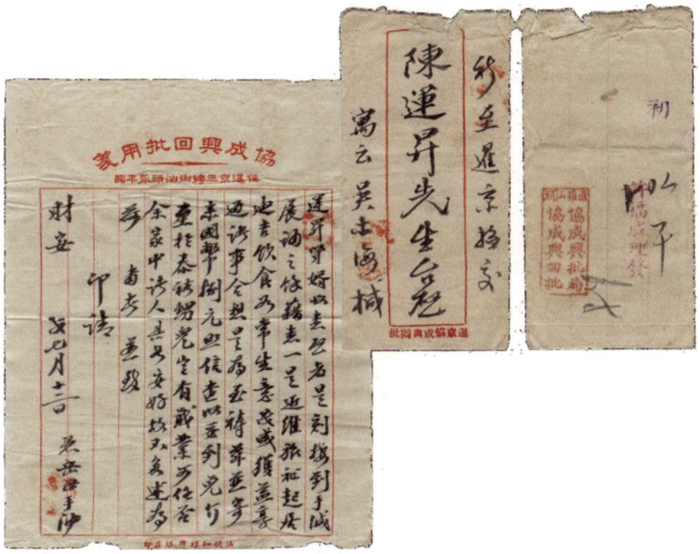

吴木海寄暹京陈运昇回批。批封盖“暹罗协成兴批局　汕头协成兴回批”印。协成兴分设暹罗、汕头两地同名批局处理侨批的收发业务

1932 年 1 月 31 日暹罗华侨银信局公所成立，协成兴为首任理事商号。

1947 年 5 月 18 日暹罗华侨银信局公会成立，协成兴为首届会员商号，代表人许汉平。

协成兴振记

暹王吟香民国卅八年（1949）三月二十日用嘉源银信局自印封寄金圆券壹万元至澄海莲阳乡王炳林嫂。批封盖“协成兴振记信局书柬”印。协成兴振记与曼谷嘉源合作经营侨批业务

协 丰

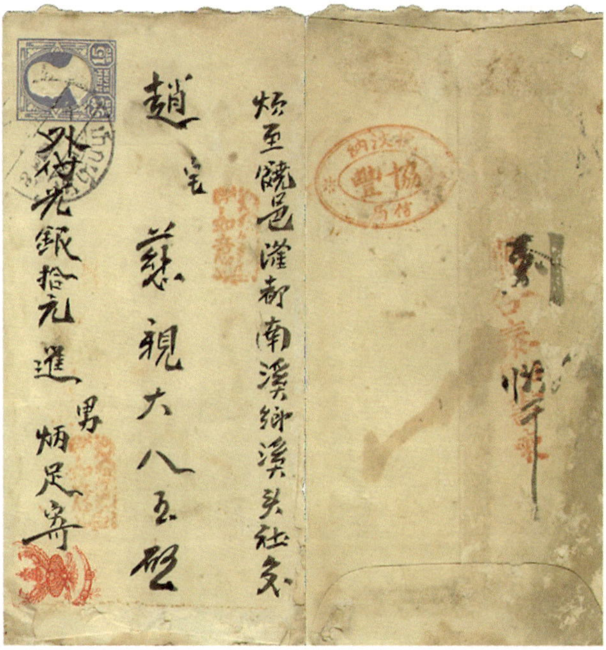

暹炳足用泰国 15 士丁邮资封寄光银拾元至饶邑隆都南溪乡母亲。批封盖“顺合泰信局书柬”和“挽汶纳协丰信局”印。挽汶纳协丰与曼谷顺合泰合作经营侨批业务

协松和

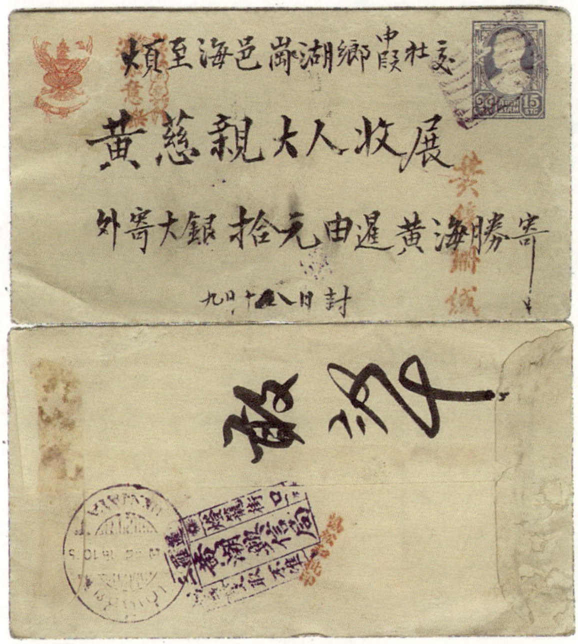

暹黄海胜用泰国 15 士丁邮资封寄大银拾元至海邑岗湖乡母亲。批封盖“暹罗三聘灯笼街口　黄潮兴信局　支取不准”和“协松和批印”。协松和与曼谷黄潮兴合作经营侨批业务

谢源峰

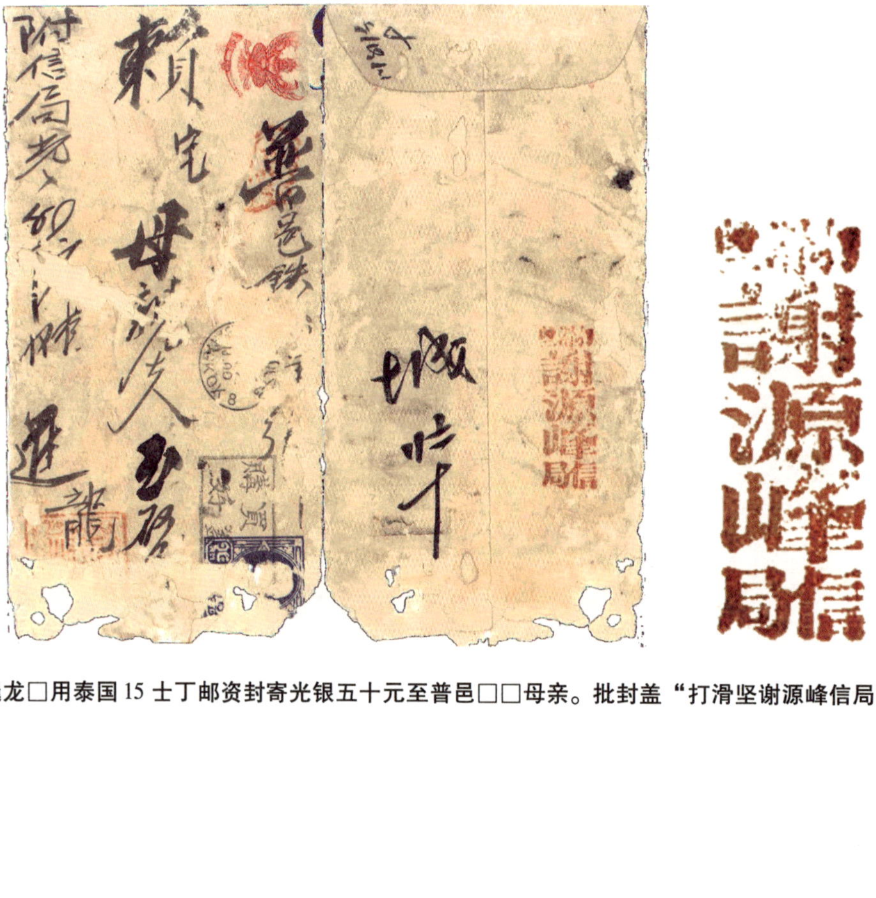

暹龙□用泰国 15 士丁邮资封寄光银五十元至普邑□□母亲。批封盖“打滑坚谢源峰信局”印

新合顺

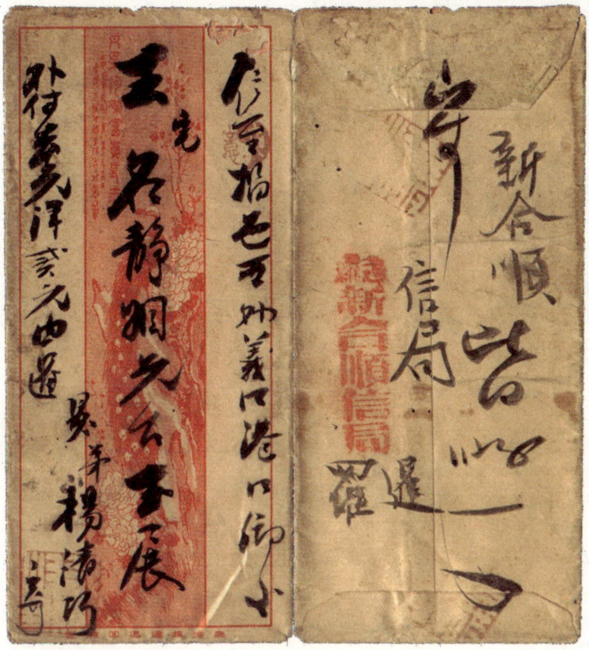

暹杨清巧寄光洋贰元至揭邑西外义口港口乡王名静。批封盖“暹罗新合顺信局”印

暹赖龙溪用泰国 15 士丁邮资封寄光洋叁拾肆元至普邑铁山洋乡母亲。批封销曼谷 1935 年 6 月 2 日邮戳，盖“暹罗新合顺信局”印

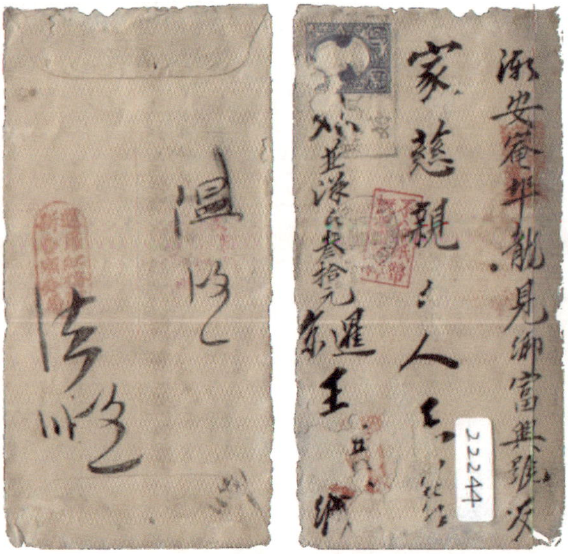

暹京王□□用泰国 15 士丁邮资封寄洋银叁拾元至潮安庵埠龙见乡母亲。批封销曼谷 1934 年 7 月 12 日邮戳，盖“暹罗红桥头新合顺分局”印

暹罗新合顺分局民国丁年二月十七日开出给寄客的寄款凭证。上面印“新合顺　住暹京越三振红桥头”，盖“暹罗新合顺分局”印

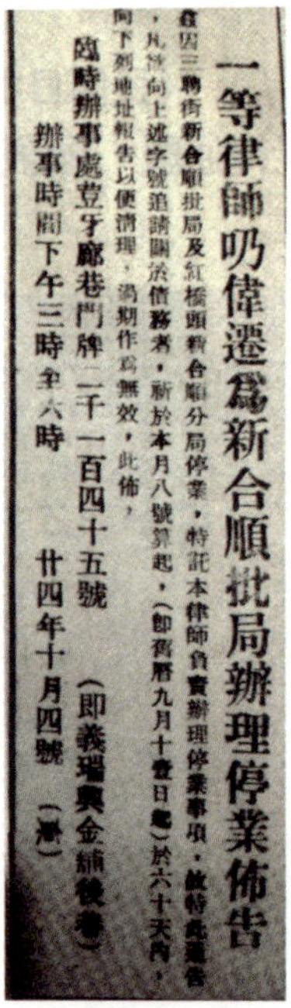

一等律師乃偉遷爲新合順批局辦理停業佈告

茲因三聘街新合順批局及紅橋頭新合順分局停業，特託本律師負責辦理停業事項，故特此通告，凡曾向上述字號追討關於債務者，祈於本月八號算起，(即舊曆九月十壹日起)於六十天內，向下列地址報告以便清理，過期作爲無效，此佈，

臨時辦事處荳芽廊巷門牌二千一百四十五號　(即義瑞興金舖後巷)

辦事時間下午三時至六時

廿四年十月四號　(二)

1935 年 12 月 2 日《民国日报》刊登一等律师乃伟迁为新合顺批局办理停业布告：“兹因三聘街新合顺批局及红桥头新合顺分局停业，特托本律师负责办理停业事项，故特此通告。”“临时办事处豆芽廊巷门牌二千一百四十五号”

据泰国学者提供的资料，在泰国 20 世纪初的官方档案《御前报告》中，已有创建于曼谷三聘街的“新合顺信局”的记录。该批局每年寄批金额约 30 万元。

1932 年 1 月 31 日暹罗华侨银信局公所成立，新合顺为首任理事商号。

新华利

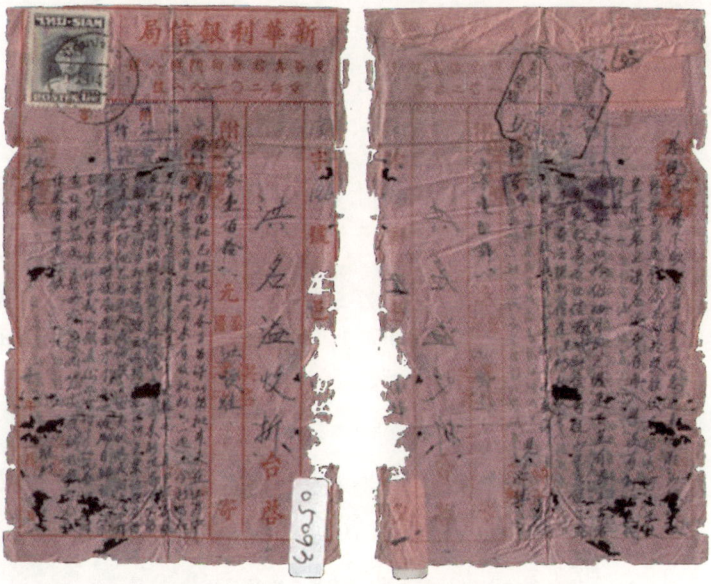

泰国洪顺维一九四九年寄人民券壹佰元至洪名溢。批封印“新华利银信局　曼谷真君爷街门牌八号　电话二〇一八八号”

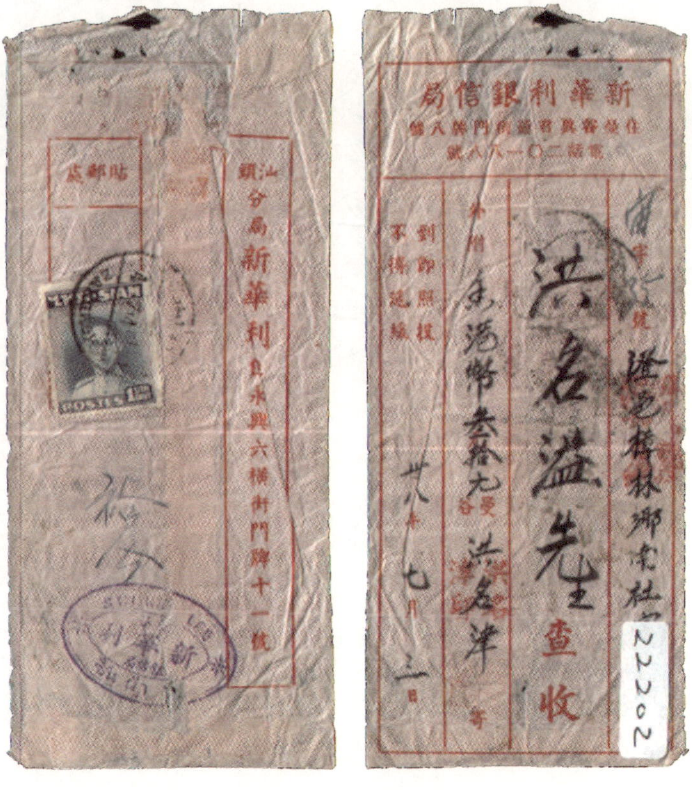

曼谷洪名津民国一九四九年七月三日寄港币叁拾元至澄邑樟林乡洪名溢。批封印“汕头分局新华利住永兴六横街门牌十一号”，盖“曼谷新华利银信局”印

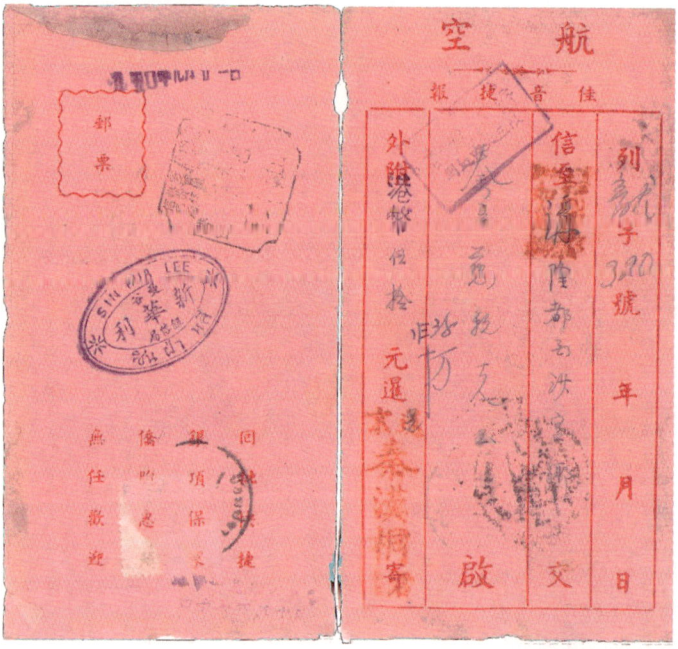

暹京秦汉桐一九五〇年九月二十一日用批局红色自印封寄港币伍拾元至澄隆都金沙宫乡母亲。批封盖中、英、泰文“曼谷新华利银信局”印

暹罗洪名津 1953 年 7 月 16 日寄港币叁佰元至澄邑樟林乡洪名溢。批封印“新华利批业汇兑　分局汕头至平路五八号”

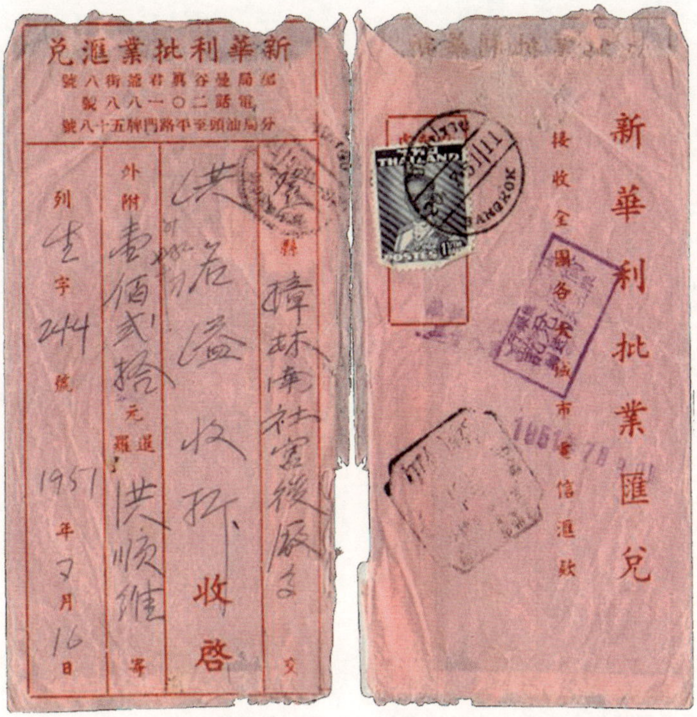

暹罗洪顺维 1951 年 7 月 16 日用批局粉红色自印封寄壹佰式拾元至澄县樟林洪名溢。批封印“新华利批业汇兑　总局曼谷真君爷街门牌八号　电话二〇一八八号”

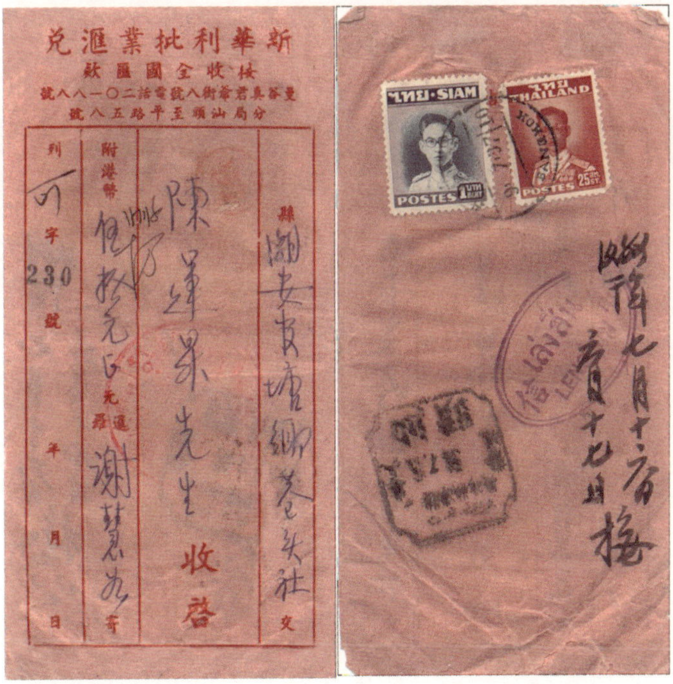

暹罗谢慧如用新华利批业汇兑红色自印封寄港币伍拾元至潮安官塘乡陈运昇。批封盖汕头 1954 年 7 月 15 日侨批专用邮戳

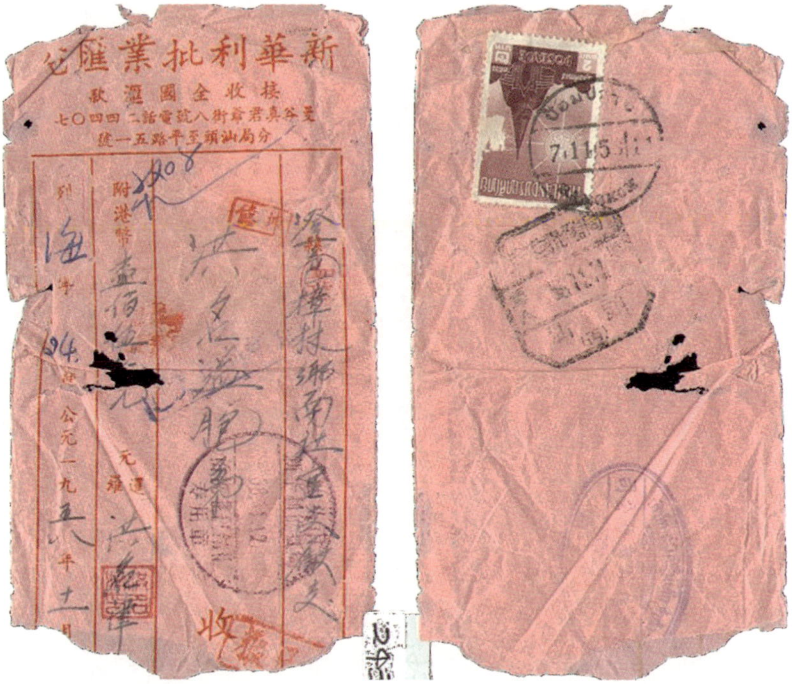

暹罗洪名津用批局粉红色自印封寄港币壹佰伍拾元寄澄邑樟林乡洪名溢。批封印“新华利批业汇兑　分局汕头至平路五一号”，销曼谷 1958 年 11 月 7 日邮戳

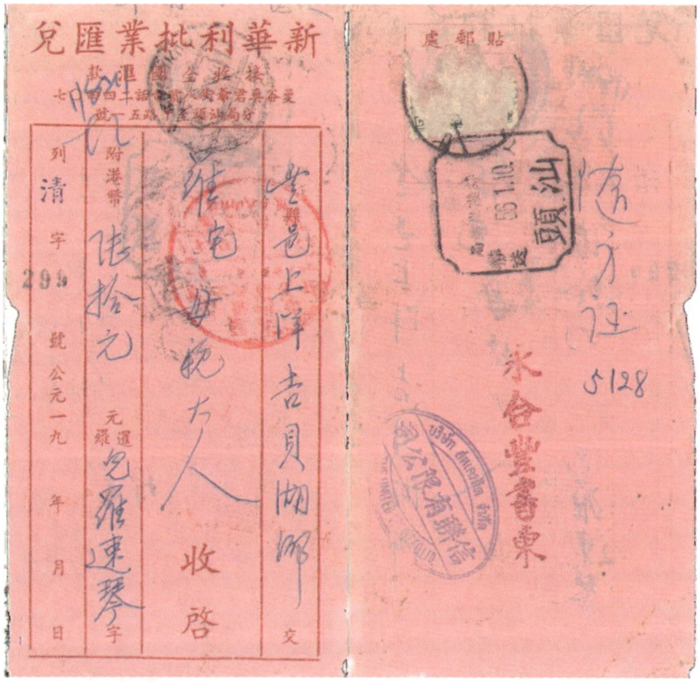

暹罗罗速琴用新华利自印封寄港币陆拾元至丰邑上洋吉贝湖乡母亲。批封盖“永合丰书柬”印。永合丰与曼谷新华利合作经营侨批业务

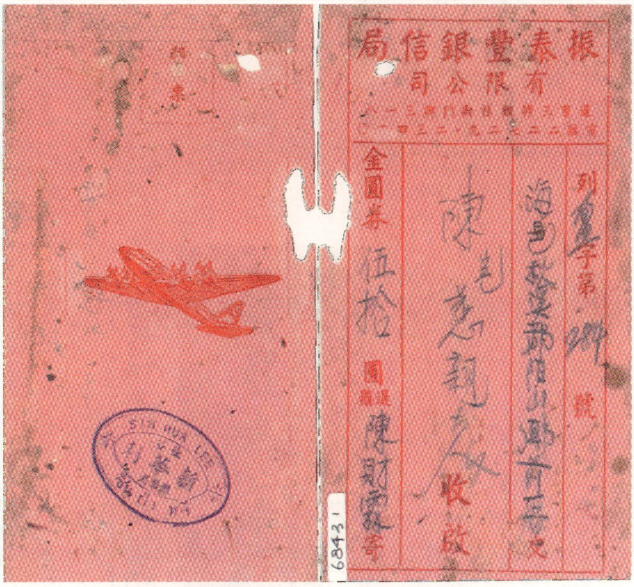

暹罗陈财霖用“振泰丰银信局有限公司”自印封寄金圆券伍拾元至海邑秋溪都阳山乡母亲。批封盖“曼谷新华利银信局”印。同在曼谷的振泰丰与新华利合作经营侨批业务

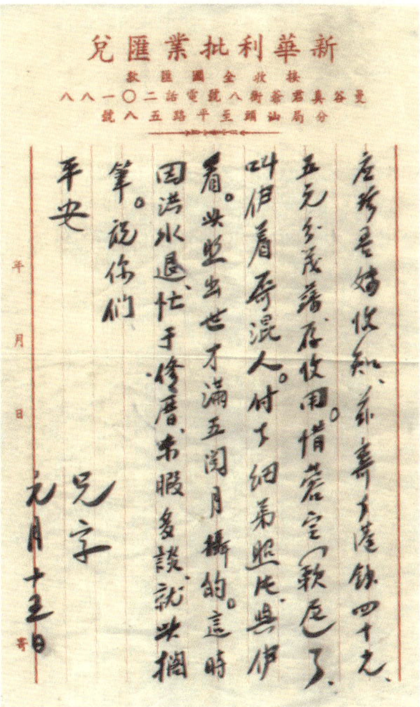

新華利批業匯兑
接收全圓款
曼谷真君爺街八號電話二〇一八八
分局汕頭三平路五八號

启珍吾媳收知，兹寄去港銀四十元，五元分茂蕃，存收用帽蒼空（敕尼）了。叫伊着寄混人，付去细弟照片與伊看。此些出世才满五閏月歸的。這時因洪水退，忙于修屋，未暇多談，就此擱筆。祝你们平安。

兄字

九月十三日

新华利批业汇兑写批专用笺

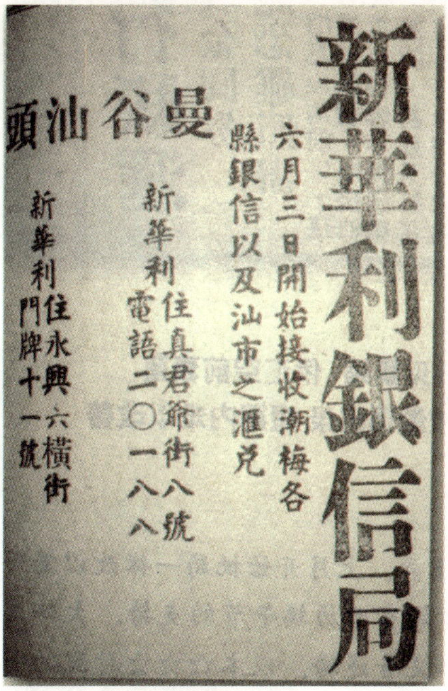

新華利銀信局

六月三日開始接收潮梅各縣銀信以及汕市之滙兑

曼谷新華利住真君爺街八號電語二〇一八八

汕頭新華利住永興六横街門牌十一號

新华利 1949 年 6 月 4 日在《全民报》刊登广告：“六月三日开始接收潮梅各县银信以及汕市之汇兑　曼谷新华利住真君爷街八号电语（话）二〇一八八　汕头新华利住永兴六横街门牌十一号”

1953 年臣信、能信、名信三家公司联合成立信联有限公司，成员包括其他批信局业者，称为购批代表。新华利为其中之一。据该年 5 月 11 日《中原报》所载之《信联有限公司购批代表名单》，新华利的经营地址在曼谷。

新玉利

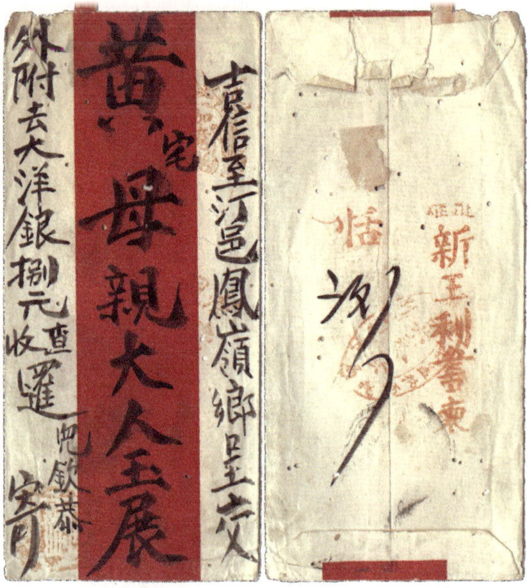

暹钦恭寄大洋银捌元至汀（澄）邑凤岭乡母亲。批封盖“暹罗新玉利书柬”和“暹罗吴泰安批局”印。新玉利与曼谷吴泰安合作经营侨批业务

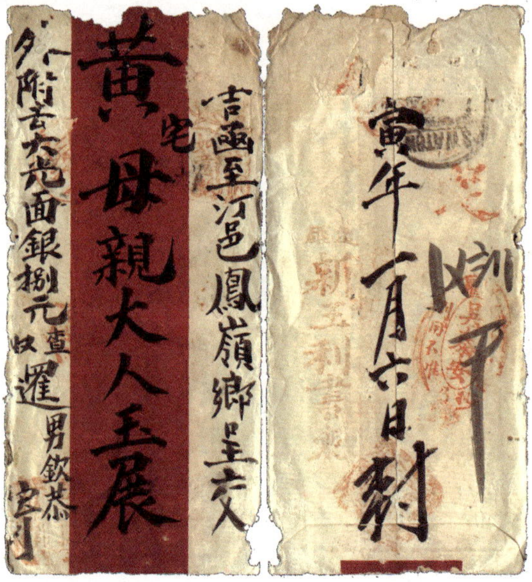

暹钦恭寄大光面银捌元至汀（澄）邑凤岭乡母亲。批封有手书“寅年一月六日封”字样，盖“暹罗新玉利书柬”和“暹罗吴泰安批局”印

新中华

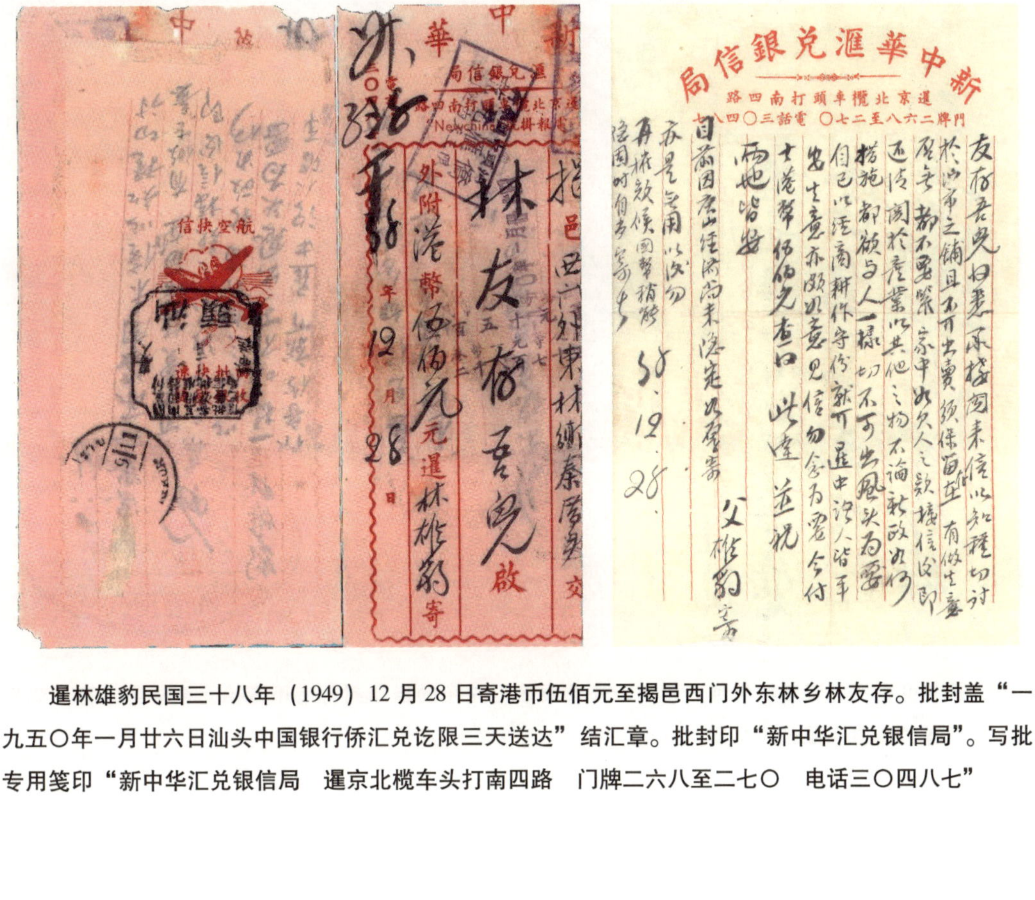

暹林雄豹民国三十八年（1949）12 月 28 日寄港币伍佰元至揭邑西门外东林乡林友存。批封盖“一九五〇年一月廿六日汕头中国银行侨汇兑讫限三天送达”结汇章。批封印“新中华汇兑银信局”。写批专用笺印“新中华汇兑银信局　暹京北榄车头打南四路　门牌二六八至二七〇　电话三〇四八七”

信 联

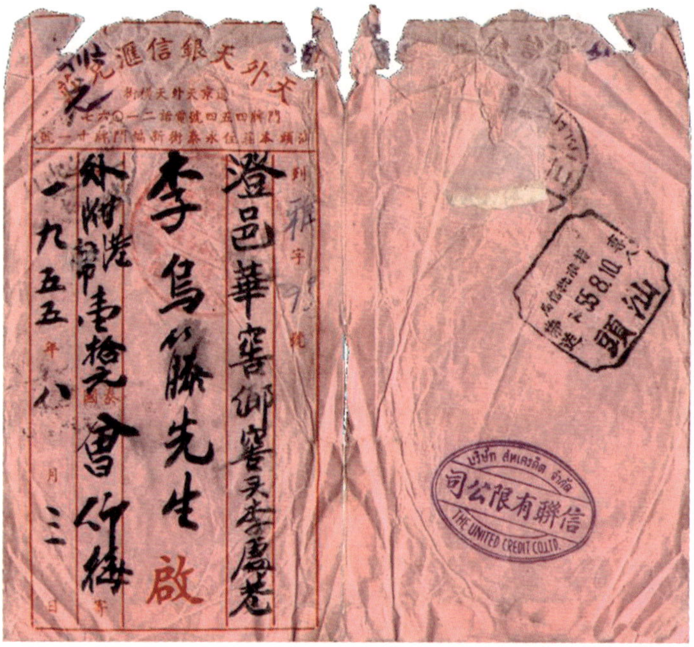

泰国曾仰梅一九五五年八月三日用天外天银信汇兑庄的自印封寄港币壹拾元至澄邑华窖乡李乌藤。批封盖“信联有限公司”印

1953 年，臣信、能信、名信三家公司联合成立信联有限公司，成员包括其他批信局业者，称为购批代表。

兴　记

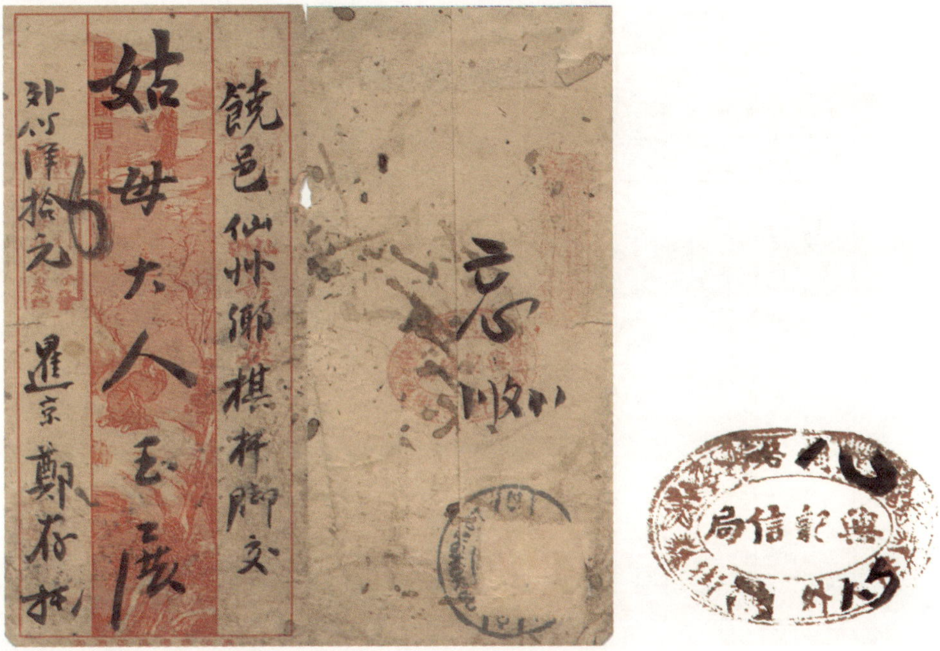

暹京郑存寄洋拾元至饶邑仙州乡姑母。批封盖“网咯兴记信局住天外天横街”和“黄冈张协利庄分发希带旧批来照”印。网咯兴记负责在泰国揽收侨批。收批地饶平黄冈张协利负责分发。

网咯，即曼谷。

徐松发

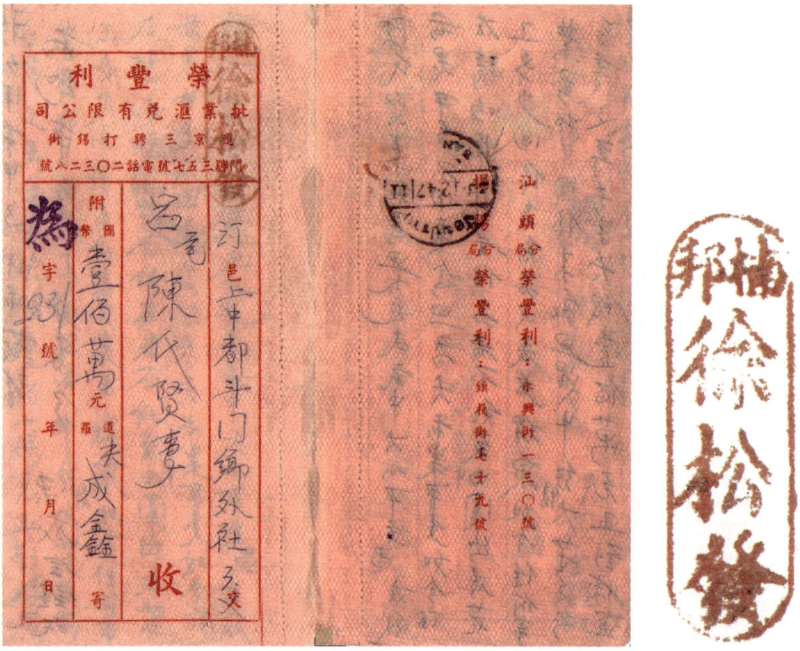

暹罗成鑫 1947 年 12 月 23 日用荣丰利批业汇兑有限公司自印封寄国币壹佰万元至澄邑上中都斗门乡妻子。批封盖“楠邦徐松发”印。楠邦徐松发与曼谷荣丰利合作经营侨批业务

楠邦，即喃邦府（Lampang），泰国北部的一个府。

许安合

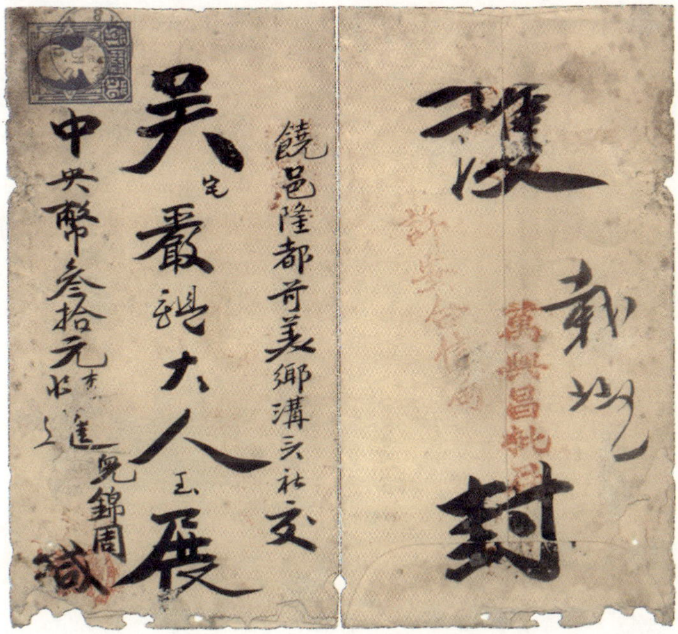

暹锦周用泰国 15 士丁邮资封寄中央币叁拾元至饶邑隆都前美乡父亲。批封销曼谷 1939 年 4 月□日邮戳，盖“许安合信局”和“万兴昌批局”印。许安合与万兴昌合作经营侨批业务

许炳合昌

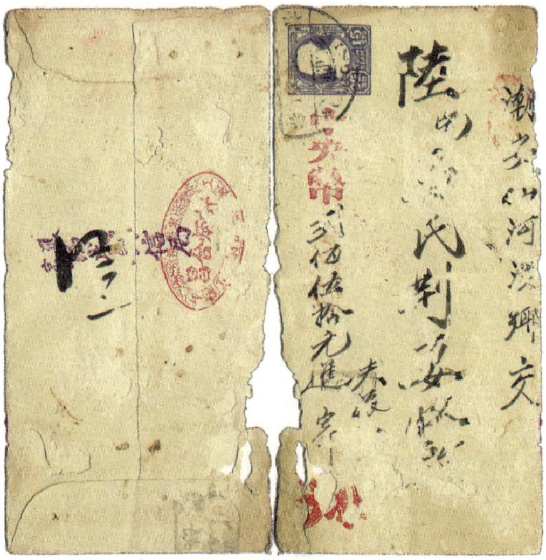

暹□振用泰国15士丁邮资封寄中央币弍佰伍拾元至潮安仙河溪乡妻子。批封盖“宋胶洛许炳合昌”和“暹京协成兴信局”印。宋胶洛许炳合昌与曼谷协成兴信局合作经营侨批业务

宋胶洛（Sawankhalok），泰国北部素可泰府的一个县。

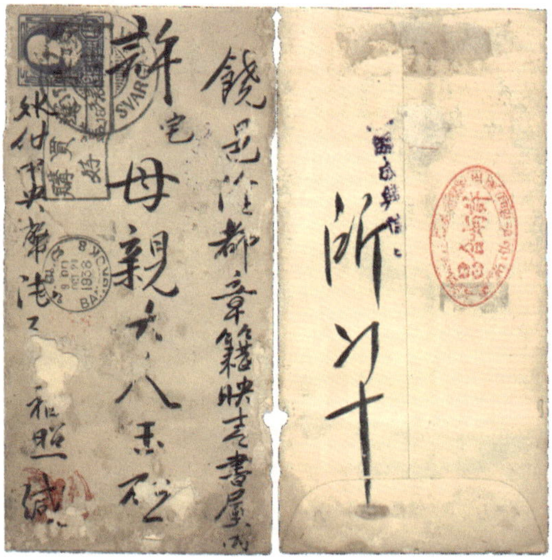

福照用泰国15士丁邮资封寄中央币陆元至饶邑隆都章籍母亲，批封销曼谷1938年10月21日邮戳，盖“许炳合昌”印

1929年11月13日泰国政府颁布《允许在暹罗和中国之间通信使用15士丁邮资信封的指令》，规定“对于从地方城镇送往位于曼谷的批馆，再转往中国的银信，如果是使用邮资封或其他已付邮资的信封，不需要另行收费”。

许公兴

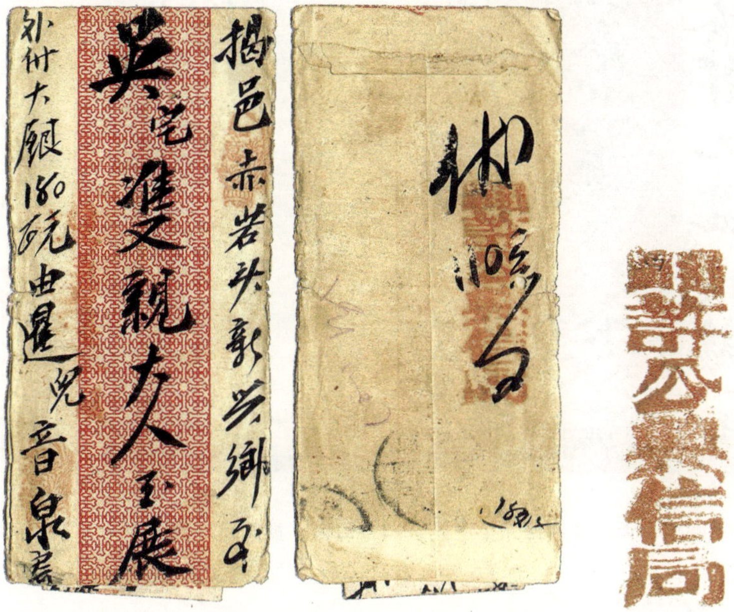

暹音泉寄大银一百五十元至揭邑赤岩头新兴乡双亲。批封盖“暹罗许公兴信局”印

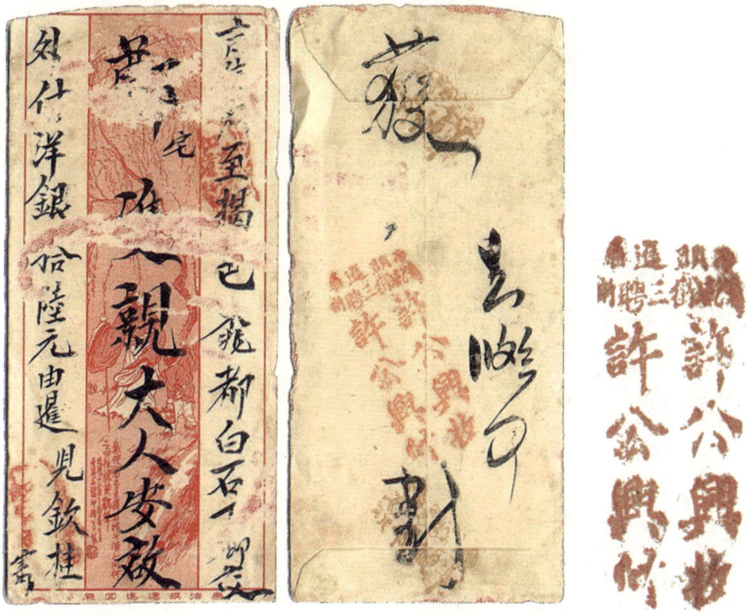

暹钦桂寄洋银拾陆元至揭邑桃都白石下乡双亲。批封盖“暹罗三聘街许公兴付　汕头海墘街许公兴收”印

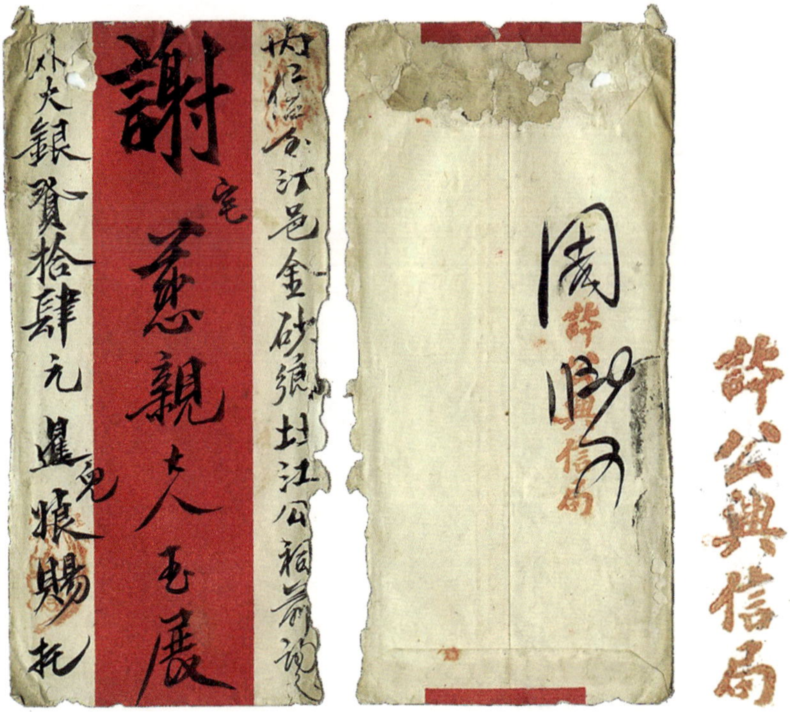

暹娘赐寄大银贰拾肆元至澄邑金砂乡母亲。批封盖“许公兴信局”印

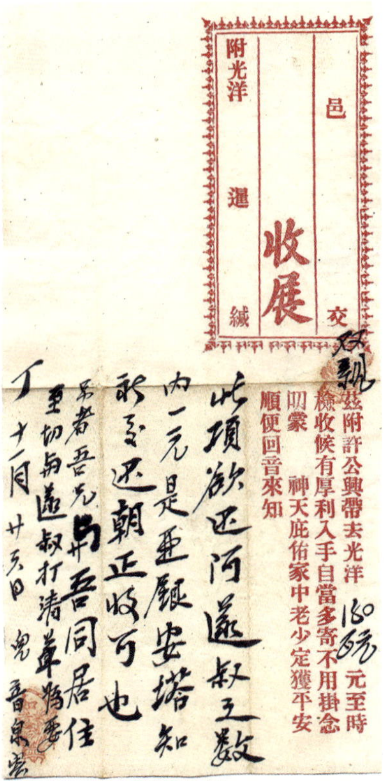
附光洋
邑
暹
收展
緘
交
親
茲附許公興帶去光洋　元至時
檢收候有厚利入手自當多寄不用掛念
叩蒙　神天庇佑家中老少定獲平安
順便回音來知

音泉丁年（1927）十一月廿六日用许公兴折叠预制封寄光洋一百五十元至双亲的批信

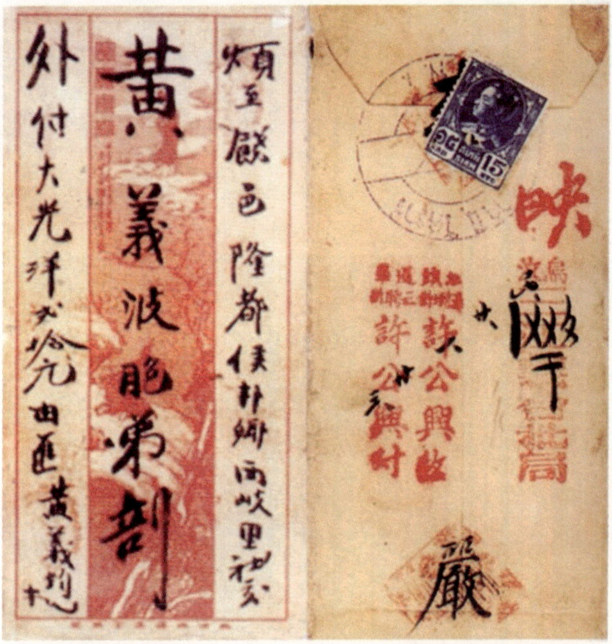

暹黄义均寄大光洋式拾元至饶邑隆都侯朴乡黄义波。批封盖“乌汶三江义合批局”和“暹罗许公兴”印。乌汶三江义合与曼谷许公兴合作经营侨批业务

乌汶（Ubon Ratchathani），泰国呵叻高原东南部城市。乌汶府，泰国东北部最大的府。

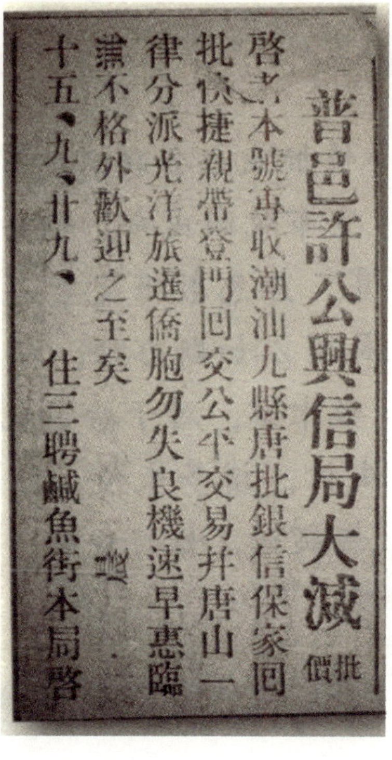

普邑許公興信局大減批價

啓者本號專收潮汕九縣唐批銀信保家回批快捷親帶登門回交公平交易并唐山一律分派光洋旅暹僑胞勿失良機速早惠臨無不格外歡迎之至矣

十五、九、廿九、

住三聘鹹魚街本局啓

许公兴信局 1926 年 9 月 25 日在《中华民报》刊登大减批价广告：“启者本号专收潮汕九县唐批银信保家回批快捷亲带登门回交公平交易并唐山一律分派光洋旅暹侨胞勿失良机速早惠临无不格外欢迎之至矣　十五、九、廿九、住三聘咸鱼街”

许广和成

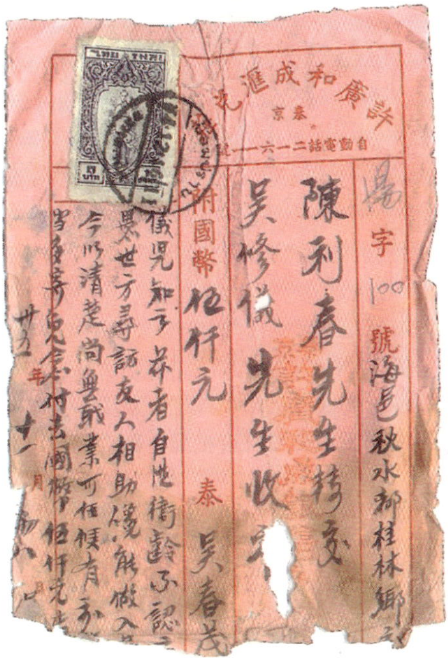

泰吴春茂民国卅五年（1946）十一月初八寄国币伍仟元至海邑秋水都桂林乡吴修仪。批封印“许广和成汇兑庄　泰京　自动电话二一六一一号”，盖“泰京许广和成银信局”印

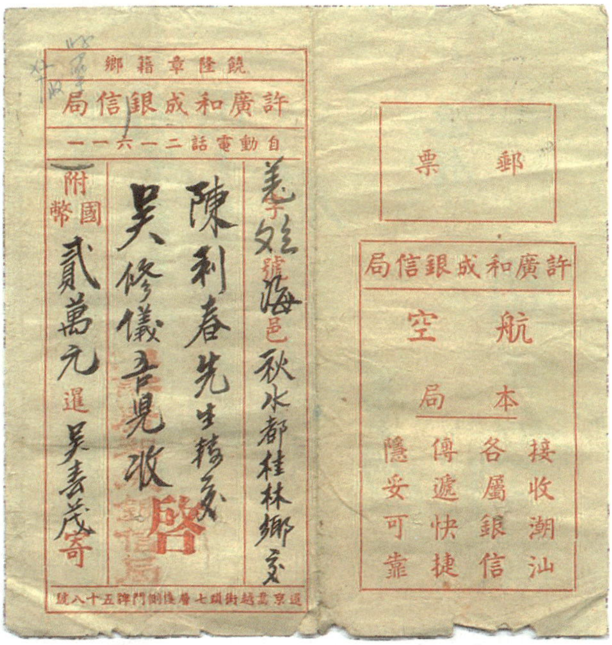

暹吴春茂寄国币贰万元至海邑秋水都桂林乡吴修仪。批封印“饶隆章籍乡　许广和成银信局”“暹京嵩越街头七层楼侧门牌五十八号”

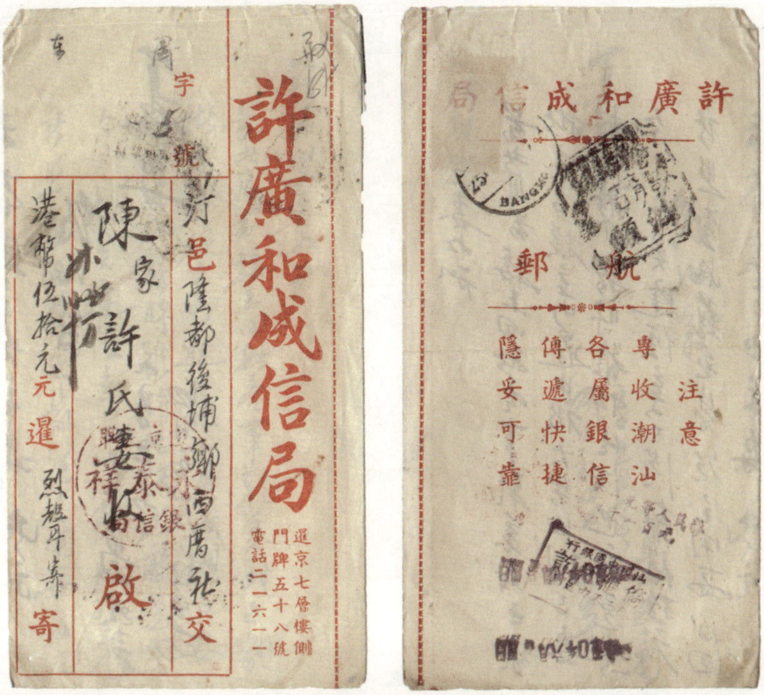

暹烈声用许广和成信局自印封寄港币伍拾元至澄邑隆都后埔乡妻子。批封盖一九五〇年六月十日汕头侨批专用邮戳和“暹京三聘永泰祥银信局”印。同在曼谷的两家批局合作经营侨批业务

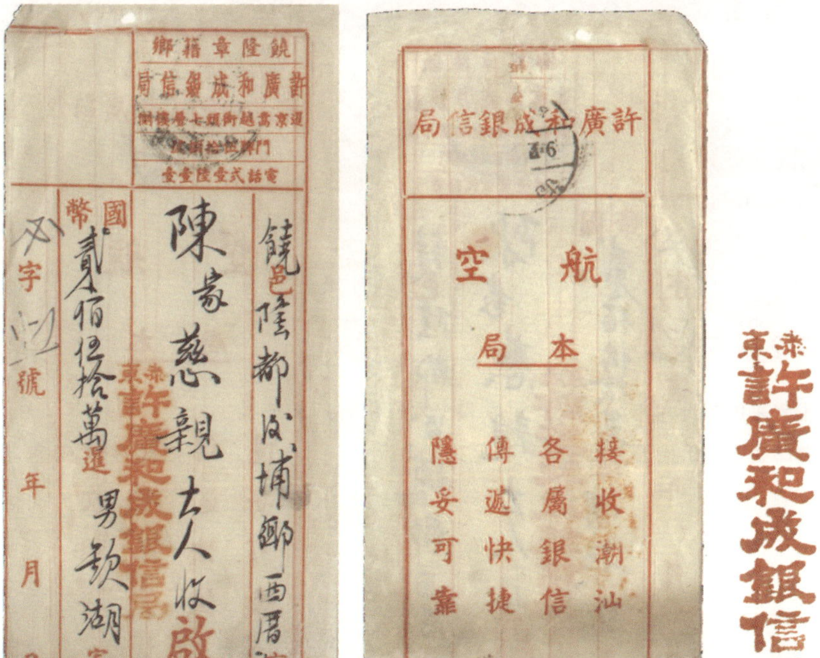

暹钦湖寄国币贰佰伍拾万元至饶邑隆都后埔乡母亲。批封盖“泰京许广和成银信局”印

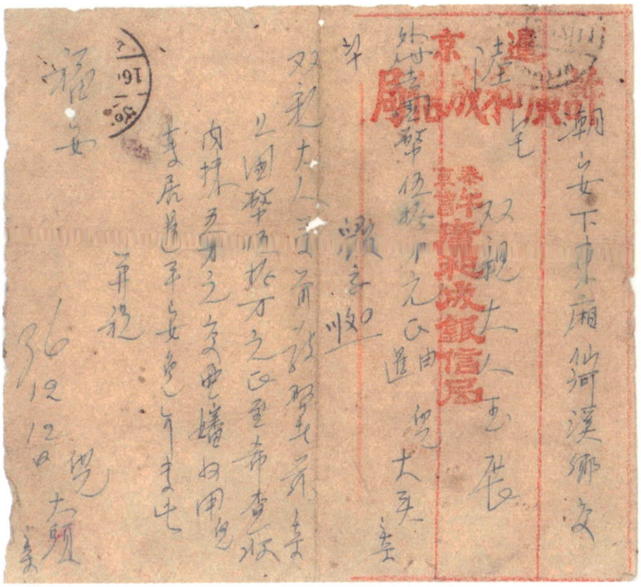

暹大头寄国币伍拾万元至潮安下东厢仙河溪乡双亲。批封盖“暹京许广和成信局”印

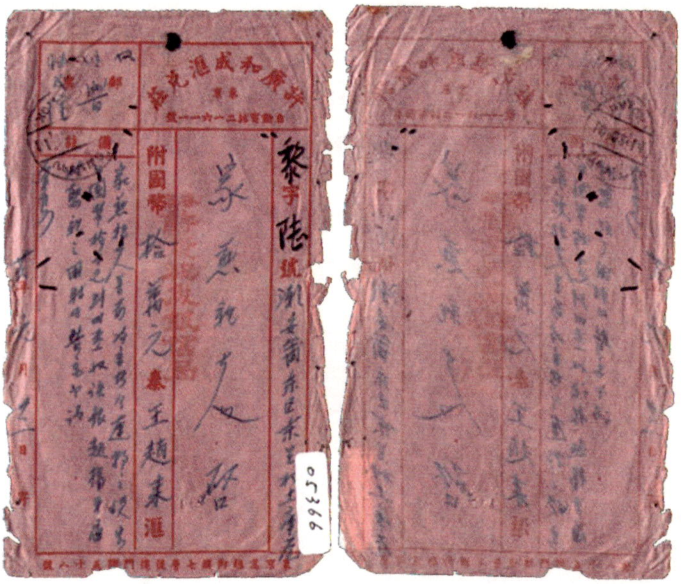

泰王赵来民国卅六年（1947）元月二十六日用许广和成批局红色自印封寄国币拾万元至潮安莆东区东里母亲

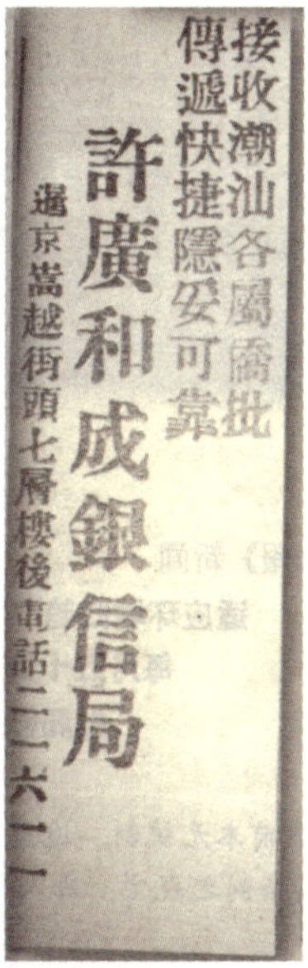

接收潮汕各屬僑批
傳遞快捷隱妥可靠
許廣和成銀信局
暹京嵩越街頭七層樓後電話二一六一一

1946 年 7 月 3 日许广和成银信局在《光华报》刊登广告：“接收潮汕各属侨批　传递快捷稳妥可靠　暹京嵩越街头七层楼后电话二一六一一”

1947 年 5 月 18 日暹罗华侨银信局公会成立，许广和成为首届会员商号，代表人许君泽。

许明发

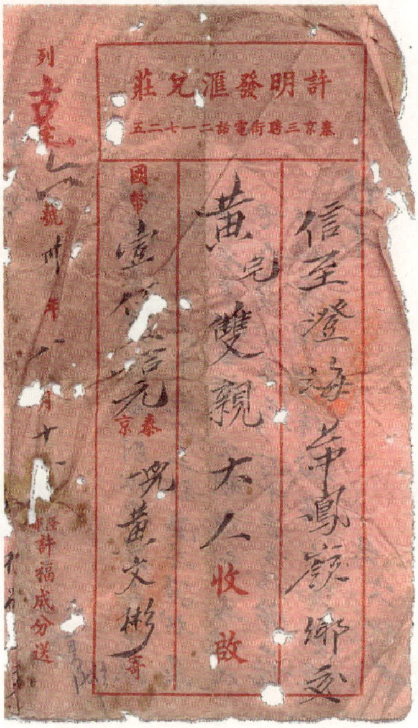

泰京黄文彬民国卅年（1941）八月十八日寄国币壹佰伍拾元至澄海上中凤岭乡双亲。批封印“许明发汇兑庄　泰京三聘街电话二一七二五”

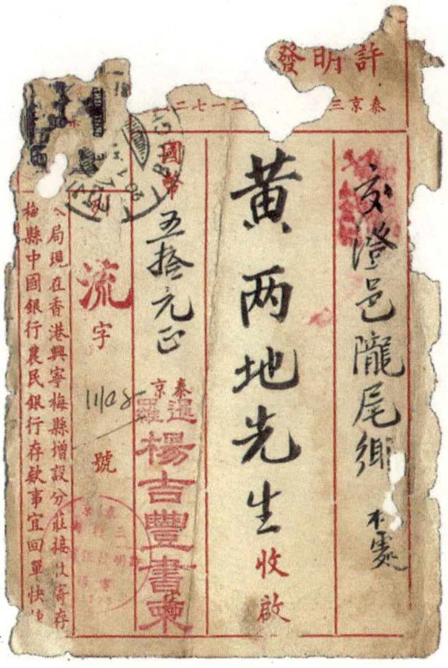

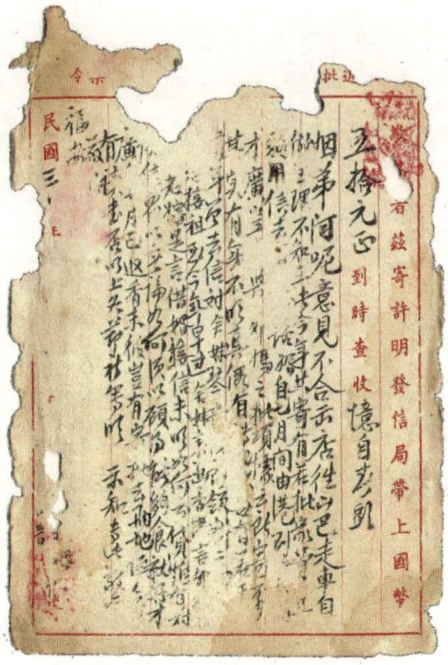

暹罗杨吉丰寄国币五拾元至澄邑陇尾乡黄两地。批封销 1941 年 1 月 20 日邮戳，盖“泰京三聘街许明发银信局电话 81735”印

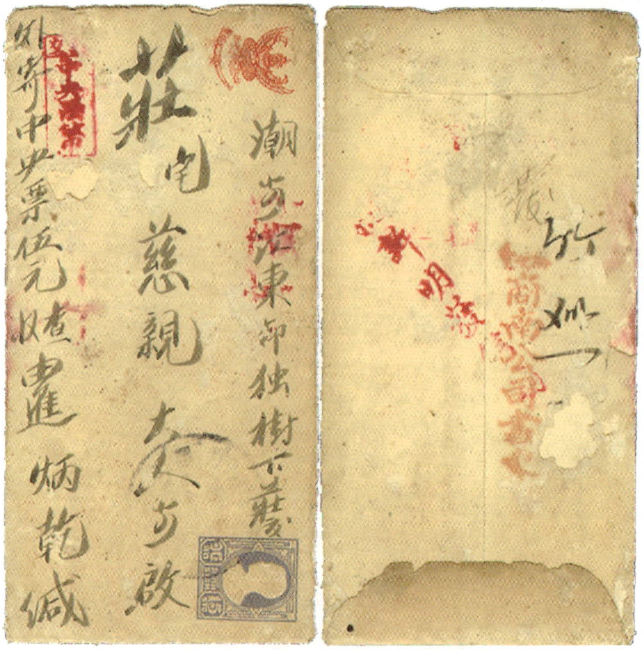

暹炳乾用泰国 15 士丁邮资封寄中央票伍元至潮安江东都独树下庄母亲。批封盖“暹京许明发信局”和“商南公司书柬”印。商南公司与曼谷许明发合作经营侨批业务

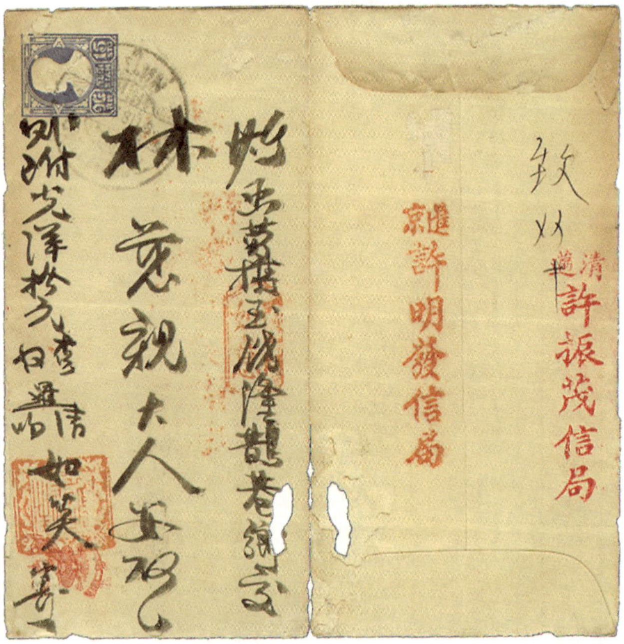

暹清吻如笑用泰国 15 士丁邮资封寄光洋拾元至饶隆鹊巷乡母亲。批封盖“暹京许明发信局”和“清迈许振茂信局”印。清迈许振茂与曼谷许明发合作经营侨批业务

清迈（Chiang Mai），泰国第二大城市，北部古城和经济重镇。

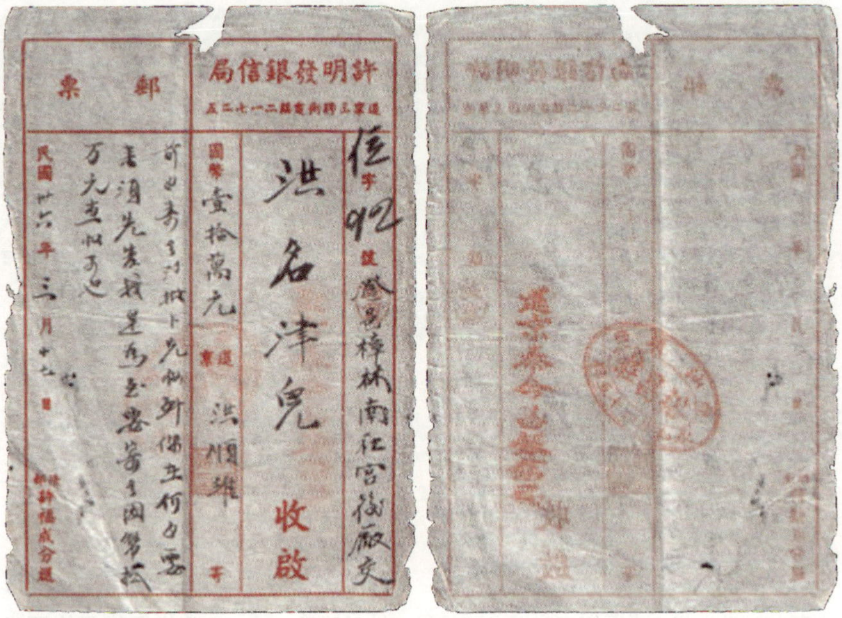

暹京洪顺维民国卅六年（1947）三月十七日寄国币壹拾万元至澄邑樟林洪名津。批封印“许明发银信局　暹京三聘街电话二一七二五”，盖“暹京泰合昌银信局”印，同在曼谷的两家批局合作经营侨批业务

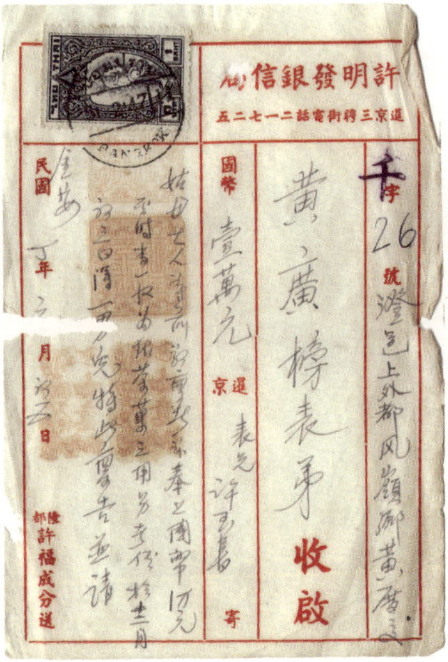

暹京许玉书丁年（1947）元月初五日寄国币壹万元至澄邑上外都风（凤）岭乡黄广榜。批封印“隆都许福成分送”。泰中两地批局联合经营侨批业务

泰国洪扬益一九五三年九月廿八日寄港币壹佰元至海邑江东都仙坪田乡母亲。批封印“许明发银信局　泰京　三聘蚊帐街三百号电话二一七二五”

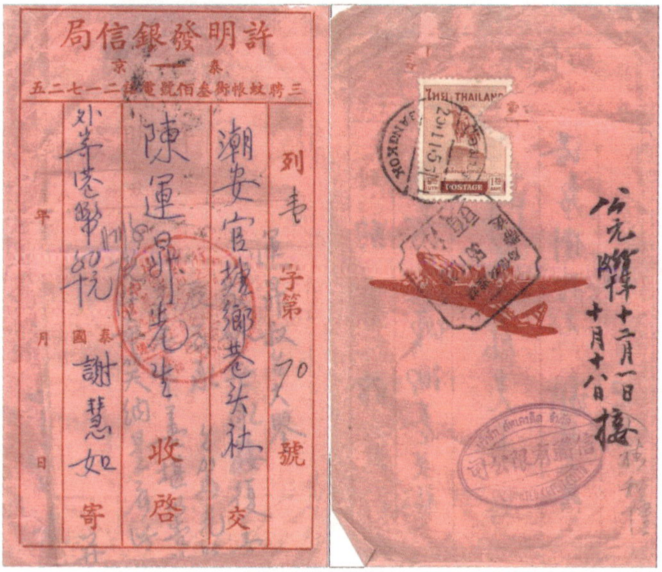

泰国谢慧如寄港币五十元至潮安官塘乡陈运昇。批封销曼谷 1955 年 11 月 23 日邮戳

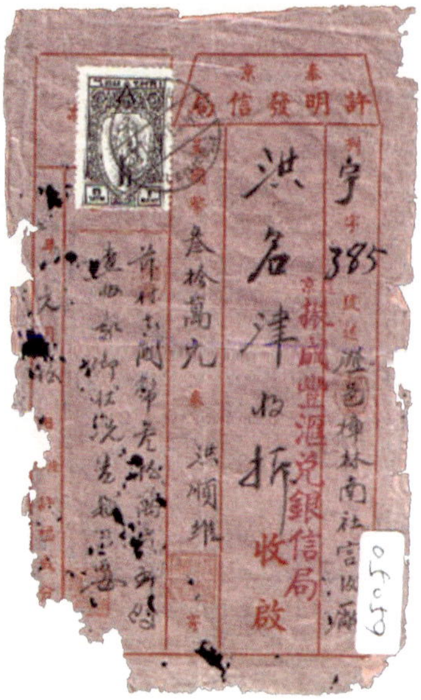

泰洪顺维用许明发信局自印封寄国币叁拾万元至澄邑樟林洪名津。批封盖“暹京振成丰汇兑银信局”印。同在曼谷的两家批局合作经营侨批业务

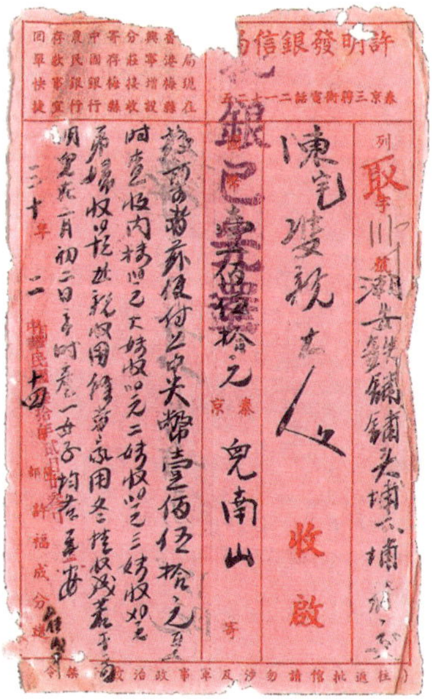

泰京南山民国三十年（1941）二月十四日寄国币壹佰伍拾元至潮安铁铺铺头埔双亲

暹京郑芳茂 1953 年 3 月 2 日用许明发银信局自印封寄港币式拾元至潮安第五区鲲江乡郑俊。批封盖“暹京耀华力永兴利银信局”中、英、泰文印。同在曼谷的两家批局合作经营侨批业务

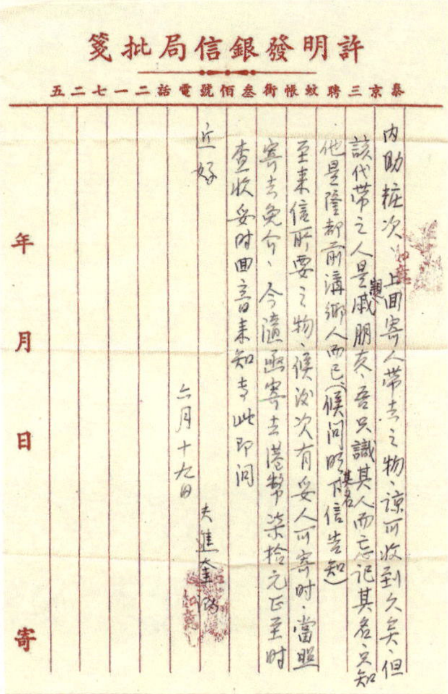

許明發銀信局批箋

暹京三聘紋帳街叁佰號電話二一七二五

年　月　日寄

内助粧次，上回寄人带去之物，谅可收到久矣。但该代带之人是戚朋友，吾只識其人而忘记其名，只知他是隆都前溝鄉人而已（候问明后下信告知）。至来信所要之物，候后次有妥人可寄时，當照寄去免介。今隨函寄去港幣柒拾元正，至时查收，妥时回音来知。专此即问

近好

六月十九日　夫進金

许明发银信局批笺

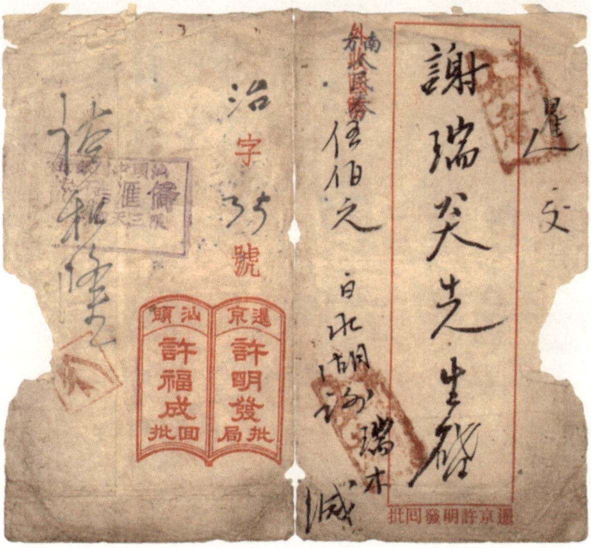

白水湖谢瑞木寄暹谢瑞炎回批。记收南方人民券伍佰元。批封印“暹京许明发批局　汕头许福成回批”。暹京许明发与汕头许福成系联号

依据1936年汕头邮政管理局（邮局）向国家交通部邮政总局呈报的核发批局营业凭证申请书整理，汕头许福成民国五年（1916）在曼谷三聘街（联号）设立许明发分号，营业人为饶平人许玉声。

1947年5月18日暹罗华侨银信局公会成立，许明发为首届会员商号，代表人许声英。

1953年臣信、能信、名信三家公司联合成立信联有限公司，成员包括其他批信局业者，称为购批代表。许明发为其中之一。据该年5月11日《中原报》所载之《信联有限公司购批代表名单》，许明发的经营地址在曼谷三聘哇匿一路300号。

许日三

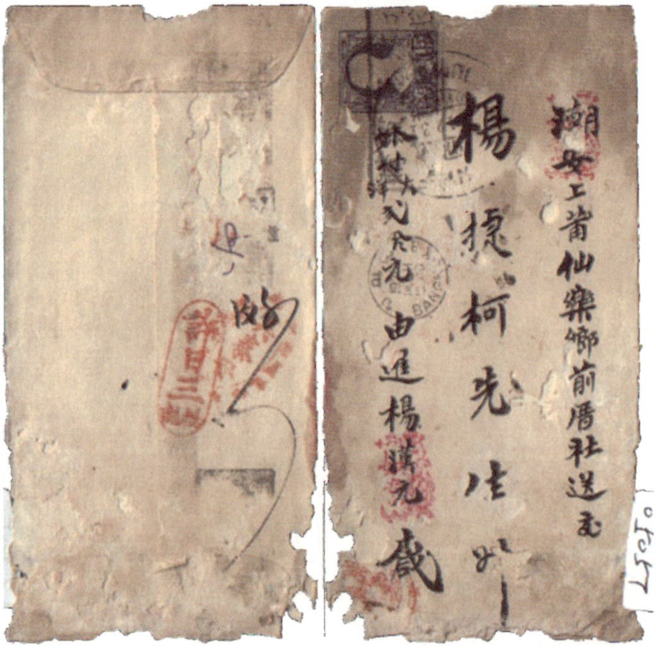

暹杨汉元用泰国 15 士丁邮资封寄大洋式拾元至潮安上莆仙乐乡杨捷柯。批封盖“许日三认批”和“暹罗吴泰安批局”印。许日三与曼谷吴泰安合作经营侨批业务

许瑞隆

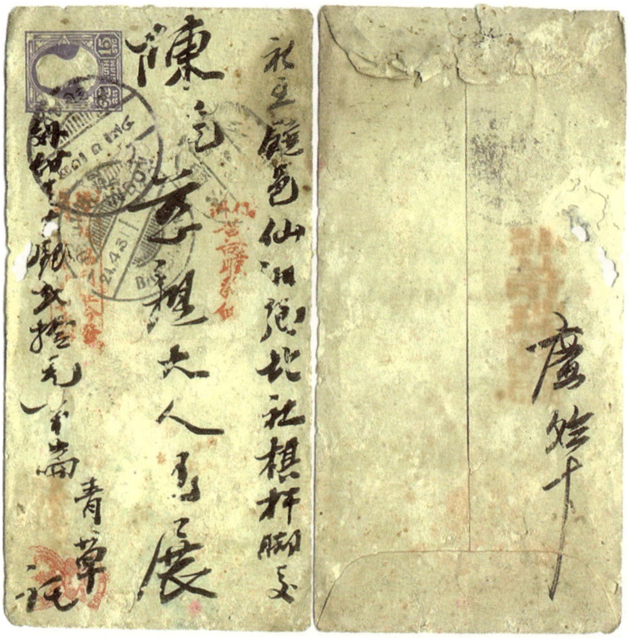

万仑青草用泰国15士丁邮资封寄大银式拾元至饶邑仙州乡母亲。批封销曼谷1931年4月21日邮戳，盖“万仑许瑞隆批局”和“仙州黄两顺发银”印。泰国万伦许瑞隆收批发送，侨批到达后由饶平仙州黄两顺分发批银

万伦，泰国南部的一个府，素叻府全称素叻他尼府，华侨习称万伦府。位于马来半岛东海岸，濒临泰国湾。

许受发

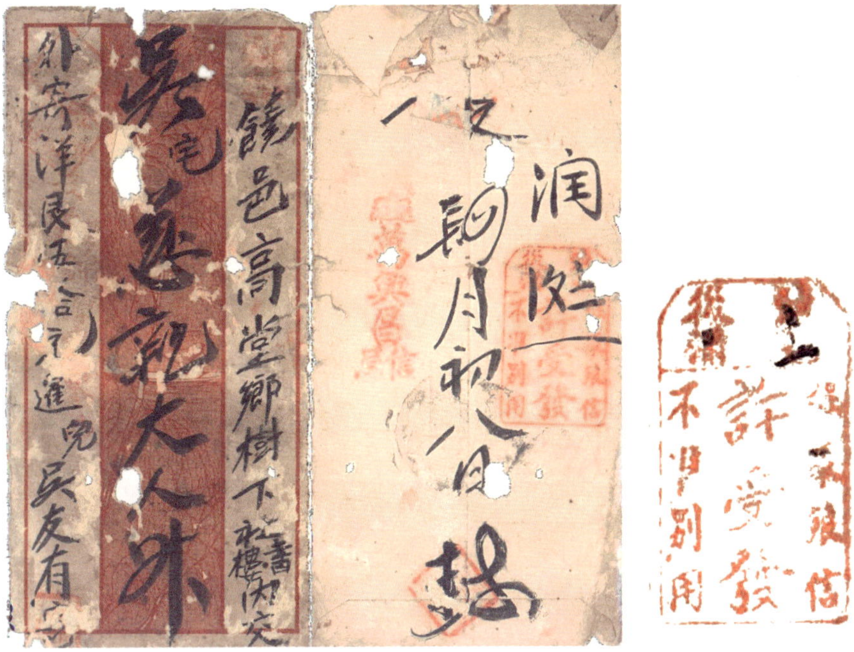

暹吴友有寄洋银伍拾元至饶邑高堂乡母亲。批封盖“暹罗万兴昌信局”和“许受发保家银信不准别用”印。许受发与曼谷万兴昌合作经营侨批业务

许泰万昌

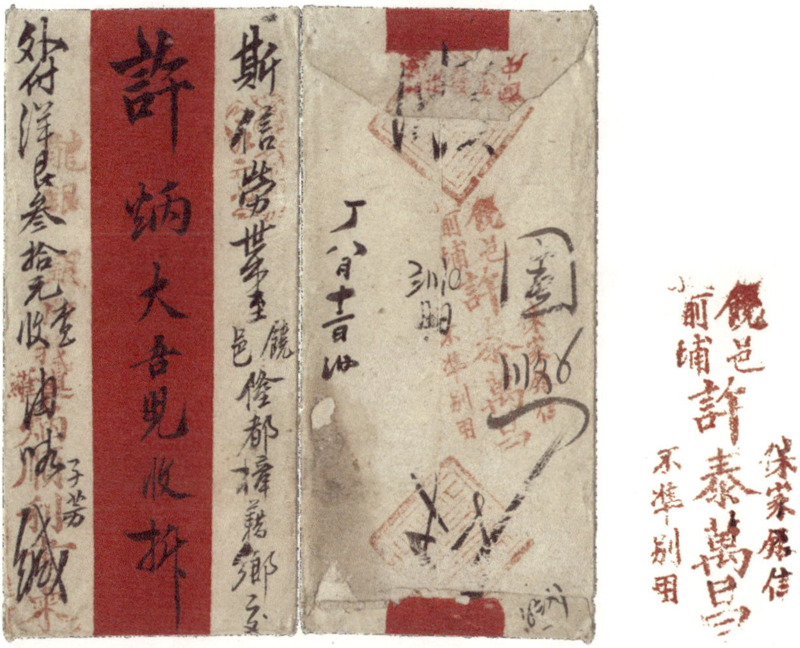

哈子芳寄洋银叁拾元至饶邑隆都樟藉（籍）乡许炳大。批封盖“饶邑前埔许泰万昌保家银信不准别用”印

据泰国学者提供的资料，在泰国20世纪初的官方档案《御前报告》中，已有创建于曼谷三聘街的“许泰万昌信局”的记录。该批局每年寄批金额约30万元。

1932年1月31日暹罗华侨银信局公所成立，许泰万昌为监事商号。

许信成

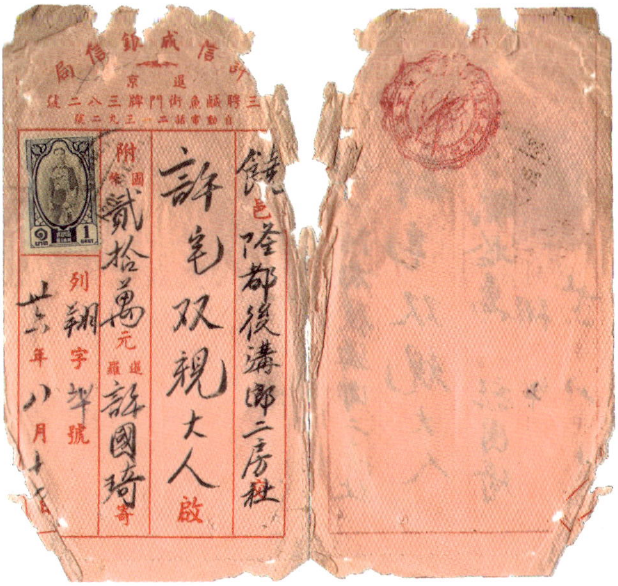

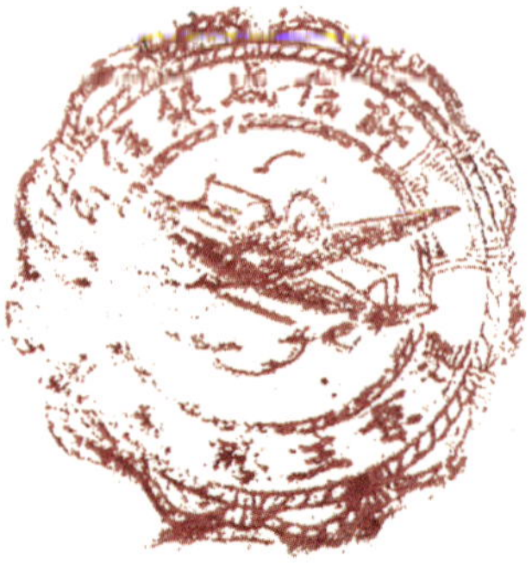

暹罗许国琦民国卅六年（1947）八月十二日寄国币贰拾万元至饶邑隆都后沟乡双亲。批封印“许信成银信局暹京三聘咸鱼街门牌三八二号自动电话二一三九二号”，盖“许信成银信局”印

暹罗定才寄国币贰拾万元至澄邑樟林东社姚木永。批封盖“许信成银信局”和“东陇正成秋记代理”印。许信成在曼谷揽收递寄侨批，收批地澄海东陇正成秋记发送侨批至收批人

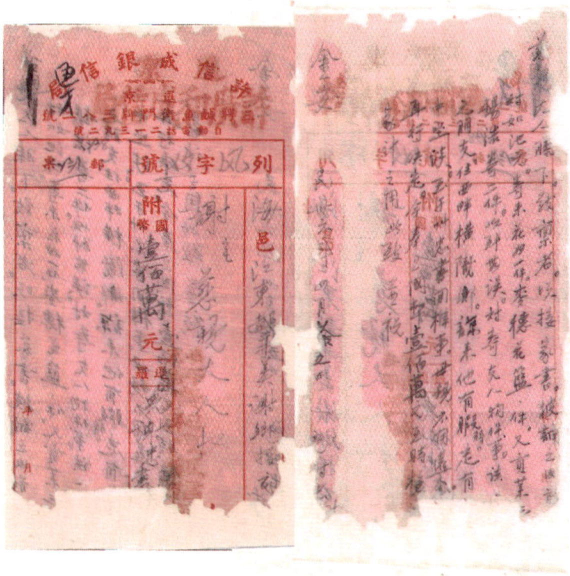

暹罗谢忠胜民国卅六年（1947）四月十五日用许信成银信局自印封寄国币壹佰万元至海邑江东母亲。批封盖“暹京许广和成银信局”印。同在曼谷的两家批局合作经营侨批业务

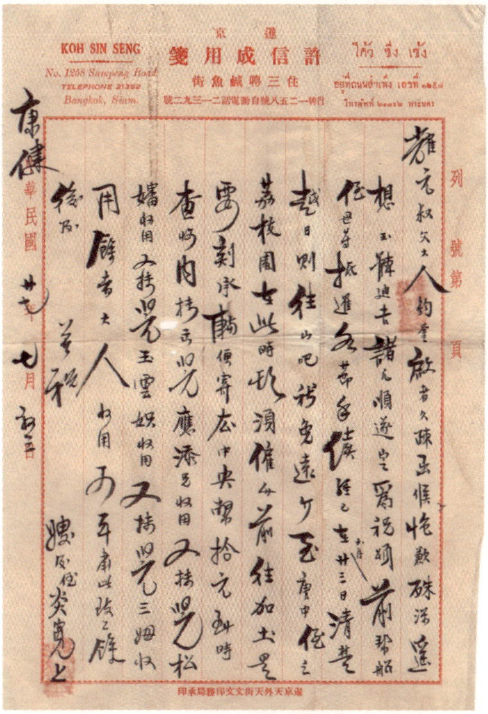
暹京
許信成用箋
住三聘鹹魚街
KOH SIN SENG
No. 1258 Sampeng Road
TELEPHONE 21392
Bangkok, Siam.

许信成信局写批专用笺

年關在即
三聘
許信成銀信局
接收 潮梅各屬銀信
保家 快捷，妥當，利便
電話

1946 年 1 月 16 日年关在即，三聘许信成银信局在《全民报》刊登广告：“接收　潮梅各属银信　保家　快捷，妥当，利便”

許信成銀信局
專收潮梅各屬銀信
找換各國銀幣
歡迎內地代理
專辦各港華洋什貨
暹京三聘鹹魚街門牌三八二聲電話二一三九二

1946 年 12 月许信成银信局在《中原报》刊登广告：“专收潮梅各属银信　找换各国银币　欢迎内地代理　专办各港华洋什货　暹京三聘咸鱼街门牌三八二声（号）　电话二一三九二”

1947 年 5 月 18 日暹罗华侨银信局公会成立，许信成为首届会员商号，代表人许大延。

许永合

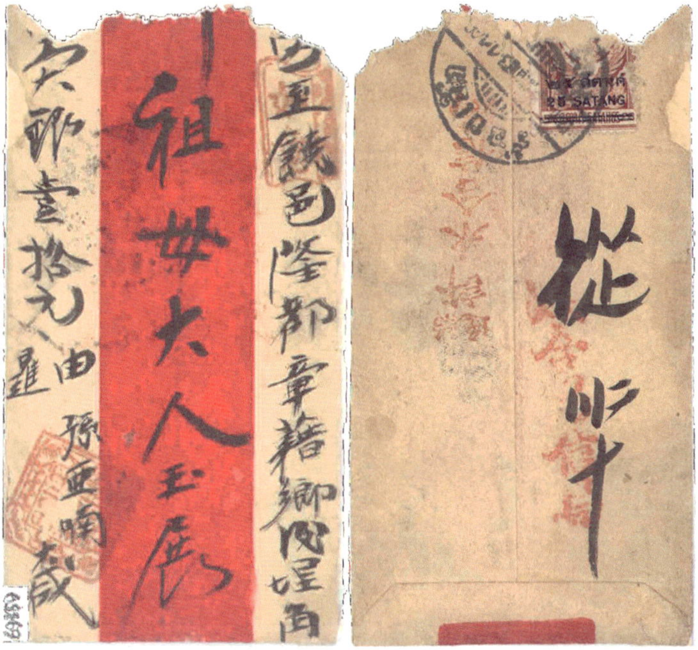

暹亚喃寄大银壹拾元至饶邑隆都樟藉（籍）乡祖母。批封盖“络逸许永合信局”印

许裕和

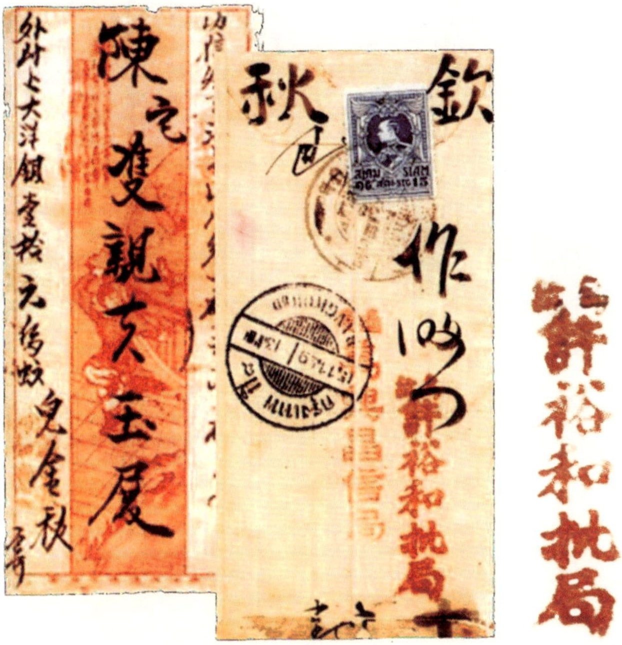

乌汶金秋 1929 年 11 月 15 日寄大洋银壹拾元至双亲。批封盖“乌汶许裕和批局”和“暹罗万兴昌信局”印。乌汶许裕和和曼谷万兴昌合作经营侨批业务

乌汶（Ubon Ratchathani），泰国呵叻高原东南部城市。

许元合

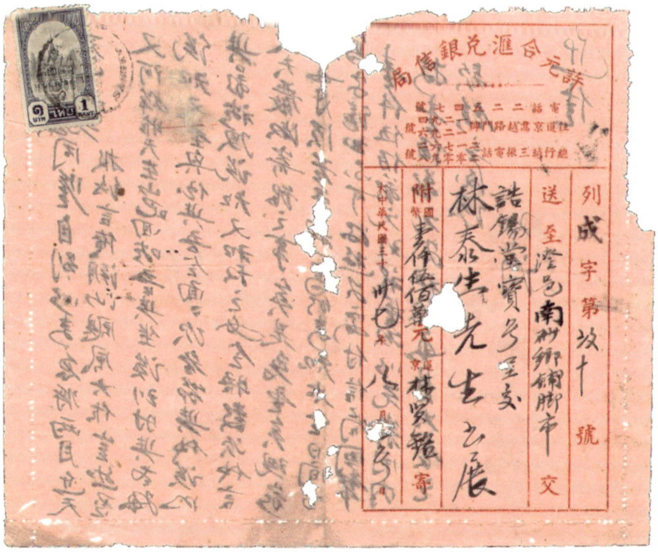

暹京林贤铭民国卅七年（1948）八月寄国币壹仟伍佰万至澄邑南砂乡诰锡堂林泰生。批封印“许元合汇兑银信局　电话二二五四七号　住暹京嵩越路门牌一二九四　一二九六号　总行越三振电话二一七六二　二零零九八号”

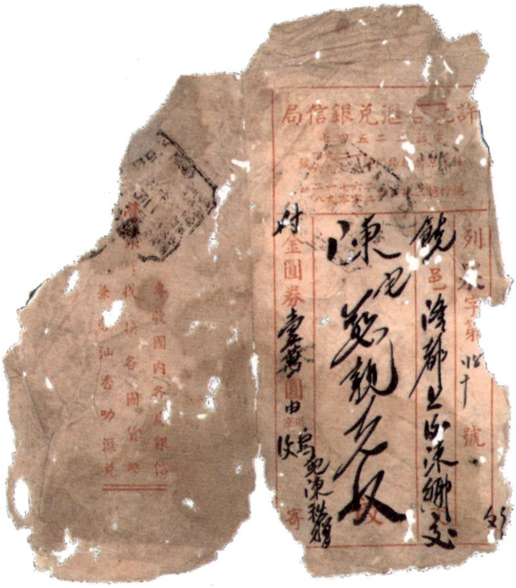

乌汶陈秋赠用许元合汇兑银信局自印封寄金圆券壹万元至饶邑隆都上后陈乡母亲。批封背面印信局经营广告“营业：专收国内各处银信　找换各国货币　兼营汕香叻汇兑”

许振茂

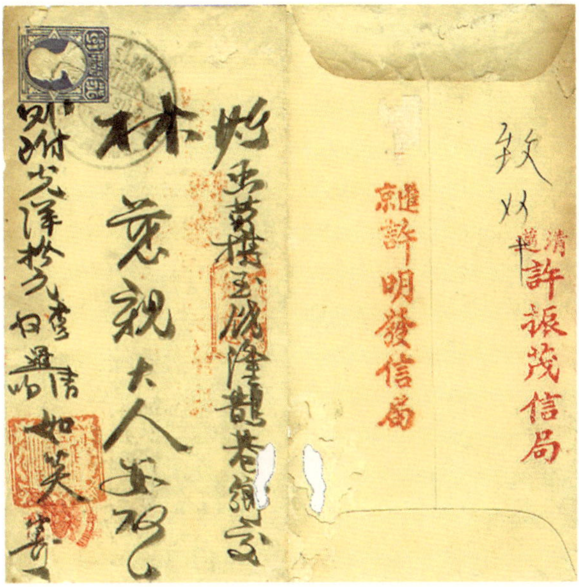

暹清吻如笑用泰国 15 士丁邮资封寄光洋拾元至饶隆鹊巷乡母亲。批封盖“暹京许明发信局”和“清迈许振茂信局”印。清迈许振茂与曼谷许明发合作经营侨批业务

清迈（Chiang Mai），泰国第二大城市、北部古城和经济重镇。

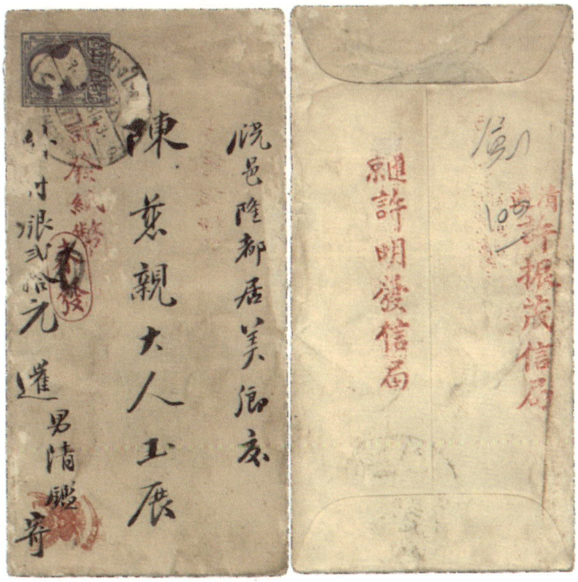

暹清鉴寄银式拾元至饶邑隆都居美乡母亲。批封盖“清迈许振茂信局”印

杨财兴利

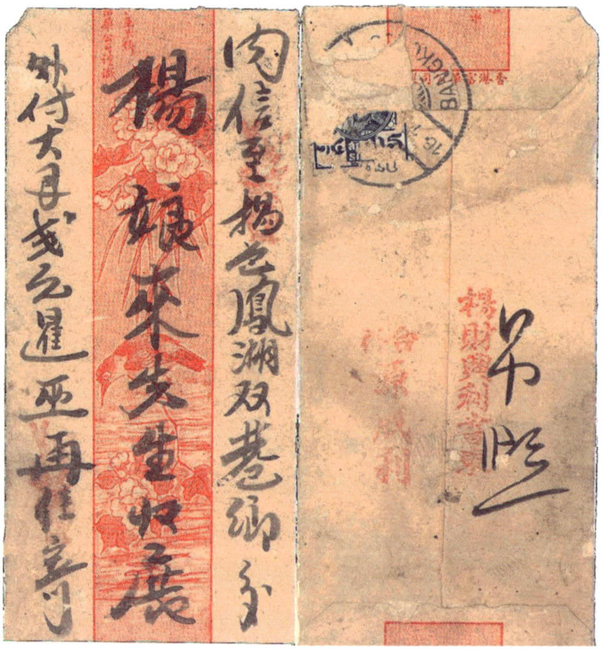

暹巫再佳寄大银式元至揭邑凤湖双巷乡杨娘来。批封盖“杨财兴利书柬”和“合裕源成利”印。两家批局合作经营侨批业务

杨昌合

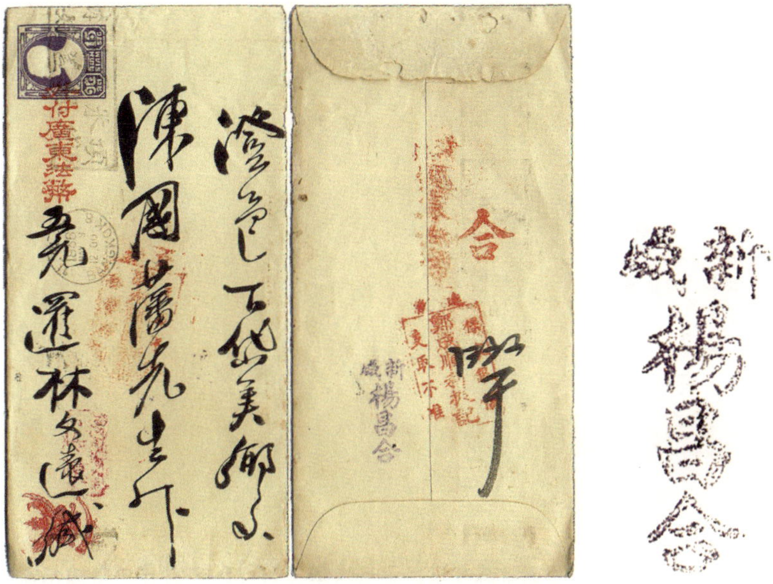

暹林文远用泰国 15 士丁邮资封寄广东法币五元至澄邑下岱美乡陈国藩。批封销曼谷“1936 MAY 9”邮戳，盖“新城杨昌合”和“暹京郑成顺利振记”印。杨昌合与曼谷郑成顺利振记合作经营侨批业务

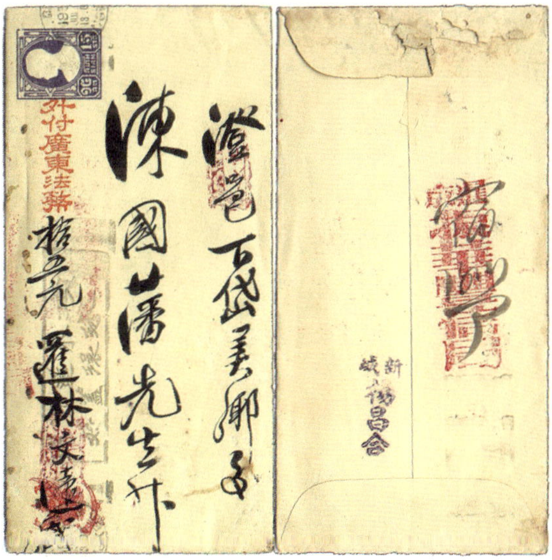

暹林文远用泰国 15 士丁邮资封寄广东法币拾五元至澄邑下岱美乡陈国藩。批封盖“新城杨昌合”和“暹京振华丰信局”印。杨昌合与曼谷振华丰合作经营侨批业务

宜丰泰

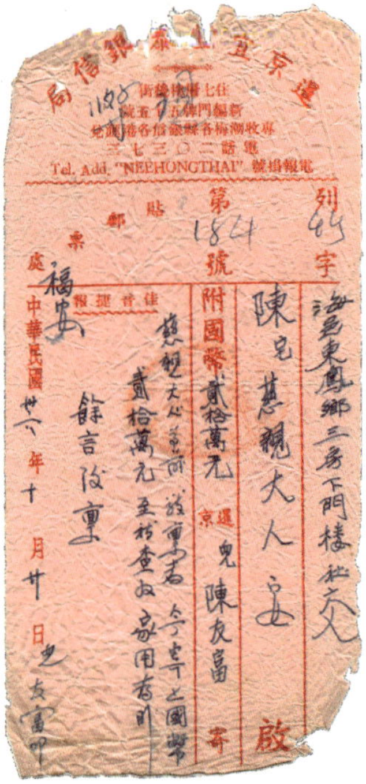

暹京陈友富民国卅六年（1947）十月廿日寄国币贰拾万元至海邑东凤乡母亲。批封印“暹京宜丰泰银信局　住七层楼后街　新编门牌五十五号　电话二〇三七三”

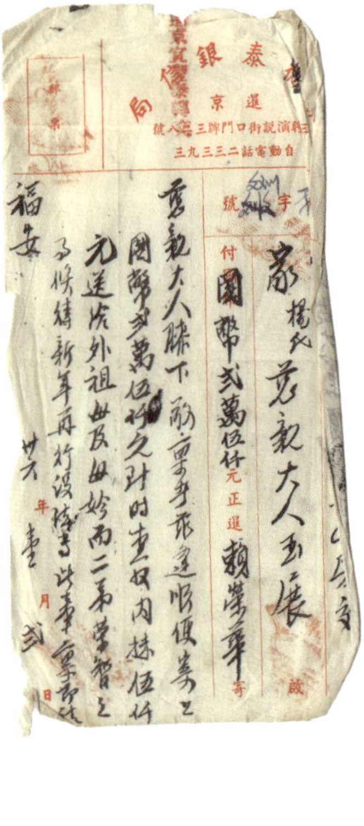

暹赖荣华民国卅六年（1947）壹月弍日用暹京荣德泰银信局自印封寄国币弍万伍仟元至□□□□母亲。批封盖“暹京宜丰泰转交”印。同在曼谷的两家批局合作经营侨批业务

义发兴

暹罗郑芳茂民国卅八年(1949)六月十一日寄银弍拾元至潮安第五区鲲江乡俊英。批封印“义发兴汇兑银信局　暹京石龙军路新哒叻门对面　门牌五〇一至五〇三电话二一四八三”，盖“暹京义发兴银信局”印

暹罗锡汗用义发兴汇兑银信局粉红色自印封寄港币壹佰伍拾元至隆都宅头乡祖母。批封销“4. 7. 49”曼谷邮戳

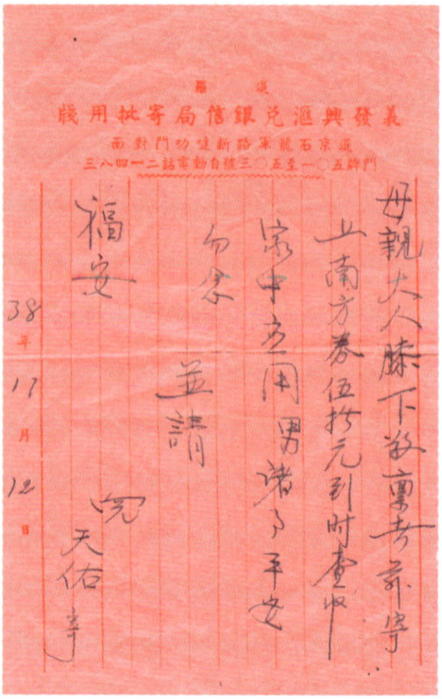

暹罗余斯全寄港币叁拾元至澄邑樟林元通街余木林。批封盖“暹京义发兴银信局”和“汕头中国银行 1950 年 12 月 24 日侨汇兑讫限三天内送到”印

义发兴汇兑银信局寄批用笺

義發興滙兑銀信局開幕啓事

逕啓者本局謹定于國曆五月十五日開張接收潮梅各屬滙兑銀信交欵迅速回批快捷銀信保家茲値新張伊始批價格外克己倘胞惠顧無任歡迎

代理處「揭陽」光德成「湯坑」銀記「留市」桂興「新墟」厚中黄陶合「棉湖」洪章記「潮陽」四合「梅縣」富記「樟林」秋記崗「西溪」黄德良「潮安」有記「鯉湖」永泰「洋洋」茂生

住址石龍軍路新噠叻對面門牌五〇一至五〇三號 自動電話二一四八三號

司理紀明潔 副理黄惠榮

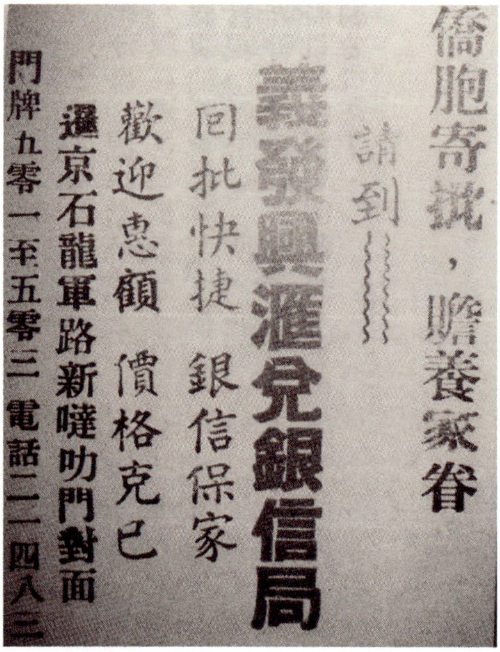

僑胞寄批，贍養家眷

請到

義發興滙兑銀信局

回批快捷 銀信保家

歡迎惠顧 價格克己

暹京石龍軍路新噠叻門對面

門牌九零一至五零三 電話二一四八三

1948 年 5 月 15 日义发兴汇兑银信局在《中原报》刊登开幕启事：本局谨定于国历五月十五日开张接收潮梅各属汇兑银信 住址石龙军路新哒叻对面门牌五〇一至五〇三号 自动电话二一四八三号 司理纪明洁 副理黄惠荣

1949 年 7 月 3 日义发兴汇兑银信局在《光华报》刊登广告：“侨胞寄批，赡养家眷 请到 义发兴汇兑银信局 回批快捷 银信保家 欢迎惠顾 价格克己 暹京石龙军路新哒叻门对面 门牌五零一至五零三 电话二一四八三”

义合

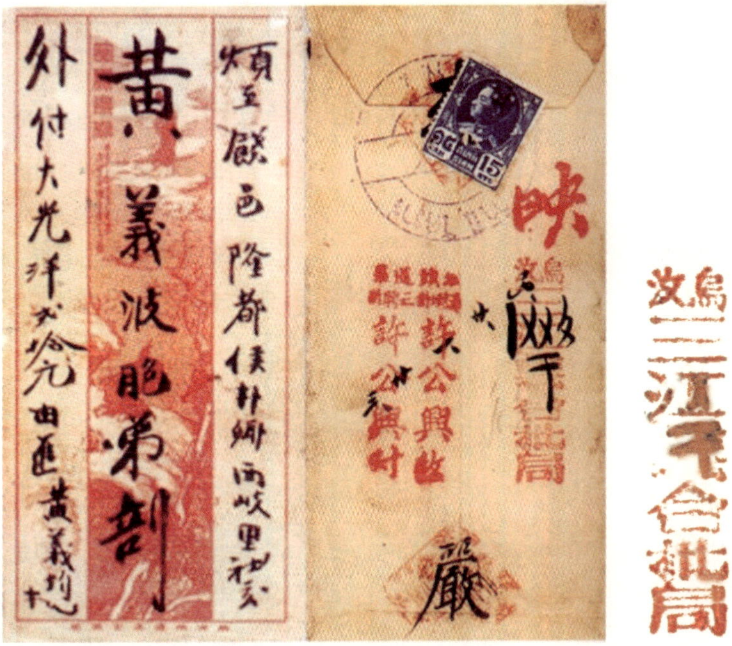

暹黄义均寄大光洋弍拾元至饶邑隆都侯朴乡黄义波。批封盖“乌汶三江义合批局”和“暹罗三聘许公兴”印。乌汶三江义合和曼谷许公兴合作经营侨批业务

乌汶（Ubon Ratchathani），泰国呵叻高原东南部城市。乌汶府，泰国东北部最大的府。

义瑞兴

暹罗陈炎书寄金圆券贰佰元至澄邑城内沟下池陈叙谦。批封印“暹京　义瑞兴汇兑银信局　分行　石龙军路门牌四九七至五〇三电话二一四八三”，销曼谷“3. 12. 48”邮戳，盖“暹京义瑞兴信局分行”印

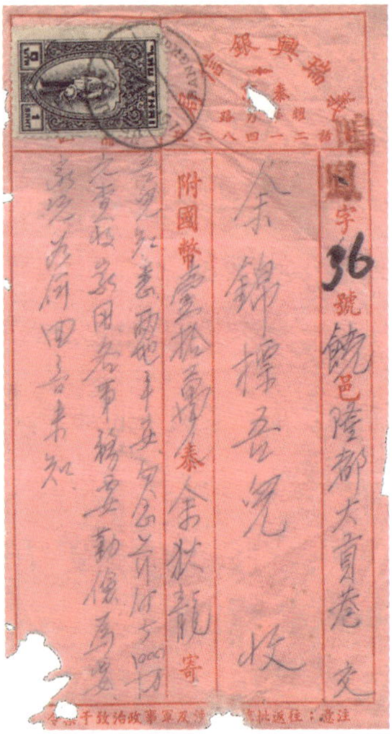

泰余狄龙寄国币弍拾万元至饶邑隆都大贡巷余锦标，批封印“义瑞兴银信局　泰京耀华力路　电话二一四八二号”

沈爱音寄港币拾元至潮安县华桥乡侨殷。批封销汕头 1949 年侨批专用邮戳，盖“暹罗义瑞兴信局”印

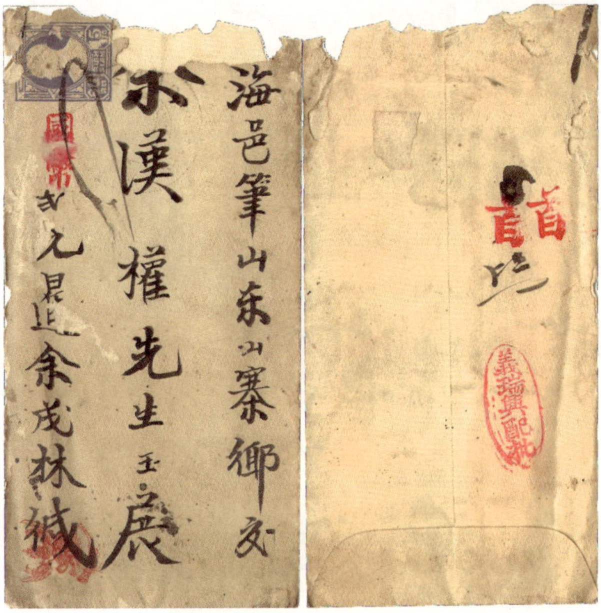

暹余茂林寄国币式元至海邑笔山东山寨乡余汉权。批封盖“义瑞兴配批”印

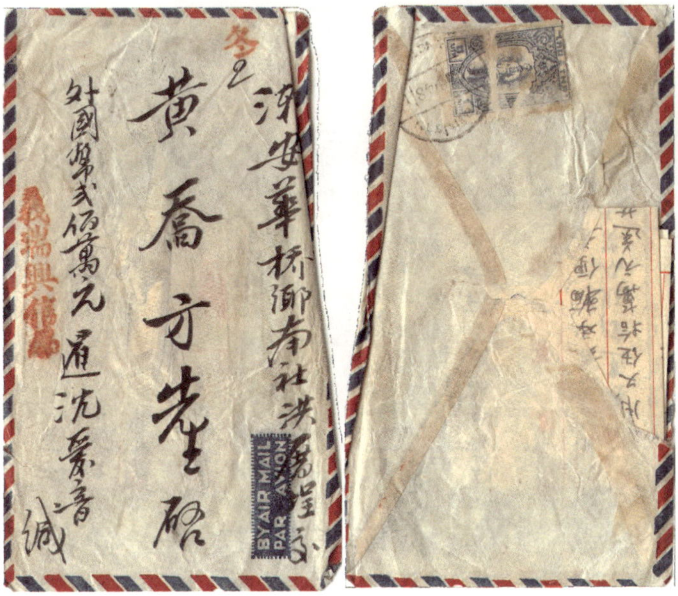

暹沈爱音寄国币式佰万元至潮安华桥乡黄乔方。批封销泰国“8.48”邮戳，盖“义瑞兴信局”印

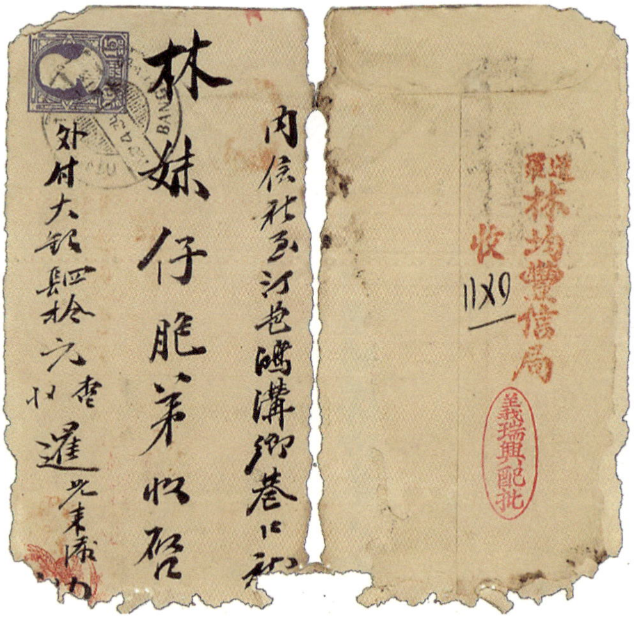

暹来添用泰国 15 士丁邮资封寄大银肆拾元至汀（澄）邑鸿沟乡林妹仔。批封销曼谷 1934 年 4 月 20 日邮戳，盖“暹罗林均丰信局”和“义瑞兴配批”印。林均丰与曼谷义瑞兴合作经营侨批业务

暹烈辉用泰国 15 士丁邮资封寄大光银陆元至汀（澄）邑上外都夏塘乡母亲。批封销曼谷 1934 年 8 月 26 日邮戳，盖“成利发书柬”和“义瑞兴配批”印。成利发与曼谷义瑞兴合作经营侨批业务

依据 1936 年汕头邮政管理局（邮局）向国家交通部邮政总局呈报的核发批局营业凭证申请书整理，汕头义发民国廿二年（1933）在暹罗三聘耀华力路设立义瑞兴分号，营业人为揭阳人余文仁。

1947 年 6 月 1 日暹罗华侨银信局公会成立，义瑞兴为首届会员商号，代表人余为超。

义兴利

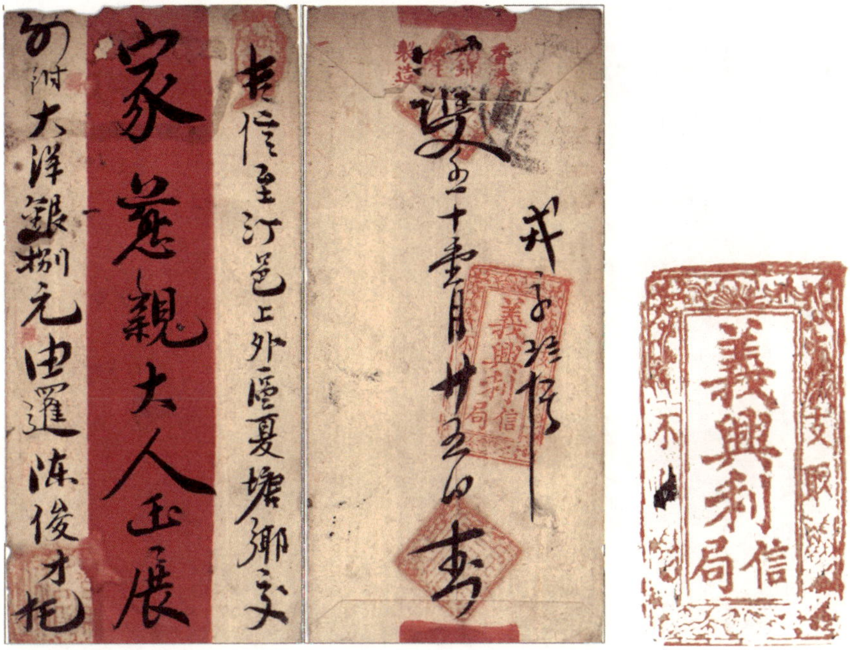

暹陈俊才寄大洋银捌元至澄邑上外区夏塘乡母亲。批封手书“壬十壹月廿五日”。盖“义兴利信局支取不准”印

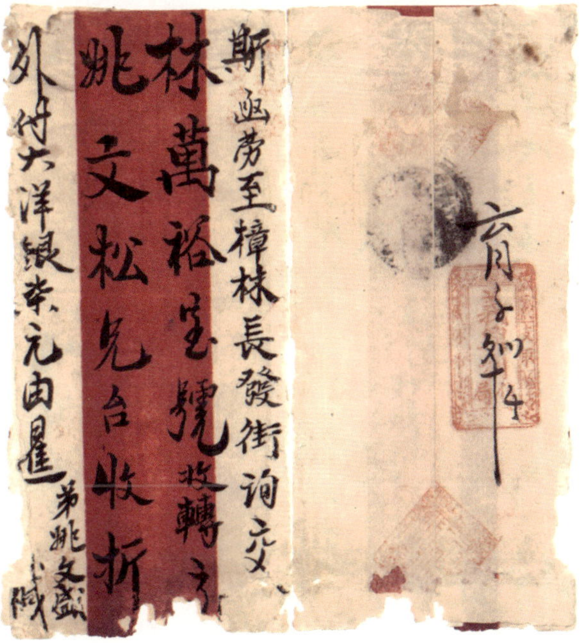

暹姚文盛寄大洋银柒元至樟林长发街林万裕宝号转姚文松。批封盖“义兴利信局支取不准”印

义兴利泰记

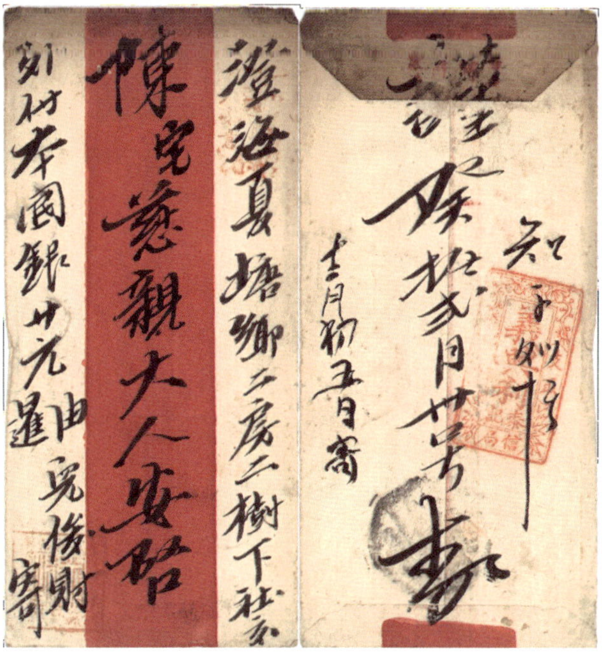

暹俊财寄国银廿元至澄海夏塘乡母亲。批封手书“癸拾贰月卅号”，盖“义兴利泰记信局支取不准”印

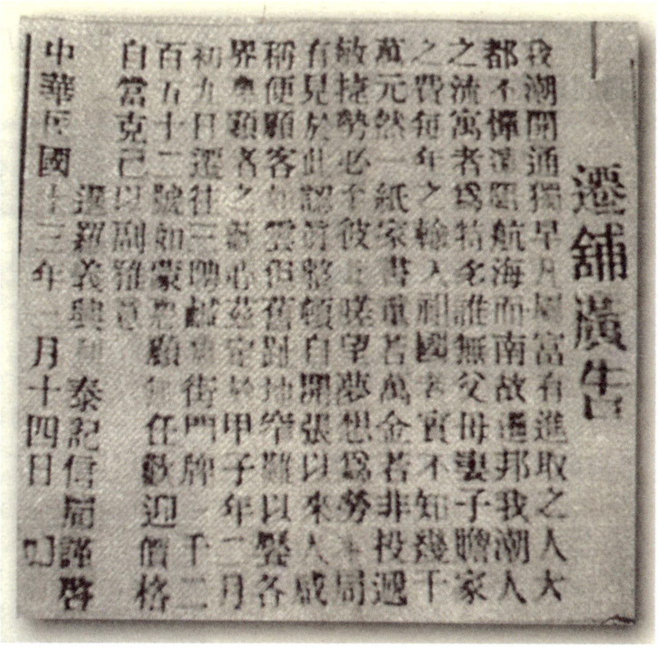
遷鋪廣告

我潮開通獨早凡屬富有進取之人大都不憚遠涉航海而南故暹邦我潮人之流寓者為特多誰無父母妻子贍家之費每年之輸入祖國者實不知幾千萬元然一紙家書重若萬金者非投遞敏捷勢必[illegible]彼此暌望夢想為勞本局有見於此認真整頓自開張以來人咸稱便顧客[illegible]界[illegible]定於甲子年二月初九日遷往三聘[illegible]街門牌一千二百五十二號如蒙[illegible]顧無任歡迎價格自當克己以副雅意

暹羅義興利泰記信局謹啓

中華民國十三年一月十四日

民国十三年（1924）一月十四日暹罗义兴利泰记信局刊登迁铺广告：“定于甲子年二月初九日迁往三聘咸鱼街门牌一千二百五十二号”

益安

暹王俊炮寄国币壹佰万元至澄海外砂中社谢文宽。批封印“暹罗益安银信部”，销曼谷“11. 5. 48”邮戳

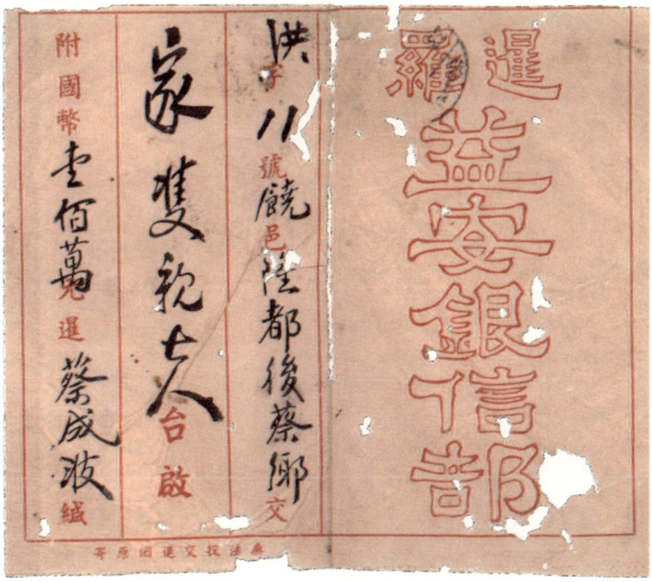

暹蔡成波寄国币壹佰万元至饶邑隆都后蔡乡双亲。批封印“暹罗益安银信部”

永昌利

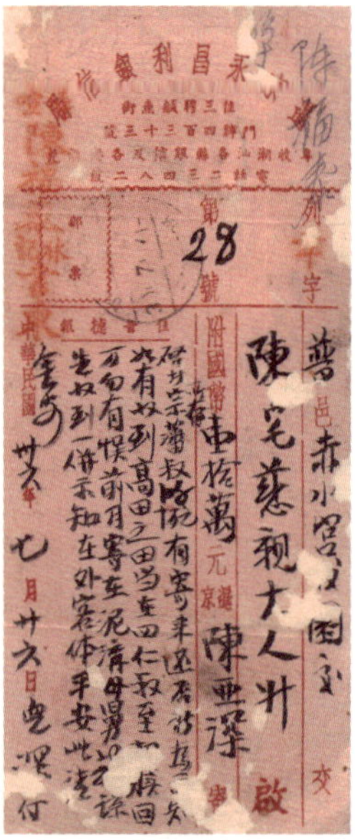

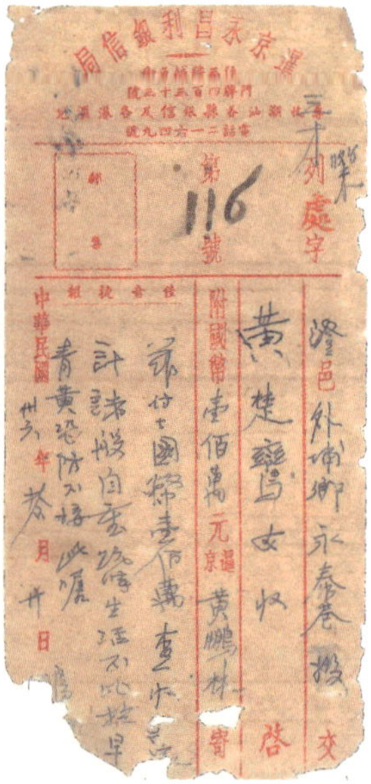

暹京陈亚深民国卅六年（1947）七月廿六日寄国币壹拾万元至普邑赤水宫母亲。批封印“暹京永昌利银信局　住三聘咸鱼街　门牌四百三十三号　电话二三四八二号”，销曼谷“39.7.7”邮戳

暹京黄鹏林民国卅六年（1947）拾月廿日寄国币壹佰万元至澄邑外埔乡黄楚鸾。批封上印电话号码为二一六四九

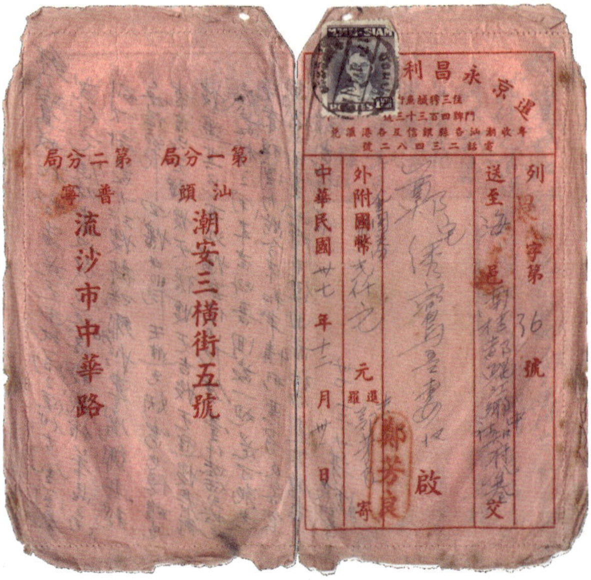

暹罗郑芳良民国卅七年（1948）十二月卅日寄金圆券贰仟元至海邑南桂都鲲江乡绣鸾。批封上印“第一分局汕头潮安三横街五号　第二分局普宁流沙市中华路”

暹罗蔡绍勤寄港币捌拾元至澄邑程洋岗乡蔡镇生。批封销汕头“55. 10. 6”侨批专用邮戳，批封上所印分局地址变更为汕头潮安三横街四号

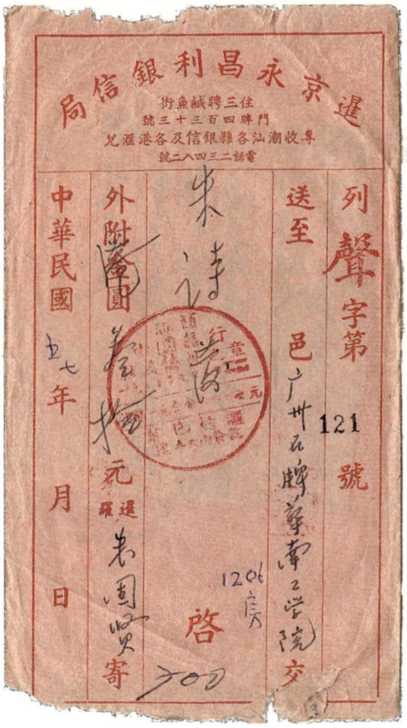

暹罗朱固贤一九五七年寄港币叁拾元至广州石牌华南工学院朱诗发。橙色批封印“暹京永昌利银信局”

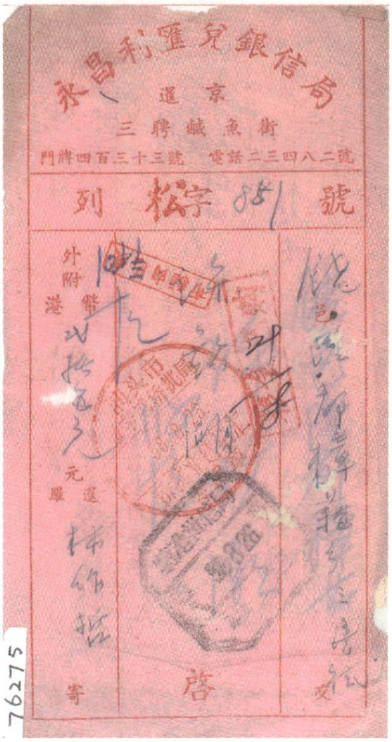

暹罗林作哲寄港币式拾伍元至饶邑隆都樟藉（籍）乡许钦湖。批封销汕头“58. 8. 26”侨批专用邮戳，粉红色批封印“永昌利汇兑银信局”

暹罗林昌用永昌利汇兑银信局自印封寄港币叁拾元至海邑仙河溪村陆庆和。批封盖“暹京三聘街进兴昌银信局”印，同在曼谷的两家批局合作经营侨批业务

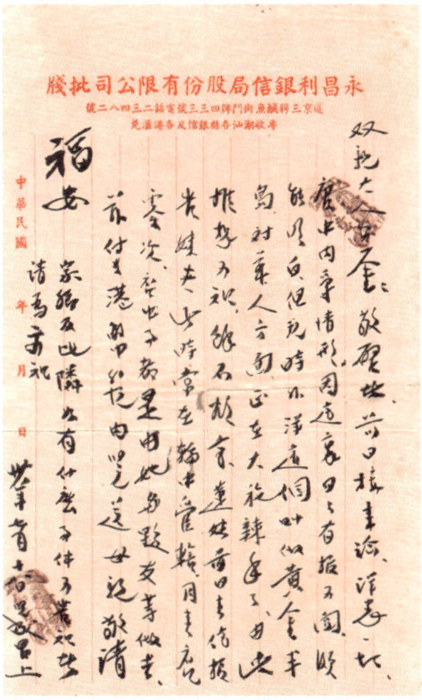

永昌利银信局股份有限公司写批专用信笺

永昌利銀信局股份有限公司
專收潮汕各屬僑批 內地代理無任歡迎
暹京三聘鹹魚街門牌四百三十三號自動電話二一六四九號

1945 年 10 月 3 日永昌利银信局在《光华报》刊登广告：“专收潮汕各属侨批　内地代理无任欢迎　暹京三聘咸鱼街门牌四百三十三号自动电话二一六四九号”

1947 年 5 月 18 日暹罗华侨银信局公会成立，永昌利为首届会员商号，代表人陈汉光。

1953 年臣信、能信、名信三家公司联合成立信联有限公司，成员包括其他批信局业者，称为购批代表。永昌利为其中之一。据该年 5 月 11 日《中原报》所载之《信联有限公司购批代表名单》，永昌利的经营地址在曼谷哇匿一路 433 号。

永昌盛

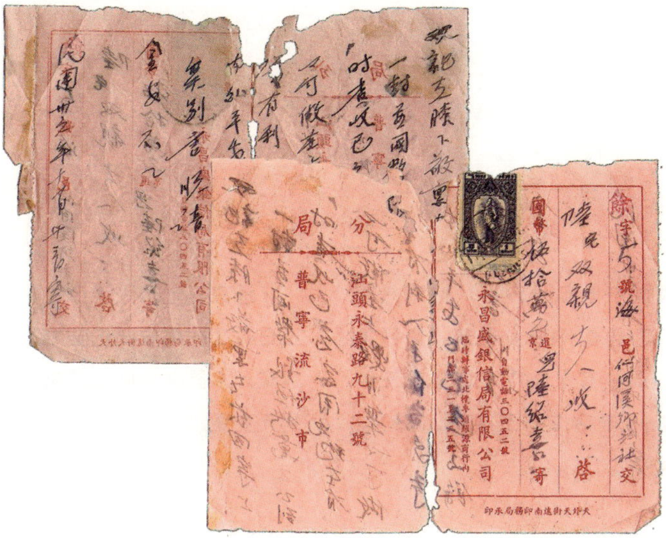

暹京陆绍喜民国卅六年（1947）十一月廿三日寄国币伍拾万元至海邑仙河溪乡双亲。批封印“永昌盛银信局有限公司　临时办事处北揽车头耀源商行内　门牌二三一至二三五号　自动电话三〇四五二号　分局　汕头永泰路九十二号　普宁流沙市”

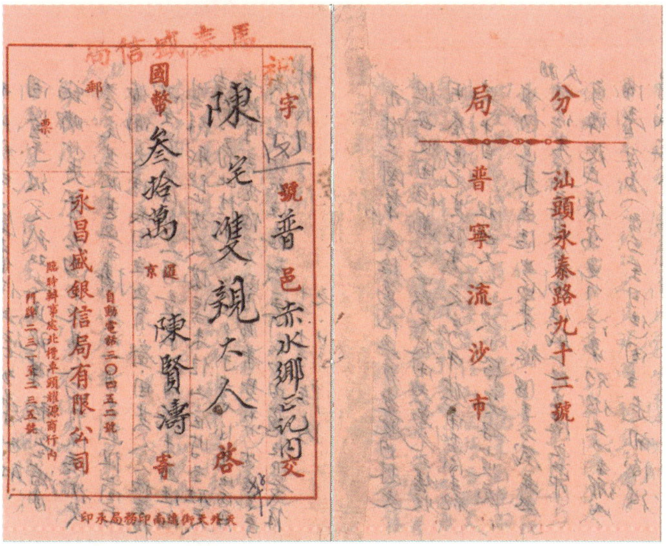

暹京陈贤涛用永昌盛银信局自印封寄国币叁拾万元至普邑赤水乡双亲。批封盖“马泰盛信局”印。同在曼谷的两家批局合作经营侨批业务

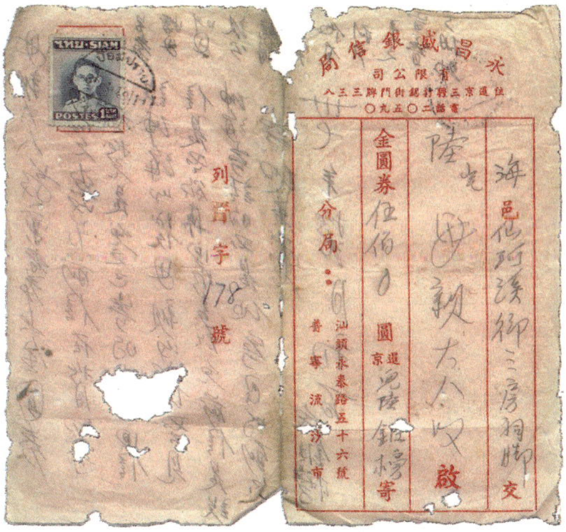

暹京陆钿榜民国卅七年（1948）拾弌月寄金圆券伍佰万元至海邑仙河溪乡母亲。白色批封印“永昌盛银信局　有限公司　住暹京三聘打锡街门牌三三八　电话二〇五九〇　分局：汕头永泰路五十六号”

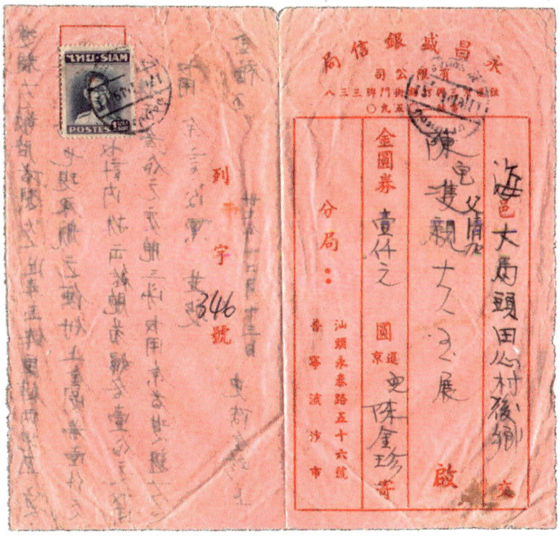

暹京陈金珍民国卅七年（1948）十二月十三日寄金圆券壹仟元至海邑大码头田心村后乡双亲。永昌盛银信局红色自印批封上所有信息均无变更

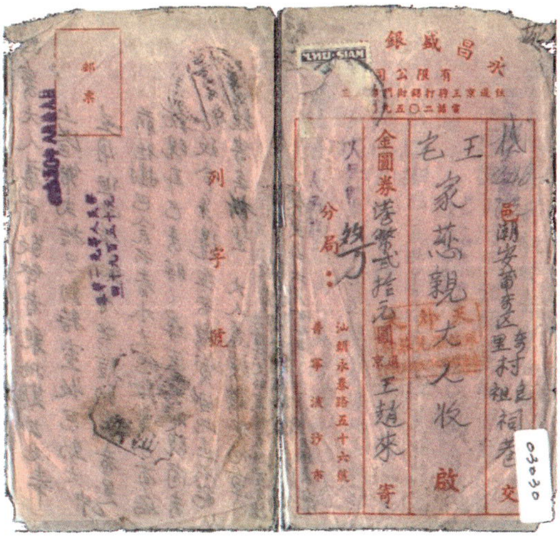

暹京王赵来用永昌盛银信局自印封寄港币弍拾元至潮安莆东区东里村母亲。批封盖结汇日期为一九五〇年八月十八日，批封同时盖“天外天银信汇兑庄付”印。同在曼谷的两家批局合作经营侨批业务

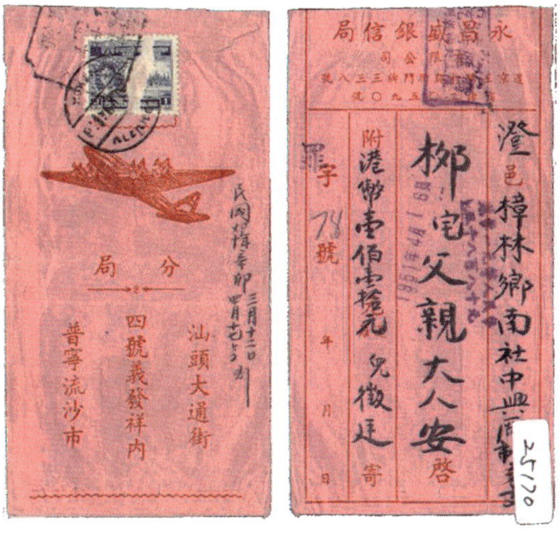

暹罗徵廷寄港币壹佰壹拾元至澄邑樟林乡父亲。批封印“永昌盛银信局　有限公司　暹京三聘打锡街门牌三三八号　电话二〇五九〇号　分局　汕头大通街四号义发祥内　普宁流沙市”，盖汕头中国银行1951年4月16日侨汇兑讫章

暹罗杨会安寄港币壹拾元至海邑仙乐妻子。批封销汕头“57. 3. 2”侨批专用邮戳，盖“汕头信和成批局代理”印。泰国、汕头两地批局合作经营侨批业务

暹罗朱固贤用永昌盛银信局自印封寄港币伍拾元至广州华南工学院诗发。批封盖“汕头市信和成侨批局 58. 12. 3 侨批业已结汇专用章”。曼谷永昌盛和汕头信和成合作经营侨批业务

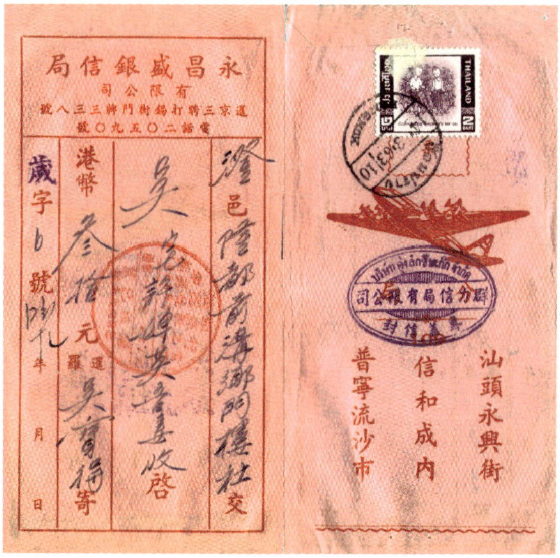

暹罗吴宝得寄港币叁拾元至澄邑隆都前沟乡许婵英。批封销曼谷“14. 3. 63”邮戳，印“分局 汕头永兴街信和成内”

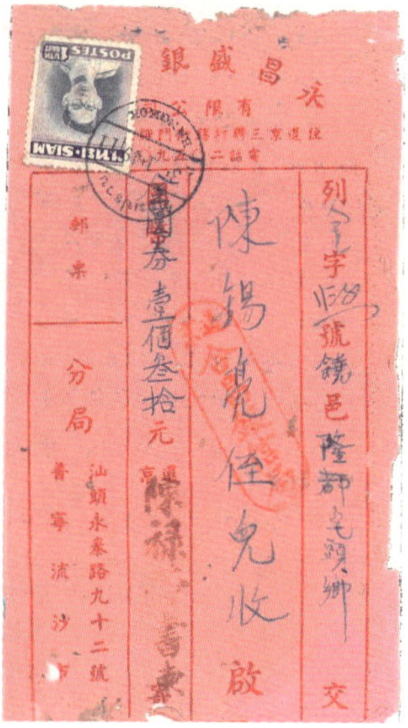

暹京陈禄发用永昌盛银信局自印封寄金圆券壹佰叁拾元至饶邑隆都宅头乡陈锡亮。批封印“分局 汕头永泰路九十二号”，销曼谷 1949 年 1 月 3 日邮戳。盖“暹京合昌银信局”印。同在曼谷的两家批局合作经营侨批业务

泰京陆林昌用暹京振成丰银信局自印封寄港币伍拾元至海邑仙河溪乡陆庆和。批封盖“永昌盛银信局有限公司”拱形印，同在曼谷的两家批局合作经营侨批业务

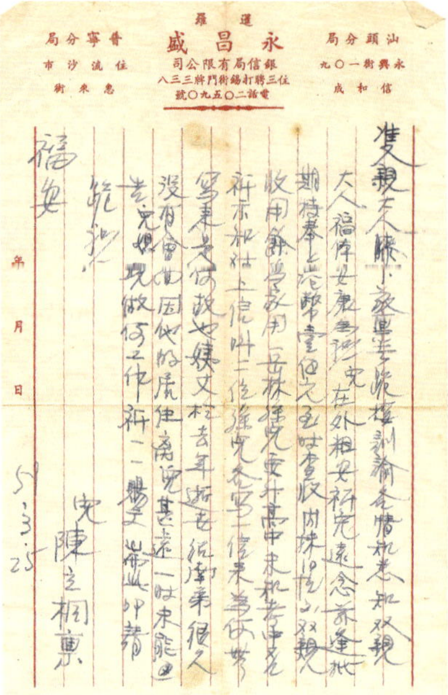

永昌盛银信局写批用笺印“汕头分局　永兴街一〇九号”

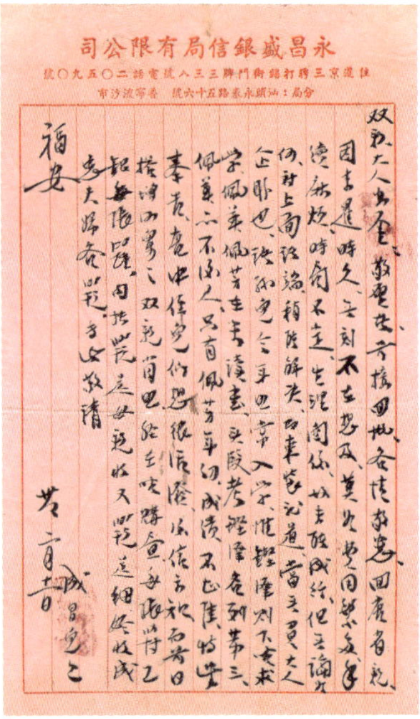

永昌盛银信局写批专用信笺印“分局：汕头永泰路五十六号”

1953 年臣信、能信、名信三家公司联合成立信联有限公司，成员包括其他批信局业者，称为购批代表。永昌盛为其中之一。据该年 5 月 11 日《中原报》所载之《信联有限公司购批代表名单》，永昌盛的经营地址在曼谷三聘 338 号。

永成丰

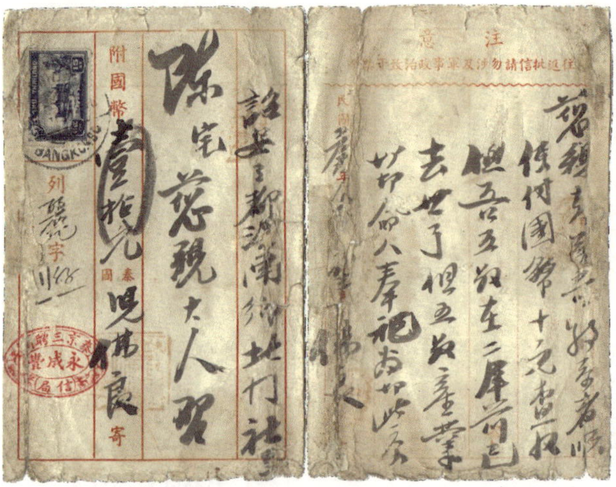

泰国佛良寄国币壹拾元至诏安三都溪南乡母亲。批封盖“泰京三聘街永成丰信局”印

暹合想寄国币式佰万元至澄邑东湖乡邹松江。批封注记“卅六年(1947)十二月廿六日到”，盖“泰京三聘风炉街永成丰银信局电话二二六二七”印

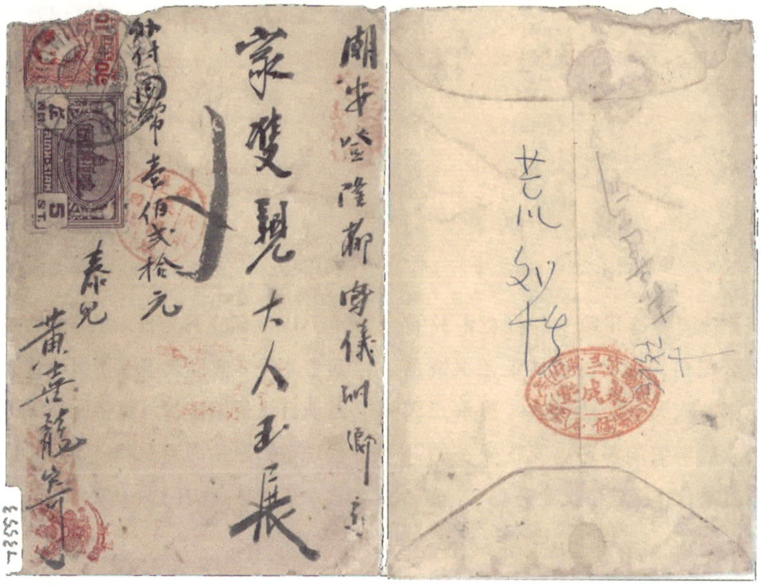

泰黄喜龙用泰国10士丁邮资封加贴5士丁邮票寄国币壹佰式拾元至潮安登隆都凤仪洲乡双亲。批封盖“泰京三聘街永成丰信局”印

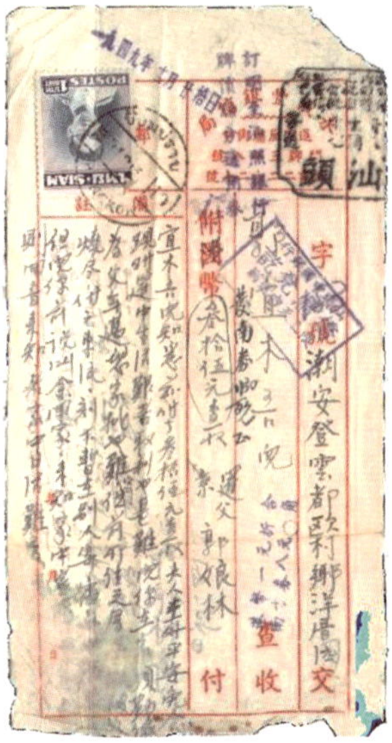

暹京郭娘林用批局黄色自印封寄港币叁拾伍元至潮安登云都欧村乡郭宜木。批封印“永成丰银信局　暹罗风炉街口门牌三八八号　电话二二六二七号”，盖“一九四九年十二月廿拾日汕头中国银行侨汇兑讫限三天内送到”结汇章

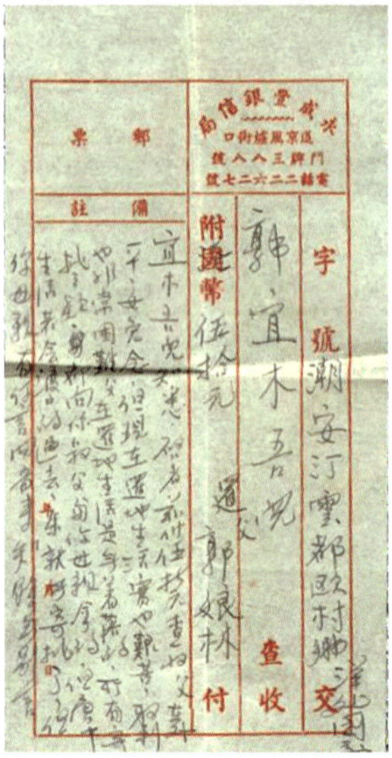

暹郭娘林用褐色的永成丰银信局自印封寄港币伍拾元至潮安汀（登）云都欧村郭宜木

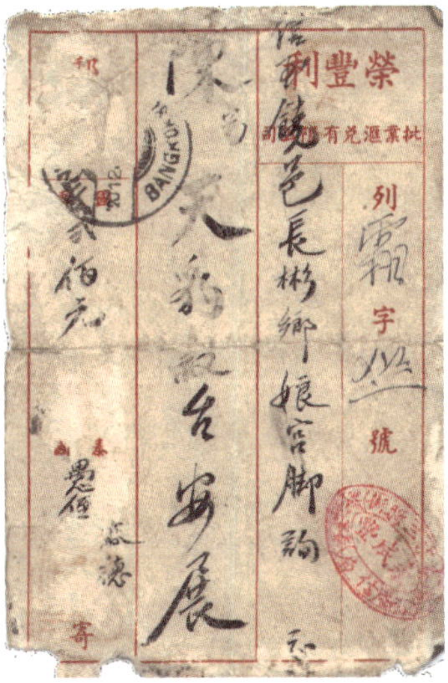

泰国容德用荣丰利批业汇兑有限公司自印封寄国币弍佰元至饶邑长彬乡陈天豹。批封盖“暹京三聘街永成丰信局”印。同在曼谷的两家批局合作经营侨批业务

永成豐信局新張啓事

敬啓者本號專收潮屬各縣僑批派員登門分發銀信保家回批快捷茲值開張伊始批價從廉僑胞惠顧無任歡迎徵請內地各埠商號代理敬希惠臨面商是荷

定元月（舊曆）十七日配航空

泰京三聘鹹魚街門牌一二六四號　電話二二六二七號

1940 年 3 月 1 日永成丰信局在报端刊登新张启事：“敬启者本号专收潮属各县侨批派员登门分发银信保家回批快捷兹值开张伊始批价从廉侨胞惠顾无任欢迎征请内地各埠商号代理敬希惠临面商是荷　定元月（旧历）十七日配航空　泰京三聘咸鱼街门牌一二六四号　电话二二六二七号”

1947 年 5 月 18 日暹罗华侨银信局公会成立，永成丰为首届会员商号，代表人洪瑞云。

永合丰

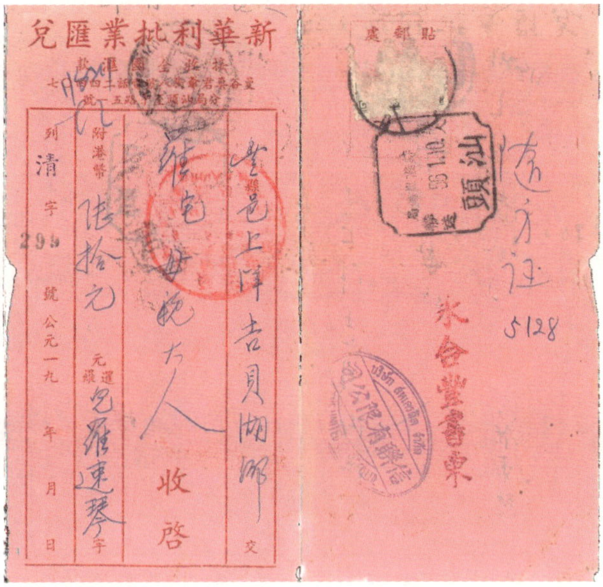

暹罗罗速琴用新华利批业汇兑自印封寄港币陆拾元至丰邑上洋吉贝湖乡母亲。批封盖“永合丰书柬”印。永合丰与曼谷新华利合作经营侨批业务

暹罗速贵一九五六年十二月十四日寄港币壹佰捌拾元至丰邑汤南区罗杏元。批封盖“永合丰书柬”印

永合兴

暹罗张森林 1951 年 11 月 7 日寄港币捌拾元至海邑江东都元巷乡张桂茂。批封盖“暹罗永合兴信局”印

暹京陈木龙寄港币弍拾元至潮安秋溪都阳山乡母亲。批封印“暹京永合兴银信局　局址：三聘风炉街口门牌四四七号　电话：二一五六七”，盖汕头一九五三年十一月廿二日侨批专用邮戳

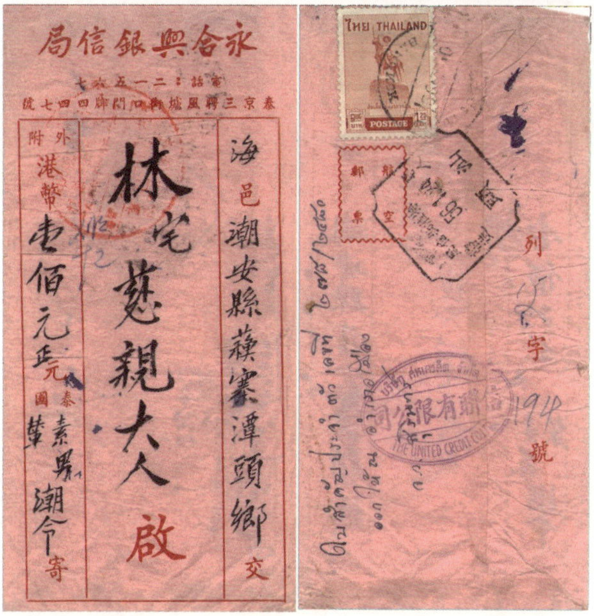

泰国潮令寄港币壹佰元至海邑潮安县苏寨潭头乡母亲。批封盖汕头“56. 1. 24”侨批专用邮戳，批封制式不同，但批局的信息并未改变

泰国礼信寄港币三十元至汀（澄）邑上外区凤岭乡双亲。批封盖汕头一九五三年十一月廿二日侨批专用邮戳。批封除底色变换外，其格式及地址、电话均保持不变

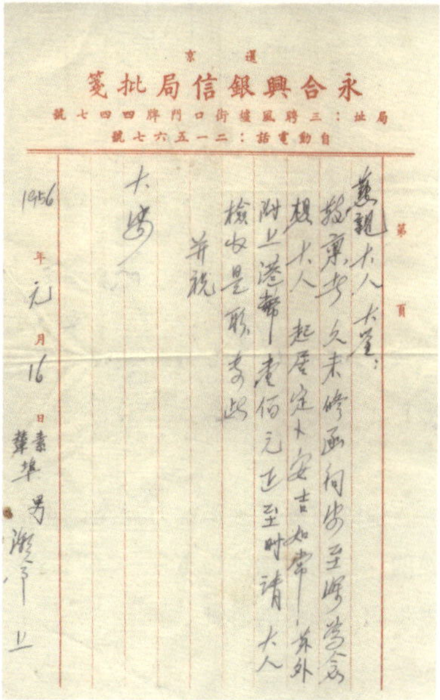

永合兴银信局写批专用笺

1953 年臣信、能信、名信三家公司联合成立信联有限公司，成员包括其他批信局业者，称为购批代表。永合兴为其中之一。据该年 5 月 11 日《中原报》所载之《信联有限公司购批代表名单》，永合兴的经营地址在曼谷三聘 447 号。

永华峰

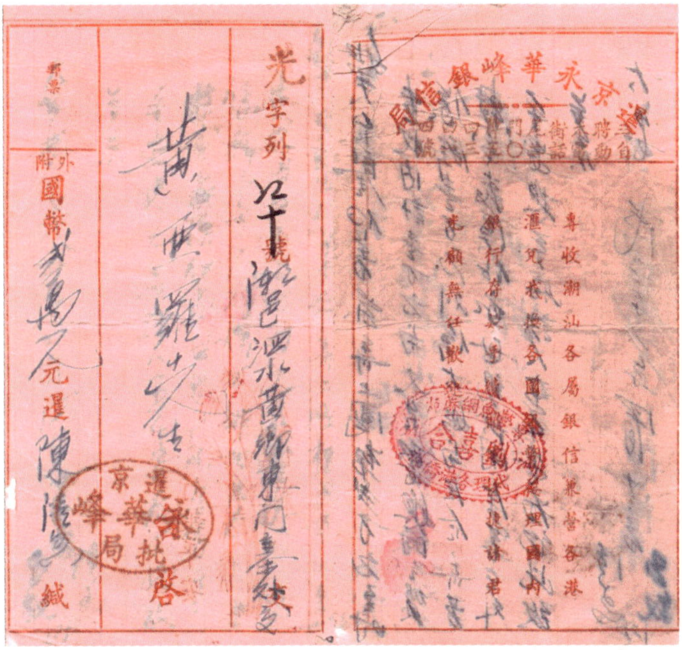

暹陈清香寄国币式万元至潮邑泗水黄乡黄亚罗。批封印“暹京永华峰银信局　三聘米街尾门牌四四四　自动电话二〇五三一号”，盖“暹京永华峰批局”和“潮汕刘喜合”印。潮汕的刘喜合代理分发泰国永华峰的侨批

1947 年 5 月 18 日暹罗华侨银信局公会成立，永华峰为首届会员商号，代表人绵峰。

永华利

泰国许辉裕用振华丰批局自印封寄港币壹佰元至饶邑隆都前埔潮回头乡母亲。批封销一九五三年三月十二日侨批专用邮戳，盖“暹京三聘永华利银信局”中、英、泰三种文字印。同在曼谷的两家批局合作经营侨批业务

永華利銀信局

泰京三聘街三七六號（振華豐批局舊址）

1953 年 3 月 14 日永华利银信局获泰国财政部批准营业后，在《中原报》刊登广告：批局地址为泰京三聘街三七六号（振华丰批局旧址）

永顺安

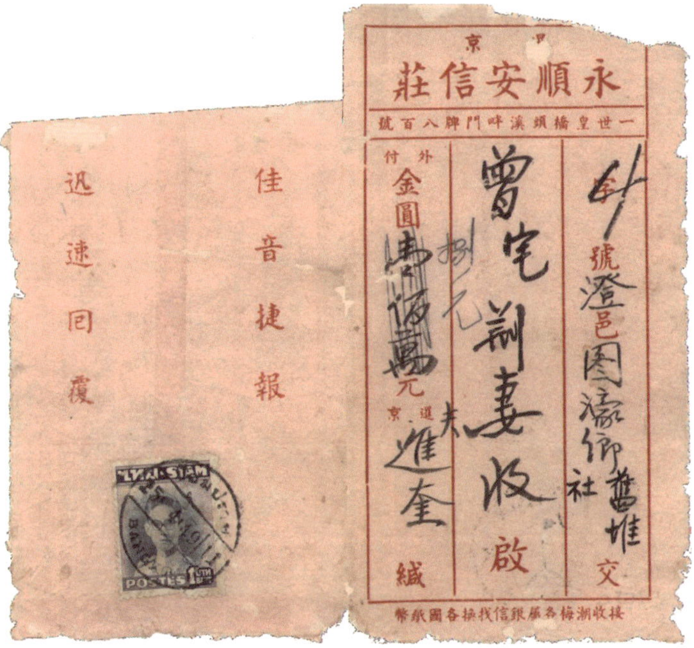

暹京进奎寄金圆券捌元至澄邑图濠乡妻子。批封印“暹京永顺安信庄　一世皇桥头溪畔门牌八百号”，销曼谷“25. 4. 49”邮戳

永顺成

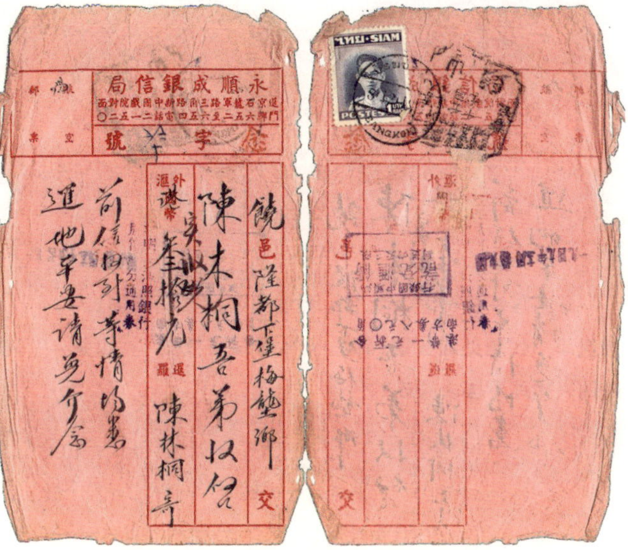

暹罗陈林桐寄港币叁拾元至饶邑隆都下堡梅垄乡陈木桐。批封印“永顺成银信局　暹京石龙军路三角路新中国戏院对面　门牌六五二至六五四电话二一五二〇”，盖一九四九年十二月十九日“汕头中国银行侨汇兑讫限三天内送到”专用章

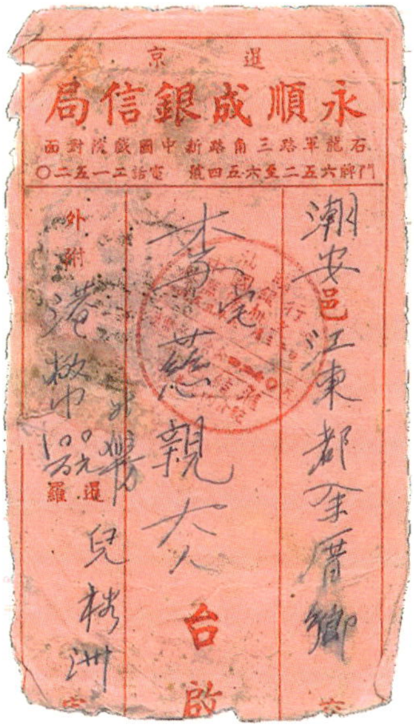

暹罗裕洲寄港币 100 万元至潮安江东都佘厝乡母亲。批封格式略有变化，但地址、电话号码均未变更

泰国陈清富寄港币 100 元至饶邑隆都南美乡陈财富。批封印“永顺成银信局　泰京拍抛猜大马路越帖素辇后八十八　电话：二一五二〇”，销曼谷“1. 7. 55”邮戳

泰国陈炳林寄港币陆拾元至潮安南桂鳌头陈仰贵。批封印“代理处汕头镇邦路 49 号陈四兴批局”。汕头陈四兴代理泰国永顺成的侨批

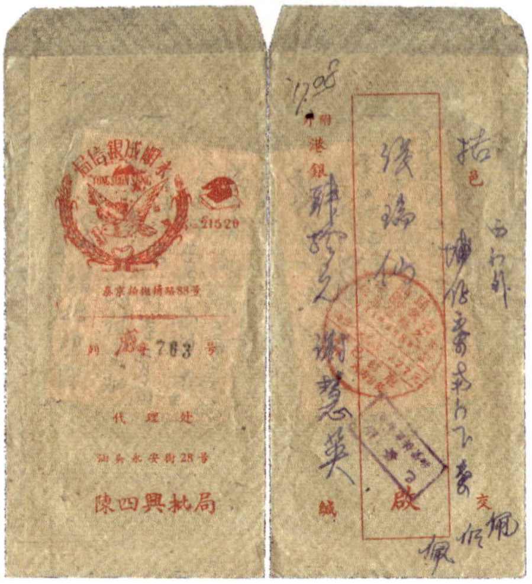

谢慧英用永顺成银信局自印封寄港银肆拾元至揭邑西门外埔仔寨南门下寨张瑞仙。批封印“代理处汕头永安街 28 号陈四兴批局”。汕、泰两地批局合作经营侨批业务

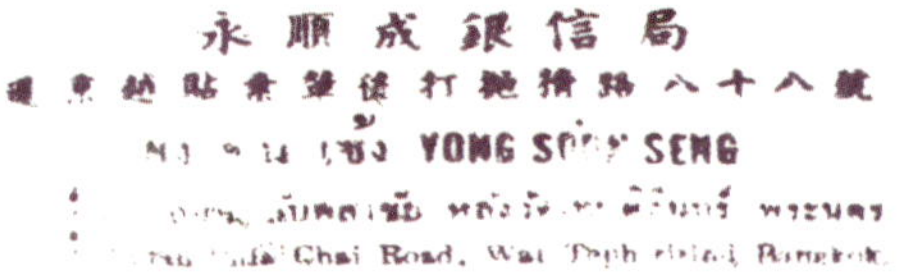

暹岳婵寄港币式拾元至揭阳西门外潭坑乡林磻德。批封盖“永顺成银信局”中泰文印

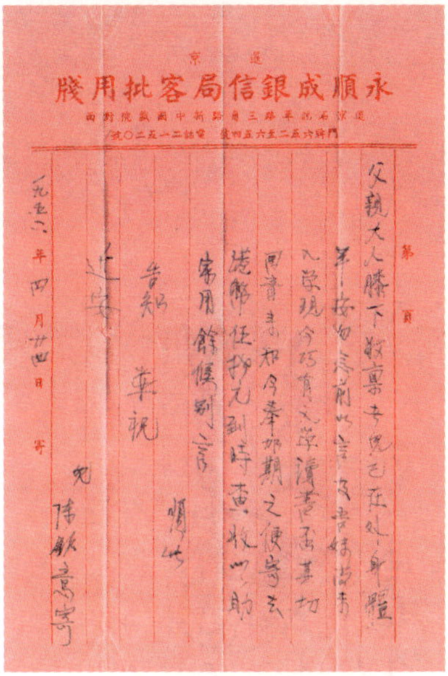

永顺成银信局写批专用信笺

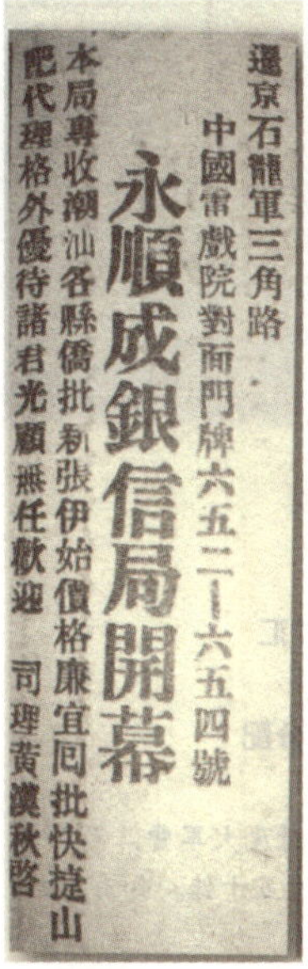

暹京石龍軍三角路
中國電戲院對面門牌六五二—六五四號
永順成銀信局開幕
本局專收潮汕各縣僑批剏張伊始價格廉宜回批快捷山
巴代理格外優待諸君光顧無任歡迎
司理黃漢秋啓

1946 年 8 月永顺成银信局在《中原报》刊登开幕广告：批局地址“暹京石龙军三角路　中国电戏院对面门牌六五二—六五四号　司理黄汉秋”

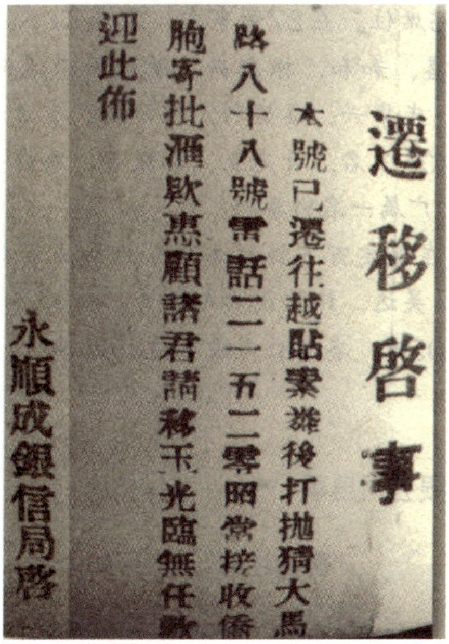

遷移啓事
本號已遷往越貼素彛後打拋猜大馬
路八十八號電話二一五二零照常接收僑
胞寄批滙欵惠顧諸君請移玉光臨無任歡
迎此佈
永順成銀信局啓

1953 年 7 月 3 日永顺成银信局在《光华报》刊登迁移启事：迁往越贴素彛后打抛猜大马路八十八号电话二一五二零照常接收侨胞寄批汇款

1947 年 5 月 18 日暹罗华侨银信局公会成立，永顺成为首届会员商号，代表人黄汉秋。

1953 年臣信、能信、名信三家公司联合成立信联有限公司，成员包括其他批信局业者，称为购批代表。永顺成为其中之一。据该年 5 月 11 日《中原报》所载之《信联有限公司购批代表名单》，永顺成的经营地址在曼谷豆芽廊 88 号。

永顺利

陈梅士民国廿四年（1935）二月十七日寄中光银式元至潮邑桃溪仔陈玉钗。票根盖“暹京永顺利书柬”印

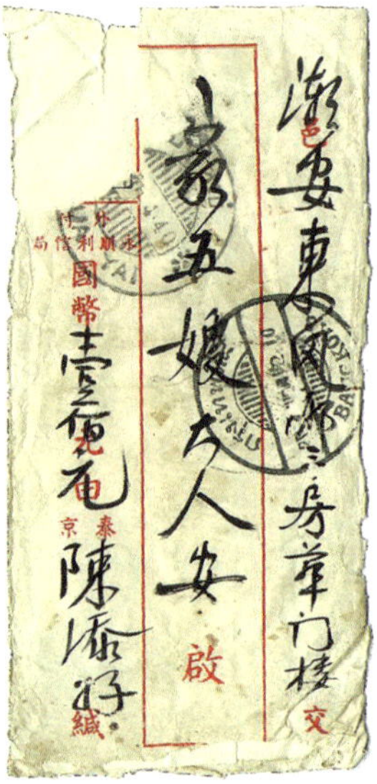

泰京陈添好寄国币壹佰元至潮安东风（凤）乡五嫂。批封印“外付永顺利信局”字样，盖曼谷“4.40”邮戳

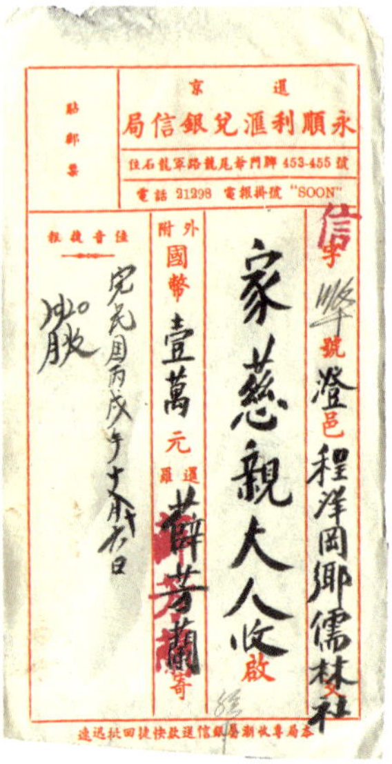

暹罗薛芳兰寄国币壹万元至澄邑程洋冈乡母亲。批封印“暹京永顺利汇兑银信局　住石龙军路龙尾爷门牌453－455号　电话21298”

暹罗陈玉钗寄国币壹万元至潮邑玉峡桃溪仔乡母亲。批封除颜色变换外，名称、地址、电话均没有变更

暹罗陈玉钗用永顺利汇兑银信局红色自印封寄国币壹万四千元至潮邑玉峡桃溪仔母亲

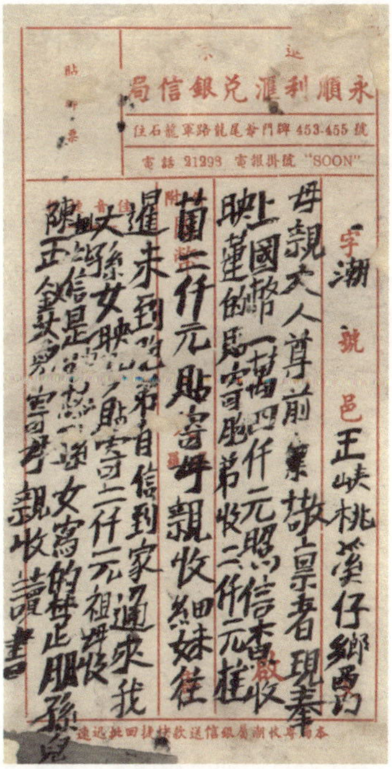

陈玉钗用永顺利汇兑银信局白色自印封寄国币一万四仟元至潮邑玉峡桃溪仔母亲

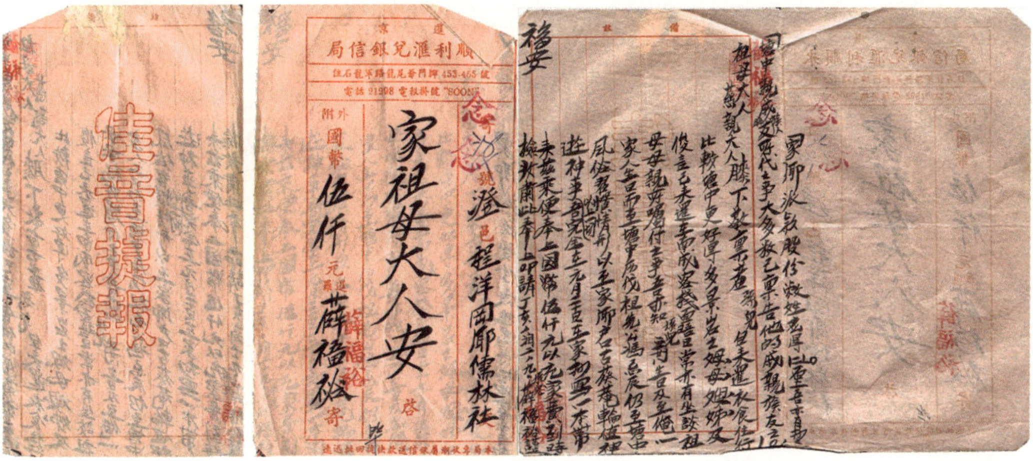

暹罗薛福裕丁亥年（1947）闰二月九日寄国币伍仟元至澄邑程洋冈乡祖母。批封与上述各种批封在制式上略有改变，批局抬头左侧没有留出“贴邮票”空格，封背印“佳音捷报”

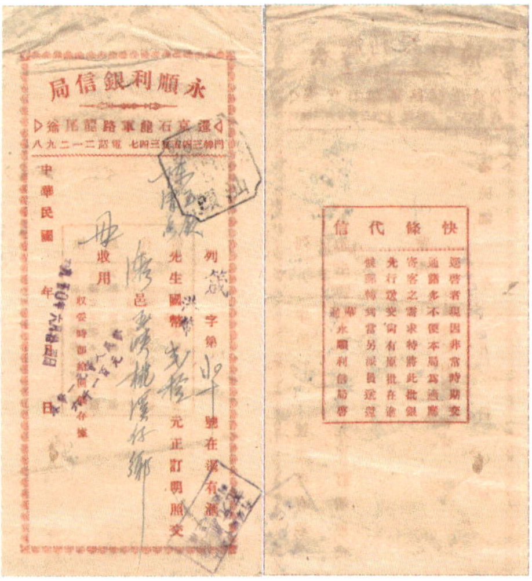

陈玉钦寄港币弍拾元至潮邑玉峡桃溪仔乡母亲。永顺利的快条显示其住址门牌号改为三四五至三四七号，快条盖一九五〇年六月十四日“汕头中国银行侨汇兑讫限三天内送到”结汇章

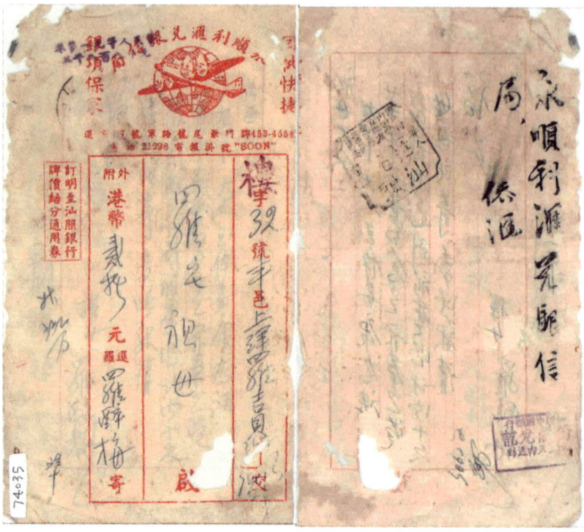

暹罗罗醉梅寄港币贰拾元至丰邑上洋罗吉贝乡祖母。批封盖汕头一九五一年八月九日侨批专用邮戳，批封格式做了改变，加印航空图及“回批快捷银项保家”广告词

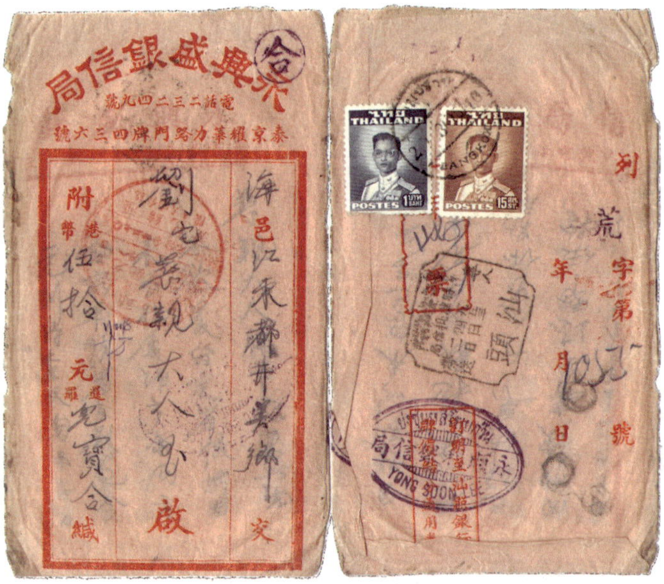

暹罗宝合用永兴盛银信局自印封寄港币伍拾元至海邑江东都井美乡母亲。批封销汕头一九五三年四月二日侨批专用邮戳，盖“永顺利银信局”中、英、泰文印。同在曼谷的两家批局合作经营侨批业务

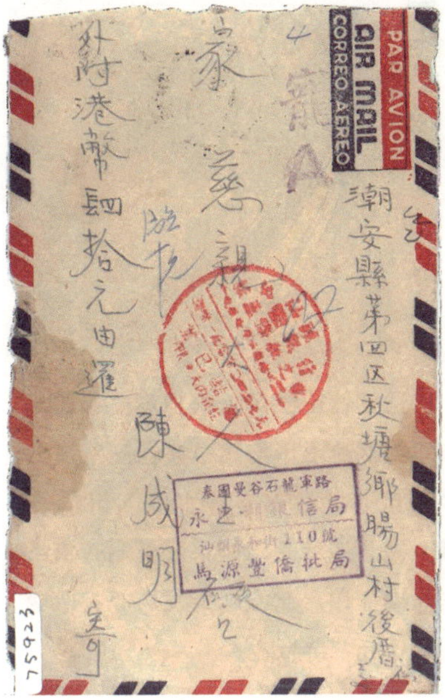

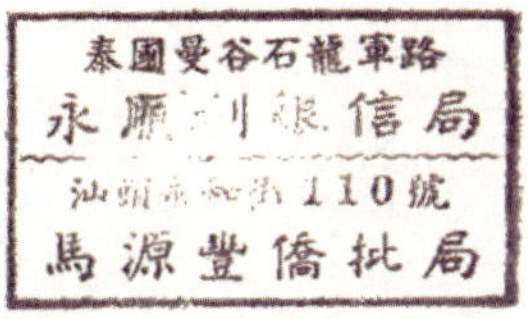

暹陈成明寄港币肆拾元至潮安县第四区秋塘乡母亲。批封盖“泰国曼谷石龙军路　永顺利银信局　汕头永和街110号　马源丰侨批局”印。印章显示汕、泰两地批局合作经营侨批业务

永順利信局
本號專收唐批銀項保家回批快捷
諸君光顧無任歡迎
電話一二九八
住龍尾爺巷口

1926年永顺利信局在报上刊登广告：“本号专收唐批银项保家回批快捷　诸君光顾无任欢迎　住龙尾爷巷口　电话一二九八”

泰京浩然寄港币壹佰五十元至澄海县富砂南社乡母亲。批封盖“永顺利银信局侨批”印

暹罗林正钦用永顺利汇兑银信局自印封寄港币伍拾元至饶邑隆都溪西乡母亲。批封销曼谷“13.4.58”邮戳，盖“暹罗北标赵荣发批局兼售纱布洋杂”印。北标赵荣发与曼谷永顺利合作经营侨批业务

北标（Saraburi），即泰国中部沙拉武里府。

暹罗许辉裕用永顺利汇兑银信局的自印封寄港币壹佰元至饶邑隆都前埔母亲。批封盖“马金峰信局”印，同在曼谷的两家批局合作经营侨批业务

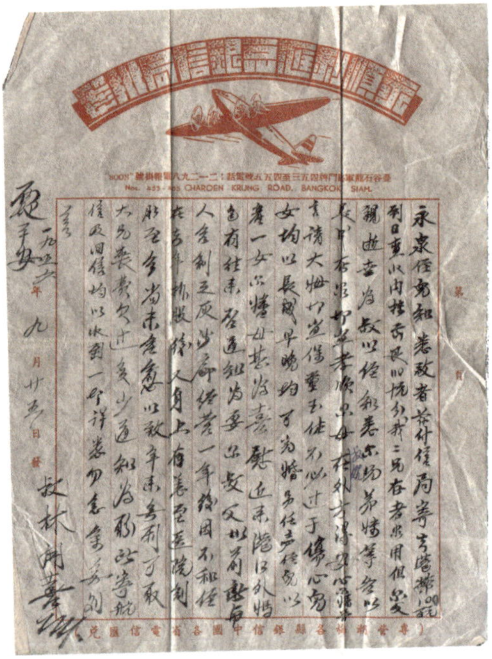

永顺利汇兑银信局写批专用笺

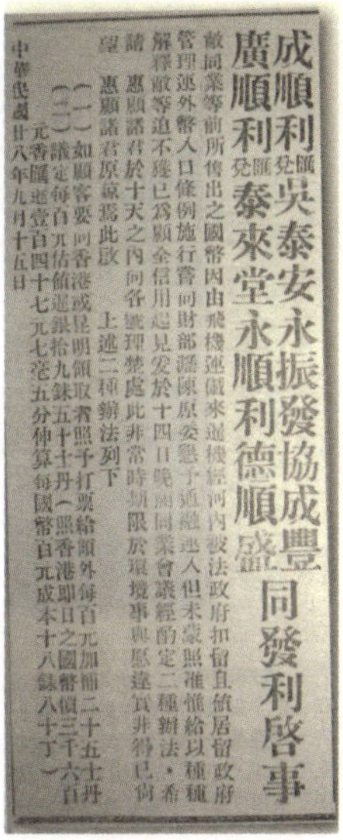

成順利匯兌吳泰安永振發協成豐
廣順利匯兌秦來堂永順利德順盛 同發利啓事
敝局業等前所售出之國幣因由飛機運儎來暹機經河内被法政府扣留且値居留政府
管理暹外幣人口條例施行嘗同財部諮陳原委懇予通融運入但未蒙照准僅給以種種
解釋敝等迫不獲已爲顧全信用起見爰於十四日晚開同業會議經酌定二種辦法，希
請惠顧諸君於十天之内向各號理楚處此非常時期限於環境事與愿違實非得已尚
望惠顧諸君原諒爲此啟 上述二種辦法列下
（一）如顧客要回香港或是領取者照予打票給頭外每百元加補二十五士丹
（二）議定每百元估値運銀拾九銖五十士丹（照香港即日之國幣價三千六百
元香匯達壹百四十七元七毫五分伸算每國幣百元成本十八銖八十士丁）
中華民國廿八年九月十五日

永顺利与成顺利、吴泰安、永振发等九家批局就批局所售出国币经河内时被法政府扣留一事于民国廿八年(1939)九月十五日刊登启事

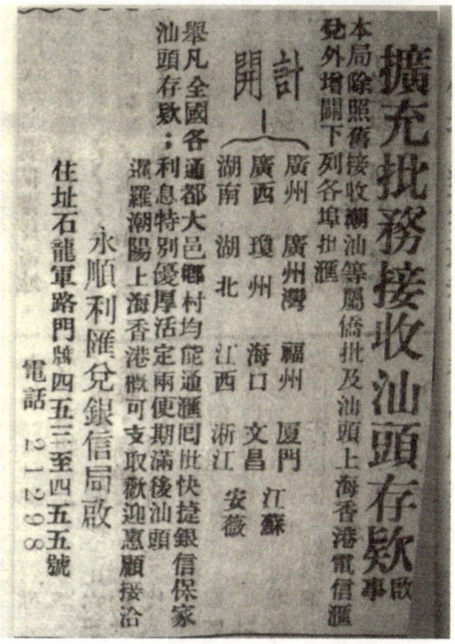

擴充批務接收汕頭存欵啓事
本局除照舊接收潮汕等屬僑批及汕頭上海香港電信滙兌外增闢下列各埠批滙
計開——廣州 廣州灣 福州 廈門 江蘇
廣西 瓊州 海口 文昌 安徽
湖南 湖北 江西 浙江
舉凡全國各通都大邑鄉村均能通滙回批快捷銀信保家
汕頭存欵；利息特別優厚活定兩便期滿後汕頭
暹羅潮陽上海香港概可支取歡迎惠顧接洽
永順利匯兌銀信局啟
住址石龍軍路門牌四五三至四五五號
電話 21298

1947 年 3 月 27 日永顺利汇兑银信局在《光华报》刊登扩充批务接收汕头存款启事：“汕头存款利息特别优厚活定两便期满后汕头暹罗潮阳上海香港概可支取欢迎惠顾接洽 住址石龙军路门牌四五三至四五五号 电话 21298”

僑胞寄批請到
永順利銀信局
泰京石龍軍路四五三至四五五號

1953 年 3 月 14 日永顺利银信局获泰国财政部批准营业后，在《中原报》刊登广告

依据 1936 年汕头邮政管理局（邮局）向国家交通部邮政总局呈报的核发批局营业凭证申请书整理，汕头马源丰民国十一年（1922）在暹罗曼谷石龙军路设立永顺利分号，营业人为潮阳人马松轩。

1947 年 5 月 18 日暹罗华侨银信局公会成立，选举首届理监事，永顺利的马灿峰当选为理事。

1953 年臣信、能信、名信三家公司联合成立信联有限公司，成员包括其他批信局业者，称为购批代表。永顺利为其中之一。据该年 5 月 11 日《中原报》所载之《信联有限公司购批代表名单》，永顺利的经营地址在曼谷石龙军路 451 号。

永顺泰

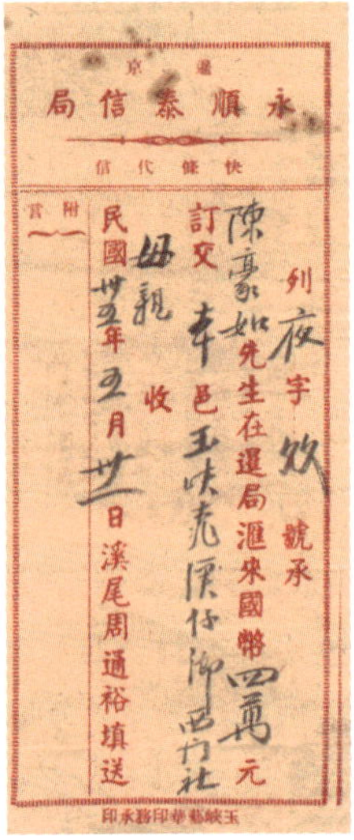

陈豪如民国卅五年（1946）五月卅一日寄国币四万元至本邑玉峡桃溪仔乡母亲。由溪尾周通裕填送暹京永顺泰信局快条

暹罗陈玉钗寄国币壹佰式拾万元至潮邑玉峡桃溪乡陈炳杰。批封印“永顺泰银信局有限公司　暹京石龙军路龙莲寺旁　门牌413—415号　电话20541”

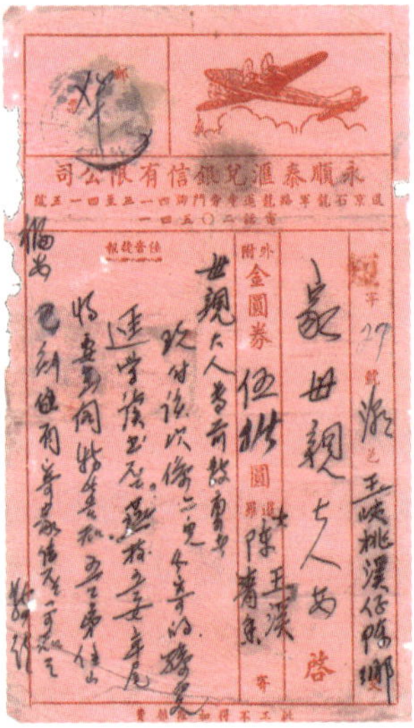

暹罗陈清香、陈玉溪寄金圆券伍拾元至潮邑玉峡桃溪仔陈乡母亲。批封印“永顺泰汇兑银信有限公司”

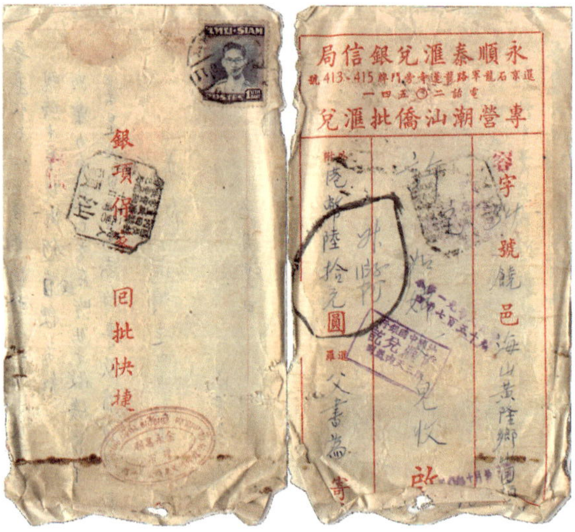

暹罗书为用永顺泰汇兑银信局的自印封寄港币陆拾元至饶邑海山黄隆乡许如嫦。批封销一九五〇年十一月十日侨批专用邮戳，盖“余永昌利耀宗”印。余永昌利耀宗与曼谷永顺泰合作经营侨批业务

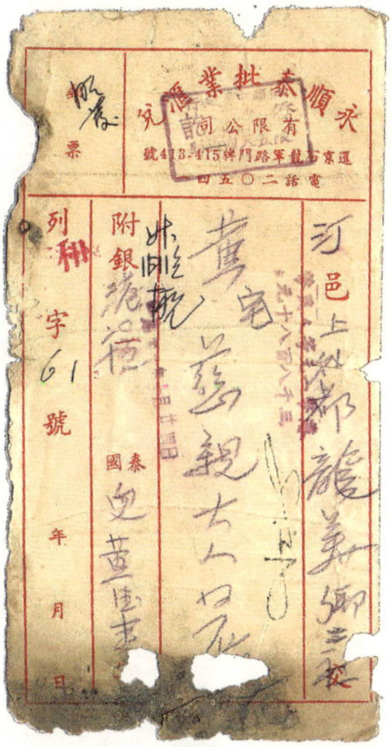

泰国黄德素寄港币二十元至澄邑上外都龙美乡母亲。批封抬头为“永顺泰批业汇兑有限公司”

永順泰銀信局啓事
本局專收潮屬僑批茲逹年關將屆決派員回國趕付僑胞惠顧請速移玉以免向隅
住越三振街莊麗華莊初發金店內

1946 年 1 月 16 日永顺泰银信局在《全民报》刊登广告：“本局专收潮属侨批兹达年关将届决派员回国赶付侨胞惠顾请速移玉以免向隅　住越三振街庄丽华庄初发金店内”

永順泰銀信局啓事
趕付年關
本局專收潮屬僑批茲逹年關將屆決派員回國趕付料理僑胞惠顧請速移玉以免向隅
住越三振街莊麗華初發金店內

1945 年 12 月 27 日、1946 年 1 月 22 日永顺泰银信局分别在《光华报》和《全民报》刊登“赶付年关”的相同内容的广告，提醒侨胞注意

1947 年 5 月 18 日暹罗华侨银信局公会成立，永顺泰为首届会员商号，代表人马烈英。

永泰祥

暹罗陈御贞用永泰祥银信局自印封寄国币壹万伍仟元至澄邑东岱美陈亚玩。盖“暹京锦潮兴信局”印。同在曼谷的两家批局合作经营侨批业务

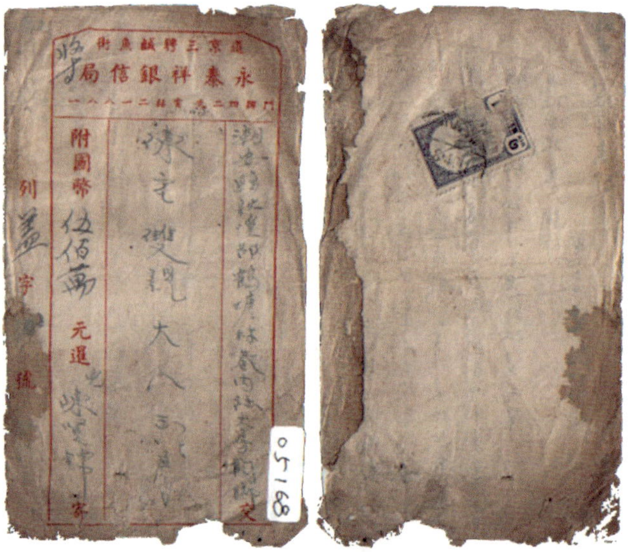

暹陈贤锦寄国币伍佰万元至潮安县秋溪都鹤塘村双亲。批封印“暹京三聘咸鱼街　永泰祥银信局　门牌四二九　电话二一八八一”

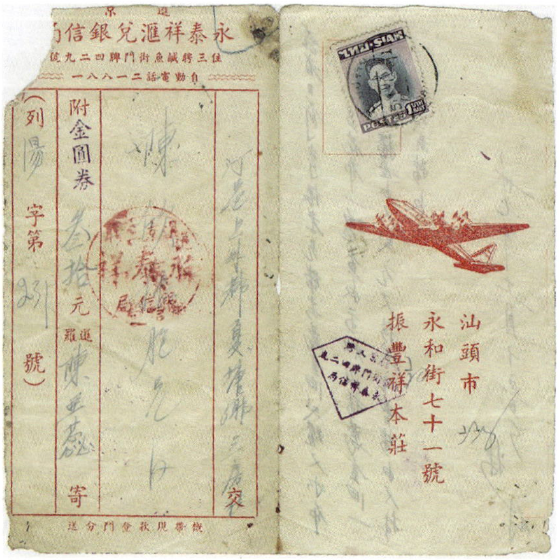

暹罗陈亚蕊寄金圆券叁拾元至澄邑上外都夏塘乡陈欣振。批封盖“暹京三聘咸鱼街门牌四二九永泰祥信局”五边形印

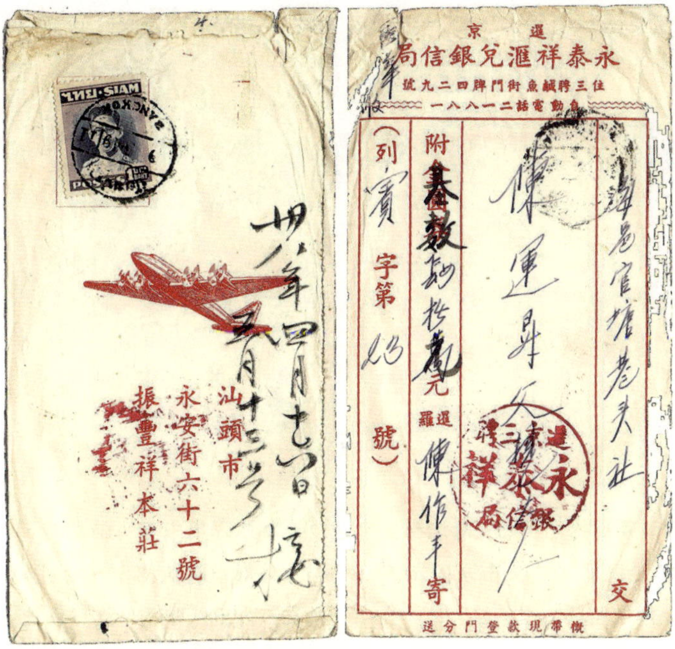

暹罗陈作丰寄基数肆拾元至海邑官塘巷头社陈运昇。批封记“卅八年（1949）五月十三号接”，白色的批封盖圆形“暹京三聘永泰祥银信局”印

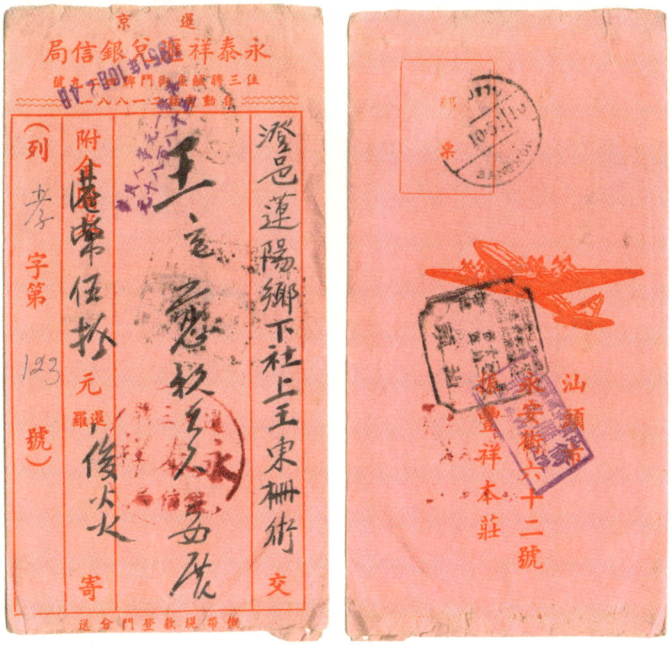

暹罗俊炎寄港币伍拾元至澄邑莲阳乡母亲。批封盖1951年10月24日“汕头中国银行侨汇兑讫限三天内送到”结汇章，批封上所印“汕头市永安街六十二号振丰祥本庄”是该信局在汕头的投递局的地址

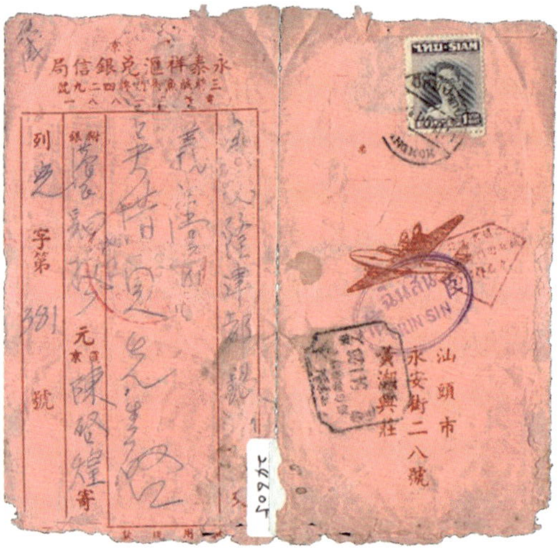

暹京陈启煌寄港币肆拾元至潮安隆津都吴惜贝。封背上所印递批局“汕头市永安街二八号黄潮兴庄”是侨批业务合作单位

林木隆用永泰祥信局自印封寄式拾元至澄邑上外都横陇黄绵孝。批封盖汕头市振华泰侨批局一九五八年八月六日侨批业已结汇专用章。曼谷、汕头两地批局合作经营侨批业务

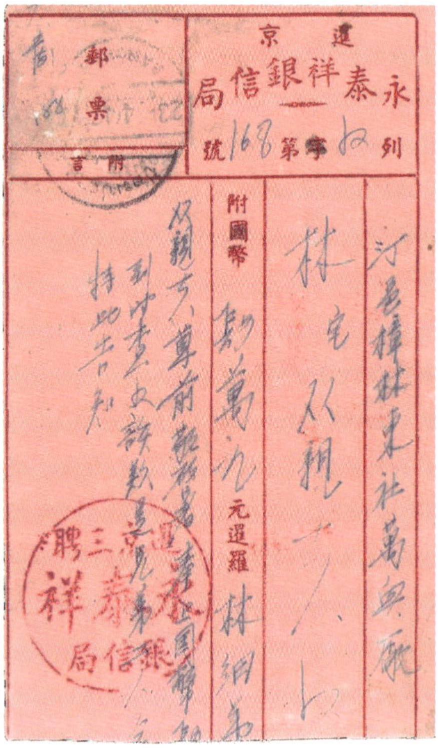

暹罗林细弟寄国币肆万元至澄邑樟林东社双亲。批封盖“暹京三聘永泰祥银信局”印

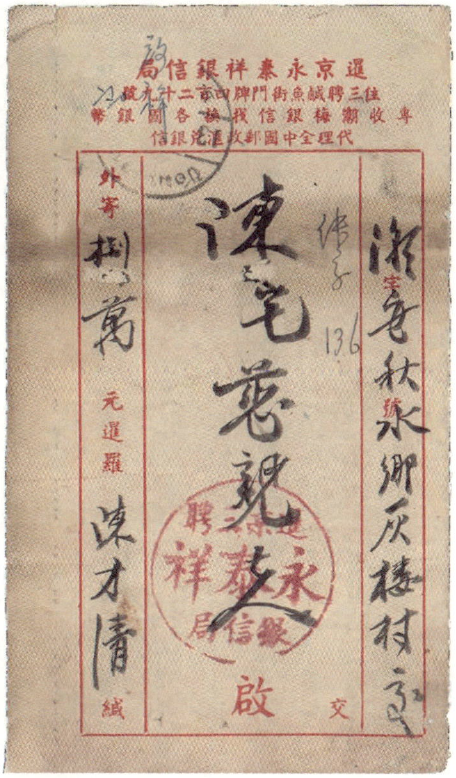

暹罗陈才清寄捌万元至潮安秋水乡母亲。批封格式、颜色略有变化，不再留出贴邮票空位

暹罗操寒寄港币三十元至潮安十五乡双亲。批封盖“暹京三聘永泰祥银信局”圆形中泰文印

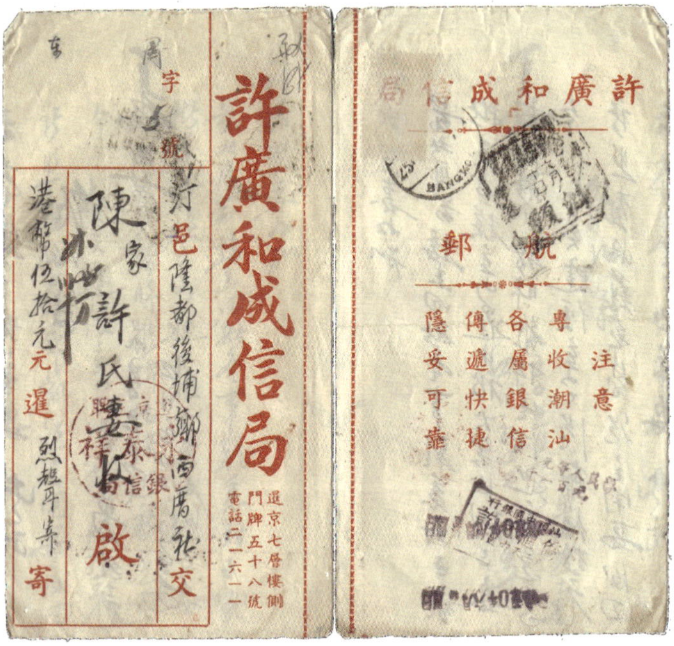

暹烈声用许广和成信局自印封寄港币伍拾元至澄邑隆都后埔乡妻子。批封盖一九五〇年六月十日汕头侨批专用邮戳和“永泰祥银信局”印。同在曼谷的两家批局合作经营侨批业务

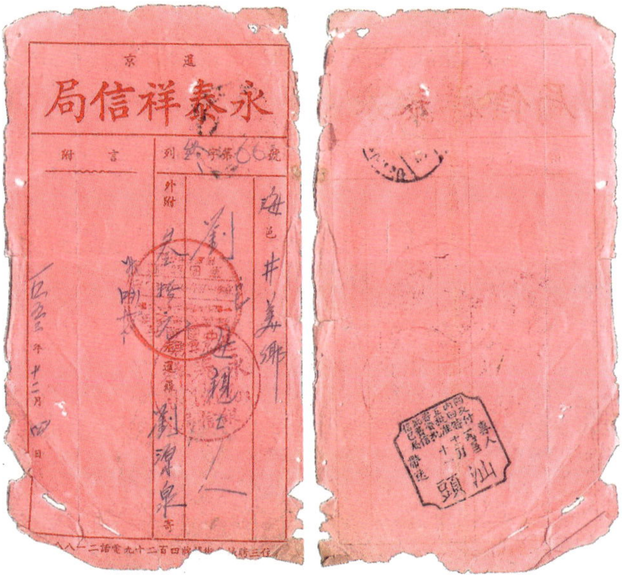

暹罗刘源泉寄叁拾元至海邑井美乡母亲。批封盖汕头一九五三年十二月十一日侨批专用邮戳

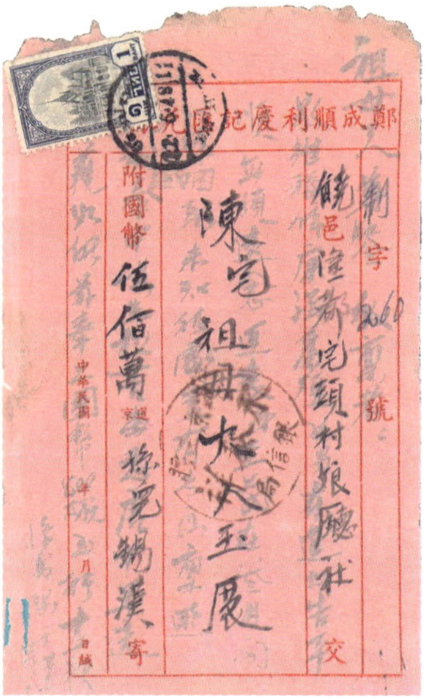

暹京锡汉用郑成顺利庆记汇兑银信局自印封寄国币伍佰万元至饶邑隆都宅头村祖母。批封盖“暹京三聘永泰祥银信局”印。同在曼谷的两家批局合作经营侨批业务

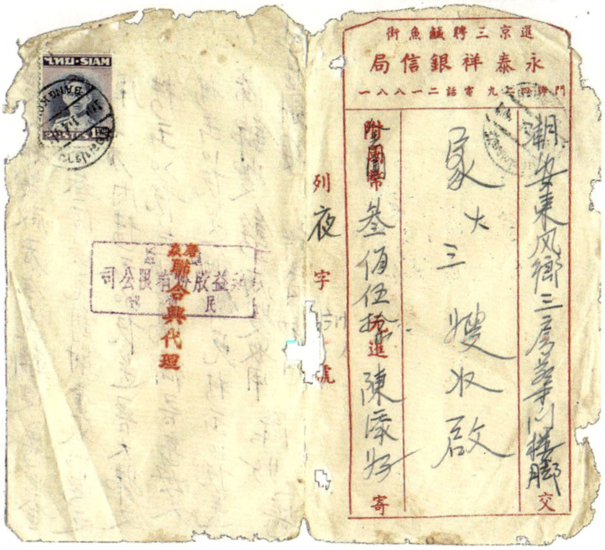

暹陈添好1949年1月用永泰祥银信局自印封寄金圆叁佰伍拾元至潮安东风（凤）乡三嫂。批封盖“暹罗建益股份有限公司民信部”“磨猋联合兴代理”印。联合兴与曼谷建益、永泰祥三家侨批经营机构合作经营侨批业务

磨猋，即莫肯。潮侨将莫肯译为“磨犬”，又讹写为“猋”。莫肯，乌隆（Udon Thani）的别称。泰国东北部城市，乌隆府（亦称乌东他尼府）首府，在壑河右岸。

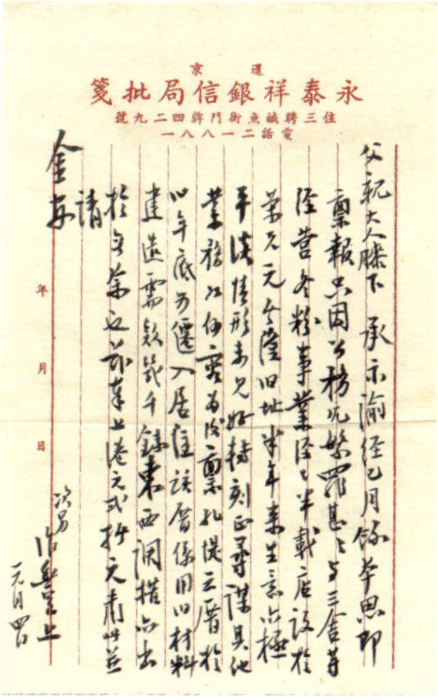

永泰祥银信局写批专用信笺

永泰祥銀信局

專收潮梅各屬銀信

住三聘鹹魚街門牌四二九號

家鄉僑眷

急待贍養

1945年11月26日永泰祥在《光华报》上刊登广告：“专收潮梅各属银信　住三聘咸鱼街门牌四二九号　家乡侨眷　急待赡养”

1947年5月18日暹罗华侨银信局公会成立，永泰祥为首届会员商号，代表人陈松保。

1953年臣信、能信、名信三家公司联合成立信联有限公司，成员包括其他批信局业者，称为购批代表。永泰祥为其中之一。据该年5月11日《中原报》所载之《信联有限公司购批代表名单》，永泰祥的经营地址在曼谷三聘429号。

永兴发

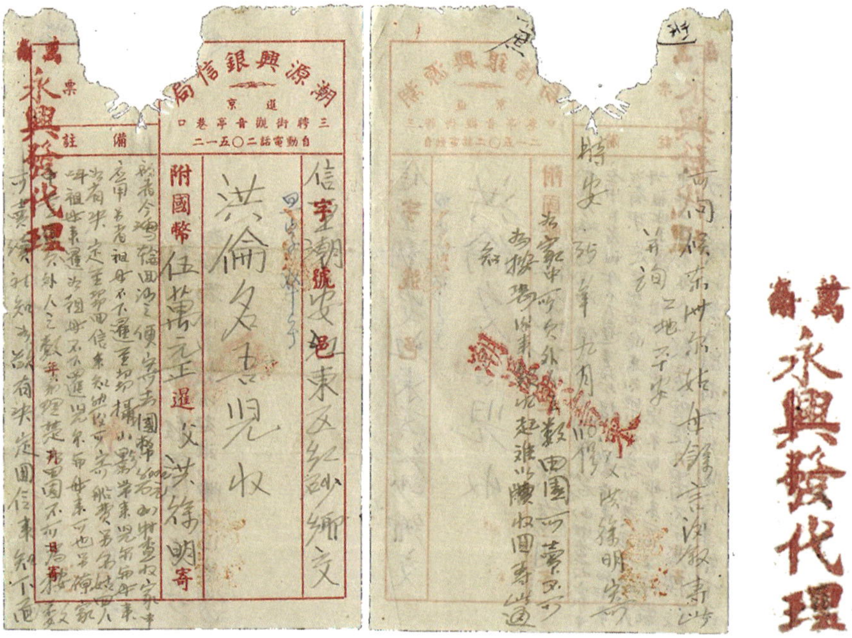

暹洪徐明用潮源兴银信局自印封寄国币伍万元至潮安江东区红砂乡洪伦名。批封盖“潮源兴书柬”和“万仑永兴发代理”印。万伦永兴发与曼谷潮源兴合作经营侨批业务

万伦，泰国南部的一个府，素叻府全称素叻他尼府。华侨习称万伦府。位于马来半岛东海岸，濒临泰国湾。

永兴利

暹京郑芳茂 1953 年 3 月 2 日用许明发银信局自印封寄港币式拾元至潮安第三区鲲江乡郑俊。批封盖“暹京耀华力永兴利银信局”中、英、泰三种文字印。同在曼谷的两家批局合作经营侨批业务

暹罗郑良芳用永兴盛银信局自印封寄港币壹佰元至海邑南桂都鲲江乡绣鸾。批封盖“永兴利银信局”印。同在曼谷的两家批局合作经营侨批业务

永興利銀信局

泰京耀華力路四三六號（永興盛批局舊址）

接收潮屬，瓊屬，客屬，福屬，廣屬以及國內各屬僑批。

1953 年 3 月 14 日永兴利银信局获泰国财政部批准营业后，在《中原报》刊登广告：批局地址“泰京耀华力路四三六号（永兴盛批局旧址）接收潮属、琼属、客属、福属、广属以及国内各属侨批”

1953 年臣信、能信、名信三家公司联合成立信联有限公司，成员包括其他批信局业者，称为购批代表。永兴利为其中之一。据该年 5 月 11 日《中原报》所载之《信联有限公司购批代表名单》，永兴利的经营地址在曼谷耀华力路 54 号。

永兴盛

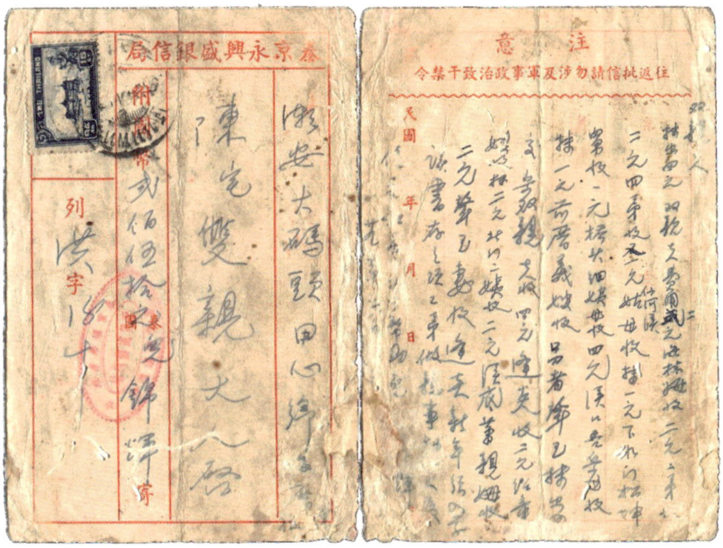

泰国锦辉民国廿九年（1940）寄国币式佰伍拾元至潮安大码头田心乡双亲。批封印“泰京永兴盛银信局”，盖“泰京耀华力路永兴盛银信局”印

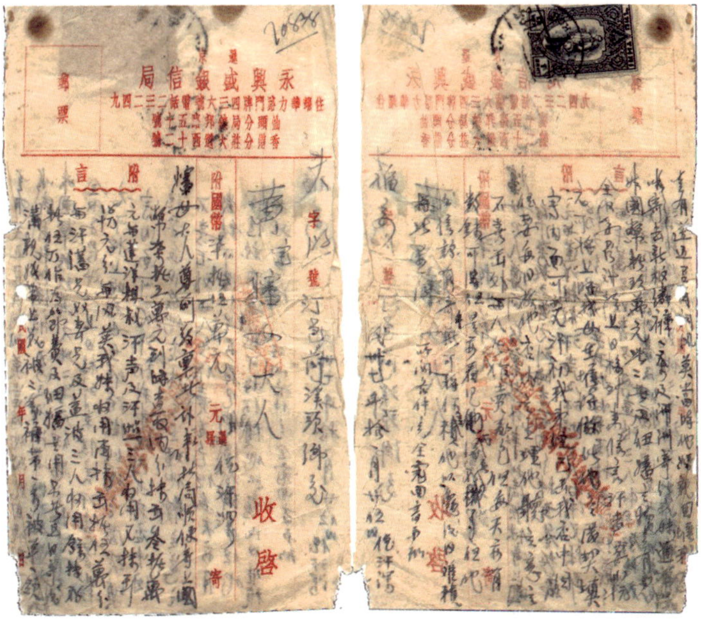

暹罗汗深民国卅七年（1948）拾一月廿五日用暹京永兴盛银信局自印封寄国币柒拾伍万元至澄邑前溪头乡婶母。批封盖“永兴利银信局书柬”印。同在曼谷的两家批局合作经营侨批业务

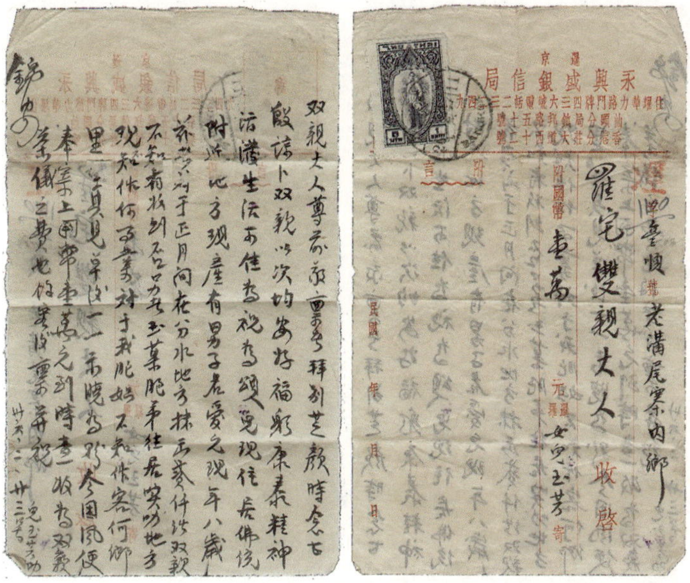

暹罗玉芳民国卅六年（1947）二月廿三日寄国币壹万元至丰顺老沟尾寨内乡双亲。批封印“暹京　永兴盛银信局　住耀华力路门牌四三六号电话二三二四九　汕头分局镇邦路五十号　香港分庄大道西十二号”

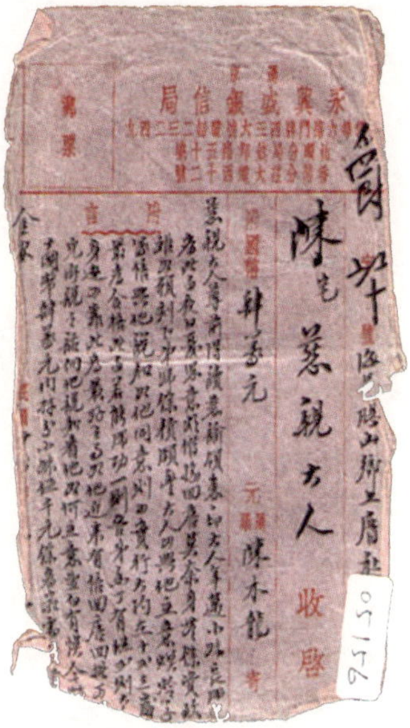

暹罗陈木龙用永兴盛银信局红色自印封寄国币肆万元至海邑旸山乡母亲。批封除颜色外，其他格式及地址、电话、分局等均未变更

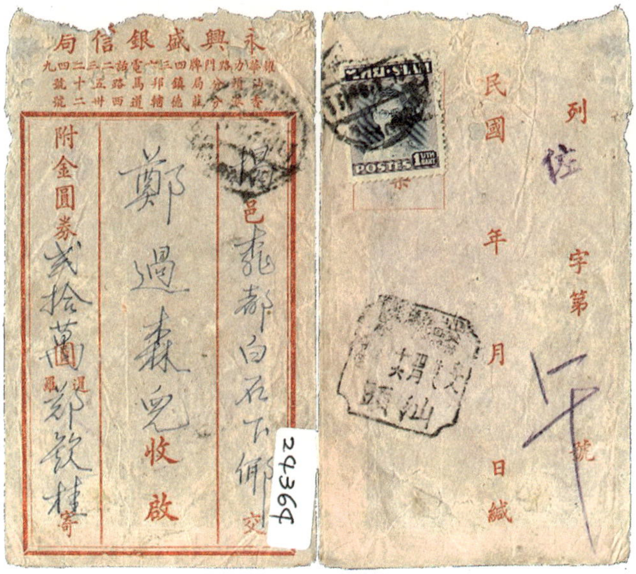

暹罗郑钦桂寄金圆券式拾万元至揭邑桃都白石下乡郑过森。批封销汕头一九四九年四月十六侨批专用邮戳，批局自印封上香港分庄的地址变更为“德辅道西卅二号”

暹罗王应富寄港币陆拾元至澄邑莲阳乡母亲。批封盖有结汇日期“1951 年 10 月 5 日”，批局自印封上显示汕头分局地址更改为“打索街七号”

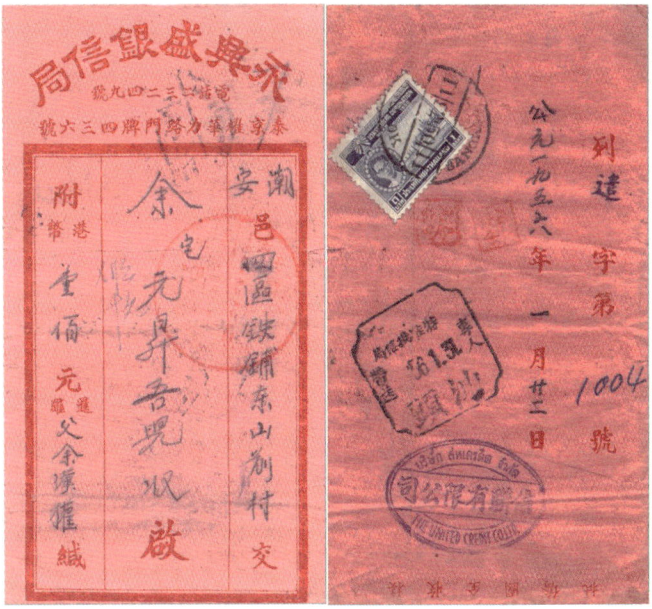

暹罗余汉权一九五六年一月廿二日寄港币壹佰元至潮安四区铁铺东山前村余元昇。批局自印封的批局名称改为弧形排列

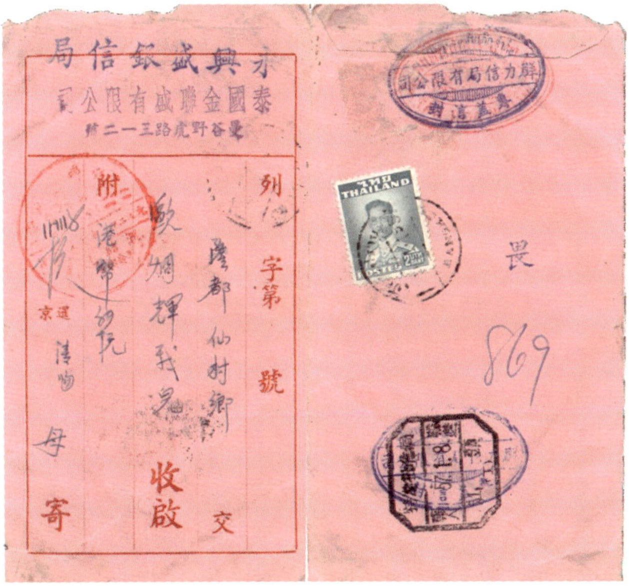

暹京清吻寄港币五十元至隆都仙村乡欧炯辉。批封盖“永兴盛银信局”印

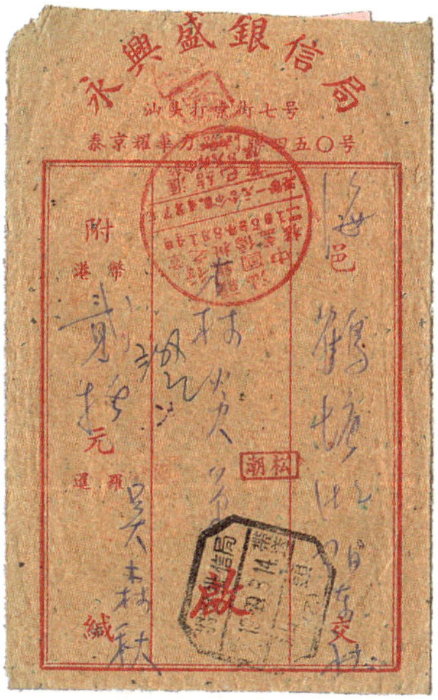

暹罗吴森秋寄港币贰拾元至海邑鹤塘森炎。批封销汕头“1959. 8. 14”侨批专用邮戳。自印封上批局地址变更为“泰京耀华力路门牌四五〇号”

暹罗陈斯坚寄港币叁拾元至澄邑樟林河尾郑镇河。批封销汕头“58. 5. 20”侨批专用邮戳

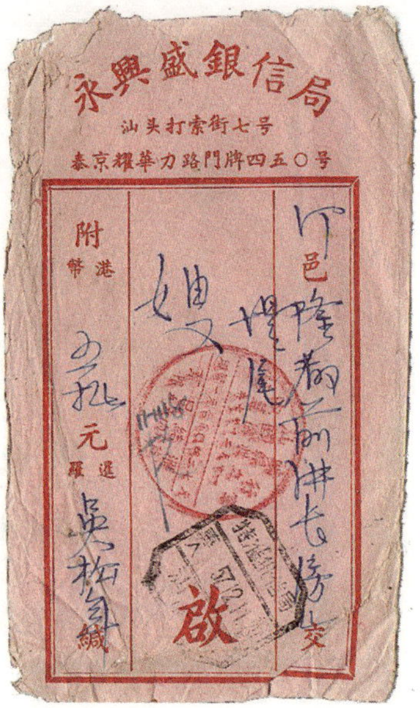

暹罗吴松年寄港币五拾元至澄邑隆都前汫嫂子。批封销汕头“57. 12. 11”侨批专用邮戳

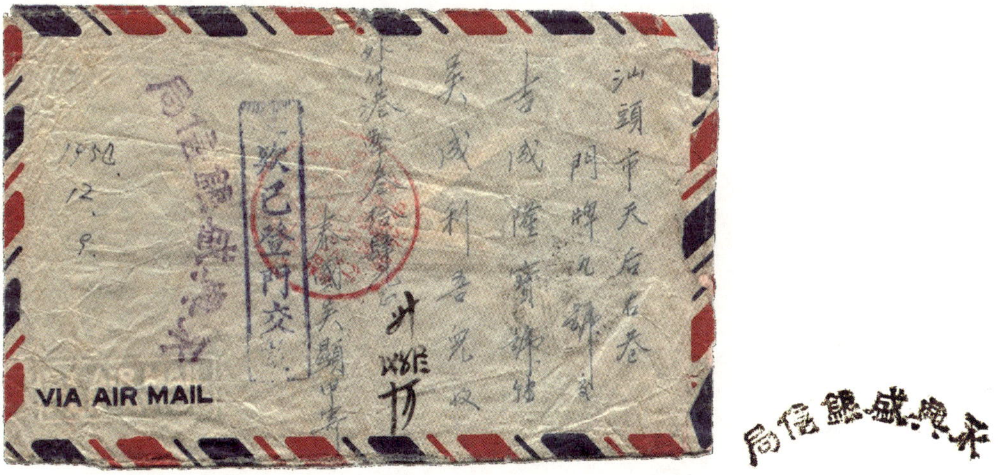

泰国吴显甲寄港币叁拾肆元至汕头市天后右巷门牌九号吉成隆宝号。批封盖“永兴盛银信局”拱形印

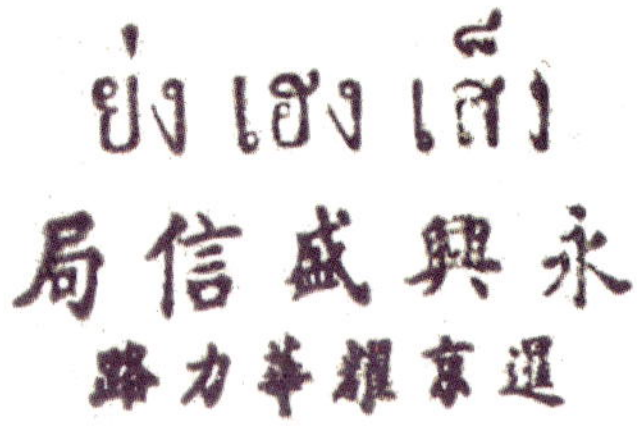

暹发合寄港币壹佰元至潮安鹤塘乡母亲。批封销汕头一九五三年五月二十日侨批专用邮戳，盖“永兴盛信局暹京耀华力路”中泰文印

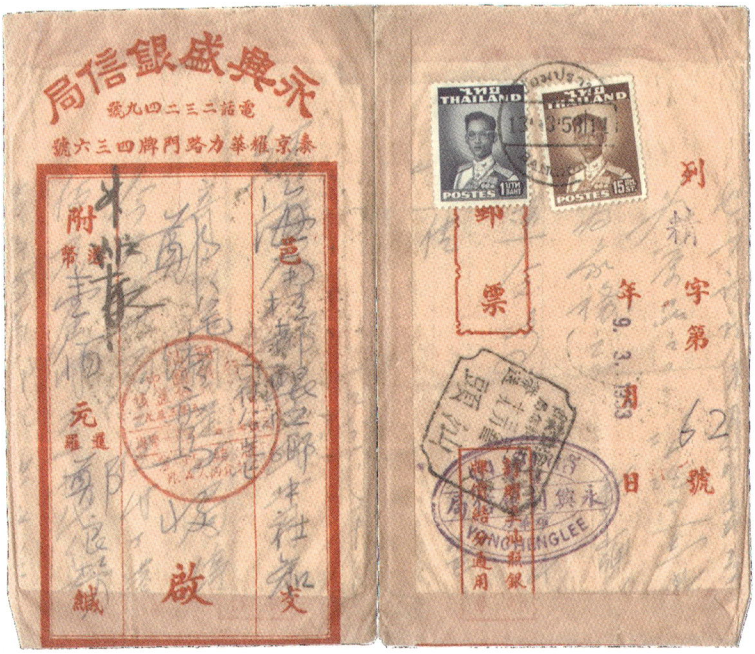

暹罗郑良芳用永兴盛银信局自印封寄港币壹佰元至海邑南桂都鲲江乡绣鸾。批封销汕头一九五三年三月十九日侨批专用邮戳，盖“永兴利银信局”印。同在曼谷的两家批局合作经营侨批业务

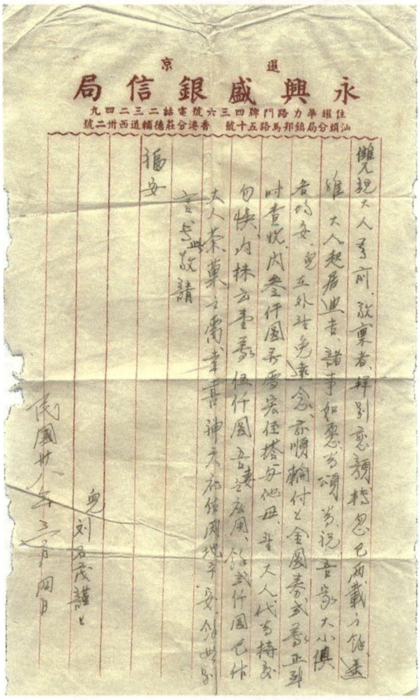

暹京永兴盛银信局写批专用信笺

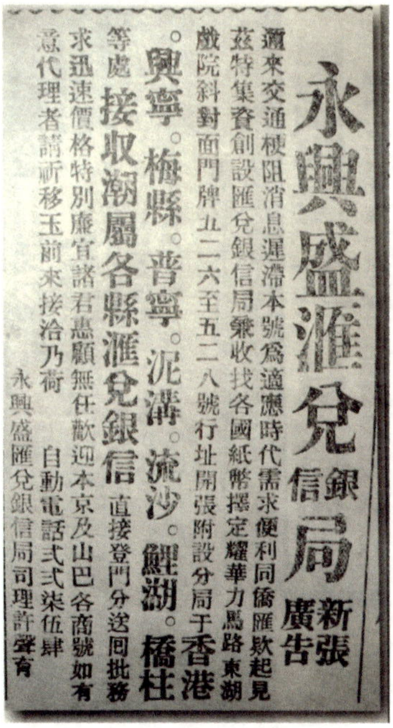

永興盛滙兌銀信局 新張廣告

暹京交通梗阻消息遲滯本號爲適應時代需求便利同僑匯欵起見茲特集資創設匯兌銀信局兼收找各國紙幣擇定耀華力馬路東湖戲院斜對面門牌五二六至五二八號行址開張附設分局于香港。興寧。梅縣。普寧。泥溝。流沙。鯉湖。橋柱等處 接收潮屬各縣滙兌銀信 直接登門分送回批務求迅速價格特別廉宜諸君惠顧無任歡迎本京及山巴各商號如有意代理者請祈移玉前來接洽乃荷

自動電話弍弍柒伍肆

永興盛匯兌銀信局司理許聲育

1940 年永兴盛汇兑银信局在《中原报》刊登新张广告，择定地址为耀华力马路东湖戏院斜对面门牌五二六至五二八号。附设分局于香港、兴宁、梅县、普宁、泥沟、流沙、鲤湖、桥柱等处，司理许声育

1947 年 5 月 18 日暹罗华侨银信局公会成立，永兴盛为首届会员商号，代表人林秉辉。

1953 年臣信、能信、名信三家公司联合成立信联有限公司，成员包括其他批信局业者，称为购批代表。永兴盛为其中之一。据该年 5 月 11 日《中原报》所载之《信联有限公司购批代表名单》，永兴盛的经营地址在曼谷耀华力路 436 号。

永振发

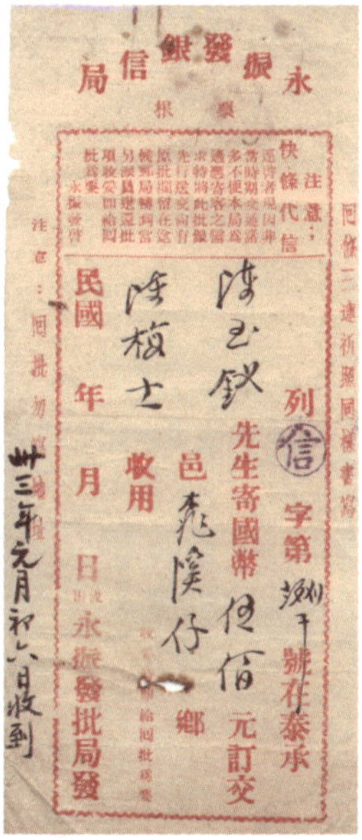

陈玉钗寄国币伍佰元至桃溪仔陈梅士票根。票根上印“成田永振发批局发”，注记“卅三年（1944）元月初六日收到”

泰京罗天赞用永振发银信局粉红色自印封寄国币伍拾元至揭邑西门外玉湖乡罗惜玉

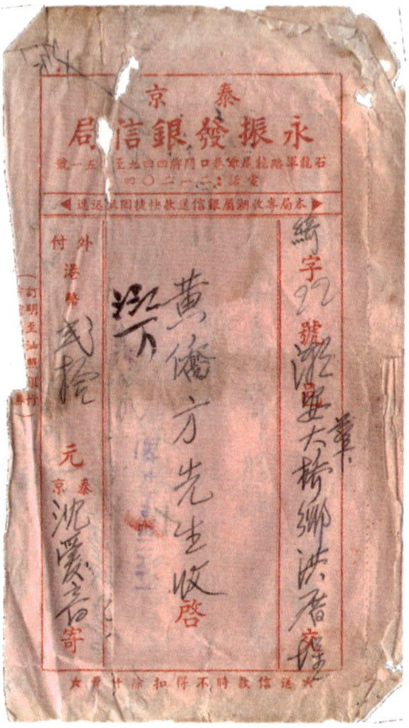

泰京沈爱音寄港币弍拾元至潮安大桥乡黄侨方。批封印“泰京永振发银信局石龙军路龙尾爷巷口门牌四四九至四五一号　电话：二一二〇四”

暹林开喜寄港银伍拾元至揭邑西门外桐坑上岗乡林赤芳。批封盖“暹京龙尾□永振发信局汇兑庄”印

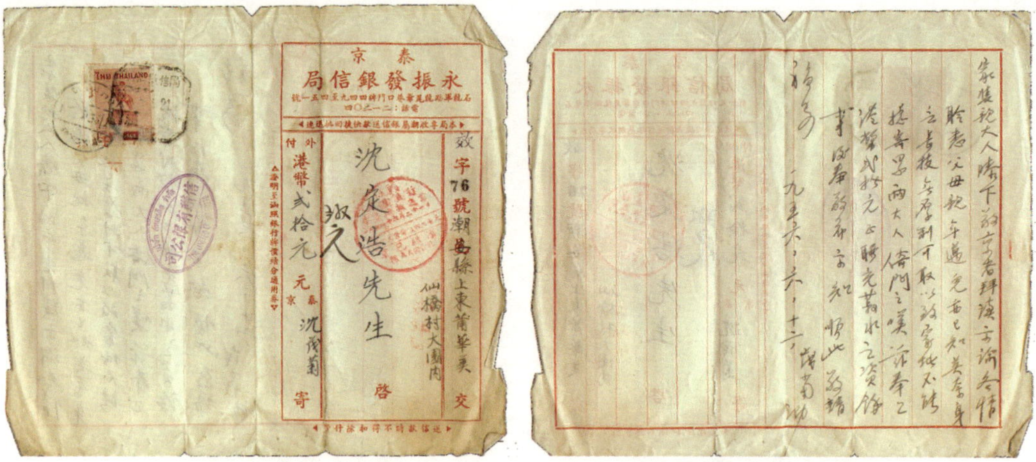

泰京沈茂菊寄港币弍拾元至潮安县上东莆华美仙桥村沈定浩

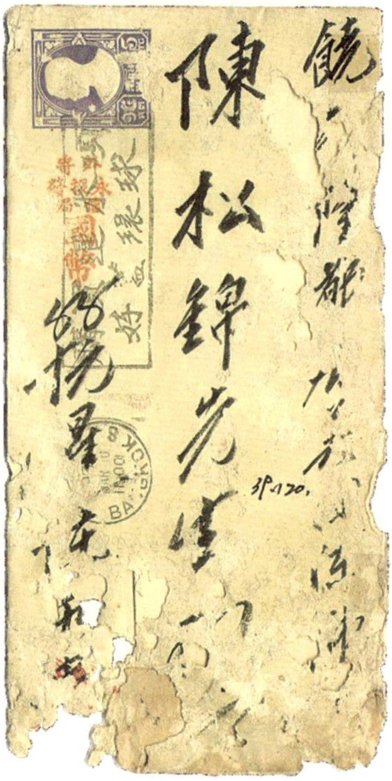

暹陈□□用泰国15士丁邮资封寄国币五十五元至饶□隆都陈松锦。批封盖“外寄永振发信局国币”印

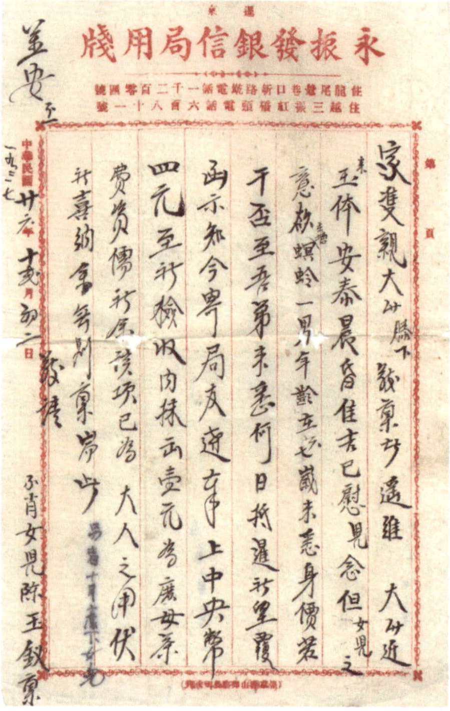

永振发银信局写批专用信笺

永振發信局
住龍尾爺巷口電話二〇四號
專收唐批銀項保家回批快捷光顧
歡迎

1926 年 9 月 25 日永振发信局在《中华民报》刊登广告：“住龙尾爷巷口电话二〇四号专收唐批银项保家回批快捷光顾欢迎”

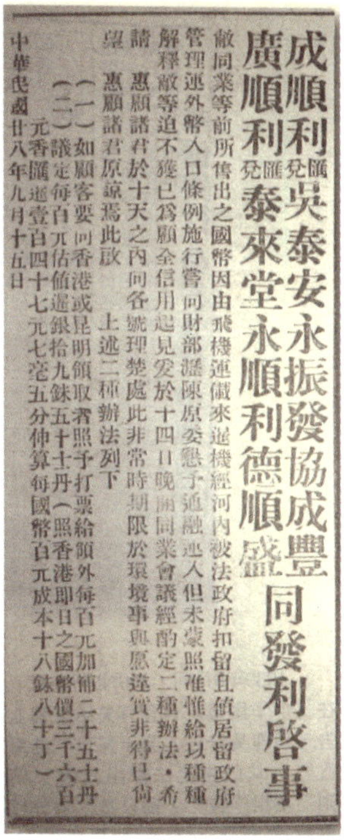

成順利（匯兑）吳泰安永振發協成豐
廣順利（匯兑）泰來堂永順利德順盛 同發利啓事

敝同業等前所售出之國幣因由飛機運儎來暹機經河內被法政府扣留且値居留政府管理運外幣入口條例施行嘗向財部懇陳原委懇予通融運入但未蒙照准惟給以種種解釋敝等迫不獲已爲顧全信用起見爰於十四日晚開同業會議經酌定二種辦法・希請 惠顧諸君於十天之內向各號理楚處此非常時期限於環境事與願違實非得已倘望 惠顧諸君原諒焉此啟

上述二種辦法列下

（一）如顧客要向香港或昆明領取者照予打票給領外每百元加補二十五士丹

（二）議定每百元估値還銀拾九銖五十士丹（照香港即日之國幣價三千六百元香匯邉壹百四十七元七毫五分伸算每國幣百元成本十八銖八十丁）

中華民國廿八年九月十五日

广顺利与成顺利、吴泰安、永振发等九家批局就批局所售出国币经河内时被法政府扣留一事于民国廿八年（1939）九月十五日刊登启事

1932 年 1 月 31 日暹罗华侨银信局公所成立，永振发为首任监事商号，代表人马克山。

1947 年 5 月 18 日暹罗华侨银信局公会成立，永振发为首届会员商号，代表人马惠民。

1953 年臣信、能信、名信三家公司联合成立信联有限公司，成员包括其他批信局业者，称为购批代表。永振发为其中之一。据该年 5 月 11 日《中原报》所载之《信联有限公司购批代表名单》，永振发的经营地址在曼谷石龙军路 499 号。

余伦敦

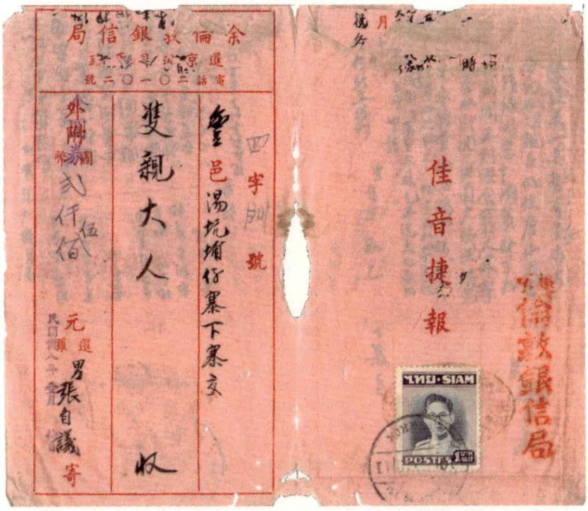

暹罗张自议民国卅八年（1949）壹月拾日寄金圆券式仟伍佰元至丰邑汤坑埔仔寨双亲。批封印“余伦敦银信局　暹京公司廊路　电话二〇一〇二号”

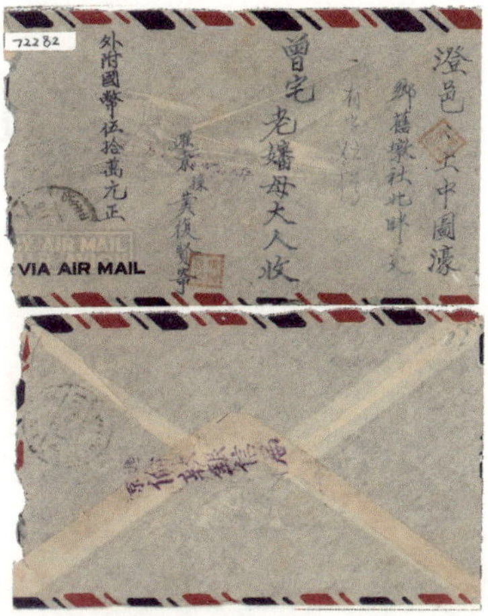

暹京黄复贤寄国币伍拾万元至澄邑上中图濠乡老婶母。批封盖“暹京伦敦银信局”印

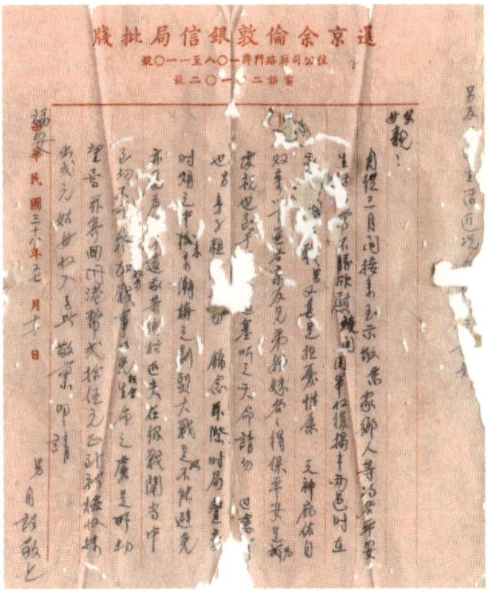

暹京余伦敦银信局写批专用信笺

1946 年 1 月 4 日（余）伦敦银信局在《全民报》刊登广告，接收侨批。住址暹京公司廊路一〇八　电话二〇一〇二　主人余作舟

1947 年 5 月 18 日暹罗华侨银信局公会成立，选举首届理监事，余伦敦的余作舟当选为常务兼交际。

余清利

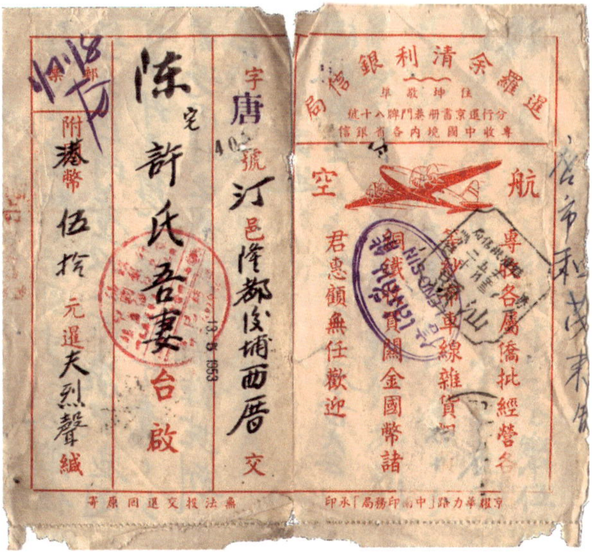

暹烈声寄港币伍拾元至汀（澄）邑隆都后埔西厝妻子。批封印“暹罗余清利银信局　住坤敬埠分行暹京书册巷门牌十八号”，批封盖汕头一九五三年五月二十日侨批专用邮戳

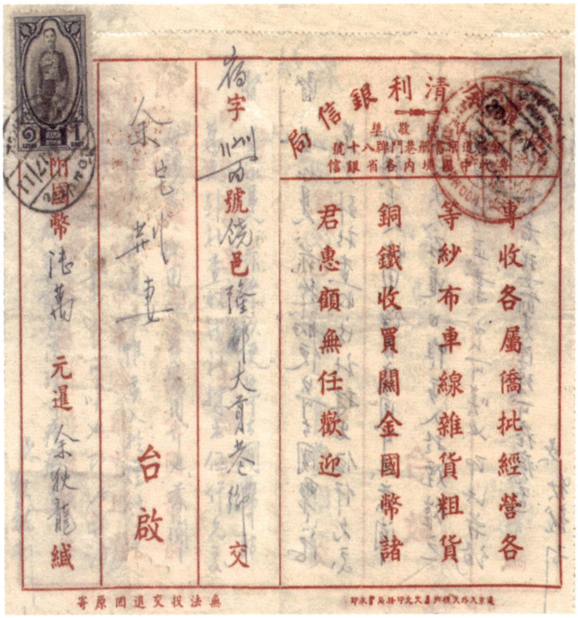

暹余狄龙用余清利银信局自印封寄国币陆万元至饶邑隆都大贡巷乡妻子。批封盖“阜丰良发银信局”印。坤敬余清利在曼谷设有分行。同在曼谷的两家批局合作经营侨批业务

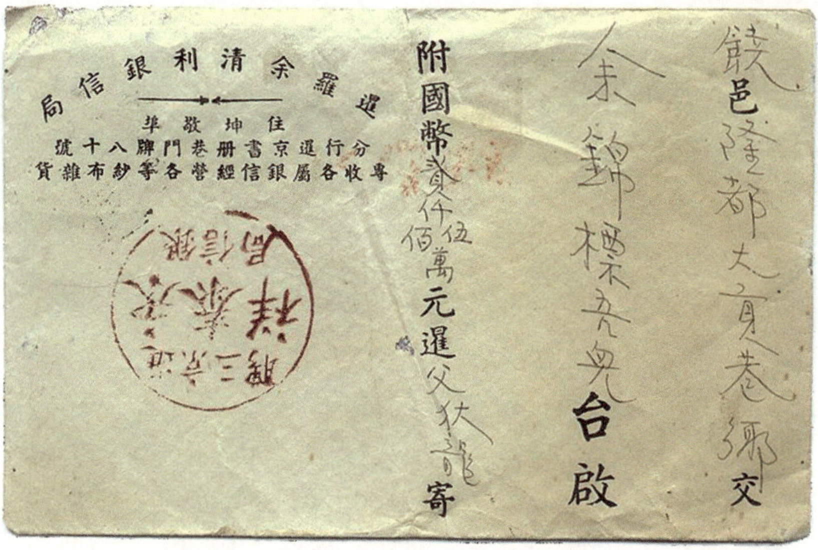

暹狄龙用印有暹罗余清利银信局的信封寄国币贰仟伍佰万元至饶邑隆都大贡巷乡余锦标。批封盖“暹京三聘永泰祥银信局”印。坤敬的余清利和曼谷的永泰祥两家银信局合作经营侨批业务

坤敬（Khon Kaen），泰国依善地区的一个城市，也是孔敬府和孔敬县（孔敬府的下辖地区）的首府，距离曼谷 445 公里。

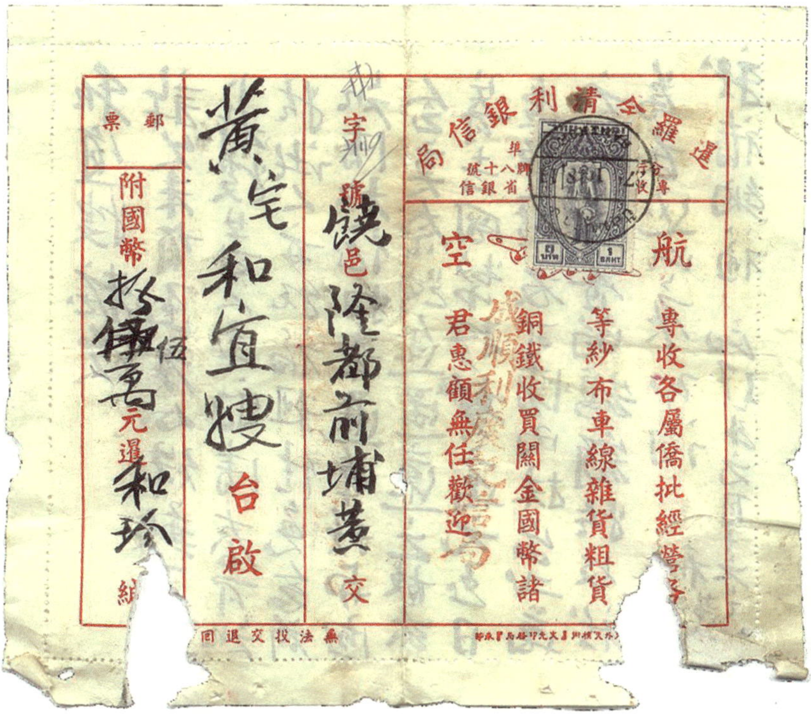

暹和珍用余清利银信局自印封寄国币拾伍万元至饶邑隆都前埔嫂子。批封销曼谷“27. 1. 48”邮戳，盖“成顺利庆记信局”印。两家批局合作经营侨批业务

余泰泉

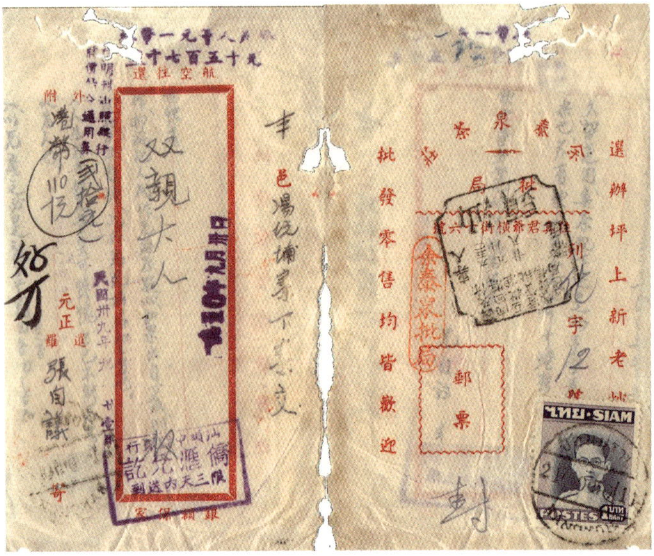

暹罗张自议寄港币式拾元至丰邑汤坑埔寨下寨双亲。批封印“余泰泉茶庄批局　住真君爷横街十六号”，销汕头一九五〇年九月廿八日侨批专用邮戳，盖“余泰泉批局”印

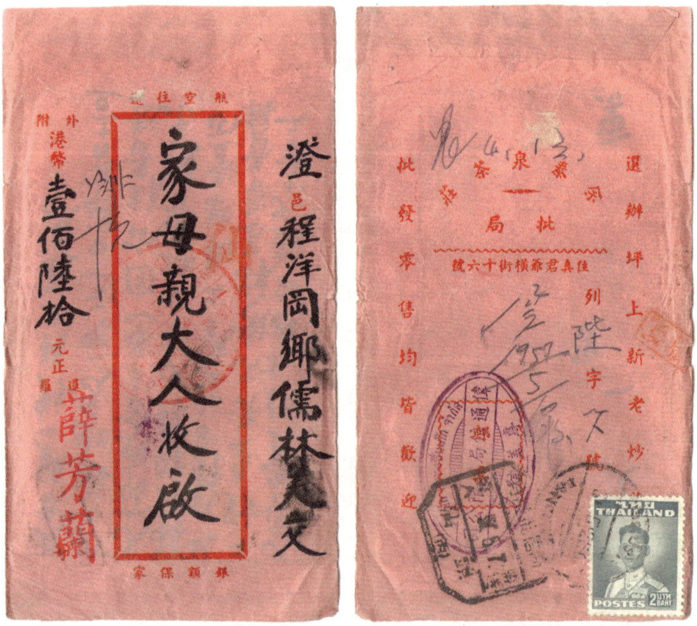

暹罗薛芳兰寄港币壹佰陆拾元至澄邑程洋冈乡母亲。批封销汕头“7. 5. 57”侨批专用邮戳

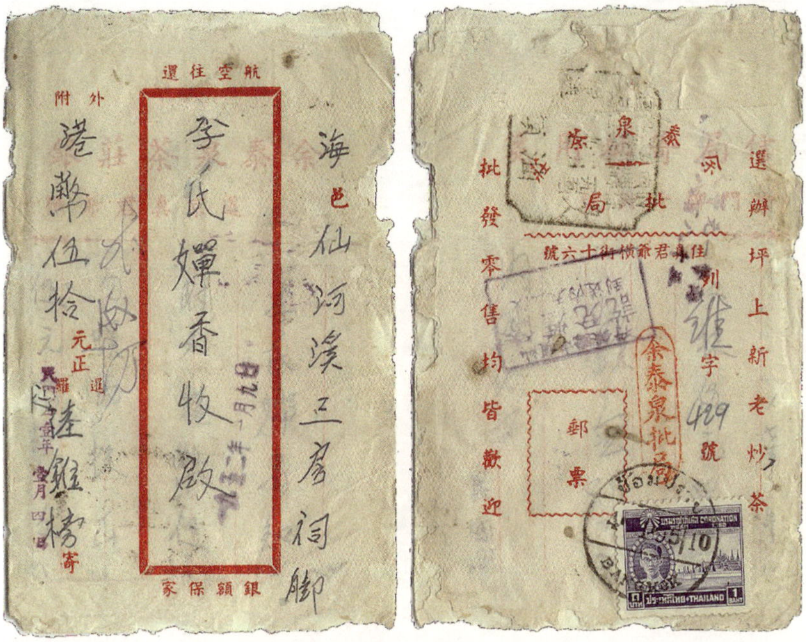

暹罗陆维榜寄港币伍拾元至海邑仙河溪李婵香。批封盖一九五二年一月九日“汕头中国银行　侨汇兑讫限五天内送到”印

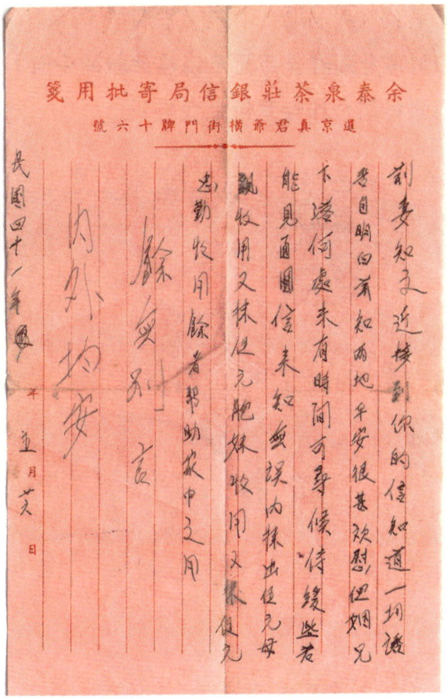

余泰泉茶庄银信局寄批专用信笺

1953 年臣信、能信、名信三家公司联合成立信联有限公司，成员包括其他批信局业者，称为购批代表。余泰泉为其中之一。据该年 5 月 11 日《中原报》所载之《信联有限公司购批代表名单》，余泰泉的经营地址在曼谷南星巷 16 号。

余永昌利

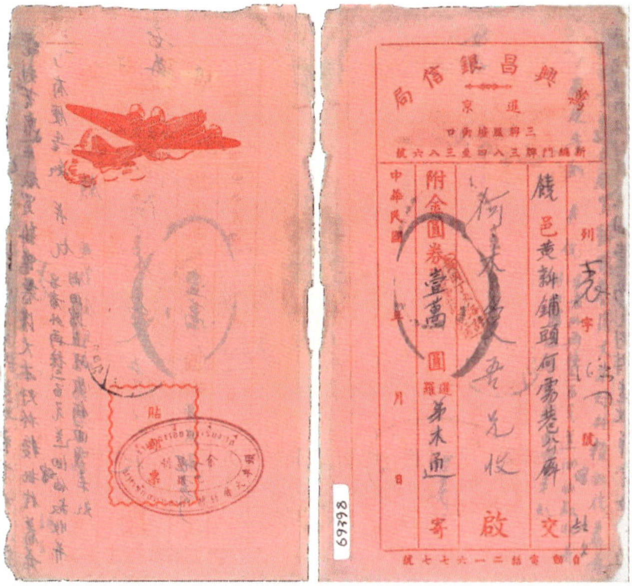

暹罗木通用万兴昌银信局自印封寄金圆券壹万元至饶邑黄新铺头何木爱。批封盖“余永昌利光耀龙仔厝火车头”印。同在曼谷的两家批局合作经营侨批业务

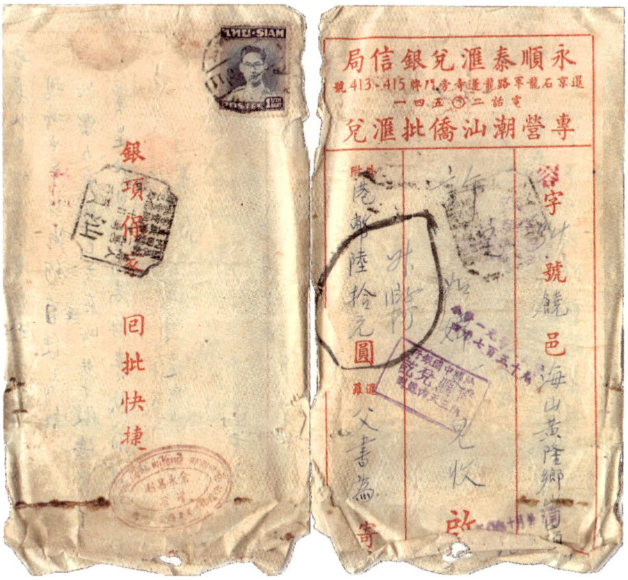

暹罗书为用永顺泰汇兑银信局自印封寄港币陆拾元至饶邑海山黄隆乡许如嫦。批封销一九五〇年十一月十日侨批专用邮戳和“余永昌利耀宗”印。同在曼谷的两家批局合作经营侨批业务

裕丰

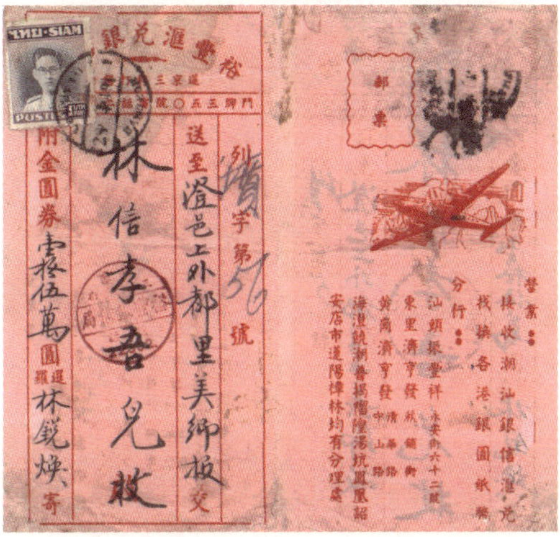

暹罗林锐焕寄金圆券壹拾伍万元至澄邑上外都里美乡林信孝。批封印“裕丰汇兑银信局”“分行：汕头振丰祥　永安街六十二号　东里济亨发　黄岗济亨发”

暹罗郑芳茂民国卅八年（1949）五月十五日寄金圆券壹佰式拾万元至潮安第五区鲲江乡郑俊英。批封印“裕丰汇兑银信局　三聘打锡街门牌三百五十号”

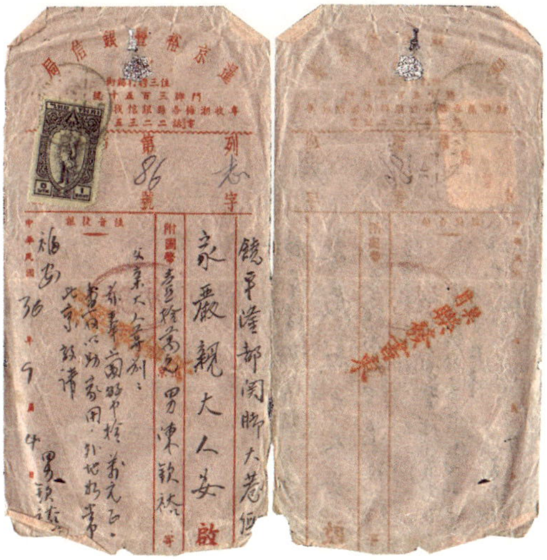

暹京陈钦裕民国三十年（1947）9月4日用裕丰银信局自印封寄国币壹拾万元至饶平隆都关脚大巷乡父亲。批封盖“莫肯联发书柬”印。莫肯联发与裕丰合作经营侨批业务

莫肯，乌隆（Udon Thani）的别称。泰国东北部城市，乌隆府（亦称乌东他尼府）首府，在銮河右岸。

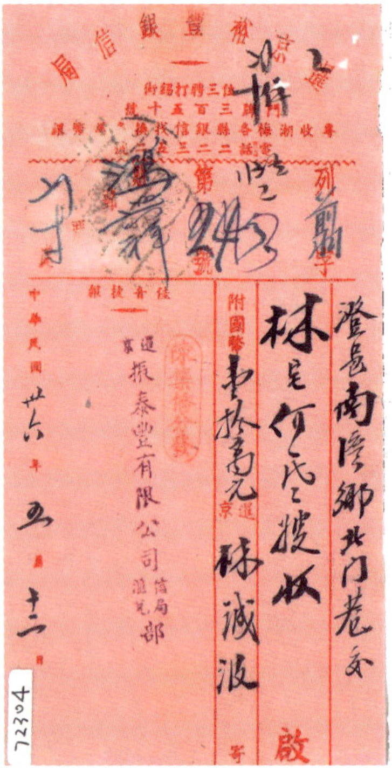

暹京林诚波民国卅六年（1947）五月十二日用暹京裕丰银信局自印封寄国币壹拾万元至澄邑南湾乡二嫂。批封盖“暹京振泰丰有限公司信局汇兑部”和“陈集侨分发”印。同在曼谷的裕丰和振泰丰负责在泰国收揽侨批，而澄海的陈集侨负责将侨批分发至收批人手中

泰京余思全民国卅七年（1948）四月九日寄国币壹佰万元至澄邑樟林乡余木林。批封上地址仅印“三聘打锡街”

暹京林诚波寄金圆券式拾元至澄邑南湾乡二嫂。批封盖“暹京三聘打锡街裕丰银信局电话25322”印

1947年5月18日暹罗华侨银信局公会成立，裕丰为首届会员商号，代表人陈梓宏。

裕兴盛

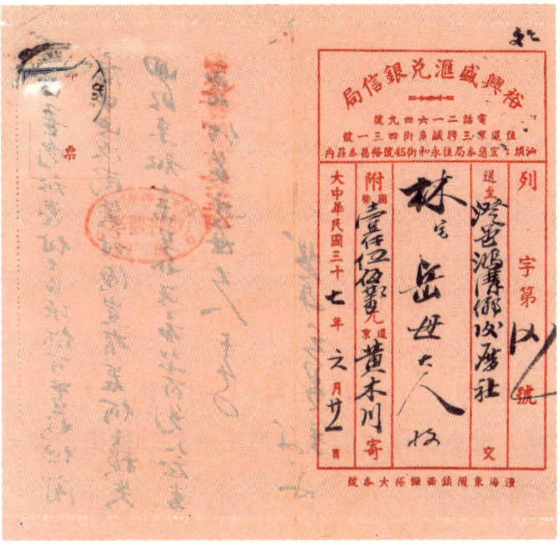

暹京黄木川民国三十七年（1948）六月廿一日寄国币壹仟伍佰万元至澄邑鸿沟乡岳母。批封印“裕兴盛汇兑银信局　电话二一六四九号　住暹京三聘咸鱼街四三一号　汕头：宏通本局住永和街54号裕昌本庄内”

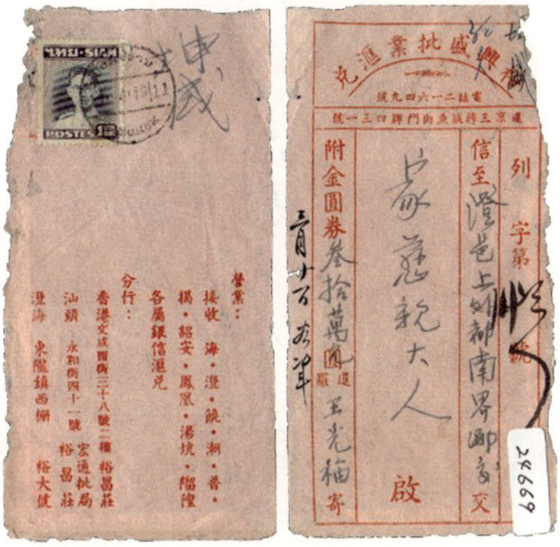

暹罗王光福寄金圆券叁拾万元至澄邑上外都南界乡母亲。批封销曼谷“4.49”邮戳，批封印“分行：香港文咸西街三十八号二楼裕昌庄　汕头永和街四十一号宏通批局裕昌庄　澄海东陇镇西栅　裕大号”

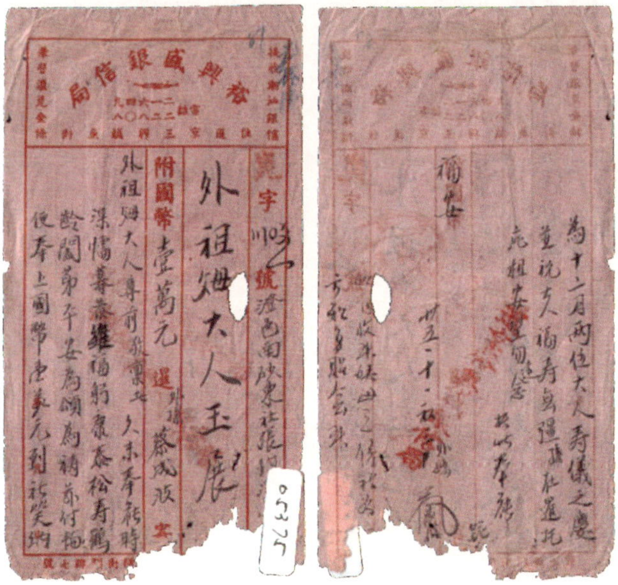

暹蔡成波民国卅五年（1946）十月初二日寄国币壹万元至海邑南砂东社外祖母。批封盖“暹京裕兴盛银信局”印

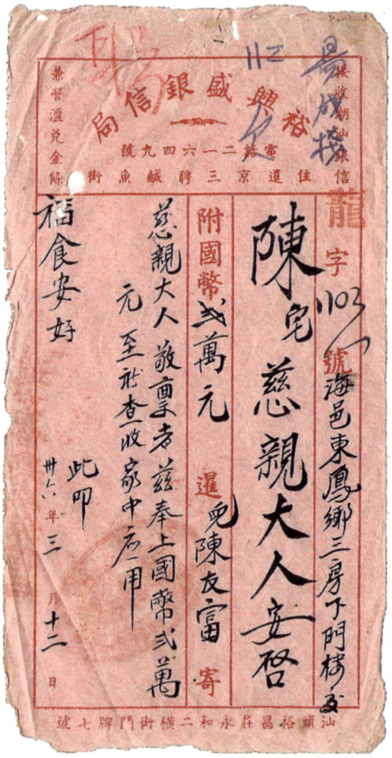

暹陈友富民国卅六年（1947）三月十二日寄国币弍万元至海邑东凤乡母亲。批封上印“汕头裕昌庄永和二横街门牌七号”，汕头联号地址已变更

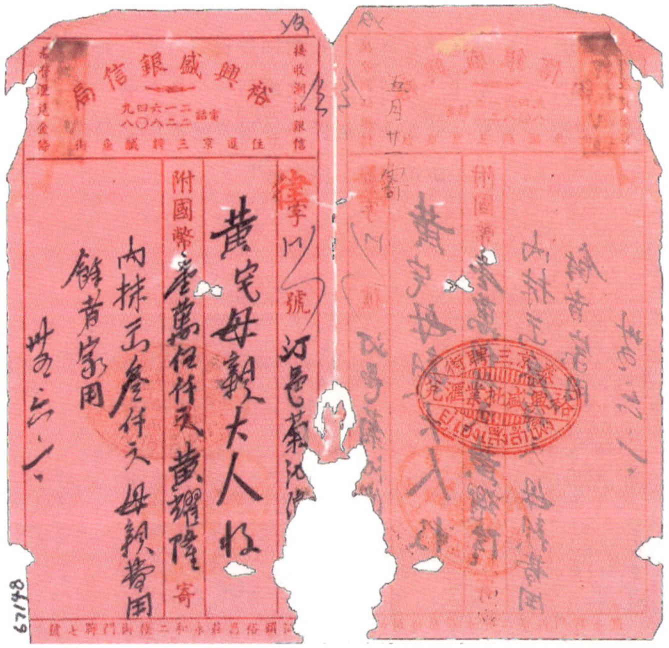

暹黄耀隆民国卅五年（1946）六月一日寄国币壹万伍仟元至澄邑菊池乡母亲。批封盖“泰京三聘街裕兴盛批业汇兑”中、泰文印

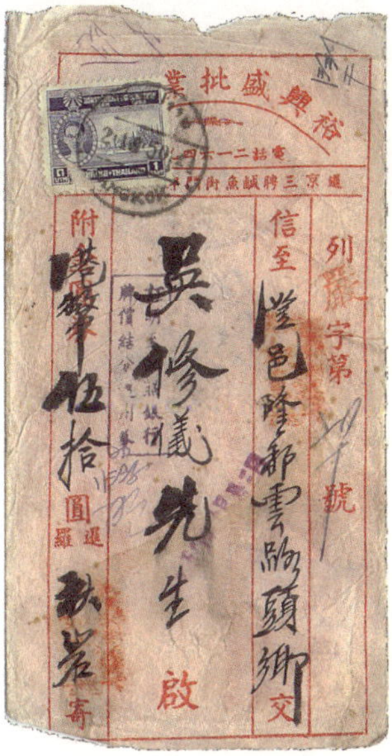

暹罗秋岩寄港币伍拾元至澄邑隆都云路头乡吴修仪。批封销曼谷 1950 年 10 月 2 日邮戳

泰国利祥瑞用裕兴盛批局自印封寄港币肆拾元至潮安四区溪口乡母亲。批封盖“莫肯通通书柬”印。莫肯通通与曼谷裕兴盛合作经营侨批业务

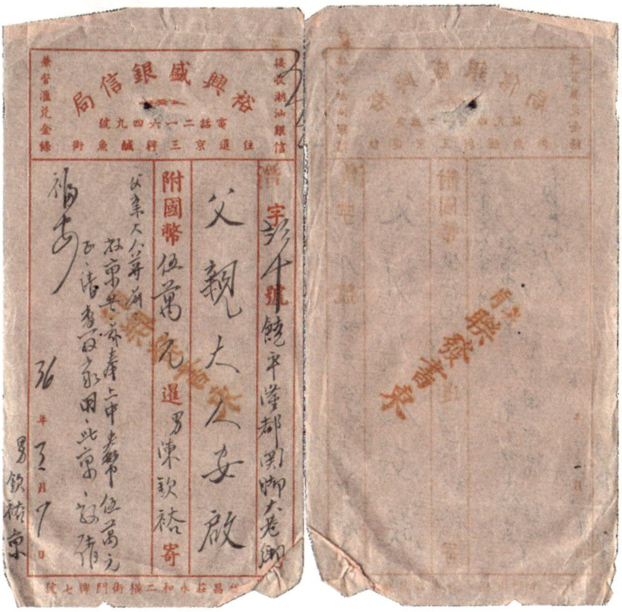

暹陈钦裕（民国）三十六年（1947）3 月 7 日用裕兴盛银信局自印封寄国币伍万元至饶平隆都关脚大巷乡父亲。批封盖“莫肯联发书柬”印。莫肯联发与曼谷裕兴盛合作经营侨批业务

莫肯，鸨隆（Udon Thani）的别称。泰国东北部城市，乌隆府（亦称乌东他尼府）首府，在銮河右岸。

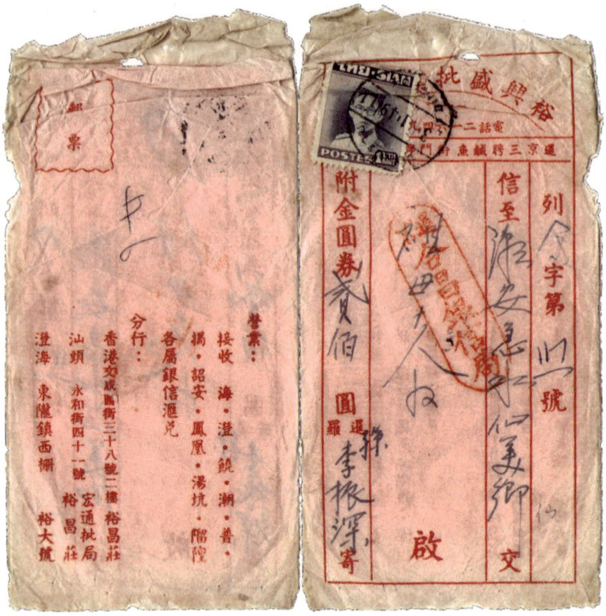

暹罗李振深用裕兴盛批局自印封寄金圆券贰佰元至潮安急水仙美乡祖母。批封盖“暹京合昌银信局”印。同在曼谷的两家批局合作经营侨批业务

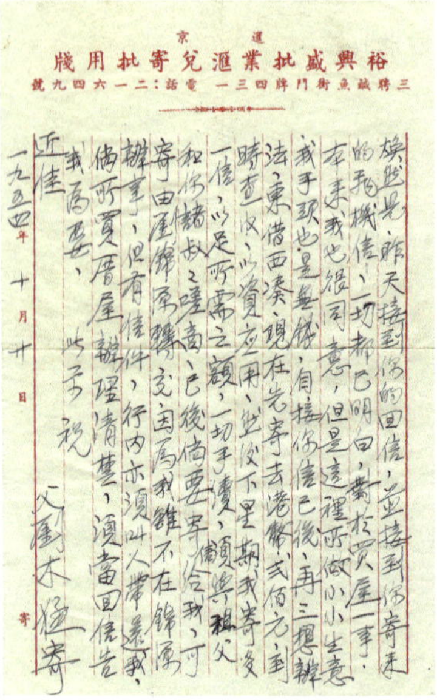
暹京
裕興盛批業滙兑寄批用箋
三聘鹹魚街門牌四三一 電話二一六四九號

一九五四年 十月 十日

暹京裕兴盛批业汇兑寄批专用信笺

裕興盛銀信局
接收潮汕各屬銀信內地代理無任歡迎兼買賣足赤金條
三聘鹹魚街門牌四三一號
電話 22808 21649

1946 年末裕兴盛银信局在《中原报》刊登广告：“接收潮汕各属银信内地代理无任欢迎兼买卖足赤金条　三聘咸鱼街门牌四三一号　电话 22808　21649”

1947 年 5 月 18 日暹罗华侨银信局公会成立，裕兴盛为首届会员商号，代表人陈永兴。

1953 年臣信、能信、名信三家公司联合成立信联有限公司，成员包括其他批信局业者，称为购批代表。裕兴盛为其中之一。据该年 5 月 11 日《中原报》所载之《信联有限公司购批代表名单》，裕兴盛的经营地址在曼谷三聘 431 号。

元昌

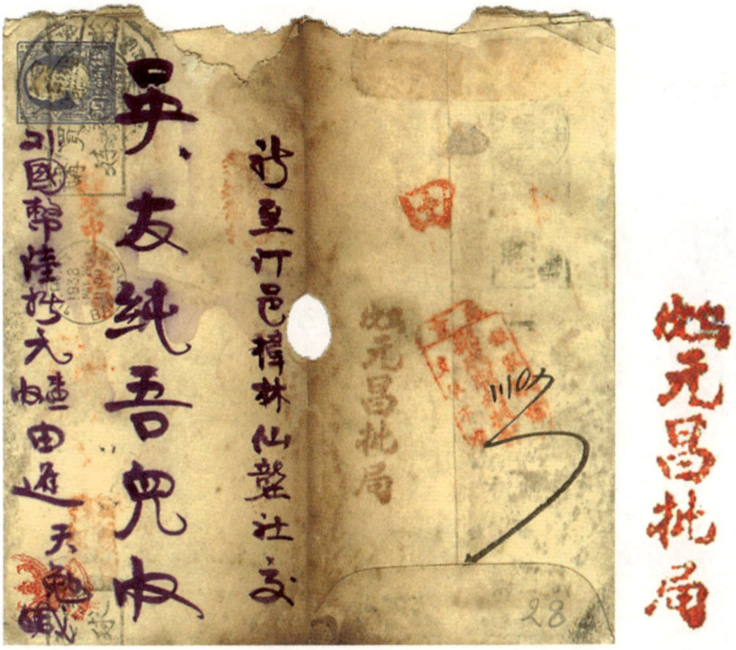

暹天勉用泰国 15 士丁邮资封寄国币陆拾元至汀（澄）邑樟林吴友纯。批封销曼谷“1938 MAY 24”邮戳，盖“乌汶元昌批局”和“暹京郑成顺利振记”印。乌汶元昌与曼谷郑成顺利振记合作经营侨批业务

乌汶（Ubon Ratchathani），泰国呵叻高原东南部城市。直译乌汶叻差他尼。乌汶府，泰国东北部最大的府。东距老挝边界 64 公里。

元裕盛

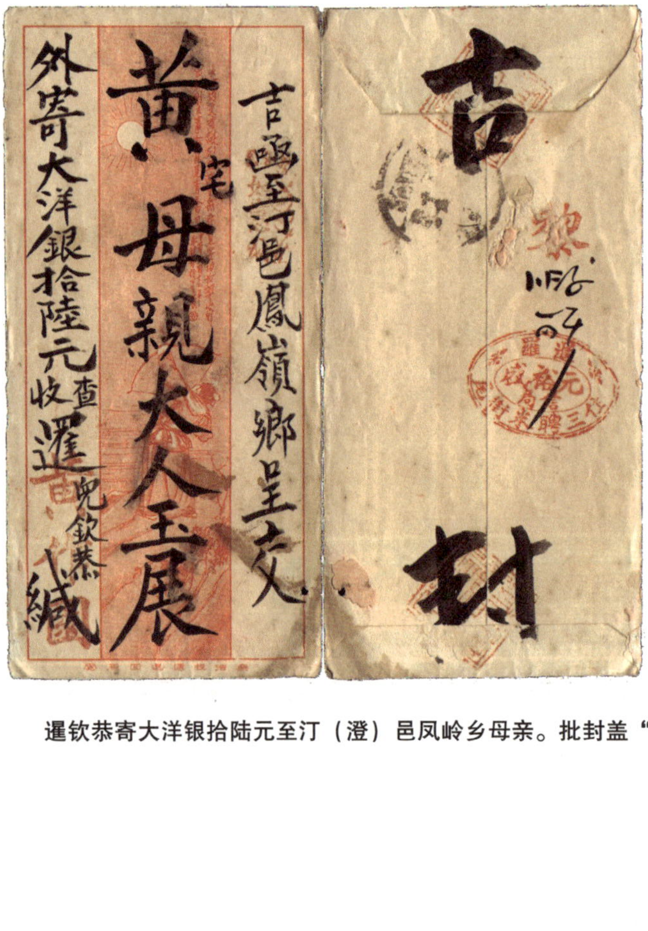

暹钦恭寄大洋银拾陆元至汀（澄）邑凤岭乡母亲。批封盖“暹罗元裕盛信局住三聘米街尾”印

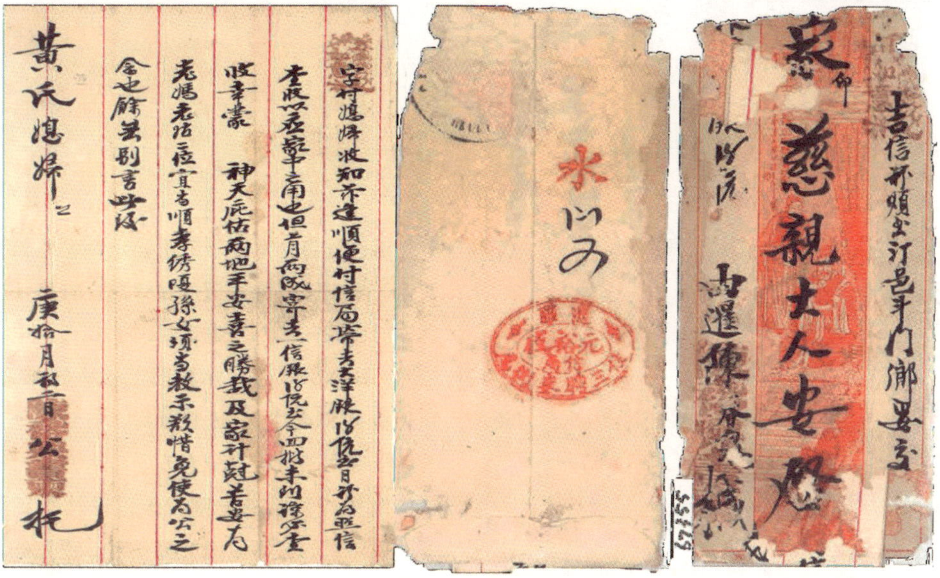

暹陈裕兴庚年（1930）拾月初二日寄大洋银十五元至澄邑斗门乡母亲。批封盖“暹罗元裕盛信局住三聘米街尾”印

新張大減價廣告

元裕盛局住三聘米街尾本號專收潮汕各屬銀信回批快捷銀項保家諸君光顧無任歡迎電話一一七八號

十六・九・三十。（书）元裕盛啟

民国十六年（1927）九月三十日元裕盛在《国民日报》刊登新张大减价广告：“元裕盛局住三聘米街尾本号专收潮汕各属银信回批快捷银项保家诸君光顾无任欢迎电话一一七八号”

源成

暹国陈春合寄港币三十元至饶邑隆城乡双亲。批封正面为“源成银信局　红桥头哒叻右畔门牌一三二　电话二二七二〇　电报挂号 CHENGKOY”。贴泰国面值 1 铢邮票，销曼谷 1950 年 5 月 25 日邮戳，盖到达地汕头侨批专用邮戳和“一九五〇年六月十六汕头中国银行侨汇兑讫限三天内送达”结汇章。自印封的背面印“分局代理：暹京三聘直街源成金璇珠宝公司　暹京三聘直街巷口新源成金璇行　暹京盼华桥脚源成饷当　暹京三聘直街巷口新源成饷当　暹京红桥头哒叻边老源成饷当　乌汶府哇彛埠哇彛霜厂　孔敬府万沛埠万成泰火砻”。这些看似与批业汇兑不相干的铺头、工厂均为批局揽批的代理点

暹罗郑添美寄港币伍拾元至海邑昆岗乡妻子。批封销汕头一九五一年二月廿二日侨批专用邮戳，封背印广告：本局专收各属银信　来往航空　准确快捷　电汇信汇　手续简便　银项保家　准期送交

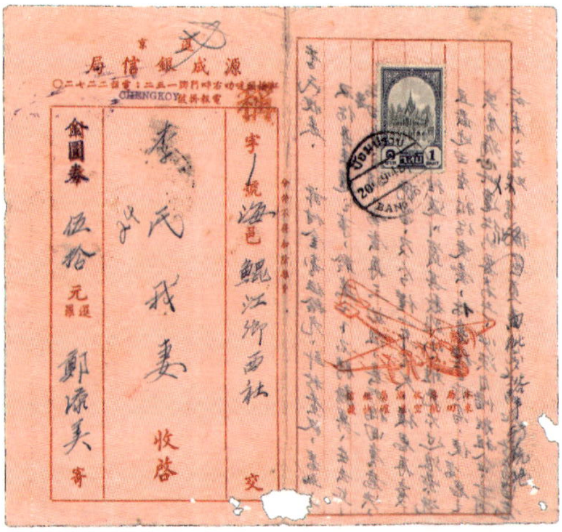

暹罗郑添美寄金圆券伍拾元至海邑鲲江乡妻子。批封贴一铢邮票，销曼谷“20. 9. 48”邮戳

源成利

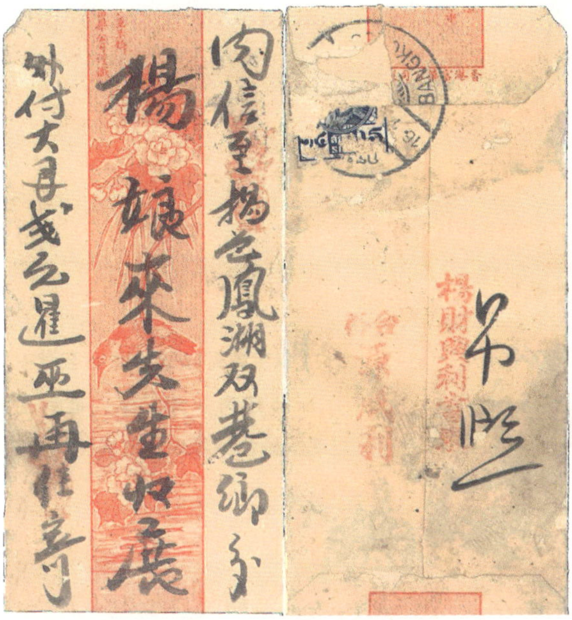

暹巫再佳寄大银式元至揭邑凤湖双巷乡杨娘来。批封盖“杨财兴利书柬”和“合裕源成利”印。杨财兴利与合裕源成利合作经营侨批业务

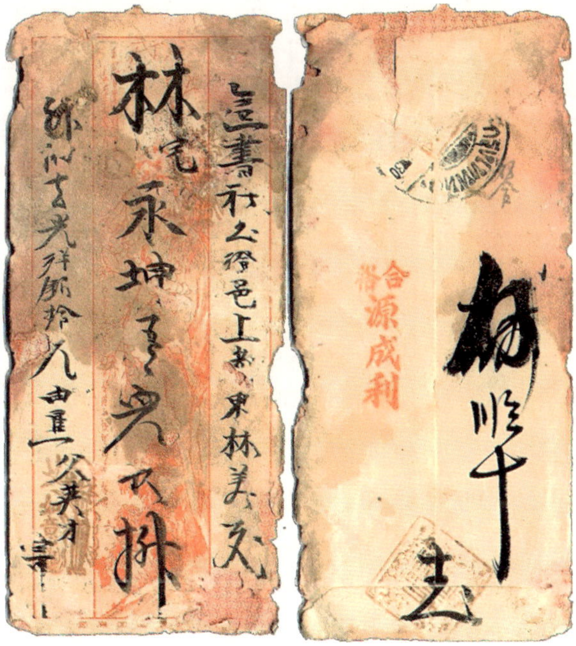

暹英才寄光洋银拾元至澄邑上都东林美林永坤。批封盖“合裕源成利”印

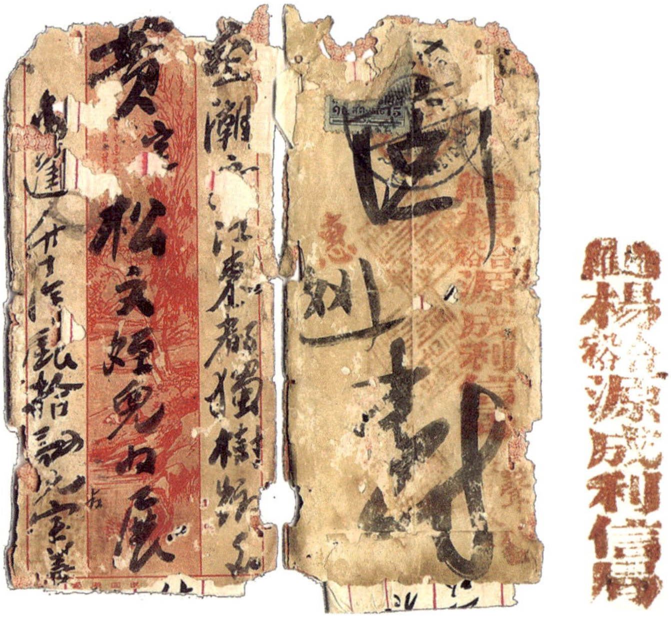

暹宝善寄洋银拾肆元至潮安江东都独树乡黄松文。批封盖“暹罗杨合裕源成利信局”印

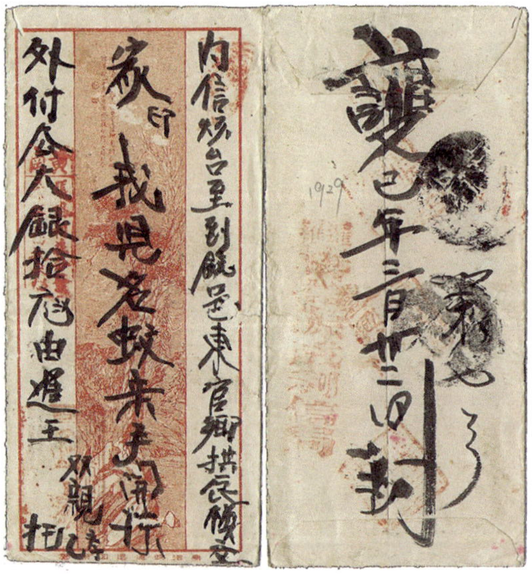

暹双亲寄大银拾元至饶邑东官乡名蚊。批封盖“暹罗源成利信局”印

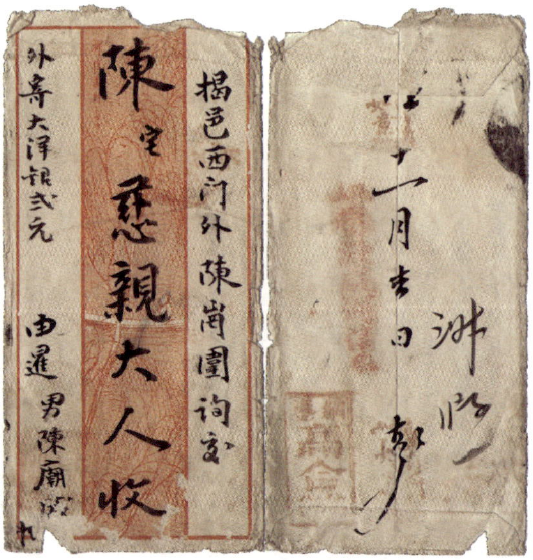

暹陈庙□寄大洋银式元至揭邑西门外陈岗围母亲。批封盖“暹罗杨源成利信局”印

源发利

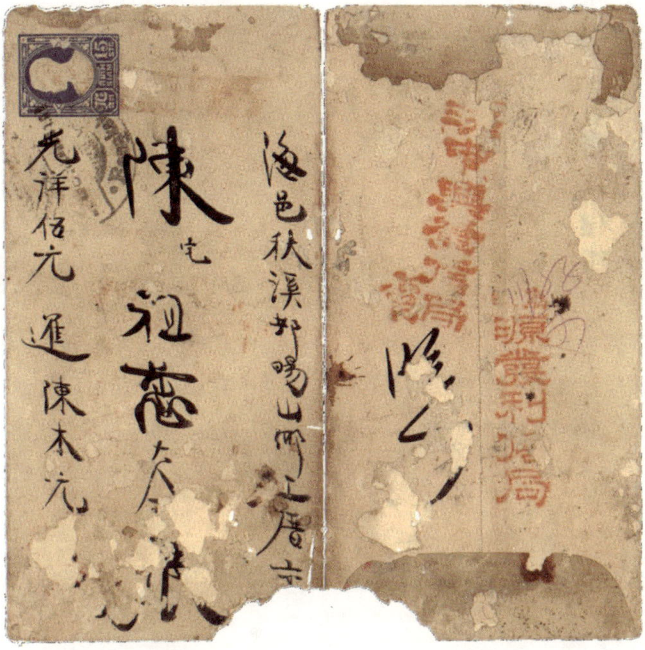

暹陈木元用泰国 15 士丁邮资封寄光洋伍元至海邑秋溪都阳山乡祖母。批封盖“源发利信局”和“洪中兴发信局”印。源发利与洪中兴发合作经营侨批业务

源丰发

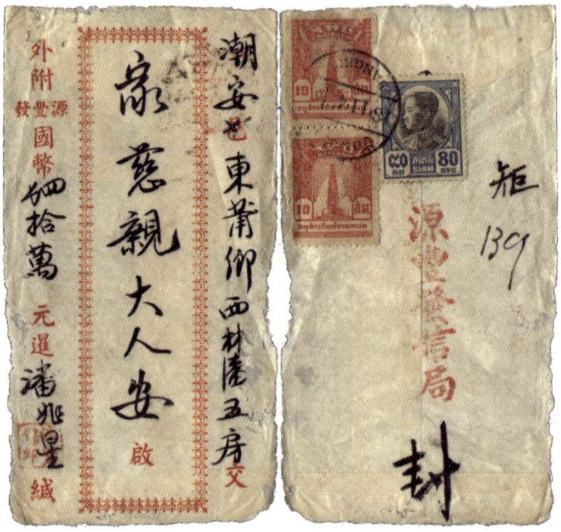

暹潘兆星寄国币肆拾万元至潮安东莆乡母亲。批封印“外附源丰发国币”字样，销曼谷“18.11.47”邮戳，盖“源丰发信局”印

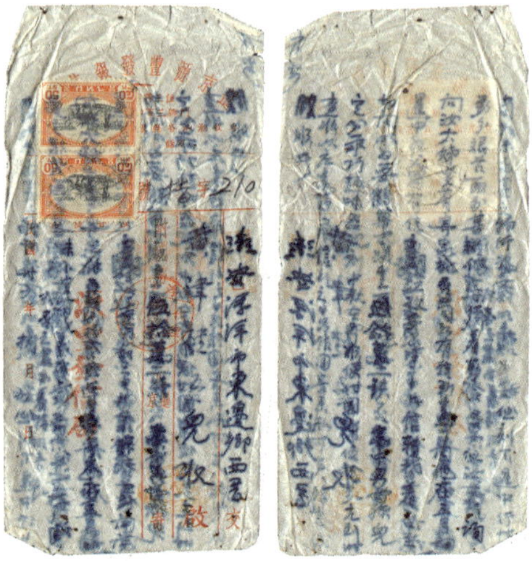

暹京黄□□寄国币伍拾万元至潮安浮洋市东边乡黄津桂。批封印“暹京源丰发银信局住三聘”，盖“源丰发信局”和“浮洋李协成庄代理回批”印。浮洋李协成代理泰国源丰发的侨批业务

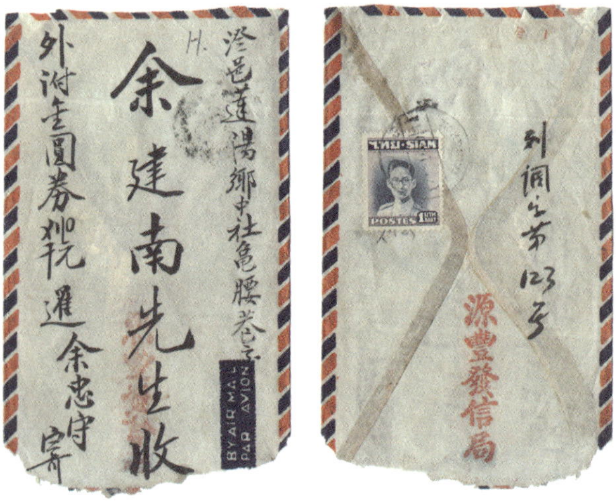

暹余忠守寄金圆券四千二百元至澄邑莲阳乡余建南。批封盖“源丰发信局”印

源豐發信局
交欵迅速，回批快捷，完全証實！
例如：四月四號配出之批，回批經於四月廿三號抵略，惠寄諸君，請移玉領取！
網略三聘打錫街門牌348號司理黃伯俠啓

1946 年 12 月 26 日源丰发信局在《中原报》刊登广告：“交款迅速，回批快捷，完全证实！例如：四月四号配出之批，回批经于四月廿三号抵略，惠寄诸君，请移玉领取！网略三聘打锡街门牌 348 号司理黄伯侠启”

1947 年 5 月 18 日暹罗华侨银信局公会成立，源丰发为首届会员商号，代表人林永材。

源　记

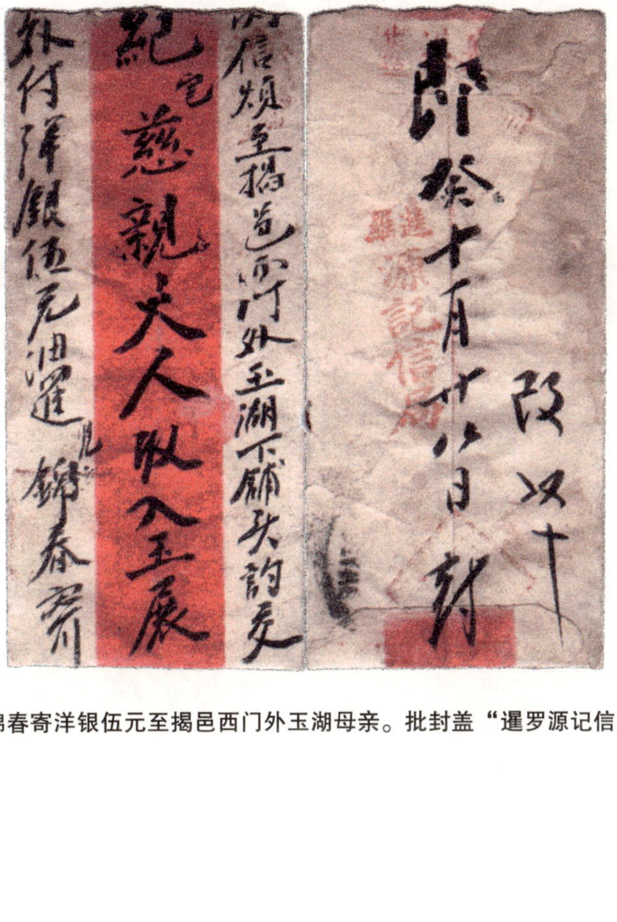

暹锦春寄洋银伍元至揭邑西门外玉湖母亲。批封盖“暹罗源记信局”

源顺利

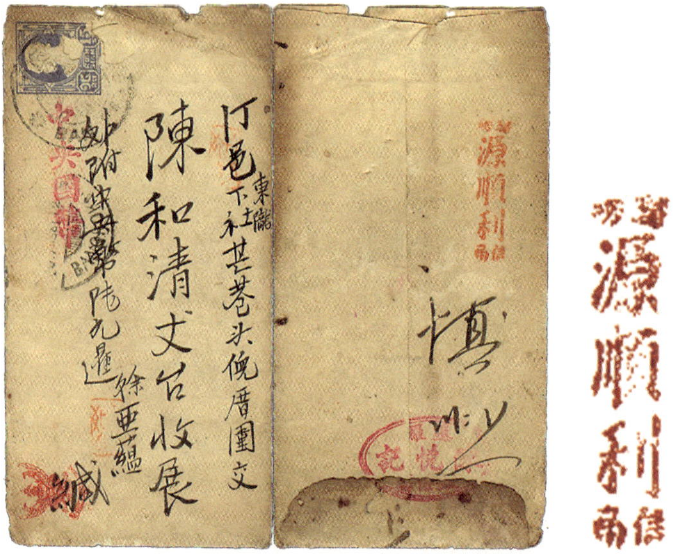

暹徐亚蕴用泰国 15 士丁邮资封寄中央币陆元至澄邑东陇下社芒巷陈和清。批封盖“源顺利信局”和“暹罗陈悦记银信局”印。同在曼谷的两家批局合作经营侨批业务

暹罗国奇寄港币壹佰元至饶邑隆都后沟尾许深成。批封印“源顺利汇兑银信局　暹京　三聘咸鱼街　门牌三百八十号　电话二二六八六号”，销曼谷“27. 4. 56”邮戳

源泰昌

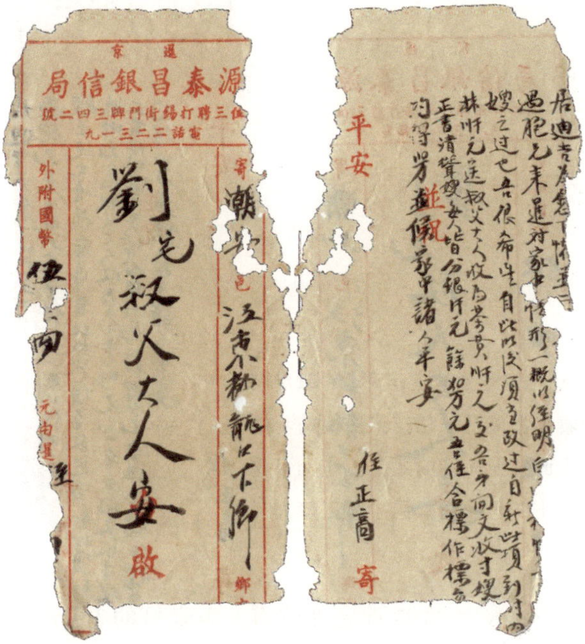

暹正高寄国币伍□四元至潮安邑江东都龙口下乡叔父。批封印“暹京　源泰昌银信局　住三聘打锡街门牌三四二号　电话二二三一九”

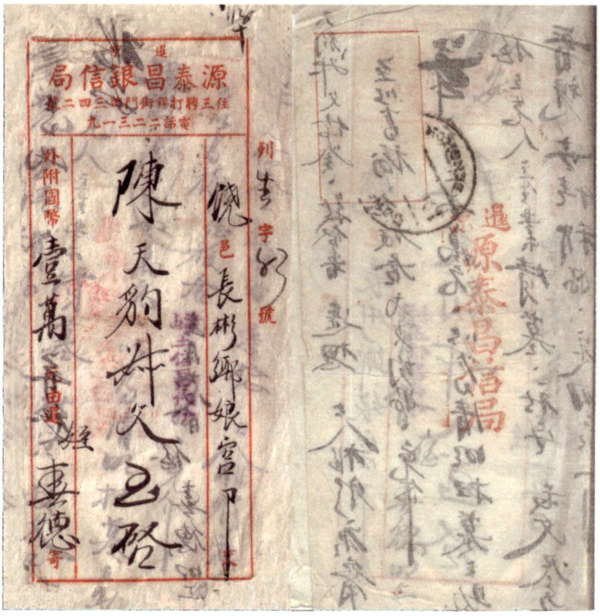

暹春德用源泰昌银信局自印封寄国币壹万元至饶邑长彬乡陈天豹。批封盖“暹京源泰昌信局”和“浮山王信昌代发”印。饶平浮山王信昌负责分发曼谷源泰昌的侨批

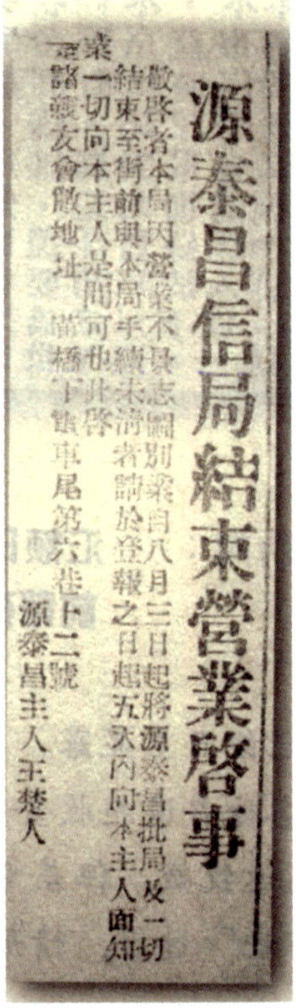

源泰昌信局結束營業啓事

敬啓者本局因營業不景志圖別業自八月三日起將源泰昌批局及一切結束至街前與本局手續未清者請於登報之日起五天內向本主人面知業一切向本主人是問可也此啓

諸親友會敝地址　黄橋下電車尾第六巷十二號

源泰昌主人王楚人

1949 年 8 月 5 日源泰昌信局在《全民报》刊登结束营业启事：“敬启者本局因营业不景志图别业自八月三日起将源泰昌批局及一切结束至街前与本局手续未清者请于登报之日起五天内向本主人面知业一切向本主人是问可也此启　诸亲友会敝地址　黄桥下电车尾第六巷十二号　源泰昌主人王楚人”

1947 年 5 月 18 日暹罗华侨银信局公会成立，选举首届理监事，源泰昌的王步青当选为理事。

源 兴

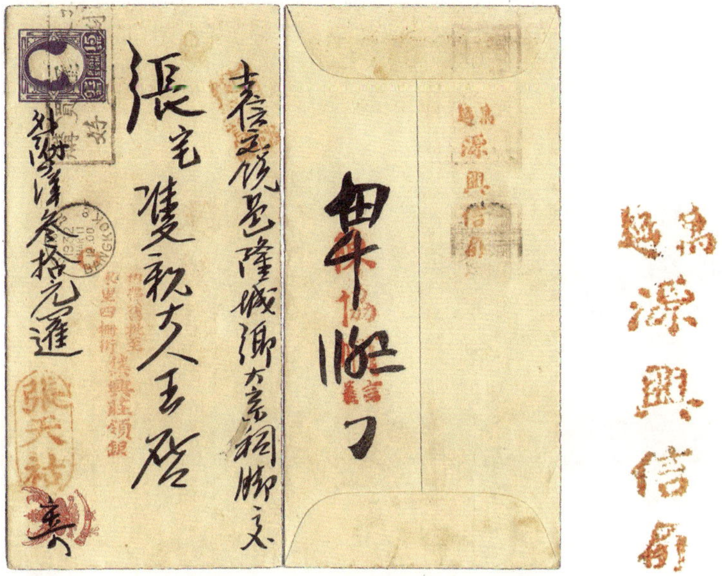

暹张天祜用泰国 15 士丁邮资封寄洋叁拾元至饶邑隆城乡双亲。批封销曼谷 1932 年 3 月 11 日邮戳，盖“陈协顺”和“万面源兴信局”印。万面源兴与曼谷陈协顺合作经营侨批业务

万面（Ban Mi），泰国华富里府的一个县。

暹张受之寄银捌元至饶邑隆城乡双亲。批封盖“万面源兴信局”“陈协顺”和“祈带旧批至东里四栅街集兴庄领银”印。万面源兴收揽的侨批由曼谷陈协顺递寄至澄海东里，由四栅街万兴庄分发

詹隆发

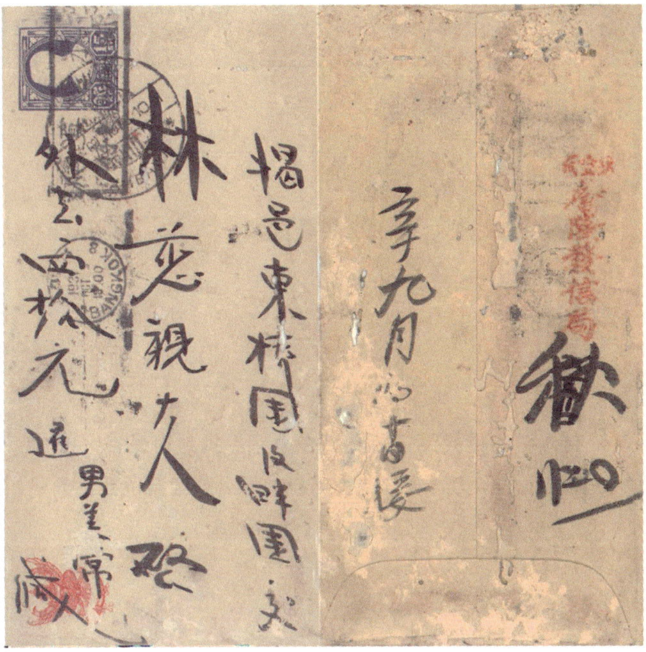

暹美常用泰国 15 士丁邮资封寄四拾元至揭邑东桥围母亲。批封销曼谷 1931 年 10 月 3 日邮戳，盖“□□□詹隆发信局”印

曾锦记

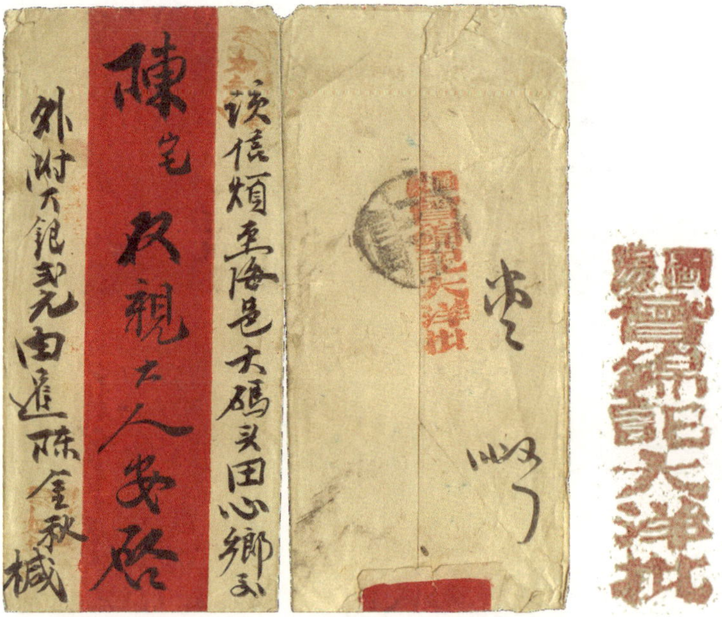

暹陈金秋寄大银弍元至海邑大码头田心乡双亲。批封盖“图濠曾锦记大洋批”印

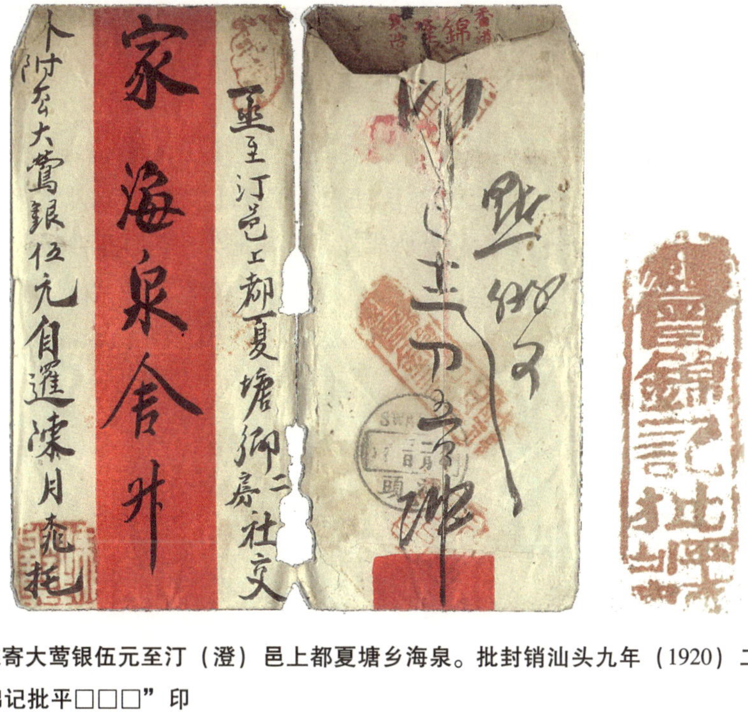

暹陈月桃寄大莺银伍元至汀（澄）邑上都夏塘乡海泉。批封销汕头九年（1920）二月三日邮戳，盖“图濠曾锦记批平□□□”印

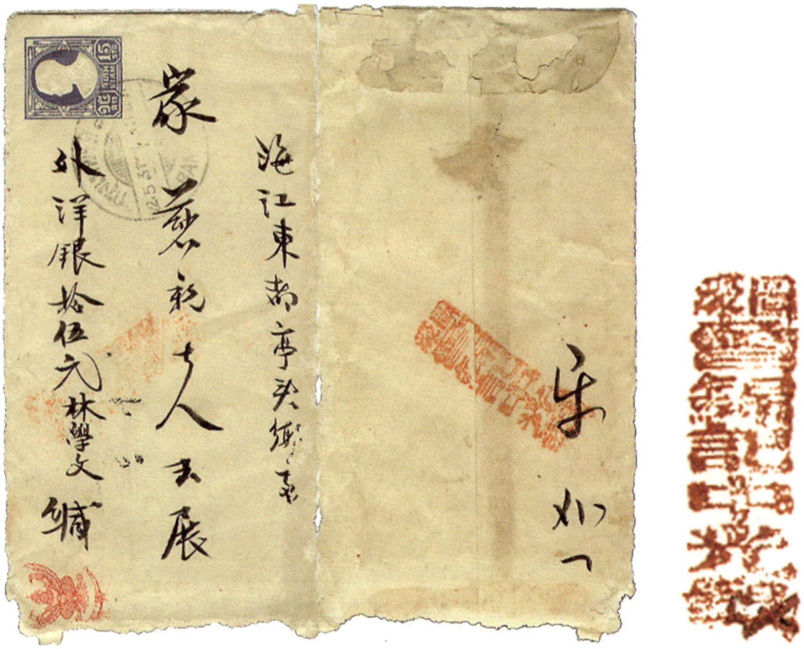

林学文用泰国 15 士丁邮资封寄洋银拾伍元至海江东都亭头乡母亲。批封销曼谷 1931 年 5 月 2 日邮戳，盖“图濠曾锦记中光银”印

据泰国学者提供的资料，在泰国 20 世纪初的官方档案《御前报告》中，已有创建于曼谷三聘街的“曾锦记信局”的记录。该批局每年寄批金额约 50 万元。

1932 年 1 月 31 日暹罗华侨银信局公所成立，曾锦记为首任理事商号。

展亚

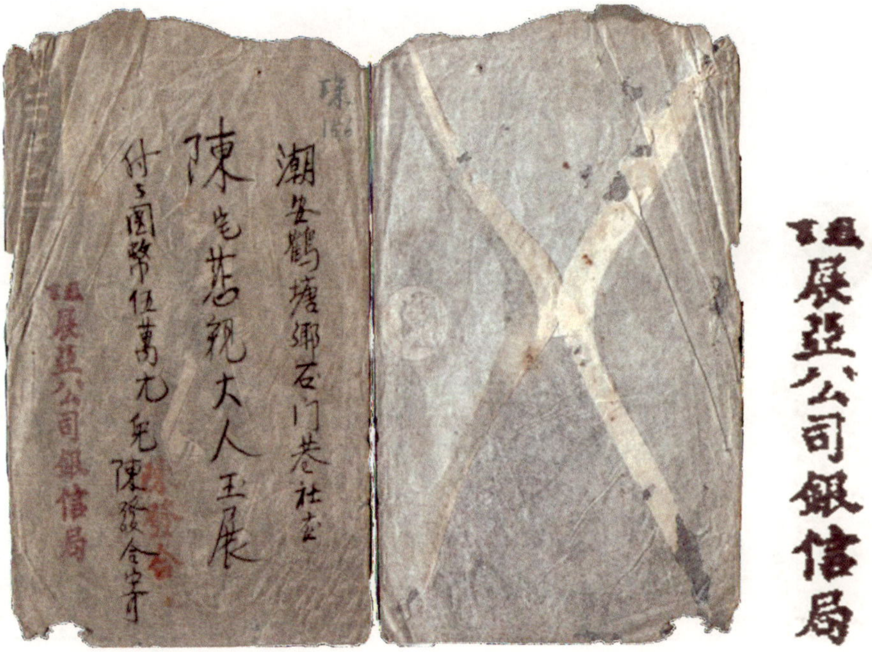

陈发合寄国币伍万元至潮安鹤塘乡母亲。批封盖“暹京展亚公司银信局”印

1947 年 5 月 18 日暹罗华侨银信局公会成立，展亚为首届会员商号，代表人卢位音。

张福源

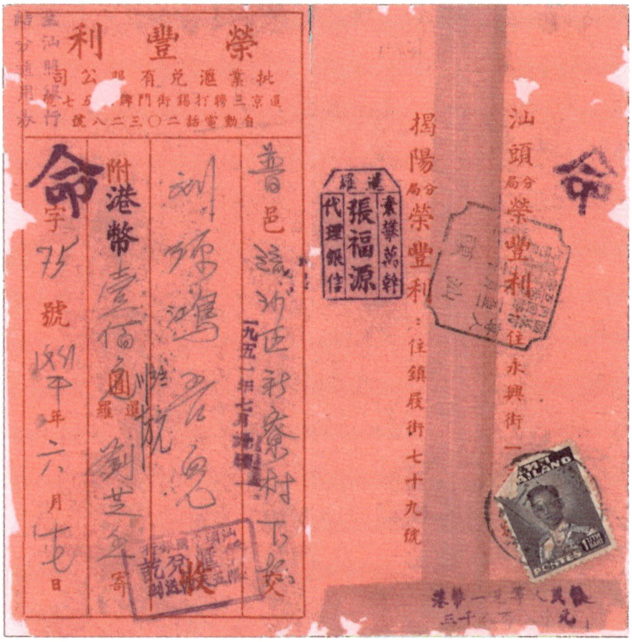

暹罗刘芝香用荣丰利批业汇兑有限公司自印封寄港币壹佰元至普邑流沙区新寮村刘源鸿。批封销汕头一九五一年十月二十日侨批专用邮戳，盖“暹罗素攀万干张福源代理银信”印。素攀张福源与曼谷荣丰利合作经营侨批业务

素攀（Suphanburi），泰国中南部城市，素攀府首府。距首都曼谷约 107 公里。

张和合兴

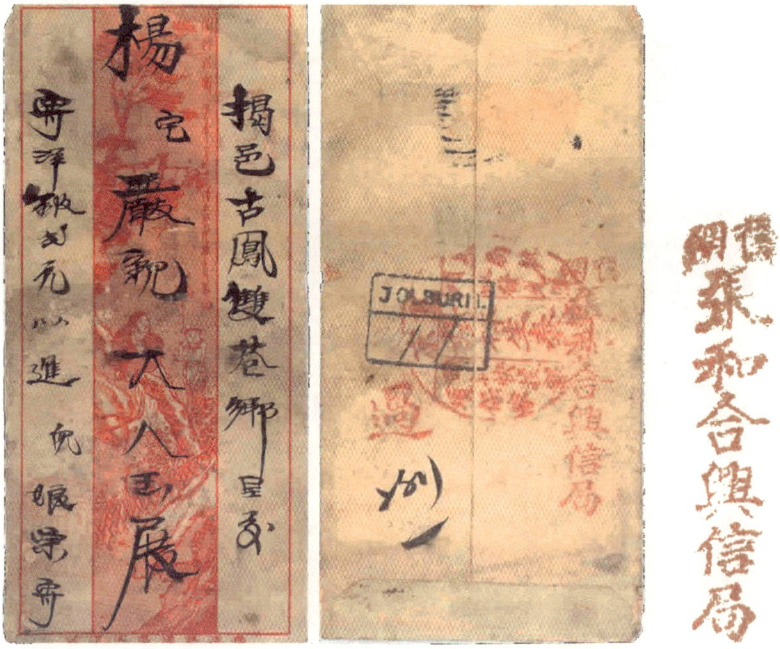

暹娘宗寄洋银式元至揭邑古凤双巷乡父亲。批封盖“网旧张和合兴信局”和“暹京张祥生泰信局”印。同在曼谷的两家批局合作经营侨批业务

网旧，即曼谷。

张泉茂

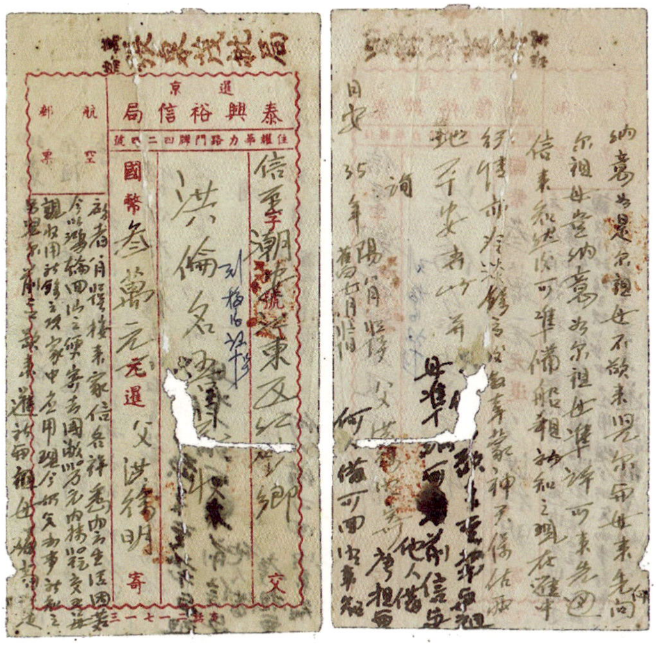

暹洪徐明民国三十五年（1946）八月二十三日用暹京泰兴裕信局自印封寄国币叁万元至潮安江东区红砂乡洪伦名。批封盖“万仑张泉茂批局”印。万伦张泉茂与曼谷泰兴裕合作经营侨批业务

万伦，泰国南部的一个府，素叻府全称为素叻他尼府，华侨习称万伦府。位于马来半岛东海岸，濒临泰国湾。

张荣发

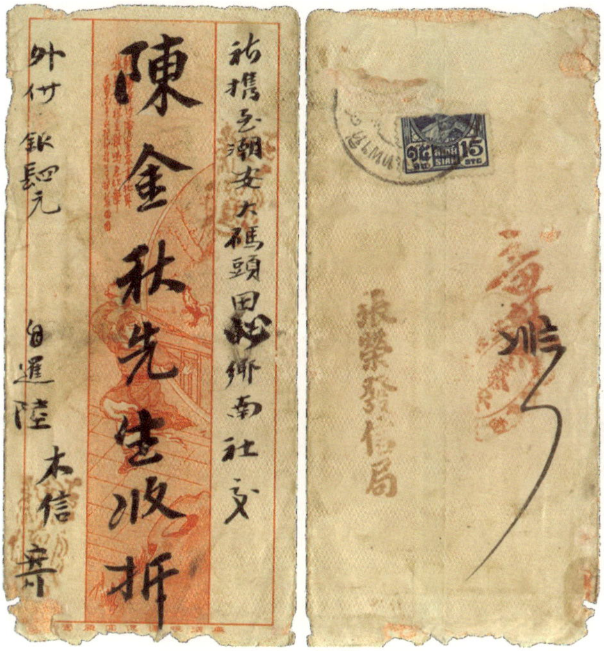

暹陆木信寄银肆元至潮安大码头田心乡陈金秋。批封盖“张荣发信局”印

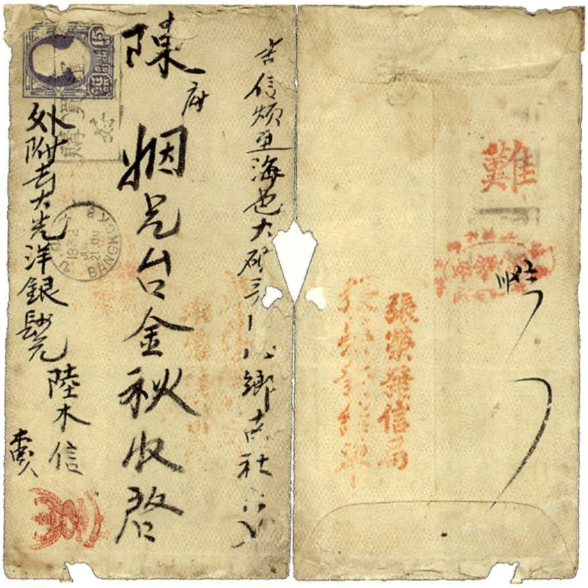

陆木信用泰国 15 士丁邮资封寄大光洋银肆元至海邑大码头田心乡陈金秋。批封销曼谷 1932 年 6 月 7 日邮戳。盖“吴泰安批局”和“张荣发信局”“张荣发结单”印。张荣发与曼谷吴泰安合作经营侨批业务

张祥生泰

暹文青寄光洋五元至饶邑仙洲乡妻子。批封盖“暹京张祥生泰信局　本局批项概发光洋　回批快捷银项保家”和“黄岗程协利庄分发”印。饶平黄冈程协利庄代理分发曼谷张祥生泰的侨批

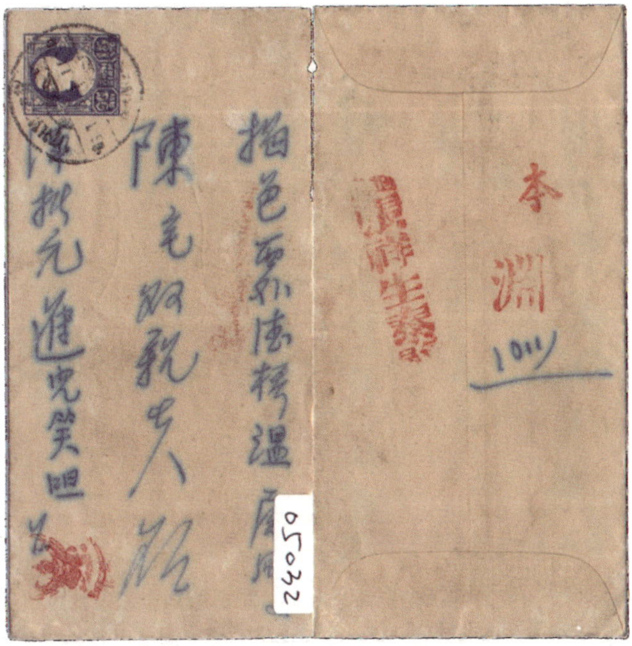

暹笑吧用泰国 15 士丁邮资封寄洋拾元至揭邑西外德桥双亲。批封盖“暹京张祥生泰信局”印

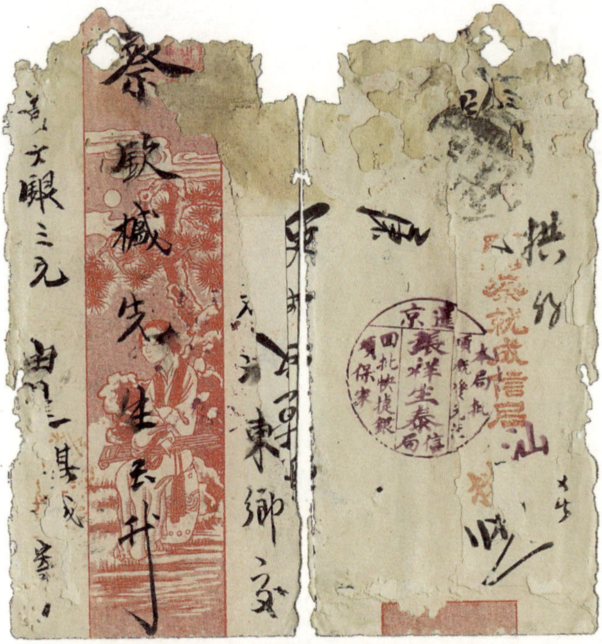

暹□□寄大银三元至潮安江东乡蔡钦盛。批封盖“暹罗蔡就成信局”和“暹京张祥生泰信局”印。蔡就成在北榄坡，与曼谷的张祥生泰合作经营侨批业务

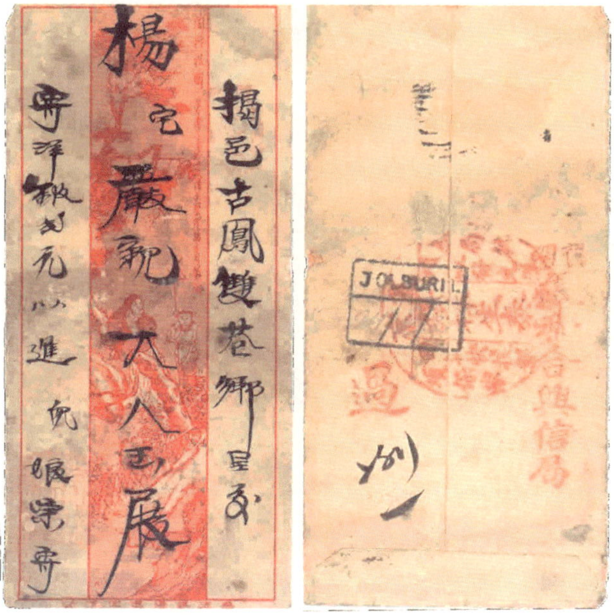

暹娘宗寄洋银式元至揭邑古凤双巷乡父亲。批封盖“网旧张和合兴信局”和“暹京张祥生泰信局”印，同在曼谷的两家批局合作经营侨批业务

网旧，即曼谷。

1932 年 1 月 31 日暹罗华侨银信局公所成立，张祥生泰为监事商号。

张信益

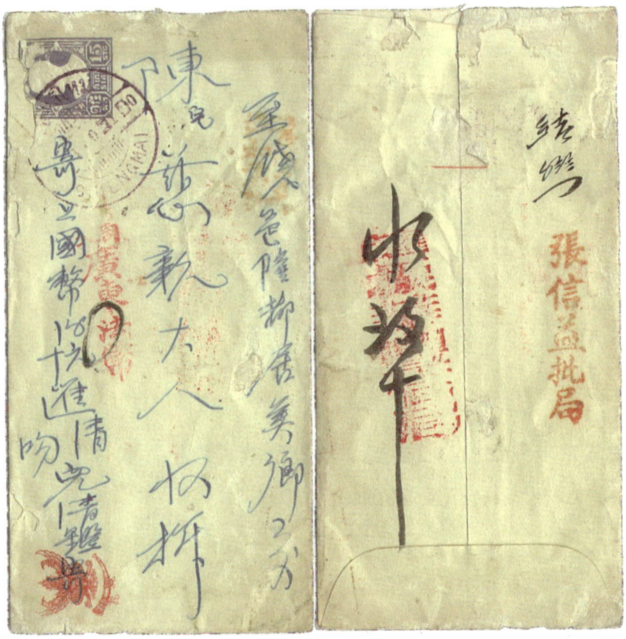

暹清吻清鉴寄国币十五元至饶邑隆都居美乡母亲。批封盖“张信益批局”和“暹京振华丰信局”印。张信益与曼谷振华丰合作经营侨批业务

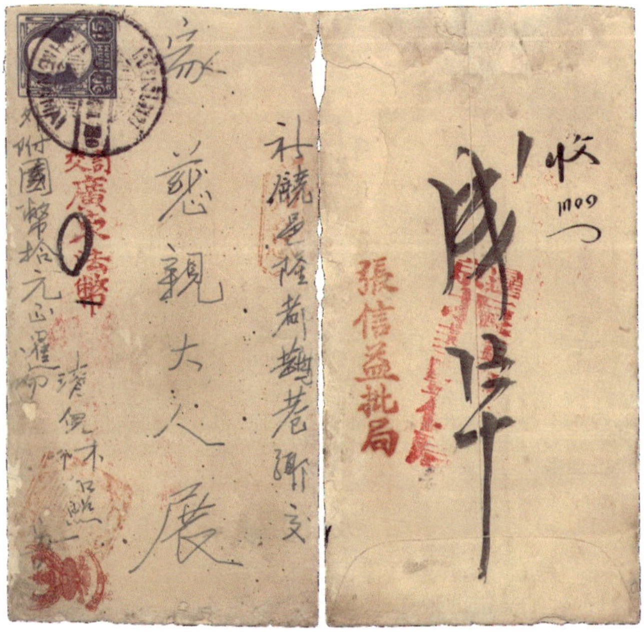

暹清吻林□照用泰国 15 士丁邮资封寄国币拾元至饶邑隆都鹊巷乡母亲。批封盖“张信益批局”和“暹京振华丰信局”印。张信益和振华丰合作经营侨批业务

赵荣发

暹罗陈何桐寄港币捌拾元至澄邑樟林塘西后梅陇村陈林桐。批封盖“赵荣发批局”印

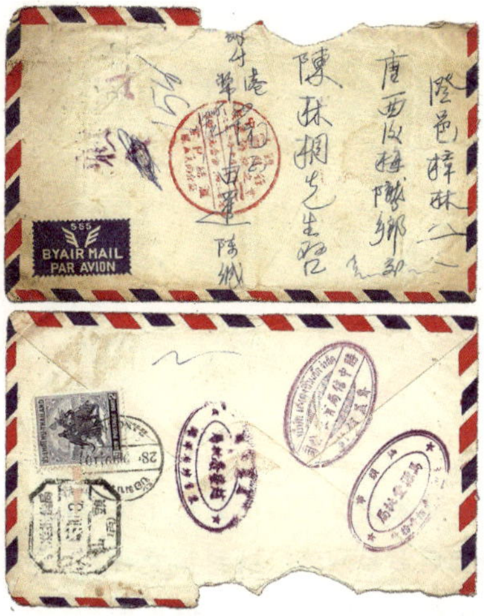

暹陈寄港币五十元至澄邑樟林塘西后梅陇乡陈林桐。批封销汕头“56. 10. 3”侨批专用邮戳，盖“赵荣发批局”和“汕头市马源丰批局”印。赵荣发与汕头马源丰合作经营侨批业务

暹罗林正钦用永顺利汇兑银信局自印封寄港币伍拾元至饶邑隆都溪西乡母亲。批封销曼谷“13. 4. 58”邮戳，盖“暹罗北标赵荣发兼售纱布洋杂”印。北标赵荣发批局与曼谷永顺利合作经营侨批业务

北标（沙拉武里），距曼谷108公里。

振潮兴

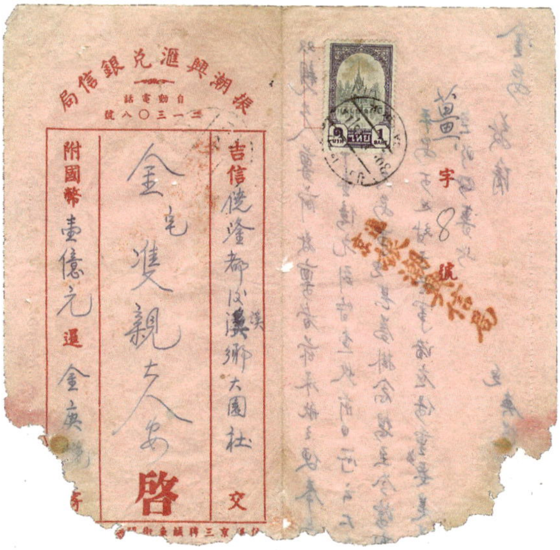

暹金庚悦寄国币壹亿元至隆都后溪乡双亲。批封销曼谷“30. 8. 48”邮戳，盖“暹京振潮兴信局”印

暹罗寿春寄金圆券捌佰元至澄邑月屈（窟）内乡母亲。批封正面印“振潮兴批业汇兑　暹京三聘咸鱼街门牌三七四号　电话二一三〇八号”，背面印“汕头振丰祥永安街六十二号　东里济亨发　黄岗（冈）济亨发”均设立分行，在潮汕多地设分理处

暹罗王木有寄港币贰拾陆元至澄邑金砂乡谢广旭。批封销汕头“54. 8. 25”侨批专用邮戳，印“汕头永兴街五十号振华泰本局分发”。汕头振华泰与泰国振潮兴合作经营侨批业务

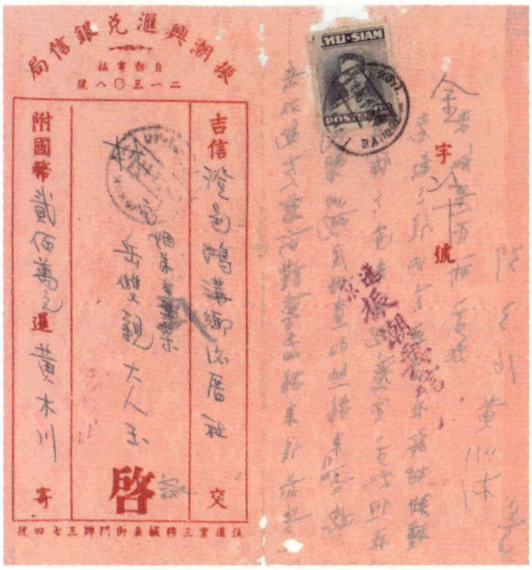

暹黄木川寄国币贰佰万元至澄邑鸿沟乡岳双亲。批封销曼谷 1949 年邮戳，盖“暹京振潮兴信局”印

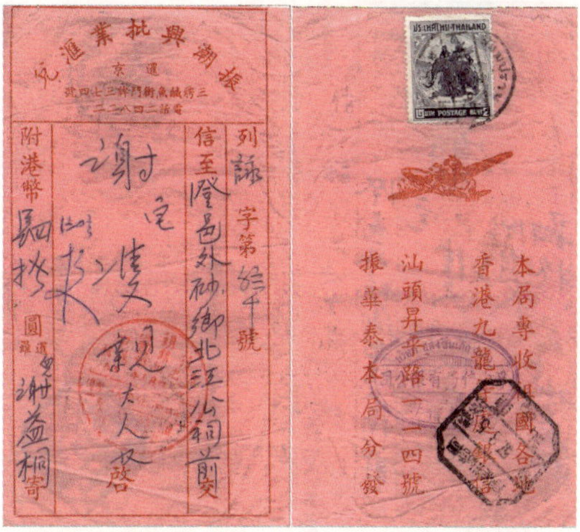

暹罗谢益桐寄港币肆拾元至澄邑外砂乡双亲。批封销汕头“57. 8. 5”侨批专用邮戳，封背印“汕头升平路一一四号振华泰本局分发”，汕头联号经营地址变更

暹京谢亚贡用联顺利银信局自印封寄金圆券伍拾元至澄邑外砂乡父亲。批封销汕头 1953 年 7 月 15 日侨批专用邮戳，盖“振潮兴银信局”印，同在曼谷的两家批局合作经营侨批业务

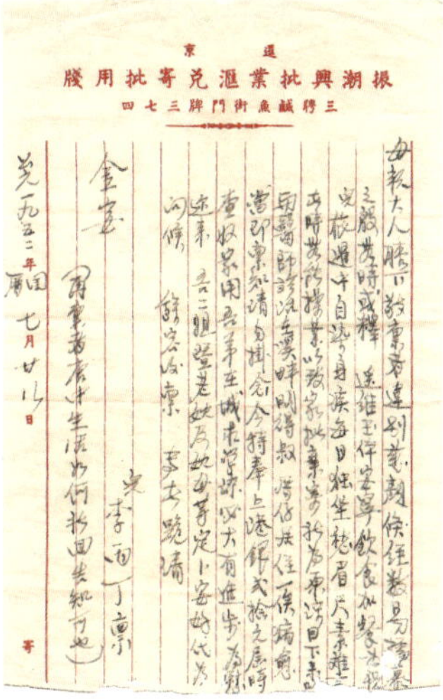

暹京振潮兴批业汇兑寄批专用信笺

1947 年 5 月 18 日暹罗华侨银信局公会成立，选举首届理监事，振潮兴的陈府弼当选为理事。

1953 年臣信、能信、名信三家公司联合成立信联有限公司，成员包括其他批信局业者，称为购批代表。振潮兴为其中之一。据该年 5 月 11 日《中原报》所载之《信联有限公司购批代表名单》，振潮兴的经营地址在曼谷哇匿一路 374 号。

振成发

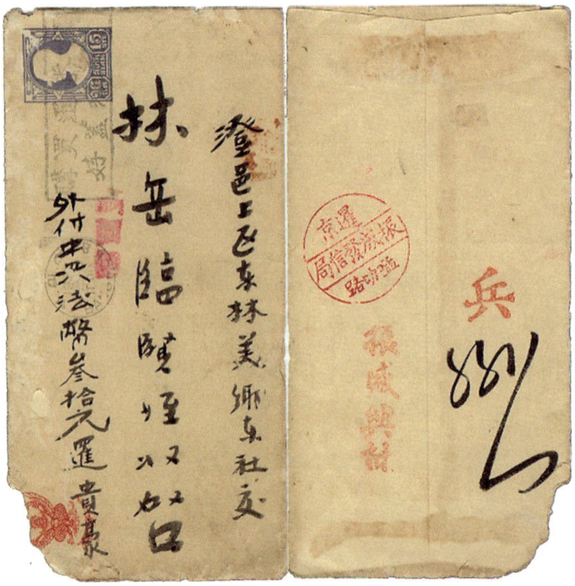

暹贵豪用泰国 15 士丁邮资封寄中央法币叁拾元至澄邑上区东林美乡林岳临，批封盖“暹京叿叻路振成发信局”和“振盛兴批”印。同在曼谷的两家批局合作经营侨批业务

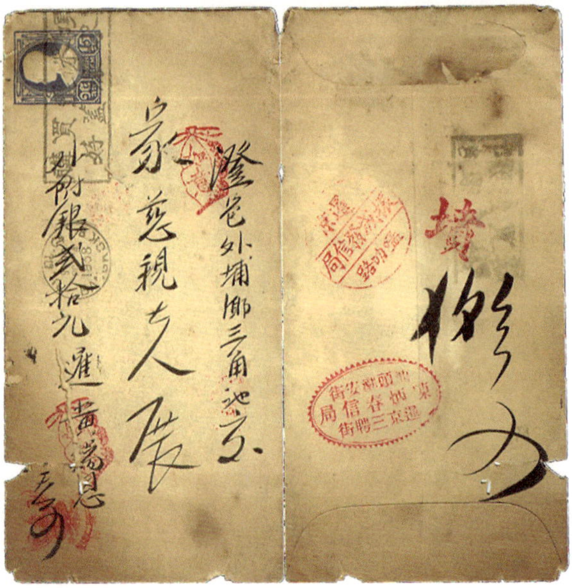

暹黄端恩用泰国 15 士丁邮资封寄银式拾元至澄邑外埔乡母亲。批封销曼谷 1938 年邮戳，盖“暹京三聘街陈炳春信局”和“暹京孟叻路振成发信局”印。同在曼谷的两家批局合作经营侨批业务

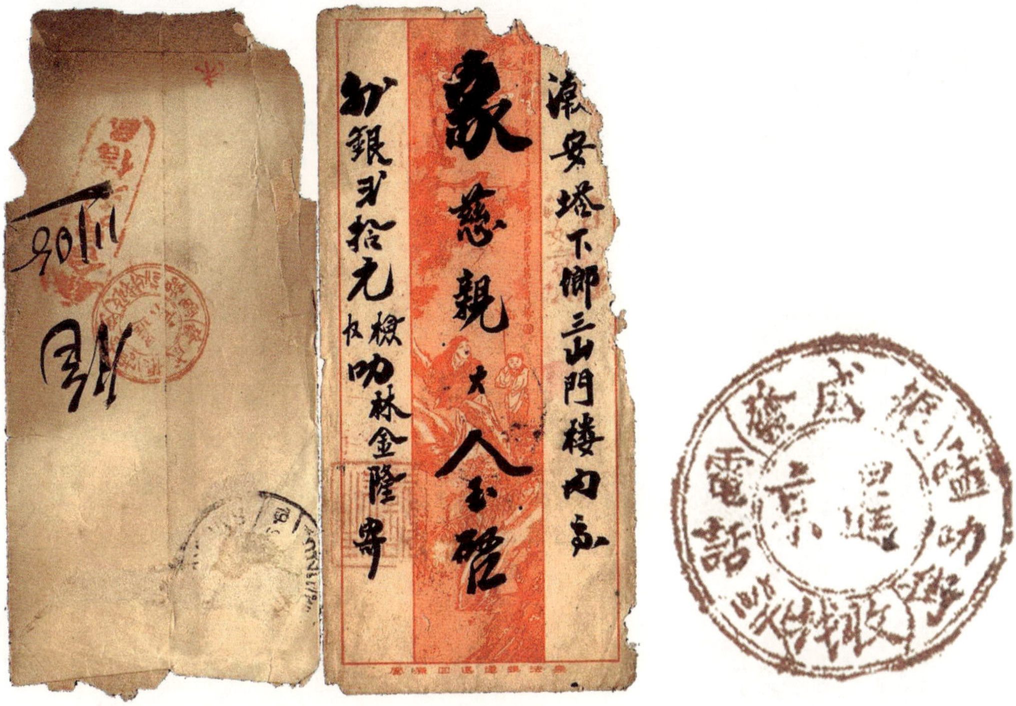

叻林金隆寄银式拾元至潮安塔下乡母亲。批封盖“合兴利信局”和“暹京嗌叻街振成发收找”印

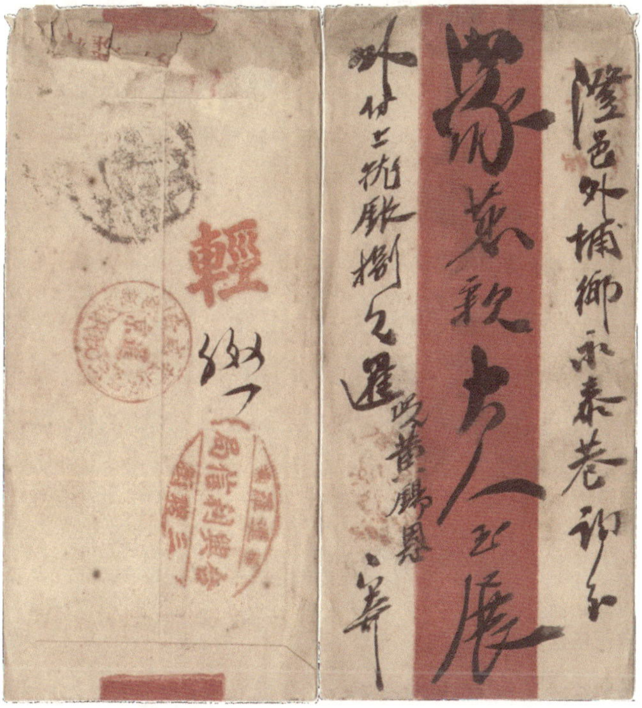

暹黄锡恩寄龙银捌元至澄邑外埔乡母亲。批封盖“暹罗合兴利批信局三聘街”和“暹京孟叻街振成发收找”印。同在曼谷的两家批局合作经营侨批业务

振成丰

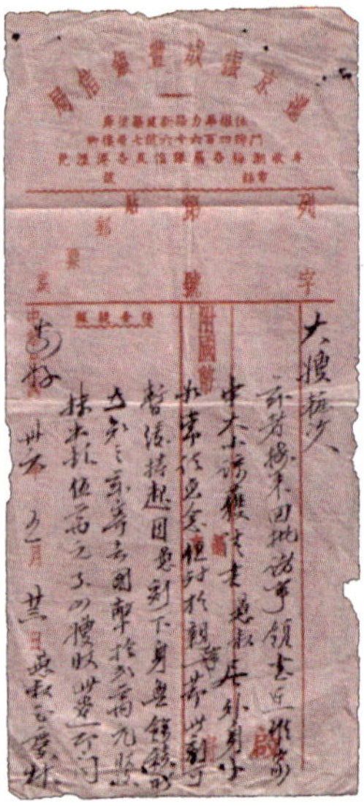

正庆民国卅六年（1947）五月廿三日寄国币拾式万元至大嫂。批封印“暹京振成丰银信局　住耀华力路新建荣涂库　门牌四百六十六号七层楼脚”

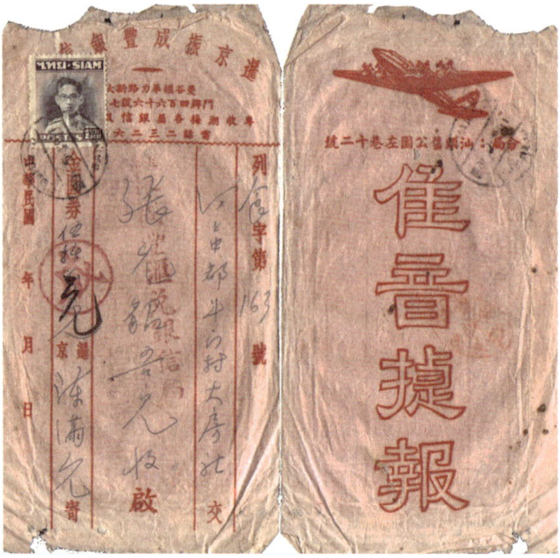

暹京陈满元寄金圆券伍拾元至汀（澄）上中都斗门村张允貂。批封销曼谷“19.5.48”邮戳，背面印“分局：汕头旧公园左巷十二号”，盖“振成丰汇兑银信局”印

暹京郑钦桂寄港币伍拾元至揭邑桃都白石下乡郑过森。批封背面印“分局　汕头旧公园左巷十三号”，盖一九五二年十一月七日汕头中国银行核盖侨批之章

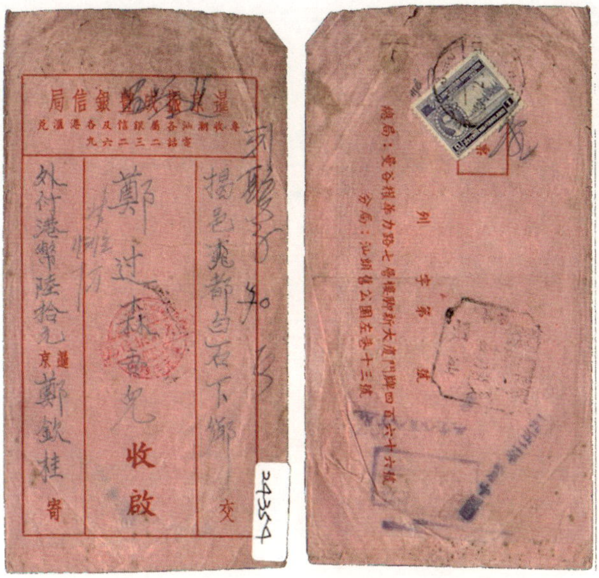

暹京郑钦桂用振成丰银信局自印封寄港币陆拾元至揭邑桃都白石下乡郑过森。批封盖一九五二年二月十四日“汕头中国银行侨汇兑讫限五天内送达”结汇章。批封还盖有“进兴昌银信局”印。同在曼谷的两家批局合作经营侨批业务

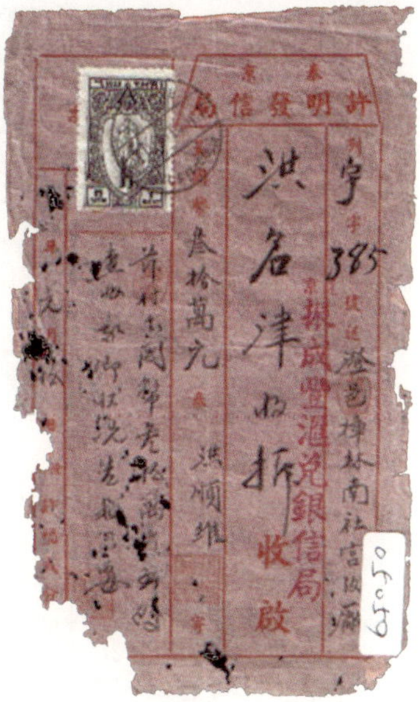

泰洪顺维用许明发信局自印封寄国币叁拾万元至澄邑樟林洪名津。批封盖“振成丰汇兑银信局”印。同在曼谷的两家批局合作经营侨批业务

泰京陈崇苞寄港币肆佰元至潮安秋溪仔乡妻子。批封销汕头“58.1.26”侨批专用邮戳。批封的印制格式略有变化

泰京陈朝林寄港币捌拾元至澄海华埔乡父亲。批封销曼谷佛历“22. 11. 2500”邮戳。批封正面“振成丰银信局”采用草书字体印制

佛历，历法的一种，佛历以释迦牟尼涅槃后一年为纪元元年，比世界通用的公历早544 年。佛历 2500 年即公元 1947 年。

暹京炳初寄港币叁拾元至澄海龙田乡双亲。批封销汕头“卅八年九月廿三”侨批专用邮戳，盖“暹京振成丰汇兑银信局”印

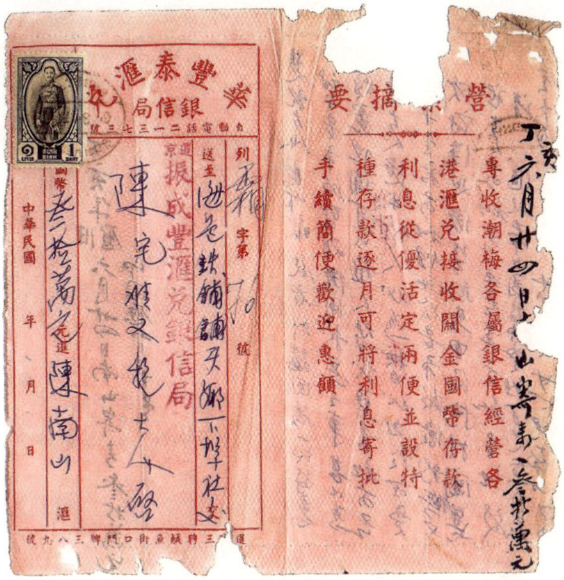

暹陈南山丁亥年（1947）六月廿四日用华丰泰汇兑银信局自印封寄国币叁拾万元至海邑铁铺铺头乡双亲。批封盖“暹京振成丰汇兑银信局”印。同在曼谷的两家批局合作经营侨批业务

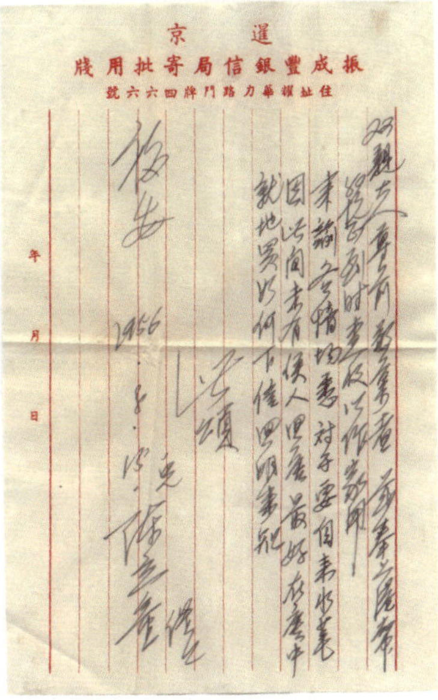

暹京振成丰银信局寄批专用信笺

振成豐滙兌銀信局接收關金國幣存欵啓事

1947 年振成丰汇兑银信局在《光华报》刊登接收关金国币存款启事。振成丰汇兑银信局总局的地址在曼谷耀华力七层楼脚新建大厦门牌四六六，分局住汕头旧公园左巷十二号

1947 年 5 月 18 日暹罗华侨银信局公会成立，振成丰为首届会员商号，代表人许子青。

1953 年臣信、能信、名信三家公司联合成立信联有限公司，成员包括其他批信局业者，称为购批代表。振成丰为其中之一。据该年 5 月 11 日《中原报》所载之《信联有限公司购批代表名单》，振成丰的经营地址在曼谷三聘街 391 号。

振丰隆

暹京曾锡友寄港币叁拾伍元至澄邑图濠乡曾瑞旭。批封印“暹京　振丰隆银信局　电话 21398 (三聘陈合利转知)”，销汕头“55. 1. 12”侨批专用邮戳

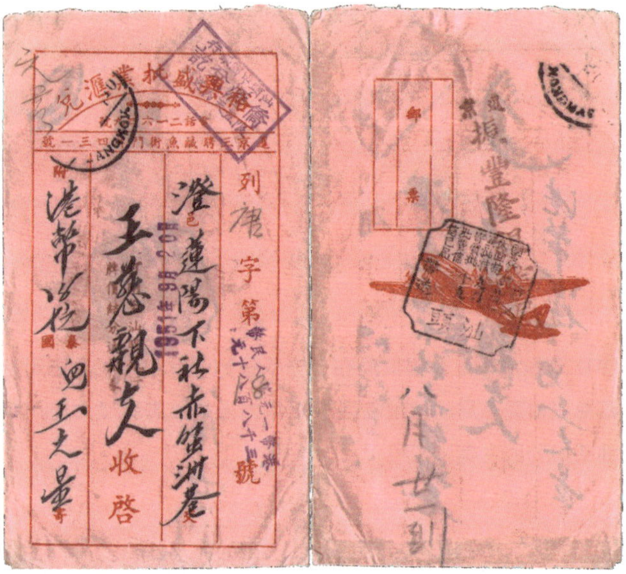

泰国王大星用裕兴盛批业汇兑自印封寄港币十五元至澄邑莲阳下社母亲。批封盖 1951 年 9 月 20 日“汕头中国银行侨汇兑讫限五天内送到”结汇章和“暹京振丰隆银信局”印，同在曼谷的两家批局合作经营侨批业务

暹京黄仁盛寄港币贰拾元至澄邑凤岭乡黄彬盛。批封印“振丰隆银信局　公司廊路一五四号陈合利内”，盖一九五七年三月二十七日“汕头中国银行核盖侨批之章”和“暹京振丰隆银信局”印

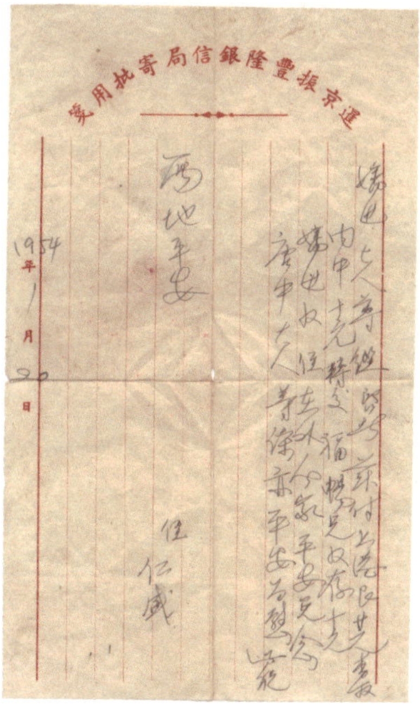

暹京振丰隆银信局寄批专用信笺

1953 年臣信、能信、名信三家公司联合成立信联有限公司，成员包括其他批信局业者，称为购批代表。振丰隆为其中之一。据该年 5 月 11 日《中原报》所载之《信联有限公司购批代表名单》，振丰隆的经营地址在曼谷 trok krai 792。

振华丰

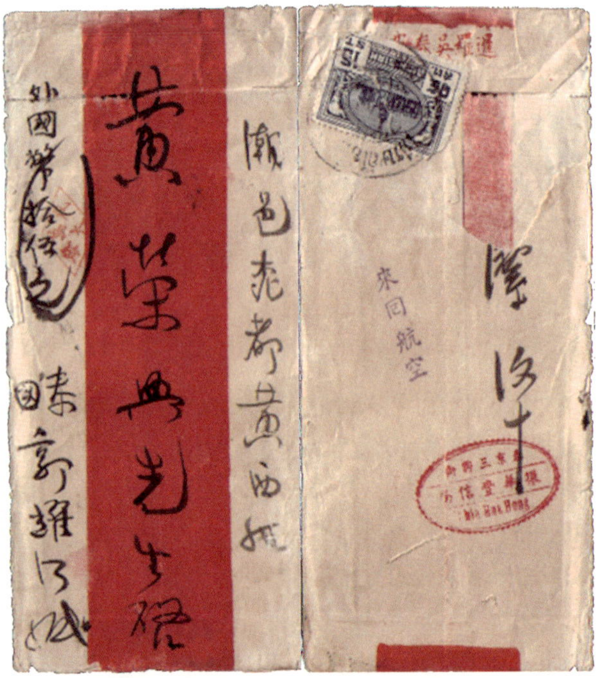

泰国郭耀日寄国币拾伍元至潮邑桃都黄荣典。批封盖“暹京三聘街振华丰信局”印

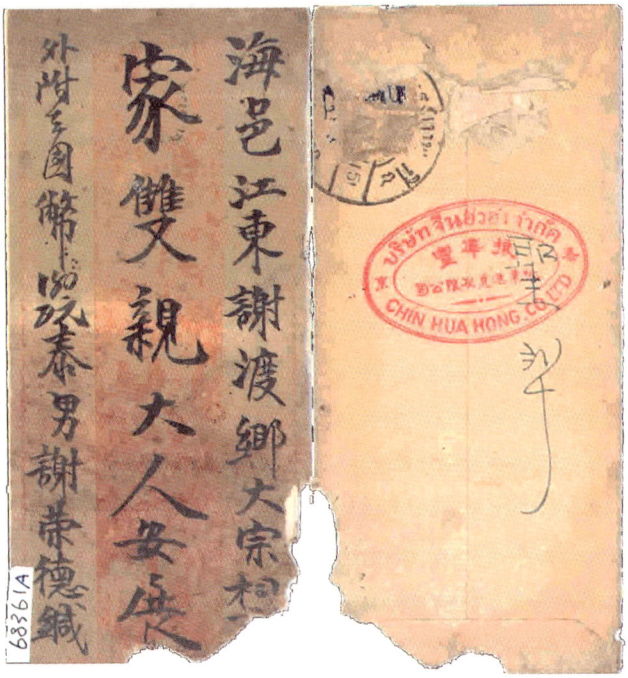

泰谢荣德寄国币一百五十元至海邑江东谢渡乡双亲。批封盖“振华丰批业汇兑有限公司”中、英、泰文印

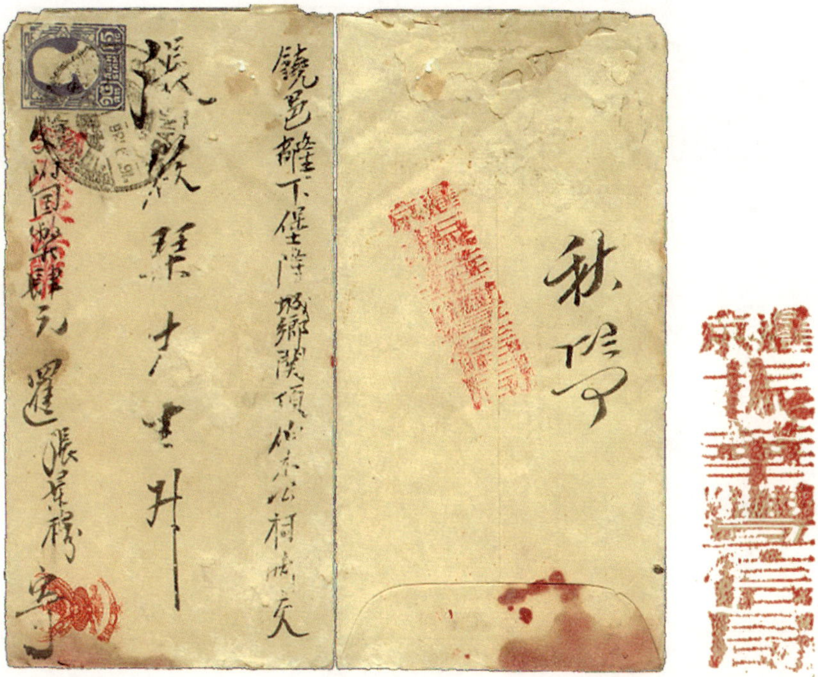

暹张景穆用泰国 15 士丁邮资封寄国币肆元至饶邑隆下堡隆城乡张莜琹。批封销曼谷“16. 9. 36”邮戳，盖“暹京振华丰信局”印

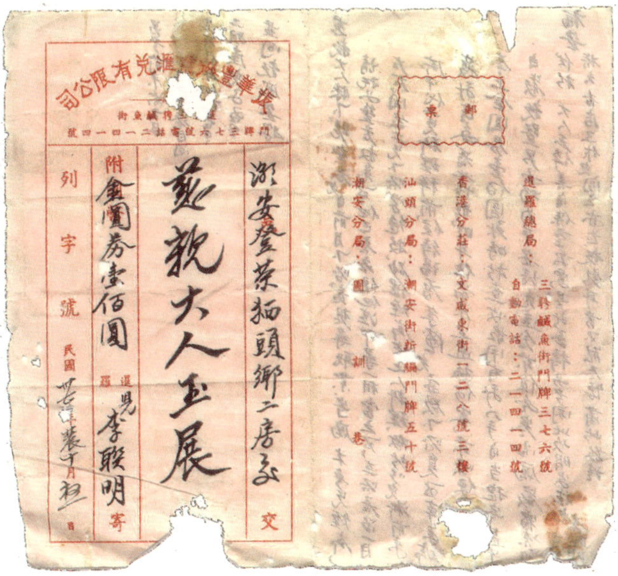

暹罗李联明民国卅七年（1948）农十月初一寄金圆券壹佰元至潮安登荣狮头乡母亲。批封印“振华丰批业汇兑有限公司　暹京三聘咸鱼街　门牌三七六号电话二一四一四号”，批封背面印“香港分庄：文咸东街一二八号三楼　汕头分局：潮安街新编门牌五十号　潮安分局：图训巷”

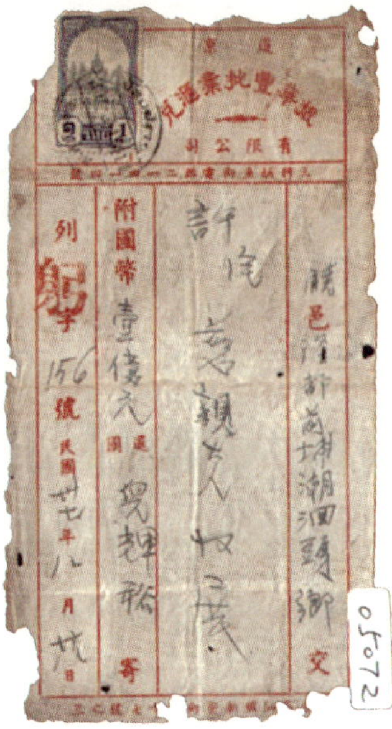

暹国辉裕民国卅七年（1948）八月廿八日寄国币壹亿元至饶邑隆都前埔潮回头乡母亲。批封底部印“汕头潮安街□十七号之三”

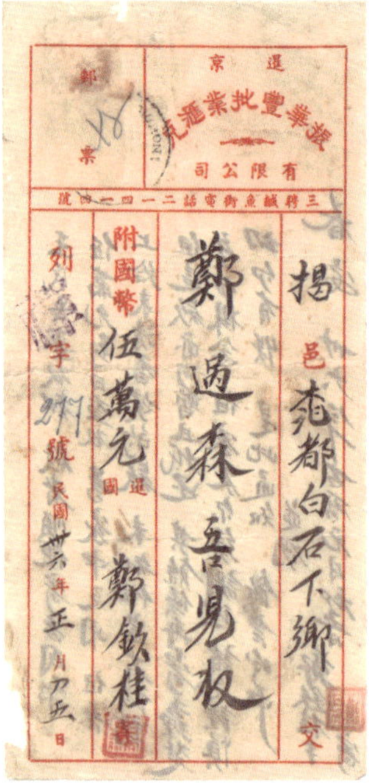

暹国郑钦桂民国卅六年（1947）正月初五寄国币伍万元至揭邑桃都白石下乡郑过森

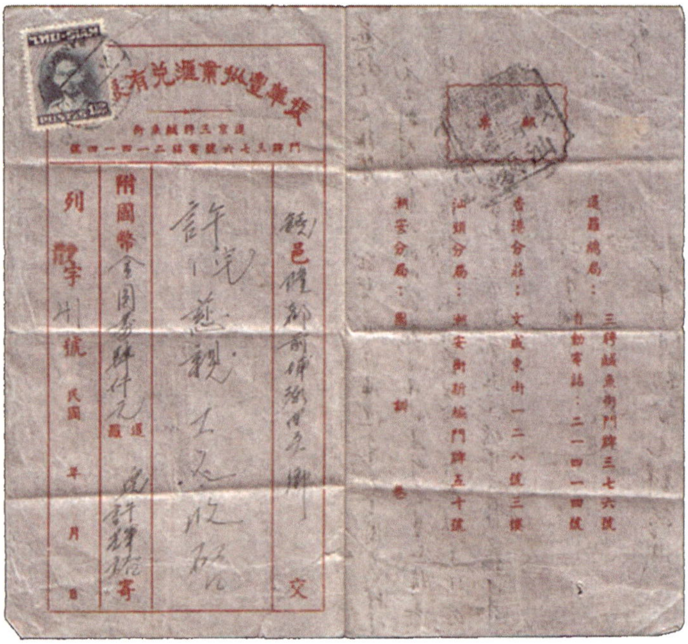

暹罗许辉裕寄金圆券肆仟元至饶邑隆都前埔潮回头乡母亲

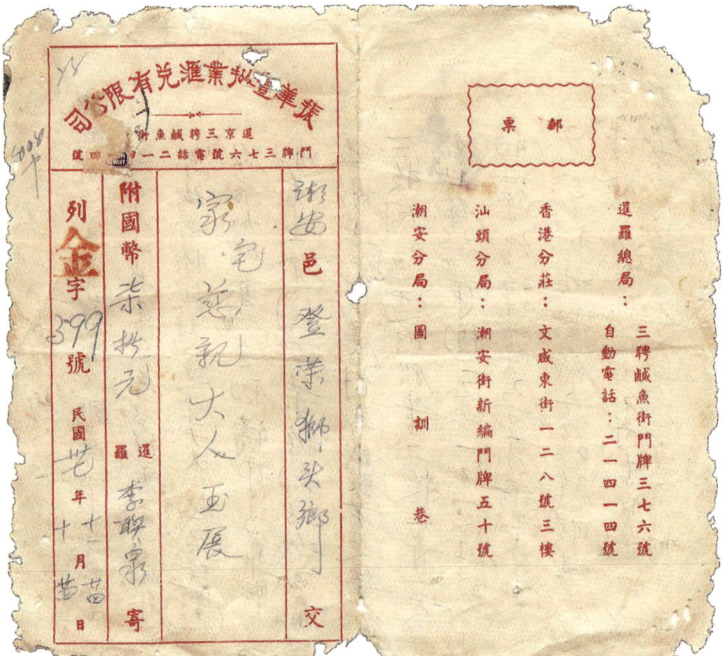

暹罗李联泉民国卅七年（1948）十一月廿四日寄国币柒拾元至潮安邑登荣狮头乡母亲。振华丰白色批封背面印“香港分庄：文咸东街一二八号三楼　汕头分局：潮安街新编门牌五十号”

泰国刘剑华寄银叁佰元至普邑二区乌石新寮村双亲。批封上销汕头“57. 9. 17”侨批专用邮戳，印“汕头福茂批局　住潮安街门牌五十号　潮安振华丰批局　住图训巷门牌十六号”

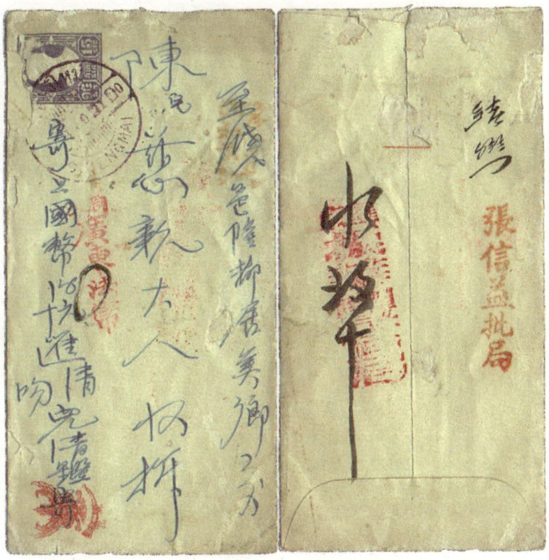

暹清吻清鉴用泰国 15 士丁邮资封寄国币十五元至饶邑隆都居美乡母亲。批封盖“张信益批局”和“暹京振华丰信局”印。张信益与曼谷振华丰合作经营侨批业务

泰国许辉裕用振华丰批业汇兑有限公司自印封寄港币壹佰元至饶邑隆都前埔潮回头乡母亲。批封销“一九五三年三月十二”侨批专用邮戳，盖“暹京三聘永华利银信局”印。同在曼谷的两家批局合作经营侨批业务

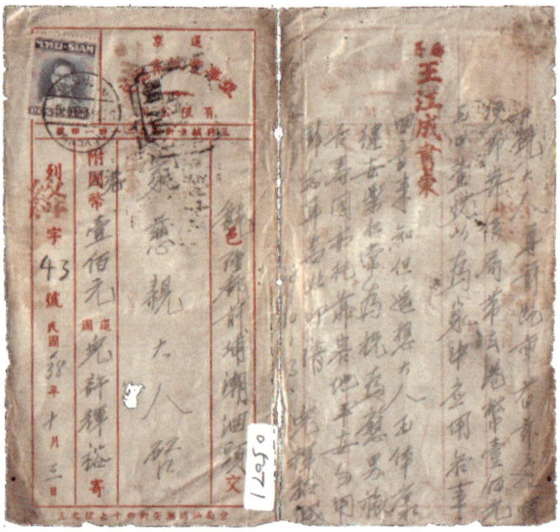

暹国许辉裕一九四九年十月三日寄港币壹佰元至饶邑隆都前埔潮回头乡母亲。批封盖“廊开王江成书柬”印。廊开王江成和暹京的振华丰合作经营侨批业务

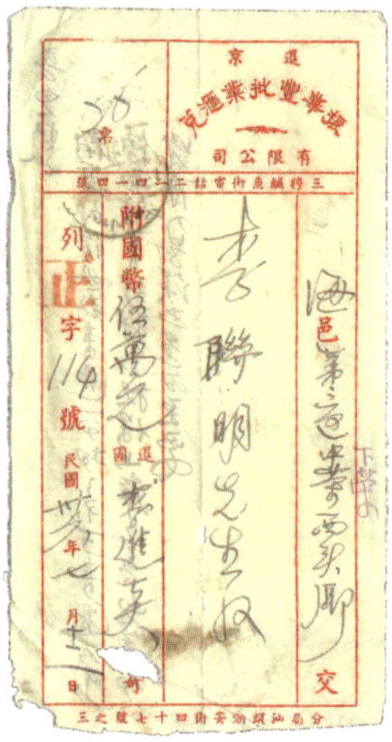

暹国李进炎民国卅六年（1947）七月十二日寄国币伍万元至海邑第三区下荣西头乡李联明。批封印“分局汕头潮安街四十七号之三”

廊开（Nong Khai），泰国东北地区的一个府。

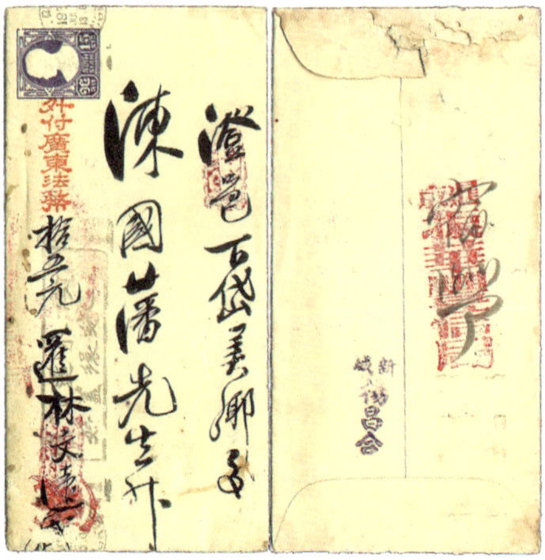

暹林文远用泰国15士丁邮资封寄广东法币拾五元至澄邑下岱美乡陈国藩。批封盖“新城杨昌合”和“暹京振华丰信局”印。新城杨昌合与曼谷振华丰合作经营侨批业务

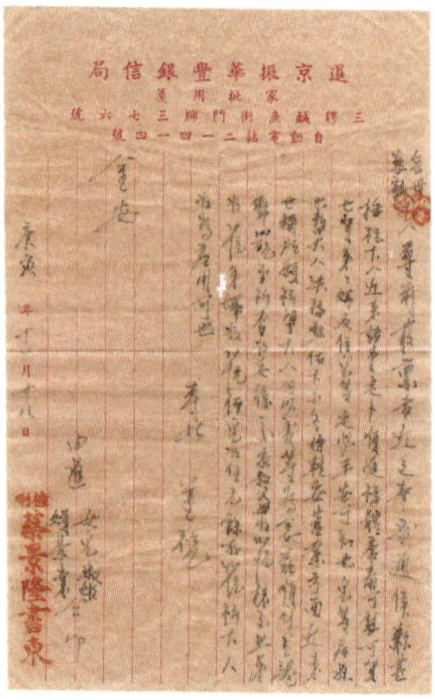

暹京振华丰银信局写批专用信笺

1947年5月18日暹罗华侨银信局公会成立，振华丰为首届会员商号，代表人陈谷华。

1953年臣信、能信、名信三家公司联合成立信联有限公司，成员包括其他批信局业者，称为购批代表。振华丰为其中之一。据该年5月11日《中原报》所载之《信联有限公司购批代表名单》，振华丰的经营地址在曼谷三聘376号。

振华泰

黄两雄用振华泰批局橙色自印封寄港币弍佰元至澄邑上华区横陇村黄正发本号。批封盖 1963 年 9 月 5 日“汕头中国银行核盖侨批之章”

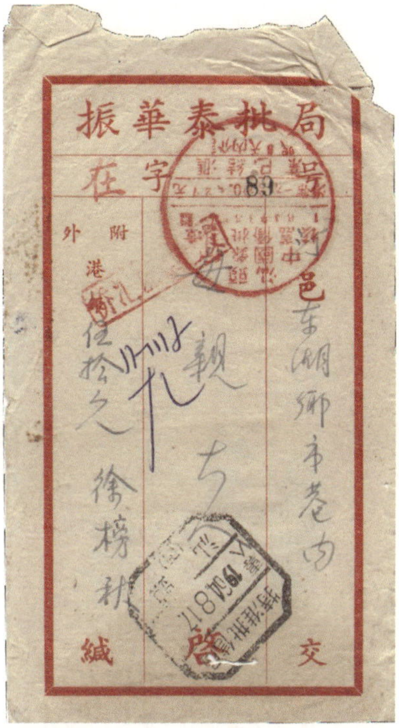

徐榜秋用振华泰批局白色自印封寄港币伍拾元至澄邑东湖乡母亲。批封销汕头“1964. 8. 17”侨批专用邮戳

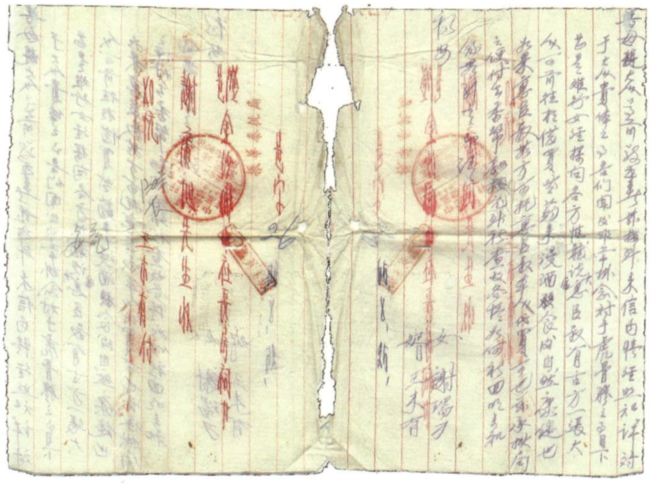

谢瑞才、王木有 1965 年 8 月 25 日寄港币肆拾元至澄邑金砂乡谢广旭。批封盖“振华泰批局”印

振利丰

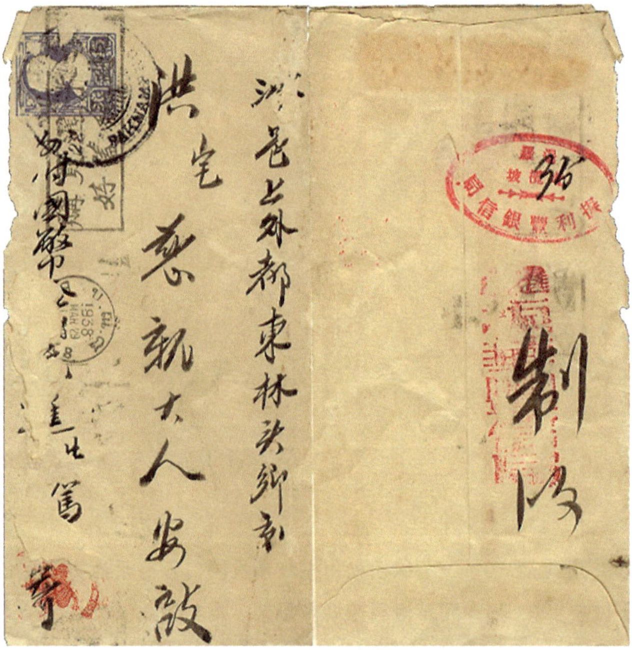

暹□笃用泰国 15 士丁邮资封寄国币□□至澄邑上外都东林头乡母亲。批封销曼谷“1938 MAR 29”邮戳，盖“暹罗北榄坡振利丰银信局”和“暹京振华丰信局”印。北榄坡振利丰与曼谷振华丰合作经营侨批业务

北榄坡，泰国中部那空沙旺府的别称。

振 茂

暹张淑复用华丰泰汇兑银信局自印封寄国币柒拾万元至潮安县江东都母亲。批封盖“华丰泰银信局”和“北榄坡振茂信局代收”印。北榄坡振茂与曼谷华丰泰合作经营侨批业务

暹笃友 1948 年 4 月 13 日用振泰丰银信局自印封寄国币壹仟万元至洪宅母亲。批封盖“笃友民信部代收”和“北榄坡振茂信局代收”印。北榄坡振茂、笃友与曼谷振泰丰三家批局合作经营侨批业务

振盛兴

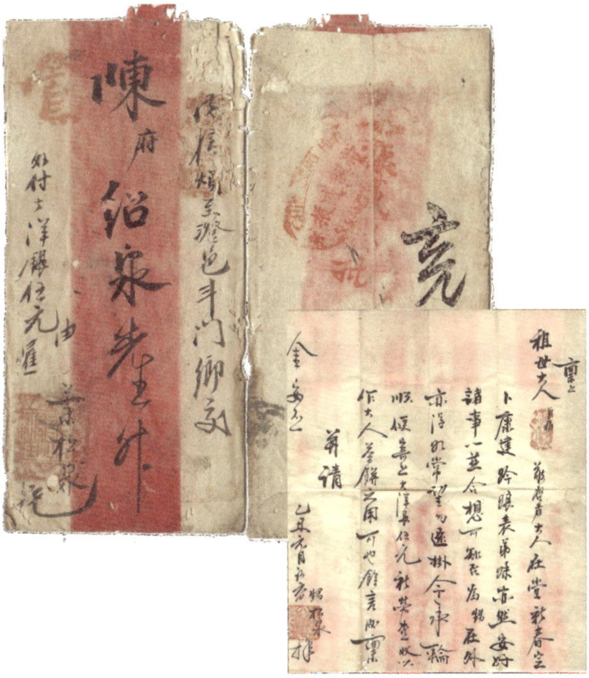

暹叶松泉乙丑（1925）元月初六日寄大洋银伍元至澄邑斗门乡陈绍泉。批封盖“振盛兴带”和“振盛兴批”印

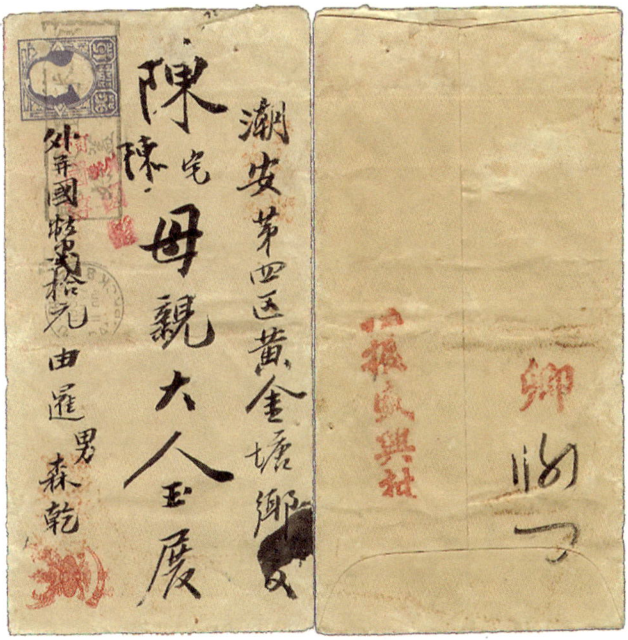

暹森乾用泰国 15 士丁邮资封寄国币式拾元至潮安第四区黄金塘乡母亲。批封销曼谷“1938. 5. 7”邮戳，盖“振盛兴批”印

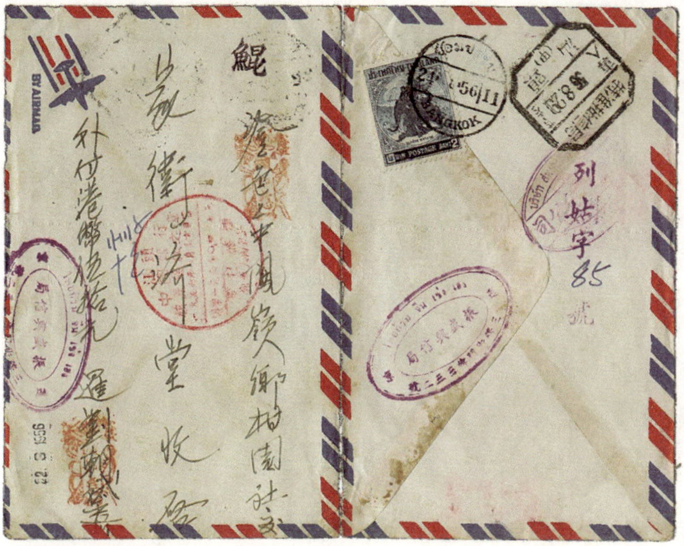

暹刘朝斌寄港币伍拾元至澄邑上中凤岭乡卫济堂。批封销汕头“56. 8. 29”侨批专用邮戳，盖“暹京振盛兴信局三聘街门牌三三二号”印

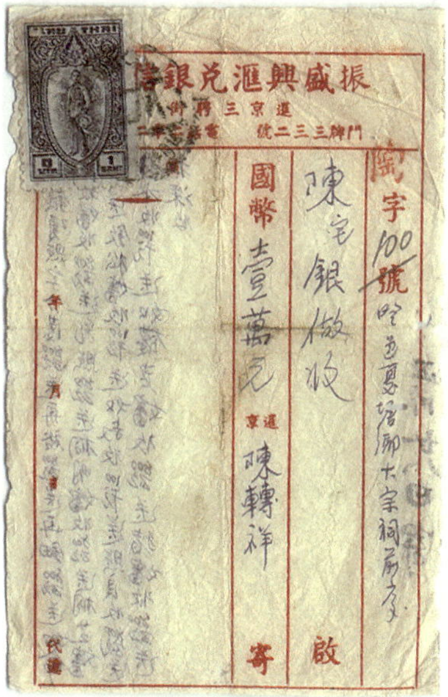

暹京陈转祥寄国币壹万元至澄邑夏塘乡陈银做。批封印“振盛兴汇兑银信局　暹京三聘街门牌三三二号”

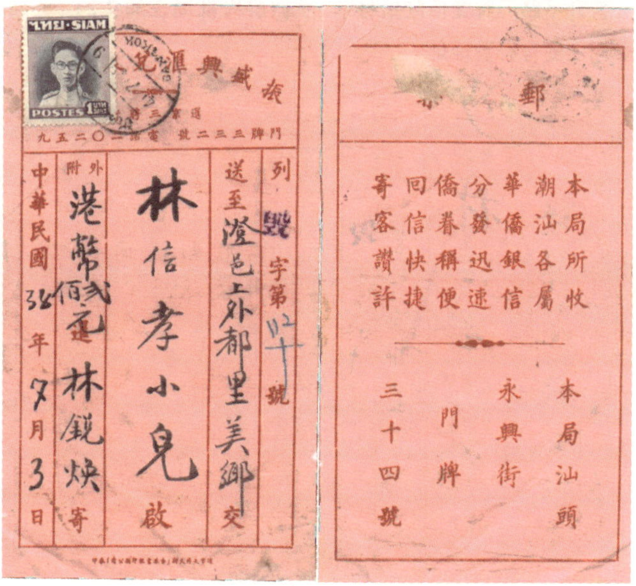

暹林锐焕 1949 年 7 月 3 日用振盛兴自印封寄港币弍佰元至澄邑上外都里美乡林信孝。批封印“本局汕头永兴街门牌三十四号”

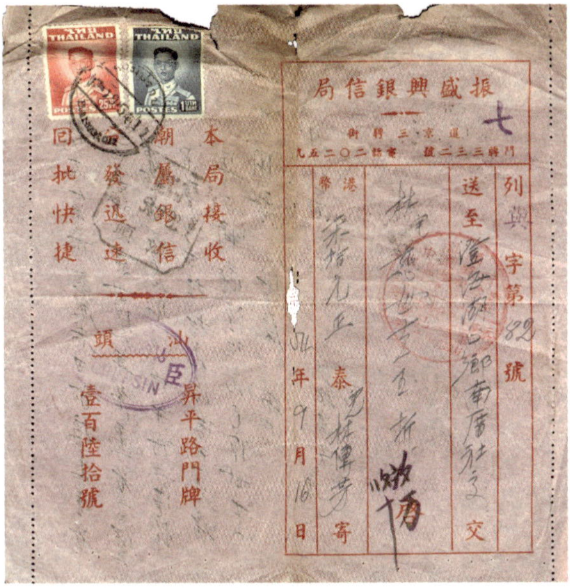

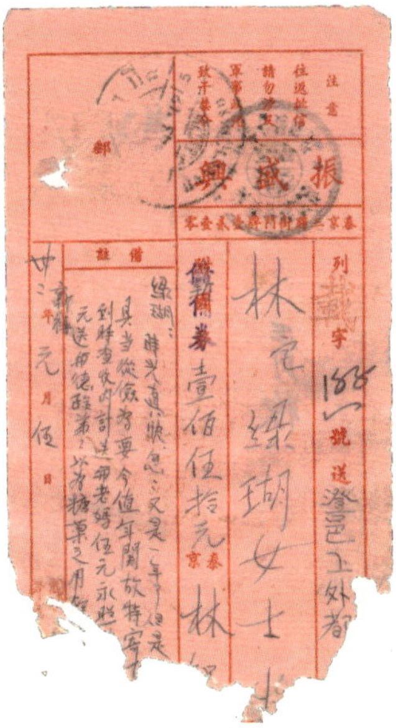

泰林传芳1954年9月16日用振盛兴银信局自印封寄港币柒拾元至澄海湖心乡母亲。批封所印“汕头升平路门牌壹佰陆拾号”，系振盛兴批局在汕头的同名商号经营地址

泰京林□民国卅二年（1943）元月伍日寄储备券壹佰伍拾元至澄邑上外都绿瑚。批封印“振盛兴　泰京三聘街门牌壹贰壹零”

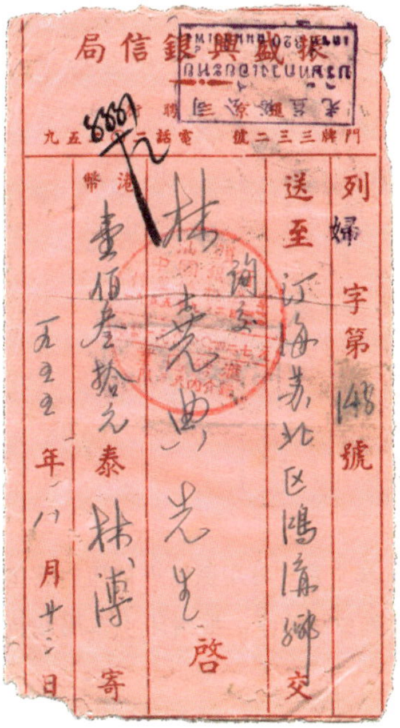

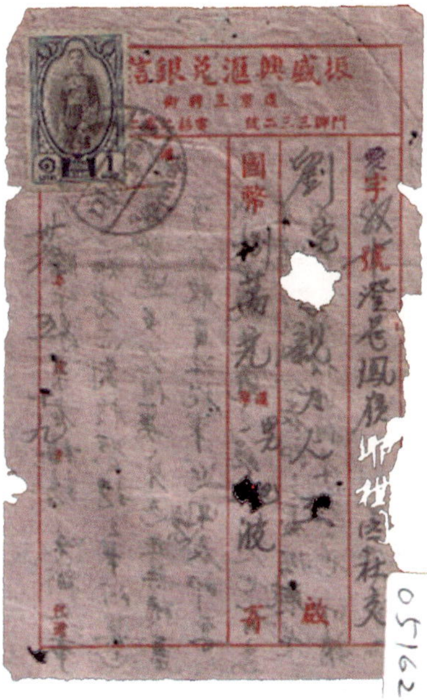

泰林溥一九五五年八月廿三日用振盛兴银信局自印封寄港币壹佰叁拾元至澄海苏北区鸿沟乡林尧典。批封盖“光益裕公司”印。同在曼谷的两家批局合作经营侨批业务

暹京旭波民国卅六年（1947）五月十九日寄捌万元至澄邑风岭乡母亲。批封印“振盛兴汇兑银信局”

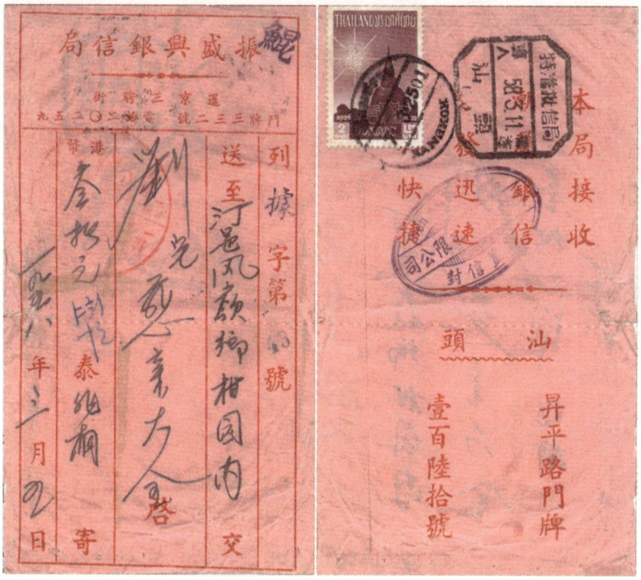

泰兆桐一九五八年三月五日寄港币叁拾元至澄邑风（凤）岭乡母亲。批封印“振盛兴银信局　电话二〇二五九”

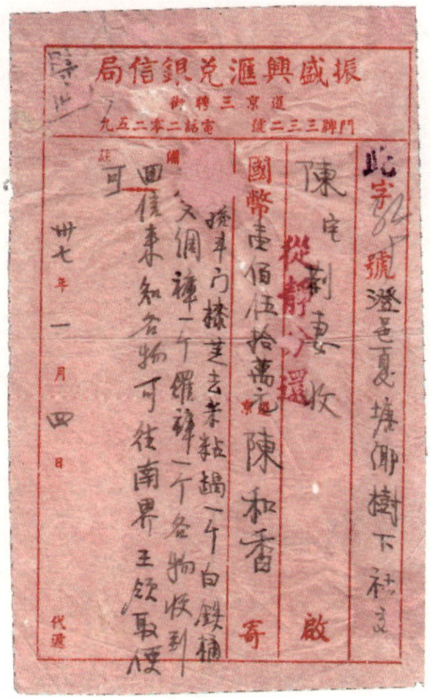

暹京陈和香民国卅七年（1948）一月四日用振盛兴粉红色自印封寄国币壹佰伍拾万元至澄邑夏塘乡妻子

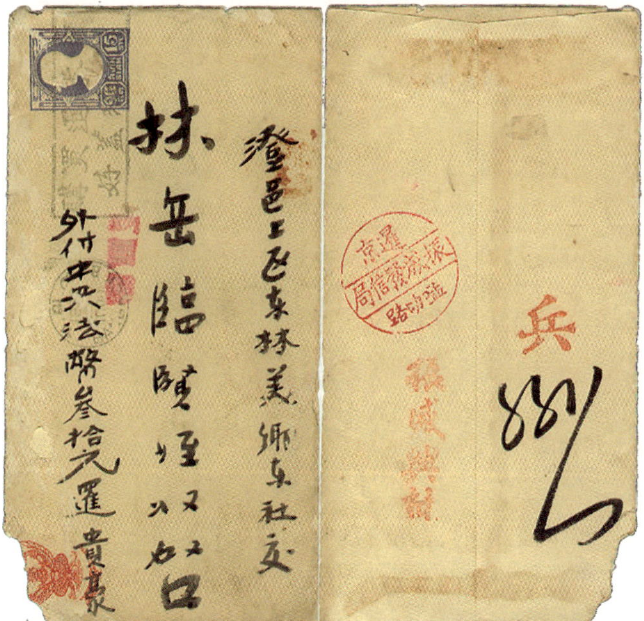

暹贵豪用泰国15士丁邮资封寄中央法币叁拾元至澄邑上区东林美乡林岳临。批封盖“暹京孟叻路振成发信局”和“振盛兴批”印。同在曼谷的两家批局合作经营侨批业务

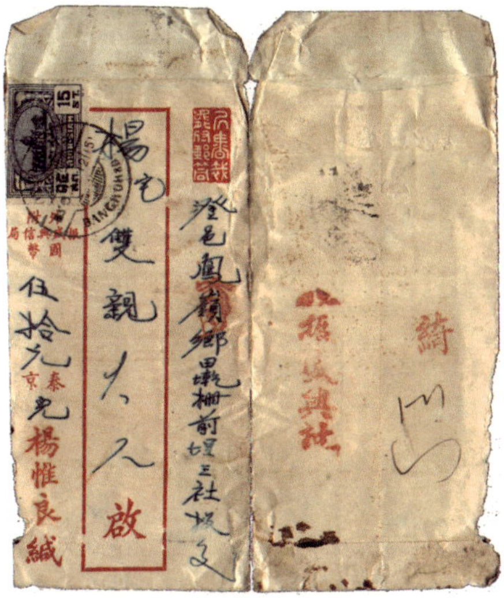

泰京杨惟良寄国币伍拾元至澄邑凤岭乡双亲。批封印“外附振盛兴信局国币”，盖“振盛兴批”印

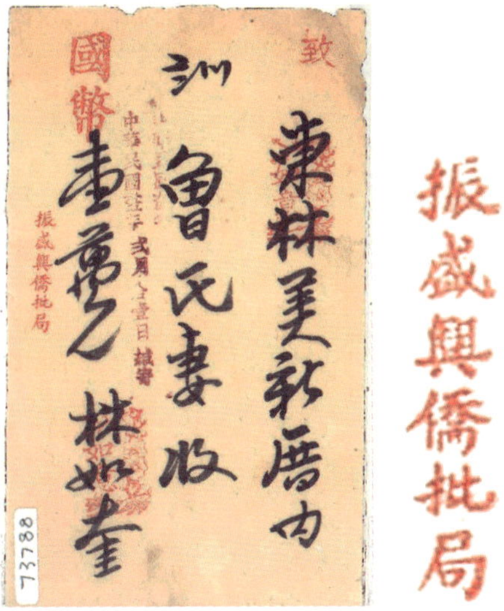

林如奎民国卅五年（1946）弍月拾壹日寄国币壹万元至东林美新厝内妻子。批封盖“振盛兴侨批局”印

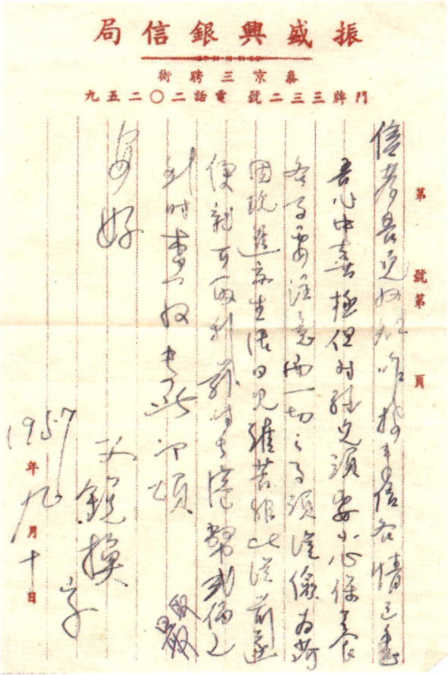

振盛兴银信局写批专用信笺

据泰国学者提供的资料，在泰国20世纪初的官方档案《御前报告》中，已有创建于曼谷三聘街的“振盛兴信局”的记录。该批局每年寄批金额约20万元。

1947年5月18日暹罗华侨银信局公会成立，选举首届理监事，振盛兴的曾壮吾当选为常务兼财政。

1953年臣信、能信、名信三家公司联合成立信联有限公司，成员包括其他批信局业者，称为购批代表。振盛兴为其中之一。据该年5月11日《中原报》所载之《信联有限公司购批代表名单》，振盛兴的经营地址在曼谷三聘332号。

振泰丰

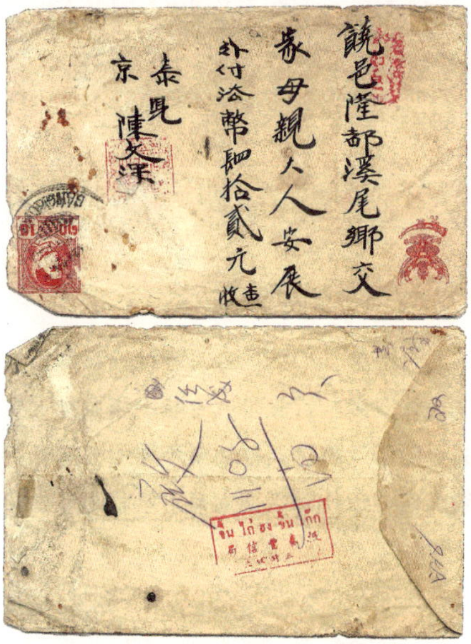

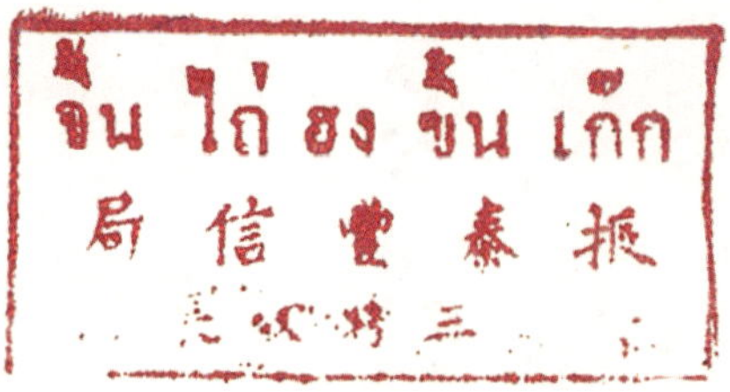

泰京陈文深寄港币肆拾贰元至饶邑隆都溪尾乡母亲。批封盖“振泰丰信局三聘”中、泰文印

泰京陈慈□寄国币壹佰元至饶邑居美乡陈武烈。批封印“暹京三聘蚊帐街　振泰丰银信局　门牌一千一百九十六号”

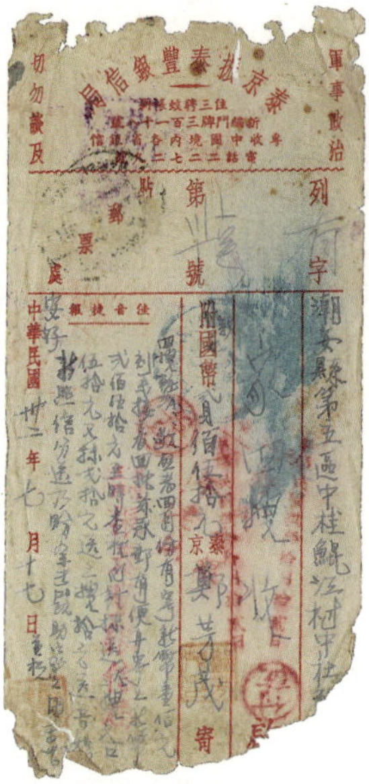

泰京郑芳茂民国卅二年（1943）七月十七日寄国币贰佰伍拾元至潮安县第五区中桂鲲江村四嫂。批封印“泰京振泰丰银信局　住三聘蚊帐街　新编门牌三百一十八号　电话二二七二九号”

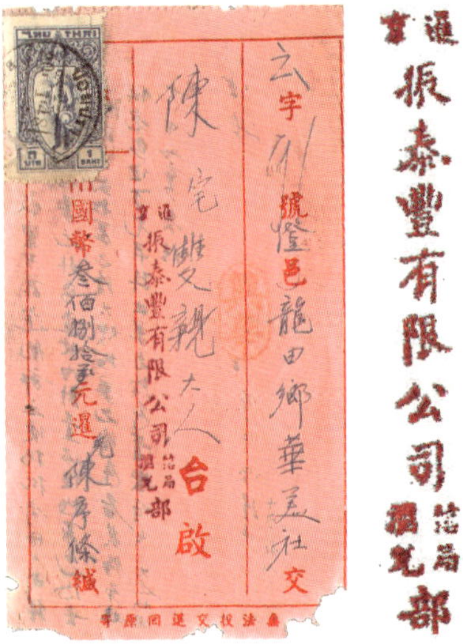

暹陈序条寄国币叁佰捌拾万元至澄邑龙田乡双亲。批封盖“暹京振泰丰有限公司信局汇兑部”印

暹京炳礼民国卅七年（1948）五月廿九日寄国币式仟万元至澄邑龙田乡双亲。封背印“专收潮属侨批经营各港汇兑接收关金国币及高价买存汕票不愿亏兑寄汕存息利息从优手续简便并设特种活期逐月可将利息寄批惠顾诸君莅临接洽当使满意”广告

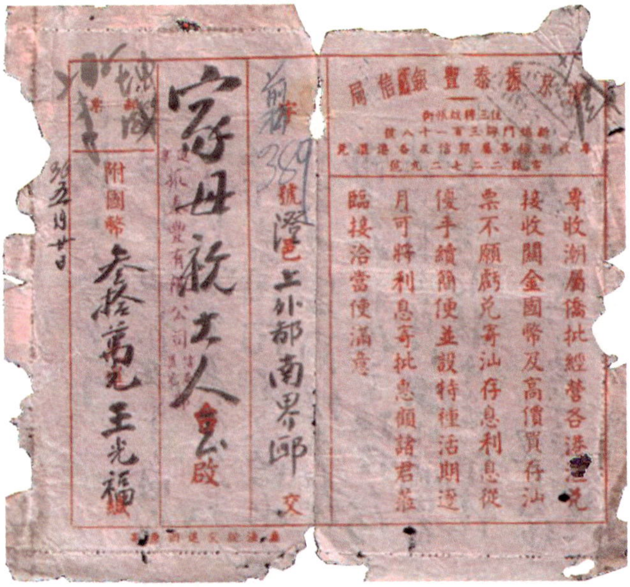

暹王光福民国三十六年（1947）五月廿日寄国币式拾万元至澄邑上外都南界乡母亲。批封印制格式与上图略有不同

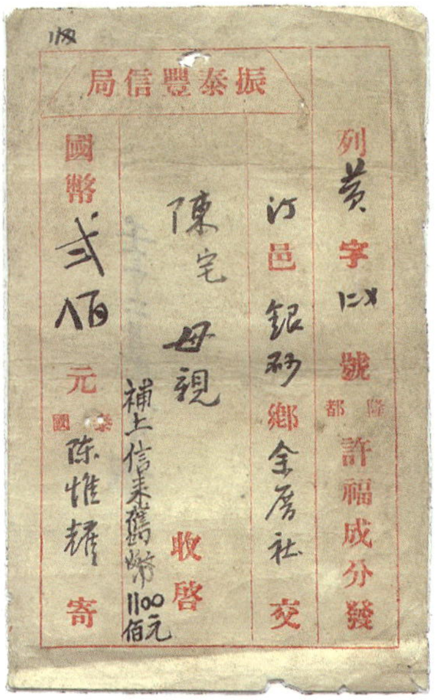

泰国陈惟耀寄国币贰佰元至澄邑银砂乡母亲。批封印“振泰丰信局　隆都许福成分发”。泰国振泰丰收寄侨批，收批地澄海隆都的许福成负责分发

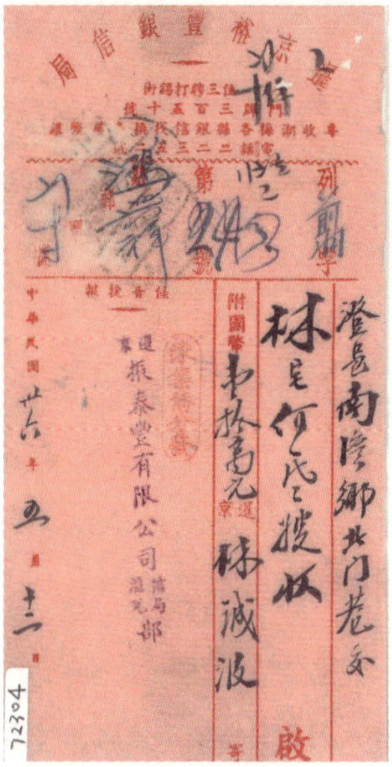

遏京林诚波民国卅六年（1947）五月十二日寄国币壹拾万元至澄邑南溪乡二嫂。批封盖“暹京振泰丰有限公司信局汇兑部”和“陈集侨分发”印。泰国振泰丰收寄侨批，收批地澄海的陈集侨负责分发

徐明寄国币伍万元至潮安江东区红砂乡洪伦名。批封盖“暹京三聘振泰丰银信局”印

暹京陈暹鑫民国卅八年（1949）2月20日用振泰丰银信局自印封寄金圆券式万伍仟元至海邑秋溪都阳山乡母亲。批封盖“店市利发隆庄分发”印。泰国振泰丰收寄的侨批在收批地由澄海店市的利发隆分发

暹笃友1948年4月13日用振泰丰银信局自印封寄国币壹仟万元至□□洪宅母亲。批封盖“笃友民信部代收”和“北榄坡振茂信局代收”印。三家批局合作经营侨批业务

暹京陈序条民国卅七年（1948）十二月十七日用振泰丰有限公司银信局自印封寄金圆券式佰元至澄邑冠山乡卢兴隆。批封盖“协成兴振记信局书柬”印。同在曼谷的两家批局合作经营侨批业务

振泰豐信局收找新張啟事

（自動電話二二七二九）

司理陳培南啓

1940 年 4 月 3 日振泰丰信局在《中原报》刊登收找新张启事：“敬启者敝号开张于三聘蚊帐街门牌一千一百九十六号（即陈炳春信局旧址）专收潮梅各县银信亲自登门分发担保回批快捷本咯及山吧各商号如有意代理者请祈移玉前来接洽可也敝号并设收找部找换各国银币值兹新张于始一切自当格外克己惠顾诸君无任欢迎（自动电话二二七二九）　司理陈培南启”

振泰豐有限公司匯兑信局部接收關金國幣汕票寄汕存欵啓事

1947 年振泰丰有限公司汇兑信局部在《光华报》刊登接收关金国币汕票寄汕存款启事，标明信局地址为三聘蚊帐街三一八号，电话二二七二九

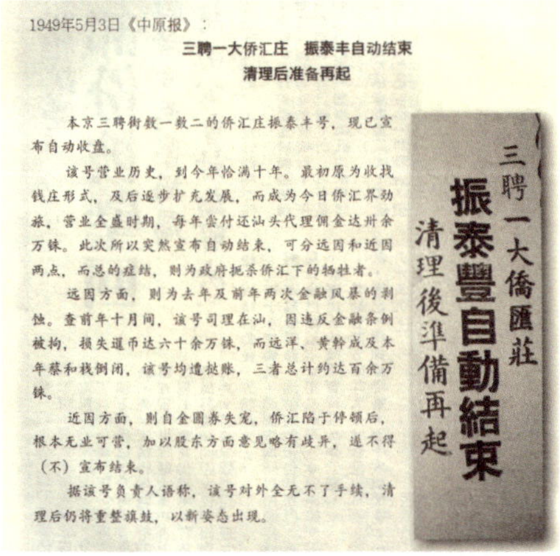
1949年5月3日《中原报》：

三聘一大侨汇庄　振泰丰自动结束

清理后准备再起

本京三聘街数一数二的侨汇庄振泰丰号，现已宣布自动收盘。

该号营业历史，到今年恰满十年。最初原为收找钱庄形式，及后逐步扩充发展，而成为今日侨汇界劲旅，营业全盛时期，每年尝付还汕头代理佣金达卅余万铢。此次所以突然宣布自动结束，可分远因和近因两点，而总的症结，则为政府扼杀侨汇下的牺牲者。

远因方面，则为去年及前年两次金融风暴的剥蚀。查前年十月间，该号司理在汕，因违反金融条例被拘，损失暹币达六十余万铢，而远洋、黄轸成及本年蔡和栈倒闭，该号均遭挞账，三者总计约达百余万铢。

近因方面，则自金圆券失宠，侨汇陷于停顿后，根本无业可营，加以股东方面意见略有歧异，遂不得（不）宣布结束。

据该号负责人语称，该号对外全无不了手续，清理后仍将重整旗鼓，以新姿态出现。

三聘一大僑匯莊

振泰豐自動結束

清理後準備再起

1949 年 5 月 3 日《中原报》报道：《三聘一大侨汇庄　振泰丰自动结束　清理后准备再起》

1947 年 5 月 18 日暹罗华侨银信局公会成立，选举首届理监事，振泰丰的郑德芳当选为稽查。

振兴

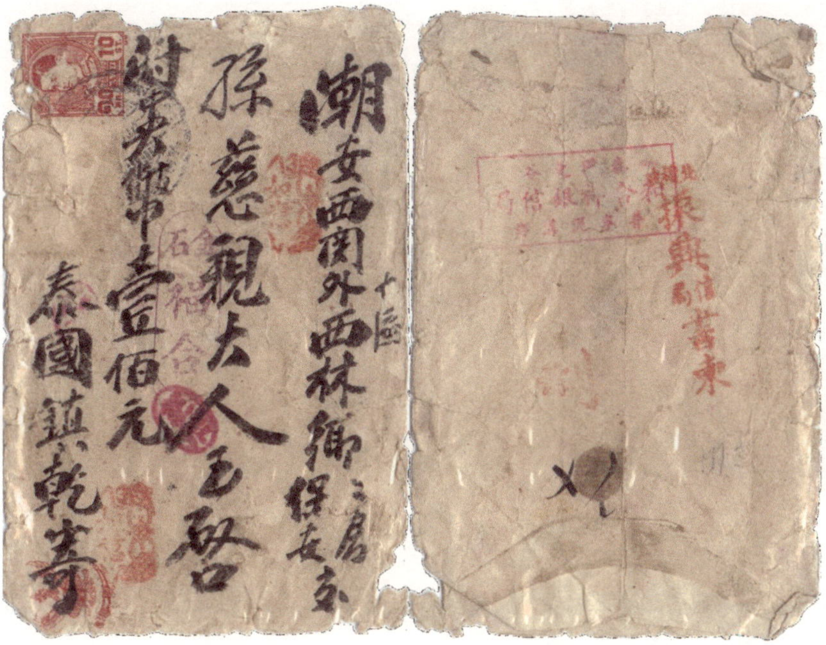

泰国镇乾用泰国 10 士丁邮资封寄中央币壹佰元至潮安西关外西林乡母亲。批封盖“北榄坡振兴信局书柬”“泰国曼谷和合祥银信局普宁泥沟乡”和“金石福合”印。北榄坡振兴和曼谷和合祥合作在泰国收寄侨批，收批地潮安金石的福合负责分发

北榄坡，泰国中部那空沙旺府的别称。

正基

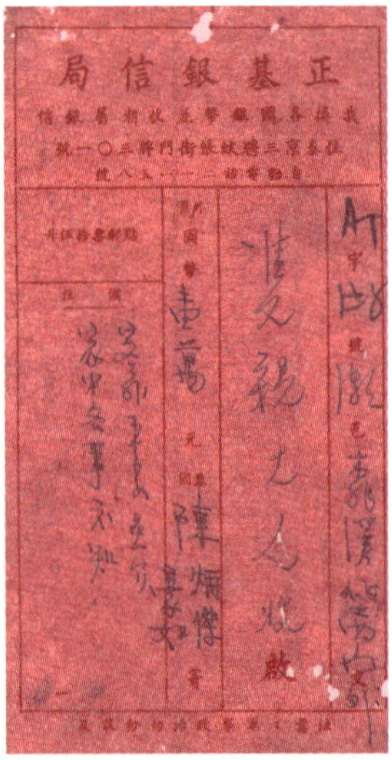

泰国陈炳杰、陈豪如寄国币壹万元至潮邑桃溪乡双亲。批封印“正基银信局　住泰京三聘蚊帐街门牌三〇一号　自动电话二一一五八号”

暹罗谢锡泉寄国币伍佰万元至潮安江东都井美乡母亲。批封销曼谷“17. 5. 48”邮戳

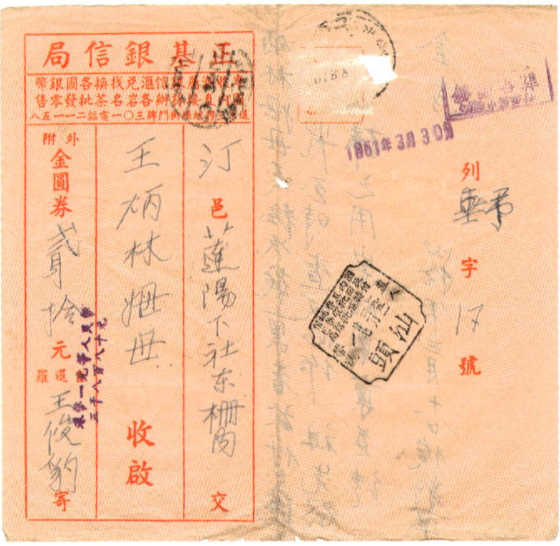

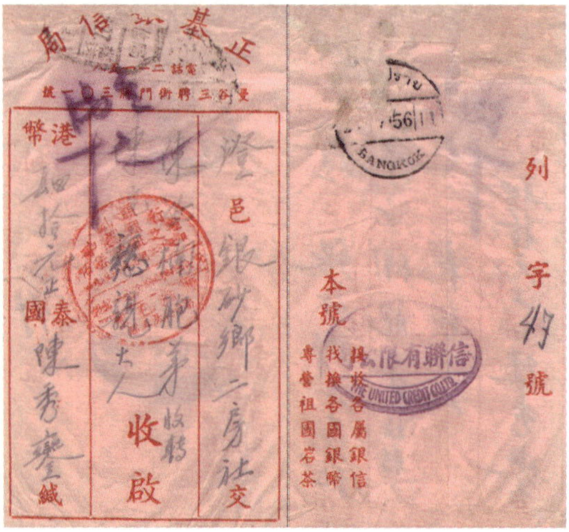

暹罗王俊豹寄金圆券（港币）贰拾元至澄邑莲阳下社王炳林。批封盖汕头一九五一年三月廿七日侨批专用邮戳。几款批封格式、内容不变，只是印制的薄纸颜色不一

泰国陈秀銮寄港币肆拾元至澄邑银砂乡陈汝楠。批封盖一九五六年七月二十七日“汕头中国银行核盖侨批之章”。批封上公司抬头印制格式略有调整，改为弧形排列

泰国姚木坤寄港币伍拾元至澄邑樟林姚木勇。批封上印“分局汕头仁和街九一号”，盖1958年8月25日“汕头中国银行核盖侨批之章”

暹何顺周寄港币五十元至潮安官塘乡陈运昇。批封销汕头一九五三年六月五日侨批专用邮戳，盖“暹京正基银信局”印

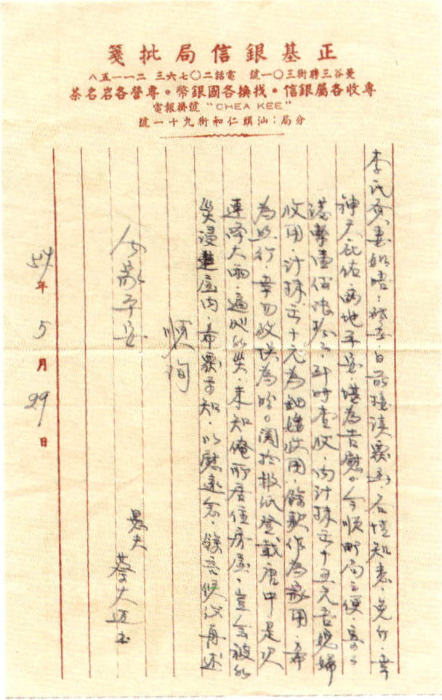

正基银信局写批专用信笺

1947年5月18日暹罗华侨银信局公会成立，正基为首届会员商号，代表人马实秋。

1953年臣信、能信、名信三家公司联合成立信联有限公司，成员包括其他批信局业者，称为购批代表。正基为其中之一。据该年5月11日《中原报》所载之《信联有限公司购批代表名单》，正基的经营地址在曼谷三聘301号。

郑成顺利庆记

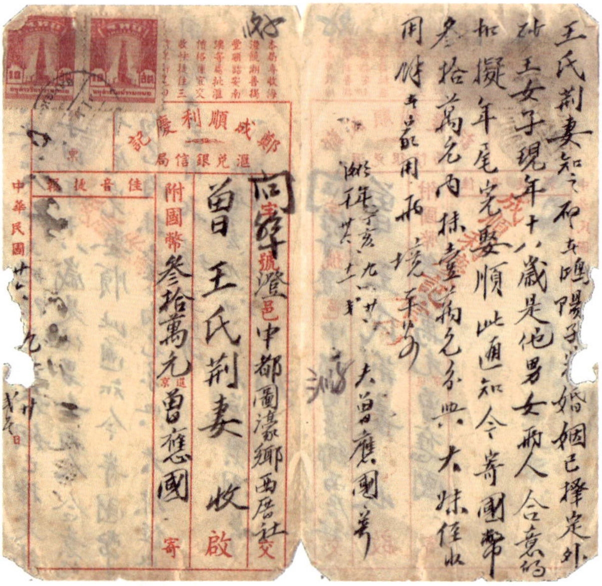

暹京曾应国民国卅六年（1947）十一月二日寄国币叁拾万元至澄邑中都图濠乡妻子。批封印“郑成顺利庆记汇兑银信局”，盖“成顺利庆记信局”印

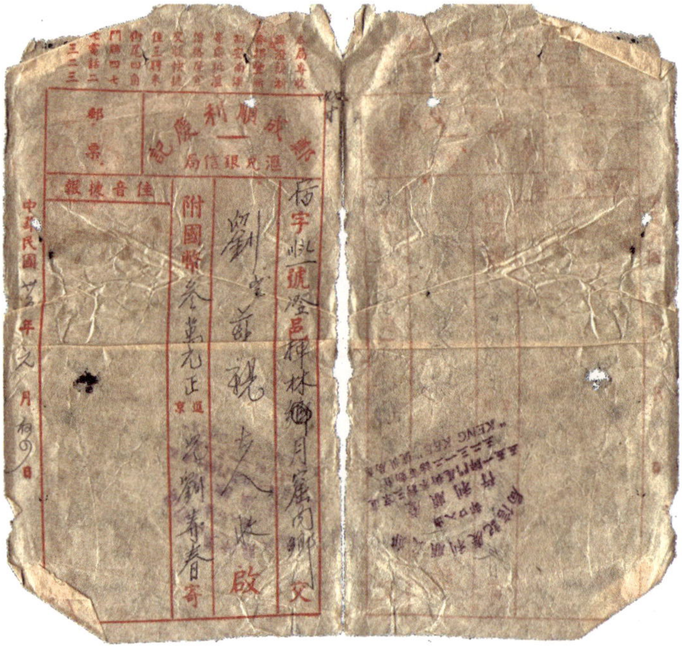

暹京刘寿春卅五年（1946）元月初四寄国币叁万元至澄邑樟林月窟内乡母亲。批封盖“郑成顺利庆记信局　出入口部　庆顺利行　暹京三聘米街尾门牌一五五　自动电话二一三二三”印

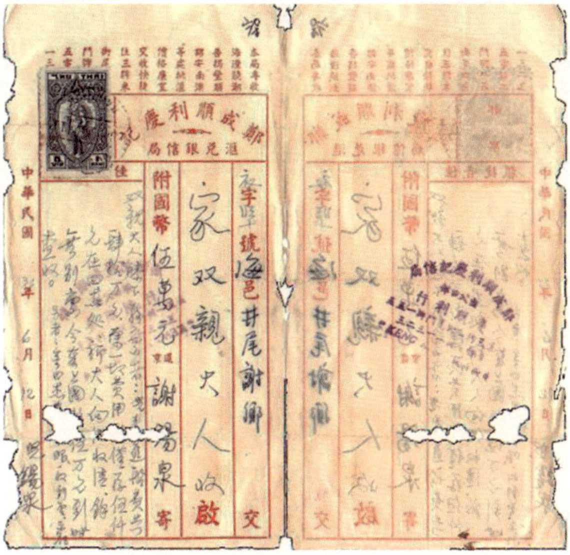

暹京谢锡泉民国三十六年（1947）6 月 12 日寄国币伍万元至海邑井尾谢乡双亲。几款批封印制格式、内容未变，只是纸张颜色不同

暹京锡汉用郑成顺利庆记汇兑银信局自印封寄国币伍佰万元至饶邑隆都宅头村祖母。批封销曼谷“22.6.48”邮戳。盖“暹京三聘永泰祥银信局”印。同在曼谷的两家批局合作经营侨批业务

暹京丁章镇卅六年（1947）十一月十七日寄国币叁拾万元至澄邑东厢乡母亲。批封盖“成顺利庆记信局”印

暹姚炎泉寄港币壹佰元至揭邑西门外风林乡姚国洪。批封盖一九五六年十月十一日“汕头中国银行核盖侨批之章”和“郑成顺利庆记银信局”印

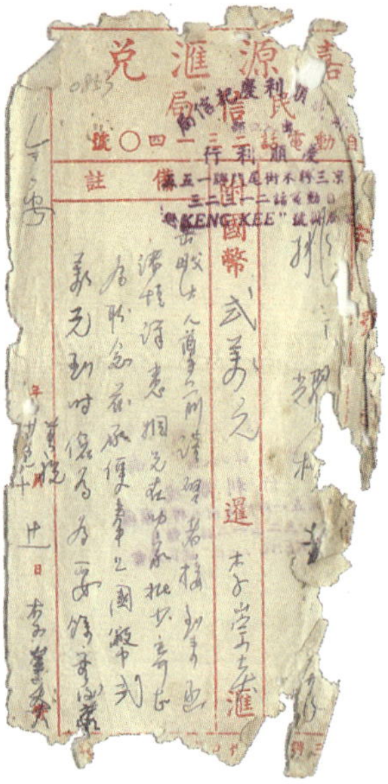

暹李崇炎用嘉源汇兑民信局自印封寄国币弍万元至□□岳祖父母。批封盖“郑成顺利庆记信局”印。同在曼谷的两家批局合作经营侨批业务

泰陈思万寄港币叁拾元至潮安大码头田心村陈芝杈。批封印“郑成顺利庆记信局无限公司 泰京耀华力路 门牌三二八号电话二一七六八号”

泰黄世峰一九五六年十二月廿五日寄港币叁拾元至澄邑菊池乡母亲。批封印“郑成顺利庆记信局 泰京耀华力路 门牌三二八号”

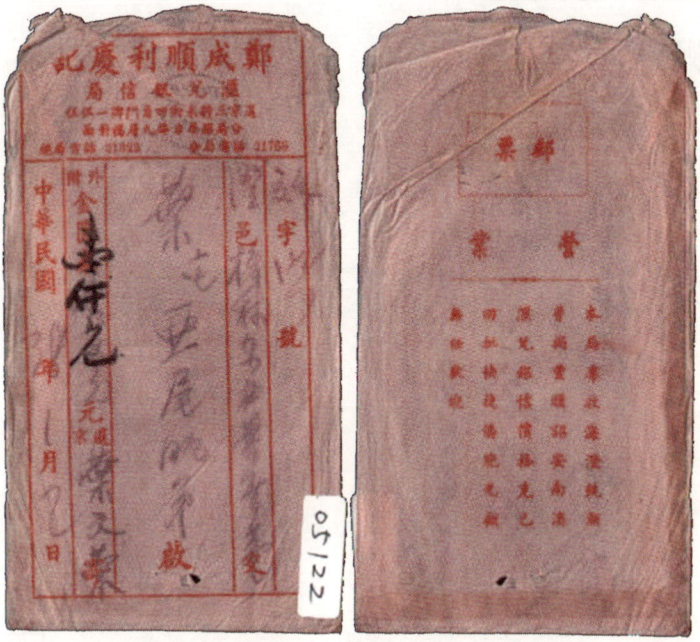

暹京叶文荣 1949 年 1 月 2 日寄金圆券壹仟元至澄邑樟林东社叶亚尾。批封印“郑成顺利庆记汇兑银信局　暹京三聘米街四角门牌一伍伍　分局耀华力路九层楼对面”

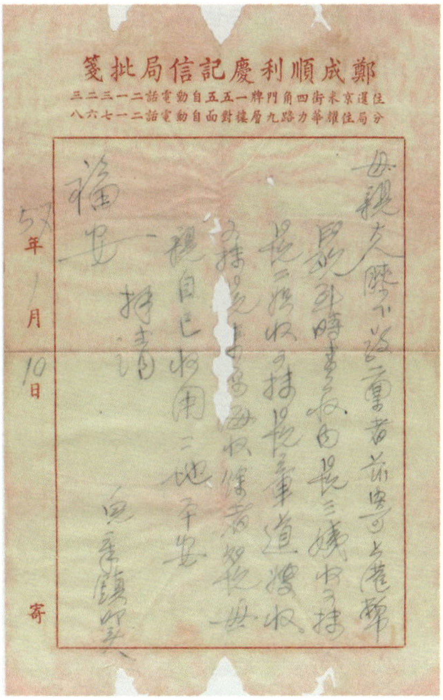

郑成顺利庆记信局写批专用信笺

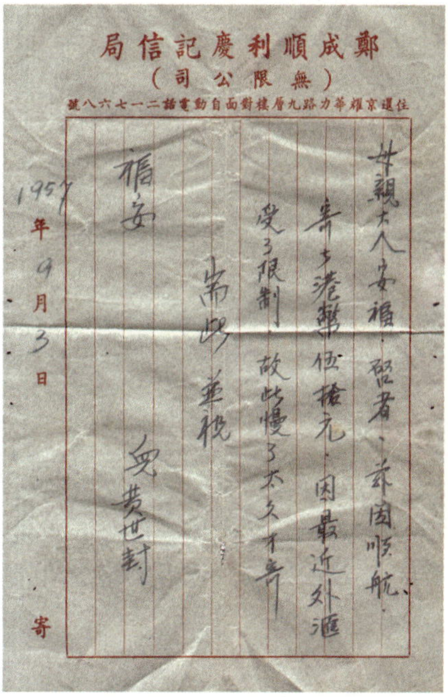

郑成顺利庆记信局（无限公司）信笺

1947 年 6 月 1 日暹罗华侨银信局公会成立，郑成顺利庆记为首届会员商号，代表人郑睦宇。

郑成顺利贤记

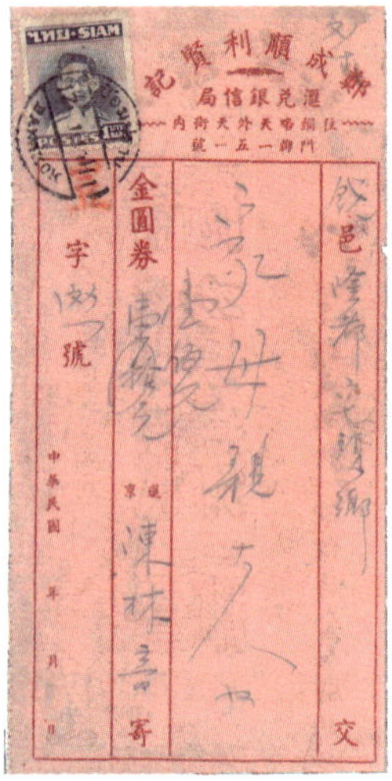

暹京陈林音寄金圆券壹佰元至饶邑隆都宅头乡母亲。批封印“郑成顺利贤记　汇兑银信局　住网咯天外天街内　门牌一五一号”

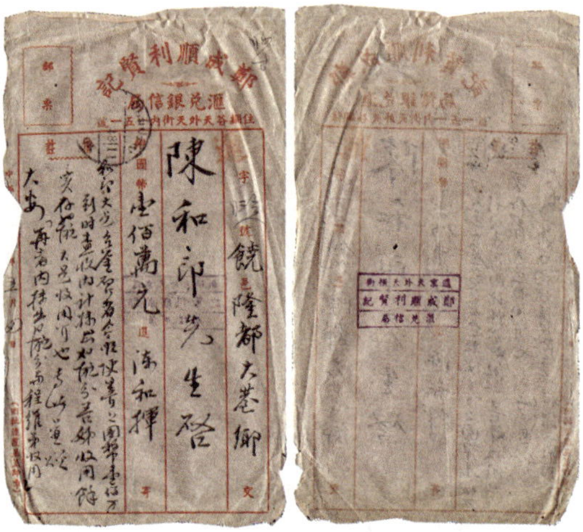

暹陈和挥 1948 年 5 月 4 日寄国币壹佰万元至饶邑隆都大巷乡陈和印。批封盖“暹京天外天横街　郑成顺利贤记　汇兑信局”印

网咯，即曼谷。

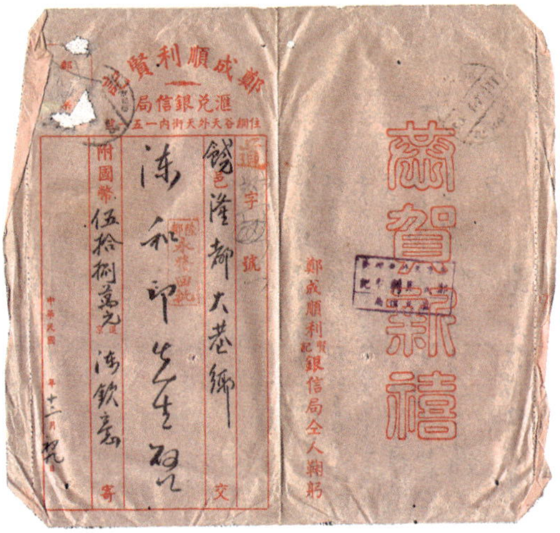

暹京陈钦意寄国币伍拾捌万元至饶邑隆都大巷乡陈和印，批封盖“隆都永发回批”。隆都永发是郑成顺利贤记在潮汕的合作经营者

暹京蓝源泉民国卅七年（1948）二月廿七日寄国币壹佰万元至澄邑大芽乡母亲。郑成顺利贤记印制的批封特别加印：恭贺新禧　郑成顺利贤记银信局仝人（同仁）鞠躬

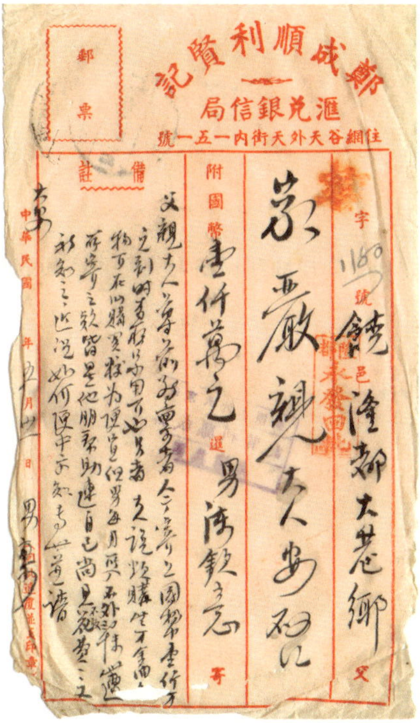

暹陈钦意寄国币壹仟万元至饶邑隆都大巷乡父亲。批封印制格式不变，但使用了不同颜色的纸张

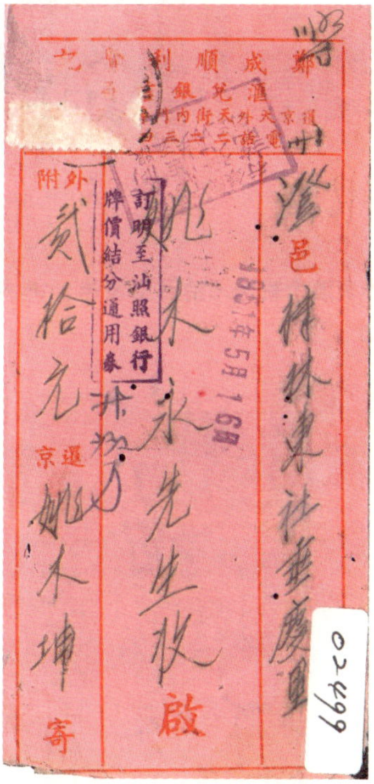

暹京姚木坤寄贰拾元至澄邑樟林东社姚木永。批封盖 1951 年 5 月 16 日“汕头中国银行侨汇兑讫限五天内送到”印

1947 年 6 月 1 日暹罗华侨银信局公会成立，郑成顺利贤记为首届会员商号，代表人郑敦茂。

郑成顺利振记

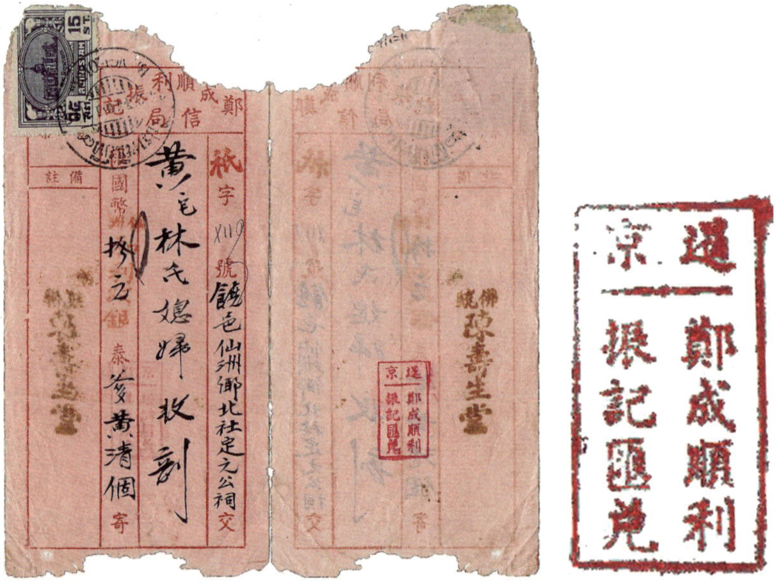

泰黄清个寄国币拾元至饶邑仙洲乡媳妇。批封盖“暹京郑成顺利振记汇兑”和“仙洲和利收银”印

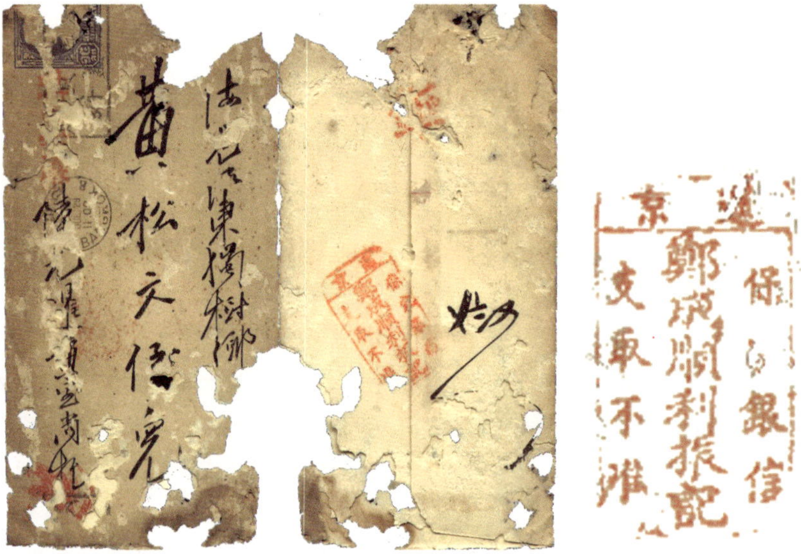

暹黄宝尚用泰国 15 士丁邮资封寄陆元至海邑江东独树乡黄松文。批封盖“暹京郑成顺利振记保家银信支取不准”印

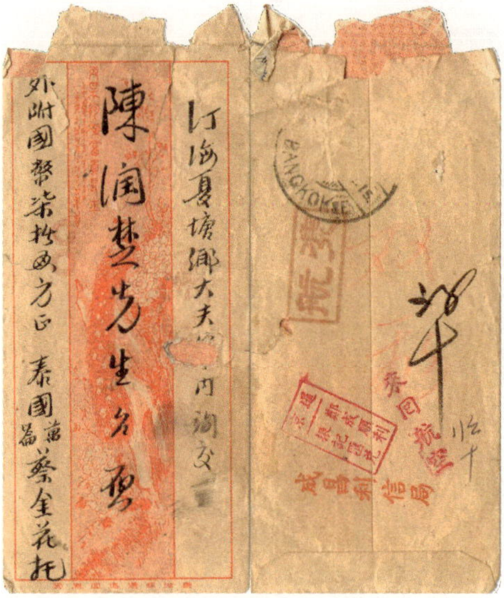

泰国万仑蔡金花寄国币柒拾五元至汀（澄）海夏塘乡陈润楚。批封盖“成昌利信局”和“暹京郑成顺利振记汇兑”印。同在曼谷的两家批局合作经营侨批业务

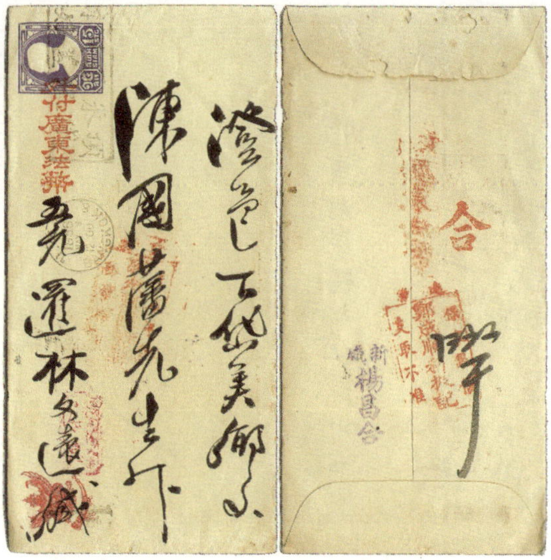

暹林文远用泰国 15 士丁邮资封寄广东法币五元至澄邑下岱美乡陈国藩。批封销曼谷“1936 MAY 9”邮戳，盖“新城杨昌合”和“郑成顺利振记”印。新城杨昌合与曼谷郑成顺利振记合作经营侨批业务

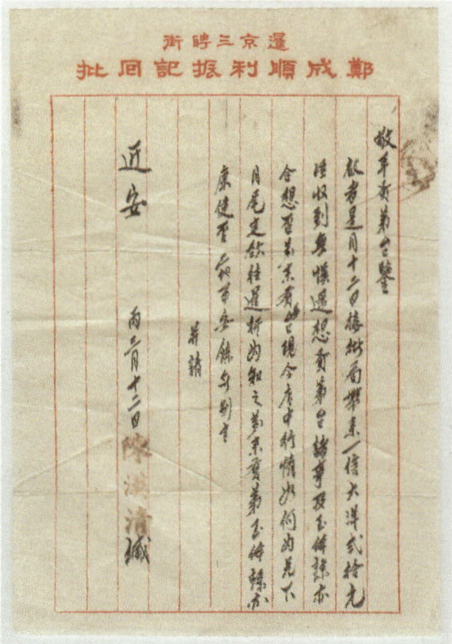

暹京三聘街郑成顺利振记回批用笺

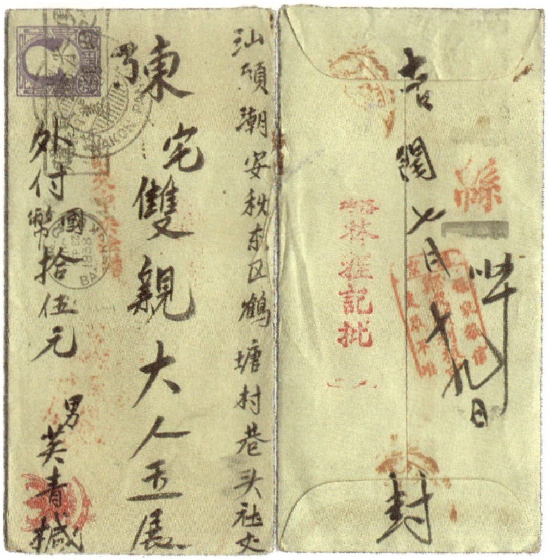

英青用泰国 15 士丁邮资封寄国币拾伍元至汕头潮安秋东区鹤塘村双亲。批封销 1938 年 9 月 23 日邮戳，盖“洛坤林程记批局”和“暹京郑成顺利振记”印。洛坤林程记和暹京郑成顺利振记合作经营侨批业务

洛坤（Nakhon Si Thammarat），洛坤府，全称那空是塔玛叻府。洛坤府位于泰国南部，东临泰国湾，是泰国南部人口最多的府。

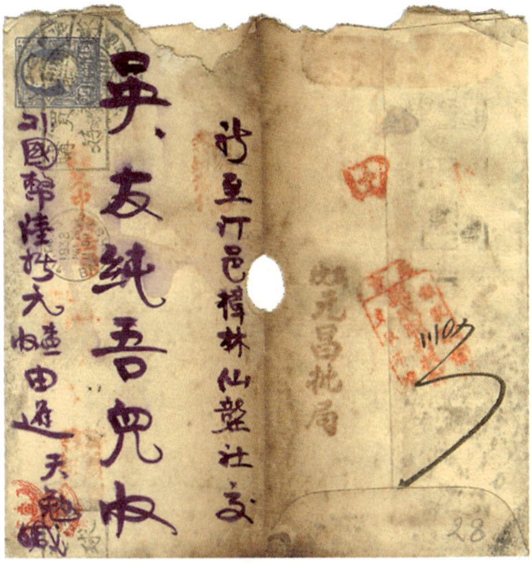

暹天勉用泰国 15 士丁邮资封寄国币陆拾元至澄邑樟林仙垄社吴友纯。批封销曼谷“1938 MAY 24”邮戳，盖“乌汶元昌批局”和“暹京郑成顺利振记”印，两家批局合作经营侨批业务

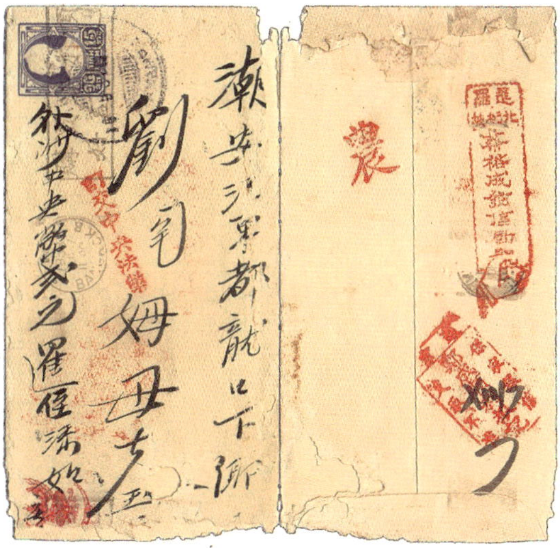

暹添如用泰国 15 士丁邮资封寄中央法币式元至潮安江东都龙口下乡姆母。批封销曼谷 1938 年 8 月 17 日邮戳，盖“暹罗北榄坡蔡裕成发信局”和“暹京郑成顺利振记”印。两家批局合作经营侨批业务

泰张浩楠卅一年（1942）三月廿日寄国币式佰元至饶邑隆都西洋乡母亲。批封盖“泰京三聘街　郑成顺利振记”椭圆形印

1932 年 1 月 31 日暹罗华侨银信局公所成立，郑成顺利振记为首任理事商号，代表人陈府弼。

郑合记

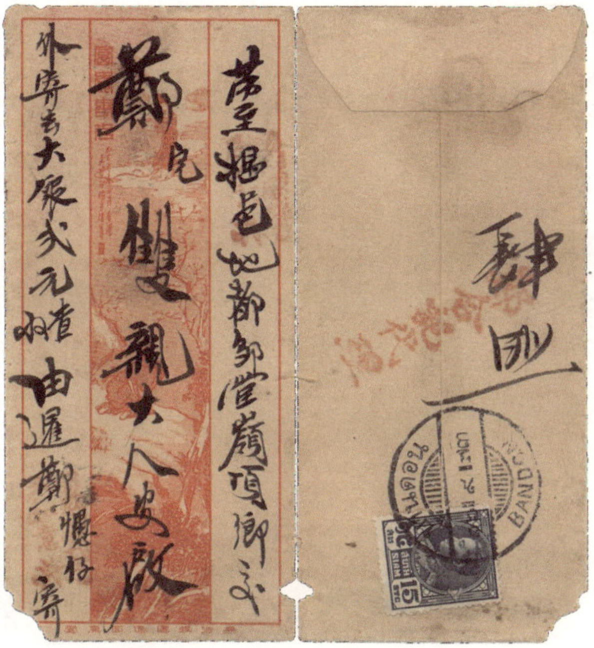

暹郑憁仔寄大银弍元至揭邑地都邹堂岭顶乡双亲。批封盖“郑合记代理”印

郑舜记

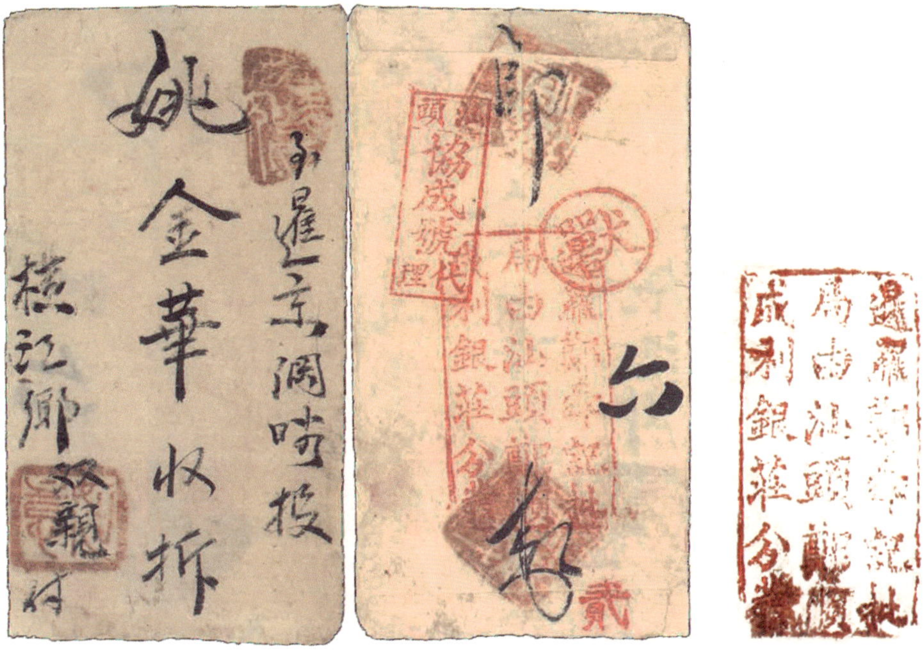

横江乡双亲寄暹京网晗姚金华的回批。批封盖“暹罗郑舜记批局由汕头郑顺成利银庄分发”印

钟 利

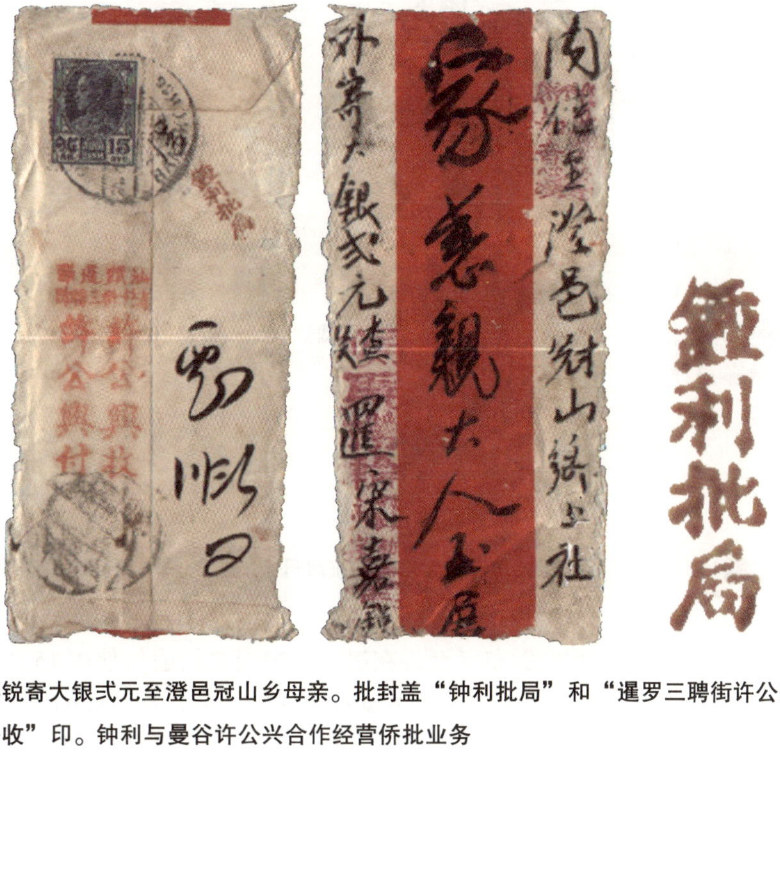

暹宋嘉锐寄大银式元至澄邑冠山乡母亲。批封盖“钟利批局”和“暹罗三聘街许公兴付　汕头海墘街许公兴收”印。钟利与曼谷许公兴合作经营侨批业务

钟荣顺昌

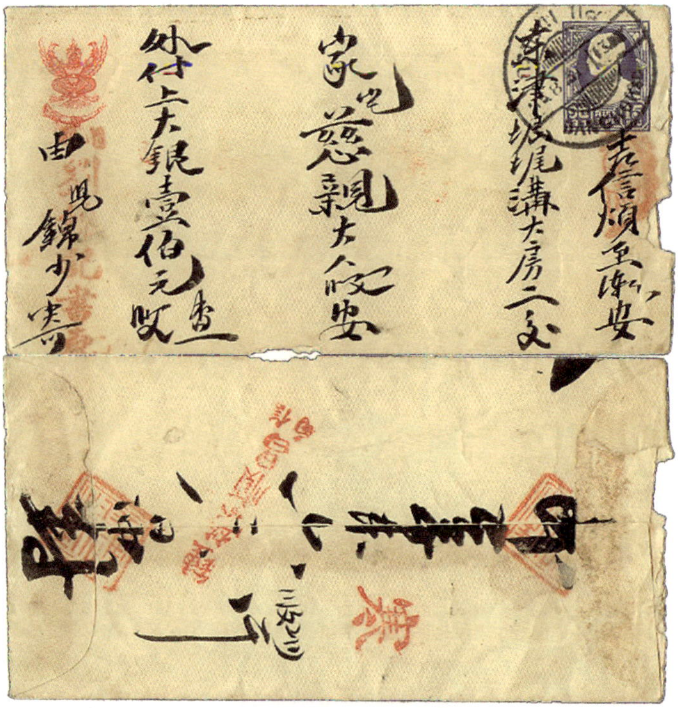

泰国锦少用泰国 15 士丁邮资封寄大银壹佰元至潮安东津母亲。批封盖“钟荣顺昌信局”印

1929 年 11 月 13 日泰国政府颁布《允许在暹罗和中国之间通信使用 15 士丁邮资信封的指令》，规定“对于从地方城镇送往为于曼谷的批馆，再转往中国的银信，如果是使用邮资封或其他已付邮资的信封，不需要另行收费”。

庄胜裕兴

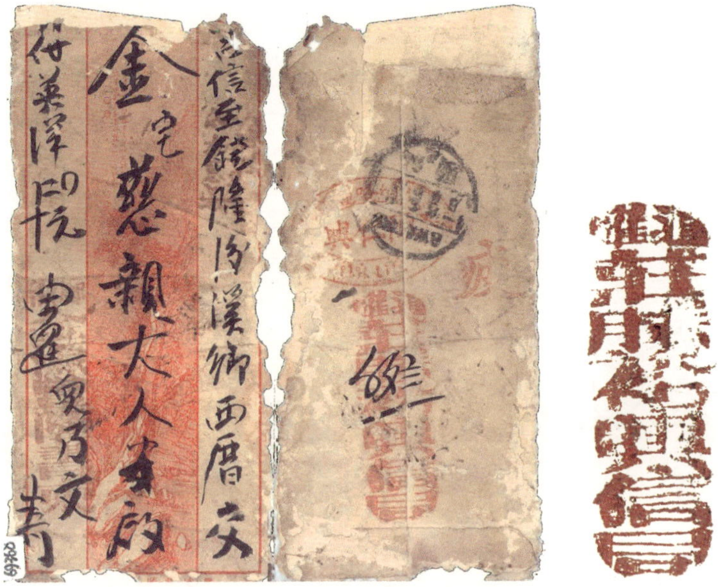

暹乃文寄英洋十二元至饶隆后溪乡母亲。批封盖“网哈陈仁兴”和“暹罗庄胜裕兴信局”印。庄胜裕兴与曼谷陈仁兴合作经营侨批业务

网哈，即曼谷。

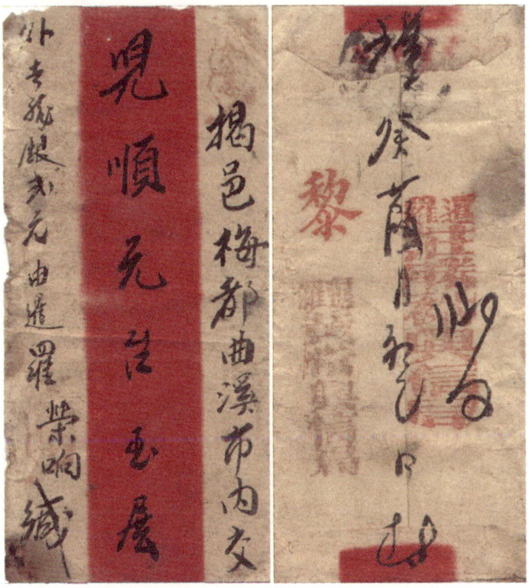

暹罗荣响寄龙银式元至揭邑梅都曲溪顺元台。批封盖“暹罗黄常兴信局”和“暹罗庄胜裕兴信局”印。庄胜裕兴与曼谷黄常兴合作经营侨批业务

庄训兴

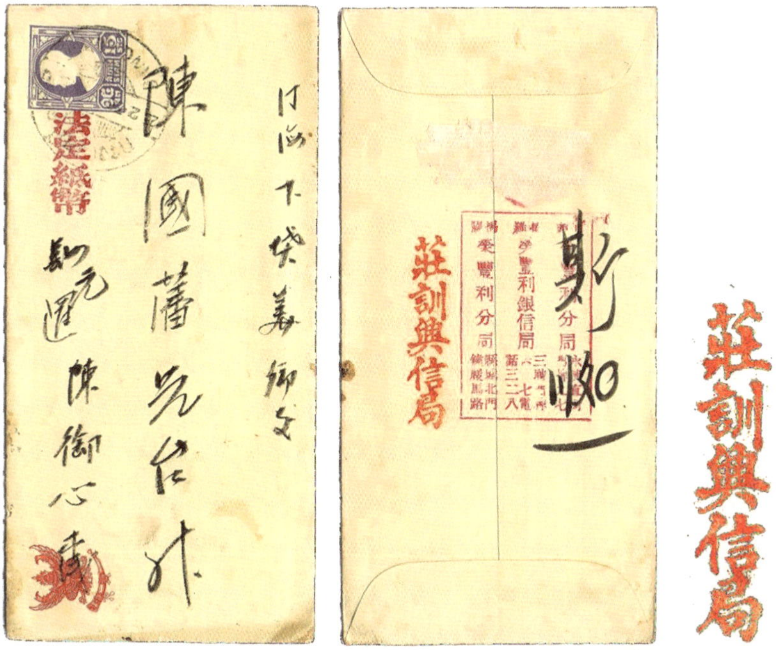

暹陈御心用泰国 15 士丁邮资封寄法币肆元至澄海下岱美乡陈国藩。批封盖“暹罗荣丰利银信局”和“庄训兴信局”印。庄训兴与曼谷荣丰利合作经营侨批业务

1929 年 11 月 13 日泰国政府颁布《允许在暹罗和中国之间通信使用 15 士丁邮资信封的指令》，规定“对于从地方城镇送往为于曼谷的批馆，再转往中国的银信，如果是使用邮资封或其他已付邮资的信封，不需要另行收费”。

庄云利

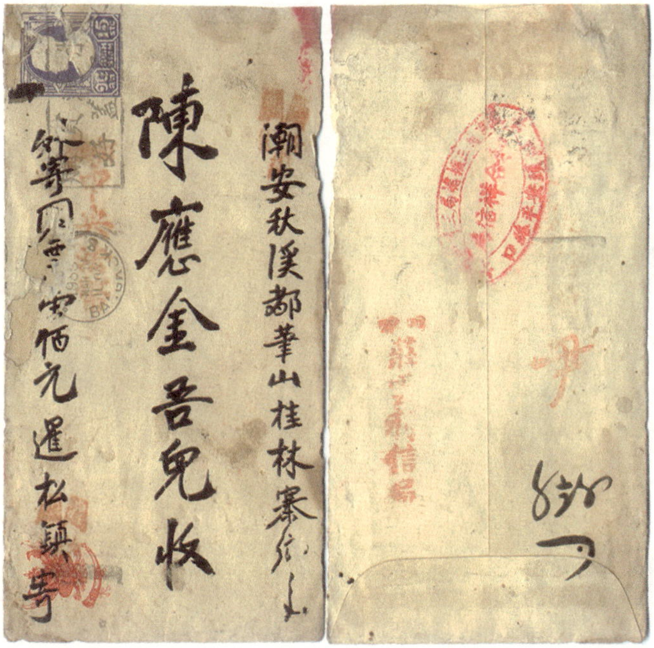

暹松镇寄国票壹佰元至潮安秋溪都笔山桂林寨乡陈应金。批封盖“呵叻庄云利信局”和“和合祥信局暹京越三振总局三聘分局”印。呵叻庄云利与曼谷和合祥合作经营侨批业务

呵叻（Korat），泰名那空叻差是玛（Nakhon Ratchasima），意为“边陲重镇”。泰国东部呵叻高原最大的城市，在蒙河上游南岸，距曼谷259公里。

邹锦泉

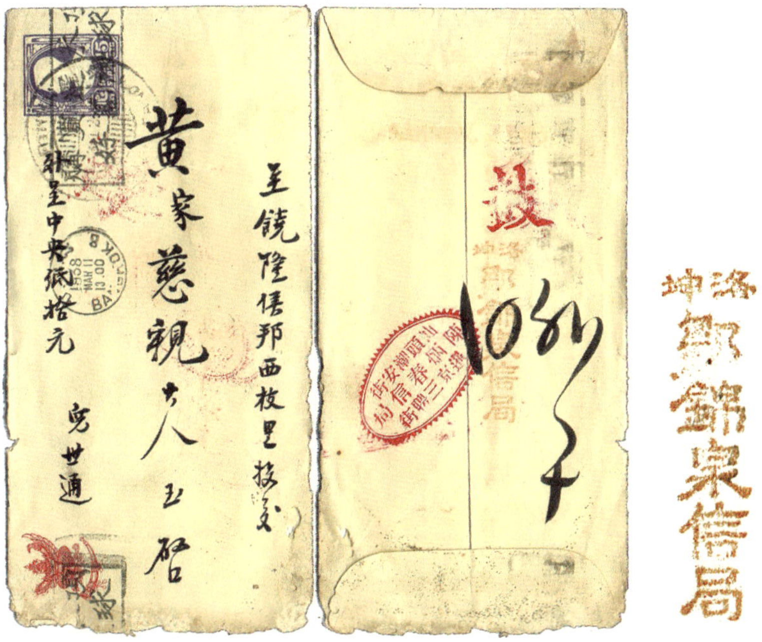

世通用泰国 15 士丁邮资封寄中央纸拾元至饶隆信邦母亲。批封销曼谷 1938 年 3 月 11 日邮戳，盖“陈炳春信局”和“洛坤邹锦泉信局”印。洛坤邹锦泉与曼谷陈炳春合作经营侨批业务

洛坤（Nakhon Si Thammart），泰国的一个府，全称那空是贪玛叻府。

1929 年 11 月 13 日泰国政府颁布《允许在暹罗和中国之间通信使用 15 士丁邮资信封的指令》，规定“对于从地方城镇送往为于曼谷的批馆，再转往中国的银信，如果是使用邮资封或其他已付邮资的信封，不需要另行收费”。

第二部分

无实寄批，有档案资料可考的商号

光华

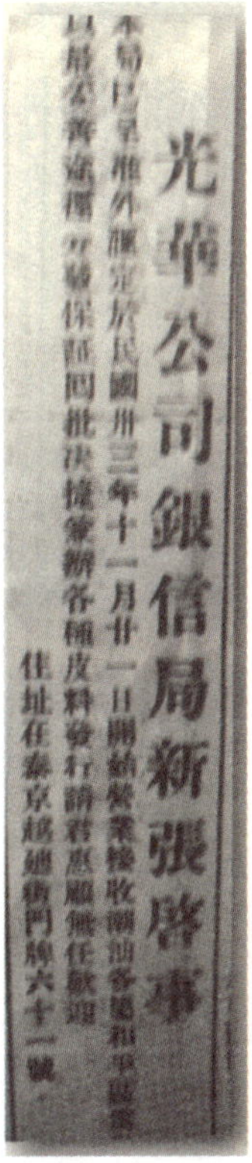
光華公司銀信局新張啓事
本局已呈准外匯定於民國卅三年十一月廿一日開始營業接收潮汕各屬和平區僑□以最妥善途徑分發保証回批快捷兼辦各種皮料發行請君惠顧無任歡迎
住址在泰京越迪街門牌六十一號

1944 年 11 月光华公司银信局在《中原报》刊登广告：“本局已呈准外汇定于民国卅三年十一月廿一日开始营业接收潮汕各属和平区侨□以最妥善途径分发保证回批快捷兼办各种皮料发行请君惠顾无任欢迎　住址在泰京越迪街门牌六十一号”

侯鸿盛

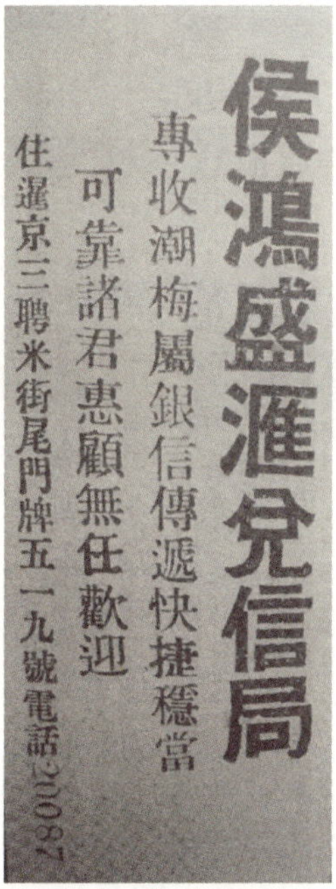

侯鴻盛滙兑信局

專收潮梅屬銀信傳遞快捷穩當

可靠諸君惠顧無任歡迎

住暹京三聘米街尾門牌五一九號電話20087

1946 年 12 月 16 日侯鸿盛汇兑信局在《中原报》刊登广告：“专收潮梅属银信传递快捷稳当可靠诸君惠顾无任欢迎　住暹京三聘米街尾门牌五一九号电话 20087”

《1947 年暹罗华侨信局调查表》显示，该信局当事人为林智远。地址：曼谷。

1947 年 5 月 18 日暹罗华侨银信局公会成立，侯鸿盛为首届会员商号，代表人侯祥清。

李耀源

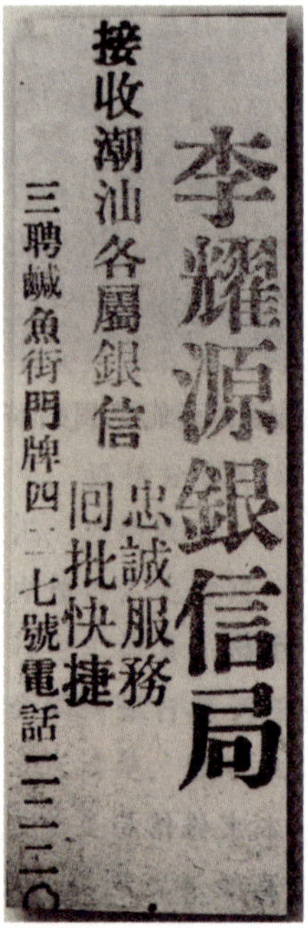

1946 年 1 月 21 日李耀源银信局在《全民报》刊登广告："接收潮汕各属银信　忠诚服务　回批快捷　三聘咸鱼街门牌四二七号电话二二二〇"

1947 年 5 月 18 日暹罗华侨银信局公会成立，李耀源为首届会员商号，代表人李扬源。

罗祥发

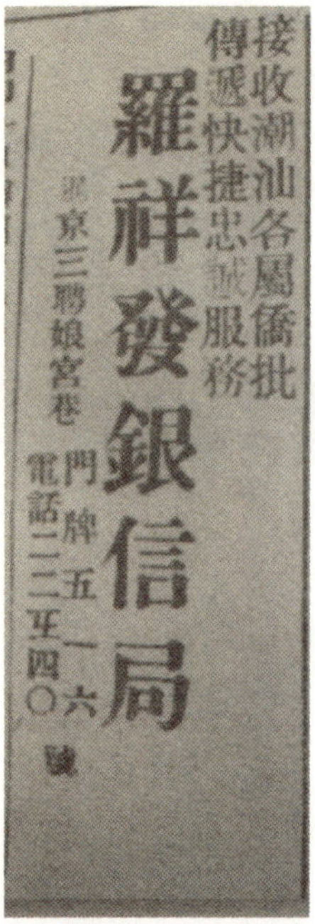

一九四六年四五月间罗祥发银信局在《中原报》刊登广告：“接收潮汕各属侨批　传递快捷忠诚服务　暹京三聘娘宫巷　门牌五一六号　电话二二五四〇号”

1947 年 5 月 18 日暹罗华侨银信局公会成立，罗祥发为首届会员商号，代表人罗玉彬。

耀隆昌

耀隆昌滙兌銀信局

接收潮汕各屬僑批並代辦理存款國內銀行保家妥當回批担保迅速山吧代理無任歡迎

住三聘街王耀昌內

電話式壹式陸陸

1946 年末耀隆昌汇兑银信局在《中原报》上刊登广告：接收潮汕各属侨批并代办理存款国内银行保家妥当回批担保迅速山吧代理无任欢迎　住三聘街王耀昌内　电话式壹式陆陆

裕昌

裕昌公司信局
專收潮梅各縣銀信今將派員回國保証回批快捷價格從
宜惠顧諸君無任歡迎
住暹京越廸橫街門牌三十三號

1945 年 11 月 21 日裕昌公司信局在《光华报》上刊登广告：“专收潮梅各县银信今将派员回国保证回批快捷价格从宜惠顾诸君无任欢迎　住暹京越迪横街门牌三十三号”

陈成春

依据 1936 年汕头邮政管理局（邮局）向国家交通部邮政总局呈报的核发批局营业凭证申请书整理，汕头陈万合民国十七年（1928）在暹罗公司廊街设立陈成春分号，营业人为潮阳人陈家钟。《1947 年暹罗华侨信局调查表》显示：该信局当事人为潮阳人陈家钟，地址为曼谷公司廊街。

复成

依据 1936 年汕头邮政管理局（邮局）向国家交通部邮政总局呈报的核发批局营业凭证申请书整理，汕头复安民国元年（1921）在暹罗曼谷设立复成分号，营业人为揭阳人林直臣。《1947 年暹罗华侨信局调查表》显示：该信局当事人为揭阳人林直臣，地址为暹罗曼谷。

公安

依据 1936 年汕头邮政管理局（邮局）向国家交通部邮政总局呈报的核发批局营业凭证申请书整理，汕头安顺民国二十三年（1934）在暹罗曼谷设立公安分号，营业人为普宁人许吉醴。《1947 年暹罗华侨信局调查表》显示：该信局当事人为普宁人许吉礼，地址为曼谷。

光德兴

依据1936年汕头邮政管理局（邮局）向国家交通部邮政总局呈报的核发批局营业凭证申请书整理，汕头志成庄民国十九年（1930）在暹罗三聘街设立光德兴分号，营业人为潮阳人陈玉階。《1947年暹罗华侨信局调查表》显示：该信局当事人为潮阳人陈玉階，地址为暹罗曼谷三聘街。

刘平合

依据1936年汕头邮政管理局（邮局）向国家交通部邮政总局呈报的核发批局营业凭证申请书整理，汕头福兴民国六年（1917）在暹罗大城设立刘平合分号，营业人为普宁人刘士平。

南成发

依据1936年汕头邮政管理局（邮局）向国家交通部邮政总局呈报的核发批局营业凭证申请书整理，汕头合盛利民国十六年（1927）在暹罗曼谷设立南成发分号，营业人为揭阳人刘玉青。《1947年暹罗华侨信局调查表》显示：该信局当事人为揭阳人刘玉青，地址为暹罗曼谷新口港。

荣成兴

依据1936年汕头邮政管理局（邮局）向国家交通部邮政总局呈报的核发批局营业

凭证申请书整理，汕头荣成利民国二十三年（1934）在暹罗三聘街设立荣成兴分号，营业人为饶平人林智达。《1947 年暹罗华侨信局调查表》显示：该信局当事人为饶平人林智达，地址为曼谷三聘街。

顺发

依据 1936 年汕头邮政管理局（邮局）向国家交通部邮政总局呈报的核发批局营业凭证申请书整理，汕头长发民国二十三年（1934）在暹罗曼谷设立顺发分号，营业人为潮阳人陈子安。《1947 年暹罗华侨信局调查表》显示：该信局当事人为潮阳人陈子安，地址为暹罗曼谷。

天兴

依据 1936 年汕头邮政管理局（邮局）向国家交通部邮政总局呈报的核发批局营业凭证申请书整理，汕头潮裕兴民国十三年（1924）在暹罗曼谷呵叻廊设立天兴号，营业人为普宁人许慈心。《1947 年暹罗华侨信局调查表》显示：该信局当事人为普宁人许慈心，地址为曼谷可叻廊。

义利

依据 1936 年汕头邮政管理局（邮局）向国家交通部邮政总局呈报的核发批局营业凭证申请书整理，汕头吴顺兴民国十五年（1926）在暹罗三聘街设立义利分号，营业人为潮阳人吴英欣。

附　录

表 1　泰国潮属批信局在"暹罗银信公所"理监事会任职

（仅以可见资料的届别名册整理）

序号	第一届（1932 年 1 月 31 日）		第九届（1938 年 12 月 18 日）	
	商号名称	职位	商号名称	代表职位
1	吴泰安	理事长	成昌利	萧卓珊　常委兼主席
2	广顺利	副理事长	振盛兴	陈长三　常委兼秘书
3	郑成顺利振记	理事	广顺利	谢毅庵　常委兼财政
4	同发利	理事	成顺利	陈府弼　常委兼交际
5	新合顺	理事	中兴发	黄雅兰　常委兼交际
6	和合祥	理事	陈炳春	陈培南　执委员
7	曾锦记	理事	和合祥	许声育　执委员
8	协成兴	理事	永振发	马克三　执委员
9	陈炳春	理事	德顺盛	马灿程　执委员
10	泰万昌	监事	同发利	罗价藩　监察委员兼查账
11	祥生泰	监事	万兴昌	许允诗　监察委员
12	陈协顺	监事	荣丰利	徐名奋　监察委员
13	泰记	监事	舜记	余植云　监察委员
14	永振发	监事		

表 2　1947 年 5 月 18 日首届暹罗华侨银信局公会潮属会员

（排名以拼音为序）

序号	商号	代表	序号	商号	代表	序号	商号	代表
1	炳合丰	陈钦赐	28	余伦敦	余作舟	55	协成兴	许汉平
2	常丰泰	陈德霖	29	马金峰	马植南	56	许广和成	许君泽
3	长兴	陈绍勋	30	马丽丰	马灿然	57	许明发	许声英
4	长兴利	林宗邑	31	马泰盛	马定洲	58	许信成	许大延
5	潮源兴	纪明洁	32	美盛和记	陈书辰	59	耀隆昌	杨元龙
6	陈炳春	陈兆森	33	明兴发	周灿如	60	义瑞兴	余为超
7	陈振兴	陈振刚	34	南昌合记	刘朝阳	61	永昌利	陈汉光
8	成昌利	萧卓珊	35	南昌隆	陈培南	62	永成丰	洪瑞云
9	成顺利庆记	郑睦宇	36	乾华隆	徐汉清	63	永华峰	绵峰

（续上表）

序号	商号	代表	序号	商号	代表	序号	商号	代表
10	成顺利贤记	郑敦茂	37	荣德泰	吴达经	64	永顺成	黄汉秋
11	德顺盛	马鉴波	38	荣丰利	徐名兴	65	永顺利	马灿峰
12	繁荣	陈松茂	39	荣盛利	刘廷服	66	永顺泰	马烈英
13	阜丰良发	陈富良	40	榕江	林彩辉	67	永泰祥	陈松保
14	公兴昌	林拱庭	41	松兴泰	黄景云	68	永兴盛	林秉辉
15	光华隆	纪经才	42	泰合昌	蔡布天	69	永振发	马惠民
16	光华兴	张耀坤	43	泰和隆	纪经智	70	裕丰	陈梓宏
17	广顺利	谢惠松	44	泰兴裕	张香筹	71	裕兴盛	陈永兴
18	和合祥	张伯继	45	泰源亨	陈畏三	72	源丰发	林永材
19	和和	许培丰	46	天外天	陈雁秋	73	源泰昌	王步青
20	华丰泰	许潮藩	47	同发利	罗尧大	74	展亚	卢位音
21	黄干成	郑国良	48	万兴昌	许允诗	75	振潮兴	陈府弼
22	候鸿盛	候祥清	49	王利市	王易合	76	振成丰	许子青
23	锦潮兴	黄潮鹏	50	翁嘉源	翁汉铭	77	振华丰	陈谷华
24	进盛利	罗价藩	51	吴嘉兴	吴醉白	78	振盛兴	曾壮吾
25	进兴昌	陈锦进	52	吴泰安	李俊三	79	振泰丰	郑德芳
26	李耀源	李扬源	53	锡丰	张仲渠	80	正基	马实秋
27	罗祥发	罗玉彬	54	协成丰	马端凯			

表 3　泰国潮属批信局在“暹罗华侨银信局公会”历届理监事会任职表（1947—1951）

（以资料齐全的届别名册整理）

序号	商号名称	第一届（1947 年 5 月 18 日）	第二届（1948 年）	第五届（1950 年 12 月）	第七届（1951 年 12 月）
		职位（代表）	职位（代表）	职位（代表）	职位（代表）
1	长兴利	监事（林宗邑）	候补监事	理事	
2	潮源兴		候补理事		
3	陈炳春		理事		
4	成昌利	理事长（萧卓珊）	理事		
5	德顺盛	监事（马鉴波）	监事		
6	光华兴				理事
7	光信利		理事	理事	
8	光益裕			候补监事	
9	广顺利	理事（谢惠松）	理事		
10	和合祥		候补理事		

(续上表)

序号	商号名称	第一届(1947年5月18日)	第二届(1948年)	第五届(1950年12月)	第七届(1951年12月)
		职位(代表)	职位(代表)	职位(代表)	职位(代表)
11	和和			理事	理事
12	进兴昌				候补理事
13	马金峰				
14	明兴发			候补监事	理事
15	南昌隆	副理事长(陈培南)	理事	理事	理事
16	南泰发				候补理事
17	松兴泰				监事
18	泰盛利				
19	泰源亨	秘书(陈畏三)	理事		
20	天外天	监事长(陈雁秋)	监事	监事	监事
21	万兴昌	理事(许允诗)	理事	理事	
22	王利市				候补理事
23	吴泰安		监事		
24	协成丰			监事	候补理事
25	新华利			监事	理事
26	义发兴			候补理事	
27	永昌利			候补监事	理事
28	永昌盛			候补理事	
29	永合兴				
30	永顺成			理事	理事
31	永顺利	理事(马灿峰)	理事	理事	理事
32	永顺泰			候补理事	
33	永兴盛		监事	理事	候补监事
34	永振发				候补理事
35	余伦敦	交际(余作舟)	理事		
36	源泰昌	理事(王步青)			
37	振潮兴	理事(陈府弼)	理事		理事
38	振成丰				
39	振盛兴	财政(曾壮吾)	理事	理事	理事
40	振泰丰	稽核(郑德芳)	候补理事		
41	正基				候补理事

表 4　泰国潮属批信局在“暹罗华侨银信局公会”历届理监事会任职表（1959—1962）

（以资料齐全的届别名册整理）

序号	商号名称	第十二届（1959 年）	第十三届（1960 年）	第十四届（1961 年）	第十五届（1962 年）
		职位（代表）	职位（代表）	职位（代表）	职位（代表）
1	长兴利				
2	潮源兴				
3	陈炳春				
4	成昌利				
5	德顺盛				
6	光华兴	理事（陈绍勋）	理事（陈绍勋）	理事（陈绍勋）	理事（陈绍勋）
7	光信利				
8	光益裕				
9	广顺利				
10	和合祥				
11	和和	副理事长（许培丰）	理事长（许培丰）	理事长（许培丰）	理事长（许培丰）
12	进兴昌	理事（陈锦进）	理事（陈锦进）	理事（陈锦进）	理事（陈锦进）
13	马金峰	监事长（马灿德）	监事（马灿德）	监事长（马灿德）	稽查（马灿德）
14	明兴发	交际（周灿如）	交际（周灿如）	交际（周灿如）	交际（周灿如）
15	南昌隆	理事长（陈培南）	理事（陈斯永）	理事（陈斯礼）	理事（陈斯礼）
16	南泰发	理事（洪友仁）	理事（许玉堂）	理事（许玉堂）	理事（许玉堂）
17	松兴泰	稽查（黄景云）	稽查（陈钿彬）	监事长（陈钿彬）	监事长（陈钿彬）
18	泰盛利	理事（林岳澄）	理事（林岳澄）		
19	泰源亨				
20	天外天				
21	万兴昌				
22	王利市				
23	吴泰安				
24	协成丰				
25	新华利	理事（罗价藩）	秘书（罗价藩）	秘书（罗价藩）	秘书（罗价藩）
26	义发兴				
27	永昌利	财政（黄永良）	财政（黄永良）	财政（黄永良）	财政（黄永良）
28	永昌盛				
29	永合兴			监事（张伯继）	监事（张伯继）
30	永顺成	理事（黄汉秋）	监事长（黄汉秋）	理事（黄汉秋）	理事（黄汉秋）
31	永顺利				

（续上表）

序号	商号名称	第十二届（1959 年）	第十三届（1960 年）	第十四届（1961 年）	第十五届（1962 年）
		职位（代表）	职位（代表）	职位（代表）	职位（代表）
32	永顺泰				
33	永兴盛				
34	永振发	监事（马海鸣）	理事（马海鸣）		
35	余伦敦				
36	源泰昌				
37	振潮兴				理事（陈府弼）
38	振成丰			理事（陈能）	理事（陈能）
39	振盛兴	秘书（曾壮吾）	副理事长（曾壮吾）	副理事长（曾壮吾）	副理事长（曾壮吾）
40	振泰丰				
41	正基				

表 5　泰国潮属批信局在“暹罗华侨银信局公会”历届理监事会任职表（1963—1975）

（以资料齐全的届别名册整理）

序号	商号名称	第十六届（1963 年）	第十七届（1964 年）	第二十届（1967 年）	第二十七届（1975 年）
		职位（代表）	职位（代表）	职位（代表）	职位（代表）
1	长兴利				
2	潮源兴				
3	陈炳春				
4	成昌利				
5	德顺盛				
6	光华兴	理事（陈绍勋）	理事（陈绍勋）	理监事（陈绍勋）	
7	光信利				
8	光益裕				
9	广顺利				
10	和合祥				
11	和和	理事长（许培丰）	理事长（许培丰）	理事长（许培丰）	
12	进兴昌	理事（陈锦进）	理事（陈锦进）	理监事（陈锦进）	理事（陈锦进）
13	马金峰	监事（马灿德）	监事长（马灿德）		
14	明兴发	交际（周灿如）	交际（周灿如）		
15	南昌隆	理事（陈斯礼）	理事（陈斯礼）	理监事（陈斯礼）	

（续上表）

序号	商号名称	第十六届（1963年）	第十七届（1964年）	第二十届（1967年）	第二十七届（1975年）
		职位（代表）	职位（代表）	职位（代表）	职位（代表）
16	南泰发	理事（许玉堂）	财政（许玉堂）	财政（许玉堂）	财政（许玉堂）
17	松兴泰	监事长（黄景云）	监事	监事长（黄景云）	理事（黄景云）
18	泰盛利				
19	泰源亨				
20	天外天				
21	万兴昌				
22	王利市				
23	吴泰安				
24	协成丰				
25	新华利	秘书（罗价藩）	秘书（罗价藩）	秘书（罗价藩）	副理事长（罗价藩）
26	义发兴				
27	永昌利	财政（黄永良）	理事（黄永良）		
28	永昌盛				
29	永合兴	稽查（张伯继）	稽查（张伯继）	理监事（张伯继）	秘书（张伯继）
30	永顺成	理事（黄汉秋）	理事（黄汉秋）	理监事（黄汉秋）	稽核（黄汉秋）
31	永顺利				
32	永顺泰				
33	永兴盛				
34	永振发			理监事（马海鸣）	理事（马海鸣）
35	余伦敦				
36	源泰昌				
37	振潮兴	理事（陈府弼）	副理事长（陈府弼）	副理事长（陈府弼）	理事长（陈府弼）
38	振成丰	理事（陈能）		理监事（许能）	交际（许能）
39	振盛兴	副理事长（曾壮吾）	理事（曾壮吾）	理监事（曾壮吾）	
40	振泰丰				
41	正基				

索　引